조지 오웰의
정치적인 글쓰기

POLITICAL WRITING

조지 오웰의 정치적인 글쓰기

뼛속까지 정치적이면서도
가장 예술적인 문장들에 대해

조지 오웰 지음 · 이종인 옮김

GEORGE ORWELL

위즈덤하우스

Contents

Chapter I
나는 왜 쓰는가?

자기소개의 글 9
나는 왜 쓰는가 12
나는 왜 독립노동당에 가입했나? 25
어느 서평가의 고백 29

Chapter II
작가는 무엇을 어떻게 쓰는가?

소설의 옹호 37
소년 주간지 48
새로운 말들 92
예술과 프로파간다의 경계 110
문학과 전체주의 117
유럽의 재발견 125
문학과 좌파 139
좋은 나쁜 책들 144
문학의 파괴 151
정치와 영어 173
작가와 리바이어던 197

Chapter III
문학이란 무엇인가

찰스 디킨스 211

고래 뱃속에서 299

톨스토이와 셰익스피어 360

러디어드 키플링 367

W. B. 예이츠 392

마크 트웨인, 허가받은 재담꾼 403

아서 쾨슬러 411

굴과 갈색 흑맥주 431

정치 대 문학: 『걸리버 여행기』 검토 438

리어왕과 톨스토이, 그리고 광대 470

Chapter IV
정치적인 글쓰기

우든 좌든 나의 조국 501

웰스와 히틀러, 그리고 세계국가 510

스페인 내전 회고 520

사회주의자들은 행복할 수 있을까? 554

프로파간다와 대중의 말 565

영국의 반유대주의 576

파국적 점진주의 592

제임스 버넘과 관리자 혁명 600

역자 후기_ 조지 오웰, 정직하고 용감한 에세이스트 635

Chapter I
나는 왜 쓰는가?

자기소개의 글

나는 1903년에 영국-인도 가정의 1남 2녀 중 둘째로 벵골의 모티하리에서 태어났다. 1917~1921년 사이에 운 좋게 장학금을 얻어 이튼 학교에서 공부했으나, 그곳에서는 열심히 공부하지 않아 배운 것이 별로 없다. 나는 이튼 학교에서 공부한 것이 내 인생의 형성기에 결정적인 영향을 미쳤다고 느끼지 않는다.

1922년부터 1927년까지 버마의 인도제국 경찰청에 근무했다. 그 후 경찰청을 떠난 것은 부분적으로 현지 기후가 내 건강을 해치기도 했지만, 또 다른 이유는 글을 쓰고 싶다는 막연한 생각 때문이었다. 그렇지만 주된 이유는 아주 엄청난 협잡이라고 여기게 된 제국주의에 더 이상 봉사하고 싶지 않아서였다. 유럽에 돌아왔을 때 1년 반 정도 파리에 살면서 장편소설과 단편소설을 썼으나 어떤 출판사도 발간해주려 하지 않았다. 나는 갖고 있던 돈이 다 떨어져 몇 년 동안 아주 빈궁하게 살았다. 이 시기에 접시

닭이, 개인 가정교사, 학비가 싼 사립학교의 임시 교사 등 여러 일을 했다. 또 1년 이상을 런던의 한 헌책방에서 시간제 조수 노릇을 했다. 헌책방 점원 일은 그 자체로는 흥미로웠으나 내가 싫어하는 런던에서 계속 생활해야 한다는 단점이 있었다. 1935년경에 이르러 나는 글쓰기만으로 생계를 도모할 수 있게 되었다. 그해 말에 나는 시골로 이사하여 자그마한 잡화점을 차렸다. 큰 수입을 올리지는 못했으나, 장사에 대하여 여러 가지 사실을 배우게 되었고, 나중에라도 그 방향으로 다시 진출한다면 이 경력이 도움이 될 것이라 생각한다. 나는 1936년 여름에 결혼했다. 그해 말에 나는 내전에 참가하기 위해 스페인으로 갔는데 내 아내도 곧 뒤따라왔다. 나는 POUM Partido Obrero de Unificación Marxista(연합 마르크스 노동당) 민병대로 들어가 아라곤 전선에서 넉 달 동안 근무했고 다소 큰 부상을 입었으나 다행스럽게도 큰 후유증 없이 회복됐다. 그때 이래로 모로코에서 겨울 한 철을 보낸 것 이외에는 책을 쓰고 닭과 야채를 키우는 일 말고 다른 일은 하지 않았다.

나는 스페인에서 본 것, 그때 이후 좌파 정당의 내부 상황을 들여다본 것 등으로 인해 정치에 염증을 느끼게 되었다. 나는 한 동안 독립노동당 당원이었으나 제2차 세계대전 발발과 함께 그 당에서 떠났다. 그 당은 헛소리를 하는 데다가 히틀러 좋은 일만 하는 정책 노선을 제안했기 때문이다. 나는 정서적으로는 확실한 '좌파'이나, 작가는 정당의 노선으로부터 자유로운 상태를 유지해야만 정직한 글을 쓸 수 있다고 생각한다.

내가 아주 좋아하고 아무리 읽어도 지겹지 않은 작가는 셰익스피어Shakespeare, 스위프트Swift, 필딩Fielding, 디킨스Dickens, 찰스 리드Charles Reade, 새뮤얼 버틀러Samuel Butler, 졸라Zola, 플로베르Flaubert이고, 현대 작가들 중에는 제임스 조이스James Joyce, T. S. 엘리엇T. S. Eliot, D. H. 로렌스D. H. Lawrence가 있다. 하지만 내게 가장 큰 영향을 미친 현대 작가는 서머싯 몸Somerset Maugham이라고 생각한다. 나는 아무런 수식 없이 직선적으로 스토리를 말하는 몸의 능력을 아주 존경한다. 글쓰기 이외에 내가 가장 좋아하는 일은 정원 가꾸기인데 특히 야채 재배를 좋아한다. 나는 영국식 요리와 영국 맥주, 프랑스 적포도주, 스페인 백포도주, 인도 차, 독한 담배, 석탄불, 촛불, 편안한 의자 등을 좋아한다. 나는 대도시, 소음, 자동차, 라디오, 통조림 식품, 중앙난방, '현대식' 가구를 싫어한다. 내 아내의 취향은 나의 취향과 거의 완벽하게 일치한다. 내 건강은 좋지 않지만 내가 소망하는 일을 포기하게 만들 정도는 아니었으나 단지 이번 전쟁에는 참전할 수 없게 되었다. 지금까지 나 자신에 대해 해온 이야기는 모두 진짜이나 조지 오웰은 나의 진짜 이름이 아니다.

　나는 지금 소설을 쓰지 않고 있는데 주된 이유는 전쟁이 가져온 여러 이유 때문이다. 하지만 나는 3부로 된 기다란 장편소설을 구상 중인데 가제는 『사자와 일각수The Lion and the Unicorn』 혹은 『빠른 자와 죽은 자The Quick and the Dead』이다. 나는 이 소설의 첫 번째 부분을 1941년 중에는 완성하기를 희망한다. (1940. 4)

나는 왜 쓰는가

　나는 아주 어린 시절, 그러니까 대여섯 살 때부터 성장하면 작가가 되리라는 걸 스스로 알았다. 열일곱 살부터 스물네 살까지는 이런 생각을 버리고자 했지만, 그것은 내 본성을 어기는 일이라는 걸 알았고, 조만간 정착해서 책을 써야겠다고 자각하고 있었다.
　나는 삼 남매 중 둘째로 태어났고, 누나와 여동생과는 각각 다섯 살 터울이다. 아버지는 여덟 살 전까지 거의 본 적이 없었다. 이런저런 이유로 다소 외로웠고, 곧 사람들을 불쾌하게 만드는 매너를 가지게 되어 학창 시절 내내 인기 없는 아이가 되었다. 외로운 아이였던 나는 이야기를 지어내고 상상 속 인물과 대화하는 버릇이 생겼는데, 애당초부터 나의 문학적인 야망은 내가 고립되고 무시받는다는 생각과 뒤섞여 있었다. 나에게 단어를 다루는 재능과 불쾌한 사실을 견디는 능력이 있다는 걸 알았고, 이런 능력 덕분에 일상에서 내가 겪는 실패를 보복할 수 있는 나의 비밀스러운 세상을 만들 수 있다고 생각했다. 그럼에도 불구하고 어린 시절과 소년 시절에 내가 써낸 진지한, 혹은 진지하다고 생각한 글의 분량은 여섯 페이지도 되지 않았다. 네다섯 살 정도에 처음 시를 창작했는데, 이마저도 나의 구술을 어머니가 받아 적은 것이었다. 시의 내용은 호랑이에 관한 것이었으며, 호랑이가 "의자 같은 이빨"을 가졌다는 표현 외에는 그 시에 대하여 아무런 기억이 나지 않는다. 멋진 문구였으나 블레이크Blake의 시 「호랑이, 호랑이」의 표절이었다고 생각한다. 열한 살 때 제1차 세계대전이 발발했는데 당시 내가 지은 애국시는 지역신문에 실리기도 했다. 또 다른 애국시는 2년 뒤에 실렸는데 순국한 키치너Kitchener 원수를 찬양한 시였다. 좀 더 나이가 들었을 때는 가끔 조지언 시대(영국왕 조지 5세의 재위 기간을 말하며 1910~1936년 - 옮긴이)의 스타일로 '자연시'를 지었는데 신통치 못했으며 그나마 완성품도 아니었다. 또한 두 번 정도 형편없는 실패작인 단편소설을 쓰기도 했다. 그 시절에 내가 실제로 종이에 적어본 진지한 작품은 그게 전부였다.

하지만 나는 그 시절 내내 어떤 의미로는 문학 활동을 하고 있었다. 우선 썩 즐겁지는 않지만 빠르고 쉽게 쓸 수 있는 맞춤식 글이 있었다. 학교 과제와는 별개로 나는 운문, 좀 더 구체적으로 말해서 절반쯤 희극적인 시를 썼는데 지금 생각해보니 경이로우리만치 빠른 속도로 집필했다. 예를 들어 열네 살 때 아리스토파네스Aristophanes를 흉내 낸 운문 희곡 한 편을 대략 한 주 만에 완성한 적도 있다. 그 외에 교지(인쇄본이든 필사본이든) 편집을 돕기도 했다. 이런 잡지들은 아주 한심스러운 희극물로 가득했는데 내가 지금 삼류 저널 기사를 쓰면서 들이는 노력보다 훨씬 덜 힘들이고 만들어낸 것이었다. 하지만 이 모든 일과 병행하여 15년 혹은 그 이상 나는 전혀 다른 부류의 문학 연습을 해왔다. 바로 나 자신에 관한 '이야기', 그러니까 내 마음속에만 존재하는 일종의 일기를 계속 써내는 일이었다. 나는 이런 것이 어린이와 청소년에게 흔한 습관이라 생각한다. 아주 어렸을 적에는 내가 로빈 후드 같은 사람이라고 상상하며 짜릿한 모험 영웅으로 나 자신을 그려내곤 했다. 하지만 내 '이야기'는 곧 조잡하게 자기도취적이었던 측면이 사라지고 점점 더 내가 실제로 한 것과 본 것을 단순하게 서술하는 방향으로 바뀌었다. 때로 몇 분 정도 내 머릿속에는 이런 생각이 지나갔다. "그는 문을 열고 방으로 들어갔다. 노란 햇빛이 모슬린 커튼 사이로 들어와 잉크병 옆에 절반쯤 열린 성냥갑이 있는 탁자를 비스듬히 비추었다. 주머니에 오른손을 넣은 채 그는 창문 쪽으로 갔다. 거리에는 얼룩 고양이가 떨어지는 나뭇잎을 쫓고 있었다" 등등. 이런 버릇은 문학에서 떠나 있던 시절을 거쳐 대략 스물다섯까지 계속됐다. 나는 딱 맞는 단어를 찾아내야 했고 또 찾기도 했지만, 그렇게 묘사하려는 노력은 외부에서 가해지는 일종의 강제 때문에 내 의지와 무관하게 계속된 듯하다. 그 '이야기'는 틀림없이 이런저런 나이에 존경했던 다양한 작가의 문체를 흉내 낸 것이었지만, 나에게는 늘 꼼꼼하게 사물을 묘사하려는 특징이 있었다고 기억한다.

대략 열여섯 살이 되었을 때 나는 단어들, 그러니까 단어의 소리와 단어 사이의 연상에서 오는 즐거움을 갑자기 발견하게 되었다. 가령 다음과 같은 『실락원』의 시행,

그렇게 그는 죽을 힘을 다해 겨우
움직였다. 죽을 힘을 다해 그는,
So hee with difficulty and labor hard
Moved on : with difficulty and labour hee,

은 이제 그리 훌륭하게 보이지 않지만, 당시에는 등골을 오싹하게 할 정도로 매력적이었다. 의도적으로 'he'를 'hee'로 적은 것에서 더 큰 즐거움을 느꼈다. 나는 뭔가 묘사하고 싶은 욕망에 대하여 이미 모두 알고 있었다. 따라서 당시 내가 책을 쓰고 싶었다면 어떤 부류의 책을 쓰고 싶어 했을지 너무나 분명하다. 불행한 결말이 있는 거대한 자연주의적 소설을 쓰려 했을 것이다. 그 소설은 상세한 묘사와 매력적인 직유, 그리고 부분적으로는 멋진 소리 효과를 위해 사용한 단어들과 화려한 구절들로 가득했을 것이다. 사실 내가 처음으로 완성한 소설인 『버마 시절Burmese Days』이 다소 그런 부류의 책이다(서른에 완성했지만, 집필 계획은 훨씬 이전부터 세워져 있었다).

이런 배경 정보를 모두 알리는 이유는 작가의 동기를 짐작할 때 그 사람의 초창기 성장 배경을 모르면 안 된다는 게 내 지론이기 때문이다. 작가의 주제는 그가 사는 시대에 의해 결정되지만

(적어도 우리 시대같이 소란스럽고 혁명적인 시대에서는 옳은 말이다), 막상 글을 쓰게 되면 작가는 이미 절대로 완벽하게 벗어날 수 없는 정서적 태도를 갖추게 된다. 작가는 마땅히 자기 성격을 단련하고, 미숙한 단계에 갇히거나 비뚤어진 기분에 휩싸이지 않아야 한다. 하지만 그가 초창기의 영향에서 완전히 벗어난다면 글을 쓰고 싶은 충동은 사라질 것이다. 생계유지의 필요를 제외한다면 내 생각에 글을 쓰는 동기, 적어도 산문을 쓰는 동기는 크게 네 가지다. 이 동기들은 작가마다 정도의 차이가 있으며, 어떤 작가든 그가 살아가는 사회의 분위기에 따라 때로는 그 중요도의 비율이 달라질 것이다. 네 가지 동기는 다음과 같다.

1. 순전한 이기심. 영리해 보이고 싶거나, 화제의 대상이 되고 싶거나, 죽은 뒤에도 기억되고 싶거나, 어린 시절 자신을 모욕한 어른에게 복수하고 싶거나 등등. 이런 욕구가 글쓰기의 동기가 아니라고 한다거나 강력한 동기가 되지 못한다고 말한다면 그건 허풍이다. 이런 특성은 작가뿐만 아니라 과학자, 예술가, 정치인, 변호사, 군인, 성공한 사업가에게서도 발견된다. 요약하면 모든 상류층 사람은 이런 이기심을 특성으로 가지고 있다. 그러나 대다수 사람들은 과도할 정도로 이기적이지는 않다. 서른쯤 되면 그들은 개인적인 야심을 버리고, 많은 경우에 개인이라는 의식을 거의 잃어버리고 산다. 야심을 버린 사람들은 주로 남을 위해 살거나 고된 일로 숨도 못 쉬며 힘겹게 살아간다. 하지만 끝까지 자기 삶을 살겠다고 결심하는 재능 있고 완고한 소수의 사람들도 있다. 작가가 바로 그런 계층에 속한다. 나는 진지한 작가는 전반

적으로 언론인보다 더 허영심이 많고 더 자기중심적이라고 생각한다. 비록 돈에는 관심이 없을지라도.

2. 미학적 열정. 외부 세계, 혹은 단어들과 그것들의 올바른 배열에서 오는 아름다움에 관한 인식을 말한다. 한 소리가 다른 소리에 미치는 영향, 혹은 좋은 산문의 견고함이나 좋은 이야기의 리듬에서 오는 즐거움이기도 하다. 작가는 자신이 직접 느끼거나 놓쳐서는 안 된다고 생각하는 경험을 남들과 공유하려는 소중한 욕망을 가지고 있다. 미학적인 동기는 많은 작가에게서 아주 희미하게 나타나지만, 소책자나 교과서 저자조차도 실용성과는 무관하게 매력을 느끼는 소중한 단어와 관용구가 있다. 아니면 책에 사용되는 활자나 페이지 여백의 크기 등에서도 어떤 확고한 미학적 의견을 가질 수 있다. 어떤 책이 되었든 일단 기차 시간표 안내서의 수준을 넘어서면 이런 미학적 고려에서 벗어날 수 없다.

3. 역사적 충동. 상황을 있는 그대로 보고, 옳은 사실을 찾아내며 후대에 귀감이 될 수 있도록 그 사실을 잘 기록하고자 하는 욕구.

4. 정치적 목적. 여기서 '정치적'이라는 단어는 최대한 넓은 의미로 사용한 것이다. 어떤 특정한 방향으로 세상을 이끌고, 우리가 추구해야 하는 사회에 대한 생각을 바꾸어놓으려는 욕구 등을 가리킨다. 어떤 책도 정치적인 편향으로부터 100퍼센트 자유로울 수 없다. 예술은 정치와 아무 관련이 없어야 마땅하다는 의견도 그 자체로 하나의 정치적인 태도이다.

그런데 이런 다양한 충동은 서로 싸우고, 또 그런 동기들은 사람과 시대에 따라 변하게 마련이다. 천성적으로(막 성인이 되었을 때 확립된 상태를 '천성'이라고 하자) 나는 앞선 세 가지 동기가 마지막 것인 정치적 동기보다 더 강한 사람이다. 평화로운 시대라면 나는 화려하거나 오로지 묘사에만 집중하는 책을 썼을 것이고, 정치적 지향이나 충성심 같은 건 거의 의식하지 않고 지냈을 것이다. 하지만 나는 상황에 떠밀려 일종의 팸플릿(정치적 소책자) 작가가 되고 말았다. 우선 나는 적성에 맞지 않는 일(버마에서 인도제국 경찰로 지냈다)을 5년이나 했다. 그다음으로 빈곤을 체험하고 나 자신이 실패작이라는 패배 의식에 사로잡혔다. 이런 일로 권위에 대한 타고난 증오심이 더욱 커졌고, 처음으로 노동계급의 존재를 온전히 알게 되었으며, 버마에서의 일로 제국주의의 본질을 어느 정도 이해했다. 하지만 정확한 정치적 관점을 확립하기에는 이런 경험들만으로는 부족했다. 그 뒤로는 히틀러가 부상했고, 스페인 내전이 터지는 등 여러 가지 사건이 벌어졌다. 1935년 말에도 나는 여전히 올바른 정치적 관점에 대하여 확고한 결정을 내리지 못했다. 이런 딜레마를 표현하려고 당시에 썼던 나의 짧은 시를 아직도 기억한다.

나는 행복한 목사였을지도 모르지
200년 전이라면
최후의 심판 내용을 설교하고
호두나무가 자라는 모습을 보는

하지만 아아, 사악한 때에 태어나
나는 그 즐거운 안식처를 놓쳤지
윗입술 위에 수염은 자랐지만
이제 성직자는 모두 깔끔하게 면도하네

나중에 여전히 좋은 때라며
우리는 쉽게 만족하고
그러면서 구멍 뚫린 나무 속에 앉아
불안한 생각을 흔들어 재우지

모두 무지한 우리는 감히 즐거움을 느꼈고
이제는 그 즐거움을 숨기네
사과나무 가지에 앉은 방울새는
내 적들을 떨게 할 수 있지

하지만 아가씨들의 배와 살구,
그늘진 시내의 잉어,
말馬들, 동틀 녘에 나는 오리,
이 모든 건 꿈이라네

꿈을 다시 꾸는 건 금지됐지
우리는 즐거움을 불구로 만들거나 숨기네
크롬강으로 만든 말은

작고 뚱뚱한 자들이 타고 다닐 거라네

나는 단 한 번도 덤벼든 적 없는 벌레라네
하렘이 없는 환관이기도 하지
성직자와 인민위원 사이에서
나는 유진 아람처럼 걷네

라디오방송이 나오는 동안에
인민위원은 내 점을 쳐주네
하지만 성직자는 오스틴 세븐을 약속했지
더기는 언제나 보답을 해준다며

나는 대리석 홀에 사는 꿈을 꾸었고
깨어나 그게 꿈인 줄 알았지
나는 이런 시대에 태어나선 안 됐네
그렇다면 스미스는? 존스는? 당신은?[1]

스페인 내전과 1936년, 1937년에 벌어진 다른 일들로 결정적인 변화가 왔고 이후 나의 정치적 입장이 무엇인지 명확히 알게

---

1   이 시는 1936년 12월《아델피Adelphi》에 최초로 실렸다.
    (유진 아람은 영국의 초기 비교언어학 연구자이자 살인자, 오스틴 세븐은 영국 오스틴 모터사의 소형 자동차, 더기는 경마 마권 발행업자의 별명이다 - 옮긴이)

되었다. 1936년 이후 내가 쓴 진지한 작품의 모든 문장은 직접적이든 간접적이든 전체주의에 반대하고, 내가 이해하는 민주주의적 사회주의를 지지하는 데 맞추어져 있었다. 우리 시대 같은 때에 그런 주제로 글을 쓰는 걸 피할 수 있다고 생각하는 건 나에겐 터무니없는 궤변처럼 보인다. 모두가 이런저런 외양 아래 그런 주제의 글을 쓰고 있다. 그것은 정치적으로 어느 편에 설 것인가, 그리고 어떤 접근방식을 따를 것인가에 관한 문제이다. 그리고 사람은 정치적인 편향을 의식할수록 정치적인 행동을 할 가능성이 더 커지고 동시에 자신의 미적, 지적 성실성도 지킬 수 있게 된다.

내가 지난 10년 동안 가장 해보고 싶었던 건 정치적인 글을 하나의 예술 작품으로 승화시키는 일이었다. 내 출발점은 늘 사회적 불의를 첨예하게 느끼면서 그것에 저항하는 파르티잔 정신이다. 책상에 앉아 책을 쓸 때면 "나는 예술 작품을 만들어내려 한다" 같은 말은 하지 않는다. 그저 폭로하고 싶은 어떤 거짓이나, 사람들의 관심을 환기하고자 하는 어떤 사실이 있기에 글을 쓴다. 그래서 나의 일차적 관심사는 사람들의 귀를 붙잡아두는 것이다. 하지만 동시에 그것이 미학적인 체험으로 승화되지 못했다면 단행본을 쓰거나 잡지에 실리는 장문의 글을 쓰지 못했을 것이다. 내 글을 잘 검토한 사람이라면 설혹 노골적 프로파간다라 할지라도 전업 정치인이 보면 헛소리라고 생각할 내용이 많이 포함되어 있음을 알 것이다. 내가 어린 시절에 형성한 세계관을 완전히 버리는 일은 가능하지도 않고, 그러고 싶은 마음도 없다. 내가 건강하게 살아 있는 한 문장의 스타일에 대하여 크게 신경 쓸 것이고, 세상을 사랑할 것이며, 세상의 사물들과 쓸모없는 정보의 파편들로부터 즐거움을 얻을 것이다. 나의 이러한 측면을 억제하려고 하는 건 아무 소용이 없다. 앞으로 해야 할 일은 나의 타고난 호불호好不好와, 이 시대가 강요하는 공적(개인적이지 않은) 활동을 서로 조화시키는 것이다.

그렇게 하는 것은 쉽지 않다. 그 일은 책의 구조와 언어의 문제를 제기하고, 또 새로운 방식으로 진실성의 문제를 제기한다. 좀 더 노골적인 부류의 난관도 발생하는데, 이와 관련하여 사례를 하나만 들어보겠다. 스페인 내전에 관한 나의 책 『카탈로니아 찬가Homage to Catalonia』는 물론 노골적으로 정치적인 것이었지만, 대체로 말해서 다소 초연한 관점에 입각하여 책의 형태도 고려해가면서 집필했다. 나의 문학적인 본능을 어기지 않으면서도 모든 진실을 말하려고 무척 애를 썼다. 그런데 책의 여러 내용 중에 신문 기사 인용으로 가득한 기다란 장이 하나 있었다. 그 기사는 프랑코Franco와 음모를 꾸몄다고 고발당한 트로츠키주의자들을 옹호하는 내용이었다. 이런 장은 한두 해 지나면 평범한 독자는 잊어버릴 내용이었고, 그야말로 그 책을 망쳐놓을 그런 부분이었다. 내가 존경하는 한 평론가는 그 점에 대하여 나를 호되게 꾸짖었다. "왜 그런 내용을 책에 넣었습니까? 그것만 빠지면 좋은 책이 되었을 텐데 그만 저널리즘이 되어버리고 말았잖습니까." 옳은 말이었다. 하지만 그 이외의 방법으로 글을 쓸 수는 없었다. 나는 무고한 사람이 거짓으로 고발당한다는 사실을 영국에서는 극소수만 인지한다는 걸 알고 있었던 것이다. 애초에 그런 현실에 화를 내지 않았더라면 그런 책을 쓸 생각을 아예 하지 않았을 것이다.

그런 문제는 이런저런 형태로 또다시 생겨나게 되어 있다. 언어의 문제는 아주 미묘하여 그것을 논의하는 데에는 너무 오랜 시간이 걸린다. 최근 몇 년 동안 내가 예전보다 덜 장식적인(묘사적인) 반면에 더 정확하게 글을 쓰려고 노력했다는 점만 말해두겠다. 어쨌든 어떤 글쓰기 스타일을 완전히 터득하면 그다음에는 그 스타일을 초월하게 된다는 게 내 생각이다. 『동물 농장Animal Farm』은 내가 무엇을 하고 있는지 온전히 인식하면서 집필한, 정치적인 목적과 예술적인 목적을 하나로 융합하려 했던 첫 작품이었다. 나는 이 작품 전에는 7년 동안 소설을 쓰지 않았는데, 이제 곧 또 다른 장편소설(『1984』를 가리킴 - 옮긴이)을 쓰려고 한다. 이 새 소설도 틀림없이 실패작이 되고 말겠지만, 따지고 보면 모든 책이 실패작 아닌가. 하지만 나는 쓰고 싶은 책이 어떤 부류의 책인지 분명하게 알고 있다.

이 글의 마지막 한두 페이지를 다시 읽어보니 내가 글을 쓰는 동기가 순전히 공공 정신 때문인 것처럼 보인다. 하지만 그게 최후의 인상으로 남겨지기를 바라지 않는다. 모든 작가는 허영심이 많고, 이기적이고, 나태하며, 창작 동기의 밑바닥에는 하나의 신비가 도사리고 있다. 책을 쓰는 건 고통스러운 질병과 오래도록 드잡이하는 것처럼 끔찍하고 소모적인 투쟁이다. 저항할 수도, 이해할 수도 없는 어떤 악마에게 붙들려서 쓰기를 강요당하는 것이며 그게 아니라면 절대 하지 못할 일이 글쓰기다. 그 딱 달라붙는 악마는 관심을 가져달라고 울부짖는 아기의 본능을 가지고 있다. 그럼에도 불구하고 작가는 자기 개성을 제거하려고 지속적으로 애쓰지 않으면 재미있는 책을 쓰지 못한다는 것 역시 옳은 말이다. 좋은 산문은 유리창과 같다. 나의 글쓰기 동기 중 어떤 것이 가장 강력한지 분명하게 말할 수 없지만, 그중 어떤 것을 따라가야 하는지는 분명하게 안다. 내 작품을 되돌아볼 때 생기 없는 책을 썼거나, 아니면 전반적으로 화려한 글귀, 의미 없는 문장, 장식에 불과한 형용사, 말도 안 되는 헛소리를 지껄여대던 때는 언제인가? 그것은 늘 그랬듯이 정치적인 목적 없이 막연히 글을 쓰던 때였다. (1946년 여름)

나는 왜 독립노동당에 가입했나?

어쩌면 개인의 관점에서 이 문제에 접근하는 것이 가장 솔직하리라.

나는 작가이다. 모든 작가의 일차적 충동은 "정치에서 벗어나자"라는 것이다. 작가가 원하는 것은 혼자 조용히 있는 상태에서 아무 방해도 받지 않고 글을 쓰는 일이다. 하지만 이것은 점점 더 실현 불가능한 이상이 되어간다. 구멍가게 주인이 덩치 큰 체인점들의 공격 앞에서 독립을 유지하겠다고 희망하는 것과 비슷하다.

무엇보다도 언론 자유의 시대가 막을 내리고 있다. 영국에서 언론의 자유라는 건 언제나 사기 비슷한 것이었는데, 마지막에는 돈이 의견을 좌지우지하기 때문이다. 그렇지만 우리가 말하고 싶은 것을 말하게 해주는 법적 권리가 존재하는 한, 비정통적인 작가가 빠져나갈 구멍은 있다. 지난 몇 해 동안 나는 자본주의에 반대하는 책들을 쓰고서도 자본주의 계급으로부터 주당 몇 파운드의 보수를 지불받는 생활을 해왔다. 나는 이런 사태가 영원히 지속될 것이라고 망상하지는 않는다. 우리는 이탈리아와 독일의 언론 자유가 어떻게 되었는지 여실히 보아왔고, 그것은 조만간 영국에서도 벌어질 것이다. 모든 작가가 아예 입을 다물어버리거나 소수의 특권층만 필요로 하는 마약을 생산하거나, 둘 중 하나를 선택해야 하는 시간이 다가오고 있다. 그것이 내년이 될지, 10년 혹은 20년 후가 될지 모르지만 어쨌든 그런 시간이 다가온다.

나는 그것에 맞서 싸워왔다. 피마자유, 고무 경찰봉, 강제수용소에 맞서 싸워온 것처럼. 그리고 결국에 가서 용감하게 언론의 자유를 허용하려는 유일한 체제는 사회주의 체제일 것이다. 만약 파시즘이 승리한다면 나는 작가로서는 끝나는 것이다. 다시 말해 나의 유일한 효율적 기능을 내다 버려야 하는 것이다. 이것만으로도 사회주의 정당에 입당해야 할 사유는 충분하다.

나는 개인적인 사유를 먼저 제시했는데 그것이 유일한 이유는 아니다.

생각하는 지식인이라면 우리 사회와 같은 사회에 살면서 그것을 바꿔야겠다는 생각을 하지 않는 것은 불가능하다. 지난 10년 동안 나는 자본주의사회의 진정한 성격에 대하여 상당히 많은 것을 알게 되었다. 나는 버마에서 근무하면서 영국 제국주의를 직접 목격했고, 영국 내에서 가난과 실업의 파급효과가 어떤 것인지 실제로 보았다. 내가 자본주의 체제에 맞서 싸우는 방식은 주로 독서하는 대중에게 영향을 줄 수 있는 책을 쓰는 것이었다. 나는 글쓰기 작업을 계속하겠지만 현재와 같은 순간에는 책을 쓰는 것만으로 충분하지 못하다. 사건들이 벌어지는 속도가 빨라졌다. 한 세대 후에나 일어날 일처럼 보이던 여러 위험이 우리 얼굴을 빤히 노려보고 있다. 단지 사회주의에 동정적이기만 해서는 안 되고 적극적인 사회주의자가 될 필요가 있다. 그렇게 하지 않으면 언제나 활발한 활동을 벌이는 적들의 손에 놀아나고 말 것이다.

왜 다른 당이 아닌 독립노동당Independent Labour Party, ILP인가? 왜냐하면 독립노동당은 내가 사회주의라고 간주하는 것을 목표로 삼는 유일한 영국 정당이기 때문이다. 아무튼 고려의 대상이 될 수 있는 규모를 갖춘 당이다.

내가 노동당Labour Party을 아예 믿지 않는다는 이야기는 아닙니다. 나의 간절한 희망은 노동당이 다음 총선에서 압도적 다수를 차지하는 것이다. 그러나 우리는 그동안의 노동당 역사를 알고 있고, 또 현재 이 순간의 유혹이 얼마나 강력한지도 안다. 제국주의적 전쟁을 준비하기 위해 모든 원칙을 내버려야 한다는 유혹 말이다. 박해 앞에서도 굴하지 않고 믿음을 주는 사람들, 사회주의 원칙을 포기하지 않으려는 사람들, 이런 사람들이 우리 주위에 존재하는 것이 정말로 필요하다.

나는 독립노동당이 하나의 정당으로서 제국주의적 전쟁을 반대하거나, 아니면 이 땅에 곧 상륙하게 될 파시즘에 맞서 싸우는 올바른 길을 걸어갈 유일한 정당이라고 생각한다. 게다가 독립노동당은 돈을 가진 이익집단의 지원을 받는 것도 아니고, 또 여러 세력으로부터 조직적인 음해를 당하고 있다. 분명 이 당은 내가 기여할 수 있는 조그마한 힘을 포함하여 할 수 있는 한 많은 도움을 받는 것이 필요하다.

　마지막으로 나는 독립노동당 스페인 파견부대에서 근무했다. 나는 그때나 지금이나 POUM이 제시하고 독립노동당이 지지한 정책에 속속들이 동의한다고 허세를 부린 적이 없다. 그러나 사건들의 일반적인 방향은 그 정책이 옳았음을 입증했다. 그러나 나는 스페인에서 현지 상황을 직접 목격하면서 단지 소극적인 '반파시즘'이 얼마나 위험한지를 절절히 깨닫게 되었다. 나는 스페인 상황의 본질적 측면을 파악하면서 독립노동당이 내가 가입하고 싶은 유일한 정당이라는 것을 깨달았다. 또 적어도 자본주의적 민주주의라는 허울 좋은 이름으로 나를 현혹하지는 않는다는 확신 아래 참가할 수 있는 유일한 정당이다. (1938. 6)

어느 서평가의 고백

담배꽁초와 절반쯤 마시다 만 찻잔들이 널브러진 춥고 답답한 침실 겸 거실. 좀먹은 실내 가운을 입은 한 남자가 흔들거리는 테이블에 앉아서 그 테이블을 가득 채운 먼지 앉은 서류 더미들 사이로 타자기를 놓을 공간을 찾으려 애쓰고 있다. 그는 그 서류들을 시원하게 내던질 수가 없다. 쓰레기통이 이미 가득 차서 흘러넘치고, 답장하지 못한 편지들과 지불하지 못한 납부 고지서들 사이에 2기니짜리 수표가 들어 있기 때문인데, 그나마 그는 그 수표를 은행에 넣는 것을 잊어버린 게 틀림없다. 또 거기에는 아직 주소 수첩에다 주소를 옮겨 적지 못한 편지들도 들어 있다. 그는 그 주소 수첩을 막 잃어버렸는데, 그 수첩을 찾아야 한다는 생각 혹은 뭔가를 찾아야 한다는 생각은 차라리 죽어버리는 편이 낫겠다는 고통을 안겨주고 있다.

그 남자는 서른다섯이나 쉰 살은 된 것처럼 보인다. 그는 대머리이고 하지정맥류에 걸렸으며 안경을 썼다. 그의 유일한 안경이 아직도 실종 상태가 아니라면 쓰고 있을 것이다. 그의 일상이 그대로 유지됐더라면 그는 영양실조로 고통을 받았을 것이다. 하지만 그는 최근에 운이 좋아서 현재는 숙취로 고통받고 있다. 지금은 오전 11시 반. 그의 일정표대로라면 이미 두 시간 전에 일을 시작해야 했다. 설사 그가 계획대로 일을 시작했더라도 지속적으로 울려대는 전화벨 소리, 어린아이의 고함 소리, 거리에서 울려오는 전동드릴의 덜덜거리는 소리, 그의 집 계단을 오르내리는 채권자들의 무거운 구둣발 소리 등으로 좌절감을 느꼈을 것이다. 최근에 나타난 방해물은 두 번째로 온 우편물인데 두 건의 안내장과 붉은색으로 인쇄된 소득세 납부 독촉서가 들어 있다.

의심할 나위 없이 이 사람은 작가이다. 그는 시인일 수도 있고, 소설가, 시나리오작가, 라디오 방송국 작가일 수도 있다. 문학에 종사하는 사람들은 다 비슷한 까닭이다. 하지만 여기서는 서평가라고 해두자. 서류 더미들 사이에 절반쯤 감춰진, 책 다섯 권이 든 묵직한 소포가 들어 있다. 그의 편집자는 메모와 함께 그 책들을 보냈는데 다섯 권을 "함께 서평에 넣을 수 있겠는지" 살펴봐달라는 주문이었다. 그 책들은 나흘 전에 도착했는데, 그 후 48시간 동안 서평가는 정신적 마비 상태에 빠져서 그 소포를 열어볼 엄두가 나지 않았다. 어제 단호한 결심을 하고서 소포를 개봉해봤더니 『교차로에 선 팔레스타인』, 『과학적 낙농장』, 『유럽 민주주의의 간단한 역사』(이 책은 680페이지에다 무게가 4파운드), 『포르투갈령 동아프리카 부족의 관습』, 그리고 장편소설 『드러눕는 것이 더 좋아』, 이렇게 다섯 권이었다. 그중에서 소설은 실수로 들어간 듯했다. 영단어 800자 분량(200자 원고지 12매 - 옮긴이)인 그의 서평은 내일 정오까지 '제출'돼야 한다.

이 중 세 권은 그가 전혀 모르는 주제를 다루어서 적어도 50페이지 정도는 읽어봐야 한다. 그래야 저자(이 사람은 물론 서평가의 습관을 잘 알고 있다)에게 그의 무지를 드러내는, 더 나아가 일반 독자에게 그의 실상을 들키는 커다란 실수를 모면할 수 있다. 오후 4시 무렵이면 그는 이 책들을 소포 포장지 밖으로 꺼내겠지만 그때도 여전히 마음이 불안정하여 책을 펴 들 생각은 잘 하지 못하리라. 그 책들을 읽어야 하고 또 종이 냄새를 맡아야 한다는 사실은 피마자유를 바른, 차갑게 식은 빻은 쌀 푸딩을 먹어야 하는 일처럼 고역스럽다. 그렇지만 기이하게도 그의 서평 원고는 정해진 시간까지 편집 사무실에 도착할 것이다. 오후 9시면 그의 마음은 비교적 맑아지고 새벽 서너 시가 될 때까지 그는 점점 추워지는 침실 겸 거실에 앉아, 담배 연기는 더욱 짙어지는 가운데 이 책과 저 책의 페이지를 숙달된 모습으로 획획 넘기면서 읽다가, 마침내 그 책을 내려놓으며 "참, 시시한 책이로군!" 하고 탄식할 것이다. 다음 날 새벽, 그는 흐릿한 눈빛에다 시무룩하고 면도 안 한 얼굴로 한두 시간 하얀 백지를 응시하다가 마침내 위협적인 시곗바늘이 그를 겁주어 행동에 나서게 한다. 그러면 그는 갑자기 서평 쓰기에 뛰어든다. "누구도 놓쳐서는 안 되는 책", "페이지마다 인상적인 내용이 들어 있는 멋진 책", "무엇 무엇을 다룬 장들은 특별히 가치가 있다" 따위의 저 오래되고 진부한 문구들이 지남

철에 달라붙는 쇳조각처럼 자연스럽게 자리를 찾아 들어가고 마침내 서평은 지정된 분량을 채워서 마감 3분 전에 완성된다. 그러면 잘못 분류되고 별로 매력적이지도 않은 책들이 들어 있는 또 다른 소포가 속달로 그의 집에 도착한다. 이런 식으로 일과가 계속된다. 하지만 이 낙담하고 신경이 불안정한 서평가는 몇 년 전만 해도 얼마나 드높은 희망을 품고서 이 일에 뛰어들었던가!

내가 과장한다고 생각하는가? 나는 직업적 서평가—1년에 책을 100권 이상 평론하는 사람들—에게 내가 방금 말한 서평가의 습관과 특징을 솔직히 부정할 수 있겠는지 묻고 싶다. 아무튼 모든 종류의 작가가 그 비슷한 종류의 사람이다. 이런 무차별적 서평 작업을 계속해야 한다는 것은 아주 보람 없고, 짜증 나고, 피곤한 일이다. 서평은 쓰레기 같은 책을 칭찬해야 할 뿐만 아니라 (이 점에 대해서는 곧 다시 언급하겠다), 그 책이 아무런 즉각적 반응을 일으킬 수 없는데도 억지로 그런 반응을 계속 만들어내야 한다. 서평가는 피곤하기는 하지만 직업적으로 책에 관심이 많다. 그러나 한 해에 나오는 수천 종 중에서 그가 즐겁게 읽고 서평을 쓰고 싶은 책은 50권 혹은 100권 정도이다. 그가 일급 서평가라면 마음에 드는 책들 중 10권 내지 20권 정도 서평을 쓰게 될 수도 있다. 하지만 평균적으로 그런 사람도 두세 권이 겨우 얻어걸릴 뿐이다. 나머지 작업은 그가 아무리 꼼꼼하게 칭찬 혹은 비난을 하더라도 결국에는 헛소리다. 그는 불멸의 자기 영혼을 하수구 아래로 흘려보내는 것이다. 그것도 한 번에 반 파인트씩.

대다수 서평가가 서평을 하는 책들에 대하여 부적절하거나 엉뚱한 평가를 내린다. 전쟁이 시작된 이래, 출판사들은 그들이 내놓는 책에 대하여 문학적 편집자를 독려하여 칭찬의 말을 퍼붓는 일을 전에 비해 잘하지 못한다. 반면에 지면 부족과 다른 불편한 점들 때문에 서평의 기준이 하락했다. 이런 결과를 보고서 사람들은 서평 작업을 통속적 문필가의 손에서 빼내 와야 한다고 제안했다. 전문 주제를 다룬 책들은 그 방면의 전문가가 서평을 담당하고 다른 책들, 특히 소설은 아마추어가 담당해도 될 것이라고 말했다. 거의 모든 책이 일부 독자들에게 열정적인 느낌을 불러일으킬 수 있다. 설사 그것이 열정적인 혐오감이라고 할지라도 말이다. 따라서 그런 독자들의 소감이 지겨워하는 전문가의 소감보다 더 가치가 있을 것이다. 그러나 불행하게도 모든 편집자가 알고 있듯이 그런 종류의 일은 조직하기가 대단히 어렵다. 그래서 편집자들은 언제나 통속적 문필가 팀에 의존하게 되는데, 그런 사람들을 "단골 서평가"라고 부른다.

모든 책이 서평을 받을 자격이 있다고 생각한다면 이런 현상은 시정되지 않을 것이다. 여러 권의 책을 다루다 보면 어쩔 수 없이 그 책들의 상당수를 과도하게 칭찬하게 된다. 서평가는 책들에 대해 직업적인 관계를 맺지 않는 한, 대부분의 책들이 신통치 않다는 것을 알지 못한다. 평균적으로 10권의 책 중에서 9권을 객관적으로 비평한다면 그 대답은 "이 책은 무가치하다"라는 것이 되리라. 서평가의 본심을 적나라하게 말해본다면 이렇게 되리라. "이 책은 전혀 내게 흥미를 불러일으키지 않는다. 나는 원고료를 받지 않는다면 이 책에 관해 글을 쓰고 싶은 마음이 없다." 하지만 일반 대중은 그런 종류의 솔직한 글을 읽으려고 돈을 지불하지는 않을 것이다. 그럴 이유가 없지 않은가? 그들은 한번 읽어보라고 권유받은 책들에 대하여 일종의 안내를 원하고 또 어느 정도 그 책에 관한 평가를 해주길 바란다. 그러나 가치를 언급하는 순간, 기준은 붕괴해버린다. 거의 모든 서평가가 매주에 한 번씩 이렇게 하고 있는데, 만약 어떤 서평가가 『리어왕』은 좋은 희곡이고, 『네 명의 정의로운 남자들』이 좋은 스릴러라고 말한다면, "좋은"이라는 단어에 무슨 의미가 있는가?

늘 생각해왔지만, 가장 좋은 대안은 출간되는 책들의 대부분을 무시하고 그중에서 중요하다고 생각되는 몇 권만을 골라 최소한 영단어 1천 단어 이상 길이의 아주 긴 서평을 쓰게 하는 것이다. 곧 출간될 책들에 관한 짧은 예고 한두 줄은 유익하지만, 약 600자의 중간 길이 서평은 설혹 서평가가 진정으로 좋은 글을 쓰려고 해도 결국 가치 없는 글이 되어버린다. 통상적으로 그는 서평을 쓰고 싶어 하지 않는다. 매주 쓰기 싫은 짧은 글을 쓰다 보면 어느덧 이 글의 시작에서 묘사된, 실내 가운을 입은 피곤에 찌든 존재로 추락하고 만다. 그러나 이 세상에는 누구나 자신보다 한 수 아래로 내려다볼 수 있는 사람을 가지고 있다. 두 가지 일을 다 겪어보니, 서평가는 영화평론가보다는 그래도 나은 편이다. 영화평론가는 집에서 작업을 하지도 못하고 오전 11시에 개최되는 시사회에 참석해야 한다. 한두 가지 주목할 만한 예외적 영화를 제외하고, 영화평론가는 싸구려 백포도주 한 잔에 그의 명예를 팔아야 하는 것이다. (1946. 5)

Chapter II

작가는 무엇을 어떻게 쓰는가?

소설의 옹호

지금 이 순간 장편소설의 위신은 아주 낮은 곳으로 추락해버렸다. 너무나 추락하여 12년 전만 해도 약간 미안해하는 기색으로 "나는 결코 소설을 읽지 않아"라고 말했는데, 요즘에는 이 말을 언제나 의식적인 자부심 가득한 목소리로 발언한다. 지식인 계급이 아직도 읽을 만하다고 생각하는 소수의 현대소설가들 혹은 준準현대소설가들이 있다. 그러나 이런 문제가 있다. 좋으면서 나쁜 소설은 습관적으로 무시를 당하는 데 비해, 좋으면서 나쁜 시집이나 비평집은 여전히 진지한 대접을 받는다는 점이다. 이것은 만약 당신이 소설을 쓴다면 다른 문학 형태를 취한 사람에 비하여 지식인 계급의 주목을 덜 받는다는 뜻이다. 현재 좋은 소설의 집필을 거의 불가능한 작업으로 만드는 두 가지 분명한 이유가 있다. 심지어 지금도 소설은 눈에 띄게 퇴보하고 있으며, 대부분의 소설가들이 누가 그들의 책을 읽는지 명확하게 이해하지 않는다면 그 퇴보의 속도는 훨씬 빨라질 것이다. 소설은 경멸스러운 예술 형태이고 그 운명이 어떻게 되든 중요하지 않다고 말하기는 쉽다(가령 벨록Belloc의 기이하게 적대적인 에세이를 보라). 나는 이런 의견을 논박할 가치가 있는지 의심스럽다. 그렇지만 소설이 구제해야 할 가치가 있고, 또 소설을 구제하기 위해서는 지식인 계급이 소설을 진지하게 여기도록 설득해야 한다고 생각한다. 따라서 소설의 위신이 추락하는 주요 원인들 중 하나—내가 보기에는 유일한 주요 원인—를 분석해볼 가치가 있다.

 문제는 소설이 사람들의 야유를 받아서 점점 그 존재가 희미해진다는 것이다. 지식인에게 '왜 소설을 읽지 않는지' 물어보라. 그러면 그 근본적인 이유는 삼류 서평가가 써내는 혐오스러운 헛소리 때문임을 발견하게 되리라. 여러 사례를 들 필요는 없다. 다음은 지난주《선데이 타임스》에서 가져온 한 가지 사례이다. "이 책이 즐거워서 비명을 내지르지 않는다면 당신의 영혼은 죽은 것이다." 모든 발간되는 소설에 대하여 이와 비슷한 헛소리 광고가 나온다. 이것은 소설의 광고 문안을 살펴보면 금방 알 수 있는 일이다.《선데이 타임스》광고를 진지하게 받아들이는 사람이 있다면 그의 인생은 그 많은 소설을 다 쫓아가느라고 아주 힘든 삶이 될 것이다. 소설이 하루에 15권꼴로 쏟아져 나온다. 그 모든 소설이 잊어버릴 수 없는 걸작이고 그것을 읽지 않는다면 당신의 영혼은 위태로워진다. 그렇게 많은 책이 나오니 도서관에서 책을 선택하기가 더욱 어려워지고, 당신은 즐거워서 비명을 내지르지 못할 때마다 죄의식을 느끼게 된다. 그렇지만 정신이 제대로 박힌 사람이라면 누구도 그런 광고에 속지 않으며, 소설 서평이 받는 냉대는 소설 자체로까지 확대되고 있다. 모든 소설이 천재의 작품인 것처럼 당신에게 쏟아져 내린다면 그 모든 소설이 시시한 졸작이라고 추정하는 것은 너무나 당연하다. 현재 지식인 사회에서는 이런 추정이 당연시되고 있다. 오늘날 소설을 좋아한다고 인정하는 것은 코코넛 연유 사탕과자를 좋아한다거나, 제라드 맨리 홉킨스Gerard Manley Hopkins보다 루퍼트 브룩Rupert Brooke을 더 좋아한다고 인정하는 것과 비슷하다.

이 모든 것은 분명한 사실이다. 그러나 내가 그보다 덜 분명하다고 생각하는 것은 이러한 현재 상황이 발생하게 된 경위다. 외양만 두고 볼 때 책 사기詐欺는 아주 간단하고 냉소적인 협잡이다. 갑이 쓴 책을 을이 출판하고 병이 정이라는 주간지에다 서평을 한다. 그 서평이 신통치 않으면 을은 그 주간지에다 내는 책 광고를 거두어들인다. 따라서 병은 "잊어버릴 수 없는 걸작"이라고 써주거나, 아니면 서평가 일을 그만둬야 한다. 그것이 서평의 본질적 상황이고, 소설 서평이 오늘날에 깊은 구렁텅이로 추락한 이유는 대체로 보아 모든 서평가가 출판사의 대리인으로 배후 조종을 받기 때문이다. 하지만 일은 겉보기처럼 그리 투박하지가 않다. 이 사기에 가담하는 여러 사람이 의식적으로 담합을 하는 것은 아니고, 본의 아니게 그런 위치에 내몰리게 된 것이다.

먼저 우리는 소설가가 그런 서평을 좋아하고 또 그런 서평에 책임이 있다고 추정해서는 안 된다(가끔 그렇게 추정하는 경우도 있는데, 예를 들어 비치코머Beachcomber 씨의 칼럼 〈패심passim〉을 보라).

그가 쓴 열정적이고 자극적인 이야기는 영어가 존재하는 한 지속될 것이라는 그런 서평은 아무도 좋아하지 않는다. 그렇지만 그런 서평을 받지 못하는 것 또한 실망스러운 일이다. 왜냐하면 모든 소설가가 그런 서평을 받는데 어느 한 사람만 제외된다면 그의 책이 안 팔릴 것 같은 느낌이 들기 때문이다. 삼류 서평은 책 겉표지의 짧은 광고문처럼 일종의 상업적 필요성을 갖고 있다. 책 광고의 연장이 곧 서평인 것이다. 그렇지만 저 한심한 삼류 서평가도 그가 쓴 헛소리 때문에 비난을 받아서는 안 된다. 그의 특수한 입장에서는 그렇게 쓸 수밖에 없는 까닭이다. 직간접적인 뇌물이 개입되지는 않았지만, 모든 소설이 서평을 받을 만한 가치가 있다고 추정하는 한, 훌륭한 소설 비평 같은 것은 존재할 수 없다.

정기 간행되는 잡지나 신문은 한 주마다 한 무더기의 책들을 받아서 그중 10여 권을 삼류 서평가 아무개에게 보낸다. 이 서평가는 처자식이 있어서 생활비를 벌어들여야 하고, 그래서 서평하는 책들의 권수에 따라 권당 반 크라운의 원고료를 받는다. 서평가 아무개가 서평을 의뢰받는 책들에 대하여 진실을 말하는 게 불가능한 데에는 두 가지 이유가 있다. 우선 그가 받은 12권의 책 중에서 11권은 그에게 전혀 읽어볼 흥미를 불러일으키지 못하는 책들이다. 그냥 나쁜 책들이 아니라 무색무취하고 생명이 없고 아무 주장도 없는 책들이다. 만약 원고료를 주지 않는다면 그는 단 한 줄도 읽어볼 생각이 없다. 거의 모든 경우에 그가 솔직하게 서평을 쓴다면 이렇게 될 것이다. "이 책은 나에게 아무런 생각도 불러일으키지 않는다." 하지만 그렇게 쓴 서평에 누가 원고료를 줄 것인가? 그래서 서평가 아무개는 시작부터 무의미한 책에 대하여 300자가량의 서평을 억지로 써야 하는 입장에 놓이게 된다. 으레 그는 플롯의 개요를 제시하는 것으로 시작한다(그 과정에서 본의 아니게 저자에게 그가 책을 읽지 않았다는 사실을 들키게 된다). 그런 다음 약간의 칭찬을 늘어놓는데 미사여구에도 불구하고 아무개의 글은 창녀의 미소만큼이나 가치가 없다.

그러나 이보다 훨씬 나쁜 죄악이 있다. 아무개는 책의 개요를 말해야 할 뿐만 아니라 그 책의 좋고 나쁨에 대하여 의견을 제시해야 한다. 아무개는 펜내를 굴려본 사람이기에 바보는 아니다. 적어도 『한결같은 님프The Constant Nymph』를 일찍이 지구상에서 집필된 적 없는 가장 뛰어난 비극이라고 생각할 정도의 바보는 아니다. 만약 그가 소설을 좋아하는 사람이라면 스탕달 Stendhal, 디킨스, 제인 오스틴Jane Austen, D. H. 로렌스, 도스토옙스키Dostoievski 등을 좋아할 것이다. 꼭 이들이 아니더라도 그가 좋아하는 작가는 평범한 현대소설가들보다 훨씬 우수할 것이다. 따라서 서평가 아무개는 그의 수준을 크게 낮추면서 서평 작업을 해나가야 한다. 내가 다른 데서 지적한 것처럼 일련의 평범한 소설들에다가 높은 기준을 들이댄다는 것은 코끼리 무게를 다는 스프링 저울에다 벼룩을 달려고 하는 것과 비슷하다. 그런 저울에다 벼룩을 올려놓으면 아예 무게가 나오지 않는다. 그러니 전혀 다른 서울을 만들어서 덩치 큰 벼룩과 덩치 작은 벼룩을 달아야 한다. 바로 이것이 서평가 아무개가 해야 하는 일이다. 책이면

책마다 단조롭게 "이 책은 시시하다"라고 말해서는 소용이 없다. 왜냐하면 또다시 누구도 그런 서평에 돈을 지불하지 않을 것이기 때문이다. 그래서 아무개는 뭔가 시시하지 않은 것을 자주 찾아내야 하고, 그러지 않으면 해고를 당할 것이다. 이렇게 하자면 서평가는 그의 수준을 아주 한심할 정도로 낮추어서 에설 M. 델 Ethel M. Dell의 『독수리의 길The Way of an Eagle』을 아주 좋은 책이라고 말할 수 있어야 한다. 그러나 『독수리의 길』을 좋은 책이라고 무게 달아주는 저울이라면 『한결같은 님프』는 뛰어난 책이 되어야 할 것이고, 그렇다면 존 골즈워디John Galsworthy의 『재산가 The Man of Property』에 대해서는 뭐라고 말해줄 것인가? 자극적인 열정의 이야기, 전율을 일으키고 영혼을 뒤흔드는 걸작, 영어가 존재하는 한 지속될 잊지 못할 서사시 등등의 미사여구를 늘어놓아야 할 것이다(그리고 정말로 좋은 책이라면 그 책은 너무 뜨거워서 온도계를 파열시킬 것이다). 모든 소설이 좋다는 가정 아래에 출발했으므로 서평가는 형용사의 끝없는 사다리를 타고 위로 올라가야 한다. 이런 사정은 굴드(당시 《옵저버》의 저명한 소설 비평가였던 제럴드 굴드Gerald Gould - 옮긴이)도 마찬가지다. 당신은 서평가마다 그런 똑같은 길로 가고 있음을 발견한다. 처음에는 정직한 의도를 가지고 출발한 서평가도 2년이 채 지나가기도 전에 미스 바버라 베드워디Miss Barbara Bedworthy의 『진홍색 밤Crimson Night』이 가장 멋지고, 전율을 일으키고, 예리하면서 정말 잊지 못할 책으로서, 이 땅에서 나온 것 중에서 일찍이 보지 못한 걸작 운운하게 되는 것이다. 나쁜 책을 좋은 책인 양 꾸며주는 최초의 죄악을 저지른 이후에는 거기에서 벗어날 길이 없다. 하지만 이런 죄악을 저지르지 않고서는 생계를 위한 서평 작업을 할 수가 없다. 그리하여 모든 지적인 독자는 혐오감을 느끼며 고개를 돌리고, 소설을 경멸하는 것은 일종의 우월주의적 의무가 되는 것이다. 따라서 진정한 가치를 가진 소설이 주목을 받지 못하는 기이한 현상이 벌어진다. 우수한 소설도 다른 시시한 소설에 적용되는 그런 용어로 칭송되는 까닭이다.

여러 사람이 소설을 아예 서평하지 않는 게 훨씬 좋으리라고 제안해왔다. 그럴 수도 있겠지만 그 제안은 쓸모가 없는데 그런 종류의 일은 벌어지지 않을 것이기 때문이다. 출판사들의 광고 수입에 의존하는 신문과 잡지는 그 광고를 포기할 수 없다. 또 일부 똑똑한 출판사들은 주례사 서평을 포기해도 사정이 그리 나빠지지 않는다는 것을 알지만 그 서평을 포기하지 못하는데, 국가들이 무장해제를 하지 못하는 것과 똑같은 이치다. 아무도 먼저 그걸 하려고 들지 않는 것이다. 앞으로도 오랫동안 주례사 서평은 계속될 것이고 그 질은 점점 나빠질 것이다. 유일한 대책은 그런 서평을 아예 무시하는 방법을 고안하는 것이다. 하지만 이런 방법은 어디에선가 비교의 기준을 제시할 만한 양심적 소설 서평이 존재할 때에만 가능하다. 달리 말해서 소설 서평을 특별한 분야로 삼고서 시시한 소설들을 아예 무시해버리는 단 하나의 신문 혹은 잡지가 있어야 한다(우선 한 군데만으로도 충분하다). 그러면 그 신문 혹은 잡지에서 서평가는 진정한 서평기가 되어 배후의 출판사가 줄을 잡아당길 때마다 입을 쫙쫙 여는 복화술사의 인형

같은 행동은 그만두게 될 것이다.

    그런 정기간행물이 이미 있다고 대답하는 사람도 있다. 예를 들면 고급 잡지들이 다수 있어서 소설 서평이 아주 지적이고 또 배후 조종을 받지 않는다는 것이다. 사실이다. 그러나 문제는 그런 종류의 정기간행물들은 소설 서평을 특별한 분야로 여기지 않으며 계속 쏟아져 나오는 소설들을 실시간으로 살펴보지도 않는다. 그들은 고상한 세계에 소속되어 있으며, 그 세계는 소설 나부랭이는 경멸의 대상이라고 이미 추정하고 있다. 그러나 소설은 인기 높은 예술 형태이고, 고급 문예잡지인 『크라이터리언 Criterion』이나 『스크루티니 Scrutiny』와 같은 관점에서 소설에 접근하는 것은 무용한 일이다. 이 잡지들은 문학을 소수의 고상한 사람들이 벌이는 일종의 등 긁어주기 게임(상황에 따라 발톱을 집어넣거나 드러내는)으로 여기고 있다. 소설가는 일차적으로 이야기를 말하는 사람이고, 어떤 사람은 '지식인'이 되지 않고서도 아주 훌륭한 이야기꾼이 될 수 있다(가령 트롤럽 Trollope, 찰스 리드, 서머싯 몸을 보라). 해마다 5천 권의 소설이 출판되고 레이프 스트라우스 Ralph Straus(『선데이 타임스』의 소설 서평가-옮긴이)는 그 모든 책을 읽어달라고 호소한다. 혹은 그가 그 책들을 전부 서평할 수 있다면 실제로 그렇게 하려 했을 것이다. 『크라이터리언』은 그중에서 열두 편 정도에만 주목한다. 그러나 열두 편과 5,000편 사이에는 서로 다른 수준의 진정한 가치를 지닌 100권, 혹은 200권, 더 나아가 500권 정도의 소설이 존재한다. 소설을 사랑하는 비평가라면 바로 이런 책들에 집중해야 한다.

그러나 첫 번째로 필요한 일은 등급을 매기는 방식이다. 많은 수의 소설들은 아예 언급되지 말아야 한다. 『페그스 페이퍼Peg's Paper』에 실리는 모든 연재물을 진지한 서평 대상으로 삼을 때 그것이 비평에 미칠 끔찍한 효과를 한번 생각해보라! 언급될 만한 가치가 있는 책들도 서로 다른 범주에 속해 있다. 『래플스Raffles』는 좋은 책이지만, 『닥터 모로의 섬The Island of Dr. Moreau』도 그렇고, 『파르마의 수도원La Chartreuse de Parme』도 그러하며 『맥베스Macbeth』도 마찬가지다. 하지만 이들은 다 다른 수준에서 '좋은' 책이다. 마찬가지로 『겨울이 오면If Winter Comes』, 『널리 사랑받은 자들The Well-Beloved』, 『미사교적인 사회주의자An Unsocial Socialist』, 『랜슬롯 그리브스 경Sir Lancelot Greaves』 등은 모두 나쁜 책이지만, '나쁨'의 수준이 서로 다르다. 그런데 삼류 서평가는 그런 사실을 애매모호하게 만드는 것을 그의 특기로 삼는다. 소설들을 1, 2, 3등급으로 나누는 엄격한 방식을 고안하는 것이 가능하리라 본다. 그리하여 서평가가 어떤 책을 칭찬하든 비난하든, 그런 등급이 있으면 독자는 서평가가 문제의 책을 어느 정도 진지하게 받아들이기를 바라는지 미리 알 수 있다. 그리고 서평가는 소설이라는 예술을 진정으로 사랑하는 사람이어야 한다. 다시 말해 그는 상급도 중급도 하급도 아닌 그 모든 급에 속하는 사람이어야 한다. 소설의 기법에 관심이 많으면서도 소설의 주제를 발견하는 일에 더 심혈을 기울이는 사람이어야 한다. 실제로 이런 사람이 많이 존재한다. 이제는 구제 불능이 된 삼류 서평가도 이런 사람의 상태에서 시작했다. 그들의 초창기 서평들을 살펴보면 그걸 알 수 있다. 동시에 더 많은 소설 서평을 아마추어가 담당하는 것이 좋으리라 본다. 전문 작가가 아니라 자신에게 깊은 영향을 주는 책들을 열심히 읽는 독자가 유능하지만 따분함을 느끼는 전문가보다 일반 독자들에게 더 해줄 말이 많다. 이 때문에 미국 서평이 그 어리석은 내용에도 불구하고 영국 서평보다 더 좋다. 미국 서평들은 좀 더 아마추어적인데 달리 말하면 훨씬 진지하다.

내가 위에서 말한 이런 방식으로 소설의 위상을 회복할 수 있으리라 믿는다. 여기서 가장 핵심적으로 필요한 것은 매달 쏟아져 나오는 소설들을 주목하면서도 그 평가 기준을 낮추지 않는 신문 혹은 잡지의 존재이다. 그것은 아마도 이름 없는 신문이나 잡지여야 하는데 출판사들이 그런 언론에는 광고하려 들지 않기 때문이다. 반면에 출판사들은 진정한 칭찬을 발견하면 그 칭찬을 책 표지의 띠지에다 인용할 것이다. 설사 그것이 이름 없는 신문일지라도 소설 서평의 전반적 수준을 높이게 될 것이다. 왜냐하면 일요판 신문들의 헛소리는 비교 대상이 없는 탓에 계속되기 때문이다. 설사 주례사 서평이 계속된다고 할지라도, 수준 높은 서평이 존재하여 아직도 진지한 지식인이 소설에 주력하고 있다는 것을 상기시킨다면 주례사 서평은 오래 발붙이기 어려울 것이다. 하느님이 소돔에 의인이 10명만 있어도 그곳을 멸망시키지 않겠다고 한 것처럼, 어디에선가 제정신이 똑바로 박힌 소수의 소설 서평가들이 존재하고 있다는 게 알려진다면 소설은 100퍼센트 경멸을 당하지는 않을 것이다.

현재 당신이 소설을 좋아한다면, 거기서 한 걸음 더 나아가 소설을 쓰고 있다면 그 전망은 극도로 어둡다. '소설'이라는 단어는 '과장된 광고', '천재', '레이프 스트라우스'라는 말을 자동으로 연상시키는데 '치킨' 하면 사람들이 '빵가루 소스'를 생각하는 것과 비슷하다. 지식인들은 거의 본능적으로 소설을 회피한다. 그 결과, 기존 소설가들은 심신이 녹초가 되어버렸고 '뭔가 할 말이 있는' 초보자들은 소설이 아닌 다른 형식을 선호한다. 이런 여파로 벌어지는 소설의 타락은 너무나 분명하게 보인다. 싸구려 문방구의 카운터에 가득 쌓여 있는 4페니짜리 중편소설들을 보라. 이것들은 장편소설의 되보한 후예로서 이들과 『마농 레스코Manon Lescaut』, 『데이비드 코퍼필드David Copperfield』의 관계는 애완견과 늑대의 관계와 비슷하다. 앞으로 오래지 않아 장편소설은 4페니짜리 중편소설과 별반 다를 바 없어질 것이다. 6페니 장정으로 제본된 장편소설이 출판사의 요란한 트럼펫 소리와 함께 출시된다 하더라도 사정은 별로 다르지 않으리라 본다. 여러 사람이 소설은 가까운 장래에 사라질 운명이라고 예언해왔다. 나는 여기서 설명하기에는 너무 길지만, 그래도 분명한 이유 때문에 소설이 앞으로 사라지지는 않으리라 생각한다. 하지만 아주 뛰어난 문학적 두뇌를 갖춘 사람들을 소설의 영역으로 계속 초빙하지 않는다면, 현대의 묘비(칭찬 일색의 글 - 옮긴이)나 펀치와 주디 쇼Punch and Judy show(주인공 펀치와 그의 아내 주디가 등장하는 영국의 전통 인형극, 저속하게 오기는 쇼 옮긴이) 같은 아주 형편없고 타락한 형태로 살아남을 것이라고 예상한다. (1936. 11)

소년 주간지

　대도시의 빈민가를 지나다 보면 작은 신문 판매점을 꼭 하나씩 마주치게 된다. 이런 가게들의 겉모습은 늘 똑같다. 가게 바깥에는 《데일리 메일Daily Mail》이나 《뉴스 오브 더 월드News of the World》의 벽보가 몇 장 붙어 있으며, 비좁은 창가에는 사탕이 든 병과 플레이어스Players 담뱃갑이 놓여 있다. 가게의 어두운 내부에서는 감초 사탕의 냄새가 난다. 바닥부터 천장까지 조악하게 인쇄된 2페니짜리 싸구려 잡지들로 장식되어 있는데, 대부분은 섬뜩한 표지 그림이 삼색으로 인쇄되어 있다.
　조간신문과 석간신문을 제외하고 이런 가게들에 있는 물건은 대형 신문 판매점과 겹치는 것이 거의 없다. 여기서 주로 팔리는 건 싸구려 주간지다. 그런 잡지의 개수와 다양성은 믿을 수 없을 지경이다. 새장 속 새 기르기, 뇌문電文 세공, 목공, 양봉, 전서구 길들이기, 아마추어 마술, 우표 수집, 체스 등 모든 취미와 여가 활동에는 적어도 하나의 잡지, 보통은 여러 개의 잡지가 있다. 원예나 가축 사육을 다루는 잡지는 최소 20종은 되었다. 스포츠 잡지, 라디오 잡지, 아동용 만화, 《티트-비츠Tit-Bits》 같은 다양한 스니펫snippet 잡지(긴 기사 대신 흥미 위주의 짧은 이야기, 가십, 유머 등을 모아 엮은 잡지 - 옮긴이), 여자의 각선미를 선정적으로 이용하는 많은 종류의 영화 잡지, 다양한 업계지, 여성이 좋아할 만한 이야기들만 싣는 잡지(《오라클Oracle》, 《시크리츠Secrets》, 《페그스 페이퍼》 등)도 있다. 바느질 잡지는 엄청나게 많아서 그것들만 진열해도 가게의 창을 가득 메울 정도이다. 여기에 더해 2펜스 반이나 3펜스에 팔리는 소위 '미국 삽시(《파이트 스토리즈Fight Stories》, 《액션 스토리즈Action Stories》, 《웨스턴 숏 스토리즈Western Short Stories》 등)'라 불리는 상당한 분량의 잡지 시리즈들도 있는데 보통 미국에서 오랫동안 팔리지 않아 들여온 것이다. 제대로 된 간행물은 4페니짜리 중편통속소설들(《올딘 박싱 노블스Aldine Boxing Novels》, 《보이스 프렌드 라이브러리Boys' Friend Library》, 《스쿨걸스 온 라이브러리Schoolgirls' Own Library》 등)과 뒤섞여 잘 드러나지 않는다.

이런 가게들 안에 있는 책들은 영국 대중이 느끼고 생각하는 바를 가장 잘 반영한다. 문서 형태로 된 것 중 그 책들처럼 대중의 정서와 생각을 잘 드러내는 건 절반도 채 되지 않으리라. 예를 들어 베스트셀러 소설들은 대중이 무엇을 느끼고 생각하는지에 관해 아주 많은 것을 전해주지만, 그런 소설들은 한 주에 4파운드 이상 버는 사람들만 내상 독자로 삼고 있디. 영화는 대중저인 취향을 파악하기에는 무척 위험한 지표이다. 왜냐하면 영화 산업은 사실상 독점 상태라 대중을 밀접하게 연구할 필요가 전혀 없기 때문이다. 같은 원리가 일간지에도 어느 정도 적용되며, 라디오에는 대부분 그대로 적용된다. 그러나 주간지에는 그런 독점 원리가 통하지 않는다. 소규모로 판매되고 전문적인 주제를 다루기 때문이다. 예를 들어《익스체인지 앤 마트Exchange and Mart》,《케이지-버즈Cage-Birds》,《오라클》,《프레딕션Prediction》,《매트리모니얼 타임스Matrimonial Times》같은 잡지들은 분명한 수요가 있고 독자층의 생각을 잘 반영하기 때문에 존속한다. 이것은 매일 수백만 부가 유통되는 거대한 전국 일간지가 할 수 없는 일이다.

여기서 나는 종종 '싸구려 스릴러 잡지penny dreadfuls'로 잘못 묘사되는 2페니짜리 소년 주간지만 다루고자 한다. 현재 이 부류에 엄밀하게 포함되는 건 10종인데 어맬거메이티드 프레스 Amalgamated Press가 소유한《젬Gem》,《마그넷Magnet》,《모던 보이Modern Boy》,《트라이엄프Triumph》,《챔피언Champion》과 D. C. 톰슨사D. C. Thomson & Co.가 소유한《위저드Wizard》,《로버Rover》,《스키퍼Skipper》,《핫스퍼Hotspur》,《어드벤처Adventure》이다. 이 잡지들이 얼마나 판매되는지는 알지 못한다. 소유주나 편집자나 정확한 수치를 제공하기를 꺼리기 때문이다. 어쨌든 연재물을 싣는 잡지의 판매 부수는 그 변동 폭이 클 수밖에 없다. 하지만 잡지 10종의 독자를 모두 합치면 아주 대단한 규모라는 건 의심할 여지가 없다. 이 잡지들은 영국의 모든 도시에서 판매 중이며, 거의 모든 소년이 하나 혹은 그 이상의 소년지를 읽는 시기를 거친다. 특히《젬》과《마그넷》은 소년지 중에서도 가장 오래됐는데 나머지 소년지들과 다소 다른 유형이며 지난 몇 년 동안 인기가 쇠퇴해왔다. 꽤 많은 소년이 이제 그 두 잡지를 구식이고 '재미없다'고 여긴다. 그럼에도 불구하고 나는 이 두 잡지에 관해 먼저 논하고자 한다. 왜냐하면 그것들은 나머지 소년지보다 심리학적으로 더 흥미로우며 그런 모습을 가지고도 1930년대까지 살아남았다는 것 자체가 놀라운 현상이기 때문이다.

《젬》과《마그넷》은 자매지다(한 잡지에서 나온 인물이 다른 잡지에도 자주 등장한다). 그리고 둘 다 30년을 넘어가는 역사를 지니고 있다. 그 당시에 두 잡지는《첨스Chums》,《보이스 온 페이퍼Boy's Own Paper(이하 BOP)》와 함께 소년지 중에서는 선도적인 위치였고 최근까지도 지배적인 영향력을 보여왔다. 두 잡지 모두 매주 1만 5,000단어에서 2만 단어 분량의 완결된 학교 이야기를 실었다. 독립적인 이야기라고는 하지만 보통 지난주의 이야기와 연결됐다.《젬》은 학교 이야기에 더하여 하나 혹은 그 이상의 모험 연재물을 실었다. 그 외에는《젬》이나《마그넷》이나 무척 비슷하여 동일한 잡지로 취급할 정도이다. 그렇다고는 해도 둘 중에 더 유명한 잡지는 늘《마그넷》이었다. 최고로 인기가 높은 등장인물인 뚱뚱한 소년 빌리 번터Billy Bunter가 등장하기 때문이다.

두 잡지의 이야기들은 사립학교에서 일어나는 일을 다룬다. 그런 학교들(《마그넷》의 그레이프라이어즈Greyfriars와《젬》의 세인트 짐스St. Jim's)은 이튼이나 윈체스터처럼 유서 깊고 상류층 자제들이 다니는 학교로 묘사된다. 모든 주요 인물은 열네 살이나 열다섯 살의 4학년 학생이며, 그들보다 나이가 많거나 적은 아이들은 아주 미미한 역할로만 등장한다. 섹스턴 블레이크Sexton Blake와 넬슨 리Nelson Lee처럼 이 소년들은 몇 주, 몇 년이 지나도 계속 나왔고 절대 나이를 먹지 않았다. 아주 가끔 새로운 소년이 나타나거나 비중이 낮은 인물이 교체됐지만, 적어도 지난 25년간 등장인물이 변경된 적은 거의 없었다. 두 잡지에 등장하는 주요 인물, 즉 밥 체리Bob Cherry, 톰 메리Tom Merry, 해리 워튼Harry Wharton, 조니 불Johnny Bull, 빌리 번터 등은 제1차 세계대전이 발발하기 오래전부터 그레이프라이어즈나 세인트 짐스 학교에 다니고 있었으며, 그때나 지금이나 정확히 같은 나이이고 예전과 똑같은 형태의 모험을 하며 거의 같은 말투로 이야기를 나눈다. 등장인물들뿐만 아니라 전반적인 분위기도 《젬》과 《마그넷》 모두에서 변하지 않고 그대로 유지된다. 이렇게 된 원인 중 하나는 무척 정교하게 양식화했기 때문일 것이다. 《마그넷》의 이야기에는 '프랭크 리처즈Frank Richards'의 서명이, 《젬》의 이야기에는 '마틴 클리퍼드Martin Clifford'의 서명이 들어 있지만, 30년 동안 연재된 글을 매주 같은 사람이 썼다고 보기는 무척 힘들다.[2] 따라서 쉽게 모방할 수 있는 스타일로 집필돼야 했다. 그것은 특이하고, 인공적이고, 반복적이어서 현재의 영어 문학과는 무척 다른 스타일이었다.

---

[2] 이는 틀린 말이다. 해당 이야기들은 처음부터 끝까지 '프랭크 리처즈'와 '마틴 클리퍼드'가 쓴 것이 맞으며, 두 사람은 실제로 동일 인물이다('프랭크 리처즈'와 '마틴 클리퍼드'는 찰스 해밀턴Charles Hamilton의 필명이었다 – 옮긴이). 1940년 5월에 발행된 《호라이즌Horizon》과 1944년 여름에 발행된 《서머 파이Summer Pie》에 실린 기사들을 참고하라. [작가의 각주, 1945년]

그 예로는 두 가지만 발췌해도 충분하다. 다음은 《마그넷》에서 발췌한 글이다.

끙!
"입 좀 다물어, 번터!"
끙!
입을 다무는 건 빌리 번터의 성미에 맞지 않는 일이었다. 그는 좀처럼 입을 다물지 않았다. 종종 그렇게 해달라는 요청을 받아도 마찬가지였다. 그레이프라이어즈의 뚱뚱한 올빼미는 그 어느 때보다도 입을 다물 생각이 없었다. 실세로 입을 다물지도 않았다! 그는 끊임없이 끙끙하는 소리를 냈다.

그 끙끙거리는 소리조차 번터의 감정을 온전히 표현해내지는 못했다. 실제로 그의 감정은 이루 말할 수 없는 것이었다.

그들 여섯은 곤경에 처했다! 그들 중 오로지 한 사람만 괴로움과 애통함을 입 밖으로 냈다. 하지만 그 한 사람, 바로 윌리엄 조지 번터는 6인분은 물론이고 그 이상으로 감정을 표현하고 있었다. 해리 워튼과 그 일행은 격노했지만, 한편으로는 걱정도 하면서 뭉쳐서 서 있었다. 그들은 곤경에 빠져 오도 가도 못했고, 속았고, 낙담했고, 완전히 망했다!

아래는 《젬》에서 발췌한 글이다.

"오, 젠장!"

"아, 맙소사!"

"오오오오!"

"으으으으!"

아서 오거스터스는 현기증을 느끼며 앉았다. 그는 손수건을 꺼내 다친 코를 눌렀다. 톰 메리는 숨이 가빠 헐떡이며 앉았다. 그들은 서로를 바라봤다.

"놀랐어! 엄청 난처한데, 친구!" 아서 오거스터스가 헐떡이며 꺽꺽거리는 소리로 말했다.

"아주 심장이 튀어나와 죽는 줄 알았네! 햐! 저 썩을 놈들! 저 악당 놈들! 저 무시무시한 바깥것들! 와우!"

인용한 두 글은 전적으로 판에 박힌 문장이다. 오늘날이나 25년 전이나 이런 글은 잡지의 모든 호號와 거의 모든 장에서 발견할 수 있다. 이런 글을 읽은 사람이라면 누구든 알아볼 수 있는 첫 번째 특징은 터무니없이 많은 동의어 반복이다(첫 번째 인용문은 125개의 단어를 포함하고 있으나 30개 정도의 단어로 요약할 수 있다). 겉보기에 이것은 이야기를 질질 끌려는 것처럼 보이지만, 실제로는 독특한 분위기를 형성하는 데 기여한다. 같은 이유로 다양한 우스운 표현들이 계속 반복된다. 예를 들어 '격노한'이라는 표현은 무척 선호된다. '속았고, 낙담했고, 망했다'라는 표현도 마찬가지다. '오오오오!', '으으으으!', '웨에엑!' 같이 정형화된 고통스러워하는 비명도 거듭 반복된다. '하! 하! 하!' 역시 마찬가지인데 늘 그 자체로 한 줄을 차지하여 때로는 한 문단의 4분의 1 정도가 '하! 하! 하!'로 구성된 것을 볼 수도 있다. "썩 꺼져!", "젠장, 이게 뭐야!", "이 바보 같은 놈!" 등의 속어는 적어도 30년은 된 구식 표현이다. 거기에 더해 등장인물들의 다양한 별명이 조금이라도 언급될 여지가 있는 상황이라면 어김없이 등장한다. 몇 줄 읽을 때마다 독자는 해리 워튼과 그 일행이 "유명한 5인조"로, 번터는 항상 "뚱뚱한 올빼미" 혹은 "보충반의 올빼미"로, 버넌-스미스 Vernon-Smith는 늘 "그레이프라이어즈의 망나니"로, 거시Gussy(명예로운the Honorable(백작 이하 자녀에게 수여하는 경칭) 아서 오거스터스 다시)는 언제나 "세인트 짐스의 스타"로 불린다는 것을 계속 확인하게 된다. 작중 분위기를 고스란히 유지하고 신규 독자가 즉시 등장인물을 확실히 구분할 수 있도록 하려는 지속적이고 끈기 있는 노력이 이야기에서 드러난다. 그 결과, 그레이프라이어즈 학교와 세인트 짐스 학교는 등장인물들만 다니는 듯한 독특한 작은 세계가 된다. 이 세계는 열다섯 살만 넘어도 진지하게 받아들이기 어렵지만, 어쨌든 쉽게 잊지는 못하게 된다. 디킨스 기법의 열악한 버전으로 일련의 틀에 박힌 '등장인물'들이 만들어졌는데 몇몇 경우에는 굉장한 성공을 거두기도 한다. 예를 들면 빌리 번터는 틀림없이 영국 소설에서 가장 잘 알려진 인물 중 하나이다. 단순히 번터를 아는 사람의 수만 따지면 섹스턴 블레이크, 타잔, 셜록 홈스, 디킨스 작품에 등장한 몇몇 인물과 어깨를 나란히 한다.

    이런 이야기들이 실제 사립학교 생활과 완전히 다른 기상천외한 생활을 다루고 있다는 섬은 말할 필요고치 없다. 이야기들은 좀 다른 형태로 계속 순환되지만 보통 악의 없는 소란을 벌이는 것으로 그치고, 그 관심은 떠들썩하고 짓궂은 장난, 서로를 겨냥한 조롱, 싸움, 체벌, 축구, 크리켓, 음식 등에 집중된다. 어떤 소년이 다른 사람이 저지른 비행으로 욕을 먹지만 지나치게 의리를 중시하여 진실을 밝히지 않는 이야기도 자주 반복된다. '훌륭한' 소년들은 건전한 생활을 하는 영국인의 전통에 따르는 '훌륭한' 사람이다. 그들은 꾸준히 맹훈련을 하며, 귀 뒤까지 몸을 청결하게 하고, 비겁한 짓을 하지 않는다. 래키Racke, 크룩Crooke, 로더Loder 등 '나쁜' 소년들은 이와 대조적인 모습을 보인다. 그들은 내기, 흡연, 빈번한 선술집 출입 같은 비행을 저지른다. 이 소년들은 퇴학 일보 직전의 비행을 저지르지만, 정말로 한 사람이라도 퇴학당하게 되면 등장인물에 변동이 생기기에 아무도 진짜 심각한 비행으로 적발된 적은 없다. 예를 들면 절도 행위는 이야기의 소재로 거의 사용되지 않는다. 섹스는 철저한 금기다. 특히 실제로 사립학교에서 발생하는 형태는 금기 중의 금기다. 가끔 소녀들이 이야기에 등장할 때도 있고, 아주 드물게 약한 추파를 던지는 일도 벌어지지만, 늘 전적으로 건전한 오락을 즐기는 것으로 그친다. 소년과 소녀는 함께 자전거를 탈 뿐 이야기는 거기서 더 이상 나아가지 않는다. 예를 들면 키스는 '지극히 나약하고 유치하며 감상적인 행위'로 간주된다. 비행을 저지르는 소년들도 섹스와는 철저하게 무관하다. 《젬》과 《마그넷》은 창간됐을 때 초창기의 소년문학 대다수에 만연하던, 즉 소년들에게 성적 죄책감을 강요하던 분위기에서 벗어나려는 계획적 의도가 있었다. 예를 들면 1890년대에 《BOP》의 독자투고란에는 수음에 반대하는 겁나는 경고들이 가득 실렸고, 《세인트 위니프리드즈St. Winifred's》와 《톰 브라운즈 스쿨데이즈Tom Brown's Schooldays》 같은 책들은 동성애 정서가 물씬 풍겼다. 다만 작가들이 이를 온전히 의식하지 못했음은 분명했다. 《젬》과 《마그넷》에서 성性은 하나의 문제로 존재하지 않았다. 종교 역시 금기였다. 두 잡지가 발행된 30년 내내 '하느님'이라는 단어는 눈에 띄지 않았고, 유일한 예외라면 "신이여 왕을 구하소서"라는 문장이 나올 때였다. 반면 '절제'해야 한다는 압박은 언제나 강력했다. 음주, 그리고 그와 연관되는 흡연은 성인에게도 다소 수치스러운 일로 여겨졌다('떳떳하지 못한'이라는 단어가 늘 사용됐다). 하지만 동시에 그런 행위들은 저항할 수 없는 매력적인 것이자 성의 대체재 같은 것으로 받아들여졌다. 도덕적인 분위기라는 측면에서 《젬》과 《마그넷》은 거의 같은 시기에 시작된 보이스카우트 운동과 일맥상통하는 부분이 많았다.

이런 부류에 해당하는 모든 문학은 부분적으로는 표절이다. 예를 들면 섹스턴 블레이크는 그 시작부터 꽤 노골적으로 셜록 홈스를 모방한 인물이었고, 아직도 무척 분명하게 홈스와 비슷한 모습을 보인다. 그는 매와 같은 이목구비를 지녔고, 베이커 거리에서 살았으며, 엄청나게 담배를 많이 피웠다. 게다가 깊이 생각할 거리가 있을 때는 실내복도 걸쳤다. 《젬》과 《마그넷》은 창간 당시에 건비 하다스Gunby Hadath, 데즈먼드 코크Desmond Coke 등 학교 이야기로 성공한 작가들에게 빚을 졌지만, 굳이 더 빚을 진 쪽을 꼽자면 19세기에 유행한 문학들일 것이다. 그레이프라이어즈와 세인트 짐스는 현대 사립학교보다는 톰 브라운이 다니던 사립학교 럭비와 훨씬 비슷하다. 예를 들면 두 학교 모두 공식 복장이 없고, 운동도 의무 사항이 아니며, 소년들은 아무 옷이나 원하는 대로 입을 수 있다. 하지만 두 잡지의 주된 원천은 의심할 여지 없이 키플링Kipling의 단편집『스토키 앤 컴퍼니Stalky & Co.』였다. 이 책은 소년문학에 지대한 영향을 미쳤고, 그 책을 본 적도 없는 사람들까지 익히 그 명성을 알고 있었다. 키플링의 단편집이 어찌나 유명한지 소년 주간지들도『스토키 앤 컴퍼니』를 언급하면서 '스토키'라고 줄여서 쓸 정도였고, 나 역시 소년 주간지에서 이런 표기를 본 게 여러 번이었다. 그레이프라이어즈 교사 중 가장 웃긴 사람은 프라우트Prout 씨인데, 이 사람의 이름도『스토키 앤 컴퍼니』에서 가져왔다. 이야기에서 사용되는 속어 대다수도 마찬가지였다. '농담jape', '즐거운merry', '경박한giddy', '일bizney', '멋진frabjous' 등이 그런 사례이다. 주어가 3인칭이라 'doesn't'를 써야 할 자리에 'don't'를 쓰는 것도 키플링에게서 온 것이다. 이 모든 속어는《젬》과《마그넷》이 창간됐을 때조차 이미 구식이었다. 과거의 기원에 영향을 받았다는 흔적은 이것 말고도 또 있다. '그레이프라이어즈'라는 명칭은 19세기 영국 소설가 새커리Thackeray에게서 가져온 것일 수 있다. 또한《마그넷》에 등장하는 학교 수위인 고슬링Gosling은 디킨스식 말투를 그대로 따라 하기도 한다.

이 모든 것과 함께 소위 사립학교 생활의 '화려함'도 십분 제 역할을 발휘한다. 통금, 점호, 기숙사 대항전, 종복 제도從僕制度, 반장, 서재 난롯가 근처에서 편안하게 차를 마시는 모습 등 사립학교에서 목격되는 모든 장치가 등장한다. 그리고 "유서 깊은 학교",

"오래된 회색 돌벽(두 학교 모두 16세기 초에 설립됐다는 설정이다)", "그레이프라이어즈 학생"의 "팀 정신" 같은 말은 꾸준하게 언급된다. 이야기에 나타나는 독자의 속물근성을 자극하는 요소에 대하여 말해보자면, 뭐라고 할까 창피하다는 걸 아예 모르는 수준이다. 각 학교에는 작위를 가진 소년이 한두 명은 꼭 있는데 독자의 앞에 끊임없이 그 작위를 들이댄다. 탤벗Talbot, 매너즈Manners, 라우더Lowther 같은 유명한 귀족 가문의 이름을 가진 소년들 역시 등장한다. 거시가 이스트우드Eastwood 경의 아들인 명예로운 아서 A. 다시라는 것, 잭 블레이크Jack Blake가 '대지주'의 상속자라는 것, 잉키Inky라는 별명으로 불리는 허리 잼셋 람 싱Hurree Jamsct Ram Singh이 인도 바니푸르의 태수 아들이라는 것, 버넌-스미스가 백만장자의 아들이라는 것은 귀에 딱지가 앉을 정도로 언급된다. 최근까지도 두 잡지의 삽화에서 소년들의 복장은 늘 이튼 학교의 교복을 입은 모습으로 그려졌다. 몇 년 전에 그레이프라이어즈는 블레이저와 플란넬 바지로 복장이 바뀌었지만, 세인트 짐스는 여전히 이튼 재킷을 고집하며 거시 역시 자신의 독특한 모자인 톱햇을 고수한다. 《마그넷》의 일부로 매주 선보이는 가상의 학교 잡지에서 해리 워튼은 '보충반 동급생들'이 받는 용돈을 논한 글을 실었는데 거기서 일부는 매주 5파운드씩이나(당시에 5파운드는 일반 노동자의 일주일 임금과 비슷한 액수로 엄청난 거액에 해당한다-옮긴이) 받고 있다는 점이 밝혀진다! 이런 언급은 부富에 관한 환상을 갖게 하려는 완전히 고의적인 선동이다. 이런 이야기에서 주목할 만한 다소 흥미로운 사실이 한 가지 있다. 바로 학교 이야기가 영국 특유의 것이라는 점이다. 내가 아는 한 영어 이외의 언어에서 학교 이야기는 지극히 적다. 그 이유는 명확한데 영국에서 교육은 대개 신분과 관련되기 때문이다. 소시민계급과 노동자계급을 가장 명확하게 가르는 구분선은 전자가 교육비를 낸다는 것이다. 자본가계급 안에서도 '명문 사립학교'와 '일반 사립학교' 사이에는 또 다른 메울 수 없는 격차가 있다. '상류층이 다니는' 사립학교 생활의 모든 세세한 부분이 몹시 황홀하고 낭만적일 것이라고 생각하는 사람이 무수히 많다. 그들은 사각형 안뜰과 기숙사 깃발이 펄럭이는 신비한 세계의 바깥에 있지만, 끊임없이 그 세계를 동경하고 공상하며 정신적으로는 아예 그 세계 안에 들어가서 살아간다. 그렇다면 문제는 이 사람들이 누구냐는 것이다. 누가 《젬》과 《마그넷》을 읽는 걸까?

　이런 부류의 질문에 확실하게 대답할 수 있는 사람은 분명 없다. 그러니 나는 개인적인 관찰에 의존하여 이 문제에 대답하려 한다. 사립학교에 입학할 가능성이 높은 소년들도 보통 《젬》과 《마그넷》을 읽는다. 하지만 그들은 열두 살쯤 되면 그 잡지를 내던진다. 보던 습관이 있어 한 해 정도는 더 읽을 수도 있겠지만, 그때쯤이면 잡지의 내용을 진지하게 받아들이지 않는다. 반면 학비가 아주 저렴한 사립학교, 즉 공립학교를 '천박하다'고 여기지만 명문 사립학교에 다닐 비용은 대지 못하는 가정을 위해 설립된 학교에 다니는 소년들은 몇 년 더 《젬》과 《마그넷》을 구독한다. 몇 년 전, 나는 이런 평범한 학교 두 곳에서 임시 교사로 일한 적이 있다. 나는 그곳의 모든 소년이 《젬》과 《마그넷》을 읽는 모습을 목격했을 뿐만 아니라 그들이 열다섯 살, 심지어 열여섯 살이 되어도 그 내용을 꽤 진지하게 받아들인다는 것을 알게 되었다. 이런 소년들은 작은 가게 주인, 사무원, 소기업 사장, 전문가의 아들들이었다. 그리고 이런 계층이야말로 《젬》과 《마그넷》이 겨냥하는 대상이었다. 하지만 노동계급 가정의 소년들도 분명 두 잡지를 읽었다. 두 잡지는 보통 대도시의 가장 빈곤한 주거 지역에서 판매됐고, 나는 사립학교의 '화려함'과는 전혀 무관한 것으로 생각되는 소년들이 그 잡지를 구독한다는 점을 알고 있다. 예를 들어보자. 내가 봤던 한 젊은 광부는 이미 지하갱에서 일한 지 2년 가까이 된 친구인데도 《젬》을 열성적으로 읽었다. 최근에 나는 북아프리카의 프랑스 외인부대에 복무하는 영국 용병 몇 명에게 영국 잡지 한 꾸러미를 보냈는데 그들은 가장 먼저 《젬》과 《마그넷》을 집어 들었다. 소녀들도 두 잡지를 많이 읽었다.[3]

또한 《젬》의 상설 독자란은 그 잡지를 오스트레일리아인, 캐나다인, 팔레스타인 유대인, 말레이인, 아랍인, 페라나칸 등 대영제국 전역의 사람들이 읽는다는 것을 보여준다. 편집자들은 분명 독자층을 열네 살 정도로 예상했고, 그래서 광고도 그에 맞추어 실렸다(밀크 초콜릿, 우표, 물총, 홍조 치료제, 가정용 마술 도구, 가려움을

---

[3] 소녀들을 대상으로 하는 잡지도 여럿 있었다. 《스쿨걸Schoolgirl》은 《마그넷》의 자매지였고, '힐다 리처즈Hilda Richards'라는 사람이 이야기를 썼다. 등장인물들은 어느 정도 호환되는 면이 있었다. 《스쿨걸》에 등장하는 인물인 베시 번터 Bessie Bunter는 빌리 번터의 여동생이기도 하다. [작가의 각주]

일으키는 장난감 가루, 친구의 손을 잡으면 작고 뭉툭한 바늘이 튀어나와 깜짝 놀라게 하는 바늘이 있는 핀편링Phine Phun Ring 등). 하지만 해군 모집 광고도 있었는데 열일곱 살에서 스물두 살 사이의 청년을 대상으로 하는 광고였다. 편집자에게 지난 30년 동안 《젬》이나 《마그넷》의 모든 호를 읽었다고 편지를 보내는 사람들은 꽤 흔했다. 그 예로 솔즈베리에 사는 한 숙녀에게서 온 편지를 실어보겠다.

그레이프라이어즈의 해리 워튼과 친구들의 훌륭한 이야기는 그 수준이 항상 높아요. 지금 업계에서 쏟아지는 많은 이야기 중에서도 가장 훌륭하다는 건 의심할 나위가 없어요. 그들을 보면 너무 생생하여 마치 자연현상과 대면하는 것 같은 기분이에요. 저는 《마그넷》을 창간호부터 봐왔으며, 열렬한 관심을 가지고 해리 워튼과 친구들의 모험을 따라가고 있어요. 아들은 없고 딸이 둘 있지만, 그 아이들도 늘 앞다투어 훌륭하고 오래된 잡지를 읽으려고 한답니다. 애들 아빠도 갑자기 우리 곁을 떠나기 전까지는 《마그넷》의 충실한 독자였어요.

《젬》과 《마그넷》을 몇 부 구해두는 건 가치 있는 일이다. 특히 독자란을 볼 수 있는 《젬》은 더 가치가 높다. 정말 놀라운 점은 독자들이 그레이프라이어즈와 세인트 짐스의 아주 사소한 생활에까지도 엄청나게 관심을 보인다는 것이다. 독자들이 보낸 몇 가지 질문을 그 예로 아래에 실어보겠다.

"딕 로일런스Dick Roylance는 몇 살인가요?" "세인트 짐스는 얼마나 오래됐나요?" "상위반에 소속된 학생들의 명단과 그들이 배우는 과목을 알려줄 수 있나요?" "다시의 외알 안경은 얼마 정도 하나요?" "크룩 같은 녀석도 상위반에 있는데 어떻게 당신처럼 괜찮은 친구들이 겨우 중위반에 있는 거죠?" "반장이 해야 할 세 가지 주된 임무는 뭐예요?" "세인트 짐스의 화학 교사는 누구죠(여학생이 보낸 질문이다)?" "세인트 짐스가 어디에 있나요? 어떻게 가는지 알려줄 수 있어요? 건물을 좀 보고 싶어서요. 혹시 여러분은 내 생각처럼 다 '가짜'인가요?"

이런 편지를 보낸 많은 소년과 소녀가 완전히 공상 속에서 살고 있다는 점은 분명하다. 때로 어떤 소년은 자신의 나이, 키, 몸무게, 가슴둘레, 이두박근 둘레를 적은 편지를 보내 상위반이나 중위반의 누구와 가장 비슷한지를 물어보기도 한다. 상위반 학생들이 각각 어느 기숙사를 쓰는지, 그들이 무슨 공부를 하는지에 관해 정확한 설명을 요구하는 일은 무척 흔했다. 당연히 편집자들은 환상을 유지하기 위해 온 힘을 다했다. 《젬》에서 잭 블레이크는 독자들이 보낸 편지에 답했고, 《마그넷》에는 늘 해리 워튼이 편집하는 그레이프라이어즈의 교지 《그레이프라이어즈 헤럴드》가 몇 페이지에 걸쳐 실렸다. 매주 등장인물을 조명하는 글도 몇 페이지 분량으로 올라왔다. 이런 이야기들은 주기적으로 순환했는데 등장인물 두셋을 한 번에 몇 주에 걸쳐 전면에 내세웠다. 처음에 '유명한 5인조'와 빌리 번터를 다룬 신나는 모험 이야기기 연재되면, 그다음에는 분장 마술사 위블리Wibley가 주인공으로 활약하며 다른 사람처럼 행세하는 이야기가 연재되고, 뒤이어 버넌-스미스가 퇴학에 직면하여 떨고 있는 심각한 분위기의 이야기가 연재된다. 《젬》과 《마그넷》의 진정한 비결, 그리고 분명 시대에 뒤떨어진 것처럼 보이는데도 계속 독자들의 선택을 받는 그럴싸한 이유가 바로 여기서 드러난다.

등장인물은 무척 신중하게 분류되어 거의 모든 독자가 그중 한 인물과 자신을 동일시할 수 있다. 소년지 대다수가 이런 점을 노린다. 그래서 탐험가, 탐정, 혹은 그와 비슷한 직업을 가진 인물의 모험에는 꼭 함께 따라나서는 소년 조수(섹스턴 블레이크의 팅커Tinker, 넬슨 리의 니퍼Nipper 등)가 등장한다. 하지만 이런 경우에 소년 조수는 단 1명뿐이며, 이야기가 다르더라도 그런 소년은 보통 똑같은 모습을 보인다. 《젬》과 《마그넷》에는 거의 모든 인물 유형이 있다. 운동을 잘하는 활발한 보통 소년(톰 메리, 잭 블레이크, 프랭크 뉴전트Frank Nugent), 방금 말한 유형과 비슷하지만 좀 더 소란스러운 소년(밥 체리), 귀족 느낌이 많이 나는 소년(탤벗, 매너즈), 조용하고 진지한 소년(해리 워튼), 그리고 둔감하고 '불독처럼 완고한' 소년(조니 불)도 있다. 또 무모하면서도 대담한 소년(버넌-스미스), '영리하면서' 학구적인 소년(마크 린리Mark Linley, 딕 펜폴드Dick Penfold), 운동경기에는 소질이 없지만 특별한 재능을 지닌 괴짜 소년(스키너 위블리Skinner Wibley)이 있다. 장학생(톰 레드윙Tom Redwing)도 있는데 이 소년은 이런 종류의 이야기에서 중요한 인물이다. 왜냐하면 아주 빈곤한 가정 출신의 소년들도 사립학교 분위기에 자신을 투영할 수 있도록 해주는 인물이기 때문이다. 거기에 더해 오스트레일리아, 아일랜드, 웨일스, 맨 섬, 요 크셔, 랭커셔 출신의 소년들은 애향심을 드러내는 데 적극 활용 됐다. 하지만 등장인물을 세밀하게 구분하는 특징 부여는 이보다 더 깊은 차원에서 이루어진다. 독자란을 살펴보는 사람은 《젬》과 《마그넷》의 등장인물 중에서 독자가 동일시하지 못할 인물이 없 다는 걸 알게 된다. 물론 철저하게 희극 배우 같은 코커Coker와 빌 리 번터, 피셔 T. 피시Fisher T. Fish(악착스럽게 돈을 긁어모으는 미국 소년), 그리고 교사들은 이런 동일시의 대상이 아니다. 비록 디킨 스의 장편소설 『픽윅 클럽 여행기Pickwick』의 뚱보 소년에게서 어 느 정도 영향을 받았다곤 하지만, 번터는 멋지게 창조된 인물이 다. 몸에 꽉 끼어 움직일 때면 부츠가 계속 부딪치고 친구들도 지 팡이를 들고 쫓아와 툭툭 쳐대는 바지, 기가 막히게 음식을 찾아 내는 빈틈없는 솜씨, 영원히 도착하지 않는 우편환 덕분에 번터 는 유니언잭이 나부끼는 곳이라면 어디에서든 모르는 사람이 없 는 유명 인사가 되었다. 하지만 번터는 몽상의 대상은 아니다. 반 면 재미있는 친구로 보이는 거시(명예로운 아서 A. 다시, "세인트 짐 스의 스타")는 분명 엄청난 동경의 대상이다. 《젬》과 《마그넷》의 다른 모든 요소처럼 거시는 적어도 30년은 시대에 뒤떨어진 인물 이다. 그는 20세기 초반의 '멋쟁이(경박하게 멋을 부리고 유행에 민 감한 젊은이)'이거나 1890년대의 '호색한(화려한 차림으로 여성에게 추파를 던지거나 끈질기게 따라다니는 남성)'이며("맙소사, 친구!""나 "저 런, 네게 무서운 한 방을 날려야겠는걸!" 같은 말을 일부러 우스꽝스럽게 비꼬며 구사한다), 몽스 전장과 르 카토 전장에서는 훌륭한 활약을

Chapter II　　　　작가는 무엇을 어떻게 쓰는가?　　　　65

보여준 외알 안경의 멍청이다. 거시 같은 부류의 인물이 속물근성을 얼마나 크게 자극하는지는 거시가 누리는 엄청난 인기로 증명된다. 영국 사람들은 긴급한 순간에 늘 기대 이상으로 성과를 거두는 멍청한 귀족(피터 윔시Peter Wimscy 경 같은 인물)을 무척 선호한다. 다음은 거시를 동경하는 한 소녀가 보낸 편지다.

나는 당신이 거시한테 너무 심하게 대한다고 생각해요. 당신이 그를 대하는 태도를 보면 거시가 아직 살아 있다는 게 놀라울 정도예요. 거시는 내 영웅이라고요. 내가 다음과 같은 노랫말을 썼다는 걸 아세요? 〈구디 구디Goody Goody〉에 맞춰서 불러보는 것도 괜찮은데 어때요?

내 방독면을 챙겨서 방공 방위대에 들어갈 거예요
당신이 폭탄을 떨어뜨릴 것을 알 정도는 되니까요
정원 울타리 안에는
혼자서 나만의 참호를 팔 거예요
창문도 전부 양철로 봉인할 거예요
최루가스가 안으로 들어오면 안 되니까
연석緣石 바로 바깥에 내 대포를 가져다 놓을 거예요
아돌프 히틀러에게 보여줄 경고문 '민폐 끼치지 마!'도 같이요
나치의 손아귀에 떨어지지 않는다면
나는 그것만으로도 충분해요
내 방독면을 챙겨서 방공 방위대에 들어갈 거예요

추신 – 여자애들과는 잘 지내고 있나요?

굳이 독자의 전문(1939년 4월 호에 실림)을 인용한 것은 이 글이 《젬》에서 히틀러를 언급한 최초의 글이어서 흥미롭기 때문이다. 《젬》에는 중요한 영웅적 뚱보 소년으로 패티 윈Fatty Wynn이 있는데 번터에 대응하는 인물이다. "보충반의 망나니"이자, 비장하면서도 낭만적인 분위기를 풍기는 낭만파 시인 바이런식 인물인 버넌-스미스는 늘 퇴학 직전까지 내몰리지만, 역시 무척 인기 있는 인물이다. 심지어 몇몇 비열한 소년에게도 팬들이 있다. 예를 들면 "최고 학년의 깡패" 로더는 비열하지만, 동시에 교양인이기도 하다. 그는 그 바탕으로 축구와 팀 정신에 대해 빈정대는 말을 하곤 한다. 그래서 보충반 소년들은 로더를 더욱더 비열한 사람으로 취급하지만, 특정 부류의 소년은 그와 자신을 같다고 생각할 것이다. 심지어 래키, 크룩과 그들의 친구들조차 흡연을 극악무도한 행위라고 생각하는 어린 소년들에게 동경의 대상이 되기도 한다(독자란에 자주 등장하는 질문 중 하나는 "래키는 어떤 담배를 피우나요?"이다).

본래 《젬》과 《마그넷》은 보수당을 지지하는 정치 성향을 보였지만, 파시즘의 색채가 전혀 없는 1914년 이전의 보수주의를 지향했다. 실제로 두 잡지의 정치적 기본 전제는 두 가지다. 하나는 아무것도 변하지 않는다는 것이고, 다른 하나는 외국인은 기이하다는 것이다. 1939년에 발행된 《젬》에서 프랑스인들은 여전히 '프로기Froggy'라 불렸고, 이탈리아인들은 여전히 '데이고Dago'

라 불렸다. 그레이프라이어즈의 프랑스인 교사 모수Mossoo는 만화 잡지에 늘 나오는, 끝이 뾰족한 수염을 기르고 팽이 모양 바지를 입은 이상한 프랑스인이었다. 인도 소년인 잉키는 왕족이라 속물근성을 자극하는 매력을 지녔지만, 유머 및 풍자 잡지《펀치Punch》에 우스꽝스럽게 희화화된 인도인 관료의 모습을 보인다("나의 존경하는 밥이여, 싸우려는 건 적합한 행동이 못 되네. 개들이 즐겁게 짖고 물도록 놔두자고. 하지만 영국 격언에도 그런 말이 있잖은가. 부드러운 대답은 덤불 속의 새에게 가장 멀리 날아가는 금 간 물병이라고(영국 속담 "부드러운 대답은 분노를 돌이킨다"와 "손안의 새 한 마리가 덤불 속의 두 마리 새보다 낫다"를 엉뚱하게 섞은 문장이다 – 옮긴이)). 피셔 T. 피시는 영국과 미국이 서로 질투하던 시절에나 어울릴 법한 완전히 낡아빠진 미국인의 모습을 보여준다. "뭐, 그럴 거야" 같은 말을 할 때 드러나는 발음을 봐도 그렇다. 중국인 소년 운룽Wun Lung은(최근에는 잘 보이지 않는데, 페라나칸들도《마그넷》독자이기 때문일 것이다) 접시처럼 생긴 모자를 쓰고 변발을 한 채로 중국 특유의 상업영어를 쓰는 것이 딱 19세기 팬터마임에 나오는 중국인의 모습이다. 외국인들은 웃음을 주기 위해 배치된 희극적 인물일 뿐만 아니라 곤충처럼 분류할 수 있는 존재라는 전제는 줄곧 깔려 있었다.《젬》과《마그넷》뿐만 아니라 모든 소년지에서 중국인이 늘 변발을 한 모습인 것도 다 그런 이유 때문이다. 수염을 보고 프랑스인을, 배럴 오르간을 보고 이탈리아인을 알아보는 것처럼 변발로 중국인을 인식하는 것이다. 이런 부류의 잡지는 때로 외국을 이야기의 배경으로 삼을 때 그 나라의 토박이들을 개별적인 인물로 묘사하기도 하지만, 대체로 한 인종에 속한 외국인들은 모두 똑같은 사람이라고 가정한다. 그리고 그들은 정확히 다음과 같은 유형에 따른다.

프랑스인: 흥분을 잘함, 수염을 기름, 몸짓을 격하게 함
스페인인, 멕시코인 등: 사악하고 신뢰할 수 없음
아랍인, 아프가니스탄인 등: 사악하고 신뢰할 수 없음
중국인: 사악하고 신뢰할 수 없음, 변발
이탈리아인: 흥분을 잘함, 배럴 오르간을 연주하거나 단검을 들고 다님
스웨덴인, 덴마크인 등: 친절함, 멍청함
흑인: 우스꽝스러움, 충성심이 무척 강함

《젬》과《마그넷》에 등장하는 노동계급 출신의 인물들은 웃음거리이거나 절반은 악당이다(경마장의 암표상 등). 계급 갈등, 노동조합주의, 파업, 불황, 실업, 파시즘, 내전 같은 이야기는 전혀 취급되지 않는다. 30년 동안 계속된 두 잡지의 어느 호 어딘가에서 '사회주의'라는 단어를 찾을 수도 있을지 모르지만 찾는 데 무척 오래 걸릴 것이다. 러시아혁명이 어딘가에서 언급됐다고 하더라도 '볼시Bolshy(난폭하고 무례한 습관을 지닌 사람)'라는 단어로 간접적으로 언급됐을 것이다. 히틀러와 나치는 앞서 내가 인용한 글과 같은 부류에서 언급되면서 그 모습을 막 드러내기 시작했다. 1938년 9월에 대두된 전쟁 위기는 망나니의 백만장자 아버지인

버넌-스미스 씨가 전국적 공황에 편승하여 '전쟁 피난민들'에게 되팔 교외의 집들을 사들이는 이야기를 만들어낼 정도의 인상만 남겼다. 하지만 실제로 전쟁이 발발하기 전까지는 그 정도가 《젬》과 《마그넷》이 유럽의 상황을 인식하는 거의 유일한 방식일 것이다.[4] 그렇다고 두 잡지가 애국적이지 않다는 뜻은 아니다. 오히려 정반대이다! 제1차 세계대전이 벌어지던 내내 《젬》과 《마그넷》은 영국에서 가장 변함없는 애국 잡지의 모습을 보여줬다. 거의 매주 소년들은 간첩을 잡거나 양심적 병역 거부자를 압박하여 입대시켰다. 배급을 시행하던 시기에는 모든 페이지에 "빵을 적게 먹자"라는 문구를 크게 인쇄해놓았다. 하지만 소년들의 애국심은 힘의 정치나 '이념 전쟁'과는 전혀 관계가 없다. 그들의 애국심은 가족에게 충실히 대하는 충성심 같은 것이었다. 사실 그것은 평범한 사람들의 태도를 가늠할 수 있는 귀중한 단서인데, 특히 아무런 영향을 받지 않는 거대한 중산층과 형편이 나은 노동계급의 태도를 더욱 잘 엿보게 해준다. 이런 사람들은 뼛속까지 애국자이지만, 다른 나라에서 벌어지는 일을 자신의 문제라고 생각하지 않는다. 영국이 위험해지면 그들은 당연히 고국을 방어하러 나서겠지만, 실제로 그런 일이 벌어지기 전까지 아예 관심이 없다. 어쨌든 영국은 지금껏 늘 올바르고 패배해본 적 없는 국가인데 걱정할 게 무엇이냐는 것이다. 이런 태도는 지난 20년 동안 흔들려왔

---

4   이 글은 전쟁이 발발하기 몇 달 전에 작성됐다. 1939년 9월 말까지 두 잡지는 전쟁에 관해 어떤 언급도 하지 않았다. [작가의 각주]

지만, 때때로 사람들이 생각하는 것만큼 그리 깊이 흔들리지는 않았다. 좌파 정당들이 만족스러운 외교정책을 내놓지 못하는 이유 중 하나가 바로 이런 점을 제대로 이해하지 못하기 때문이다.

따라서 《젬》과 《마그넷》의 세계관은 다음과 같다.

시간적인 배경은 1910년이다. 1940년일 수도 있지만 여하튼 차이는 없다. 당신은 그레이프라이어즈에 다니는 발그레한 볼의 열네 살 소년이며, 호화로운 맞춤복을 입고 보충반 복도에 있는 서재에 앉아서 차를 마신다. 당신은 종료 30초 전에 들어간 기묘한 골로 짜릿하게 이긴 축구 경기를 마치고 막 서재로 들어온 참이다. 서재에는 아늑한 난로가 있고, 바깥에서 부는 바람은 휘파람 소리를 낸다. 오래된 회색 돌벽 위로는 담쟁이덩굴이 무리를 지어 두껍게 덮여 있다. 왕은 옥좌에 앉아 있으며 파운드는 파운드에 걸맞은 가치를 갖고 있다. 유럽 저편에서는 우스꽝스러운 외국인들이 재잘거리며 기이한 몸짓을 해대지만, 대영제국 해군의 엄숙한 회색 전함들은 영국 해협을 오가며 증기를 내뿜는다. 제국의 변경 식민지에서는 외알 안경을 낀 영국인들이 흑인들의 봉기를 저지하고 있다. 몰러버러Mauleverer 경(귀족 출신 학생)은 또 5파운드를 용돈으로 손에 넣었고, 우리는 모두 편안히 앉아 소시지, 정어리, 크럼펫, 빵에 발라 먹는 통조림 고기, 잼, 도넛, 그리고 차가 있는 풍성한 저녁을 먹는다. 저녁을 먹은 후 우리는 서재 난로 주위에 앉아 빌리 번터를 보며 한바탕 크게 웃을 것이고, 더불어 다음 주에 있을 루크우드와의 시합에 나설 팀에 관해 논의할 것이다. 모든 것이 안전하고, 굳건하며, 확실하다. 모든 것은 영원히 똑같을 것이다. 이것이 바로 《젬》과 《마그넷》의 세계관이다.

이제 《젬》과 《마그넷》에서 벗어나 제1차 세계대전 이래로 등장한 좀 더 새로운 소년지들로 눈을 돌려보자. 일단 정말 의미심장한 점은 신생 소년지들이 기존 두 잡지와 비교했을 때 차이점보다는 유사점이 더 많다는 사실이다. 하지만 우선 차이점부터 알아보자.

이런 신생 잡지는 8개가 있는데 《모던 보이》, 《트라이엄프》, 《챔피언》, 《위저드》, 《로버》, 《스키퍼》, 《핫스퍼》, 《어드벤처》이다. 이 모든 소년지는 제1차 세계대전 이후에 창간됐는데 《모던 보이》만 아직 5년이 안 되었다. 일단 여기서 두 잡지를 간단하게 언급해야 하는데 엄밀히 말하면 방금 언급한 소년지들과 같은 잡지는 아니다. 그 두 잡지는 바로 어맬거메이티드 프레스의 《디텍티브 위클리Detective Weekly》와 《스릴러Thriller》이다. 《디텍티브 위클리》는 섹스턴 블레이크를 데려갔다. 두 잡지 모두 어느 정도 성적인 요소를 이야기에 받아들였다. 두 잡지의 독자층에는 분명 소년들도 포함되지만 그들만을 노리고 만들어진 것은 아니다. 나머지 잡지들은 전부 순수하고 단순한 소년지로 함께 다루어도 될 만큼 비슷하다. 톰슨 출판사와 어맬거메이티드 프레스의 소년지 사이에는 눈에 띄는 차이점이 보이지 않는다.

이런 최근의 소년지들을 보면 《젬》, 《마그넷》과 비교했을 때 기술적인 우위가 돋보인다. 우선 그들은 한 사람이 전담하여 글을 쓰지 않는다는 커다란 이점이 있다. 길고 그 자체로 종결되는 이야기 한 편 대신 《위저드》나 《핫스퍼》는 여섯 편 이상의 연재물로 구성된다. 이런 연재물들이 끝없이 연재되지도 않는다. 따라서 이야기가 훨씬 다양하고 군더더기가 적으며 《젬》과 《마그넷》처럼 지루한 양식화와 익살맞은 분위기는 나타나지 않는다. 예로 두 잡지에서 글을 인용해보겠다.

빌리 번터가 끙끙거렸다.
그는 프랑스어 보충수업 2시간을 듣기로 되어 있었는데 이제 15분이 지났다.
1시간의 4분의 1이 지난 것이니 겨우 15분밖에 되지 않았다! 하지만 번터에게는 1분마저도 지나치게 긴 것처럼 느껴졌다. 시간은 지친 달팽이처럼 기어가는 것 같았다.
10번 교실의 시계를 본 뚱뚱한 올빼미는 15분밖에 지나지 않았다는 걸 믿을 수가 없었다. 15일이 아니라면 15시간은 지난 것 같았다!
프랑스어 보충수업에는 번터 말고 다른 아이들도 있었다. 그들은 중요하지 않았다. 중요한 건 바로 번터였다! (《마그넷》)

한 발씩 올라갈 때마다 미끄러운 얼음을 파서 손으로 잡을 곳을 만들어야 했던 끔찍한 등반을 한 뒤에도, 기마 경관인 라이언하트 로건 경사는 거대한 판유리처럼 보이는 매끄럽고 위험천만한 빙벽에 파리처럼 매달려 있었다.
맹위를 떨치는 북극 눈보라가 그의 몸을 뒤흔들었고, 얼굴에는 눈을 흩뿌려 시야를 가렸다. 눈보라는 빙벽을 붙잡고 있는 그의 손힘을 앗아서 30미터 아래로 떨어뜨리려고 했다. 절벽 바다에는 바위들이 삐죽삐죽 솟아 있어 자칫 떨어지기라도 하면 목숨을 잃게 될 것이었다.
그 바위들 사이에는 악랄한 모피 사냥꾼 11명이 쭈그리고 앉아, 눈보라가 라이언하트와 그의 동료 짐 로저스 순경을 완전히 가려버릴 때까지 총으로 쏘아 떨어뜨리기 위해 온갖 노력을 다했다. (《위저드》)

두 번째 인용문에서 독자는 어느 정도 이야기가 진행되는 것을 느낄 수 있지만, 첫 번째 인용문은 번터가 방과 후에 남아서 수업을 듣는다는 이야기를 무려 100개의 단어를 써가며 전한다. 게다가 《위저드》,《핫스퍼》 등은 학교 이야기에만 집중하지 않음으로써(《스릴러》와 《디텍티브 위클리》를 제외하면 이런 모든 소년지에서 수적으로 학교 이야기가 좀 많지만) 선정적인 내용을 훨씬 많이 다루고 있다. 내 앞 탁자 위에 놓인 잡지들의 표지 삽화를 보는 것만으로 알 수 있는 점이 몇 가지 있다. 한 잡지에는 어떤 카우보이가 공중에 뜬 비행기의 날개를 발가락으로 붙잡고 손에 든 리볼버로 다른 비행기를 격추하는 모습이 실렸다. 또 다른 잡지에는 한 중국인이 굶주린 것처럼 보이는 쥐 떼에 쫓겨 하수도를 헤엄치며 살려고 고군분투하는 모습이 그려졌다. 또 한 잡지에는 어떤 기술자가 다이너마이트에 불을 붙이는 동안 강철 로봇이 집게손으로 그 기술자의 몸을 더듬는 모습이 묘사됐다. 또 다른 잡지에는 비행사 복장의 남자가 맨손으로 당나귀보다 조금 더 큰 쥐와 싸우는 모습이 그려져 있다. 어떤 잡지에서는 엄청나게 근육을 단련한 남자가 거의 아무것도 걸치지 않은 채 사자 한 마리의 꼬리를 붙잡고 경기장 벽 너머 30미터 가까이 내던지면서 이렇게 말하고 있다. "이 빌어먹을 사자는 도로 가져가라고!" 과거의 학교 이야기는 이런 기이한 이야기들과는 도저히 비교가 되지 못한다. 때로 학교 건물이 불타거나 프랑스인 교사가 국제적인 무정부주의자 조직의 우두머리로 드러나는 등 예외적인 사건 전개도 있기는 하지만, 대체로 학교 이야기의 관심사는 반드시 크리켓, 학교 간 경쟁, 짓궂은 장난 등이 단골 메뉴이다. 폭탄, 살인광선, 자동소총, 비행기, 야생마, 문어, 회색곰, 깡패가 등장할 공간이 별로 없다.

이런 많은 잡지를 검토한 결과, 학교 이야기를 다루지 않을 경우에 인기 있는 주제는 다음과 같다. 개척 시대의 미국 서부, 얼어붙은 북쪽 땅, 해외 파견 용병, 범죄(늘 탐정의 관점에서 진행된다), 제1차 세계대전(보병이 아닌 공군이나 첩보기관), 다양한 형태의 타잔 모티프, 프로 축구, 열대 탐험, 역사소설(로빈 후드, 왕당파와 원두당 등), 과학 발명 등이다. 인디언들은 사라진 것처럼 보이지만, 어쨌든 이야기의 배경으로 개척 시대의 미국 서부가 여전히 선두를 달리고 있다. 정말 새로운 주제는 과학을 다룬 것이다. 살인광선, 화성인, 투명 인간, 로봇, 헬리콥터, 행성을 오가는 로켓 등이 단골 메뉴이다. 여기저기에 심리 요법과 내분비선에 관한 황당무계한 쑹분이 실리기도 한다. 《젬》과 《마그넷》이 디킨스와 키플링에게서 비롯된 반면에 《위저드》, 《챔피언》, 《모던 보이》 등은 H. G. 웰스H. G. Wells에게 엄청난 신세를 졌다. '과학소설'

의 아버지라는 호칭은 쥘 베른Jules Verne보다는 웰스에게 더 어울린다. 당연히 과학의 마법적 측면이나 화성과 관련된 내용이 제일 많이 활용되지만, 한두 잡지는 과학적인 주제에 관하여 많은 짤막한 정보와 함께 진지한 글도 실었다(구체적인 사례로 "오스트레일리아 퀸즐랜드의 카우리 나무는 수령이 1만 2,000년을 넘었다", "매일 5만 번에 가까운 뇌우가 발생한다", "헬륨 가스는 1,000세제곱피트당 1파운드이다", "그레이트브리튼에는 500종이 넘는 거미가 있다", "런던 소방관들은 매년 1,400만 갤런의 물을 사용한다" 등). 이렇게 하여 지적 호기심 면에서 현저한 진전이 있었고, 그런 독자의 관심에서 일정한 수요가 생겨났다. 실제로《젬》과《마그넷》, 그리고 제1차 세계대전 이후에 창간된 소년지들을 읽는 독자층은 거의 같다. 하지만 소년지들은 독자의 정신연령을 한두 살 정도 올려 잡은 것처럼 보인다. 아무래도 소년지들은 1909년 이래 초등교육이 향상된 현상을 감안해야 했을 것이다.

전후 소년지에서 나타난 한 가지 양상은 예상만큼 그 정도가 심하지는 않지만 강자 숭배와 폭력 추종이다.

《젬》과《마그넷》을 진정한 현대 소년지와 비교하면 그 즉시 깨닫게 되는 게 바로 지도자 원칙의 결여이다. 지배적인 핵심 인물이 없다. 대신 15명 혹은 20명의 인물이 거의 동등한 위치에 있으며, 다양한 독자는 각자 자신에게 맞는 인물을 찾아서 동일시한다. 그러나 보다 최근에 나온 소년지에서 이런 형태는 보통 나타나지 않는다.《스키퍼》,《핫스퍼》 등을 읽는 이들은 동일시하는 대상이 다르다. 그들은 자기 또래의 남학생 대신 비밀요원, 해외 파견 용병, 변종 타잔, 전투기 에이스 조종사, 베테랑 간첩, 탐험가, 권투선수와 자신을 동일시한다. 요약하면 현대 소년지 독자들이 동일시하는 작중인물은 주변에 있는 사람들을 압도하며 상대방의 턱에 한 방 날리는 것으로 골치 아픈 문제를 해결하는 막강한 인물이다. 이런 인물은 초인으로 묘사되며, 소년들이 가장 잘 이해할 수 있는 형태의 육체적 완력을 소유하고 있는 일종의 인간 고릴라이다. 타잔 같은 주인공이 나오는 이야기에서 주인공은 때로 키가 250센티미터 혹은 300센티미터나 되는 진짜 거인으로 등장하기도 한다. 동시에 이런 모든 이야기에서 등장하는 폭력 장면은 놀라울 정도로 피해가 없으며, 그래서 설득력이 없다. 가장 잔인한 영국 잡지와 《파이트 스토리즈》, 《액션 스토리즈》 등 3페니짜리 미국 잡지(엄밀히 말하면 소년지는 아니지만, 주로 소년들이 읽는다)를 비교하면 엄청난 분위기 차이가 있다. 미국 잡지를 읽는 독자는 전력으로 상대의 사타구니를 걷어차는 식의 싸움을 유혈이 낭자하게 묘사한 글을 보게 된다. 이런 글에는 끝없이 폭력을 탐구하며 골몰해온 사람들이 완벽하게 가다듬은 은어가 많이 등장한다. 《파이트 스토리즈》 같은 잡지는 가학성애자나 피학성애자 말고는 거의 매력을 느끼지 못할 것이다. 영국의 주간 소년지들에서 늘 묘사되는 프로 권투가 얼마나 아마추어 같은지를 생각하면 영국 문명이 상대적으로 온건하다는 것을 알 수 있다. 그 분야의 전문 어휘는 영국 소년지에 아예 나타나지 않는다. 다음의 네 가지 인용문 중 두 개는 영국 잡지, 다른 두 개는 미국 잡지에서 가져왔다.

공이 울렸을 때 두 남자는 숨을 헐떡이고 있었다. 각자의 가슴에는 크게 붉은 흔적이 남았다. 빌의 턱에서는 피가 흘렀고, 벤은 오른쪽 눈 위가 찢어졌다.

각자의 코너로 돌아간 그들은 주저앉았다. 하지만 공이 부딪치며 울리자 재빠르게 일어난 그들은 호랑이처럼 상대에게 달려들었다. (《로버》)

놈은 무신경하게 걸어와 오른손으로 내 얼굴에 몽둥이 같은 일격을 날렸다. 피가 튀었고 나는 순간 놀라서 뒷걸음질했다. 하지만 곧바로 온 힘을 끌어올려 녀석의 심장 아래로 파고들어 오른 주먹을 박아 넣었다. 또다시 오른 주먹이 스벤의 박살 난 입에 제대로 들어갔다. 그러자 놈은 깨진 이빨을 뱉어내고 내 몸에 도리깨 같은 왼손 공격을 가했다. (《파이트 스토리즈》)

블랙 팬서가 싸우는 모습을 보니 놀라웠다. 그의 근육은 어두운 피부 아래에서 잔물결을 일으키며 미끄러지듯 움직였다. 거대한 고양이의 힘과 우아함이 그의 빠르고 지독한 맹공격에서 드러났다. 그는 엄청난 거구라고는 생각되지 않을 정도로 당혹스러운 속도로 연속 공격을 가했다. 순식간에 벤은 오직 글러브로 최선을 다해 맹공격을 막아내기만 해야 하는 처지로 몰렸다. 벤은 정말 방어의 명수였다. 그는 여태껏 훌륭한 승리를 많이 거두었다. 하지만 흑인의 양손 공격은 어떤 선수도 찾아내기 힘든 빈틈을 뚫고 들어왔다. (《위저드》)

그들은 주먹을 주고받았다. 두 중량급 선수의 몸에 가해지는 강력한 일격은 도끼에 무너지는 거대한 떡갈나무의 위협적인 무게만큼 엄청난 위력을 지니고 있었다. (《파이트 스토리즈》)

미국 잡지에서 인용한 글들이 얼마나 더 그럴듯한지 주목할 필요가 있다. 그것들은 프로 권투의 열성적인 애호가를 겨냥하여 쓴 글이지만, 영국 잡지의 인용문들은 그렇지 못하다. 또한 한 가지 강조해야 할 점이 있는데, 영국 소년지에 적용되는 도덕률의 수준이 상당히 높다는 것이다. 범죄와 부정직은 절대 존경의 대상이 되지 못하며, 미국의 폭력배 이야기에서 나타나는 냉소와 부패는 흔적조차 찾아볼 수 없다. 영국에서 미국 잡지가 엄청나게 팔린다는 건 그런 잡지에 대한 수요가 있음을 드러내지만, 그런 글을 쓸 수 있는 영국 작가는 극히 드문 듯하다. 히틀러에 대한 증오가 미국에서 지배적인 정서가 되었을 때 미국 잡지 편집자들이 얼마나 발 빠르게 '반파시즘'을 외설적으로 각색하는지 지켜보는 것도 참 흥미로웠다. 내 앞에 있는 한 잡지에는 〈미국에 찾아온 지옥의 날〉이라는 완결된 이야기가 있는데 "피에 굶주린 유럽 독재자"의 대리인들이 살인광선과 투명 전투기로 미국을 점령하려 한다는 내용이다. 이 이야기는 노골적으로 극단적인 가학성애에 호소한다. 예를 들어 나치가 여자들의 등에 폭탄을 묶어 투하하여 여지들이 공중에서 산산조각 나는 모습을 지켜보거나, 소녀들을 발가벗겨 머리카락으로 서로를 묶은 뒤 칼로 쿡쿡 찌르며 춤을 추게 하는 장면 등이 등장한다. 편집자는 이런 모든 것을 엄숙하게 논평하고 나서 이민자 유입을 더 엄격하게 단속해야 한다고 항변한다. 같은 잡지의 다른 페이지에는 이런 내용들이 있다. "핫 재즈 코러스 걸들의 삶. 유명 브로드웨이 핫재즈 걸들의 은밀한 비밀과 매혹적인 취미 생활, 하나도 빠뜨리지 않고 그대로. 10센트", "사랑하는 법, 10센트", "프랑스 사진 반지, 25센트", "야한 누드 전사轉寫 스티커. 유리 바깥에서는 아름다운 여자가 순결하게 옷을 입고 있지만, 다른 방향에서 유리를 들여다보면, 세상에! 이렇게 다를 수가! 3개 한 세트, 25센트" 등. 반면에 영국 소년들이 읽는 영국 잡지에는 이와 같은 내용이 전혀 없다. 그렇지만 미국화 과정은 여전히 진행 중이다. 미국적인 이상, 즉 "근육질 남자", "강인한 남자", 상대방의 턱에 일격을 날려 문제를 해결하는 고릴라가 이젠 다수의 소년지에 등장하고 있다. 《스키퍼》에 연재 중인 한 이야기에서도 늘 고무 경찰봉을 흔드는 미국적 인물이 등장하는데 무척 불길한 느낌을 안겨준다.

초창기 소년지들과 대비되는 《위저드》, 《핫스퍼》 등의 발전은 더 나은 기법, 더 과학적인 관심, 더 많은 유혈, 뚜렷한 지도자 숭배로 요약된다. 하지만 정말 놀라운 점은 잡지에 그러한 발전이 하나도 보이지 않는다는 사실이다.

우선 어떤 정치적 발전도 없다. 《핫스퍼》와 《챔피언》의 세계는 《젬》과 《마그넷》처럼 여전히 1914년 이전의 세계에 머물러 있다. 예를 들면 소도둑, 자경단의 린치, 그 외에 1880년대의 전형적인 요소들이 등장하는 개척 시대의 미국 서부 이야기는 너무나 시대에 뒤떨어진 구식이다. 이런 부류의 잡지는 항상 세계의 극지, 즉 열대우림, 북극의 불모지, 아프리카의 사막, 서부 대초원, 중국 아편굴에서만 모험이 벌어진다고 상상하는데, 정말로 멋진 일이 벌어지는 장소들은 아예 일부러 빼버린 것 같다. 이런 낡은 무대배경은 새로운 대륙들이 개방되는 과정에 있던 30~40년 전에나 통한 이야기다. 요즘 정말 모험을 바란다면 찾아봐야 할 곳은 단연 유럽이다. 하지만 제1차 세계대전 이야기 중에서도 멋진 그림이 나오는 이야기를 제외하고는 동시대의 역사는 작심한 듯 다루지 않는다. 미국인들이 예전처럼 비웃음의 대상이 아니라 존경의 대상이 된 것을 제외하고, 외국인들은 과거에 늘 그랬던 것처럼 정확히 똑같은 조롱의 대상으로 남아 있다. 중국인 인물이 하나 있다고 하면 그는 색스 로머Sax Rohmer가 구축한, 변발을 길게 늘어트린 사악한 아편 밀수업자의 유형에서 벗어나지 못한다. 1912년 이래로 중국에서 무슨 일이 일어나고 있는지 알려주는 기사는 어디에도 없다. 예를 들면 중국에서 벌어지고 있는 전쟁 이야기는 아예 싹 빼버렸다. 스페인 사람이 나오면 그는 여전히 담배를 말아 피우거나 사람을 뒤에서 찌르는 '데이고'나 '그리저Greaser'의 이미지를 갖고 등장한다. 스페인에서 여태까지 벌어졌던 일은 당연히 전혀 언급되지 않는다. 히틀러와 나치는 아직 등장하지 않았거나, 아니면 스쳐 지나가듯 언급될 뿐이다. 조만간 그들에 관한 이야기가 많아지겠지만, 단연코 애국적인 관점(영국 대 독일)에서 서술될 것이다. 갈등의 진정한 의미는 최대한 보이지 않게 처리할 것이다. 이런 잡지에서 러시아혁명에 관한 언급은 지극히 보기 어렵다. 러시아는 보통 한 토막 정보로 처리된다

(예를 들면 "소련에는 100세가 넘는 사람이 2만 9,000명 있다" 같은 정보). 혁명에 관해 언급한다면 간접적인 형태를 취하며 20년도 더 된 내용만을 제시한다. 예를 들면《로버》에 실린 한 이야기에 조련사가 등장하는데 그 조련사의 곰은 러시아에서 데려왔다는 것만으로 트로츠키라는 별명을 얻었다. 이는 1917~1923년의 시기를 가리키는 것으로서 최근의 논란거리들과는 전혀 무관하다. 시계는 1910년에 멈춰 있다. 대영제국은 바다를 지배하고 불황, 물가 상승, 실업, 독재, 숙청, 강제수용소 같은 말을 들어본 영국인은 아무도 없다.

사회적인 관점에서도 발전이 거의 없는 수준이다.《젬》과《마그넷》보다는 속물근성이 다소 덜하다는 정도가 기껏 인정해줄 수 있는 발전이다. 우선 언제나 부분적으로 속물근성을 자극하는 요소에 의존했던 학교 이야기는 전혀 없어지지 않았다. 소년지는 모든 호에 적어도 학교 이야기를 하나는 넣고 있으며, 수량에서는 미국 개척 시대의 서부 이야기를 살짝 상회한다.《젬》과《마그넷》속에 무척 정교하게 펼쳐지는 환상적 생활은 흉내 내지 않고, 그 대신에 학교 외부에서 발생한 모험을 더 강조한다. 하지만 사회적인 분위기(오래된 회색 돌벽들)는 다를 바 없다. 이야기의 시작에서 새로운 학교가 소개될 때면 빈번히 "아주 호화로운 학교" 같은 말이 나온다. 때때로 속물근성에 표면적으로 맞서는 이야기가 전개되기도 한다. (《마그넷》의 톰 레드윙 같은) 장학생은 꽤 자주 등장하며, 본질적으로 같은 주제가 다음과 같은 형태로도 제시된다. 즉 두 학교 사이에는 엄청난 경쟁의식이 있다. 그들은 서로 자기 학교가 더 '상류층 학교'라고 생각하며 그것을 싸움, 짓궂은 장난, 축구 등으로 결정한다. 그리고 늘 결말에서는 속물이 크게 패한다. 이런 이야기 몇 가지를 아주 피상적으로 훑으면 소년지에 민주주의 정신이 스며들었다고 생각할 수도 있다. 하지만 좀 더 면밀하게 살펴보면 화이트칼라 계층의 내부에 존재하는 지독한 질투를 반영할 뿐이다. 이런 이야기의 진짜 기능은 무엇인가. 학비가 저렴한 사립학교(공립학교가 아니다)에 다니는 소년으로 하여금 자기 학교가 원체스터나 이튼과 다를 바 없이 하느님이 보시기에도 '고급스럽다'고 생각하게 하는 것이다. 진짜 노동계급에서는 찾아볼 수 없는, 학교에 충성하는 정서("우리가 저 아래쪽 학교에 다니는 친구들보다 더 나아")가 여전히 유지되고 있는 것이다. 이런 이야기들은 서로 다른 사람들이 집필하므로 당연히 글의 어조에서 많은 차이가 난다. 몇몇 작가는 속물근성에서 꽤 벗어나 있는 반면, 다른 몇몇은 《젬》과 《마그넷》보다 더 뻔뻔하게 돈과 혈통을 따진다. 나는 우연히 어떤 이야기에서 등장하는 소년들 중 다수가 작위를 가진 귀족 자제로 묘사되어 있는 것을 보기도 했다.

노동계급의 인물은 보통 우스꽝스러운 사람(부랑자나 죄수 따위로 농담이나 지껄이는 사람)이나 프로 권투선수, 곡예사, 카우보이, 프로 축구선수, 해외 파견 용병, 즉 다른 말로 하면 모험가로 등장한다. 노동계급의 삶을 사실대로 직시하지 않으며, 종류를 불문하고 노동 생활 자체도 전혀 진실하게 다루지 않는다. 아주 가끔 탄광 일에 관한 현실적 묘사를 만나기도 하지만, 십중팔구는 선정적인 모험의 배경으로만 나올 뿐이다. 어쨌든 핵심 인물은 탄광 노동자일 리가 없다. 이런 잡지를 읽는 소년들 중 열에 아홉은 가게나 공장에서 일하거나 사무실의 말단 자리에서 심부름이나 하면서 평생을 보내게 될 텐데, 잡지를 읽는 동안에 명령을 내리는 사람들, 무엇보다도 돈 때문에 곤란을 겪은 적이 없는 사람들과 자신을 동일시하게 된다. 외알 안경을 끼고 말도 느릿느릿해서 바보처럼 보이지만 위급한 순간이 오면 늘 맨 앞에 나서는 피터 윔시 경 같은 인물은 끊임없이 나타난다(윔시 경은 첩보기관 이야기에서 크게 인기 있는 인물이다). 그리고 늘 그랬듯이 영웅적인 인물은 모두 BBC 방송 영어를 쓴다. 그들은 스코틀랜드식, 아일랜드식, 미국식 영어로 말할 수도 있겠지만, 주역을 맡은 인물은 절대 '에이치h' 발음을 빠뜨리고 발음해서는 안 된다. 이제 여기서 소년 주간지의 사회적인 분위기와《오라클》,《패밀리 스타Family Star》,《페그스 페이퍼》등 여성 주간지에서 드러나는 사회적 분위기를 서로 비교해보는 것도 가치 있는 일일 것이다.

여성지는 좀 더 나이 많은 대중을 대상으로 하며 보통 생계를 위해 일하는 소녀들이 독자층이다. 따라서 얼핏 보기에는 여성지들이 훨씬 현실적인 것처럼 보인다. 예를 들자면 거의 모든 사람이 대도시에 살고, 정도의 차이는 있지만 따분한 일을 하는 게 당연하게 여겨진다. 섹스는 전혀 금기가 아니며 오히려 주요한 주제이다. 이런 잡지에 특별 기고되는 완결된 단편은 보통 뻔한 이야기다. 여주인공은 뱃속이 검은 경쟁자에게 '남자친구'를 빼앗기는 걸 가까스로 막아내거나, 여주인공의 '남자친구'가 실직하는 바람에 결혼을 연기할 수밖에 없지만 곧 더 나은 직장을 구한다는 식이다. 뒤바뀐 아이를 주제로 한 소설(가난한 집에서 자라난 소녀가 '실제로는' 부유한 부모의 자식이라는 이야기)도 인기가 높다. 선정적인 내용은 보통 연재물에서 빈번히 드러나는데 중혼, 위조, 때로는 살인 등 가정 내에서 더 잘 일어날 법한 범죄를 다룬다. 이런 이야기에는 화성인, 살인광선, 혹은 국제적인 무정부주의 폭력 집단은 등장하지 않는다. 어쨌든 이런 잡지들은 독자들의 신뢰를 얻고자 하며 진짜 문제가 논의되는 독자란에서 현실의 삶을 다룬다. 예를 들어 《오라클》에 실린 루비 M. 에어Ruby M. Ayre의 상담 칼럼은 지극히 합리적이고 잘 쓰인 글이다. 그렇지만 《오라클》과 《페그스 페이퍼》의 세계는 순전히 공상에 불과하다. 이런 공상은 늘 동일한 공상의 변형인데, 자신이 실제보다 더 부유하다고 생각하는 것이다. 이런 잡지에 실린 이야기를 읽으면 너무 과도하게 '고상하다'는 인상을 받는다. 등장인물들은 표면상 노동계급이지만 그들의 습관, 거주하는 집의 인테리어, 의복, 관점, 그리고 무엇보다도 말투는 완전히 중산층이다. 그들은 모두 한 주에 몇 파운드의 생활비를 쓰는데 이것은 수입을 초과하는 수준이다. 이것은 말할 필요도 없이 의도된 것이다. 따분한 여직공이나 다섯 아이를 키우느라 지친 엄마에게 평소 상상하던 꿈같은 삶을 안겨주자는 의도이다. 공작부인의 삶(이런 겉꾸밈은 이제 사라졌지만)은 아니어도 은행 지점장의 아내로 사는 삶 정도는 독자가 꿈꾸도록 유도하는 것이다. 이렇게 여성지들은 한 주에 5~6파운드를 쓰는 생활을 이상적인 삶으로 설정할 뿐만 아니라 노동계급의 사람들이 실제로 그렇게 사는 것이 당연하다고 암묵적으로 가정하기까지 한다. 인생의 정말로 중대한 사실들은 다루어지지 않는다. 예를 들면 사람들은 때로 실직하지만 곧 먹구름이 걷히고 전보다 더 나은 직업을 얻게 된다는 것이 여성지의 당연한 정서이다. 실업이 불가피하고 어쩌면 영원히 이어질 현상이라는 이야기는 물론 없고, 실업 수당과 노동조합주의에 관한 이야기도 전혀 나오지 않는다. 사회체제 자체에 어떤 문제가 있을 수 있다는 의견은 어디에서도 찾아볼 수 없다. 오로지 개인적인 불행이 있을 뿐이고, 보통 그런 일은 누군가가 사악해서 생길 뿐이다. 게다가 결말에 이르면 그런 불행은 곧바로 시정된다. 먹구름은 늘 걷히고, 친절한 고용주는 앨프리드의 보수를 올려주며 술꾼을 제외한 모두가 직업을 얻는다. 기관총이 오렌지 꽃으로 대체됐다는 점을 빼고는 《위저드》, 《젬》의 세계와 여전히 다를 바가 없는 것이다.

이 모든 잡지가 독자에게 심어주는 인생관은 1910년 당시에 영국해군협회에 가입한 어떤 아주 멍청한 회원의 인생관과 똑같다. 그래, 그렇게 말할 수는 있지만, 그게 어쨌다는 건가? 어차피 인생은 그런 건데 그것 이외에 무엇을 더 기대하겠는가?

물론 정신이 똑바로 박힌 사람은 통속적인 싸구려 소설을 사실주의 소설이나 사회주의 선전 책자로 바꾸려 들지 않을 것이다. 모험 이야기는 그 본질상 반드시 현실로부터 멀리 떨어져 있어야 한다. 하지만 내가 지금껏 분명하게 보여주려고 애쓴 바와 같이 《위저드》와 《젬》의 비현실성은 겉보기처럼 그리 순진하지는 않다. 이런 잡지들이 존재하는 이유는 특화된 수요가 있기 때문이다. 특정 연령대의 소년들은 화성인, 살인광선, 회색곰, 폭력배를 다룬 글을 읽는 게 필요하다고 생각하기에 그런 잡지들을 사들인다. 소년들은 자신이 바라던 것을 얻지만, 그들은 환상에 둘러싸인 공상적 이야기를 읽는다. 미래의 고용주들은 차라리 소년들이 그런 환상을 품는 게 자신에게 더 유리하다고 생각한다. 사람들이 소설을 읽고 어느 정도로 자신의 인생관에 반영하는지는 명확하게 알 수가 없다. 개인적으로는 대다수 사람이 자기가 인정하는 것보다 훨씬 더 소설, 연재물, 영화 등에 영향을 받는다고 생각한다. 따라서 이런 관점으로 보면 최악의 책이 가장 중요한 책이 되어버린다. 보통 그런 책이 아주 어렸을 때 읽는 책이기 때문이다. 자신을 무척 세련되고 '진보적'이라고 생각하는 많은 사람이 실제로는 어렸을 때 (예를 들자면) 대중소설가인 새퍼Sapper와 이안 헤이Ian Hay의 책을 읽으며 받아들인 상상의 경험을 평생 그대로 가지고 간다. 그렇다고 한다면 싸구려 소년지의 중요성은 정말 엄청난 것이다. 이런 주간지들은 12세에서 18세 사이의 아주 많은 소년, 아니 절대다수의 영국 소년이 읽으며 그런 주간지를 접한 소년들 중 다수가 나중에는 신문을 제외하고 다른 어떤 글도 읽지 않는다. 또한 그에 더해 그들은 보수당 중앙 당사에서도 구식이라고 생각하여 멀리할 일련의 신념을 받아들인다. 우리 시대에 중대한 문제들은 아예 존재하지 않고, 자유방임주의 자본주의도 아무런 문제가 없고, 외국인은 하찮은 웃음거리이며, 대영제국은 영원히 존속될 일종의 자선단체라는 확신이 소년들에게 일방적으로 주입된다. 그 주입 방식이 간접적이기에 더 강한 힘으로 소년들의 머릿속에 들이박힌다. 이런 잡지들을 누가 소유했는지 고려하면 이런 일이 어떤 의도 아래 고의로 저질러지는 중이라는 의심을 갖게 된다. 여태껏 논해온 12개의 잡지(《스릴러》와 《디텍티브 위클리》를 포함하여) 중에 7개가 어맬거메이티드 프레스의 소유인데, 이 회사는 세계에서 가장 큰 언론 재벌 중 하나이며 100개가 넘는 잡지를 거느리고 있다. 따라서《젬》과 《마그넷》은 《데일리 텔레그래프Daily Telegraph》, 《파이낸셜 타임스Financial Times》와 밀접한 연관이 있다. 소년 주간지 속의 이야기들이 배후의 정치적 사주를 받는지 여부는 명확하게 가려낼 수 없지만, 그래도 이런 정황 자체만으로 의심을 불러일으키기에 충분하다. 따라서 화성으로 여행을 가거나 맨손으로 사자와 싸우는 환상의 삶이 필요하다면(어떤 소년이 그런 삶을 원하지 않겠는가?) 캠로즈 Camrose 경 같은 언론 재벌에게 자기 자신의 영혼을 맡길 수밖에 없다. 이 언론 재벌이 경쟁 없는 사업을 하면서 그런 환상의 삶을 계속 떠먹이고 있기 때문이다. 이런 잡지들을 통 털어보더라도 그 차이점은 무시해도 될 정도이다. 다른 잡지들은 아예 없는 거나 마찬가지다. 이런 상황에서 의문이 생길 수밖에 없다. 왜 좌파 소년지는 없는 걸까?

일견 그런 생각은 사람을 약간 섬뜩하게 만든다. 좌파 소년지가 있다면 그 내용이 어떨지 쉽게 상상이 되는 까닭이다. 1920년이나 1921년에 어떤 낙천적인 사람이 사립학교 학생들에게 공산주의 소책자를 돌린 기억이 난다. 그 책자는 질문과 답변 형식을 취하고 있었다.

질문: "공산주의 소년이 보이스카우트가 될 수 있을까요, 동무?"

답: "안 됩니다, 동무."

질문: "왜죠, 동무?"

답: "동무, 보이스카우트는 영국 국기에 반드시 경례해야 합니다. 폭정과 압제의 상징에 말이죠!" 등등.

지금 이 시점에 누군가가 의도적으로 열두 살에서 열네 살의 소년들을 노리고 좌파 잡지를 창간한다고 가정해보자. 그런 소년지의 전반적인 내용이 내가 위에서 인용한 소책자와 똑같을 것이라고 말하려는 건 아니다. 하지만 그와 비슷한 내용을 담은 잡지가 될 거라는 사실을 의심할 사람이 있을까? 그런 잡지는 필연적으로 따분한 교훈으로 채워지거나 공산주의의 영향을 받아 소련에 극찬을 바칠 수밖에 없다. 어느 쪽이든 평균적인 소년은 그런 잡지를 보지 않을 것이다. 지식인 문학을 제외하고, 기존 좌파 언론은 '좌파'를 선명하게 표방하는 한 장황한 공산주의 소책자에 불과할 뿐이다. 영국에서 신문 자체의 힘이나 장점으로 한 주라도 살아남을 만한 사회주의 신문은 《데일리 헤럴드Daily Herald》 하나뿐인데, 과연 이 신문에 사회주의가 얼마나 남아 있을까? 따라서 지금 '좌파' 관점을 제대로 지니면서 평범한 10대 소년들에게 매력적으로 보일 만한 신문을 기대하기란 어렵다.

그렇지만 그게 불가능하다고 말할 수는 없다. 모든 모험 이야기가 필연적으로 속물근성, 그리고 저열한 애국심과 뒤섞여야 할 이유는 없다. 어쨌든《핫스퍼》와《모던 보이》에 실린 모든 이야기가 보수당 선전 책자는 아니기 때문이다. 단지 보수적인 성향을 지닌 모험 이야기일 뿐이다. 이 과정을 거꾸로 뒤집는 상상을 하기는 어려운 일이 아니다. 예를 들어《핫스퍼》처럼 아주 신나고 활기차면서도 주제와 '이데올로기'는 좀 더 현대적인 잡지를 만드는 것이 가능하다.《오라클》같은 문학적 수준으로 거의 똑같은 부류의 이야기를 제시하면서도 노동계급의 삶을 좀 더 현실적으로 보여주는 여성지도 충분히 만들 수 있다(그 과정에서 또 다른 난관을 맞이하겠지만). 영국에서는 아니지만 실제로 이전에 그런 잡지가 있었다. 스페인 군주제 말기에 좌파 성향의 중편소설이 많이 나왔고, 그중 일부는 무정부주의적 경향을 보였다. 안타깝게도 그런 소설들이 출판됐을 때 나는 그 사회적인 중요성을 알아보지 못했고, 더군다나 내 집에 모아놓은 관련 서적들마저 잃어버렸다. 하지만 그 책들을 지금도 충분히 구할 수 있을 거라 확신한다. 책의 외관과 형식, 이야기 방식 면에서 그것들은 4펜스짜리 영국 중편소설과 아주 비슷하다. 작품의 영감을 '좌파' 사상에서 얻었다는 점만 다를 뿐이다. 예를 들어 산속에서 무정부주의자들을 쫓는 경찰 이야기를 다룬다면 경찰이 아니라 무정부주의자들의 시점에서 서술될 것이다. 더 가까운 사례는 런던에서 몇 차례 상영된 소련 영화 〈차파예프Chapaiev〉이다. 제작 당시의 기준으로 볼 때 〈차파예프〉는 기술적으로 일류 영화였다. 하지만 러시아라는 낯선 배경에도 불구하고 내용 면에서는 할리우드 영화와 그리 크게 다르지 않았다. 이 영화를 평범한 작품 수준에서 벗어나게 해준 것은 뚱뚱한 백군 장교 역할을 맡은 배우의 뛰어난 연기다. 그의 연기에서는 영감 가득한 애드리브가 빛났다. 그 외에 이 소련 영화의 분위기는 아주 익숙하다. 역경을 무릅쓴 영웅적 싸움, 최후의 순간에 이루어지는 탈출, 질주하는 말들을 찍은 장면, 연애, 분위기를 전환하는 희극적 요소 등 늘 보던 장치들이 전부 등장한다. 사실 그 영화는 좌파 성향을 보인다는 점만 빼면 평범하기 이를 데 없는 작품이다. 러시아 내전을 할리우드에서 다룬다면 백군이 천사이고 적군은 악마일 것이다. 반면 소련에서 제작한다면 완전히 정반대가 되어 적군은 친사이고, 백군은 악마가 되리라. 후자의 주장 역시 거짓말이지만, 장기적인 안목으로 보면 전자보다는 덜 해롭다.

여기서 몇몇 어려운 문제가 등장한다. 그런 문제들의 전반적 성격은 분명하므로 여기서 그걸 논하지는 않겠다. 그저 영국에서는 대중적인 창작 문학의 영역에 좌파 사상이 절대 들어오지 못한다는 사실을 지적하려는 것뿐이다. 과거부터 우후죽순 생겨난 싸구려 소설에서 그보다 더 저급한 소설까지 모두 지배계급의 이익을 위해 검열된다. 무엇보다도 거의 모든 소년이 어린 시절에 소년지 속 유혈 폭력물을 탐독하는데, 그런 소설들이 1910년 당시의 아주 몹쓸 환상들에 흠뻑 빠져 있다는 것이다. 어렸을 때 읽은 것이 나중에 아무런 영향도 주지 못한다고 생각하는 사람에게 이런 사실은 별로 중요하지 않다. 그러나 캠로즈 경과 그의 동료들은 전혀 그렇게 생각하지 않는다. 보수적 언론 재벌인 캠로즈 경이야말로 그 점을 가장 잘 알고 있을 것으로 짐작된다. (1939)

새로운 말들

지금은 새로운 말들이 생겨나는 속도가 아주 느리다. 어디선가 읽었는데 영어는 1년에 여섯 단어가 새로 생겨나고 네 단어를 잃는다고 한다. 새로 생겨난 사물들을 가리키는 단어 이외에는 의도적으로 새롭게 만들어지는 단어가 없다. 오래된 단어들(가령 '조건condition', '반사reflex' 등)이 과학적 목적을 위해 새로운 의미를 획득하기는 하지만, 추상적인 단어들이 새로 조성되는 법은 없다. 내가 여기서 주장하고자 하는 것은 수천 단어에 이르는 조어들을 새롭게 만들어내는 것이 타당하다는 이야기다. 그러면 현재 영어의 어휘로는 포섭되지 않는 우리 체험의 상당 부분에 대응할 수 있다. 이 아이디어에는 여러 가지 반대 의견이 있는데 나는 그것들을 순서대로 다뤄보겠다. 첫 번째 단계는 신조어가 필요한 목적의 범위를 밝히는 것이다.

생각 깊은 사람들은 우리 언어가 머릿속에서 벌어지는 것을 묘사하는 데 턱없이 무능하다는 것을 깨닫는다. 이는 널리 받아들여지는 사실이고, 그래서 높은 기량을 갖춘 작가들(가령 트롤럽과 마크 트웨인Mark Twain)은 다음과 같은 말을 하면서 그들의 자서전을 시작할 것이다. 나는 나의 내면생활을 묘사할 생각이 없는데, 그것은 본질적으로 묘사할 수 없는 것이기 때문이라고 말이다. 구체적이거나 눈에 보이는 것이 아닌 어떤 것을 묘사하려고 하자마자(가령 사람의 외양을 묘사하기가 얼마나 어려운지 한번 생각해보라) 우리는 단어들이 실제와 별로 유사하지 않다는 것을 발견한다. 마치 체스의 말들이 실제로 살아 있는 존재들과 비슷하지 않은 것과 마찬가지다. 아무런 의문점도 불러일으키지 않을 구체적 사례로, 꿈을 한번 생각해보라. 당신은 꿈을 어떻게 묘사하는가? 당신은 결코 꿈을 묘사하지 못한다. 꿈의 분위기를 전달해주는 단어들이 우리 언어에 존재하지 않는 까닭이다. 물론 당신은 꿈속에서 벌어진 주요 사건들의 조잡한 근사치를 제공할 수는 있다. 가령 이렇게 말할 수 있다. "나는 중산모를 쓴 호저豪豬와 함께 리젠트 거리를 걸어 내려가는 꿈을 꾸었다." 하지만 이것은 그 꿈에 대한 생생한 묘사가 되지 못한다. 설사 심리학자가 그 꿈을 '상징'의 관점에서 해석한다고 하더라도 대체로 추측에 의존하여 그렇게 하는 것이다. 그 꿈의 실제적인 특질, 즉 호저에게 어떤 독특한 의미를 부여하는 특질은 말의 세계 밖에 있기 때문이다. 사실 꿈을 묘사한다는 것은 시詩를 본Bohn 출판사의 해설본 언어로 번역하는 것과 같다. 원본을 이해하지 못하면 그것은 의미 없는 의역에 불과하다.

나는 꿈이 반박 불가능한 사례라고 생각하지만, 그래도 묘사할 수 없는 것이 꿈뿐이라면 그 문제는 그리 깊이 생각해볼 필요도 없을 것이다. 그러나 누차 지적된 바 있듯이, 깨어 있는 정신은 겉으로 드러나는 만큼, 혹은 우리가 겉으로 꾸며내고 싶어 하는 만큼 꿈꾸는 정신과 다르지 않다. 우리가 깨어 있을 때 하는 생각들은 대부분 '합리적'이다. 다시 말해 우리 마음속에는 일종의 체스판 같은 것이 있어서 생각들이 그 판 위에서 논리적이면서도 언어적으로 움직인다. 우리는 어떤 명확한 지적 문제를 해결하는 데 이 체스판을 활용하고, 그 체스판이 우리 마음의 전부라고 생각하는 습관에 빠져든다. 하지만 분명 그 체스판이 우리 마음의 전부는 아니다. 꿈의 영역에 속하는 무질서하고 비언어적인 세계가 늘 우리의 마음 주변에서 어른거린다. 여기서 어떤 계측이 가능하다고 한다면, 깨어 있을 때 하는 생각들의 절반가량이 이런 꿈의 세계에 속한다는 것을 알게 되리라고 나는 감히 말한다. 물론 꿈-사고는 우리가 언어적으로 생각하려고 할 때도 가담하며 언어적 사고에 영향을 미친다. 그리고 우리의 내적 생활을 가치 있게 만드는 것은 대체로 꿈-사고이다. 일상적인 순간에 문득 떠오르는 당신의 생각을 한번 검토해보라. 그 생각의 주된 흐름을 따라가면 이름 없는 것들의 연속이라는 것을 알게 될 것이다. 이름도 없이 너무나 막연한 것들이어서 그것들을 생각이라고 해야 할지, 이미지라고 해야 할지, 느낌이라고 해야 할지, 혹은 다른 무엇이라고 불러야 할지 알기 어렵다. 먼저 당신이 보는 대상들과 듣는 소리들이 있다. 물론 이런 것들은 그 자체로는 묘사가 가능하지만, 당신의 머릿속으로 들어오는 순간에 완전히 다른 것, 그리고 도저히 묘사할 수 없는 어떤 것이 되어버린다.[5]

이외에도 당신의 마음이 끊임없이 스스로를 위해 만들어내는 꿈-생활이 있다. 꿈-생활은 대부분 사소하고 곧 잊히지만 아름답고, 재미있고, 형언할 수 없는 것들을 포함한다. 어떻게 보면 이러한 마음의 비언어적인 부분이 가장 중요한 부분인데 거의 모든 동기의 원천이기 때문이다. 모든 호불호, 모든 미적 감각, 모든 시비是非의 개념(어쨌든 미적 판단과 도덕적 판단은 서로 얽혀 있어 따로 떼어놓고 생각할 수 없다)은 말보다 더 은밀한 것으로 여겨지는 감정에서 흘러나온다. 누군가가 "당신은 왜 이렇게 하고 저렇게 하지 않는가?"라고 질문해오면 당신은 언제나 숨길 의도가 없는데도 진짜 이유를 말로 표현할 수 없다는 걸 의식하게 된다. 그래서 당신은 다소 부정직하게도 당신의 행동을 합리화한다. 모든 사람이 이런 사실을 인정할지는 의문스럽다. 어떤 사람은 자신이 내적 생활의 영향을 받는다는 사실, 혹은 자신에게 내적 생활이 있다는 사실을 의식하지 못한다. 사람들은 대개 혼자 있을 때 웃음을 터트리지 않는다. 나는 그런 사람들은 내적 생활이 상대적으로 빈곤하다고 생각한다. 그렇지만 모든 개인에게는 내적 생활이

---

5   마음은 하나의 바다이다.
    그 바다에서 각자 자신과 닮은 것을 곧바로 발견한다.
    그러나 마음은 이런 것들을 초월하여
    전혀 다른 세계, 또 다른 바다를 창조한다. [작가의 각주]

있다. 그리고 남들의 내적 생활을 이해한다거나, 나아가 자신의 내적 생활을 이해받는 게 사실상 불가능하다는 것도 안다. 일반적으로 말해서 모든 인간이 저 하늘의 별처럼 뚝 떨어진 고립 속에서 살아가는 것이다. 그래서 거의 모든 문학은 우회적인 수단을 통하여 이 고립으로부터 달아나려는 시도이고, 직접적인 수단(일차적인 의미의 말들)은 거의 소용이 없다.

'상상력이 풍부한' 글쓰기는 정면에서 공격하기 어려운 어떤 입장들을 측면에서 공격하는 것이다. 냉철하게 '지적'인 것 이외에 다른 것도 다루려고 하는 작가는 일차적인 의미의 말들만 사용해서는 별 효과를 거두지 못한다. 그는 아주 교묘한 우회적 방식으로 그런 효과를 거둔다. 가령 말의 운율이나 그 밖의 어떤 것에 의존하는데, 우리가 말을 할 때 어조와 몸짓에 의존하는 것과 비슷하다. 시에서는 이것이 너무나 잘 알려져 있어서 거론할 필요조차 없다. 가령 이런 시행을 한번 보자.

죽어가는 달은 월식을 견뎌냈고
슬픈 복점관ト占官들은 자기 예언을 조롱한다.

시에 대하여 조금이라도 이해가 있는 사람은 이 시구의 단어들이 사전에 나오는 '의미'를 갖지 않음을 안다(이 시행은 엘리자베스 여왕이 갱년기를 무사히 넘긴 것을 언급하고 있다). 사전적 의미는 거의 언제나 실제 의미와 관련이 있지만, 그림의 전반적인 구도를 보여주는 것이 아니라 '일화'를 말해주는 것에 불과하다(렘브

란트의 그림 「돌아온 탕자」에서 돌아온 탕자는 '일화'인 반면에, 그 아들을 안아주는 아버지와 잃었던 신앙을 다시 찾은 주제, 어둠과 빛의 명암, 큰 손과 작은 손의 대조 등은 전반적인 구도에 해당한다 - 옮긴이). 약간의 변경이 가해진다면 이것은 산문에도 그대로 해당하는 이야기다. 내적 생활과 아무런 관련이 없어 보이는 장편소설, 소위 '표면에 다 드러나는 정직한 스토리straight story'인 『마농 레스코』를 한번 생각해보자. 왜 작가는 신의 없는 여자와 달아난 수도원장에 관하여 이렇게 장황하고 시시한 이야기를 써냈는가? 작가는 어떤 느낌, 비전, 주제 등을 갖고 있었는데, 그런 비전을 동물학 교과서에서 가재를 서술하듯이 묘사해서는 전달할 수가 없음을 여러 번의 실험 끝에 깨달았을 것이다. 그런 식으로 묘사하는 대신에 작가는 다른 방식을 발명함으로써(이 경우에는 피카레스크 소설이고, 시대가 달랐더라면 그는 다른 형식을 선택했을 것이다) 자신의 비전을 전달할 수 있었다. 사실 글쓰기는 대체로 말해서 단어들을 비틀어서 사용하는 기술이다. 그런 비틀기가 독자의 눈에 띄지 않을수록 작가의 글쓰기는 더욱 완벽하게 수행된 것이라 말할 수 있다. 그래서 단어들을 비틀어서 본래 의미를 다 제거해버린 것 같은 작가(가령 영국의 현대 시인 제라드 맨리 홉킨스)는 실제로는 단어들을 아주 정직하게 사용하려고 필사적으로 노력한 것이다. 반면에 기술이 전혀 없는 것처럼 보이는 작가, 가령 과거의 발라드(민요) 작가들은 아주 은밀한 측면 공격을 한다. 그렇지만 이때 그런 공격은 무의식적으로 이루어진다. 물론 우리는 모든 좋은 예술은 '객관적'이고, 모든 진정한 예술가는 자신의 내적 생활을 자기 안에만 간직한다는 위선적 말을 많이 듣는다. 하지만 이런 말을 하는 사람들은 진심으로 그 말을 하는 게 아니다. 그들이 뜻하는 바는, 작가의 내적 생활이 발라드든 '표면에 다 드러나는 정직한 스토리'든 아주 우회적인 방식으로 표현되기를 바란다는 것이다.

우회적인 방식은 실천하기가 어렵다는 것 이외에 또 다른 약점이 있는데 으레 실패한다는 것이다. 뛰어난 예술가가 아닌 사람들에게(심지어 뛰어난 예술가에게도) 단어들의 두루뭉술함은 언제나 뜻의 왜곡을 가져온다. 연애편지를 다 쓰고 나서 자신이 뜻하는 바를 완벽하게 다 말했다고 생각하는 사람이 있을까? 작가는 의도적으로, 또 비의도적으로 자신이 뜻하는 바를 왜곡한다. 의도적이라고 한 것은, 단어의 우연한 속성들이 끊임없이 작가를 유혹하고 위협하면서 작가의 원래 의미에서 벗어나게 하기 때문이다. 작가는 먼저 아이디어를 얻으면 그것을 표현하려 한다. 그러나 글을 쓰는 과정에서 어휘의 무서운 혼란이 발생하고, 우연하게도 글쓰기의 어떤 패턴이 형성된다. 그 패턴은 작가가 원하는 게 결코 아니지만 아무튼 저속하지도 불쾌하지도 않다면 '좋은 예술'이다. '좋은 예술'은 하늘이 내려주신 신비로운 선물이기 때문에 작가는 그것을 받아들인다. 그런 예술이 저절로 나타났는데 그걸 낭비하는 것은 안타까운 일이다. 그런데 스스로 어느 정도 정직하다고 생각하는 사람도 말을 하거나 글을 쓰면서 하루를 지내다 보면 자신이 거짓말을 한다는 걸 의식하지 않는가? 거짓말이 참말보다 예술적 형태에 더 잘 맞아 들어간다는 이유로 말이다. 높이에 밑변을 곱하면 평행사변형의 면적이 나오는 것처럼, 어휘가 작가의 뜻을 완전하고 정확하게 표현해준다면 거짓말을 할 필요가 없을 것이다. 그리고 독자 혹은 청자의 마음속에서도 추가로 왜곡이 일어난다. 왜냐하면 단어는 생각을 전달하는 직접적 통로가 아니므로 독자나 청자가 그 단어에 들어 있지 않은 의미를 계속 보거나 듣는 까닭이다. 이에 대한 좋은 사례가 외국어로 된 시의 감상이다. 우리는 외국 평론가들이 쓴 "왓슨 박사의 사랑에 넘치는 생활" 따위의 문구를 보면서 외국 문학을 진정으로 이해하기는 거의 불가능하다는 것을 안다. 그러나 상당히 무지한 사람들도 외국어, 심지어 사어死語로 쓰인 시에서 커다란 즐거움을 얻는다고 말한다. 분명 그 즐거움은 그 시를 쓴 시인이 의도하지 않은 어떤 것에서 나온 것이다. 만약 그 어떤 것이 시인의 공로라고 한다면 그는 지하 무덤 속에서도 화를 내며 돌아누울 것이다. 나는 "Vixi puellis nuper idoneus(나는 최근까지 소녀들에게 적합했다)"라는 라틴어 문장을 다섯 번이나 혼자 중얼거린 적이 있는데, 'idoneus(적합한)'라는 단어의 아름다운 소리 때문이었다. 그러나 시간과 문화의 차이, 나의 빈약한 라틴어 지식, 대부분 라틴어를 어떻게 발음해야 하는지 잘 모른다는 사실을 감안할 때 내가 그 단어에서 얻은 즐거움을 과연 이 시행의 작가인 호라티우스Horatius가 의도한 바라고 할 수 있을까? 그것은 어떤 그림이 제작되고 나서 200년이 흐른 뒤, 내가 그림 속 붓질에 매혹되어 그 그림을 아름답다고 생각하는 것과 비슷하다. 나는 여기서 어휘가 좀 더 믿음직하게 의미를 전달한다면 예술이 반드시 향상되리라고 말하는 게 아니다. 내가 아는 한 예술은 언어의 조잡함과 애매모호함을 먹으면서 번성한다. 나는 단지 생각의 전달 수단인 어휘의 기능을 비판할 뿐이다. 정확성과 표현성의 관점에서 보자면 우리 언어는 아직도 석기시대에 머물러 있다.

내가 제시하는 해결안은 새로운 말들을 발명하자는 것이다. 우리가 자동차 엔진을 위해 새로운 부품을 발명하는 것처럼 말이다. 어휘가 마음의 생활을 상당 부분 정확하게 표현할 수 있다고 해보자. 우리 삶을 표현할 수 없다는 무기력한 느낌이 아예 없고, 예술적 기술이라는 속임수에 의존해야 할 필요도 없다고 해보자. 그러면 우리 의미를 표현하는 것은 대수방정식을 푸는 것처럼 올바른 어휘를 선택하여 제자리에 배치하는 문제로 축소된다. 이렇게 된다면 그 이점은 아주 분명할 것이다. 그렇지만 자리에 앉아 의도적으로 단어를 만들어내는 과정이 상식적인 절차인지는 그리 분명하지 않다. 흡족한 단어를 만들어내는 방법을 제시하기 전에 나는 이에 대하여 제기될 반론을 먼저 검토하고자 한다.

생각할 줄 아는 사람에게 "새롭고 더 섬세한 단어를 발명하는 모임을 만들자"라고 한다면 그는 먼저 괴짜나 하는 발상이라고 반대할 것이다. 그리고 나서 현재 가지고 있는 단어들도 제대로 다루기만 한다면 충분히 그런 어려움들에 대응할 수 있다고 말할 것이다(이 두 번째 지적은 순전히 이론적인 반론일 뿐이다. 실제로 모든 사람이 언어의 불완전함을 인식하고 있다. 가령 "말로는 표현이 안돼", "그 사람이 말한 내용보다 그렇게 말한 방식이 더 문제야" 같은 말들을 한번 생각해보라). 그리고 마지막으로 그는 이런 대답을 내놓을 것이다. "그런 현학적인 방식으로는 일이 처리되지 않아. 언어는 꽃들처럼 아주 천천히 자라는 거라고. 기계 부품들처럼 조립해서 되는 게 아니야. 그리고 인공적으로 만들어진 언어는 특성도 없고 생명력도 없어. 에스페란토를 봐. 단어는 천천히 획득해온 연상들 속에서 전반적인 의미를 갖추는 거야." 운운.

우선 이런 반론은 변화의 제안을 받으면 반드시 나오는 다른 반론들과 마찬가지로 현상 유지가 최고라고 말하는 장황한 이야기일 뿐이다. 반론은 이렇게 이어진다. 우리는 지금까지 의도적으로 단어를 만들어낸 적이 없었다. 모든 살아 있는 언어는 천천히 우연한 과정을 거쳐서 생겨났다. 따라서 언어를 인공적으로 만들어내겠다는 것은 어불성설이다. 현재 우리가 기하학적 정의 이상의 무언가를 말하고자 한다면 소리나 연상 등을 동원하여 마술을 부릴 수밖에 없다. 따라서 이러한 필연성은 단어의 본질에 내재되어 있다. 이는 명백한 논리적 모순이다. 내가 추상적인 단어를 만들자고 한 것은 우리가 현재 사용하고 있는 의미를 확장하자는 것뿐이다. 구체적인 단어들은 지금도 만들어지고 있다. 비행기와 자전거가 발명되면서 우리는 이런 것들에 알맞은 이름을 지어주는데 이는 당연한 일이다. 나는 마음속에 존재하는 이름 붙일 수 없는 것들에 새로운 이름을 지어주자고 주장하는 것이다. 당신이 "왜 스미스 씨를 싫어합니까?"라고 물으면 나는 이렇게 대답한다. "그는 거짓말쟁이, 겁쟁이 등등이기 때문입니다." 이렇게 대답하는 나는 엉뚱한 이유를 대고 있는 것이다. 실제로 내 마음속에서는 이런 답변이 흘러간다. "왜냐하면 그가 ○○○한 종류의 사람이기 때문입니다." ○○○은 내가 이해하고, 당신에게 말해줄 수만 있다면 당신도 이해할 무언가를 나타낸다. 그러니 왜 ○○○에 이름을 붙여주지 않는단 말인가? 유일한 어려움은 우리가 무엇에 이름을 붙일지 합의가 잘 안 된다는 것이다. 그러나 이런 어려움이 발생하기 훨씬 이전에, 글을 읽고 생각을 하는 부류의 사람은 이미 단어의 발명이라는 아이디어에서 멀찍이 물러나 있을 것이다. 그는 내가 이미 위에서 말한 것과 비슷한 반론을 내놓거나, 아니면 다소 조롱하며 자신의 주장을 미리 전제하는 순환논리의 반론을 내놓을 것이다. 그러나 이런 반론들은 실제로는 다 헛소리다. 그들의 반발심은 미신에 기반한 뿌리 깊고 불합리한 본능에서 나온다. 그 본능은 무엇인가? 어려움에 직접적이고 합리적으로 접근하려는 시도, 인생의 문제를 방정식처럼 풀려는 시도는 아무 소용이 없고, 나아가 안전하지 못하다는 느낌이다. 우리는 이런 본능이 우회적인 방식으로 어디에나 표현되어 있는 것을 본다. '어떻게든 해내는' 우리의 국민적 재능에 대한 온갖 헛소리, 객관적이고 건전한 정신에 맞서는 저 흐물흐물한 신神 없는 신비주의는 그 본바닥을 들여다보면 깊이 생각하지 않는 것이 더 안전하다는 의미일 뿐이다. 이런 느낌은 아이들에게 흔한 믿음에서 시작된다고 나는 확신한다. 아이들은 공중에 가득한 복수의 악마들이 주제넘도록 건방지게 생각하는 자들을 처벌할 기회만 노린다고 생각한다.[6] 어른들의 경우에는 지나치게 합리적인 사고방식을 두려워한 나머지 이런 믿음이 살아남아 있다. 가령 나, 너희의

하느님은 질투하는 하느님이다, 교만은 패망의 선봉이다 등—가
장 위험한 교만은 지식인들의 헛된 자만심이다. 다윗은 백성이
얼마나 되는지 세려 했기 때문에, 즉 자신의 지성을 과학적으로
활용하려 했기 때문에 징벌을 당했다. 그래서 체외발생(胚胚가 생
체 외에 인공 환경 따위에서 발생하는 것 - 옮긴이) 같은 생각은 종족
의 건강과 가정생활에 미치는 해로운 효과 이외에도 그 자체로
신성모독이라고 여겨진다. 마찬가지로 언어와 같은 근본적 현상
을 공격하는 것은 곧 인간 정신의 구조를 공격하는 것이므로 신
성모독이고, 따라서 위험하다. 언어를 개혁한다는 것은 사실상 하
느님의 일에 간섭하는 것이다. 물론 누구도 이렇게 노골적으로
말하지는 않겠지만 말이다. 이런 반론은 중요한데, 바로 그 반론
이 대부분의 사람들이 언어 개혁이라는 걸 아예 생각조차 하지
못하도록 막을 것이기 때문이다. 물론 언어 개혁은 다수의 사람
들이 동참하지 않는다면 무의미하다. 한 사람이나 하나의 집단이
인공언어를 만들어내는 것은, 제임스 조이스가 지금 이 일을 하
고 있다고 생각하는데, 선수 한 명이 혼자서 축구 경기를 하는 것

---

6 이것은 악마들이 너무 자신만만한 사람들을 노린다는 생각이다. 그래서 아이
들은 고기가 미끼를 물어도 그 고기를 뭍으로 올릴 때까지 "잡았다!"라고 말하
면 안 된다고 생각한다. 그러면 물고기가 도망간다는 것이다. 아직 당신이 타석
에 들어설 차례가 돌아오지도 않았는데 다리 보호대를 먼저 착용하면 첫 공에
서 아웃이 되어버린다는 것노 이와 비슷한 생각이다 이런 믿음은 어른들 사이
에서도 존재한다. 어른들이 아이들보다 미신을 덜 믿는 것은 환경을 더 많이 통
제할 수 있기 때문이다. 하지만 모든 사람이 저항할 힘이 없는 곤경(가령 전쟁이
나 도박)에 빠지면 누구나 미신적이 된다. [작가의 각주]

과 비슷하다. 여기서 필요한 것은 재능 있는 보통 사람 수천 명이 단어 발명에 헌신하는 것이다. 셰익스피어 연구에 여러 명의 학자가 진지하게 매진하는 것처럼 말이다. 이런 여건이 형성된다면 우리가 언어를 가지고 기적을 일으킬 수 있다고 생각한다.

자, 이제 그 수단에 대해서 말해보자. 우리는 대가족 구성원들 사이에서 비록 소규모이고 조잡하긴 하지만 단어가 성공적으로 발명되는 사례를 본다. 모든 대가족은 그들끼리만 특별히 사용하는 신조어 두세 개를 가지고 있다. 그 단어들은 사전에 안 나오는 은밀한 의미를 전달한다. 그들은 "스미스 씨는 ○○○한 종류의 사람이다"라고 가문에서 만들어진 말을 사용하고, 가족들은 그 말을 완벽하게 알아듣는다. 비록 한 가문에 국한되지만, 사전에는 나오지 않는 의미의 간극을 채워주는 형용사가 존재하는 것이다. 그 가문이 이런 단어를 만들어낼 수 있었던 것은 공통적인 체험의 기반 덕분이다. 공통의 체험이 없다면 어떤 단어도 의미를 갖지 못한다. 가령 당신이 "베르가모트(남유럽산 감귤-옮긴이)에서는 어떤 냄새가 나는가?"라고 물었을 때 내가 "마편초 같은 냄새가 난다"라고 대답했다고 해보자. 당신이 마편초 냄새를 이미 알고 있다면 내 말을 이해할 것이다. 따라서 단어를 만들어낼 때는 오해의 여지 없이 확실한 공통의 지식을 바탕으로 유추의 방법을 써야 한다. 마편초 냄새처럼 구체적인 것을 언급했듯이 오해의 여지 없이 참조할 수 있는 기준을 갖춰야 한다. 이것은 곧 단어에 구체적인(아마도 눈에 보이는) 존재를 부여하는 것과 같다. 단어의 정의에 관해 말만 하는 것은 무익한 일이다. 문학평론가들이 즐겨 사용하는 단어들, 가령 "감상적"[7], "천박한", "병적인" 등을 정의해보면 금방 내 말뜻을 이해할 것이다. 이런 단어들은 모두 무의미한데 풀어서 말해보면 단어를 사용하는 사람들에 따라 그 의미가 달라지기 때문이다. 그러니 필요한 일은 어떤 명확한 형태로 의미를 제시하고, 이어 여러 사람이 그들의 마음속에서 그 의미를 발견하고 또 그것에 이름을 붙일 가치가 있다고 생각하면, 그때 가서 비로소 이름을 부여하는 것이다. 그러니까 중요한 점은 사람들의 생각에 어떤 객관적 존재를 부여해주는 방식을 찾아내는 것이다.

이와 관련하여 생각나는 것이 시네마토그래프cinematograph이다. 누구나 영화에 잠재되어 있는 놀라운 힘에 주목한다. 영화는 왜곡과 환상의 힘을 갖고 있는데, 넓게 말해서 그 힘은 물리적인 현실의 제약에서 벗어나게 해준다. 영화가 주로 연극을 어설프게 모방하는 데 동원된 것은 상업적인 필요 때문이다. 하지만 영화는 무대 너머에 있는 현상들에 집중해야 마땅하다. 적절히 사용되기만 한다면 영화는 마음의 과정을 전달해줄 수 있는 단 하나의 유일한 수단이다. 예를 들어 내가 위에서 말한 것처럼 꿈은 말로는 묘사할 수 없지만 스크린에서는 상당 부분 재현할 수 있다.

---

[7] 나는 평론가들이 "감상적"이라고 한 작가들의 목록을 작성한 적이 있다. 결국 그 목록에는 거의 모든 영국 작가가 들어갔다. 이 단어는 사실 증오를 가리키는 무의미한 상징에 불과하다. 호메로스의 작품에서 손님들에게 우정의 상징으로 주었던 청동 삼각대처럼. [작가의 각주]

몇 년 전에 더글러스 페어뱅크스Douglas Fairbanks의 영화를 본 적이 있는데 그중 일부분이 꿈의 재현이었다. 그 영화의 대부분은 대중 앞에 알몸으로 나선 꿈에 대한 바보 같은 농담이었는데, 그래도 몇 분 동안은 정말 꿈과 동일한 장면이 나왔다. 단어, 그림, 심지어 음악으로도 불가능한 방식으로 꿈을 재현한 것이었다. 다른 영화들에서도 꿈을 재현한 장면이 순간적으로 나오는 것을 보았다. 가령 〈닥터 칼리가리Dr. Caligari〉가 그런 경우였다. 그러나 이 영화는 대부분 어리석은 화면들로 채워졌고, 영화의 환상적인 요소는 어떤 확정적 의미를 전달하려는 것이 아니라 환상 자체의 목적에만 봉사했다. 곰곰 생각해보면 영화의 기이하게 왜곡시키는 힘으로 재현하지 못할 마음속 이미지는 거의 없다. 백만장자가 개인용 시네마토그래프를 갖추고 소품과 유능한 배우를 필요한 만큼 동원할 수 있다면, 그가 원할 때 얼마든지 자신의 내적 생활을 모두 기록할 수 있을 것이다. 그는 거짓말로 합리화할 필요 없이 자기 행동들의 진짜 이유를 설명할 수 있다. 그가 보기에 아름답고, 애처롭고, 재미난 것들—일반인은 표현할 말이 없어서 마음속 깊숙이 감춰둔 것들—도 보여줄 수 있다. 그는 다른 사람들에게 자신을 이해시킬 수 있다. 물론 천재도 아닌 사람의 내적 생활을 보여준다는 것은 바람직하지 않다. 그보다는 사람들이 공통적으로 가지고 있는 이름 없는 느낌들을 발견하는 것이 중요하다. 언어로 표현하지 못하여 끊임없는 거짓말과 오해의 원인이 되는 저 모든 강력한 내면적 동기들을 추적하여 눈에 보이는 형태로 만들고, 서로 합의하여 이름을 붙여줄 수 있다. 거의 무제한적인 재현 능력을 갖춘 영화가 유능한 탐구자의 손에 들어간다면 그런 이름 붙이기를 수행할 수 있다. 물론 인간의 내면적 동기들을 가시적인 형태로 재현한다는 것이 늘 쉽기만 하지는 않을 것이다. 처음에는 다른 예술과 마찬가지로 아주 어렵게 느껴질 것이다.

이제 새로운 말들이 취해야 할 실제적 형태에 대해서 한마디 더 하겠다. 필요한 시간, 재능, 돈을 갖춘 수천 명이 언어에 새로운 단어를 추가하기로 결정했다고 해보자. 그들은 다수의 새롭게 필요한 단어들에 동의했다. 이때 그들은 발명 즉시 폐어가 되어버릴 볼라퓌크Volapuk(1879년에 독일 언어학자 J. M. 슐라이어가 고안한 국제 인공언어 - 옮긴이)를 만들어내지 않도록 유의해야 한다. 단어는, 심지어 아직 존재하지 않는 단어일지라도 말하자면 자연스러운 형태—더 정확히 말하자면 여러 언어 속에서 발견되는 다양한 자연스러운 형태—를 갖추고 있는 것 같다. 만약 언어가 진정으로 표현력이 높은 것이라면 지금처럼 우리가 단어들의 소리를 가지고 장난을 칠 필요도 없을 것이다. 그렇지만 나는 단어의 소리와 의미 사이에는 어떤 상관관계가 반드시 있을 것이라고 생각한다. 언어의 기원에 대하여 널리 받아들여지는 통설은 이러하다. 아직 말을 만들어내기 이전의 원시인은 당연히 몸짓에 의존했을 것이고, 다른 동물들과 마찬가지로 남들의 주목을 끌기 위해 몸짓을 하기 전에 소리를 질렀을 것이다. 그런 다음 원시인은 자신의 의미에 적합한 동작을 본능적으로 해 보였을 것이고, 혀를 포함하여 신체의 모든 부분도 의미 전달에 협력했을 것이다. 이렇게 하여 혀의 어떤 움직임—즉 어떤 소리—은 어떤 의미와 결부됐다. 시에서는 직접적인 의미 이외에도 소리로 어떤 생각을 전달하는 단어들을 만날 수 있다. 가령 "Deeper than did ever plummet sound(측연測鉛 소리보다 더 깊게)", 이는 셰익스피어의 문장인데 아마 두 번 이상 사용됐을 것이다. "Past the plunge of plummet(측연이 풍덩 빠지는 소리를 지나-A. E. 하우스먼A. E. Housman)", "The unplumbed, salt, estranging sea(측연으로도 깊이를 알 수 없는, 소금 냄새 나는, 낯선 바다-매슈 아널드Matthew Arnold)" 등이다. 분명 직접적인 의미와는 별개로, 'plum-' 혹은 'plun-'이라는 소리는 밑바닥 없는 바다를 연상시킨다. 따라서 새로운 단어를 만들어낼 때 우리는 의미의 정확성에 더하여 소리의 적절성에도 신경을 써야 한다. 지금처럼 기존 단어들에서 새로운 의미를 가진 단어를 만들어 진정한 참신성을 갉아먹는 것은 안 될 일이다. 또한 알파벳을 임의로 조합하여 새로운 말을 만들어내는 것도 가당치 않다. 우리는 단어의 자연스러운 형태를 먼저 결정해야 한다. 단어들의 실제적 의미에 합의하는 것과 마찬가지로, 이렇게 하자면 많은 사람의 협력을 얻어야 한다.

    나는 이 글을 아주 황급히 썼다. 그래서 이 글을 다시 읽어보니 어떤 부분은 논리적으로 허약하고, 또 많은 부분이 평범하다는 게 눈에 띈다. 아무튼 대부분의 사람들에게 언어를 개혁해야 한다는 생각은 어설픈 허세이거나 괴상한 변덕 정도로 보일 것이다. 그러나 인간들 사이에, 그러니까 그리 친밀하지 않은 사람들 사이에 엄청난 불통이 존재한다는 것을 깊이 생각해야 한다. 새뮤얼 버틀러가 말했듯이 현재 가장 좋은 예술(즉 가장 완벽한 생각의 전이)은 이 사람에게서 저 사람으로 '삶이 그대로 옮겨지는 것'이다. 만약 우리 언어가 좀 더 충분했다면 이런 식의 전이는 필요가 없을 것이다. 우리 지식, 우리의 복잡한 삶, 당연히 그에 따른 우리의 복잡한 마음이 아주 빠르게 전개되고 있다. 그렇지만 소통의 주요 수단인 언어는 거의 미동도 하지 않고 있다니 이상한 일이다. 이런 이유로 나는 인공언어의 발명이 진지하게 고려할 만한 아이디어라고 생각한다. (1940)

예술과 프로파간다의 경계

나는 문학평론에 관해 말하고자 하는데 우리가 실제로 살고 있는 세계에서는 평화에 대해서 얘기하는 것만큼이나 무망한 일이다. 현재는 평화로운 시대가 아니고, 또 비평의 시대도 아니다. 지난 10년 동안 유럽에서 예전 방식의 문학평론—예술작품을 그 자체로 가치 있게 여기면서 편견 없이 신중하고 꼼꼼하게 평가하는 평론—은 거의 불가능했다.

지난 10년 동안(1930년대 - 옮긴이)의 영문학, 혹은 문학 자체라 기보다 지배적인 문학적 태도를 살펴보면 미학적인 측면이 거의 없다는 점이 제일 먼저 눈에 띈다. 문학은 프로파간다Propaganda의 홍수에 빠져버렸다. 이 시기에 나온 책들이 전부 나쁘다는 이야기는 아니다. 그러나 이 시대를 대표하는 문인들, 가령 오든Auden, 스펜더Spender, 맥니스MacNeice 등은 교훈적이면서 정치적인 작가들로서 미학을 의식하면서도 기법보다는 주제에 더 관심이 많다.

그리고 이 시대에 나온 대부분의 생생한 문학평론들은 크리스토퍼 코드웰Christopher Caudwell, 필립 헨더슨Philip Henderson, 에드워드 업워드Edward Upward 같은 마르크스주의자들의 작품인데 이들은 모든 책을 정치 팸플릿으로 보면서 좁은 의미의 문학적 특성을 찾아내려고 하기보다는 그 책의 정치적, 사회적 함의를 찾아내는 데 혈안이 되었다.

이것은 그 직전 시대와 아주 갑작스럽고 극명한 대조를 이루기 때문에 더욱 눈에 띈다. 1920년대의 대표적 작가들은 T. S. 엘리엇, 에즈라 파운드Ezra Pound, 버지니아 울프Virginia Woolf 등인데 이들은 기법에 가장 큰 중점을 두었다. 물론 그들도 나름대로 신념과 편견을 갖고 있었지만, 그래도 작품의 교훈, 의미, 정치적 함의보다는 기법의 혁신에 더 관심이 많았다. 그들 중 가장 뛰어난 작가인 제임스 조이스는 기법가이라는 말 이외에는 설명하기가 어렵고, 또 작가로서도 가장 '순수한' 예술가에 다가간 인물이다. 심지어 D. H. 로렌스도 동시대의 다른 작가들에 비하여 '목적의식이 뚜렷한 작가'였지만, 그럼에도 불구하고 오늘날 우리가 말하는 사회의식이라는 것은 별로 갖고 있지 않았다. 나는 이런 문학적 경향의 시기를 1920년대로 한정했지만, 실은 1890년대부터 그런 경향이 나타나기 시작했다. 이 30년에 걸쳐 형식이 주제보다 중요하다는 생각, 즉 '예술을 위한 예술'이라는 개념이 당연시되어왔다. 물론 여기에 반발하는 버나드 쇼Bernard Shaw 같은 작가도 있었지만 그런 예술 지향이 지배적인 경향이었다. 이 시기에 가장 중요한 평론가인 조지 세인츠버리George Saintsbury는 1920년대에는 이미 아주 늙은 노인이었지만, 거의 1930년까지 막강한 영향력을 행사했다. 그리고 그는 항상 예술의 기법적인 측면을 확고하게 지지했다. 그는 어떤 작품이든 집필 방식이나 기법, 문체로 평가할 수 있다고 주장했고 실제로 그렇게 했으며 작가의 의견에는 거의 무관심했다.

그러다가 주제를 강조하는 문학적 경향이 갑자기 등장하게 된 것은 어떤 연유에서인가? 1920년대 말에 이디스 시트웰Edith Sitwell의 포프Pope 연구서가 나왔는데, 이 책은 아주 경박스럽게도 기법을 강조하면서 문학을 일종의 장식물로 취급하고 또 단어들에는 아무런 의미도 없는 것처럼 말했다. 그러다가 그로부터 몇 년이 흐르지 않아 에드워드 업워드 같은 마르크스주의 평론가가 나와서 마르크스주의 경향을 보이는 책들만 '좋은' 책이라는 주장을 폈다. 어느 의미에서 보면 이디스 시트웰이나 에드워드 업워드는 각자 자기 시대의 대표자이다. 여기서 문제는 왜 두 사람의 문학관이 이처럼 다르냐는 것이다.

그 이유는 외부 상황에서 찾아볼 수 있다고 생각한다. 문학을 바라보는 미학적 태도와 정치적 태도는 특정 시대의 사회 분위기가 만들어내거나, 아니면 그런 분위기로부터 큰 영향을 받는다. 그런데 기법을 강조하던 시대는 끝났다. 1931년의 대공황이 한 시대(1920년대 문학의 미학적 시대-옮긴이)를 끝냈다면, 1939년의 히틀러의 폴란드 침공도 확실하게 또 다른 시대(1930년대 문학의 정치적 시대-옮긴이)를 끝내버렸다. 이렇게 하여 우리는 몇 년 전에 비하여 외부 사건들이 문학적 태도에 어떤 방식으로 영향을 미치는

지 더욱 분명하게 돌아보고 알 수 있게 되었다. 지난 100년을 돌아보는 사람의 눈에 가장 먼저 눈에 띄는 것은 이런 사실이다. 대체로 말해서 1830년과 1890년 사이에 이렇다 할 만한 문학비평이나 비평적 문학관은 영국에 존재하지 않았다는 것이다. 이렇게 말한다고 해서 그 시기에 좋은 책이 집필되지 않았다는 이야기는 아니다. 당시의 몇몇 작가, 가령 디킨스, 새커리, 트롤럽 등은 그들의 후배 작가들보다 더 오래 기억될 것이다. 그러나 빅토리아시대의 영국에는 플로베르, 보들레르Baudelaire, 고티에Gautier 등에 필적하는 문인들이 없었다. 우리가 요즘 말하는 미학적 엄격성 같은 것은 거의 존재하지 않았다. 빅토리아 중기의 영국 작가에게 책은 돈벌이 수단이며, 나아가 설교를 하기 위한 수단이었다. 영국은 급속히 변화했고, 돈을 가진 새로운 계급이 낡은 귀족 제도의 폐허 위에서 부상했으며, 유럽과의 접촉은 단절됐고, 오래된 예술적 전통도 붕괴됐다. 19세기 중반의 영국 작가들은 야만인이었고, 디킨스같이 뛰어난 재능을 가진 예술가도 사정은 마찬가지였다.

그러나 19세기 후반에 들어와 매슈 아널드, 페이터Pater, 오스카 와일드Oscar Wilde 등을 통하여 유럽과의 접촉이 복원됐고 문학의 형식과 기법에 대한 관심이 되살아났다. 그리고 바로 이때부터 '예술을 위한 예술'이라는 개념—이제는 한물간 문구이지만 그래도 당시 상황을 가장 잘 대변하는 문구—이 시작됐다. 이 개념이 그토록 오랫동안 당연시되어온 이유는 1890년에서 1930년까지가 예외적으로 안락하고 평화로운 시기였기 때문이다. 소위 자본주의 시대의 황금기였다. 심지어 제1차 세계대전도 그런 분위기를 깨트리지 못했다. 제1차 세계대전은 1천만 명을 희생시켰지만 세상을 뒤흔들지는 못했다. 하지만 지금 벌어지고 있는 전쟁(제2차 세계대전 - 옮긴이)은 세상을 뒤흔들 것이고 이미 그런 현상이 나타나고 있다. 1890년에서 1930년 사이에 살았던 거의 모든 유럽인은 문명이 항구적으로 존재할 것이라는 암묵적 믿음을 공유했다. 비록 개인적으로 행복과 불행이 갈리기야 하겠지만, 사람들은 어떤 것도 세상을 근본적으로 바꿔놓지는 못한다고 믿었다. 그런 분위기 덕분에 지적으로 초연할 수 있었고, 예술을 취미로 즐기는 아마추어리즘도 가능했다. 세상이 변함없이 지속될 것이라는 안정감 덕분에 철저한 토리당에다 고교회파인 세인츠버리 같은 비평가도 정치관, 도덕관이 아주 다른 사람들이 쓴 책들에 관해서도 양심적일 정도로 공정한 비평을 할 수 있었다.

그러나 1930년 이후 안정감은 더 이상 존재하지 않았다. 일찍이 제1차 세계대전과 러시아혁명도 뒤흔들지 못했던 세상을 히틀러와 대공황이 흔들어놓았다. 1930년 이후에 등장한 작가들은 그들의 삶뿐만 아니라 전반적인 가치관마저 끊임없이 위협받는 세상에서 살아왔다. 이런 환경에서 초연해지기란 불가능하다. 당신이 고통받으며 죽어가고 있는 그 질병에 대하여 순전히 미학적인 관심을 갖는다는 것은 불가능하다. 당신의 멱을 따려고 하는 사람에게 아무런 감정 없이 대한다는 것은 불가능하다. 파시즘과 사회주의가 서로 싸우는 세상에서 지식인은 어느 한 편을 들어야 하고, 그의 감정은 그의 글쓰기뿐만 아니라 문학관에도 스며들게 된다. 문학은 반드시 정치성을 띠어야 하고, 그러지 않으면 심리적으로 부정직해지게 된다. 사람의 애착과 증오는 의식의 표면에서 어른거리는 것이므로 무시해버릴 수가 없다. 책의 주제가 너무나도 중요하기 때문에 그 주제를 말하는 일이 긴급하지 그것을 서술하는 방식은 거의 무의미하게 보인다.

지난 10년 동안 문학, 심지어 시까지 정치적 소책자 쓰기와 뒤섞이면서 문학비평에 큰 봉사를 해왔다. 그 시기에 순수 미학의 환상이 보기 좋게 깨어졌기 때문이다. 이런 현상은 우리에게 다음 사실을 상기시킨다. 즉 모든 책에는 이런저런 형식의 프로파간다가 어른거리고, 모든 예술 작품에는 의미와 목적—정치적, 사회적, 종교적 목적—이 있으며, 우리의 미학적 판단은 언제나 우리가 가진 편견과 신념의 영향을 받는다는 것이다. 그것은 예술을 위한 예술의 가면을 벗긴다. 하지만 그것은 막다른 골목으로 들어가는 것이기도 하다. 무수히 많은 젊은 작가가 어떤 정치적 이념에 결부될 테고, 혹시라도 그 이념을 철저하게 신봉하기까지 한다면 결코 정신적으로 정직해질 수 없을 것이기 때문이다. 그 시기에 그들에게 열려 있었던 유일한 사상 체계는 마르크스주의였다. 이 사상은 러시아에 애국적으로 충성하라고 요구했으며, 자칭 마르크스주의자라고 하는 작가에게는 부정직한 권력정치에 개입할 것을 강요했다. 설사 그런 개입이 바람직할지라도, 이 작가들이 그런 행동의 바탕으로 삼았던 전제 조건들이 러시아와 독일의 불가침조약에 의해 산산조각이 나버렸다. 1930년 무렵의 많은 작가는 현재 벌어지고 있는 사건들로부터 초연할 수 없다는 것을 발견했다. 그리고 1939년 무렵의 많은 작가는 정치적 신념을 위해 지적 정직성마저 희생시킬 수 없다는 것을 발견했다. 지적으로 정직하지 못한 채 작가로 그대로 남아 있을 수는 없다. 미학적 엄격성만으로는 충분치 않은 것처럼 정치적 올바름만으로도 충분치 못한 것이다. 지난 10년 동안의 사건들은 우리를 공중에 붕 뜨게 만들었다. 그 사건들 때문에 영국에는 당분간 뚜렷한 문학적 경향이 없을 것이다. 하지만 그 덕분에 우리는 전보다 더 분명하게 예술과 프로파간다의 경계를 규정할 수 있게 되었다. (1941. 4)

문학과 전체주의

첫 번째 좌담을 시작할 때 나는 지금이 비평의 시대가 아니라고 말했다. 지금은 초연함의 시대가 아니라 당파 의식의 시대이다. 그러니까 소속 당파와는 정반대의 결론을 내린 책에서 문학적인 가치를 찾기가 특히 어려운 시대라는 뜻이다. 정치―가장 일반적인 의미에서의 정치―는 보통 허용되는 범위 이상으로 문학을 침범했고, 이는 개인과 공동체 사이에 늘 지속되어온 투쟁을 의식하게 만들었다. 지금 같은 시기에 솔직하고 편향되지 않은 비평을 쓰는 일이 얼마나 어려운지를 고려한다면 다가올 시대의 문학 전반에 드리운 위협의 본질을 파악할 수 있다.

우리는 자율적인 개인이 점점 사라지는 시대, 개인이 자율적이라는 착각조차 할 수 없게 된 시대에 살고 있다. 문학을 언급할 때나 (무엇보다) 비평을 언급할 때 우리는 본능적으로 자율적인 개인 자격으로 그런 작업을 한다고 생각한다. 현대 유럽 문학 전반, 다시 말해 지난 400년 동안의 유럽 문학은 지적인 정직함이라는 개념 위에 세워졌다. 다른 말로 하자면 "너 자신에게 참되어라"라고 한 셰익스피어의 격언 위에 세워졌다고도 할 수 있다. 작가에게 제일 먼저 요구되는 건 거짓말을 하지 않고 진정으로 생각하고 느끼는 것을 말하라는 것이다. 예술 작품에 가해지는 최악의 비난은 진실하지 못하다는 것이다. 이는 창작보다 비평에 더 해당되는 말이다. 창작은 겉치레와 타성, 더 나아가 순전한 속임수까지 어느 정도 들어 있다고 하더라도 작가가 근본적으로 진실하다면 문제가 되지 않는다. 현대문학은 본질적으로 개인이 이루어내는 것이다. 한 개인이 생각하고 느끼는 것을 진실하게 표현하는 것, 바로 그것이 문학이다.

내가 말한 것처럼 우리는 이런 개념을 당연하게 생각하지만 그것을 글로 옮기는 순간 문학이 얼마나 협박당하고 있는지 깨닫게 된다. 지금은 전체주의국가의 시대이기 때문에 개인에게 어떤 자유도 허락할 수 없고 또 허락하지 않는다. 전체주의라고 하면 곧장 독일, 소련, 이탈리아를 떠올리겠지만, 나는 전체주의가 세계적인 현상이 될 위험이 있다고 생각한다. 자유자본주의 시기가 종말을 맞이하고 있으며 국가들은 잇따라 중앙집권적 경제를 받아들이는데, 그 경제는 사람에 따라 편의대로 사회주의 혹은 국가자본주의라고 부른다. 아울러 개인의 경제적인 자유는 물론이고 좋아하는 일을 할 자유, 직업을 선택할 자유, 세상 이곳저곳으로 자유롭게 이동할 자유 등 대부분의 자유가 사라질 것이다. 최근까지 이것이 가져올 결과는 예상되지 않았다. 경제적인 자유가 사라지면 지적(정신적)인 자유에도 어떤 영향을 미칠 것이라는 점을 사람들이 온전히 깨달은 적은 한 번도 없었다. 사회주의는 일종의 도덕적인 진보주의로 보통 생각됐다. 사회주의국가는 사람들의 경제적인 생활을 책임지고, 사람들은 가난, 실직 등의 공포에서 벗어난다. 동시에 그 국가는 사람들의 지적인 생활에 간섭하지 않는다. 예술은 진보적인 자본가 시대에 그랬던 것처럼 번성할 것이고, 예술가는 더 이상 경제적으로 압박받지 않으므로 예술은 진일보할 것이다. 이것이 사회주의에 대해 널리 알려진 생각이다.

그러나 현존하는 증거를 보면 그런 생각이 잘못됐음을 인정해야 한다. 전체주의는 전에 없을 정도로 사상의 자유를 파괴했다. 전체주의의 사상 통제는 필요에 따라 소극적인 방식을 쓰기도 하고 때로는 적극적인 방식을 선택한다. 그것은 특정 사상을 표현하지 못하도록, 심지어 생각하지조차 못하도록 금지할 뿐만 아니라 무엇을 생각해야 할지에 대해서도 명령한다. 또한 이데올로기를 만들어 복종하게 하며, 행동 수칙을 제정하여 정서적인 삶까지 통제하고자 한다. 또한 국민을 외부 세계로부터 최대한 격리하여 비교 기준이 없는 인위적 세상 속에 가두려고 한다. 이처럼 전체주의국가는 국민의 행동을 통제하는 것 못지않게 사상과 감정까지 통제하려 든다.

우리에게 중요한 질문은 다음과 같다. 문학은 그런 사회 분위기에서 생존할 수 있는가? 이 질문에 그럴 수 없다는 대답이 곧바로 나온다. 만약 전체주의가 세계에 퍼져 항구적으로 자리 잡는다면 우리가 알고 있던 문학이라는 현상은 반드시 사라지게 된다. 그렇다 해도 그저 르네상스 이후의 유럽 문학이 사라지는 것이라고 말하는 건 처음에는 그럴듯하게 들릴지 모르나 맞지 않는 이야기다.

유럽이나 동양이나 전체주의와 과거의 모든 정통적 체제 사이에는 여러 중대한 차이점이 있다. 가장 중요한 점은 과거의 정통적 체제들은 변하지 않았거나 설사 변화해도 급속히 바뀌지는 않았다는 것이다. 중세 유럽의 교회는 어떤 것을 믿으라고 명령했지만, 적어도 당시 사람들이 태어나 죽을 때까지 일관된 신념을 유지하도록 해주었다. 월요일에 믿을 신념과 화요일에 믿을 신념을 다르게 주면서 그것을 믿으라고 하지는 않았다. 정통 기독교, 힌두교, 불교, 이슬람교는 오늘날에도 과거와 거의 달라지지 않은 모습을 보인다. 어느 의미에서 사람들의 개인적 생각은 제한되고, 사람들은 동일한 생각의 틀을 유지하면서 평생 살아간다. 종교는 사람들의 정서에는 간섭하지 않았다.

전체주의에서는 완전히 정반대가 맞는 말이다. 전체주의국가의 특별히 다른 점은 생각을 통제하지만 그 생각을 고정해놓지는 않는다는 것이다. 절대 의심을 품어서는 안 되는 교리를 내놓지만, 그 교리라는 것은 하루하루 변한다. 국민의 절대적인 복종이 필요하기에 전체주의국가는 교리가 필요하지만, 힘의 정치가 요구하는 변화들을 피해 가지는 못한다. 그 국가는 자신이 절대적으로 옳다고 선언하면서 객관적인 진실이라는 개념을 동시에 공격한다. 있는 그대로의 명백한 사례를 들어보자. 1939년 9월까지 모든 독일인은 소련의 볼셰비키 사상을 공포와 혐오의 시선으로 바라봐야 했지만, 갑자기 그해 9월 이후로는 존경과 애정의 시선을 보내야 했다. 몇 년 안으로 그렇게 될 것 같지만, 소련과 독일이 서로 전쟁을 한다면 이와 같은 또 다른 급격한 변화가 발생할 것이다. 사랑과 증오 같은 독일인의 정서적 삶은 필요하다면 하룻밤 사이에도 뒤집힐 수 있다. 이런 부류의 일이 문학에 미치는 영향을 여기서 지적할 필요가 없을 것이다. 왜냐하면 글쓰기는 대체로 개인적인 느낌의 문제인데, 그 느낌이라는 건 때때로 외부의 통제를 거부하기 때문이다. 당대의 정통파 교리에 건성으로 찬성을 표시하기는 쉽지만, 가치 있는 글쓰기는 작가가 자신이 하고자 하는 말이 진실임을 온전하게 느낄 때만 할 수 있다. 그런 느낌이 없으면 창작의 충동은 생겨나지 않는다. 여태껏 제시한 모든 증거는 전체주의가 추종자들에게 요구하는 갑작스러운 정서적 변화가 심리적으로 불가능한 것임을 보여준다. 나는 위에서 전체주의가 세상을 지배하면 우리가 알던 문학은 사라진다고 말했는데, 그 주장의 가장 주된 근거가 바로 이것이다. 실제로 여태까지 전체주의는 그런 파괴적 영향을 발휘해온 것으로 보인다. 이탈리아에서 문학은 제 기능을 발휘하지 못하고 있으며 독일에서는 문학이라는 게 거의 사라진 듯하다. 나치의 가장 특징적인 활동은 책을 불태우는 것이었다. 심지어 소련에서도 우리가 한때 기대한 문학의 르네상스는 일어나지 않았다, 촉망받던 소련 작가들은 자살하거나 감옥으로 사라지는 경향이 뚜렷하게 나타나고 있다.

나는 앞에서 자유주의적 자본주의가 명백히 그 종말을 맞이하고 있다고 했다. 따라서 사상의 자유 역시 필연적으로 무너진다고 주장하는 것처럼 보일지 모른다. 하지만 그렇게 되지는 않을 거라고 생각한다. 마지막으로 나는 이렇게 말하고자 한다. 문학이 생존할 희망은 자유주의가 뿌리 깊은 국가들, 가령 비군사적인 서유럽 국가들, 미국, 인도, 중국(당시 중국은 아직 공산화되기 이전임 - 옮긴이) 등에 달려 있다. 실현되기 힘든 소망에 불과할지 모르지만, 나는 경제의 집단화가 불가피하다고 하더라도 위 국가들은 전체주의가 아닌 사회주의 형태로 발전해나가는 방법을 찾아내리라 생각한다. 그런 사회주의에서는 경제적 개인주의가 사라지더라도 사상의 자유가 오래도록 존속할 수 있을 것이다. 어쨌든 그것이 문학을 사랑하는 사람이 매달릴 수 있는 유일한 희망이다. 문학의 가치를 알고, 인류 역사의 발전 과정에서 문학이 맡아온 핵심적 역할을 아는 사람이라면 목숨을 걸고 전체주의에 저항할 필요성을 깨달아야 한다. 전체주의가 내부에서 온 것이든 외부에서 온 것이든. (1941. 6)

유럽의 재발견

어린 시절에 역사를 배울 때—영국의 거의 모든 아동이 그러하듯이 아주 시원치 않은 역사교육이었는데, 나는 역사를 간간이 검은 줄들이 굵게 쳐진 일종의 기다란 두루마리 같은 것이라고 생각했다. 그 검은 줄은 소위 '시대'의 종말을 표시하는 것이었다. 따라서 그 검은 줄 뒤에 나오는 것이 그 줄 앞의 것과는 완전히 다른 내용이라고 이해했다. 그것은 일종의 시계 종소리였다. 가령 1499년에 사람들은 여전히 중세에 있었고, 그래서 판금 갑옷을 입은 기사들이 긴 창을 앞으로 내뻗친 채 서로 격돌한다고 생각했다. 그러다가 시계 종소리가 1500년을 알리면 사람들은 르네상스 시대에 살면서 주름 칼라 달린 더블릿 상의를 입고 스페인 앞바다에서 보물선을 노략질하기에 바쁘다고 생각했다. 그리고 1700년에 또 다른 검은 줄이 굵게 쳐져 있었다. 그 연도 후에는 18세기가 시작되는데 사람들은 갑자기 왕당파나 원두파 노릇을 그만두고 무릎바지와 삼각모를 쓴 우아한 신사가 되어버린다고 생각했다. 그들은 머리에 파우더를 뿌리고, 코담배를 맡고, 아주 균형 잡힌 문장으로 말했다. 하지만 그건 허풍 떠는 태도처럼 보였는데 나는 그들이 무슨 이유로 s를 대부분 f로 발음하는지 이해하지 못했다. 내 머릿속에서 역사는 바로 이런 것이었다. 일련의 완전히 다른 시대들로 구성되어 있는데 각 시대는 세기말 혹은 어떤 명확히 규정된 날짜에 갑자기 바뀌어버리는 것이었다.

그러나 이런 갑작스러운 전환은 정치든 풍습이든 문학이든 그 어느 분야에서도 발생하지 않는다. 각각의 시대는 자연스럽게 다음 시대로 이어질 수밖에 없는데, 그도 그럴 것이 무수하게 많은 사람이 그 두 시대에 걸쳐 있기 때문이다. 그렇지만 시대 구분이라는 것은 있다. 우리는 우리 시대가 가령 빅토리아 초기 시대와는 아주 다르다고 느끼며, 기번Gibbon 같은 18세기 회의주의자는 갑자기 중세로 되돌아간다면 야만인들 사이에 와 있다고 느꼈을 것이다. 가끔 어떤 일이 발생하여—이것의 원인은 궁극적으로 공업적 기술로 소급될 테지만 그 연결 관계가 늘 분명하지는 않다, 생활의 전반적인 분위기나 속도가 바뀌고, 사람들은 새로운 인생관을 갖게 되는데 이것이 그들의 정치적 행위, 매너, 건축, 문학, 기타 등등에 영향을 미친다. 오늘날에는 누구도 그레이Gray의「묘반애가Elegy in a Country Churchyard, 墓畔哀歌」」같은 시를 쓰지 못한다. 또 그레이의 시대에 셰익스피어의 대사를 쓸 수 있는 사람도 없다. 이런 것들은 서로 다른 시대에 속한다. 비록 역사책의 페이지를 가로지르는 굵은 검은 줄은 환상에 불과하지만, 때때로 전환이 아주 빠르게 일어나서 그런 현상에 정확한 연대를 부여할 수 있는 시대들도 있다. 가령 너무 단순화하는 우를 범하지 않고서도 다음과 같이 말할 수 있는 것이다. "이런이런 연도에 이런이런 문학의 스타일이 시작됐다." 나에게 현대문학의 출발 시점을 묻는다면—우리가 아직도 '현대'라는 용어를 쓴다는 것은 이 특별한 시대가 아직 끝나지 않았음을 보여준다, T. S. 엘리엇이 「프루프록 Prufrock」이라는 시를 발표한 1917년이라고 말하겠다. 하지만 이 시기는 겨우 5년을 버텼을 뿐이다. 제1차 세계대전이 끝난 후 문학적 풍토는 바뀌었고, 그 전형적인 작가는 아주 다른 사람이 되었다. 또 그 후의 시대에서 가장 좋은 책들은 그보다 사오 년 앞선 시대의 가장 좋은 책들과는 아주 다른 세계에 존재하는 듯했다.

내 말을 예증하기 위해 독자에게 전혀 관계가 없는 두 시를 비교해보라고 권한다. 이 두 시는 그 시대를 대표하는 전형적인 시로서 비교 대상으로 아주 알맞기 때문이다. 가령 엘리엇의 대표적 초기 시와 루퍼트 브룩의 시를 비교하는 것이다. 브룩은 1914년 이전 시절에는 영국에서 가장 존경받는 시인이었다. 브룩을 대표하는 시는 제1차 세계대전 초기에 애국심을 노래한 시다. 그중 전형적인 것이 "만약 내가 죽는다면 나에 대하여 이런 생각을 해달라. 낯선 해외의 들판 어느 한구석에 영원히 영국인 땅이 있다고"로 시작되는 소네트이다. 그리고 이 시를 엘리엇의 스위니Sweeney 시편들, 가령 「나이팅게일 사이의 스위니Sweeney among the Nightingales」와 비교해가면서 읽어보라. "폭풍우를 예고하는 달무리가 라플라타강을 향해 서쪽으로 미끄러진다." 이 두 시는 주제나 다른 면에서 전혀 관련이 없다. 두 시는 그 시대를 대표하고, 또 발표됐을 때 좋은 시였으므로 비교가 가능하다. 두 번째 시는 지금도 좋은 시처럼 보인다.

이 두 시는 시정신이나 기법뿐만 아니라 시에 내재된 인생관과 지적인 분위기 등이 아주 다르다. 사립학교와 대학이라는 교육 배경을 가진 젊은 영국인(브룩)은 국가를 위해 죽으려고 열광적으로 전선에 뛰어든다. 그의 머릿속에는 영국의 골목길, 야생 장미 등이 가득 들어 있다. 반면에 다소 지친 사해동포 같은 미국인(엘리엇)은 파리 라탱 지구의 약간 지저분한 식당에서 흘낏 영원을 엿보고 있다. 이 두 사람 사이에는 엄청난 심연이 가로놓여 있다. 이것은 단지 개인들 사이의 차이일 수도 있다. 하지만 두 시대에 소속된 서로 다른 전형적인 두 작가의 작품을 나란히 펴놓고 읽어봐도 역시 이런 종류의 차이를 만날 수 있다는 게 중요하다. 시인들뿐만 아니라 소설가들 사이에서도 그런 차이가 목격된다. 가령 한편에는 웰스, 베넷Bennett, 골즈워디가 있고 다른 한편에는 조이스, 로렌스, 헉슬리Huxley, 윈덤 루이스Wyndham Lewis가 있다. 이들 후배 작가들은 선배들보다 작품 발표량이 훨씬 적고 기법에 관심이 있으며 덜 낙관적이고 또 인생에 그리 자신 있는 태도를 보이지 못한다. 그보다 더 중요한 사실은 이 후배 작가들이 그들의 정신적, 미학적 배경이 선배들과는 다르다고 늘 느끼는 것이다. 가령 19세기 프랑스 작가인 플로베르를 역시 19세기 영국 작가인 디킨스와 비교할 때와 비슷한 느낌을 가지는 것이다. 플로베르는 디킨스보다 훨씬 세련되어 있으나, 그 점 때문에 반드시 디킨스보다 더 나은 작가라고 할 수는 없다. 그러면 여기서 잠시 뒤로 돌아가 1914년 이전 시절의 영국 문학이 어떤 상태였는지 살펴보자.

그 시대의 거인들에는 토머스 하디Thomas Hardy—그는 이보다 약간 전에 절필했다, 쇼, 웰스, 키플링, 베넷, 골즈워디 등이 있고 이들과 약간 색깔이 다른, 영국인이 아닌 폴란드 출신으로서 영어로 글을 쓴 조지프 콘래드Joseph Conrad가 있다. 그리고 『슈롭셔 청년Shropshire Lad』을 쓴 A. E. 하우스먼, 조지아 시대 시인 여러 명, 루퍼트 브룩 등이 있다. 그 외에 제임스 배리 경Sir James Barrie, W. W. 제이콥스W. W. Jacobs, 배리 페인Barry Pain 같은 무수한 코믹 작가가 있다. 만약 독자가 이런 작가들의 작품을 거의 다 읽었다면 1914년 이전 영국인들의 마음 상태에 대하여 정확한 그림을 얻을 수 있을 것이다. 물론 다른 문학적 경향도 있었고, 다양한 아일랜드 작가도 있었으며, 아주 다른 배경에서 왔지만 우리 시대에 훨씬 가까운 미국 소설가 헨리 제임스Henry James도 있다. 하지만 주류는 내가 위에서 말한 그런 사람들이다. 그러나 버나드 쇼와 A. E. 하우스먼, 토머스 하디와 H. G. 웰스 등 개인적으로 아주 다른 작가들을 묶어주는 공통분모는 무엇일까? 그것은 당시의 거의 모든 영국 작가가 당시의 영국 상황 이외의 것에 대해서는 완벽하게 무지했다는 점이다. 어떤 작가들은 다른 작가들보다 낫고, 또 어떤 작가들은 정치적 감각이 있는가 하면 다른 작가들은 전혀 없기도 했지만, 그래도 그들은 유럽의 영향을 전혀 받지 않았다는 점에서 모두 똑같았다. 이것은 아주 피상적인 의미에서 프랑스 작가들, 어쩌면 러시아 작가들의 문학적 전범에서 영향을 받은 베넷과 골즈워디에게도 해당되는 말이다. 이 모든 작가는 평범하고 점잖은 영국 중산층 생활을 배경으로 이런 생활이 앞으로 영원히 이어지면서 더욱 인간적이고 더욱 계몽되어갈 것이라는 생각을 어렴풋하게 갖고 있다. 그들 중 하디나 하우스먼 같은 작가는 비관적인 인생관을 지녔지만, 그래도 소위 발전이라는 것이 가능하다면 발전이 바람직하다고 생각한다.

또한 미학적 감수성이 부족하여 벌어진 일이지만, 이 작가들은 모두 과거, 특히 먼 과거에 관해서는 관심이 없다. 당시의 작가들에게서는 소위 역사의식이라는 것을 찾아보기가 어렵다. 심지어 토머스 하디조차 나폴레옹전쟁을 바탕으로 하는 거대한 극시 『군주The Dynasts』를 쓰면서도 그 전쟁을 애국적인 교과서식 관점에서 바라본다. 더욱이 그들은 미학적으로도 과거에 관심이 없다. 예를 들어 아널드 베넷Arnold Bennett은 다수의 문학평론을 썼으나 19세기 이전 책들에서는 가치를 발견하지 못했으며, 동시대 작가들 이외의 다른 작가들에 대해서는 별로 관심이 없었다. 버나드 쇼가 볼 때 대부분의 과거는 혼란 덩어리이므로 발전, 위생, 효율성 등의 이름으로 철저히 청소돼야 했다. H. G. 웰스는 나중에 세계의 역사를 집필하기도 했으나, 그가 과거를 쳐다보는 태도는 문명인이 식인종을 바라볼 때의 놀라움과 혐오감 바로 그것이었다. 이 모든 작가는 그들의 시대를 좋아하든 아니든 그 시대가 앞선 시대보다 낫다고 생각했으며, 그들 시대의 문학적 기준을 당연한 것으로 여겼다. 버나드 쇼가 셰익스피어를 공격한 근거는 셰익스피어가 계몽된 페이비언 협회Fabian Society 회원이 아니라는 사실—그 자체로는 타당한—에 있다. 이들 작가는 그들의 직속 후배 작가들이 16세기와 17세기 영국 시인들을 흠모하고, 19세기 중반의 프랑스 시인들과 중세의 철학자들 말에 귀 기울인다는 이야기를 들었더라면 일종의 지적 허영이라고 생각했을 것이다.

그러면 이제 제1차 세계대전 직후에 주목받기 시작한 작가들, 가령 조이스, 헉슬리, 로렌스, 윈덤 루이스 등을 살펴보자(이들 중 일부는 전쟁 전부터 글을 쓰기 시작했다). 다른 작가들과 비교할 때 이들의 첫인상은 뭔가 구멍이 뚫려 있다는 것이다(이것은 심지어 로렌스의 경우에도 사실이다). 우선 이들은 발전의 개념을 내다 버렸다. 그들은 더 이상 발전이 이루어진다고 믿지 않고, 발전해야 한다고도 생각하지 않는다. 낮은 치사율, 효율적인 출산 관리, 더 좋은 배관, 더 많은 비행기, 더 빠른 자동차 등에 의해 인간의 생활이 점점 나아지고 있다고 믿지 않는다. 이들은 거의 전부가 먼 과거, 혹은 과거의 어떤 시대를 동경한다. 특히 D. H. 로렌스는 저 먼 에트루리아 시대로까지 거슬러 올라가려 한다. 이들은 모두 정치적으로 보수적이거나, 아니면 기껏해야 정치에는 무관심하다. 그들의 선배들이 귀중하게 여겼던 하찮은 개혁안들, 가령 여성참정권, 금주 개혁, 출산 관리, 동물 학대 예방 등에 전혀 신경 쓰지 않는다. 그들은 모두 이전 세대에 비해 기독교회에 대하여 우호적이거나 적어도 덜 적대적이다. 그리고 이들은 거의 전부가 낭만주의의 부흥 이래에 영국 작가들이 전혀 보여주지 않았던 방식으로 미적 감수성이 예민하다.

내가 지금껏 해온 말은 개인의 사례를 살펴보면 더욱 분명해진다. 가령 두 시대에 출간된, 비교 가능한 유형의 뛰어난 책들을 서로 비교하는 것이다. 첫 번째 사례로 H. G. 웰스의 단편소설들—『맹인의 나라The country of the Blind』라는 단편집에 많은 단편이 수록되어 있다—과 『영국, 나의 영국England, my England』, 『프러시아 장교The Prussian Officer』 같은 단편집에 실린 D. H. 로렌스의 단편소설들을 비교해보자.

이것은 부당한 비교가 아니다. 이 두 작가는 각자 단편소설 분야에서 가장 뛰어난 작품을 남겼거나 그에 근접한 기량을 보였으며, 당대 젊은이들에게 큰 영향을 미친 새로운 인생관을 표현했기 때문이다. H. G. 웰스 단편들의 궁극적 주제는 무엇보다도 과학적 발견이고, 이외에는 현대 영국 생활, 특히 중하층 계급의 생활에서 발견되는 사소한 스노비즘Snobbism(우월의식)과 희비극적 사건들이다. 그의 기본 '메시지'—나는 이 말을 사용하는 것을 별로 좋아하지 않지만—는 과학이 인류가 떠안게 된 모든 악을 해결할 수 있으나, 현재 인간은 너무 눈이 멀어서 그 자신의 힘과 가능성을 인식하지 못한다는 것이다. 야심 찬 유토피아 주제와 코믹 작가 W. W. 제이콥스풍 가벼운 코미디가 번갈아 등장하는 것은 웰스 작품의 주된 특징이다. 그는 달나라 여행이나 바다 밑바닥 여행에 대하여 글을 쓰고, 또 시골 소읍의 엄청난 스노비즘 앞에서도 기가 죽지 않고 맞서 싸워서 파산을 면하는 구멍가게 주인에 대해서도 쓴다. 이런 작품들을 이어주는 연결고리는 과학을 향한 웰스의 믿음이다. 구멍가게 주인이라도 과학적 인생관을 갖고 있으면 그의 고난은 종결된다는 믿음을 줄기차게 주장한다. 웰스는 이런 일이 가까운 장래에 벌어지리라고 믿는다. 과학적 연구에 수백만 파운드를 투입하고, 과학교육을 받은 몇 세대가 지나가고, 몇몇 미신을 쓰레기통에 처박으면 만사가 제대로 풀려 나간다는 것이다. 그러나 로렌스의 단편소설을 읽어보면 이런 과학에 대한 믿음을 발견할 수 없다. 어느 쪽이냐 하면 과학에 적개심을 갖고 있으며 미래, 특히 웰스가 말하는 합리적이고 쾌락주의적인 미래에도 별로 관심을 보이지 않는다. 구멍가게 주인이나 우리 사회의 다른 희생자들이 교육을 더 잘 받으면 생활이 윤택해지리라는 개념도 발견할 수 없다. 그 대신에 지속적으로 발견되는 것은 인간이 문명화함으로써 생득권을 내던져버렸다는 일관된 암시다. 거의 모든 로렌스 작품의 궁극적 주제는 현대인들, 특히 영어로 말하는 국가들에 사는 사람들이 강렬한 인생을 살아갈 수 있는데도 그렇게 하지 않았다는 것이다. 당연히 그는 먼저 성생활에 집중하고, 그래서 로렌스의 책들이 대부분 섹스를 중심 주제로 삼는다는 건 잘 알려진 사실이다. 그러나 일부에서 생각하듯이 그가 소위 성적 자유를 더 많이 누려야 한다고 주장하는 것은 아니다. 그는 성적 자유에 대하여 철저한 환멸을 느꼈고, 중산층의 청교도주의를 증오하는 것 못지않게 보헤미아 지식인들의 세련된 매너 또한 증오했다. 그가 말하고자 하는 것은 분명하다. 현대인들은 너무 비좁은 기준 때문에 실패했든, 아예 기준이 없어서 실패했든 생생하게 살아 있지 못하다는 것이다. 설사 그들이 생생하게 살아 있다고 하더라도 로렌스는 그들이 살고 있는 사

Chapter II 작가는 무엇을 어떻게 쓰는가? 131

회적, 정치적, 경제적 제도에 관해서는 별로 신경 쓰지 않는다. 그는 단편소설들 속에서 계급 구분 등 기존 사회구조를 당연한 것으로 받아들이면서 그것을 바꿔야 한다는 긴급한 욕구를 표명하지 않는다. 그는 인간이 좀 더 단순하게 살아야 하고, 대지와 가깝게 호흡해야 하며, 식물의 생장, 불, 물, 섹스, 피 같은 것들의 마법을 더 느껴야 하고, 축음기가 쉴 새 없이 틀어대는 셀룰로이드와 콘크리트의 세계를 가능한 한 피해야 한다는 것이다. 그는 원시 부족의 야만인들이 문명화된 인간들보다 더 강렬한 삶을 살았다고 상상하면서(이것은 잘못된 생각일 가능성이 많다) 고상한 야만인에게서 별로 떨어져 있지 않은 신화적 인물을 창조해낸다. 마지막으로 그는 이런 미덕들을 에트루리아인들에게 투사한다. 이 민족은 로마 이전의 고대에 이탈리아 북부에 살았던 사람들인데, 우리는 실제로 그들에 대해서 아는 바가 별로 없다. H. G. 웰스의 관점에서 본다면 이렇게 과학과 발전을 포기하고 원시로 돌아가고 싶어 하는 강렬한 욕구는 단지 이단 혹은 헛소리에 지나지 않는다. 그러나 로렌스의 인생관이 진실하든 왜곡됐든 H. G. 웰스의 과학숭배나 버나드 쇼의 천박한 페이비언 진보주의에서 진일보했다. 웰스나 쇼와는 다른 인생관을 어정쩡하게 정립한 게 아니라 완벽하게 정립한 후에 나온 것이라는 의미에서 진일보했다는 것이다. 이것은 1914~1918년 전쟁의 효과이기도 한데 제1차 세계대전은 과학, 진보, 문명인의 허구를 폭로했다. 진보는 마침내 역사상 가장 대규모의 학살로 끝났고, 과학은 폭격기와 독가스를 만들어냈으며, 문명인은 위기가 닥치자 야만인보다 훨씬 동물적으로 행동했다. 그러나 설사 1914~1918년 전쟁이 벌어지지 않았더라도 현대 기계문명에 대한 로렌스의 불만은 여전했을 것이다.

나는 이제 제임스 조이스의 위대한 소설 『율리시스Ulysses』와 존 골즈워디의 대규모 연작소설 『포사이트 가문 이야기』The Forsyte Saga』를 비교하려 한다. 이번에는 좋은 책과 나쁜 책의 비교이므로 공정하지 못하고 시기적으로도 맞지 않는다. 『포사이트 가문 이야기』의 후반부는 1920년대에 집필됐기 때문이다. 그러나 많은 사람이 기억하는 부분은 1910년경에 집필됐고, 또 이런 비교가 내 목적에도 부응한다. 왜냐하면 조이스와 골즈워디는 한 권의 책 속에서 어떤 시대의 정신과 사회사라는 거대한 캔버스를 보여주려 하기 때문이다. 지금의 관점으로 보면 『재산가』는 사회에 대한 아주 심오한 비판으로 보이지 않지만 당시 사람들에게는 그렇게 보였다. 이것은 그들이 이 책에 대해서 써낸 비평을 읽어 보면 알 수 있다.

조이스는 1914년에서 1921년에 걸쳐 7년간 『율리시스』를 썼는데 제1차 세계대전 내내 이 작품에 매달리면서 전쟁에는 거의 신경을 쓰지 않았고, 이탈리아와 스위스에서 영어 교습 선생을 하면서 아주 비참한 생활을 했다. 그는 자신의 위대한 작품을 집필하기 위해 가난과 무명의 설움을 견뎌내며 7년을 보낼 각오가 되어 있었다. 그렇다면 그가 그처럼 긴급히 표현하고 싶어 했던 것은 무엇일까? 『율리시스』는 부분적으로 아주 난해하지만, 그 책의 전반적인 인상은 다음 두 가지다. 첫째, 조이스는 거의 강박적일 정도로 기법에 관심이 많다. 이것은 현대문학의 주된 특징

중 하나이지만, 최근에 들어와서는 그런 특징이 조금씩 퇴조하고 있다. 조형예술, 즉 화가와 조각가에게서도 이와 유사한 특징을 발견할 수 있는데, 그들이 다루는 소재에 대해 더 많은 관심을 보인다든지, 그림의 주제나 구도보다 붓질에 더 관심을 쏟는다든지가 그런 구체적 사례이다. 조이스는 단어, 단어의 소리와 연상, 종이 위에 배열된 단어들의 패턴 등에 무척 신경을 쓰는데 이는 선배 세대의 작가들에게서 찾아보기 어려운 경향이다. 단지 폴란드 출신 영국 작가인 조지프 콘래드에게서 이런 경향이 약간 드러날 뿐이다. 조이스는 문체, 멋진 글쓰기, 시적 글쓰기에 집착하고 우리는 그의 글에서 현란한 문장을 많이 발견한다. 반면에 버나드 쇼 같은 작가는 단어의 유일한 용도는 가능한 한 짧은 문장 내에서 정확한 의미를 표현하기 위한 것이라고 말할 것이다. 둘째, 『율리시스』의 또 다른 중요한 주제는 기계문명이 득세하고 종교적 신념이 붕괴하면서 현대 생활이 남루하고 무의미해졌다는 것이다. 조이스는 아일랜드 사람이고, 1920년대의 가장 뛰어난 작가들은 많은 경우에 영국인이 아니었다는 사실을 기억할 필요가 있다. 조이스는 신앙을 잃어버린 가톨릭교도로서 글을 썼지만 가톨릭 신자로 보낸 유소년 시절에 얻은 정신적 분위기를 그대로 유지했다. 아주 긴 소설인 『율리시스』는 가난한 유대인 세일즈맨의 관점에서 본 단 하루 사이에 벌어진 사건들을 묘사한다. 이 책이 처음 발간됐을 때 커다란 비난이 일었고, 조이스는 의도적으로 삶의 지저분한 측면을 강조한다고 매도됐다. 그러나 인간의 일상생활을 구체적으로 살펴보면 그가 하루 동안에 벌어진 사건들의 지저분함과 어리석음을 과장했다고 보기는 어렵다. 이 책에서 우리는 조이스의 확신을 느낄 수 있다. 그것은 교회의 가르침이 더 이상 신봉되지 않기 때문에 현대 세계는 의미를 상실했다는 생각이다. 조이스는 그보다 두세 세대 앞선 선배들이 종교의 자유를 위해 투쟁했던 그런 종교적 신앙을 동경한다. 그렇지만 이 소설의 주된 관심사는 기법이다. 이 소설의 많은 부분이 파스티슈 Pastiche와 패러디Parody로 구성되어 있다. 청동기시대의 아일랜드 전승에서 현대의 신문보도에 이르기까지 모든 것을 패러디한다. 그런데 조이스와 동시대 작가들이 그러하듯이, 조이스는 19세기 영국 작가들에게서 패러디 자료를 가져오는 것이 아니라 유럽이나 19세기보다 훨씬 이전의 과거에서 가져온다. 그의 마음은 일부는 청동기시대에, 일부는 중세에, 그리고 또 다른 일부는 엘리자베스 여왕 시대의 영국에 집중한다. 위생과 자동차를 특징으로 하는 20세기는 그에게 별 흥미를 불러일으키지 못한다.

그러면 이제 골즈워디의 『포사이트 가문 이야기』를 살펴보자. 우리는 이 소설의 관심 범위가 비교적 협소하다는 것을 발견한다. 나는 이미 두 소설을 비교하는 것이 공평하지 못하다고 말한 바 있다. 순전히 문학적인 관점에서 본다면 이 비교는 우스꽝스럽지만, 두 책이 기존 사회에 대한 포괄적 그림을 제시하려 한다는 점에서는 하나의 예증이 된다고 본다. 골즈워디의 특징적인 점은 비록 그가 우상파괴를 지향한다고는 하나, 자신이 공격하는 부유한 부르주아사회 밖으로 시선을 돌리지 못한다는 것이다. 그는 약간만 수정했을 뿐 부르주아사회의 모든 가치를 당연한 것으로 받아들인다. 그가 생각하는 인간 사회의 잘못된 점은 인간들이 약간 비인간적으로 행동하고, 돈을 너무 좋아하고, 미적 감수성이 별로 없다는 정도이다. 그가 바람직한 인간상으로 제시하는 것은 결국 교양 있고 인도주의적인 상류 중산층의 연금 생활자이다. 이 부류는 당시에 이탈리아 미술관을 자주 방문하고 동물학대방지협회에 많은 후원금을 내는 사람들이었다. 골즈워디가 자신이 공격한 사회적 부류에 깊은 혐오감을 느끼지 못한다는 사실은 그의 약점을 어느 정도 보여준다. 무슨 이야기인가 하면 그는 현대 영국 사회 이외의 다른 사회와는 접촉해보지 못한 것이다. 그는 영국 사회를 좋아하지 않는다고 생각할지 모르지만 이미 그 자신이 그 사회의 일부이다. 그 사회의 돈과 안전함, 그 사회를 유럽으로부터 떼어놓는 전함들은 그로서는 아주 소중한 것이다. 그는 마음속 깊은 곳에서는 맨체스터의 무식한 사업가 못지않게 외국인들을 경멸한다. 조이스, 엘리엇, 나아가 로렌스는 인류의 역사를 머릿속에서 환히 꿰고서 그들 자신의 시간과 공간으로부터 유럽과 과거를 통사적으로 관찰하는 능력을 갖고 있다. 반면에 골즈워디나 1914년 이전의 전형적 영국 작가들에게서는 이런 특징이 전혀 발견되지 않는다.

마지막으로 간단한 비교를 하나만 더 해보자. H. G. 웰스의 유토피아 소설들, 가령 『현대의 유토피아A Modern Utopia』, 『꿈The Dream』, 『신 같은 인간Men Like Gods』 중 하나와 올더스 헉슬리 Aldous Huxley의 『멋진 신세계Brave New World』를 비교해보자. 이것은 역시 비슷한 대조이다. 지나치게 자신감 넘치는 사람과 위축된 사람, 순진하게 발전을 믿는 사람과 그보다 약간 뒤에 태어나 비행기 제작 초창기에 구상됐던 발전이 결국 헛소리임을 목격하게 된 사람 사이의 대조인 것이다.

1914~1918년을 기준으로 이전 작가들와 이후 작가들의 커다란 차이점을 가장 분명하게 설명해주는 요인은 전쟁이다. 설사 전쟁이 없었더라도 현대 물질문명의 불충분함이 드러나면서 이런 차이는 발생할 수밖에 없었다. 하지만 전쟁은 그 과정을 촉진했는데 먼저 문명의 외피가 얼마나 천박한 것인지 폭로함으로써, 또 영국을 전보다 덜 번영하고 덜 고립된 국가로 만듦으로써 그 차이를 인지하게 만들었다. 1918년 이후에 영국인은 더 이상 대영제국이 바다와 시장을 지배했던 때처럼 협소하고 안전한 세상에서 살 수 없게 되었다. 지난 20년의 경악스러운 역사가 만들어낸 효과는 많은 고대문학을 아주 현대적인 것으로 만들어놓았다는 사실이다. 히틀러의 등장 이래 독일에서 벌어진 많은 사건은 기번의 『로마제국 쇠망사Decline and Fall of the Roman Empire』 뒷부분에 나오는 잔인한 학살 사건들을 연상시킨다. 최근에 나는 셰익스피어의 『존 왕King John』 공연을 보았다. 그리 자주 공연되는 드라마가 아니어서 나로서는 처음 본 것이었다. 소년 시절에 이 희곡을 처음 읽었을 때는 역사책에서 발굴해낸 아주 오래된 이야기처럼 보였고, 그래서 우리 시대와는 아무런 관련이 없다고 생각했다. 그러나 음모와 배신, 불가침조약, 매국노, 전투 중에 편을 바꾸는 사람들 등이 나오는 장면들을 보면서 이 드라마의 이야기가 아주 현대적이라는 느낌이 들었다. 1910년과 1920년 사이의 문

학적 발전 상황도 이와 비슷하다고 생각한다. 이 10년 동안 버나드 쇼와 그의 페이비언 협회 회원들은 세상을 일종의 초호화 정원도시로 만들겠다면서 세상을 뒤엎어놓았는데(혹은 그렇게 한다고 생각했는데), 이때의 정신적 분위기는 낡고 유치해 보이는 온갖 종류의 주제들에 새로운 현실을 부여했다. 이제 티무르와 칭기즈칸이 그럴듯한 인물로 보였고, 마키아벨리Machiavelli는 1910년과는 다르게 진지한 사상가로 간주됐다. 복수, 애국심, 유배, 처형, 인종증오, 종교적 신념, 충성심, 지도자 숭배 등의 주제들이 갑자기 현실적인 것이 되었다. 우리는 낙후된 오지에서 벗어나 역사 속으로 뛰어들었다. 나는 엘리엇과 조이스로 대표되는 1920년대 초반의 작가들을 무조건적으로 존경하지는 않는다. 1920년대에 부상한 작가들은 그전 10년 동안의 작가들이 이룩해놓은 것을 상당 부분 해체했다. 진보라는 천박한 개념에 혐오감을 느꼈으므로 그들은 정치적으로 엉뚱한 방향(파시즘 - 옮긴이)을 잡게 되었다. 가령 에즈라 파운드가 로마 라디오에 나와서 반유대주의를 외친 것은 결코 우연한 일이 아니다. 그러나 이들의 글쓰기는 더욱 성숙했고, 또 바로 직전 세대의 작가들보다 더 넓은 시야를 갖고 있었다는 점은 인정해야 한다. 그들은 영국 안에 근 1세기 동안 존재해왔던 문화적 틀을 깨트렸다. 그들은 유럽과의 접촉을 재개했고 역사 인식과 비극의 가능성을 도입했다. 바로 이런 바탕 위에 1920년대 이후의 가치 있는 영국 문학작품들이 굳건히 서 있으며, 제1차 세계대전이 끝나갈 무렵에 엘리엇과 기타 작가들이 시동을 건 문학적 발전은 아직도 진행 중으로 완결을 보지 못했다. (1942. 3)

문학과 좌파

"세상에 진정한 천재가 나타나면 그를 알아보는 절대적으로 확실한 징후가 한 가지 나타나는데, 바로 온갖 저능아들이 그를 상대로 음모를 꾸민다는 것이다." 이는 『율리시스』가 출판되기 200년 전에 조너선 스위프트Jonathan Swift가 남긴 말이다.

사냥 입문서나 연감을 펴보면 많은 지면이 여우와 토끼 사냥에 할애된 것을 알 수 있다. 하지만 그 책들은 지식인 사냥에 관해서는 단 한 글자도 적지 않았다. 지식인 사냥은 다른 어떤 사냥보다도 영국에서 벌어지는 특유한 사냥인데도 빠져 있는 것이다. 지식인 사냥은 부유한 자나 가난한 자나 동등하게 연중 내내 즐기고 있으며, 계급 간의 적대감이나 정치 성향과도 무관한 문제이다.

'지식인들'을 향한 이런 태도, 즉 기교 면에서 실험을 하는 작가나 예술가를 비난하는 태도에서 좌파가 우파보다 더 우호적인 것은 전혀 아니다. '지식인highbrow'이라는 단어는 《펀치Punch》에 서처럼 《데일리 워커Daily Worker》에서도 거의 욕설이나 마찬가지 취급을 당한다. 그뿐만 아니라 독창성과 영속성을 두루 갖춘 작가들은 마르크스주의 교조주의자들의 공격 대상이 된다. 그런 작가들은 목록을 작성하자면 길어지겠지만, 지금 특히 생각나는 사람은 조이스, 예이츠Yeats, 로렌스, 엘리엇이다. 특히 엘리엇은 키플링만큼이나 좌파 언론에서 거의 자동적으로 또 기계적으로 혹평을 당하는 문인이다. 엘리엇을 혹평한 비평가들은 몇 년 전에 이미 잊힌 레프트 북 클럽Left Book Club의 걸작들에 열광하던 바로 그 사람들이다.

'훌륭한 당원(거의 모든 좌파 정당의 인물)'에게 엘리엇의 어떤 점에 반감을 가지고 있느냐고 물으면 결국 이런 답변이 돌아온다. 엘리엇은 반동분자이며(엘리엇은 스스로 왕당파, 영국국교회 신자라고 공언한 바 있다), '부르주아 지식인'으로 민중과 전혀 접점이 없으므로 나쁜 작가라는 것이다. 이런 발언에는 거의 모든 정치-문학 비평을 망치는 반쯤 무의식적인 관념들이 혼란스럽게 포함되어 있다.

작가의 정치적 견해를 싫어하는 것과 작가가 독자에게 생각하도록 강요하기 때문에 싫어하는 것은 전혀 다른 문제이다. 그렇다고 후자가 전자와 반드시 양립할 수 없는 건 아니다. 하지만 '훌륭한' 작가와 '나쁜' 작가에 관해 얘기하는 순간, 당신은 암묵적으로 문학 전통에 호소하게 되며, 따라서 완전히 다른 가치관을 끌어들인다. '훌륭한' 작가는 어떤 작가인가? 셰익스피어는 '훌륭했는가'? 대다수 사람이 그가 훌륭했다는 데 동의한다. 하지만 셰익스피어는 생존 당시의 기준으로 보더라도 보수적인 성향을 갖고 있었다. 또한 그는 난해한 작가여서 평범한 사람이 그의 글을 쉽게 읽어낼 수 있었을지 의문이다. 그렇다면 소위 영국국교회를 믿는 왕당파라고 공언한 데다가 곧잘 라틴어를 인용하는 엘리엇은 훌륭한 작가인가, 나쁜 작가인가?

좌파 문학비평이 주제의 중요성을 고집하는 점에서는 일리가 있다. 우리가 사는 시대는 문학에 무엇보다 프로파간다의 기능을 요구하니까 그런 점을 고려한다면 일리가 있다고 할 수 있다. 하지만 그 비평이 잘못된 점은 문학적인 판단을 정치적인 목적에 다 써먹는다는 것이다. 조악하지만 구체적인 사례를 하나 들어보자. 어떤 공산주의자가 감히 트로츠키Trotsky가 스탈린Stalin보다 더 나은 작가라는 말을(물론 이는 사실이지만) 공공연하게 인정하겠는가? "X는 재능 있는 작가이지만 우리의 정적政敵이니 최선을 다해 그 입을 다물게 하겠다"라고 말하는 건 무해하다. 심지어 기관단총으로 작가의 입을 다물게 하더라도 정말 그의 정신에 죄를 짓는 건 아니다. 하지만 "X는 정적이니까 당연히 나쁜 작가이다"라고 말하는 건 크나큰 죄악이다. 그런 일이 벌어지지 않는다고 반박한다면 나는 그저 이렇게 대답하겠다. 《뉴스 크로니클News Chronicle》부터 《레이버 먼슬리Labour Monthly》에 이르기까지 좌파 언론의 문학란을 한번 살펴보라. 그런 일은 버젓이 벌어지고 있다.

사회주의운동이 문학 지식인들을 소외시켜 얼마나 많은 것을 잃었는지는 알 길이 없다. 사회주의운동은 문학을 소책자와 혼동했기에, 또 인본주의적 문화를 받아들일 여유가 없었기에 문학 지식인들을 멀리했다. 작가는 한 개인의 자격으로 다른 이들과 다를 바 없이 쉽게 노동당에 표를 줄 수도 있지만, 작가로서 사회주의운동에 참여하는 건 무척 어려운 일이다. 그러면 탁상공론하는 교조주의자들과 노련한 정치인들은 모두 '부르주아 지식인'인 작가를 경멸한다고 나설 것이고, 기회만 되면 그를 상대로 그런 경멸의 말을 할 것이다. 작가의 작품을 대하는 그들의 태도는 골프를 즐기는 주식중매인과 똑같다. 역사가 G. M. 트리벨리언G. M. Trevelyan이 "17세기에 의원들은 성경을 인용했고, 18세기와 19세기에는 고전을 인용했으며, 20세기에는 아무것도 인용하지 않는다"라고 한 것처럼 정치인들의 교양 없는 모습은 우리 시대의 특징이다. 그리고 그 필연적인 결과로 작가들은 정치적으로 무기력해질 수밖에 없었다. 지난 전쟁 이후 몇 년 동안 영국 최고의 작가들은 대부분 보수적인 성향을 보였으나 정치에 직접 참여하지는 않았다. 그들의 뒤를 이어 1930년경에 등장한 작가 세대는 좌파 운동에 적극적으로 도움을 주려고 아주 애를 썼다. 이 신세대 중 많은 이가 공산당에 가입했으나, 보수당에 입당했더라도 똑같이 받았을 수준의 대접밖에 받지 못했다. 다시 말해 그들은 처음에는 후원과 의혹을 동시에 받다가 공산당의 축음기 음반 역할을 제대로 하지 못하거나, 하지 않으려 하면 격분한 공산당에서 모욕적으로 축출을 당했다. 이렇게 버림받은 사람들은 대다수가 개인주의 안으로 숨어버렸다. 그들이 여전히 노동당에 투표한다는 점은 의심할 여지가 없지만, 사회주의운동은 그들의 재능을 더 이상 활용할 수 없게 되었다. 그리고 더 불길한 상황으로 전개되고 있는데, 그들 이후에 나타난 작가 세대는 완전히 정치에 무관심하지는 않으면서도 처음부터 사회주의운동과 관계를 맺지 않았다. 이제 경력을 시작하는 아주 젊은 작가들 중 가장 재능 있는 이들은 평화주의자이다. 그들 중 소수는 심지어 파시즘으로 기울어지기까지 한다. 이들 중에는 사회주의운동의 신비로운 매력을 유의미하다고 느끼는 사람이 거의 없다. 지난 10년 동안 전개된 파시즘과의 투쟁은 그들에게 유의미하거나 흥미롭게 보이지 않았고, 또 그런 소감을 무척 솔직하게 털어놓는다. 우리는 이런 현상을 여러 가지 방식으로 설명할 수 있겠지만, '부르주아 지식인'을 향한 좌파의 경멸적인 태도가 그 이유의 일부일 가능성이 높다.

길버트 머리Gilbert Murray는 어딘가에서 이런 이야기를 했다. 한번은 사회주의 토론회에 나가 셰익스피어 강연을 한 적이 있는데, 늘 그랬던 것처럼 강연 마지막에 질문을 받았다. 그때 받은 유일한 질문은 이런 것이었다. "셰익스피어는 자본주의자였습니까?" 이 이야기가 우울한 건 그것이 진실일지 모르기 때문이다. 이 이야기에 내포된 의미를 추적해보면 셀린Céline이 왜 『내 탓이오Mea Culpa』를 썼는지, 오든이 왜 미국에서 세상과 담을 쌓은 채 자기 배꼽을 들여다보며 명상에 집중하는지 그 이유를 어렴풋이 알 수 있을 것이다. (1943. 6)

좋은 나쁜 책들

얼마 전에 한 출판사가 나에게 레너드 메릭Leonard Merrick의 장편소설을 복간하니 해설을 써달라고 부탁해왔다. 이 출판사는 20세기의 괜찮은 작품으로 절반쯤 잊힌 소설들의 시리즈를 발간할 모양이었다. 오늘날처럼 책이 귀한 시대에 이것은 참으로 가치 있는 기획이다. 나는 3페니짜리 헌책 더미를 뒤지면서 소년 시절의 애독서를 찾아다니는 사람을 평소 부럽게 생각해왔다.

오늘날에는 별로 출판하지 않지만 19세기 말과 20세기 초에 아주 많이 나왔던 책들로서 체스터턴Chesterton이 "좋은 나쁜 책"이라고 명명한 종류가 있다. 그러니까 문학적인 명성은 별로 없지만, 진지한 책들이 안 나오는 시대에 그래도 읽어볼 만한 그런 책 말이다. 이런 방면으로 뛰어난 책으로는 『래플스』와 셜록 홈스Sherlock Holmes 이야기가 있는데, 이런 책은 무수한 "문제소설", "인간 도큐먼트human documents", "강력한 사회고발서" 등이 마땅히 잊히는 동안에도 건재해왔다(코넌 도일Conan Doyle과 메러디스 Meredith 중에 누가 더 오래 갈까?). 이런 책들과 거의 같은 급으로는 R. 오스틴 프리먼R. Austin Freeman의 초기 소설들, 가령 「노래하는 뼈The Singing Bone」, 「오시리스의 눈The Eye of Osiris」 등이 있고, 어니스트 브레이머Ernest Bramah의 『맥스 캐러도스Max Carrados』, 그리고 수준을 약간 낮춘다면 가이 부스비Guy Boothby의 티베트 스릴러인 『닥터 니콜라Dr Nikola』가 있다. 이 스릴러는 실제 중앙아시아 여행을 다소 시시하게 느껴지도록 만들어버리는 헉Huc의 『타르타르 여행Travels in Tartary』의 학생용 버전이라고 할 수 있다.

그러나 스릴러 이외에도 그 시대에는 유머러스한 작품을 쓴 마이너 작가들이 있었다. 예를 들어 페티 리지Pett Ridge—하지만 그의 장편소설은 이제 더 이상 읽을 만해 보이지 않는다—나 E. 네즈빗E. Nesbit(『보물을 찾는 사람들The Treasure Seekers』), 정치 이야기만 안 하면 그런대로 읽을 만한 조지 버밍엄George Birmingham, 포르노그래피가 많이 등장하는 빈스티드Binstead(《핑크 원Pink 'Un》의 연재 작가), 그리고 미국 쪽 책들을 포함한다면 펜러드Penrod 이야기들을 펴낸 부스 타킹턴Booth Tarkington이 있다. 이들보다 한 수 위의 작가로는 배리 페인이 있다. 페인의 유머러스한 책들은 아직도 출판되는데, 그 책들을 만난 독자에게는 지금은 아주 희귀한 책이면서 음산한 내용을 멋지게 다루는 『클라우디우스의 옥타브The Octave of Claudius』를 권한다. 이들보다 시기적으로 약간 뒤의 작가로는 극동의 항구 도시들 이야기를 W. W. 제이콥스풍으로 써낸 피터 블런들Peter Blundell이 있다. 블런들은 H. G. 웰스가 서면으로 칭찬했음에도 불구하고 알 수 없는 이유로 잊히고 말았다.

그러나 내가 지금껏 얘기해온 책들은 솔직히 말해서 '도피'문학이다. 이 책들은 우리 기억 속에서 즐거운 한 자락을 이루고 있으며, 그리하여 사람의 마음은 때때로 엉뚱한 순간에 그런 조용한 기억들을 뒤적여보게 된다. 그리고 이 책들은 실제 생활과 관련이 있다는 주장은 전혀 하지 않는다. 그런데 또 다른 종류의 좋은 나쁜 책이 있다. 이 책은 진지한 의도를 가지고 장편소설의 성격에 대해서 뭔가 말하며 왜 장편소설이 현재 쇠퇴하고 있는지 그 이유도 알려준다. 지난 50년 동안 엄격한 문학적 기준을 들이대면 결코 '좋다'고 할 수 없는 일련의 작가들이 있어왔다. 그들 중 일부는 아직도 글을 쓴다. 하지만 이들은 타고난 소설가인 데다 좋은 취향이라는 것에 구애되지 않았기 때문에 어느 정도 진정성을 얻는 것처럼 보인다. 이런 부류로는 레너드 메릭, W. L. 조지W. L. George, J. D. 베리스퍼드J. D. Beresford, 어니스트 레이먼드Ernest Raymond, 메이 싱클레어May Sinclair, 이들보다 약간 수준이 떨어지지만 본질적으로 유사한 작가인 A. S. M. 허친슨A. S. M. Hutchinson이 있다.

이들은 대부분 많이 써내는 작가이고 그들의 작품은 자연히 품질이 들쑥날쑥하다. 하지만 나는 이들 작가가 뛰어난 작품 한두 편은 내놓는다고 생각한다. 가령 메릭의 『신시아Cynthia』, J. D. 베리스퍼드의 『진실을 위한 후보A Candidate for Truth』, W. L. 조지의 『캘리번Caliban』, 메이 싱클레어의 『복잡한 미로The Combined

Maze』, 어니스트 레이먼드의 『우리, 고소당한 자We, the Accused』가 그 예이다. 이 작품들을 쓴 작가는 상상으로 만들어낸 등장인물들과 자기 자신을 동일시하고, 그들에게 공감하면서 그들을 대신해 동정을 불러일으킬 수 있었다. 그것도 영리한 사람들은 달성하기 어려운 일종의 몰입 속에서 말이다. 이 책들은 지적 세련미가 이야기꾼에게는 단점으로 작용할 수 있다는 사실을 보여준다. 이는 뮤직홀 코미디언에게도 마찬가지다.

    예를 들어 어니스트 레이먼드의 『우리, 고소당한 자』는 아주 지저분하지만 설득력 높은 살인 이야기인데, 아마도 크리펜Crippen 사건(의사인 크리펜이 아내를 독살하여 처형된 사건 - 옮긴이)에 바탕을 둔 듯하다. 나는 이 책이 다음과 같은 사실에서 큰 힘을 얻고 있다고 본다. 작가는 자신이 다루는 사람들의 병적인 저속함을 부분적으로만 파악했기 때문에 그들을 경멸하지 않는다. 어쩌면 이 소설은 시어도어 드라이저Theodore Dreiser의 『아메리카의 비극An American Tragedy』처럼 그 어색하고 장황한 집필 방식에서 다소 효과를 보고 있는지도 모른다. 선택을 하려는 의도는 거의 없이 세부 사항에다 세부 사항을 쌓아올리고, 그런 과정에서 끔찍하고 가혹한 잔인함이 서서히 증강된다. 이런 사정은 『진실을 위한 후보』도 마찬가지다. 이 작품에는 그렇게 어색한 서술은 없으나, 보통 사람들이 겪는 문제들을 진지하게 다루는 능력은 똑같이 엿보인다. 이것은 『신시아』도, 『캘리번』의 앞부분도 그러하다. W. L. 조지가 쓴 소설들은 대부분 겉만 번드레한 쓰레기이나, 노스클리프의 생애에 바탕을 둔 이 소설에서는 런던 하급 중산층의 인상적이면서도 진실한 모습들을 보여준다. 이 책의 상당 부분은 자전적인 내용인 모양이나, 좋은 나쁜 소설을 써내는 작가의 한 가지 장점은 자서전을 쓰면서도 조금도 부끄러움을 느끼지 않는다는 것이다. 자기과시와 자기 연민은 소설가의 독이지만 이 두 가지를 너무 두려워하면 창조적 재능은 위축된다.

좋은 나쁜 문학의 존재—우리 지성으로는 도저히 진지하게 받아들이지 못하지만 그래도 우리에게 즐거움, 흥분, 감동을 안겨주는 책이 있다는 사실—는 예술이 두뇌 작용과 동일한 것이 아님을 상기시킨다. 나는 어떤 측정 기준을 들이대더라도 칼라일 Carlyle이 트롤럽보다 더 지적인 사람이라고 생각한다. 그렇지만 트롤럽은 계속 읽히는데 칼라일은 그렇지 못하다. 아주 총명한 사람이면서도 칼라일은 쉽고 담백한 영어로 글을 쓸 수 있는 재치가 없었다. 시인들도 그렇지만 소설가에게서도 지성과 창조적 재능 사이의 연결 관계를 확립하기가 어렵다. 좋은 소설가는 플로베르처럼 자기 절제의 천재일 수도 있지만, 디킨스처럼 지적으로 자유분방할 수도 있다. 윈덤 루이스의 자칭 소설이라고 하는 작품 『타르Tarr』와 『건방진 준남작Snooty Baronet』에는 평범한 작가 수십 명을 만들어내고도 남을 만한 재주가 투입됐다. 그러나 이 두 책 중 어느 것 하나라도 끝까지 읽어내려면 엄청난 고역이 아닐 수 없다. 『겨울이 오면』 같은 책에도 들어 있는, 저 형언하기 어려운 특질 혹은 일종의 문학적 비타민이 이 두 소설에는 결핍되어 있다.

어쩌면 좋은 나쁜 책의 가장 좋은 사례는 『톰 아저씨의 오두막Uncle Tom's Cabin』일 것이다. 이 소설은 작가에게는 그럴 의도가 없었겠지만 우스꽝스러운 책이고, 앞뒤가 맞지 않는 멜로드라마 같은 사건이 너무 많다. 그렇지만 아주 감동적이면서 본질적으로 진실하다. 감동과 진실 중 어느 것이 더 압도적인지 구분하기 어렵다. 아무튼 『톰 아저씨의 오두막』은 진지해지려고 애썼으며 또 실제 세계를 다룬다. 그런데 스릴과 '가벼운' 유머를 전달하는 도피문학 작가들은 어떤가? 『셜록 홈스』, 『바이스 버사Vice Versa』, 『헬렌의 아이들Helen's Babies』, 『솔로몬 왕의 광산King Solomon's Mines』은 어떤가? 이런 소설들은 모두 어리석은 책으로, 즐겁게 함께 웃기보다는 조롱하기가 더 쉬운 책이다. 그러나 이 책들은 살아남았고 앞으로도 계속 그러할 것이다. 우리 문명이 여전히 이따금 기분 전환을 필요로 하는 이상 '가벼운' 문학은 나름대로 그 자리가 있다고 보아야 할 것이다. 그리고 박학다식이나 지적 능력보다는 노련한 기술, 타고난 우아함, 뛰어난 이야기 실력이 살아남기에 더 유리하다는 것도 인정돼야 한다. 뮤직홀 노래들 중에는 명시 선집에 들어가는 시들의 4분의 3보다 더 좋다고 할 만한 시들이 있다.

술값이 더 싼 곳으로 오세요
술잔이 더 큰 곳으로 오세요
사장이 좀 호탕한 곳으로 오세요
동네 술집으로 오세요

또 다른 뮤직홀 노래

사랑스러운 시퍼런 두 눈—
오, 이게 웬일이야!
그저 다른 남자가 틀렸다고 했을 뿐인데
그 사랑스러운 두 눈이 시퍼레졌네

나는 「축복받은 처녀The Blessed Damozel」나 「계곡의 사랑Love in the Valley」보다는 위의 두 시를 더 쓰고 싶다. 마찬가지 맥락에서 버지니아 울프나 조지 무어George Moore의 전집보다는 『톰 아저씨의 오두막』을 더 지지하고 싶다. 작품의 우수성이 어디에 있는지 보여주는 엄격한 문학적 기준에 관해서는 아는 바가 없지만. (1945. 11)

문학의 파괴

대략 1년 전에 나는 펜클럽 모임에 참석한 적이 있다. 그 모임은 언론의 자유를 옹호하는 밀턴Milton의 소책자인 『아레오파지티카Areopagitica』 출판 300주년을 기념하려는 자리였다. 모임에 앞서 배부된 홍보용 전단에는 책을 "살해하는" 죄에 관한 밀턴의 그 유명한 구절이 인쇄되어 있었다.

그날 연단에 선 연설자는 네 사람이었다. 그들 중 한 사람은 언론의 자유를 주제로 연설했지만, 식민지 인도에 국한되는 이야기였다. 또 다른 사람은 아주 일반적인 의미에서 자유는 훌륭한 것이라고 주저하는 어조로 말했다. 세 번째 사람은 문학 속 외설을 단속하는 법을 맹렬하게 비난했다. 네 번째 사람은 연설 시간 대부분을 들여 소련의 숙청을 옹호했다. 홀에 앉아 있던 사람들 중 일부는 다시 외설문학과 그것을 처리하는 법을 주제로 얘기했고, 다른 일부는 단순히 소련에 찬사를 보내는 말을 했다. 도덕적인 자유, 즉 책에서 성의 문제를 솔직하게 논의하는 자유는 일 반적으로 동의를 얻는 것처럼 보였지만, 정치적인 자유는 언급되지 않았다. 수백 명이 참석한 이 모임에서 절반 정도는 문필업과 직접 관련된 사람들이었지만, 그들 중에서 언론의 자유가 결국은 비판하고 반대하는 자유라는 것을 지적한 사람은 아무도 없었다. 의미심장한 점은 연설자들 중 아무도 기념 대상인 밀턴의 소책자를 인용하지 않았다는 것이다. 전쟁 동안 이 나라와 미국에서 "살해당한" 여러 가지 책들에 관한 언급도 없었다. 순수하게 결과만 놓고 보면 그 모임은 검열을 지지하는 자리였다.[8]

이에 관해 딱히 놀라운 점은 없다. 우리 시대에서 지적 자유라는 개념은 두 가지 방향에서 공격받고 있다. 한쪽에는 이론상으로 적인 전체주의 옹호자들이 있고, 다른 한쪽에는 직접적이고 실질적인 적인 독점과 관료제가 존재한다. 자신의 성실성을 유지하고자 하는 작가나 언론인은 적극적인 박해보다는 사회의 일반적인 흐름에 좌절하는 자기 자신을 발견하게 된다. 그들을 억압하는 것에는 여러 가지가 있다. 일단 소수의 부자들이 장악한 언론, 독점자본에 의해 통제되는 라디오와 영화, 책을 잘 사지 않는 대중이 있다. 이 때문에 거의 모든 작가가 생계를 유지하려면 돈

---

8 펜클럽 기념행사는 한 주 혹은 그 이상 지속했기에 늘 이날과 같은 수준이었다고 말하는 건 부당하다. 내가 운 나쁘게 그런 날에 참석했다고 보아야 옳다. 하지만 '표현의 자유'라는 제목으로 인쇄된 연설들을 검토해보면 300년 전 밀턴처럼 지적 자유를 거침없이 옹호하는 모습을 보인 사람은 거의 없었다. 더욱이 밀턴은 내전이 벌어지던 시기임에도 불구하고 그런 주제로 글을 썼다. [작가의 각주]

벌이용 하청 작업을 반드시 해야 한다. 또한 정보부나 영국 문화원 같은 공적 조직의 간섭도 있다. 작가는 이들 조직 덕분에 생계에 도움을 받지만, 그런 단체의 일을 하느라고 시간을 낭비하고 또 그들의 의견을 따를 수밖에 없어진다. 지적 자유를 억압하는 원인을 하나 더 들자면 지난 10년 동안 이어지는 전쟁 분위기가 있다. 그런 분위기가 왜곡하는 효과에서 벗어날 수 있는 사람은 아무도 없다. 우리 시대의 모든 상황이 마치 공모라도 한 듯이 작가와 다른 모든 예술가를 하급 공무원처럼 변하게 만들었다. 그렇게 하여 작가는 상부에서 내려온 주제를 받아 일하고, 총체적 진실 같은 건 절대로 말하지 못하게 된다. 작가가 이런 운명에 대항하여 싸우려고 해도 동료 작가들로부터 아무런 도움도 받지 못한다. 말하자면 그가 옳다고 옆에서 확신시켜주는 사람이 많지 않다는 이야기다. 어쨌든 과거, 즉 프로테스탄티즘Protestantism이 부상하던 몇 세기 동안에는 저항의 개념과 지적 성실성의 개념이 혼합되어 있었다. 정치적이든 도덕적이든 종교적이든 심미적이든 이단자는 자신의 양심을 어기기를 거부하는 사람이었다. 이런 관점은 부흥회 찬송가의 가사에 잘 반영되어 있다.

    대담하게 다니엘이 되어라
    대담하게 홀로 서라
    대담하게 목저을 굳게 가져라
    대담하게 그 목적을 알려라

이 찬송가를 현대식으로 수정한다면 "대담하게 ~하라"라는 구절은 '~하지 마라'라는 구절로 바꿔야 할 것이다. 왜냐하면 기존 질서에 대한 저항—그 수가 가장 많고 전형적인 저항—은 개인의 성실성이라는 개념에 저항하는 일이 되어버리는 게 우리 시대의 특징이기 때문이다. "대담하게 홀로 서라"는 이념적으로 죄를 범하는 일일 뿐만 아니라 실제로 위험한 일이기도 하다. 작가와 예술가의 독립은 정체가 불분명한 경제적 압력에 의해 조금씩 좀먹히고, 동시에 그들의 독립을 옹호해야 할 사람들에 의해서도 훼손된다. 여기서 내가 관심을 두고자 하는 건 두 번째 과정이다.

사상과 언론의 자유는 보통 신경 쓸 가치조차 없는 주장에 의해 공격받는다. 강연이나 토론을 해본 사람이라면 그런 쓸데없는 주장이 어떤 것인지 무척 잘 안다. 여기서 나는 자유가 환상이라는 익숙한 주장이나 민주주의국가보다 전체주의국가에 더 많은 자유가 있다는 주장을 하자는 게 아니다. 자유가 바람직하지 않으며 지적 정직함은 반사회적 이기심의 한 형태라는 아주 위험한 주장을 반박하고자 한다. 비록 이 문제의 다른 양상들이 전면에 나타나고 있지만, 언론과 출판의 자유를 두고 벌어지는 논쟁은 실제로는 거짓말이 바람직한가 하는 문제에 대한 논쟁이다. 정말로 문제가 되는 것은 동시대에 벌어지는 사건들을 정직하게 보도할 권리, 혹은 모든 관찰자가 필연적으로 갖고 있는 무지, 편견, 자기기만의 한계 속에서도 가능한 한 진실되게 보도할 수 있는 권리다. 이렇게 말하면 내가 정직한 '보고서 문학'만 중요하다고 말하는 것처럼 보일지 모른다. 하지만 모든 문학 수준에서, 그리고 모든 예술 수준에서 같은 문제가 세밀한 형태로 부상한다는 점을 나중에 보여주겠다. 어쨌든 그 전에 이 논란에 통상적으로 관련되는 부적절한 것들을 미리 벗겨낼 필요가 있다.

지적 자유의 적들은 늘 그들의 주장을 질서 대 개인주의라는 형태로 호소하며, 진실 대 거짓의 문제는 최대한 거론하지 않으려 한다. 비록 강조하는 점은 다양할지 모르지만, 자신의 생각을 남에게 팔아먹지 않는 작가는 늘 이기주의자로 단번에 낙인찍혀 버린다. 그런 작가는 상아탑에 틀어박혀 입을 다물려는 자, 자신의 개성을 노출증 환자처럼 내보이려는 자, 부당한 특권에 매달리려고 역사의 불가피한 흐름에 역행하려는 자 등의 비난을 듣게 된다. 가톨릭 신자와 공산주의자는 그들의 적수가 정직하면서 동시에 지적일 수는 없다고 가정하는 점에서 서로 비슷하다. 둘이 암묵적으로 주장하는 바는 다음과 같다. '진실'은 이미 밝혀져 있으며, 이단자는 바보가 아니라면 내심 '진실'을 알고서도 이기적인 동기에서 그 진실에 저항하는 자일 뿐이다. 공산주의 문학에서 지적 자유를 겨냥한 공격은 보통 "소시민 개인주의", "19세기 진보주의의 환상" 같은 수사로 포장되고, 어떤 합의된 의미도 없어서 반박하기 어려운 "낭만적인", "감상적인" 같은 폭언의 도움을 받기도 한다. 이런 식으로 논쟁은 진짜 문제를 교묘히 빠져나간다. 완전한 자유는 계급 없는 사회에서만 존재할 수 있으며, 그런 사회가 도래하도록 노력할 때 가장 자유로운 상태에 가까워진다는 공산주의의 명제는 수용할 수 있으며, 또 대부분의 계몽된 사람들도 이를 받아들일 것이다. 하지만 이런 명제에 슬쩍 끼워 넣는 전혀 근거 없는 주장이 있다. 바로 공산당이 계급 없는 사회를 건설하기 위해 열심히 뛰고 있으며, 소련에서는 실제로 그런 목표가 실현되는 중이라는 주장이 그것이다. 첫 번째 주장(완전한 자유는 계급 없는 사회에서만 가능)에 이런 두 번째 주장(공산당이 그런 사회를 만드는 중)을 슬쩍 끼워 넣는 것이 허용된다면, 공산당이 상식과 예의를 공격하는 그 어떤 짓을 하더라도 모두 정당화될 것이다. 하지만 그러는 사이에 진정으로 살펴봐야 할 점은 교묘히 회피된다. 지식인의 자유는 보고 듣고 느낀 것을 알리고, 사실과 감정을 허위로 꾸며내도록 강요받지 않을 자유를 뜻한다. "현실도피", "개인주의", "낭만주의" 등에 대한 익숙한 장광설은 그저 역사왜곡을 훌륭한 것처럼 보이게 하려는 수사적 장치일 뿐이다.

　15년 전에 정신의 자유를 옹호하려면 보수당원, 가톨릭 신자, 그리고 어느 정도는 파시스트—영국에서는 파시스트가 그리 중요한 위치에 있지 않았지만—에 맞서서 지켜야 했다. 하지만 오늘날 그런 자유를 옹호하려면 공산주의자와 그 '동조자'를 상대로 싸워야 한다. 세력이 작은 영국 공산당의 직접적인 영향을 과장할 필요는 없지만, 영국 지식인의 삶에 소련의 신화가 미치는 해로운 영향은 막대하다. 이 때문에 객관적인 사실들이 억압되고 왜곡되어 우리 시대에 진정한 역사가 작성될 수 있는지 의심할 정도가 되었다. 이와 관련해서는 무수한 사례가 있지만, 그중 한 가지를 인용해보겠다. 제2차 세계대전에서 독일이 붕괴했을 때 아주 많은 소련인이 편을 바꾸어 독일인을 위해 싸우고 있었다는 사실—대다수가 의심할 여지 없이 정치적이지 않은 동기로—이 발견됐다. 또한 적지만 무시할 수는 없을 비율의 소련 포로와 난민이 소련으로 돌아가지 않겠다고 했다. 적어도 그들 중 일부는 본인의 의지에 반하여 본국으로 송환됐다. 이런 사실은 곧바로 많은 언론인에게 알려졌지만, 영국 언론은 거의 보도하지 않았다. 그러는 사이에 영국의 친러시아 선전원들은 소련에는 "반역자가 없다"라는 주장을 하며 1936~1938년에 자행된 숙청과 추방을 계속 정당화했다. 우크라이나 기근, 스페인 내전, 폴란드에서의 소련 정책 등의 주제와 관련된 거짓과 오보의 안개는 고의적인 부정직함만이 전적인 원인은 아니다. 소련에 전적으로 동정적인 ―즉 소련인들이 그렇게 해주기를 바라는 방식으로― 작가나 언론인 역시 중요한 문제를 의도적으로 왜곡하는 걸 묵인했다. 내 앞에는 굉장히 귀한 소책자가 하나 있다. 이 책의 저자는 막심 리트비노프Maxim Litvinov로, 러시아혁명에서 벌어진 최근의 사건들을 약술한 책자이다. 이 책은 스탈린에 관해서는 언급하지 않고 그 대신에 트로츠키, 지노비예프Zinoviev, 카메네프Kamenev 등의 인물을 극찬한다. 이런 소책자에 대하여 가장 지적으로 양심적인 공산주의자가 보일 수 있는 태도는 무엇일까? 기껏해야 바람직하지 못한 책이니까 금서로 처리하는 편이 낫겠다는 말을 하며 반계몽주의자 같은 태도를 보일 것이다. 또한 모종의 이유로 트로츠키를 폄하하고 스탈린을 언급한 가짜 기사를 끼워 넣은 왜곡된 소책자를 내놓이도 공산당에 충실한 공산주의자 중 누구도 항의하지 않을 것이다. 아무튼 최근 몇 년 동안 이처럼 역겨운 위조 행위가 있었다. 그러나 중요한 건 그런 위조 행위가 발생했다는 게 아니라, 심지어 그런 사실이 알려졌다고 하더라도 좌파 지식층으로부터 아무 항의가 없었다는 점이다. 진실을 말하는 것이 "시기적으로 적절하지 않다"라거나 불순세력의 "음험한 수작에 놀아나는 것"이라는 그들의 주장은 반박할 수 없는 것으로 받아들여진다. 또한 자신들이 묵과한 거짓말이 신문을 넘어 역사책에까지 기록될 가능성에도 별로 신경을 쓰지 않는다.

전체주의국가에서 저지르는 조직적 거짓말이 군사기만처럼 일시적인 방편이라는 주장이 때때로 나오는데, 사실은 그렇지 않다. 그런 거짓말은 전체주의에 필수적이며, 강제수용소와 비밀경찰은 더 이상 그 기능이 필요 없어져도 여전히 존속할 것이다. 공산주의를 지지하는 지식인들 사이에는 비밀스러운 전설이 하나 있다. 비록 지금은 소련 정부가 거짓 선전과 날조된 재판 등을 하지만, 실은 은밀하게 진실을 기록하고 있으며 장래에 언젠가는 그 기록을 발간하리라고 믿는 것이다. 나는 절대 그러지 않을 것이라고 확신할 수 있다. 왜냐하면 그런 행동을 지지하는 사고방식은 객관적인 과거가 변할 수는 없으며 역사에 관한 정확한 지식은 당연히 가치 있다고 보는 자유주의 역사가의 것이기 때문이다. 전체주의 관점에서 역사는 학습하는 것이 아니라 지어내는 것이다. 전체주의국가는 사실 신정神政국가이며 지배계층은 지위를 유지하려고 자신들에게는 오류가 없다고 널리 선전했다. 하지만 사실상 무오류인 사람은 있을 수 없기에 과거의 사건을 후대에 와서 고쳐야 할 필요가 자주 발생한다. 이런저런 실수가 있었는데도 그런 것이 없었다고 강변하고, 있지도 않은 승리가 실제로 있었음을 보여주기 위해서는 그렇게 날조해야 한다. 게다가 정책이 크게 변화할 때마다 그에 상응하는 신조가 변화해야 하고 저명한 역사적 인물의 재평가도 필요하다. 이와 같은 일은 모든 곳에서 벌어지지만, 오직 한 가지 견해만 허용되는 사회에서는 노골적인 왜곡으로 이어질 가능성이 훨씬 크다. 실제로 전체주의는 과거 기록을 끊임없이 변경할 것을 요구하고, 장기적으로는 객관적 진실 따위는 믿지 말라고 요구한다. 영국에 있는 전체주의 지지자들은 절대적인 진실은 획득할 수 없는 것이니 큰 거짓이 작은 거짓보나 더 나쁠 것도 없다고 주장하는 경향이 있다. 모든 역사 기록은 언제나 편향되고 정확하지 않다는 지적도 있고, 현대물리학이 우리에게 현실 세계처럼 보이는 것이 환상에 불과하다는 점을 증명했으니 감각에 의존한 증거를 믿는 건 천박하고 교양 없다는 지적도 있다. 하지만 장기 집권에 성공한 전체주의 사회는 정신분열증 같은 사상 체계를 세우려 든다. 그 체계에서는 상식적인 법칙이 일상생활과 특정 정밀과학에는 적용되지만 정치인, 역사가, 사회학자에게는 무시당하는 기이한 일이 자주 벌어진다. 과학 교과서를 왜곡하는 일은 창피하기 짝이 없지만, 역사적인 사실을 왜곡하는 일은 아무 문제 없다는 사람이 이미 아주 많다. 전체주의가 지식인에게 가장 큰 압력을 행사하는 곳은 문학과 정치가 교차하는 지점이다. 지금 정밀과학은 문학에 가해진 정도의 위협을 받지는 않는다. 이는 모든 나라에서 작가보다는 과학자가 더 선뜻 정부의 편을 든다는 사실로 일부분 설명된다.

전반적인 관점에서 논의를 유지하기 위해 내가 이 글을 시작하면서 언급했던 바를 반복하겠다. 영국에서 진실의 직접적인 적이자 사상의 자유를 짓누르는 적은 언론 재벌, 영화 재벌, 관료이다. 하지만 장기적인 관점으로 보면 지식인 사이에서 자유를 향한 욕구가 약해지고 있다는 게 가장 심각한 증상이다. 내가 여태껏 얘기한 게 문학 전반이 아닌 정치 저널리즘 한 분야에만 국한되는 검열의 효과처럼 보일지도 모른다. 설사 영국 언론이 소련을 금단의 영역으로 여기면서 폴란드, 스페인 내전, 독소 조약 같은 문제를 진지하게 논의하지 않고, 또 지배적인 통설과 충돌하는 정보를 얻어도 그것을 왜곡하거나 아예 함구한다는 걸 전부 인정하더라도, 왜 더 넓은 의미에서 문학이 그런 현상으로부터 영향을 받아야 하는가? 모든 작가가 정치인인가? 모든 책이 솔직한 '보고서 문학'일 필요가 있는가? 가장 가혹한 독재체제 속에 산다고 하더라도 개별 작가는 마음속으로 자유로울 수 있고, 어리석은 당국이 알아차리지 못하게 자신의 비정통적인 생각을 정제하거나 위장할 수 있지 않은가? 어쨌든 작가가 지배적인 통념에 동의하더라도 왜 그것이 작가를 구속하는 효과를 지녀야 하는가? 문학과 예술은 견해의 커다란 충돌이 없고 예술가와 애호가 사이에 분명한 구별이 없는 사회에서 더 번성할 가능성이 크지 않은가? 모든 작가가 반항아이고, 더 나아가 예외적인 사람이 되어야 한다고 꼭 가정해야 하는가?

    이러한 주장들은 전체주의에 맞서 지적 자유를 옹호하려고 할 때마다 여러 형태로 등장한다. 그 주장들은 문학이 무엇이며,

문학이 어떻게(아니, 어쩌면 왜) 존재하게 되었는지 전혀 모르고 제멋대로 오해하는 사람에게서 나오는 것이다. 그 주장들은 작가를 단순히 연예인으로 보거나, 아니면 오르간 연주자가 선율을 바꾸듯 쉽게 돌변하여 아무 프로파간다나 받아들이는 부패한 글쟁이 정도로 취급한다. 그런데도 책이 계속 집필되는 것은 어떻게 된 일인가? 아주 낮은 수준을 넘어서면 문학은 기록된 경험으로 동시대인들의 관점에 영향을 미치려는 시도가 된다. 표현의 자유에 관한 한 단순히 언론인과 가장 '정치적이지 않은' 상상으로 글을 쓰는 작가 사이에 그리 큰 차이가 없다. 언론인은 거짓으로 써야 하거나 중요해 보이는 소식을 숨겨야 할 때 자유가 없고, 또 그런 자유가 없는 상태를 의식한다. 상상으로 글을 쓰는 작가는 자기 관점에서는 사실인 주관적 감정을 왜곡해야 할 때 자유가 없어진다고 느낀다. 작가는 자신의 메시지를 더 분명하게 만들려고 현실을 왜곡하고 풍자할 수 있지만, 마음속으로 본 풍경을 엉터리로 전할 수는 없다. 작가는 싫어하는 것을 좋아한다고, 혹은 믿지 않는 것을 믿는다고 확신 없이 말할 수 없다. 억지로라도 반대로 말해야 한다면 창의력이 줄어드는 결과를 맞이할 수밖에 없다. 논쟁적인 주제에서 벗어난다고 문제를 해결할 수 있는 건 아니다. 완전히 정치와 무관한 문학이라는 건 없다. 게다가 우리 시대처럼 모든 사람의 의식 속에 정치적 두려움, 증오, 충성심이 직접적으로 쉽게 떠오르는 시내에는 더더욱 그러하다. 단 하나의 금기도 전면적으로 정신에 심각한 손상을 준다. 아무렇게나 떠오른 생각이 금지된 생각으로 이어질 위험이 늘 있기 때문이다. 전체주의 분위기에서 시인은(적어도 서정시인은) 그나마 숨 쉴 공간이 있지만, 산문작가는 단 한 사람도 예외 없이 치명적인 타격을 입는다. 전체주의 사회가 몇 세대 이상 존속하면 지난 400년 동안 존재해온 산문문학은 반드시 종말을 맞이하게 될 것이다.

문학은 때로 독재정권 치하에서도 번성했다. 하지만 빈번하게 지적됐듯이 과거의 독재는 그냥 독재일 뿐 전체주의가 아니었다. 그들의 억압 수단은 늘 효과적이지 못했고, 통치 계급은 타락하든 무관심하든 절반 정도는 진보적인 관점을 지녔다. 또 그들의 지배적인 종교 교리는 인간은 완전하다거나 오류가 없다는 관념과 상충되는 방식으로 작용했다. 그렇기는 해도 산문문학이 가장 높은 수준에 달한 시기는 민주주의 정체를 갖추고 자유로운 사색이 가능했을 때라는 건 널리 인정되는 사실이다. 전체주의의 새로운 점은 사상적 도전을 용납하지 않으며 사상 체계가 불안정하기까지 하다는 것이다. 전체주의의 신조는 받아들이지 않으면 지옥에 떨어질 각오를 해야 하지만, 다른 한편으로는 어느 한순간에 홱 바뀔 수도 있다. 예를 들어 영국과 독일 간의 전쟁에 대해 영국 공산주의자나 그 '동조자'가 받아들여야 했던 서로 양립되지 않는 다양한 태도를 한번 고려해보자. 1939년 9월 이전의 몇 년 동안에 영국 공산주의자들은 "나치즘의 공포"를 끊임없이 우려하며 모든 관련 소재를 비틀어서 히틀러를 맹비난하는 글을 써내야 했다. 그러나 1939년 9월(독일이 러시아와 독소불가침조약을 맺은 시점-옮긴이) 이후 20개월 동안 그들은 독일이 자신의 죄 이상으로 남들에게서 비난당했다고 좋은 쪽으로 생각을 전환했으며, '나치'

라는 경멸적 단어 역시 적어도 출판물에서는 사용하면 안 된다고 말했다. 1941년 6월 22일 아침 8시 뉴스 방송(독일의 소련 침공으로 독소불가침조약이 깨어진 것을 가리킴 - 옮긴이)을 들은 직후, 그들은 나치즘이 세상에서 본 것 중 가장 흉측한 악이라고 다시 한 번 믿기 시작했다. 정치인은 그렇게 팔랑개비처럼 변하지만, 작가의 경우에는 이야기가 조금 다르다. 작가가 시류에 편승하여 충성 대상을 바꾸려면 그는 반드시 자신의 주관적인 감정에 거짓말해야 하거나, 아니면 그런 감정을 억압해야 한다. 어떤 경우든 창작의 원동력이 파괴되고 만다. 아이디어가 떠오르지 않을 뿐만 아니라 본래 사용하던 단어도 손을 대면 돌처럼 경직되어버린다. 우리 시대에서 정치적인 글쓰기는 아동용 조립 완구인 메카노 세트Meccano set를 조립하는 것처럼 미리 만들어진 구절을 조립하는 것이 거의 전부이다. 이는 자기검열의 필연적 결과이다. 있는 그대로 박력 넘치는 언어로 글을 쓰려면 용감하고 대담하게 생각해야 한다. 용감하고 대담하게 생각하는 사람은 주류의 정치적 관념을 그대로 따를 수 없다. 지배적인 교리가 확립된 지 오래되어 그것을 그리 심각하게 여기지 않았던 '신앙의 시대'에는 이러한 양상이 달랐을지도 모른다. 그런 경우에는 정신의 많은 부분이 공식적으로 믿어야 하는 교리에 영향을 받지 않는 게 가능했을 것이다. 그렇기는 해도 유럽이 누린 유일한 신앙의 시대 동안 산문문학이 거의 사라졌다는 사실은 주목할 만하다. 중세 내내 창의적인 문학은 거의 없었고, 역사적인 저술이라고 할 만한 것도 지극히 적다. 게다가 당시의 정신적 지도자들은 1천 년 동안 거의 바뀌지 않은 사어死語(라틴어)로 그들의 진지한 생각을 표현했다.

하지만 전체주의는 신앙의 시대를 약속한다기보다 정신분열증의 시대를 약속한다. 어떤 사회의 구조가 노골적으로 인공적인 것이 될 때 그 사회는 전체주의 경향을 띠게 된다. 풀어서 말하자면, 지배층이 원활한 기능을 잃었는데도 물리력과 기만으로 권력을 고수하면 그 사회는 전체주의 사회가 된다. 얼마나 오래 지속되든 간에 그런 사회는 관대하거나 지적으로 안정적인 환경을 절대 제공하지 못한다. 전체주의 사회는 문학적인 창작품이 요구하는 진실한 사실 기록이나 정서적인 진심을 결코 허용하지 않는다. 그러나 반드시 전체주의국가에 살아야만 전체주의에 의해 오염되는 것은 아니다. 그저 어떤 특정한 생각들이 유포되는 것만으로도 충분한 독이 되어 문학이 이런저런 주제를 다루는 것을 막아버릴 수 있다. 주류 관념을 강요하는 곳(혹은 흔히 그렇듯 두 가지 주류 관념이 충돌하는 곳)이라면 그곳이 어디든 좋은 글은 나올 수 없다. 이는 스페인 내전이 잘 보여준다. 많은 영국 지식인에게 그 전쟁은 크게 감동적인 경험이었지만, 진정한 글을 쓸 수 있는 경험은 되지 못했다. 말할 수 있는 건 오직 두 가지뿐이었고(파시즘과 공산주의 - 옮긴이), 둘 다 뻔한 거짓말이었다. 그 결과, 스페인 내전은 엄청난 출판물을 생산했지만, 읽을 만한 가치가 있는 건 거의 없다.

전체주의가 산문을 망친 것처럼 운문에도 치명적으로 작용하는지는 확실하지 않다. 권위주의적인 사회에서 왜 산문작가보다 시인이 조금이나마 더 심적으로 편안한지는 여러 이유가 있다.

첫째, 관료와 '현실적인' 사람들은 자신의 말에 지나치게 깊은 관심을 가지는 시인을 경멸한다. 둘째, 시인이 말하는 바(즉 시가 산문으로 옮겨지면 '뜻하는' 바)는 시인 자신에게조차 상대적으로 중요하지 않다. 시에 포함된 메시지는 늘 단순하고, 일화逸話가 그림의 일차적인 목적이 아닌 것처럼 그게 시의 일차적인 목적은 아니다. 그림이 붓 자국을 배열한 것이듯, 시는 소리와 연상을 적절하게 배열한 것이다. 실제로 노래의 후렴구와 마찬가지로, 시는 일부 짧은 시행에서 의미를 완전히 생략할 수도 있다. 따라서 시인이 위험한 주제를 멀리하고 이단적인 주장을 삼가는 건 꽤 쉬운 일이다. 설혹 그가 이단적인 주장을 했다고 하더라도 사회에서는 알아채지도 못할지 모른다. 무엇보다도 훌륭한 운문은 훌륭한 산문과는 다르게 개인적인 작품일 필요가 없다. 발라드나 매우 인공적인 운문 형태 등 특정한 부류의 시는 한 무리의 사람이 협력하여 지어낼 수 있다. 고대 잉글랜드와 스코틀랜드 발라드를 최초에 개인이 작성했는지, 혹은 다수가 작성했는지는 여전히 논쟁 중에 있다. 하지만 구전하며 끊임없이 변화한 측면을 보면 그런 발라드는 개인의 작품이 아니다. 심지어 글로 남았다고 하더라도 한 발라드의 두 가지 판본이 전해지는 경우에는 내용이 조금씩 다르다. 원시시대의 사람들은 다수가 모여 집단으로 운문을 지어냈다. 누군가가 악기로 반주하며 운문을 즉석에서 지어내다 실패하면 그다음 사람이 끼어들고, 온전한 노래나 발라드가 완성될 때까지 이 과정이 계속된다. 이런 이유로 작가의 신원을 확인할 수 없다.

산문에서는 이토록 친밀하게 협력하지 못한다. 무리의 일원이 되어 느끼는 자극이 특정 시작詩作에는 도움이 되지만, 진지한 산문은 어쨌든 홀로 완성해야 한다. 운문—그리고 최고 수준의 작품은 못되더라도 훌륭한 운문—은 심지어 아주 억압적인 정권에서도 살아남을 수 있다. 자유와 개성이 사라진 사회에서도 애국적인 시나 승리를 기념하는 영웅적 발라드, 혹은 아첨으로 교묘하게 위장한 시가 여전히 필요하다. 이런 종류의 시들은 주문에 따라 쓰이거나 집단으로 창작될 수 있으며, 반드시 예술적인 가치를 결여하는 것도 아니다. 산문은 전혀 다른 문제이다. 왜냐하면 산문작가는 생각의 폭을 좁히면 저절로 창의력이 죽어버리기 때문이다. 전체주의 사회의 역사와 전체주의적 관점을 받아들인 집단의 역사는 자유의 상실이 모든 문학 형태에 해롭다는 걸 보여준다. 히틀러 정권 동안 독일 문학은 거의 사라졌고, 이탈리아의 상황도 더 나을 바가 없었다. 번역물에 의존한 판단이긴 하지만, 러시아문학도 혁명 초기 이후로 눈에 띄게 나빠졌다. 일부 운문이 산문보다 좀 나을 정도이다. 약 15년 동안 번역된 러시아 소설 중에서 진지하게 받아들일 수 있는 작품은 몇 되지 않는다. 서유럽과 미국의 문학 지식층 중 다수가 공산당을 거치거나 그 운동에 열렬하게 동조한 바 있다. 하지만 이런 좌파 운동 전체가 내놓은 것들 중에서 읽어볼 만한 가치가 있는 책은 소수에 불과하다. 정통 가톨릭도 특정 문학 형태, 특히 소설에 아주 나쁜 영향을 미쳤다. 지난 300년 동안 훌륭한 소설가이면서 훌륭한 가톨릭 신자인 사람이 과연 몇이나 되는가? 어떤 주제는 문학적으로 도저히 칭찬해줄 수가 없는데 그런 주제들 중 하나가 독재체제이다. 종교재판을 칭송하는 훌륭한 책을 쓴 사람은 아무도 없다. 전체주의 시대에서 시는 살아남을지 모르고, 건축 같은 특정 예술 분야도 그 체제의 혜택을 받을 수 있겠지만, 산문작가는 침묵과 죽음 사이에서 아무런 선택도 하지 못할 것이다. 다 아는 바와 같이 산문문학은 합리주의, 신교도가 부상하던 몇 세기, 그리고 자주적인 개인 등에서 생겨난 성과물이다. 정신적인 자유가 파괴되면 언론인, 사회를 묘사하는 작가, 역사가, 소설가, 비평가, 시인은 차례로 심각한 피해를 본다. 미래에는 개인의 감정이나 진실한 관찰을 배제하는 새로운 부류의 문학이 등장할 수도 있겠지만, 현재로써는 그런 건 생각할 수 없다. 차라리 르네상스 시대 이후로 우리가 살아온 자유주의적인 문화가 사실상 끝장나면 문학예술도 함께 사라질 가능성이 더 크다.

물론 출판물은 계속 활용될 것이다. 철저하게 전체주의적인 사회에서는 과연 어떤 종류의 읽을거리가 존속할 것인가? 이를 추측해보는 것도 흥미로운 일이다. 신문은 짐작건대 텔레비전 기술이 더 높은 수준에 도달할 때까지 존속할 것이다. 하지만 산업국가의 대규모 군중에게 신문을 제외하고 다른 부류의 문학이 필요할지는 지금도 의문이다. 어쨌든 대중은 여러 다른 오락에 들이는 돈만큼 읽을거리에 돈을 쓰지는 않을 것이다. 소설은 영화와 라디오 프로그램으로 완전히 대체될 것이다. 아니면 저급하고 선정적인 소설은 존속할지도 모른다. 그런 싸구려 소설은 인력이 최소한으로 개입하는 컨베이어벨트 방식으로 생산될 것이다.

기계로 책을 쓰는 일이 사람의 교묘한 능력 범위 안에 들어오게 될 것이다. 하지만 영화와 라디오, 광고와 선전, 하급 저널리즘 분야에서 일종의 기계화 과정이 이미 적용되고 있다. 예를 들면 디즈니 영화는 본질적으로 공장 처리 과정에 의해 제작된다. 그들의 작품 중 일부는 기계적으로, 일부는 예술가 개인의 단독 방식을 경시하는 예술가들 팀에 의해 완성된다. 라디오 방송대본은 보통 사전에 주제와 표현 방식을 지시받은 피곤한 삼류 문인들이 작성한다. 그렇다고 해도 그들이 작성한 대본은 일종의 원료에 불과하다. 제작자와 검열관이 그 대본을 토막 쳐서 최종 모양을 만들기 때문이다. 정부 부처가 의뢰하는 무수한 책과 소책자도 마찬가지다. 더 기계적인 생산은 싸구려 잡지에 실리는 단편소설, 연재물, 시에서 확인할 수 있다. 《작가Writer》같은 잡지에는 문학을 가르쳐주겠다는 학교들의 광고가 넘쳐나고, 그들은 하나같이 한 회차에 몇 실링만 내면 기성품 줄거리를 주겠다고 제안한다. 어떤 광고에서는 줄거리와 함께 각 장의 첫 문장과 끝 문장도 제공한다고 선전한다. 다른 광고는 스스로 줄거리를 구성할 수 있도록 일종의 수학적 공식을 제공한다고 선전한다. 또 다른 광고는 인물과 상황을 적은 카드팩을 제공하니 그 카드들을 뒤섞어 적절히 쓰면 자동으로 독창적인 이야기가 만들어진다고 선전한다. 이런 게 바로 전체주의 사회에서 문학이 생산되는 방식일 것이다. 만약 여전히 문학이 필요하다면 말이다. 물론 글쓰기 과정에서 상상력(더 나아가면 의식까지)은 제거될 것이다. 책은 관료들이 자신들의 폭넓은 기호를 반영해가며 계획할 것이고, 마침내 많은 손을 거쳐 완성됐을 때는 조립공정 끝에 완성되어 나오는 포드 자동차와 마찬가지로 개인의 작품은 아닌 것이 된다. 그렇게 만든 책이 쓰레기라는 건 말할 필요도 없다. 그리고 쓰레기가 아닌 것은 무엇이든 국가의 구조를 위태롭게 하는 것이다. 이런 모진 억압에도 살아남은 과거의 문학은 금서로 지정되거나, 그게 아니라면 적어도 정교하게 재집필될 것이다.

지금껏 전체주의는 어디에서도 완벽하게 승리를 거두지 못했다. 우리 영국 사회는 대체로 말하면 여전히 자유주의적이다. 언론 자유의 권리를 행사하려면 경제적인 압력 및 강력한 여론에 맞서 싸워야 하지만, 아직은 비밀경찰과 싸울 일은 없다. 은밀하게 출판할 생각이라면 거의 모든 걸 말하거나 발표할 수 있다. 하지만 이 글을 시작하는 부분에서 말했듯이 정말 나쁜 일은 자유를 가장 유의미한 것으로 생각해야 할 사람들이 의도적으로 자유를 적대시한다는 점이다. 대중은 그런 일이 어떻게 되든 신경 쓰지 않는다. 대중은 이단자 박해를 지지하지 않지만, 그렇다고 이단자를 옹호하려고 애쓰지도 않는다. 그들은 너무 건전하거나 아니면 너무 어리석어서 전체주의 관점을 받아들이지 못한다. 지적 품위에 대한 직접적이고 의도적인 공격은 다름 아닌 지식인 자신에게서 나온 것이다.

만약 편향적인 러시아 지식인들이 공산주의 신화에 굴복하지 않았다면 그들은 같은 부류의 다른 신화에 굴복했을 것이다. 어쨌든 러시아 신화는 실재하며, 그것이 가져오는 타락상은 고약한 냄새를 풍긴다. 고등교육을 받은 사람들이 억압과 박해에 무관심한 태도를 보이는 걸 보면 우리는 그들의 냉소와 근시안 중 어느 것을 더 경멸해야 할지 의아해진다. 예를 들면 많은 과학자가 무비판적으로 소련을 동경한다. 그들은 자기 연구에 영향을 미치지 않는 한 자유의 파괴는 대수롭지 않다고 생각하는 것 같다. 소련은 빠르게 발전하는 거대한 나라이고, 그만큼 과학 분야 종사자를 절실하게 필요로 하기에 과학자 대접도 후하다. 심리학같이 위험한 분야를 가까이하지 않으면 과학자는 그 사회에서 특권층으로 대접받는다. 반면 작가는 지독하게 박해당한다. 일리야 에렌부르크Ilya Ehrenburg나 알렉세이 톨스토이Alexei Tolstoy같이 매춘하듯 재능을 팔아먹은 타락한 소련 작가들이 엄청난 돈을 받는다는 건 사실이다. 하지만 표현의 자유 등 작가에게 가치 있는 것들은 모조리 빼앗겨버렸다. 소련에서 과학자들이 누리는 기회에 관하여 열렬히 말하는 영국 과학자들은 그런 자유 박탈의 측면을 이해하면서도 이렇게 반응할 뿐이다. "소련에서 작가는 박해당하지. 그래서 어쨌다고? 나는 작가가 아닌데." 그들은 정신적 자유와 객관적 진실이라는 개념에 가해지는 모든 공격이 장기적으로 모든 사상과 지식의 분야를 위협하리라는 점을 깨닫지 못한다.

당분간 전체주의국가는 과학자를 용납할 텐데 이는 단지 그들이 필요하기 때문이다. 나치 독일에서도 유대인만 아니라면 과학자들은 상대적으로 훌륭한 대접을 받았다. 게다가 독일 과학계는 전반적으로 히틀러에게 아무런 저항도 하지 않았다. 역사의 이 시점에서 지극히 독재적인 통치자라고 하더라도 어쩔 수 없이 물리적인 현실을 고려해야 하는데, 자유주의적 사고방식이 여전히 남아 있고 또 전쟁을 준비할 필요가 있기 때문이다. 물리적인 현실을 철저하게 무시할 수 없는 한, 또 비행기 설계도를 그릴 때 2 더하기 2는 4임을 받아들이는 한 과학자는 수행할 역할이 있으며, 더 나아가 자유도 어느 정도 허용된다. 하지만 전체주의국가의 체제가 확고하게 정착되면 과학자들도 마침내 전체주의 사회의 본질을 깨닫게 될 것이다. 만약 과학자들이 과학적 진실을 지키고자 한다면 문학계 동료와의 연대를 발전시켜야 한다. 작가가 침묵을 강요당하거나 자살로 내몰리고 또 신문 기사가 체계적으로 조작될 때 그러한 일들을 자신들과 무관한 일로 여겨서는 안 된다.

자연과학이나 음악, 미술, 건축이 앞으로 어떻게 될지 그 문제는 제쳐두더라도, 내가 지금껏 말해왔던 사상의 자유가 사라지면 문학은 확실히 파멸을 맞이할 것이다. 전체주의 구조를 유지하는 나라에서만 그런 게 아니라 전체주의 관점을 받아들이는 작가, 박해와 현실 조작을 묵인하며 변명해주는 작가도 그런 행동 때문에 작가로서의 정체성이 끝장나게 된다. 이런 파국에서 빠져나올 방법은 없다. '개인주의'와 '상아탑'에 대한 어떠한 장광설도, "진정한 개성은 공동체(전체주의 사회 - 옮긴이)와의 일체화를 통해서만 획득된다"라는 취지의 경건하고 진부한 의견도 모두 헛소리다. 그것은 매수된 정신은 곧 타락한 정신이라는 사실을 은폐하지 못한다. 어떤 시점에 이르러 자발성이 발휘되지 않는 한 문학적인 창조는 불가능하고, 언어 자체도 경직된다. 장차 언젠가 인간의 정신이 지금과는 완전히 다른 어떤 것이 된다면 우리는 문학의 창작을 정신적 정직함으로부터 떼어낼 수 있을지 모른다. 현재 우리는 이런 사실을 알고 있다. 상상력은 들짐승 같아서 가두어놓으면 결코 번식하지 않는다. 그런 사실을 부정―현재 소련을 향한 거의 모든 칭송은 그 사실에 대한 부정을 내포 혹은 암시한다―하는 작가나 언론인은 사실상 자신의 묘혈을 파고 있는 것이다. (1946. 1)

정치와 영어

 이 문제에 신경을 쓰는 사람들은 이렇게 주장한다. 영어는 현재 심각한 상태에 있으며, 우리가 그에 대해 의식적으로 할 수 있는 행동은 별로 없다는 것이다. 그리고 우리 문명은 타락했으며, 우리 언어는 그에 따라 전반적으로 붕괴할 수밖에 없다는 주장으로 이어진다. 따라서 언어의 오용을 막아보려는 투쟁은 전등보다 촛불을 선호하고 비행기보다 이륜마차를 선호하는 감상적인 시대착오적 습관이 되어버린다. 이런 생각의 저변에는 언어가 자연적으로 성장할 뿐 어떤 고유한 목적에 맞게 뜯어고칠 수 있는 도구가 아니라는 절반쯤 의식적인 믿음이 깔려 있다.
 분명한 점은 언어의 몰락에는 반드시 궁극적으로 정치적, 경제적인 원인이 있다는 사실이다. 단순히 이런저런 개별 작가의 악영향 때문이 아니라는 것이다. 하지만 결과가 원인이 될 수 있고, 기존 원인을 더 강화하여 같은 결과를 더 강력한 형태로 나타나게 하는 과정이 무한히 계속될 수 있다. 가령 실패자가 되었다는 생각에 술을 마신 사람이 술을 마신 것 때문에 더 철저하게 실패하는 것이 그런 경우이다. 영어에서 벌어진 일이 바로 그와 비슷하다. 우리 생각이 어리석기 때문에 영어는 추하고 부정확해지지만, 그렇게 지저분해진 영어 때문에 다시 우리 생각은 더 쉽게 어리석어진다. 하지만 중요한 점은 이런 과정을 뒤집을 수 있다는 것이다. 현대 영어, 특히 글로 쓰인 영어에는 좋지 못한 습관이 만연한데 안타깝게도 사람들의 무의식적인 모방을 통해 계속 퍼져 나가고 있다. 하지만 필요한 고통을 감당하겠다고 일단 마음만 먹으면 그런 잘못된 모방을 피할 수 있다. 이런 나쁜 습관들을 제거하면 우리는 더 명확하게 생각할 수 있다. 명확하게 생각한다는 것은 정치를 재건하는 첫 단계이다. 따라서 좋지 못한 영어에 대항하여 싸우는 일은 경솔한 짓이 아니며 전문적인 작가만 신경 써야 하는 특수한 문제도 아니다. 나는 곧 이 문제를 뒤에서 다시 언급할 텐데, 그 부분에 이르면 내가 지금까지 해온 말의 의미가 더 명확해지리라 본다. 그 전에 지금 습관적으로 쓰이는 다섯 가지 영어 예문을 여기서 들어보겠다.

  이 다섯 문단은 특히 좋지 못해서 선정한 건 아니다. 실은 이보다 훨씬 나쁜 예문을 인용할 수도 있었다. 하지만 이 문장들이 우리가 현재 겪는 다양한 정신적 폐해를 잘 보여주기 때문에 선택했다. 이 예문들은 평균보다 살짝 수준 이하이지만 그래도 대표적인 표본으로 제시할 만하다. 문단마다 숫자를 매긴 건 나중에 필요할 때 쉽게 참조하기 위해서이다.

1. 한때 17세기의 셸리와 다르지 않은 것처럼 보였던 밀턴이 매년 더욱 쓰디쓴 경험을 하며 그가 도저히 참아줄 수 없던 예수회 종파 창립자와 더욱 멀어졌다는 말이 사실이 아닌지에 대해 나는 사실 확신하지 못한다. _해럴드 래스키Harold Laski 교수(『표현의 자유Freedom of Expression』에 실린 글)

2. 무엇보다 기초영어에서 '참다(tolerate)' 대신에 'put up with'를, 혹은 '당황하게 하다(bewilder)' 대신에 'put at a loss'를 쓰는 것처럼 단어의 과도한 배열을 자랑하는 일련의 수많은 관용구를 우리는 물 쓰듯이 쓸 수 없다. _랜슬럿 호그번Lancelot Hogben 교수(『인터글로사Interglossa』)

3. 어떤 측면에서 우리는 자유로운 개성을 지닌다. 의미상 개성은 신경증적이지 않다. 왜냐하면 갈등도 꿈도 없기 때문이다. 개성의 욕구는 변변치는 않지만 명백하다. 왜냐하면 그 욕구는 관례적인 승인이 의식의 전면에 머물게 하기 때문이다. 다른 관례적 패턴은 욕구의 숫자와 강도를 변하게 할 것이다. 그 욕구에는 자연적이거나, 더는 줄일 수 없거나, 혹은 문화적으로 위험한 것이 거의 없다. 하지만 다른 측면에서 사회적 유대 자체는 자기 안심의 상호 반영일 뿐이다. 사랑의 정의를 상기해보라. 대단하지 않은 학문이 그려낸 비로 그 그림이 아니던가? 이 거울이 달린 방에서 개성이나 동포애를 위한 공간은 어디에 있는가? _《정치Politics》에 실린 심리학에 관한 글

4. 사회주의에 대한 공통의 증오와 밀물 같은 대중 혁명운동이 주는 흉포한 공포로 단합한 여러 신사 클럽 출신의 모든 '상류층'과 제정신이 아닌 모든 파시스트 우두머리는 위기를 혁명적으로 빠져나오는 방법에 대항하여 싸우기 위해 도발 행위, 더러운 선동, 중세 전설 같은 우물에 독 풀기, 무산계급 조직을 파괴하기 위한 합법화, 동요하는 프티부르주아를 자극하여 광신적 애국주의를 가지게 하려는 수작에 의존했다. _공산주의 소책자

5. 이 나라에 새로운 정신을 불어넣는다면 반드시 다뤄야 할, 곤란하고 이론이 분분한 개혁이 하나 있는데 그것은 바로 BBC의 인간화와 자극입니다. 여기서 겁을 내면 영혼의 병폐와 타락을 보여주는 겁니다. 예를 들면 영국의 심장은 강한 맥박으로 뛰고 있을지 모르지만, 현재 영국 사자의 포효는 셰익스피어의 『한여름 밤의 꿈』에 등장하는 보텀의 울음과 같습니다. 그러니까 젖내 나는 비둘기만큼이나 온순하다는 거죠. '표준 영어'로 뻔뻔하게 가장한 랭엄 플레이스의 힘 빠진 무기력함이 세계인의 눈 혹은 귀에 전해져 새로운 남성적 영국이 계속 막연하게 명예가 훼손돼서는 안 됩니다. 9시에 '영국의 목소리'를 내보낼 때는 여교사가 결백하고, 수줍고, 고양이 같은 소리를 내는 소녀들을 깔보는 것같이 내는 듣기 싫은 큰 목소리와 다를 바 없는 지금의 아니꼽고, 과장되고, 억제된 소리보다 h를 정직하게 빼버린 소리를 내는 편이 훨씬 낫고 덜 황당

할 것입니다! _《트리뷴Tribune》에 보낸 독자의 편지

이 문단들은 각각 고유한 흠이 있지만, 피할 수 있었던 추함 이외에 공통으로 해당되는 두 가지 특징이 있다. 하나는 비유적인 묘사가 진부하다는 것이고, 다른 하나는 정밀하지 못하다는 것이다. 글쓴이에게 뜻하는 바가 있지만 제대로 표현하지 못하거나, 의도치 않게 다른 뭔가를 말한다. 아니면 자기 말이 구체적으로 무엇을 의미하는지에 무관심하다. 이런 의미의 애매모호함과 운필의 횡설수설이 바로 현대 영국 산문의 가장 두드러진 두 가지 특징이다. 특히 정치적인 글이라면 종류를 불문하고 더욱 요령부득이다. 특정 주제가 제기되자마자 구체성은 추상성 안으로 사라지며, 신선한 비유를 생각해내는 건 누구에게나 불가능한 일처럼 보인다. 산문에서는 의미를 제대로 전달하기 위해 선택한 단어들이 점점 사라지고, 대신에 조립식 닭장 부품들처럼 단어를 이어 붙인 관용구들이 점점 늘어나고 있다. 요즈음 글을 쓸 때 습관적으로 아래와 같은 다양한 요령에 의존하는데, 주석과 사례를 들어가며 설명해보겠다.

죽어가는 비유. 새로 발명된 비유는 시각적인 이미지를 떠올리게 하여 생각을 돕는다. 반면 기술적으로 '죽은' 비유(예를 들면 강철 같은 결의iron resolution)는 사실상 관용어가 되어 그런대로 생생함의 효과를 유지하면서 사용될 수 있다. 하지만 이 두 비유 사이에는 이미지를 떠올리게 하는 힘을 완전히 잃어버린 낡아빠진

비유들이 거대한 쓰레기 더미처럼 쌓여 있고, 사람들은 자신만의 새로운 문구를 발명하는 어려움에서 벗어나기 위해 그 낡은 비유들을 기계적으로 가져다 쓴다. 예로는 이런 것들이 있다. ring the changes on(다채롭도록 변화를 주다), take up the cudgels for(강하게 변호하다), toe the line(시키는 대로 하다), ride roughshod over(함부로 다루다), stand shoulder to shoulder with(어깨를 나란히 하다), play into the hands of(~의 계략에 빠지다), no axe to grind(속셈이 없다), grist to the mill(돈벌잇감), fishing in troubled waters(혼란을 틈타 이득을 보다), rift within the lute(불화의 조짐), on the order of the day(최우선 과제), Achilles' heel(치명적인 약점), swan song(마지막 작품), hotbed(온상). 이런 많은 비유는 그 의미도 알지 못한 채 사용된다(예를 들면 'rift(틈)'가 무슨 뜻인가?). 게다가 함께 쓸 수 없는 비유들이 자주 뒤섞이는데, 이는 작가가 자신이 지금 무슨 말을 하는지 무관심하다는 것을 확실하게 보여주는 신호이다. 요사이 통용되는 몇몇 비유는 본래 의미와 다르게 왜곡되어 사용되는데, 그런 비유를 쓰는 사람들조차 그 사실을 전혀 인식하지 못한다. 예를 들면 'toe the line(시키는 대로 하다)'은 때로 'tow the line(줄을 잡아당기다)'으로 쓰인다. 또 다른 비유를 들자면 'the hammer and the anvil(망치와 모루)'이 있다. 지금은 모루가 가장 큰 피해를 입는 쪽을 암시하는 뜻으로 사용된다. 하지만 현실에서는 늘 모루를 때리다가 망치가 망가지지 그 반대의 경우는 벌어지지 않는다. 자신이 무슨 말을 하는지 잘 아는 작가라면 이런 점을 깨달아 본래 의미를 왜곡하지 않을 것이다.

기능어 혹은 언어적 사족. 이 두 가지는 적절한 동사나 명사를 찾는 수고를 덜어주는 동시에 각 문장에 불필요한 음절을 채워 그럴듯한 균형미를 갖춘 것처럼 보이게 한다. 그런 전형적 구절들은 다음과 같다. render inoperative(무효로 하다), militate against(방해하다), prove unacceptable(받아들이지 못하다), make contact with(연락하다), be subject to(~의 대상이다), give rise to(~을 일으키다), give grounds for(~의 근거가 되다), have the effect of(~의 결과를 낳다), play a leading (role) in(~에서 주도적인 역할을 하다), make itself felt(남이 알아채다), take effect(효과가 나타나다), exhibit a tendency to(경향을 드러내다), serve the purpose of(~의 목적에 맞다) 등. 여기서 핵심 사항은 문장에서 간단한 동사를 제거한다는 것이다. break(부수다), stop(멈추다), spoil(망치다), mend(고치다), kill(죽이다)같이 간단한 단어를 쓰는 것이 아니라 prove, serve, form, play, render 같은 다용도 동사에 명사나 형용사를 덧붙여 구句를 만든 후 간단한 동사의 대용으로 쓰는 것이다. 게다가 능동태보다는 가능한 한 수동태를 더 선호하며 동명사 대신 명사구가 더 많이 사용된다〔예를 들면 by examining(검토함으로써) 대신 by examination of(~의 검토에 의해)가 사용된다〕. 접미사 '-ize'나 접두사 'de-' 붙이는 형태를 사용함으로써 간단한 동사의 사용 범위를 더욱 줄이고, 또 따분한 표현에는 'not un-' 형태를 써서 깊이가 있는 척 꾸민다. 간단한 접속사와 전치사는 with respect to(~에 관하여), having regard to(~을 유념하여), the fact that(~라는 사실), by dint of(~을 써서), in view of(~을 고려해서), in the interest of(~을 위하여), on the hypothesis that(~라는 가설을 근거로) 같은 구로 대체된다. 그리고 greatly to be desired(매우 바람직한), cannot be left out of account(무시할 수 없다), a development to be expected in the near future(가까운 장래에 기대되는 발전), deserving of serious consideration(진지하게 고려할 만한), brought to a satisfactory conclusion(만족스러운 결론에 이르다)같이 널리 알려진 진부한 표현을 쓰면서 문장의 끝부분을 마무리한다.

허세 부리는 용어 선택. phenomenon(현상), element(요소), individual(개인), objective(객관적인), categorical(단정적인), effective(효과적인), virtual(사실상의), basic(기본적인), primary(주요한), promote(촉진하다), constitute(구성하다), exhibit(드러내다), exploit(착취하다), utilize(활용하다), eliminate(제거하다), liquidate(청산하다) 같은 단어는 단순한 표현을 멋있는 것처럼 꾸며주고, 편향된 판단에 과학적으로 공평무사한 분위기를 부여한다. epoch-making(획기적인), epic(장대한), historic(역사적인), unforgettable(잊을 수 없는), triumphant(의기양양한), age-old(아주 오래된), inevitable(필연적인), inexorable(멈출 수 없는), veritable(진정한) 같은 형용사는 국제정치의 추악한 과정에 품위를 더하는 목적으로 사용된다. 한편 전쟁을 미화하기 위한 목적으로 작성되는 글은 보통 고풍스러운 분위기를 풍기려고 애쓰는데 그때 쓰이는 전형적 단어들로는 realm(왕국), throne(왕좌), chariot(전차), mailed fist(완력), trident(삼지창), sword(칼), shield(방패),

buckler(둥근 방패), banner(깃발), jackboot(군화), clarion(클라리온)이 있다. cul de sac(막다른 골목), ancien regime(구체제), deus ex machina(초자연적인 힘), mutatis mutandis(필요한 부분만 수정하여), status quo(현상), Gleichschaltung(통제), Weltanschauung(세계관)같이 외국에서 들여온 단어와 표현은 교양 있고 고상한 분위기를 가미한다. i. e.(즉), e. g.(예를 들어), etc.(등등) 같은 유용한 약어들을 제외하면 지금 영국에서 통용되는 수백 가지 외국어 표현은 실제로 없어도 되는 것들이다. 형편없는 작가들, 특히 과학, 정치, 사회학 분야의 작가들은 거의 항상 라틴어나 그리스어가 색슨어보다 위대하다는 개념에 사로잡혀 있다. expedite(신속히 처리하다), ameliorate(개선하다), predict(예측하다), extraneous(관련 없는), deracinated(근절된), clandestine(은밀한), sub-aqueous(수중의) 같은 불필요한 단어들과 그 외에 수백 가지 그리스어, 라틴어 단어가 간단한 앵글로색슨어 단어들을 끊임없이 몰아내고 있다.[9] 마르크스주의 글에서 드러나는 특유한 용어(hyena(하이에나), hangman(교수형 집행인), cannibal(식인종), petty bourgeois(프티부르주아), these gentry(이 양반들), lackey(종), flunkey(아첨꾼), mad dog(미

---

9 이를 보여주는 흥미로운 실제 사례가 있다. 최근까지 영어로 사용되던 꽃 이름이 그리스어 단어에 밀려나고 있다. '금어초snapdragon'는 'antirrhinum'으로, '물망초forget-me-not'는 'myosotis'으로 비꺼는 것처럼 말이다 이런 유행의 변화에 대하여 어떤 실용적 이유를 찾아보기 어렵다. 그보다는 흔한 단어를 본능적으로 외면하고 그리스어 단어가 과학적이라는 막연한 감정을 품게 되면서 그런 결과가 발생했다. [작가의 각주]

친개), White Guard(백위군) 등)는 주로 러시아어, 독일어, 프랑스어 단어와 구절을 번역한 것이다. 하지만 보통 새로운 단어를 만드는 방식은 적절한 접사를 붙인 라틴어나 그리스어 어근을 활용하는 것인데, 필요하다면 '-ize' 형태를 쓰기도 한다. 의미를 잘 드러내는 영어 단어를 고심하여 찾아내기보다 그런 부류의 단어(가령 deregionalise(탈지역화하다), impermissible(허용할 수 없는), extramarital(혼외의), non-fragmentatory(비단편적인))를 지어내는 편이 종종 더 쉽다. 이렇게 한 결과, 글이 더욱 지저분하고 모호해진다.

의미 없는 단어. 특정 부류의 글, 특히 예술비평과 문학비평 분야의 글에서 거의 완벽하게 무의미한 긴 구절을 만나게 되는 일은 아주 흔하다.[10] romantic(낭만적인), plastic(인공적인), values(가치), human(인간), dead(죽은), sentimental(감상적인), natural(자연스러운), vitality(활력) 같은 단어가 예술비평에서 사용되고 있는데, 엄밀히 말하자면 전혀 의미가 없다. 발견 가능한

---

10 예를 들어보겠다. "컴퍼트Comfort의 작품은 지각과 이미지의 보편성 덕분에 기묘할 정도로 휘트먼Whitman 같은 특성을 갖고 있으나 미학적인 충동에서는 거의 정반대이며, 전율을 불러일으키는 분위기가 조금씩 누적되어 잔혹하고 냉혹하면서도 평화로운 무한함을 계속 암시한다. (…) 레이 가디너Wrey Gardiner는 정확하게 과녁 한복판을 노려 득점한다. 하지만 그렇게 하는 것이 그리 단순한 일은 아니며, 이런 만족스러운 슬픔에는 표면적으로 드러나는, 괴로우면서도 달콤한 체념 이상의 것이 흐르고 있다(《계간 시Poetry Quarterly》)." [작가의 각주]

대상을 지목하는 것도 아니고, 독자조차 그런 단어가 구체적인 무엇을 가리킬 것이라고 기대하지 않기에 무의미한 것이다. 어떤 비평가가 "X 씨가 쓴 작품의 뛰어난 특색은 활기가 느껴진다는 것이다"라고 평했는데 다른 비평가가 "X 씨의 작품을 보고 바로 알 수 있는 놀라운 점은 특징적인 생기가 없다는 것이다"라고 평했다면 독자는 이를 단순한 의견 차이로 받아들인다. '생기 없음dead'과 '활기living' 같은 용어 대신 '검은black'과 '흰white' 같은 단어가 쓰였다면 독자는 즉시 언어가 부적절한 방식으로 사용됐음을 파악할 것이다. 많은 정치적 단어도 비슷하게 남용된다. 'Fascism(파시즘)'이라는 단어는 이제 '바람직하지 않은 것'을 나타낸다는 점 외에는 아무런 의미도 없다. democracy(민주주의), socialism(사회주의), freedom(자유), patriotic(애국적인), realistic(현실적인), justice(정의) 같은 단어는 서로 조화를 이룰 수 없는 여러 다른 의미를 갖는다. '민주주의'라는 단어는 합의된 정의가 없을 뿐만 아니라 그런 정의를 내리려는 시도는 온 사방에서 저항에 직면한다. 어떤 나라를 민주주의적이라고 하면 거의 일반적으로 그 나라를 칭찬하는 분위기가 된다. 그에 따라 체제를 옹호하려는 사람은 자신들의 체제가 민주주의라고 주장하며, 민주주의라는 단어가 어떤 한 가지 의미로 고정되면 그 단어를 더 이상 사용하지 못할까 봐 두려워한다. 이런 부류의 단어들은 자주 의도적으로 부정직하게 사용된다. 즉 그런 단어들을 쓰는 사람에게는 자신만의 정의가 있지만, 듣는 사람이 전혀 다르게 해석하더라도 그냥 내버려두는 것이다. "페탱Pétain 원수는 진정한 애국자였다", "소련 언론은 세상에서 가장 자유롭다", "가톨릭교회는 박해에 반대한다" 같은 표현은 거의 늘 속이려는 의도를 보인다. 다른 단어들도 다양한 의미로 사용되며, 대다수의 경우 부정직한 면을 보이는데 구체적으로 다음과 같다. class(계급), totalitarian(전체주의), science(과학), progressive(진보적인), reactionary(반동적인), bourgeois(부르주아), equality(평등) 등이 그렇다.

이제 기만과 왜곡의 목록을 만들었으니 그 결과로 어떤 일이 벌어지는지 구체적인 사례를 들어보겠다. 이번에는 그 특성상 허구의 문장을 사례로 제시한다. 나는 훌륭한 영어 문장을 최악의 현대 영어 문장으로 옮겨놓아보겠다. 다음은 구약성경의 『전도서 Ecclesiastes』에 나오는 유명한 문장이다.

나는 또 태양 아래에서 보았다. 경주가 발 빠른 이들에게 달려 있지 않고 전쟁이 전사들에게 달려 있지 않음을. 또한 음식이 지혜로운 이들에게 달려 있지 않고, 재물이 슬기로운 이들에게 달려 있지 않으며, 호의가 유식한 이들에게 달려 있지 않음을. 모두 정해진 때와 우연에 마주치기 때문이다.

이제 이것을 최악의 현대 영어 문장으로 바꿔보겠다.

동시대 현상의 객관적인 고려는 경쟁적인 활동에서의 성패가 타고난 능력에 비례하는 경향을 드러내지 않으며, 상당히 예측 불가능한 요소를 반드시 참작해야 한다는 결론을 내리게 한다.

이것은 물론 패러디이지만, 그렇게 심하게 비튼 것은 아니다. 예를 들어 앞서 인용한 다섯 예문 중 3번 예문에는 똑같은 유형의 영어가 여러 군데에서 보인다. 어쨌든 내가 성경 구절을 온전하게 현대 영어로 옮기지 않았다는 점은 명백하다. 문장의 처음과 끝은 본래 의미를 꽤 꼼꼼하게 따랐지만, 중간 부분에서 구체적인 실례들(경주, 전쟁, 음식)은 모호한 구절인 "경쟁적인 활동에서의 성패"로 녹아들었다. 이렇게 해야 했던 건 내가 논하는 부류의 현대 작가들("동시대 현상의 객관적인 고려" 같은 구절을 사용하는 작가들) 중에서는 아무도 『전도서』처럼 정밀하고 상세한 방식으로 자기 생각을 펼치지 못하기 때문이다. 현대 산문의 전반적인 경향은 구체성의 부재이다. 이제 두 가지 예를 좀 더 면밀하게 분석해보겠다. 『전도서』의 문장에서 단어는 49개이고 음절은 60개인데 모두 일상생활에서 쓰이는 단어를 사용했다. 현대 영어 번역문에서는 단어가 38개이고 음절은 90개인데 단어 중 18개가 라틴어에서, 1개는 그리스어에서 유래한 것이다. 『전도서』의 문장에는 여섯 개의 생생한 이미지가 담겨 있으며, 모호하다고 할 수 있는 구절은 오직 하나뿐이다("정해진 때와 우연"). 현대 영어 번역문에는 신선하고 매력적인 구절이 단 하나도 없으며, 음절은 90개나 되는데 『전도서』의 문장에 내포된 의미를 요약한 버전이라는 인상만 준다. 하지만 의심할 필요도 없이 현대 영어에서 강력한 영향력을 발휘하는 문장은 두 번째 사례이다. 그러나 이런 사례를 과장하고 싶지는 않다. 이런 부류의 글이 아직 보편적인 건 아니지만, 장래에는 단순명쾌한 문장을 쌀의 뉘처럼 찾아보기 어려워질 것이다. 그리하여 나나 다른 사람이 인간의 운명이 지닌 불확실성에 관해 몇 줄 적어달라는 요청을 받는다면 『전도서』보다는 현대 영어로 옮긴 두 번째 사례와 비슷한 글을 쓰게 될 것이다.

여태까지 내가 지적해왔듯이, 최악의 상태에 있는 현대 글쓰기는 의미를 더 분명하게 드러내기 위해 이미지를 고안하거나 의미에 상응하는 단어를 선정하는 수고를 기피한다. 오히려 이미 다른 누군가가 순서를 정해 길게 나열해놓은 단어들을 가져다 덕지덕지 이어 붙여 순전히 헛소리에 지나지 않는 결과를 만들어낸다. 이런 종류의 글쓰기는 손쉽게 할 수 있다는 점이 큰 매력이다. '내 생각으로는I think'이라고 말하는 것보다 '내 의견으로는 ~은 정당성 없는 가정이 아니다In my opinion it is a not unjustifiable assumption that'라고 말하는 것이 더 쉽다(한번 습관을 들이면 더 빠르기도 하다). 이미 다 만들어져 있는 구절을 그대로 사용하면 새로운 단어를 찾아내려고 애쓸 필요도 없을 뿐만 아니라 문장의 운율에 신경을 쓸 필요도 없다. 그런 구절들은 미리 듣기 좋게 잘 배열되어 있기 때문이다. 급하게 작문하면, 예를 들어 속기사한테 구술하거나 대중 연설을 하면 자연스레 허세를 부리는 라틴어 느낌의 문체로 빠져들게 된다. '우리가 반드시 마음속에 잘 지녀야 할 고려사항a consideration which we should do well to bear in mind'이나 '우리 모두가 기꺼이 찬성해야 할 결론a conclusion to which all of us would readily assent' 같은 상투적 구절은 부드럽게 고비를 넘어가게 해준다. 낡은 은유, 직유, 관용구를 사용함으로써 정신적인 수고는 덜 수 있겠지만, 독자뿐만 아니라 글을 쓰는 작가도 의미가 모호해지는 대가를 치러야 한다. 이것이 바로 혼합 은유의 나쁜 점이다. 비유의 유일한 목적은 시각적인 이미지를 불러내는 것이다. 이런 이미지들이 서로 충돌하는 모습—"파시스트 문어가 마지막 노래를 불렀고, 군화는 용광로 속에 던져졌다The Fascist octopus has sung its swan song, the jackboot is thrown into the melting-pot" 같은 문장—을 보이면 작가가 자신이 말하고자 하는 대상의 이미지를 머릿속에 정확하게 떠올리지 못한 것이다. 다시 말해 작가는 정확한 생각 없이 글을 쓰고 있는 것이다. 이 글을 시작하면서 내가 인용한 다섯 예문을 다시 살펴보자. 1번 예문에서 래스키 교수는 53개의 단어를 사용했는데 그중에서 부정어만 다섯 번 썼다. 5개의 부정어 중 하나는 부적절하게 쓰여 문장 전체의 효과를 망쳐놓고 있다. 게다가 'akin(유사하다)' 대신 'alien(멀리하다)'이라는 단어를 실수로 쓰는 바람에 문장의 내용은 더 엉망이 되었다. 또 피할 수도 있었던 어색한 단어도 여러 번 사용했기 때문에 전반적으로 문장의 애매모호함이 더 심해졌다. 2번 예문에서 호그번 교수는 '처방전도 쓸 수 있게 해주는 배터리를 가지고 물수제비를 뜨고', 'put up with(참다)' 같은 일상 관용구는 못마땅하게 생각하면서 'egregious(과도한)'라는 단어는 사전에서 찾아 무엇을 뜻하는지 알아보려는 노력조차 하지 않았다. 3번 예문은 노골적으로 말해보자면 그야말로 의미가 없는 문장들이다. 이 인용문이 실린 곳을 찾아 전문을 읽어야 작가의 의도를 겨우 알아낼 수 있을 것이다. 4번 예문에서 작가는 자신이 말하고자 하는 바를 알고 있는 듯하지만, 낡은 관용구를 남용하다가 마치 싱크대를 찻잎이 막아버린 것처럼 문장의 숨통을 막아버렸다. 5번 예문에서 단어와 의미는 거의 결별했다. 이런 식으로 글을 쓰는 사람들은 이것은 싫어하고 저것에는 연대를 표하려는 막연한 정서만 있을 뿐 자신이 말하고자 하는 내용의 세부 사항에는 관심이 없다. 세심한 작가는 문장을 하나 쓸 때마다 적어도 다음과 같은 네 가지 질문을 던진다. "나는 무슨 내용을 쓰려고 하는가?" "어떤 단어들로 그 내용을 잘 표현할 수 있을까?" "어떤 이미지나 관용구가 그 내용을 더 분명하게 만들어줄까?" "이 이미지는 충분히 효과적이고 참신한가?" 여기까지 물으면 두 가지 질문을 더 하게 될 것이다. "좀 더 간결하게 쓸 수는 없을까?" "보기 싫을 만큼 추해서 피했어야 할 표현을 사용하지는 않았는가?" 하지만 당신이 굳이 이런 문제로 고민해야 할 이유는 없다. 그저 머릿속의 한 공간을 열어두고 다 만들어진 구절이 몰려오도록 내버려두기만 하면 된다. 그러면 문장은 기성품 구절들이 완성해줄 것이며(어느 정도는 생각도 대신해줄 것이다), 필요하다면 그런 구절들이 당신의 의도를 부분적으로 감추는 데 중요한 도움을 줄 것이다. 심지어 당신 자신에게서도 말이다. 그리고 바로 이 지점에서 정치와 언어의 타락 사이에 존재하는 특별한 연관성이 명확해진다.

우리 시대에 정치적인 글이 나쁜 글이라는 것은 대체로 사실이다. 정치적인 글인데도 나쁘지 않다면 그건 일반적으로 작가가 반항아라서 '당의 노선'이 아닌 자신의 개인적인 의견을 표출한 글일 것이다. 정치적 성향이 어떤 색깔이든 정통파 교리는 생기가 없고 모방적인 문체를 요구하는 듯하다. 소책자, 사설, 성명서, 백서, 그리고 정부 차관들이 하는 연설에서 발견되는 정치적 언어는 물론 당마다 다르다. 하지만 참신하고, 생생하고, 손수 만든 비유를 하나도 찾을 수 없다는 점에서는 아무런 차이가 없다. 연단에 서 친숙한 관용구(짐승 같은 잔혹 행위bestial atrocities, 압제iron heel, 피로 얼룩진 폭정blood-stained tyranny, 세계의 자유민free peoples of the world, 어깨를 나란히 하다stand shoulder to shoulder)를 기계처럼 반복하는 지친 일꾼을 보면 내가 보는 게 살아 있는 사람이 아니라 마네킹이지 않을까 하는 기묘한 생각마저 든다. 이런 생각은 연설자의 안경에 빛이 들어와 그 뒤의 눈이 보이지 않게 되어 텅 빈 원반이 되었을 때 갑자기 더 강해진다. 이는 아주 비현실적인 생각이 아니다. 그런 부류의 어법을 사용하는 연설자는 어느 정도 자신을 기계로 바꾸는 길로 나아간 것이다. 후두에서 적절한 소리가 나오긴 하지만, 스스로 말할 단어를 선택하려고 할 때처럼 뇌가 능동적으로 관여하지는 않는다. 그 연설을 여러 번 반복하여 익숙해졌다면 연설 내용을 모두 외워 입에서 자동으로 흘러나온다. 마치 교회에서 응답송應答頌을 하는 것처럼 무의식적이다. 이런 식으로 비좁게 축소된 의식 상태는 정치적인 순응 상태를 이끌어내는 데 필수적이라 할 수는 없어도 어쨌든 유리하다.

우리 시대에 정치적인 연설과 글은 주로 옹호의 여지가 없는 것을 옹호한다. 영국의 인도 식민 통치 지속, 소련의 숙청과 국외 추방, 일본에 투하된 원자폭탄 같은 일은 억지로 옹호하려면 할 수도 있다. 하지만 그것은 대다수 사람이 직면하기에 너무 힘든 아주 잔혹한 논리로만 가능하며, 그 논리는 정당들이 공언한 목표에서도 완전히 벗어나 있다. 따라서 정치적인 언어는 주로 완곡어법, 논점 회피, 몽롱하고 흐릿하고 막연한 표현으로 구성돼야 한다. 무방비 상태의 마을이 공중폭격의 타격이 되고, 주민들이 시골로 내몰리고, 기총사격이 집에서 기르는 소를 몰살하고, 소이탄으로 오두막에 불을 지르는 행위, 이런 것들을 가리켜 정치적 언어에서는 '평화의 회복pacification'이라고 한다. 수백만 농부가 농장을 강탈당한 후 손으로 들 수 있는 것만 가지고 터벅터벅 길을 따라 어딘가로 정처 없이 걸어가는 것을 가리켜 '인구 이동 transfer of population'이나 '국경 조정rectification of frontiers'이라 한다. 사람을 재판도 없이 몇 년 동안 잡아 가두거나, 목뒤에서 총을 쏘거나, 북극의 벌목장으로 보내 괴혈병으로 죽게 하는 것을 '불순분자 제거elimination of unreliable elements'라 한다. 그런 완곡어법은 해당 내용에 관한 이미지를 떠올리게 하는 일 없이 뭔가 말하고자 할 때 필요하다. 예를 들어 소련의 전체주의를 옹호하는 어떤 느긋한 영국인 교수를 생각해보자. 그는 "결과만 좋다면 상대를 죽여도 된다고 생각한다"라는 말을 노골적으로 할 수 없다. 따라서 이와 비슷한 말을 하게 될 것이다.

소련 정권이 인도주의자가 개탄할 어떤 특징들을 드러낸다는 점을 자유로이 인정할지라도, 정치적 반대권의 축소는 과도기에 필연적으로 수반되는 일이며, 소련 인민이 겪어야 한다고 요청

되는 고초는 구체적인 성과라는 영역에서 충분히 정당화됐음에 동의해야 한다는 게 내 생각이다.

과장된 문체는 그 자체로 완곡한 표현이다. 수많은 라틴어 단어가 객관적인 사실 위로 부드러운 눈처럼 떨어지면 요점이 흐려지고 모든 세부 사항이 가려진다. 분명한 언어 사용을 가로막는 가장 큰 적은 불성실이다. 진짜 목표와 선언된 목표 사이에 틈이 있을 때 사람은 먹물을 뿜어내는 오징어처럼 본능적으로 기다란 단어와 진부한 관용구에 의지하게 된다. 우리 시대에 '정치를 피하는' 일 같은 건 있을 수 없다. 모든 문제는 정치적인 문제이고, 정치 그 자체는 거짓, 모면, 어리석음, 증오, 정신분열증 덩어리다. 전반적인 분위기가 좋지 않을 때 언어는 반드시 고통을 당한다. 그것을 입증할 지식이 충분하지 않기에 추측에 불과하지만, 나는 지난 10년 혹은 15년 동안 독재로 인해 독일어, 러시아어, 이탈리아어가 예전보다 더 퇴보했을 것이라고 생각한다.

하지만 생각이 언어를 타락시킨다면 언어 역시 생각을 타락시킬 수 있다. 일반인보다 지식이 더 많은 사람들 사이에도 나쁜 언어 용법이 전통과 모방을 통해 퍼져 나갈 수 있다. 내가 지금껏 논의해온 타락한 언어는 어떤 면에서 아주 편리하다. '정당성이 없지 않은 가정a not unjustifiable assumption', '아쉬운 점이 많은 leaves much to be desired', '아무 목적도 이룰 수 없는would serve no good purpose', '우리가 반드시 마음속에 잘 지녀야 할 고려 사항a consideration which we should do well to bear in mind' 등의 구절은 계속 우리를 유혹하며, 바로 곁에 둔 아스피린 한 갑 같은 역할을 해준다는 착각을 불러일으킨다. 이 글을 되돌아보면 나 또한 지금 이의를 제기하는 바로 그 잘못을 계속 저지르고 있음을 알게 될 것이다. 오늘 아침에 나는 독일의 상황을 다룬 소책자를 우편으로 받았다. 작가는 그 책을 "반드시 써야 한다는 생각이 들었다"라고 나에게 말했다. 나는 아무렇게나 책을 펼쳤고, 내가 본 페이지의 첫 문장은 이렇게 적혀 있었다. "연합국은 독일 자체에서 국수주의적 반동을 피하는 방식으로 독일의 사회적·정치적 구조의 급진적인 변혁을 달성하며, 동시에 협력적이고 통합된 유럽의 토대를 놓을 기회를 얻었다." 그는 "반드시 써야 한다는 생각이 들었다"라고 했다. 그러니 짐작건대 뭔가 새로 말할 게 있나 보다는 생각을 했을지도 모르겠다. 하지만 그가 사용한 단어들은 나팔 소리에 반응하는 기병대 말들처럼 익숙하고 따분한 패턴을 따라 자동으로 무리를 짓는다. 낡은 기성품 구절(토대를 놓다lay the foundations, 급진적인 변혁을 달성하다achieve a radical transformation)이 정신에 침범하지 못하도록 막아내는 유일한 방법은 꾸준히 그런 표현을 경계하는 것이다. 그런 표현 하나하나가 우리 뇌의 일부분을 마비시키기 때문이다.

앞서 나는 우리 언어의 타락을 치유할 수 있다고 했다. 내 주장에 반대하는 사람은 아마도 이런 반론을 펼 것이다. 언어는 단지 현재 벌어지는 사회 상황을 반영할 뿐으로, 단어와 문장구조에 직접 손을 댄다고 해도 그 발전에 영향을 미칠 수 없다고 말이다. 언어의 전반적인 어조나 정신에 관한 것이라면 이 반론은 맞는 말일지도 모른다. 하지만 세부적으로는 그렇지 않다. 어리석은 단어와 표현이 사라지기도 했지만, 이는 진화 과정에서 자연히 사라진 게 아니라 소수의 사람들이 의식적으로 피했기에 그렇게 된 것이다. 최근의 두 사례를 들어보겠다. '모든 수단을 강구하다explore every avenue'와 '온갖 수단을 강구하다leave no stones unturned'라는 표현은 소수 언론인들의 조롱을 받아 사라졌다. 많은 사람이 이런 일에 관심을 보이면 그 두 사례처럼 많은 터무니없는 비유를 제거할 수 있다. 그렇게 되면 'not un-' 형태를 비웃어 사라지게 할 수도 있고,[11] 일반적인 문장에서 라틴어와 그리스어 사용을 줄일 수도 있으며, 외국어 구절과 산만한 과학 단어들을 몰아낼 수도 있고, 문장 속의 허세를 한물간 것으로 만들 수도 있다. 하지만 이 모든 것은 사소한 점들이다. 영어의 수호는 이보다 더 많은 것을 뜻한다. 여기서는 영어를 수호하는 범위에 들어가지 않는 것을 먼저 언급하는 편이 좋을 듯하다.

우선 영어의 수호는 의고주의擬古主義와는 전혀 관련이 없다. 시대에 뒤진 단어와 비유를 회복하자거나 반드시 지켜야 하는 '표준영어'를 설정하자는 것도 아니다. 오히려 그 반대로 유익함이 고갈된 단어나 관용구를 전부 폐기하는 일이 영어의 수호와

---

[11] 다음 문장을 암기하면 'not-un' 형태를 사용하는 버릇을 스스로 치유할 수 있을 것이다. "안 검지 않은 개가 안 작지 않은 토끼를 안 푸르지 않은 들판에서 쫓고 있다A not unblack dog was chasing a not unsmall rabbit across a not ungreen field." [작가의 각주]

특히 관련이 있다. 그것은 문법과 통사론을 수정하는 일과는 관련이 없다. 글의 의미가 분명하다면 중요한 문제가 아니기 때문이다. 또한 미국 특유의 어법을 피하는 일과도 무관하고, 소위 '훌륭한 산문체'를 갖추는 일과도 연관이 없다. 한편 억지로 단순하게 표현하려 하거나 문어체 영어를 구어체로 바꾸려는 시도와도 관련이 없다. 모든 경우에 라틴어보다 색슨어를 선호해야 한다고 말하려는 것도 아니다. 하지만 의미를 드러낼 때 가장 적은 단어, 가장 짧은 단어를 사용해야 한다는 점과는 관련이 있다. 정말로 중요한 점은 의미가 단어를 선택하게 만들어야지, 그 반대로 단어가 의미를 선택하게 해서는 안 된다는 것이다. 산문에서 단어를 다룰 때 가장 나쁜 일은 단어에 굴복하는 것이다. 우리는 구체적인 대상을 떠올릴 때는 비언어적으로 생각한다. 그러고 나서 자신이 머릿속으로 떠올린 것을 묘사하고자 한다면 그것에 딱 들어맞아 보이는 정확한 단어를 찾을 때까지 고심하며 탐색한다. 그런데 추상적인 것을 생각할 때는 처음부터 단어 활용 쪽으로 기울어진다. 이런 추상어 사용을 방지하려고 의식적으로 노력하지 않으면 기존의 관용적 표현들이 몰아쳐 당신 대신 일을 할 것이고, 그렇게 되면 당신이 생각하던 의미가 흐릿해지거나 더 나아가 바뀌게 될 것이다. 더 나은 방법은 단어를 사용하기를 최대한 미루고 이미지나 감각을 통해 최대한 의미를 분명하게 정립하는 것이다. 그 후에는 의미를 가장 잘 담아낼 표현을 단순히 받아들이는 게 아니라 직접 선택할 수 있게 된다. 그런 다음에 다시 관점을 바꿔서 단어가 다른 사람에게 어떤 인상을 남길지 생각하고 결정하면 된다. 이렇게 정신적으로 필사적인 노력을 하면 모든 진부한 이미지, 혼란스럽게 뒤섞인 이미지, 조립식 표현, 불필요한 반복, 허풍, 모호함이 대체로 제거된다. 하지만 우리는 단어나 구절의 효과에 대해 종종 의문을 품을 수 있고, 그래서 직관적으로 판단하기 어려울 때 의지할 수 있는 규칙이 필요하다. 아래와 같은 규칙을 따르면 대부분의 문제가 처리될 것으로 생각한다.

1. 책이나 신문에서 익숙하게 본 은유, 직유, 그 밖의 표현을 절대 사용하지 않는다.

2. 짧은 단어로 대체할 수 있는 긴 단어를 절대 쓰지 않는다.

3. 단어를 삭제해도 된다면 항상 삭제하라.

4. 능동태를 사용할 수 있으면 수동태는 절대 사용하지 않는다.

5. 일상적인 표현으로 대체할 수 있다면 외국어 표현, 과학 단어, 전문용어를 절대 사용하지 않는다.

6. 위의 다섯 가지 규칙을 못 지킨다 하더라도, 너무 생경하고 난해해서 이해할 수 없는 표현은 절대로 쓰지 않는다.

이런 규칙들은 기본적인 것처럼 보이고 실제로도 그렇지만, 현재 유행하는 문체로 글을 쓰는 데 익숙한 사람이라면 글 쓰는 태도를 크게 바꿔야 할 것이다. 이런 규칙들을 전부 지킨다고 하더라도 여전히 좋지 않은 글을 쓸 수 있지만, 이 글의 시작 부분에 인용했던 다섯 예문 같은 글은 쓰지 않게 될 것이다.

여기서 나는 언어의 문학적인 사용을 고찰한 것이 아니다. 생각을 은폐하거나 방해하지 않고 표현하기 위한 도구로서의 언어를 고찰했을 뿐이다. 스튜어트 체이스Stuart Chase와 그에게 동조하는 사람들은 모든 추상적 단어가 무의미하다는 식으로 주장하면서 그런 주장을 일종의 정치적 침묵주의를 옹호하는 구실로 활용했다. '파시즘이 무엇인지 모르는데 어떻게 파시즘에 대항하여 싸울 수 있겠는가'라는 것이 이들의 주장이다. 이와 같은 어리석음을 받아들일 필요는 없지만, 현재의 정치적 혼돈이 언어의 타락과 관련되어 있으며, 언어 쪽에서 개혁을 시작함으로써 어느 정도의 개선을 가져올 수 있다는 점을 반드시 깨달아야 한다. 영어를 단순화하면 정통적 사고방식의 가장 어리석은 오류에서 벗어날 수 있다. 단순한 영어를 구사하면 불필요한 관용적 표현을 멀리하게 된다. 그런 언어적 관습을 동원하지 못하게 되니 어리석은 발언을 할 때면 그 어리석음이 다른 사람은 물론이고 당신 자신에게도 분명하게 느껴진다. 정치적인 언어—정도의 차이는 있어도 보수주의자부터 무정부주의자에 이르기까지 모두에게 적용되는데—는 거짓을 진실처럼 들리게 하고, 살인을 존경할 만한 행위로 만들고, 순전한 허풍을 견고한 언사처럼 보이게 하려고 고안됐다. 이 모든 것을 한순간에 바꿀 수는 없다. 하지만 적어도 자기 고유의 습관은 바꿀 수 있다. 그리고 때때로 크게 비웃을 수 있다면 낡고 쓸모없는 표현—jackboot(군홧발), Achilles' heel(치명적인 약점), hotbed(온상), melting pot(용광로), acid test(시금석), veritable inferno(진정한 지옥)—을 쓰레기통으로 보낼 수 있다. 원래 그런 말들은 거기가 제자리다. (1946. 4)

작가와 리바이어던

국가 통제의 시대에서 작가의 위치는 이미 꽤 많이 논의된 주제이나 그와 관련된 증거 대부분은 아직 구할 수 없다. 여기서 나는 국가의 예술 후원에 관해 찬반 의견을 표시하려는 것은 아니다. 다만 우리에게 적용되는 국가의 어떤 통치 유형은 당대의 주도적인 지적 분위기에 의존한다는 것을 지적하고 싶다. 그러니까 작가나 예술가 자신의 태도와 자유주의 정신을 지키려는 의지에 따라 국가의 통치 형태가 결정된다. 만약 우리가 앞으로 10년 안에 즈다노프Zhanov(소련의 인민위원으로 작가들을 검열한 인물 – 옮긴이) 같은 자 앞에서 굽실거려야 한다면 우리가 그런 대접을 받아도 싸기 때문에 그런 결과가 나오는 것이리라. 이미 영국 문학계의 지식인들 사이에서 전체주의를 지지하는 강고한 경향이 있다는 점은 명백하다. 하지만 여기서 나는 조직적이고 의식적인 운동, 그러니까 공산주의 같은 것에는 관심이 없다. 그저 정치적인 생각이 선의를 가진 사람들에게 미치는 영향과 정치적 편가르기의 필요에 대하여 말해보고자 한다.

지금은 정치적인 시대이다. 전쟁, 파시즘, 강제수용소, 고무 경찰봉, 원자폭탄 등은 우리가 일상적으로 생각하는 것이고, 따라서 공공연하게 말하지는 않아도 글의 주제로 많이 선정된다. 이런 상황은 어쩔 수 없다. 사람은 가라앉는 배에 타고 있으면 그 배만 생각하게 된다. 하지만 지금 우리가 논하는 주제들은 편협할 뿐만 아니라 문학을 대하는 우리의 전반적인 태도도 어떤 충성심으로 채색되어 있는데, 우리는 그 충성심이라는 게 비문학적임을 간헐적으로 깨닫는다. 나는 상황이 가장 좋을 때도 문학비평은 사기라는 생각을 종종 했다. 왜냐하면 일반적으로 받아들여지는 기준―책이 '훌륭하다' 혹은 '형편없다'는 주장에 의미를 부여해주는 어떤 외부적인 기준―이 없다면 모든 문학적 판단은 본능적인 선호를 정당화하는 일련의 꾸며낸 규칙에 불과하기 때문이다. 일단 독자의 반응이라는 게 있다면 어떤 책에 관한 진정한 반응은 보통 "나는 이 책이 좋다" 혹은 "나는 이 책이 마음에 들지 않는다"이며, 그 뒤로 따라오는 건 그런 호오好惡에 대한 합리화이다. 내가 보기에 "나는 이 책이 좋다"는 비문학적 반응이 아니다. 비문학적 반응이라 함은 "이 책은 내가 지지하는 편에 서 있으므로 나는 틀림없이 그 책이 가치가 있을 것이라 본다" 같은 것이다. 물론 정치적인 이유로 어떤 책에 찬사를 보내는 반응은 정서적으로 진실할 수 있다. 독자가 그 책에 정서적으로 강한 호감을 느낀다는 의미에서 말이다. 하지만 당이 단결 차원에서 뻔한 거짓말을 요구하는 일도 빈번하게 벌어진다. 정치 정기간행물에 서평을 보낸 사람이라면 이를 잘 알 것이다. 대체로 서평가가 마음에 드는 잡지에 서평을 보내면 작위로 죄를 짓게 되고, 반대로 싫어하는 반대편 진영의 잡지에 서평을 보내면 부작위로 죄를 짓게 된다. 어쨌든 논란을 불러일으킨 많은 책—소련, 시온주의, 가톨릭교회 등에 대한 찬반을 다룬 책—은 읽기도 전에, 더 나아가 서평을 쓰기도 전에 미리 판단된다. 이와 관련하여 어떤 잡지에서 무슨 반응을 보일지도 미리 알 수 있다. 자신이 부정직하다는 점을 거의 의식하지 못한 채 자신이 진정한 문학적 기준을 적용하고 있다는 허세를 계속 부리는 것이다.

물론 정치가 문학의 영역을 침범하는 것은 예정된 수순이다. 이는 설혹 전체주의라는 특수한 문제가 발생하지 않았더라도 틀림없이 벌어질 일이다. 왜냐하면 우리는 조부모 세대에게는 없던 양심의 가책을, 거대한 부정직함과 세상의 비참함에 관한 인식을, 그런 것에 대하여 뭔가 조치해야 한다는 죄책감을 갖고 있기 때문이다. 그리하여 삶에 대하여 순수한 미학적 태도를 유지할 수 없게 되었다. 지금은 누구도 조이스나 헨리 제임스처럼 문학에 전념할 수 없다. 하지만 불행하게도 정치적인 책임을 받아들인다는 건 이제 정통과 교리와 '당의 노선'을 따른다는 뜻이 되었고, 그런 노선에 내포된 비겁함과 부정직함도 역시 따르겠다는 소리가 되었다. 빅토리아시내 작가들과는 대조적으로 우리는 명백한 정치 이데올로기들 사이에서 살고 있으며, 어떤 사상이 이단인지 단번에 간파당하는 불이익을 받고 있다. 현대의 문학계 지식인은 끊임없는 두려움을 느끼면서 글을 쓴다. 실제로 이런 두려움은 더 넓은 의미의 여론에서 영향을 받는 것이 아니라 자기 집단 내부의 여론과 직접적으로 관련되어 있다. 대체로 보아 그런 집단이 여러 개가 있을 뿐만 아니라 어떤 순간이 되었든 하나의 주도적인 정통 교리가 있다. 그 교리를 어기려면 낯이 엄청 두꺼워야 하고, 때로는 그 일로 수입이 몇 년에 걸쳐 절반으로 줄어들 각오를 해야 한다. 지난 15년 동안 사람들, 특히 젊은이들 사이에서 주도적인 정통 교리는 '좌파적'이었다. 핵심 단어는 '진보적', '민주적', '혁명적' 등이었고, 무슨 수를 써서라도 피해야 할 꼬리표는 '부르주아', '반동적', '파시스트'였다. 오늘날에는 거의 모두가(심지어 가톨릭교도와 보수당원 다수도) '진보적'이거나, 그도 아니면 적어도 그런 사람으로 생각되기를 바란다. 내가 아는 사람 중에는 누구도 자신을 '부르주아'라고 하지 않는데, 이는 반유대주의라는 단어를 아는 지식인이라면 누구도 반유대주의자 의혹을 인정하지 않는 것과 비슷한 태도이다. 어쨌든 우리는 모두 훌륭한 민주주의자이자 반파시스트에 반제국주의자이다. 또한 계급의식을 경멸하며 유색인종에게도 편견을 품지 않는다. 오늘날의 '좌파' 교리가 20년 전, 그러니까《크라이터리언》이나 (더 낮은 수준을 보자면)《런던 머큐리London Mercury》가 주요한 문학잡지였을 때 지배적이던 다소 속물적이고 경건한 체하는 보수적 교리보다 더 낫다는 점은 그다지 의심하지 않는다. 적어도 좌파 교리가 내포하는 목표는 많은 사람이 정말로 원하는 실용적 사회형태를 지향하기 때문이다. 하지만 그 교리는 그 나름의 오류도 가지고 있다. 좌파는 그런 오류를 인정하지 않으므로, 그와 관련된 문제들을 진지하게 논의하는 것은 불가능하다.

과학적이고 유토피아적인 좌파 이데올로기는 당장은 권력을 잡을 전망이 없던 사람들이 서서히 발전시킨 것이다. 따라서 그것은 극단적인 이데올로기로서 왕, 정부, 법, 교도소, 경찰, 군대, 깃발, 국경, 애국심, 종교, 인습적 도덕 등 기존의 모든 제도를 경멸한다. 사람들은 우리 시대에 모든 나라의 좌익 세력이 무적으로 보이던 폭정에 맞서 싸웠던 걸 기억하고 있다. 그래서 그 특정한 폭압적 제도(즉 자본주의)가 전복되면 이어 사회주의가 뒤따를 것이라고 쉽게 가정할 수 있었다. 게다가 좌익은 자유주의로부터 다소 미심쩍은 신념을 물려받았다. 가령 진실이 승리하고, 박해는 자멸할 것이며, 사람은 천부적으로 선한데 외부 환경 때문에 타락하게 된다는 신념이 그것이다. 이런 완벽주의 이데올로기는 거의 모든 사람에게 남아 있다. (예를 들면) 노동당 정부가 국왕의 딸들에게 엄청난 예산 배정을 표결하거나 철강 국유화를 망설일 때 이런 태도에 우리가 항의하는 것은 그런 완벽주의 이데올로기가 작동하기 때문이다. 하지만 우리는 현실과 잇따라 충돌한 결과 일련의 받아들여지지 않는 모순을 마음속에 축적해왔다.

처음 발생한 큰 충돌은 러시아혁명이었다. 약간 복합적인 이유로 거의 모든 영국 좌파는 소련 체제를 '사회주의'로 받아들일 것을 강요당했으나, 내심 그 체제의 정신과 실천이 영국에서 인정하는 '사회주의'의 의미와 크게 동떨어진다고 생각했다. 이런 이유로 '민주주의' 같은 단어가 두 가지 양립할 수 없는 의미를 포함한다거나, 강제수용소와 강제 추방이 옳으면서도 동시에 그를 수 있다는 일종의 정신분열증 같은 사고방식이 생겨났다. 좌파 이데올로기에 가해진 그다음의 일격은 파시즘의 부상이었다. 그런 일이 벌어지자 주의主義를 확실하게 재정립하지도 못한 채 좌파의 평화주의와 국제주의에 혼란이 발생했다. 군대를 앞세운 독일의 점령을 경험한 유럽인은 식민 지배를 받아본 사람들이 이미 알고 있던 사항을 깨닫게 되었다. 즉 계급 갈등은 그리 중요한 문제가 아니고, 국가의 정체성이 더 중요하다는 것을 깨달았다. 히틀러의 등장 이후로 "적은 자기 나라에 있다"라는 주장이나 나라의 독립은 가치가 없다는 주장은 설득력이 없어졌다. 우리 모두가 이런 점을 알고, 또 필요할 때는 그런 주장들에 따라 행동하면서도 여전히 그렇다고 크게 떠드는 것은 일종의 배신 행위라고 느낀다. 그리고 마지막으로 가장 어려운 일은 이제 좌파(영국 노동당-옮긴이)가 권력을 잡고 있으니 책임을 지는 것은 물론 성실한 결정을 내려야 한다는 사실이다.

좌파 정부는 거의 늘 지지자들에게 실망을 안긴다. 왜냐하면 그들이 약속한 번영을 성취할 수 있다고 해도 늘 불편한 전환기가 따라오는데 이에 관해서는 사전에 거의 말해주지 않기 때문이다. 지금 우리 정부는 절박한 경제적 난국 속에서 사실상 자신이 과거에 선전했던 프로파간다에 맞서 싸우고 있다. 우리가 겪는 위기는 지진처럼 예상하지 못한 갑작스러운 재앙이 아니다. 전쟁은 그 원인이 아니고 단지 그것을 촉발했을 뿐이다. 몇십 년 전에도 이런 종류의 일이 벌어질 거라고 예측할 수 있었다. 19세기 이래로 해외투자에서 얻는 이익, 식민지 국가들의 확실한 시장과 저렴한 원료에 의존하던 국민소득은 이제 아주 위태로워졌다. 조만간 뭔가 사고가 터질 것이고, 그러면 우리는 수출을 늘려 수입과 균형을 맞추도록 강요당할 것이다. 그런 일이 생기면 노동의 기준을 포함하여 영국인의 생활수준은 일시적으로 떨어질 수밖에 없다. 하지만 좌파 정당은 떠들썩하게 자신들의 반제국주의를 선언했음에도 불구하고 이런 사실을 분명하게 밝히지 않았다. 그들은 아시아와 아프리카를 약탈함으로써 영국 노동자들이 어느 정도 이득을 봤다는 점을 기꺼이 인정했지만, 약탈을 포기하더라도 어떻게든 국가경제는 번영할 것이라는 입장을 견지했다. 실제로 엄청나게 많은 노동자가 자신들이 착취당한다는 말을 듣고 사회주의를 옹호하게 되었다. 그러나 객관적인 진실을 있는 그대로 말해보자면, 세계시장의 관점에서는 그들도 착취자이다. 이제 어느 모로 보나 노동계급의 생활수준은 향상되기는커녕 현상 유지도 어려운 상황에 도달했다. 부유한 사람들이 다 사라져버릴 정도로 그들에게서 세금을 쥐어짠다고 하더라도, 국민 대다수는 반드시 전보다 덜 소비하거나, 아니면 더 많이 생산해야 한다. 우리가 겪고 있는 혼란상을 내가 과장하는 걸까? 만약 과장이 맞다면 나는 정말로 기쁘게 그것을 받아들일 것이다. 하지만 내가 여기서 강조하고자 하는 점은 좌파 이데올로기 신봉자들 사이에서 이런 질문을 진지하게 논할 수 없다는 것이다. 임금을 줄이고 노동시간을 늘리는 건 본질적으로 반사회주의 정책으로 간주되므로 경제적인 상황이 어떻든 그런 것들은 아예 고려 대상이 되지 못한다. 그런 일이 불가피하다고 주장하는 건 모두가 두려워하는 꼬리표를 자신의 등 뒤에 붙이겠다고 청하는 것이나 마찬가지다. 그러니 그런 문제는 외면하고, 기존 국민소득을 재분배하는 것으로 모든 일을 바로잡을 수 있는 듯 행동하는 편이 훨씬 안전하다.

정통파 교리를 받아들이는 것은 언제나 해결되지 않은 모순들을 물려받는 것이다. 예를 들면 이런 생각들을 한번 해보자. 산업주의와 그 결과물에 반발하는 모든 예민한 사람이 빈곤을 해결하고 노동계급을 해방하려면 산업화를 줄이기보다 오히려 더 늘려야 한다는 점을 잘 안다. 아니면 특정 직업이 절대적으로 필요하지만, 어떤 강제 없이는 절대 그런 직업이 생겨나지 않는다. 그도 아니면 강력한 무력 없이는 긍정적인 해외 정책을 시행할 수 없다. 이런 것들 이외에도 많은 사례를 들 수 있다. 그런 모든 경우에는 완벽히 명쾌한 결론이 있는데, 공식적인 이데올로기에 무조건 복종하지 않는 사람만이 그런 결론을 내릴 수 있다. 하지만 그런 문제를 해결하지 않은 채 마음 한구석에 처박아 넣고 모순적인 선전 문구를 계속 반복하는 것이 전형적인 반응이다. 이런 사고방식이 미치는 나쁜 효과를 알기 위해 논평이나 잡지를 몇 권씩 뒤져봐야 할 필요도 없다.

물론 나는 정신적인 부정직함이 대체로 사회주의자와 좌파 인사들한테 특유하게 나타나는 현상이라거나, 또 그들 사이에서 많이 발견된다고 말하려는 건 아니다. 그저 어떤 정치적 규율을 받아들이는 일이 문학적 성실성과 양립되지 않는다고 말하려는 것이다. 이런 양립 불가능은 보통 정치투쟁에서 벗어나 있다고 주장하는 평화주의와 개인주의 같은 운동에도 똑같이 적용된다. 실제로 끝이 '~주의-ism'로 된 단어는 그 소리마저 프로파간다의 분위기를 풍긴다. 집단에 충실한 모습도 필요하긴 하지만 개인의 산물인 문학에는 해로운 것이다. 그런 것이 창조적인 글쓰기에 영향을 미치게 되면(심지어 부정적인 영향이라면) 작가의 독창성은 왜곡될 뿐만 아니라 실제로 고갈되는 결과가 나타난다.

그렇다면 우리는 어떻게 행동해야 하는가? '정치를 피하는' 게 모든 작가의 의무라고 결론을 내려야 하는가? 당치도 않다! 이미 말한 바와 같이 어떤 경우든 지금 같은 시대에 지식인이 완벽하게 정치를 회피하는 건 가능하지도 않고, 그렇게 할 필요도 없다. 나는 정치적인 충실성과 문학적인 성실성의 경계에 대하여 지금보다 더 명확하게 선을 그어야 한다고 제안할 뿐이다. 또한 필요하지만 불쾌한 어떤 일을 기꺼이 하려 한다고 해서 그 일에 수반되는 어떤 정치적 신념을 반드시 받아들이는 것은 아님을 주장하고 싶다. 작가가 정치에 관여한다면 시민으로서, 개인으로서 참여할 수 있는 것이지, 작가의 신분으로 참여해서는 안 된다고 보는 것이다. 작가의 감수성을 평계로 내세워 정치판에서 일상적으로 벌어지는 지저분한 일들을 피할 권리가 작가에게 있다고 보지 않는다. 다른 사람들과 마찬가지로 작가도 찬바람 들어오는 홀에서 강의하고, 길바닥에 분필로 구호나 표어를 쓰며 선전하고, 유권자에게 유세하고, 선전용 선단을 나눠주고, 심지어 필요하다면 내전에서 싸울 준비가 되어 있어야 한다. 자기 정당에 봉사하기 위해 온갖 일을 다 해도 상관없지만, 정당의 지시에 따라 글을 쓰는 일만큼은 절대 해서는 안 된다. 작가는 자신의 글쓰기가 그런 행위들과는 완전히 다른 것임을 분명히 밝혀야 한다. 작가는 당에 협력하면서도 동시에 필요할 때에는 당의 공식 이데올로기를 철저하게 거부할 수도 있어야 한다. 어떤 생각의 흐름이 비주류적 사고로 이어질 것 같아서 그 흐름에 등을 돌려서는 안 되고, 그의 비정통적인 생각이 언젠가 간파되는 것을 크게 신경 쓰지 말아야 한다. 오늘날 반동적인 성향으로 의심받지 않는다면 작가에게는 좋지 못한 징후이다. 20년 전에 공산주의 동조자라는 의심을 받지 않는다면 제대로 된 작가가 아니라고 여겨졌던 것처럼 말이다.

그렇다면 작가는 정당의 당수가 지시하는 일을 거절하고, 나아가 정치에 관한 글을 쓰는 걸 삼가야 한다는 뜻일까? 다시 한번 말하지만, 그건 당치도 않은 이야기다! 작가가 원한다면 아주 조잡한 정치적 방식으로라도 글을 쓰지 못할 이유는 없다. 다만 개인으로서, 외부 인사로서, 기껏해야 정규군 옆구리에 붙은 성가신 게릴라의 자격으로 글을 써야 한다. 이런 태도는 통상적인 정치적 유용성과 훌륭하게 양립할 수 있다. 예를 들면 반드시 승리해야 하는 전쟁이라 기꺼이 참전하면서도 동시에 전쟁 프로파간다의 문장을 쓰기를 거부할 수 있는 것이다. 작가가 정직하다면 그의 글과 정치적인 행동은 실제로 서로 모순될 수 있다. 그런 모습이 분명 바람직하지 않은 경우도 있다. 그런 때 해결책은 작가 자신의 충동을 왜곡하지 말고 침묵을 지키는 것이다.

창의적인 작가가 갈등의 시기에 삶을 두 영역으로 구분해야 한다고 주장하는 건 패배주의적이거나 경솔하게 보일지도 모른다. 하지만 실상 작가에게 이것 말고 다른 무슨 수가 있는지 나는 모르겠다. 작가가 상아탑에 자신을 가두는 건 불가능하고 바람직하지 않다. 정당 조직뿐만 아니라 집단 이데올로기에 개인적으로 굴복하는 건 작가의 정체성을 파괴하는 것이다. 우리는 이런 딜레마가 고통스럽다고 느낀다. 왜냐하면 정치에 관여할 필요를 느끼면서도 그게 얼마나 더럽고 모멸적인 일인지 알기에 망설여지기 때문이다. 우리는 대부분 여전히 모든 선택이, 심지어 모든 정치적 선택이 선과 악 사이의 선택이며, 필요한 일은 곧 옳은 일이라는 믿음을 갖고 있다. 나는 유치원 수준의 이런 믿음을 없애야 한다고 생각한다. 정치는 어떤 쪽이 차악次惡인지를 결정하는 것 이상을 할 수가 없으며, 미친 척하거나 악마 짓을 해야만 벗어날 수 있는 그런 상황들도 있다. 예를 들면 전쟁은 필요하지만, 분명 옳지도 온당하지도 않다. 심지어 총선도 유쾌하거나 교훈적인 행사는 아니다. 그런 일에 참여하게 된다면—노령, 어리석음, 위선 등으로 제약받지 않는 한 참여해야 한다고 생각한다, 우리의 어떤 부분은 침범할 수 없는 영역으로 남겨둬야 한다. 대다수 사람에게는 이와 같은 형태의 문제가 발생하지 않는다. 그들의 삶은 이미 구분되어 있기 때문이다. 그들은 한가한 시간에만 진정으로 살아 있으며, 일과 정치 행동 사이에는 아무런 정서적 연관이 없다. 또한 그들은 정치적 충신성의 명목 아래에 당으로부터 노동자의 정체성을 훼손해야 한다는 요청을 받을 일도 없다. 하지만 예술가, 특히 작가는 그런 요청을 받게 된다. 그리고 실상 그게 바로 정치인이 작가에게 요구하는 유일한 일이다. 하지만 그런 요청을 거절한다고 해서 작가 활동을 못 하게 되는 건 아니다. 어떤 면에서 전부라고도 할 수 있는 그의 절반(작가를 생활인과 작가 반반으로 구성되어 있다고 볼 경우, 작가라는 절반 - 옮긴이)은 필요하다면 누구 못지않게 맹렬하고 단호하게 활동할 수 있다. 그의 글쓰기에 조금이라도 가치가 있다면 그것은 더 건전한 나머지 절반의 산물이다. 그 절반은 늘 저만치 물러서서 실제로 벌어진 일들을 기록하고, 그 일들이 필요하다는 것을 인정하지만 그 본질에 대해서는 기만당하기를 철저히 거부한다. (1948. 3)

Chapter III
문학이란 무엇인가

찰스 디킨스

1.

디킨스는 멋대로 도용盜用할 가치가 충분한 작가들 중 한 사람이다. 심지어 그의 시신이 웨스트민스터 사원에 안치된 것도 그 경위를 곰곰이 생각해보면 일종의 도용이다.

체스터턴이 에브리맨 판본의 디킨스 작품들에 해설을 썼을 때 체스터턴 자신의 독특한 색깔인 중세주의를 디킨스에게 부여한 것은 그가 보기에 아주 자연스러운 일이었다. 반면에 보다 최근에는 마르크스주의를 신봉하는 작가인 T. A. 잭슨T. A. Jackson이 디킨스를 피에 굶주린 혁명가로 만들려고 무척 노력했다. 마르크스주의자들은 디킨스가 '거의' 마르크스주의자라고 주장하고, 또 가톨릭교도들은 '거의' 가톨릭 신자라고 주장하는데, 이 두 그룹은 디킨스를 프롤레타리아(혹은 체스터턴이 말하는 '가난한 자')의 옹호자라고 말하면서 그를 도용한 것이다. 반면에 나제즈다 크룹스카야Nadezhda Krupskaya는 레닌Lenin을 다룬 자그마한 책에서 이런 일화를 소개한다. 생애 말년에 레닌은 『벽난로 위의 귀뚜라미The Cricket on the Hearth』를 대본으로 만든 연극을 보러 갔는데 디킨스의 '중산층 감상주의'를 견딜 수가 없어서 연극 도중에 극장에서 빠져나왔다는 것이다.

'중산층'을 크룹스카야가 생각하는 계급적 의미로 받아들인다면 이것은 체스터턴이나 잭슨의 판단보다는 좀 더 진실에 가까운 판단이라고 생각된다. 하지만 레닌의 그런 말에 내포된 디킨스 혐오증은 좀 이례적임을 주목해야 한다. 많은 사람이 디킨스 책을 따분하여 읽기 어렵다고 생각하지만 그의 작품이 풍기는 전반적 분위기에 대하여 적개심을 느끼는 사람은 아주 소수이다. 몇 년 전에 벡호퍼 로버츠Bechhofer Roberts 씨는 『우상숭배의 이쪽This Side Idolatry』이라는 장편소설을 출판하여 디킨스를 크게 공격했다. 하지만 그것은 인신공격이었고, 대부분 디킨스가 아내를 학대한 사실에 초점을 맞추었다. 그 책은 디킨스 독자 1천 명 중 1명꼴로도 들어보지 못한 사건들을 다루었으나, 두 번째로 좋은 침대(셰익스피어는 '가장 좋은 침대'를 손님용으로 남겨두는 습관이 있었는데, 유언장에는 그의 아내에게 두 번째로 좋은 침대를 남긴다고 썼다 - 옮긴이)가 『햄릿Hamlet』의 가치를 훼손하지 못하는 것처럼 디킨스의 작품들에 피해를 입히지 못한다. 로버츠의 책이 실제로 증명한 것은 작가의 문학적 개성은 그의 개인적 성격과는 거의 무관하거나 아예 무관하다는 사실이다. 디킨스는 개인 생활에서 벡호퍼 로버츠 씨가 묘사한 것처럼 무심한 이기주의자였을 가능성이 있다. 그러나 출간된 그의 작품에는 이런 이기적 성격과는 전혀 다른 개성이 암시되어 있으며, 그 덕분에 디킨스는 적보다는 친구를 더 많이 얻었다. 또 이와는 다른 전개도 생각해볼 수 있다. 설사 디킨스가 실제 생활에서는 부르주아였다고 하더라도 글을 쓸 때는 체제 전복적이고 급진적인 작가였으며, 한 발 더 나아가 진정한 반역자였기 때문이다. 디킨스의 작품을 다독한 독자들은 모두 이러한 느낌을 받았다. 예를 들어 가장 훌륭한 디킨스 연구가인 기싱Gissing은 결코 급진주의자가 아니었고, 디킨스의 이런 반항적 기질을 못마땅하게 여기며 작품 속에 그런 경향이 드러나지 않기를 바랐으나, 그렇다고 해서 그것을 부정할 생각은 조금도 하지 않았다.『올리버 트위스트Oliver Twist』,『어려운 시절Hard Times』,『황량한 집Bleak House』,『리틀 도릿Little Dorrit』에서 디킨스는 아주 맹렬하게 영국의 제도들을 공격했는데 그의 이후에는 그런 철저한 공격을 찾아보기 어렵다. 하지만 그런 공격을 퍼붓고서도 정작 디킨스 자신은 사람들의 미움을 받지 않았다. 이보다 더 놀라운 점은 디킨스가 공격했던 바로 그 사람들이 그를 완벽하게 삼켜버려서 그 자신이 하나의 영국적 제도가 되어버렸다는 것이다. 디킨스를 대하는 영국 대중의 태도는 자기 몸을 때리는 지팡이를 즐거운 간지럼 정도로 생각하는 코끼리와 비슷했다. 내가 열 살이 되기도 전에 학교 선생님들은 내 목구멍 속으로 마구 디킨스 문장을 퍼 넣었다. 그 어린 나이에도 선생님들이 크리클Creakle 씨(『데이비드 코퍼필드』에 나오는 학교 선생님-옮간이)와 아주 비슷하다는 느낌이 들었다. 영국 법률가들이 사전트 버즈퍼즈Sergeant Buzfuz(『픽윅 클럽 여행기』에 나오는 법률가 - 옮긴이)를 흥미롭게 여기며, 『리틀 도릿』이 영국 내무부에서 애독되는 책이라는 것은 누가 말해주지 않아도 다들 안다. 디킨스는 모든 사람을 공격하는 데 성공했지만 누구의 미움도 받지 않는 듯하다. 그래서 우리는 자연히 이런 의문을 품게 된다. 그가 영국 사회를 공격한 데에는 뭔가 비현실적인 것이 있는 게 아닐까? 그는 사회적으로, 도덕적으로, 정치적으로 정확히 어떤 입장을 취하는가? 으레 그렇듯이, 우리는 그에게 해당되지 않는 사항들을 살펴봄으로써 그의 입장을 좀 더 쉽게 규정할 수 있다.

첫째, 디킨스는 체스터턴이나 잭슨이 암시하는 바와 같이 '프롤레타리아' 작가가 아니었다. 무엇보다도 그는 프롤레타리아에 관하여 글을 쓰지 않았고, 그런 점에서 과거와 현재의 압도적 대다수 소설가들과 비슷하다. 만약 우리가 소설, 특히 영국 소설에서 노동자계급을 찾아보려 한다면 결국에는 커다란 구멍을 발견할 뿐이다. 이러한 주장에는 아마도 단서가 필요할 것이다. 우리가 금방 떠올릴 수 있는 이유들로 이런 것이 있다. 가령 농업노동자(영국에서는 프롤레타리아)가 소설에 자주 등장하고, 범죄자와 사회 낙오자들을 다루는 글도 많이 집필됐으며, 또 보다 최근에 와서는 노동계급 지식인들에 대한 이야기도 많이 나오고 있다. 그러나 도시의 평범한 프롤레타리아, 공장의 바퀴들을 돌아가게 만드는 직공들은 언제나 소설가들에 의해 무시당해왔다. 그들이 책속에 등장할 때는 거의 언제나 동정의 대상으로 여겨지거나 익살스러운 역할로 제시될 뿐이다. 디킨스 소설의 중심 사건은 거의 예외 없이 중산층 환경에서 벌어진다. 그의 소설들을 자세히 살펴보면 진정한 주제는 런던의 상인 부르주아와 그의 주변을 맴돌며 이득을 노리는 사람들—법률가, 서기, 상인, 여관 주인, 소규모 장인, 하인—임을 알 수 있다. 그는 농업노동자를 다룬 적이 없고, 오로지 산업노동자 한 사람(『어려운 시절』의 스티븐 블랙풀Stephen Blackpool)만 등장시켰다. 『리틀 도릿』의 플로니시Plornish 부부는 디킨스가 묘사한 가장 훌륭한 노동자계급의 모습—페고티Peggotty 부부는 노동자계급에 속한다고 볼 수 없다—이지만, 전반적으로 보아 디킨스는 이런 유형의 인물을 성공적으로 그려내지 못했다. 일반 독자에게 기억나는 디킨스의 프롤레타리아 등장인물을 들라고 요청하면 그가 언급할 게 거의 확실한 인물은 빌 사이크스Bill Sikes(『올리버 트위스트』), 샘 웰러Sam Weller(『픽윅 클럽 여행기』), 갬프Gamp 부인(『마틴 처즐위트』)일 것이다. 빌은 도둑이고 샘은 하인이며 갬프는 술꾼 산파로, 영국 노동자계급의 단면을 보여주는 대표적 인물들은 아니다.

둘째, 일반적인 의미로 살펴볼 때 디킨스는 '혁명적' 작가가 아니었다. 그러나 이 지점에서 그의 입장은 좀 더 규정해야 할 필요가 있다.

디킨스가 어떤 사람이었든 간에 그는 구석에서 영혼이나 구제하려는 사람은 아니었다. 부수적인 법률 몇 가지를 고치고 변칙도 몇 가지 철폐하면 세상이 완벽해지리라고 믿는 선의의 백치 부류는 아니었다. 가령 그를 찰스 리드와 비교해볼 가치가 있다.

리드는 디킨스보다 훨씬 정보가 많은 사람이었고, 어느 의미에서 훨씬 강력한 공공 정신을 갖고 있었다. 그는 자신이 알게 된 권력 남용 사례들을 진정으로 증오했고, 일련의 소설들(황당한 내용도 있지만 아주 잘 읽히는 소설들)을 써서 그것들을 폭로했으며, 사소하지만 그래도 중요한 문제 몇 가지에서 대중의 여론을 바꾸어놓기도 했다. 하지만 현재 사회구조를 그대로 놔둔 채로는 어떤 악폐들도 결코 교정되지 못한다는 사실을 리드는 파악할 능력이 없었다. 이런저런 사소한 권력남용을 파악하여 폭로하고, 대중 앞에 드러내고, 영국의 배심원 앞으로 가져오면 모든 것이 잘 해결된다는 것이 리드가 사회를 바라보는 방식이었다. 그러나 디킨스는 뾰루지를 짜버린다고 저절로 치료가 된다고 생각하지 않았다. 디킨스 소설 곳곳에서 우리는 사회가 뿌리부터 잘못되어 있다는 의식을 발견할 수 있다. 바로 "어떤 뿌리?"라고 물어야 비로소 우리는 그의 입장을 파악할 수 있게 된다.

사실을 말해보자면 디킨스의 사회 비판은 거의 전적으로 도덕적인 것이었다. 따라서 그의 작품 어디에서도 건설적인 제안은 발견되지 않는다. 그는 법률, 의회정부제, 교육제도 등을 공격했지만 그런 썩어 있는 제도를 혁파하고 그 자리에 무엇을 집어넣어야 할지는 전혀 언급하지 않았다. 물론 건설적인 대안을 내놓는 것이 소설가나 풍자가가 반드시 해야 할 일은 아니다. 여기서 핵심적인 사항은 디킨스의 태도가 심지어 파괴적인 것도 아니라는 사실이다. 기존 사회질서가 전복되기를 원했다거나 그 질서가 전복되면 아주 큰 개선이 이루어질 것으로 믿었다는 분명한 표시는 어디에도 없다. 디킨스의 실제 공격 목표는 사회라기보다는 '인간 본성'이기 때문이다. 경제적 제도가 제도 자체로서 잘못됐다고 말하는 문장을 그의 작품들 속에서는 찾아보기가 어렵다. 가령 어디에서도 그는 사기업이나 사유재산을 공격하지 않는다. 죽은 사람이 남긴 황당한 유서가 살아 있는 사람들에게 영향을 미친다는 줄거리의 『우리가 서로 아는 친구Our Mutual Friend』라는 장편소설에서도 디킨스는 개인이 이런 무책임한 권력을 가져서는 안 된다는 이야기를 하지 않는다. 물론 독자가 스스로 그런 추론을 할 수는 있다. 『어려운 시절』의 끝부분에 언급되는 바운더비Bounderby의 유언장에서도 다시 한번 그런 추론을 이끌어 낼 수 있다. 또 디킨스 작품들 전체에서도 자유방임 자본주의의 사악함을 추론할 수 있다. 하지만 디킨스 자신은 그러한 추론을 한 적이 없다. 매콜리Macaulay는 『어려운 시절』의 "음침한 사회주의"를 못마땅하게 여겨서 이 작품의 논평을 거부했다고 한다. 매콜리가 여기서 언급한 '사회주의'는 20년 전에 채식 위주의 식사와 입체파 그림을 '볼셰비즘'으로 불렀던 것과 똑같이 별 의미가 없는 단어이다. 이 장편소설에는 사회주의적이라고 부를 만한 문장이 단 한 줄도 없다. 오히려 작품의 분위기를 굳이 말해보자면 친자본주의라고 할 수 있다. 작품 속에서 주장하는 도덕은 자본가는 친절해야 한다는 것이지, 노동자가 반란을 일으켜야 한다는 건 아니기 때문이다. 바운더비는 남을 괴롭히는 허풍선이이고 그래드그라인드Gradgrind는 도덕적으로 눈먼 사람이지만, 그들이 좀 더 좋은 사람들이었다면 사회질서는 지금보다 더 원활하게 돌아갔을 것이라는 이야기다. 물론 이것은 간접적으로 제시되어 있다. 사회 비판에 관한 한 디킨스로부터 이것 이상의 메시지를 뽑아낼 수가 없다. 의도적으로 디킨스 작품의 의미를 곡해하지 않는다면 말이다. 그의 전반적인 '메시지'는 얼핏 보면 아주 진부한 이야기처럼 보인다. 사람들이 지금보다 더 낫게 행동한다면 세상은 그에 따라 더 나아진다는 게 디킨스의 메시지다.

이런 메시지를 전달하자면 권력을 가진 지위에 있으면서 남들보다 낫게 행동하는 소수의 등장인물을 제시해야 한다. 그리하여 디킨스의 단골 인물인 '선량한 부자'가 등장한다. 이런 인물은 특히 낙관론에 넘치는 디킨스의 초기 작품에 많이 나타난다. 그는 으레 '상인'이고(하지만 그가 어떤 상품을 취급하는지 반드시 얘기해주지는 않는다), 언제나 초인적으로 자상한 마음을 가진 노신사이다. 그는 여기저기 '돌아다니면서' 노동자의 임금을 올려주고, 어린아이들의 머리를 쓰다듬어주며, 채무자를 감옥에서 꺼내주는 등 전반적으로 마음씨 좋은 요정 대모의 역할을 한다. 물론 이런 선량한 부자는 꿈속에서나 나올 법한 인물이며, 스퀴어즈Squeers(『니콜라스 니클비Nicholas Nickleby』에 나오는 학교 교장-옮긴이)나 마이코버Micawber(『데이비드 코퍼필드』에 나오는 코퍼필드의 아버지-옮긴이)보다 훨씬 비현실적이다. 심지어 디킨스조차 남들에게 돈을 나눠주지 못해 안달인 사람은 실제로는 그런 돈을 결코 벌지 못한다는 것을 가끔 생각했으리라. 예를 들어 픽윅 Pickwick 씨는 "시티 오브 런던에서 활동한다"라고 되어 있지만 그가 그곳에서 재산을 불리는 모습을 구체적으로 상상하기는 어렵다. 그렇지만 이 인물은 디킨스 초기작들을 관통하는 연결고리 역할을 한다. 픽윅, 치어러블 형제the Cheerybles, 늙은 처즐위트 Chuzzlewit, 스크루지Scrooge는 모두 같은 인물로서 이 선량한 부자는 이름만 바꿔 달고 계속하여 금화를 나누어준다. 하지만 이 인물과 관련하여 디킨스는 약간의 발전적 모습을 보여준다. 중기 작품들에서 선량한 부자는 어느 정도 사라진다.『두 도시 이야기 A Tale of Two Cities』나『위대한 유산Great Expectations』에서는 이런 부자가 등장하지 않는다. 후자의 작품은 실제로 그런 후원자를 공격한다. 그리고『어려운 시절』에서도 그래드그라인드는 개과천선한 후에야 비로소 그 역할을 다소 의심스럽게 수행한다. 선량한 부자는 약간 변형된 모습으로 등장하는데,『리틀 도릿』의 미글즈Meagles와『황량한 집』의 존 잔다이스John Jarndyce가 그들이다. 여기에다『데이비드 코퍼필드』의 벳시 트로트우드Betsy Trotwood도 추가할 수 있으리라. 그러나 이런 소설들 속에서 선량한 부자는 상인에서 임대료 소득자로 위상이 축소됐다. 이것은 의미심장하다. 임대료 소득자는 유산有産계급의 일원으로 다른 사람들에게 일을 시킬 수 있고 자신도 모르게 그렇게 하지만, 직접적인 권력은 별로 없다. 스크루지나 치어러블 형제와는 다르게 임대료 소득자는 모두의 임금을 올려주어 모든 고충을 해결해줄 능력이 없다. 디킨스가 1850년대에 집필한 다소 음울한 책들로부터 우리가 추론할 수 있는 사항은 다음과 같은 것이다. 이 무렵 그는 부패한 사회 내에서 선의를 가진 개인들이 할 수 있는 일은 별로 없다는 것을 깨달았다. 그렇지만 디킨스의 맨 마지막 장편소설『우리가 서로 아는 친구』(1864~1865년에 발간)에서 선량한 부자는 보핀 Boffin이라는 등장인물로 화려하게 복귀한다. 보핀은 원래 프롤레타리아였으나 유산을 물려받아 부자가 된 인물이다. 하지만 그는 온 사방으로 돈을 뿌려 모든 사람의 문제를 일거에 해결해주는 데우스 엑스 마키나deus ex machina('기계장치의 신'이라는 뜻의 라틴어. 옛날 그리스, 로마 연극에서 갑자기 무대장치에서 신이 나타나 착한 사람을 위기에서 구해준 일에서 나온 표현 – 옮긴이)이다. 그는 치어러블 형제처럼 "종종걸음으로 돌아다닌다". 여러 면에서 『우리가 서로 아는 친구』는 선량한 부자를 등장시켜 개인의 선행을 강조한 초기 방식으로 돌아갔으며, 심지어 성공적인 귀환이기도 하다. 디킨스의 사상은 크게 한 바퀴를 돌아서 제자리로 되돌아온 듯하다. 다시 한 번 개인의 선량함이 모든 문제의 해결책으로 제시된다.

 디킨스가 거의 언급하지 않은 그 시대의 가장 뚜렷한 악폐는 아동들의 육체노동이었다. 그의 작품들 속에는 고통받는 어린아이들의 모습이 다수 나오지만, 그들은 공장이 아니라 학교에서 고통받는다. 『데이비드 코퍼필드』에서 어린 데이비드가 머드스톤 앤 그린비의 창고에서 각종 병들을 씻는 모습이 나오는데, 그 장면이 그가 유일하게 아동의 노동 현장을 자세히 묘사한 부분이다. 물론 이것은 자전적 장면이다. 디킨스 자신도 열 살 때 스트랜드에 있는 워렌의 구두약 공장에서 노동을 했는데, 여기서 묘사한 장면과 아주 흡사했다. 그것은 디킨스에게 아주 씁쓸한 추억이었다. 어린 디킨스의 노동은 부모님에게 너무나 불명예스러운 일이며 가문의 체면이 땅에 떨어진 굴욕적 사건이라고 느꼈기 때문이다. 그래서 결혼하고 나서 아주 오랜 세월이 지날 때까지 그 경험을 아내에게 숨길 정도였다. 그는 어릴 적의 그 비참한 시절을 되돌아보며 『데이비드 코퍼필드』에 이렇게 썼다.

지금 생각해도 그것은 놀라운 일이었다. 내가 그 어린 나이에 그토록 무심하게 그런 일을 하도록 내던져졌다는 것이. 나는 뛰어난 능력을 가진 아이였고, 민첩하고 열성적이며 세밀한 관찰력을 가지고 있어서 신체적으로나 정신적으로나 쉽게 상처받는 아이였다. 그런데도 아무도 나를 위해 이의를 제기하지 않았다는 것이 너무나 신기하다. 아무튼 그런 이의 제기는 없었고, 나는 열 살에 머드스톤 앤 그린비에서 일하는 소년 노동자가 되었다.

그는 또 함께 일하는 거친 소년들을 묘사한 후에 이렇게 말한다.

나는 이들과 사귀어야 하는 수렁에 빠져들면서 엄청난 영혼의 고뇌를 남몰래 느꼈는데 그것은 필설로 형언할 수 없는 것이었다. (…) 유식하고 인품 높은 사람으로 성장해야 한다는 나의 희망은 내 가슴속에서 산산조각이 났다.

분명 이렇게 말하는 사람은 데이비드 코퍼필드가 아니라 디킨스 자신이다. 디킨스는 그보다 몇 달 전에 집필하기 시작했다가 그만둔 자서전에서도 거의 똑같은 말을 했다. 물론 재능 있는 아이가 하루 10시간씩 병에다 라벨을 붙이는 일을 하는 건 가혹하다는 디킨스의 주장은 타당하다. 하지만 어떤 아이도 이런 운명에 떨어져서는 안 된다는 말은 하지 않는다. 또 그가 이 비슷한 생각을 했으리라고 추론할 만한 이유도 없다. 데이비드는 그 창고에서 탈출했으나, 믹 워커Mick Walker와 밀리 포테이토즈Mealy Potatoes와 다른 소년들은 여전히 거기에 있고, 이런 사실이 디킨스의 마음을 아프게 했다는 증거는 없다. 디킨스는 평소와 마찬가지로 사회구조를 바꿀 수 있다는 의식을 보여주지 않는다. 그는 정치를 경멸하고 의회에서 무슨 좋은 결과가 나오리라고 믿지 않는다. 그는 의회에서 속기사로 일한 적이 있는데 아주 환멸스러운 경험이었다. 또 그는 당시의 가장 희망적인 운동이었던 노동조합주의에 대해서도 약간 적대적이다.『어려운 시절』에서 노동조합운동은 사기 행위보다 별반 나을 게 없는 것으로 묘사되어 있다. 고용주들이 아버지 같은 온정을 충분히 베풀지 않았기 때문에 벌어진 현상 정도로 여긴다. 디킨스가 볼 때 노동조합에 가입하지 않으려는 스티븐 블랙풀의 태도는 오히려 미덕에 가깝다. 잭슨이 지적한 것처럼『바너비 러지Barnaby Rudge』에서 심 태퍼티트Sim Tappertit가 소속된 견습생 조합은 디킨스 당시에 무성했던 불법적 노동조합 혹은 거의 불법에 가까운 노동조합을 공격하기 위한 것이었다. 그런 노동조합들은 비밀 회합을 가지고 자신들만의 암호를 사용했다. 디킨스는 노동자들이 더 좋은 처우를 받길 원했지만, 노동자들이 스스로의 운명을 책임지면서 행동에 나서야 한다든지, 더 나아가 노골적인 폭력으로 그들의 뜻을 관철해야 한다든지 하는 생각은 전혀 하지 않았다.

그런데 디킨스는 두 장편소설 『바너비 러지』와 『두 도시 이야기』에서 좁은 의미의 혁명을 다루었다. 『바너비 러지』에는 혁명이라기보다 폭동 사건이 나온다. 1780년의 고든 폭동 Gordon Riots은 종교적 편견을 폭동의 구실로 내걸었으나, 무의미한 약탈 사건 이상이 되지 못했다. 디킨스가 이런 사태에 대해서 어떤 생각을 가졌는지는 다음의 사실에서 잘 드러난다. 그는 애당초 폭동의 주동자들을 정신병원에서 탈출한 세 정신병자로 서술하려 했다는 것이다. 그는 주위의 만류를 받아들여 이 구상을 접고 마을의 백치를 소설의 주인공으로 삼았다. 폭동을 다룬 장면들에서 디킨스는 군중의 폭력에 엄청난 공포심을 드러낸다. 그는 인간 '쓰레기들'이 짐승처럼 야만적으로 행동하는 장면들을 즐겨 묘사했다. 그런 장면들은 심리학적으로 대단히 흥미로운데, 디킨스가 이 주제에 대해서 깊이 생각했음을 보여주기 때문이다. 그가 묘사한 장면들은 순전히 상상에서 나온 것으로, 그의 생애 중에 그런 규모의 폭동이 벌어진 일은 없었다. 다음은 그가 묘사한 장면들 중 하나이다.

베들럼의 문들이 활짝 열리더라도 그날 밤의 광란을 연출한 정신병자들은 튀어나오지 않으리라. 그자들은 춤을 추며 꽃밭을 마구 짓밟았는데 마치 원수를 짓밟는 것 같았고, 꽃들을 줄기에서 마구 따버렸는데 마치 인간의 목을 비트는 야만인 같았다. 불붙은 횃불을 하늘 높이 던져서 불꽃이 사람들의 머리와 얼굴에 떨어져 수포가 일어나 깊고 흉측한 화상이 남도록 만들려는 자들도 있었다. 불길이 있는 데로 달려가 마치 물방울을 튀기듯 불꽃을 튀기는 자들도 있었다. 죽음에 이르게 하는 치명적 갈망을 충족하려고 불속에 뛰어들려다가 힘으로 제지당한 자들도 있었다. 입에 술병을 문 채로 땅바닥에 쓰러져 있는, 그 용모로 보아 스무 살도 안 된 만취한 청년의 머리 위로 지붕 위의 납물이 마치 흘러내리는 용암처럼 떨어져 내렸다. 그 백열하는 납물이 청년의 머리를 밀랍처럼 녹여버렸다. (…) 그러나 미친 듯 소리치는 군중 사이에서 그런 광경을 보고도 동정하며 슬퍼하거나 역겨워 충격받는 자는 없었다. 술과 광기에 취한 채 격렬하고 무의미하게 쏟아내는 단 한 사람의 분노도 충족시키지 못했다.

이 문장들은 마치 프랑코 장군을 열렬히 지지하는 사람이 작성한 '붉은 스페인'을 묘사한 장면을 읽는 것 같다. 물론 디킨스가 글을 쓰던 시절에도 런던에는 여전히 '폭도'가 존재했다(오늘날에는 폭도는 없고 온순한 군중만 있을 뿐이다). 낮은 임금, 인구의 증가와 이동으로 위험한 대규모 빈민가 프롤레타리아 계급이 생겨났다. 그리고 19세기 중반까지는 경찰력이라고 할 만한 것이 없었다. 벽돌 조각들이 공중에서 난무하면 사람들은 창문의 덧문을 닫았고 곧 군대에 발포 명령이 내려졌다. 『두 도시 이야기』에서 디킨스는 무언가 구체적 목적을 가진 혁명을 다루는데, 그의 태도는 그 목적과는 달랐지만 그렇다고 완전히 다른 것은 아니었다. 사실 『두 도시 이야기』는 엉뚱한 인상을 뒤에 남겨놓는 소설인데, 특히 시간이 경과할수록 그런 인상이 더욱 짙어진다.

『두 도시 이야기』를 읽은 모든 독자가 기억하는 한 가지는 공 포정치다. 이 책은 단두대 처형 장면에 압도되어 있다. 요란한 소리를 내며 이리저리 굴러가는 사형수 호송차, 피 묻은 칼들, 목이 잘린 후에 양동이로 굴러떨어지는 머리들, 그 처형 광경을 구경하면서 태연히 뜨개질을 하는 괴상한 노파들. 사실 이런 장면들은 몇몇 장章에만 나올 뿐이지만 아주 선명하고 강렬하며 잔혹하게 묘사되어 있어서 그 나머지 부분들은 오히려 이야기의 진행이 느린 편이다. 그러나 『두 도시 이야기』는 낭만적 모험소설인 『주홍색 별꽃The Scarlet Pimpernel』의 자매편이 아니다. 디킨스는 프랑스혁명이 일어날 수밖에 없었고, 많은 처형당한 귀족이 그런 대접을 받아도 싸다는 것을 명확하게 인식했다. 프랑스 귀족처럼 행동해왔다면 보복은 반드시 벌어질 수밖에 없다고 말한다. 그는 이것을 거듭 말한다. '귀족 나리'가 침대에 누워서 초콜릿을 가져온 제복을 입은 하인 네 사람에게 시중을 받는 동안에 농민들은 한데에서 굶주리고, 숲속에서는 단두대 단상을 만드는 데 사용될 널빤지로 베어질 나무들이 계속 자라고 있다는 말을 귀가 아플 정도로 듣는다. 그 외에 등등, 등등, 등등. 그 원인을 살펴볼 때 공포정치는 필연적인 현상이었다는 주장이 아주 분명한 어조로 서술되어 있다.

이 무서운 혁명을 두고 (…) 하늘 아래 씨앗을 뿌리지 않은 채 거두어들인 유일한 수확물인 양 얘기하는 것은 아주 부당한 방식이었다. 마치 그런 결과를 가져오게 만든 행동이 저질러진 적도 없었던 것처럼, 혹은 그런 결과로 이어지지 않도록 마땅히 했어야 하지만 하지 않은 행동도 전혀 없었던 것처럼 말이다. 또한 수백만의 비참한 프랑스 백성들을 관찰하고 그들을 부자로 만들었어야 마땅한 자원이 남용되거나 오용되는 것을 지켜본 사람들은 여러 해 전부터 그런 혁명이 곧 닥쳐오리라는 것을 예상했고, 또 그들이 목격한 것을 분명한 글로 기록했는데도, 마치 이런 사실조차 없었던 것처럼 얘기하는 것과 마찬가지다.

또 이런 문장도 있다.

인간의 상상력이 기록된 이래, 모든 파괴적이고 만족할 줄 모르는 괴물들은 단두대라는 물건에 의해 하나로 융합됐다. 그러나 프랑스가 아무리 비옥한 토양과 다양한 기후를 가졌더라도 이 땅에서는 어떤 풀잎, 잎사귀, 뿌리, 가지, 후추열매도 이 공포를 만들어낸 조건만큼 확실한 필연으로 성장하여 결실을 맺지는 못할 것이다. 과거와 유사한 망치를 가지고 다시 한번 인간성을 짓이겨 그 형체를 없앤다면 그것은 결국 자신을 왜곡하여 고문당한 모습 그대로 똑같이 다시 생겨날 것이다.

달리 말해서 프랑스 귀족들은 스스로 묘혈을 팠다. 하지만 여기에는 소위 역사적 필연성에 대한 인식이 결여되어 있다. 디킨스는 혁명의 원인들을 살펴보고서 그런 결과가 불가피하다는 것을 알았으나, 그 원인들은 피할 수도 있었다고 생각했다. 혁명은 수세기에 걸친 프랑스 귀족들의 탄압이 농민들을 인간 이하로 만들었기 때문에 발생했다. 만약 사악한 귀족이 스크루지처럼 개과천선했다면 혁명도 농민 폭동도 단두대도 없었을 것이고, 그러면 세상은 그만큼 더 살기 좋은 곳이 되었을 것이다. 이런 생각은 '혁명적' 태도와는 정반대되는 것이다. '혁명적' 관점에서 보자면 계급투쟁은 역사 발전의 주된 원천이고, 따라서 농민을 수탈하고 폭동을 일으키도록 부추긴 귀족들은 자신에게 단두형을 내린 자코뱅파만큼이나 필요한 역할을 수행한 것이다. 디킨스는 이 같은 혁명관을 지지하는 것으로 해석될 만한 문장을 단 한 줄도 쓰지 않았다. 그가 보기에 혁명은 전제정치의 폭정이 빚어낸 괴물이고, 언제나 자기 도구가 되어 혁명을 일으킨 주역들을 삼켜버리는 것으로 끝나버린다. 시드니 카턴Sydney Carton(『두 도시 이야기』의 주인공으로, 찰스 다네이를 구제하려다가 단두형에 처해진다 – 옮긴이)은 단두대 바닥에 엎드린 채 이런 환상을 본다. 드파르주Defarge와 그 외의 주요 공포정치 지도자들이 똑같은 칼날 아래 죽어가는 장면을 미리 보는데, 실제로 사태는 그렇게 돌아갔다.

그리고 디킨스는 혁명이 괴물이라고 확신했다. 그 때문에 모든 독자는 『두 도시 이야기』의 혁명 장면들을 기억한다. 그 장면들은 악몽 같은 분위기를 풍기는데 그것은 디킨스 자신의 악몽이기도 하다. 그는 거듭하여 혁명의 무의미한 공포를 강조한다. 대량 학살, 불의, 늘 도사리는 밀고의 공포, 피를 보고야 말겠다는 폭도의 무시무시한 광기. 예를 들어 9월 학살 때 죄수들을 난자하기 전에 숫돌에 칼을 갈기 위해 달려드는 파리 군중을 묘사한 부분은 『바너비 러지』의 어떤 장면보다도 무시무시하다. 그가 보기에 혁명가들은 타락한 야만인 혹은 정신병자에 불과하다. 그는 기이할 정도로 강렬한 상상력을 발휘하면서 그들의 광기를 집중적으로 서술한다. 가령 그는 카르마뇰 음악에 맞추어 춤을 추는 혁명가들을 이렇게 묘사한다.

> 500명이 넘는 사람들이 있었는데 그들은 5천 마리 악마처럼 춤을 추었다. (…) 그들은 무시무시하게 박자를 맞춰가면서 인기 높은 혁명가에 맞추어 춤을 추었는데, 그 소리가 마치 일제히 이를 가는 소리 같았다. (…) 그들은 전진하고 후퇴하며, 서로의 손을 치고 머리를 부여잡더니, 혼자서 빙글빙글 돌았다. 그러다가 또 상대방을 붙잡고서 짝을 이루어 뱅글뱅글 돌더니 그중 상당수가 나가떨어졌다. (…) 그러자 갑자기 그들은 동작을 멈추고서 잠시 숨을 고른 후 다시 춤을 추려고 박자를 새로 맞추더니 공공도로의 폭 정도 되는 열을 지었다. 그리고 고개를 숙이고 양손은 높이 쳐들면서 미친 듯이 소리를 질러대며 돌진했다. 어떤 싸움도 그 끔찍한 무서움이 이 춤의 절반 정도에도 미치지 못하리라. 그것은 완전히 타락한 유희였다. 한때 순수했지만 지금은 악마에게 팔려버린.

디킨스는 심지어 이 난폭한 사람들에게 어린아이들을 단두하는 취미가 있다고까지 말했다. 내가 위에서 줄여 인용한 문장은 전문을 읽어봐야 한다. 이 문장들과 그 외의 유사한 문장들은 디킨스가 혁명의 광기를 얼마나 혐오하는지 잘 보여준다. 가령 "고개를 숙이고 양손은 높이 쳐들면서" 같은 표현이 얼마나 사악한 환영을 떠올리게 하는지 주목할 필요가 있다. 마담 드파르주는 정말로 무서운 인물이고, 그토록 악의에 찬 인물을 디킨스는 아주 성공적으로 묘사했다. 드파르주와 그 외의 사람들은 "구체제의 폐허 위에 솟아오른 새로운 압제자들"일 뿐이고, 혁명 법정은 "가장 저열하고 잔인한 최악의 대중"이 주재한다. 이 소설의 전편에 걸쳐 디킨스는 혁명 시대의 악몽 같은 불안정성을 강조하는데, 이 점에서 그는 상당한 선지적 능력을 보여준다. "용의자 법 Law of the Suspected은 안전하게 자유를 누리고 생명을 지키기 어렵게 만들며 착하고 무고한 사람, 나쁘고 유죄한 사람을 구분하지 않고 마구잡이로 가두었다", "감옥은 죄를 짓지 않았고 제대로 재판을 받지도 못한 사람들로 미어터졌다" 같은 묘사는 오늘날의 여러 나라에도 그대로 해당된다.

어떤 혁명이 되었든 혁명을 옹호하려는 자는 일반적으로 혁명의 공포 사태를 최소화하려고 한다. 그러나 디킨스는 그 공포를 과장하고 싶어 한다. 역사적 관점에서 보아도 그는 확실히 과장을 했다. 심지어 공포정치조차도 그가 묘사한 것보다는 규모가 훨씬 작았다. 그는 구체적인 숫자를 인용하지는 않았지만, 프랑스에서 광기의 학살이 몇 년 동안 지속된 듯한 인상을 풍긴다. 하지만 공포정치 중에 죽은 사람들의 수는 나폴레옹의 전투 한 번에 죽은 전사자에 비하면 농담 수준이었다. 그러나 피 묻은 칼과 이리저리 오가는 죄수 호송차는 그의 마음속에서 특별하고도 불길한 환영을 만들어냈고, 디킨스는 그런 환영을 여러 세대의 독자들에게 전달하는 데 성공했다. 디킨스 덕분에 '죄수 호송차 tumbril'라는 단어는 학살의 이미지를 갖게 되었다. 하지만 그 수레는 그저 농가에서 쓰는 짐수레에 불과하다는 것을 자꾸 잊는다. 오늘날까지 평균적인 영국인은 프랑스혁명이라고 하면 피라미드를 이룰 만큼 무수히 잘려 나간 머리들로 기억하고 있다. 당시의 영국인들보다 혁명의 이상에 더 공감했던 디킨스가 이런 인상을 만들어내는 데 기여했다니 참으로 기이한 일이다.

  폭력을 싫어하고 정치를 믿지 않는다면 그다음에 남은 유일한 구제책은 교육이다. 어쩌면 사회는 구제 가능성이 없을지 모르지만 개인은 어릴 적부터 교육을 잘 시킨다면 언제나 희망이 있다. 이런 믿음 때문에 디킨스는 어린 시절에 집착한다.

  어떤 작가도, 아니 어떤 영국 작가도 디킨스보다 어린 시절에 대해서 더 잘 쓰지 못했다. 그때 이래로 지금껏 축적되어온 지식에도 불구하고, 또 이제는 아이들이 비교적 건전한 대접을 받고 있다는 사실에도 불구하고 어떤 소설가도 디킨스만큼 어린아이의 시각으로 글을 쓰지 못했다. 내가 『데이비드 코퍼필드』를 처음 읽은 것은 아홉 살 무렵이었다. 처음 몇 장의 심리적 분위기를 나는 금방 이해할 수 있었고, 그래서 그 부분은 아이가 쓴 게 아닐까 생각했다. 어른이 되어 이 책을 다시 읽으면서 머드스톤Murdstone 부부가 절망적인 운명으로 몰아넣는 거인 같은 존재에서 절반쯤 우스꽝스러운 괴물로 전락하는 모습을 목격할 때도 이 문장들은 그 위력을 잃지 않았다. 디킨스는 아이의 마음속으로 들어갈 수

도 있고 그 마음 밖에서 지켜보기만 할 수도 있기 때문에, 독자
가 몇 살에 읽느냐에 따라 동일한 장면이 난폭한 익살극으로 보
이기도 하고 불길한 현실로 펼쳐지기도 한다. 가령 데이비드 코
퍼필드가 양고기를 훔쳐 먹었다고 부당한 의심을 받는 장면을 한
번 보라. 또는 『위대한 유산』에서 핍Pip이 미스 해비셤Havisham의
집에서 돌아온 후 그가 방금 목격한 것을 도저히 묘사할 수 없음
을 깨닫고 황당한 거짓말로 둘러대는 장면을 보라. 물론 그 거짓
말은 다들 철석같이 믿어준다. 어린 시절에 느낄 수 있는 모든 고
립감이 그 속에 담겨 있다. 어린아이의 심리 기제, 모든 것을 뚜렷
하게 시각화하는 경향, 특정한 인상에 민감하게 반응하는 감수성
등을 디킨스는 정확하게 기록했다. 핍은 어린 시절에 돌아가신
부모님에 대한 자신의 생각이 묘비명에서 비롯됐다고 얘기한다.

아버지 묘비명의 글자 모양은 아버지가 검은 곱슬머리에 네모지
고, 땅딸막하며, 거무튀튀한 사람이라는 기이한 인상을 내게 안
겨주었다. "또한 위에 언급된 사람의 아내인 조지아나"라는 묘
비명의 성격과 표현 방식에서 나는 어머니가 주근깨 얼굴에 병
약한 사람이었을 거라는 어린아이 같은 결론을 내렸다. 그들의
무덤 옆에 일렬로 배치된 1피트 반쯤 되는 다섯 개의 작은 마름
모꼴 돌들은 나의 어린 형제 다섯 명에게 바쳐진 것이었다. (…)
나는 내 형제들이 바지 주머니에 양손을 찔러 넣은 채 등을 대고
드러누운 상태로 태어났고 그 두 손을 이 세상 속으로 빼내지 못
했다는 믿음을 신성하게 간직하게 되었다.

『데이비드 코퍼필드』에도 유사한 구절이 있다. 머드스톤 씨의 손을 깨문 후 데이비드는 학교에 보내졌는데 등에 "조심하라. 물어뜯는다"라고 쓰인 꼬리표를 달고 다녀야 했다. 그는 아이들이 제 이름을 새겨놓은 놀이터의 문을 바라본다. 그 이름들의 모양만 보고도 각 이름의 아이들이 꼬리표를 어떤 어조로 읽을지 정확히 아는 것 같았다.

자기 이름을 아주 깊게 자주 새겨놓는 J. 스티어포스라는 아이가 있었는데, 그 아이는 아주 힘찬 목소리로 내 꼬리표를 읽은 다음에 내 머리카락을 잡아당길 거라고 생각했다. 또 다른 아이는 토미 트래들즈였는데 그 꼬리표를 조롱하면서 아주 무서워죽겠다는 시늉을 할 것 같아서 두려웠다. 그리고 세 번째 아이인 조지 뎀플은 그 꼬리표를 노래로 만들어 부를 거라고 상상했다.

나는 어렸을 때 이 구절을 읽고서 그 이름들이 바로 그런 이미지를 불러일으킨다고 생각했던 것이 기억난다. 물론 그 이유는 그 이름들의 소리가 다른 단어를 연상시키기 때문이다(뎀플Demple — '템플temple(관자놀이)', 트래들즈Traddles — '스키대들skedaddle(황급히 도망가다)'). 하지만 디킨스 이전에 누가 이런 것들을 알아챘을까? 아이들에게 공감하는 태도는 오늘날에 비해 디킨스 시대에는 극히 찾아보기 어려운 것이었다. 19세기 초는 어린아이로 태어나기에 그리 좋은 시기가 아니었다. 디킨스가 젊었을 때 아이들은 여전히 "형사 법정에서 엄숙하게 재판을 받았고, 그곳에서 재판을 받는 동안 다른 사람들에게 잘 보이도록 들어 올려졌다". 열세 살밖에 안 된 소년이 좀도둑질을 했다고 교수형을 당한 것도 그리 오래되지 않았다. "어린아이의 기를 꺾어 놓아야 한다"라는 원칙은 철저히 준수됐고, 『페어차일드 패밀리 Fairchild Family』는 19세기 후반에 이를 때까지 어린이용 표준 교과서였다. 이 사악한 책은 이제 그 내용이 엄청 삭제된 상태로 출판되고 있으나 원본을 찾아서 한번 읽어볼 가치가 있다. 이 책은 아이를 얼마나 극단적으로 훈육했는지 감을 잡게 해준다. 예를 들어 페어차일드 씨는 자녀가 서로 싸우는 모습을 발견하면 먼저 아이들을 매질하는데, 회초리를 휘두르는 사이사이에 "개들이나 짖고 물어뜯는 것을 좋아한다"라는 와츠Watts 박사의 가르침을 외우게 한다. 그런 다음에는 살인자의 썩어가는 시체가 매달려 있는 교수대 아래로 아이들을 데려가 오후를 보내게 한다. 19세기 초반에는 수만 명에 달하는 아이들이, 때로는 겨우 여섯 살짜리가 광산이나 목면 공장에서 글자 그대로 죽을 때까지 일을 해야 됐으며, 심지어 명문 사립학교에서도 소년들이 라틴어 시를 잘못 외웠다고 피가 흐를 때까지 매질을 당했다. 디킨스는 간파했으나 다른 동시대 작가들이 알아보지 못한 점은 매질에 가학적인 성적 요소가 깃들어 있다는 것이다. 이 점은 『데이비드 코퍼필드』와 『니콜라스 니클비』에서 추론할 수 있다고 생각한다. 그러나 어린 아이에게 가해지는 심리적 학대는 신체적 학대 못지않게 디킨스를 분노하게 만들었다. 몇몇 예외도 있으나 그의 작품 속에 등장하는 학교 선생들은 일반적으로 악당이다.

그 당시의 대학과 명문 사립학교를 제외하고 영국에 존재했던 모든 종류의 교육이 디킨스의 맹렬한 비난을 받았다. 우선 블림버Blimber 박사(『돔비와 아들Dombey and Son』에 나오는 학교 교장-옮긴이)의 학교가 있는데, 이 학교의 어린 소년들은 머리가 터져 나갈 정도로 고대 그리스어 구문을 외워야 한다. 당시에는 혐오스러운 자선 학교도 있었는데, 노아 클레이폴Noah Claypole(『올리버 트위스트』에 등장하는 비열한 하수인-옮긴이)이나 유라이어 힙 Uriah Heep(『데이비드 코퍼필드』에 등장하는 교활한 서기-옮긴이)같이 악질적인 인간들을 만들어냈다. 세일럼 하우스(『데이비드 코퍼필드』에 등장하는 악명 높은 사립기숙학교-옮긴이), 도드보이즈 홀(『니콜라스 니클비』에 등장하는 요크셔 사립기숙학교-옮긴이), 왑설 Wopsle 씨의 대고모가 수치스럽게 운영한 부인 학교(『위대한 유산』에서 핍이 다니던 학교)도 사정은 마찬가지였다. 디킨스가 얘기한 내용 중 일부는 심지어 오늘날에도 사실로 남아 있다. 세일럼 하우스는 현대 '예비 학교'의 오래된 전신인데, 예비 학교와 닮은 점이 상당히 많다. 왑설 씨의 대고모에 대해서 말해보자면, 그녀의 엉터리 교육과 비슷한 오래된 사기 교육이 지금 이 순간에도 영국의 거의 모든 소도시에서 자행되고 있다. 그러나 으레 그렇듯이 디킨스의 비판은 창조적이지도 파괴적이지도 않다. 그는 그리스어 사전과 끝부분에 밀랍을 바른 회초리에 바탕을 둔 교육제도의 어리석음을 꿰뚫어 보았다. 반면에 그는 1850년대와 1860년대에 막 생겨나던 새로운 학교, 강경하게 '사실'을 중시한 '근대적' 학교에도 별 애정이 없다. 그럼 디킨스는 무엇을 원하는가?

언제나 그렇듯이 그는 기존의 것을 좀 더 도덕적으로 만들기를 원한다. 옛날 방식의 학교이되 매질, 괴롭힘, 굶기기, 그리스어 단어 강제로 외우기가 없는 학교를 원하는 것이다. 데이비드 코퍼필드가 머드스톤 앤 그린비의 창고에서 도망쳐서 들어갔던 스트롱Strong 박사의 학교는 단순히 세일럼 하우스에서 사악한 관행들만 배제하고 '오래된 회색 돌벽'의 분위기를 한껏 가미한 학교에 불과했다.

스트롱 박사의 학교는 크리클 씨의 학교와는 달리 훌륭한 학교였고, 둘 사이에는 선과 악만큼 차이가 있었다. 그 학교는 건전한 제도에 바탕을 두고서 아주 진지하고 바르게 질서가 잡혀 있었다. 모든 일에서 아이들의 명예와 신의를 중시했고 (…) 그것은 멋진 결과를 만들어냈다. 우리는 모두 학교 운영에 참여하고, 또 학교의 품격과 위엄을 유지하는 데 일정한 역할을 한다는 느낌이 들었다. 따라서 우리는 곧 학교에 따뜻한 애착을 갖게 되었다. 나도 그런 소년 중 하나였고, 내가 학교에 다니는 동안 다른 생각을 품은 학생은 만나보지 못했다. 우리는 학교의 명예에 보탬이 되기 위해 열의를 다하여 공부했다. 우리는 방과 후에는 고상한 놀이를 했고 자유 시간을 많이 누렸다. 내 기억으로 우리는 그 당시 마을에서 호평을 받았고, 우리의 외모나 행동거지로 스트롱 박사의 명예, 스트롱 박사의 학생이라는 명성에 먹칠을 한 적은 거의 없었다.

이런 막연하고 모호한 문장 속에서 우리는 디킨스가 교육 이론은 전혀 갖추지 못한 사람이라는 것을 알 수 있다. 그는 좋은 학교의 도덕적 분위기는 상상할 수 있었지만 그 이상으로 나아가지 못했다. 학생들은 "열의를 다하여 공부했다"지만 그들은 무엇을 공부했는가? 의심할 바 없이 내용이 약간 희석된 블림버 박사의 교과과정이었을 것이다. 디킨스의 소설들에 암시되어 있는 사회에 대한 태도를 감안할 때, 그가 맏아들을 이튼에 보내고 나머지 자녀들도 모두 교육 공장처럼 돌아가는 일반적 교육제도를 거치도록 한 것은 다소 충격적이다. 기싱은 디킨스가 자신의 짧은 학력을 고통스럽게 여기면서 그에 대한 반작용으로 그렇게 했으리라 생각한다. 여기서 기싱은 자신은 받고 디킨스는 받지 못한 고전 교육을 떠올린 듯하다. 디킨스는 공식 교육을 거의 받지 못했으나 그 사실 때문에 딱히 손해를 본 것은 없고, 또 전체적으로 보아 그 자신도 이런 점을 알고 있었던 것 같다. 만약 그가 스트롱 박사의 학교, 혹은 현실에서는 이튼 학교보다 더 좋은 학교를 상상할 수 없었다면 그건 기싱이 말한 것과는 다른 지적 결핍에서 기인한 것이라고 보아야 한다.

디킨스는 사회를 공격하면서 사회구조의 변화보다는 개인 정신의 변화를 더 강조했다. 그는 구체적 해결책을 내놓지 않으며, 어떤 정치적 이념은 더더욱 찾아보기 어렵다. 그의 접근 방식은 언제나 도덕적인 차원에 머물러 있고, 그의 이런 태도는 스트롱 박사의 학교가 크리클Creakle 씨의 학교와는 "선과 악이 차이나는 만큼" 다르다고 말한 데서 잘 요약되어 있다. 두 학교는 아주 비슷할 수 있으면서도 지독할 정도로 차이가 날 수도 있다. 천국와 지옥이 같은 장소에 있는 것이다. "마음의 변화" 없이 제도를 바꾸려 하는 것은 소용없는 짓이라는 게 디킨스가 줄기차게 주장하는 핵심 사항이다.

만약 디킨스가 주장하는 바가 그것뿐이었다면 그는 격려나 해주는 작가, 반동적인 협잡꾼에 지나지 않을 것이다. "마음의 변화"는 현재 상태를 그대로 유지하고 싶어 하는 사람의 알리바이일 뿐이다. 그러나 몇몇 사소한 문제를 제외하고 디킨스는 협잡꾼이 아니며, 그의 책들을 읽으면 강하게 남는 단 하나의 인상은 그가 포악한 전제정치를 아주 싫어한다는 것이다. 나는 앞에서 디킨스가 일반적인 의미에서 혁명적인 작가는 아니라고 말했다. 그러나 사회에 대한 도덕적 비판이 오늘날 유행하는 정치경제적 비판보다 덜 '혁명적'인지 여부는 확실하지 않다. 혁명이란 결국 사회를 뒤집어놓겠다는 것이 아닌가. 블레이크는 정치가가 아니었지만, "나는 지도에 그려져 통제받는 거리를 방황했네" 같은 시에서는 자본주의 사회의 본질에 대하여 대부분의 사회주의 문학보다 더 날카로운 인식을 드러낸다. 진보는 환상이 아니며 실제로 일어나지만, 언제나 느리게 진행되고 또 실망스럽다. 옛 독재자로부터 권력을 넘겨받을 준비를 하고 있는 새 독재자가 언제나 있다. 그리고 새 독재자는 대체로 옛 독재자보다는 덜 나쁘지만, 그래도 독재자는 독재자이다. 따라서 두 가지 관점은 언제나 공존 가능하다. 첫째, 사회제도가 바뀔 때까지 어떻게 인간성을 개선할 수 있는가? 둘째, 인간성을 개선하지 않고 사회제도만 바꾸는 것이 무슨 소용인가? 이 두 가지 관점은 각각 다른 개인들에게 호소하고 시대의 관점에 따라 교대로 등장하는 경향을 보인다. 도덕주의자와 혁명가는 언제나 서로를 헐뜯는다. 마르크스Marx 는 도덕적 입장 밑에다 다이너마이트 100톤을 넣어서 폭파했고, 우리는 아직도 그 엄청난 폭발의 메아리 속에서 살고 있다. 그러나 이미 다른 어떤 곳에서는 공병들이 이제 마르크스를 달까지 날려 보내기 위해 새로운 폭약을 준비하여 설치하는 중이다. 그러면 마르크스와 그 비슷한 사람이 또다시 더 많은 다이너마이트를 가지고 돌아올 것이고, 그래서 이 교대 과정은 계속되면서 우리가 예견할 수 없는 끝을 향해 나아간다. 그러면서 핵심적인 문제―권력의 남용을 어떻게 막을 것인가―는 미해결 상태로 남는다. 사유재산이 거추장스러운 방해물이라는 것을 간파할 통찰은 없었지만, 디킨스에게는 권력남용 문제가 아직 해결되지 않았음을 꿰뚫어볼 통찰이 있었다. 그래서 "사람이 올바르게 행동하면 세상도 따라서 올바르게 돌아간다"라는 그의 주장은 겉보기처럼 그리 진부한 이야기가 아니다.

2.

어쩌면 다른 작가들에 비하여 디킨스는 사회적 출신배경을 통해 훨씬 완벽하게 설명될 수 있다. 비록 그의 가족사는 그의 소설에서 추론할 수 있는 것과는 상당히 다르지만 말이다. 그의 아버지는 관청의 서기였고, 어머니 쪽으로는 육군과 해군에 연결되어 있었다. 그러나 그는 아홉 살 때부터 런던의 상업적 환경에서 성장하며 아주 힘든 가난을 겪었다. 정신적으로 그는 도시의 소부르주아에 속했으며, 그 계급의 여러 '특징'을 골고루 갖춘 아주 이례적인 사례로 성장했다. 이 때문에 그는 아주 흥미로운 작가가 된다. 만약 현대에서 디킨스와 비슷한 작가를 찾는다면 가장 근사치는 H. G. 웰스일 것이다. 웰스는 비슷한 배경에서 성장했고, 또 소설가로서 디킨스에게 분명 빚을 지고 있다. 아널드 베넷도 본질적으로 같은 유형이지만 두 작가와는 다르게 미들랜드 출신이었고, 상업과 국교 배경을 가진 것이 아니라 산업과 비국교 배경을 가지고 있었다.

도시 소부르주아의 커다란 단점이자 장점은 제한된 시야를 가지고 있다는 것이다. 그는 세상을 중산층 세상으로 인식하며, 이 범위 밖에 있는 모든 것은 우스꽝스럽고 터무니없거나 아니면 약간 사악한 것이라 생각한다. 반면에 그는 산업이나 농업과는 접촉점이 없다. 그러면서 통치 계급과도 연결되지 못한다. 웰스의 장편소설을 면밀히 연구한 사람은 이 작가가 귀족을 독약처럼 미워하지만, 금권주의자에게는 특별한 반감이 없고 또 프롤레타리아에게도 애정이 없다는 것을 발견하게 된다. 웰스가 가장 미워한 유형, 모든 인간의 악에 대해서 책임이 있다고 생각하는 사람들은 왕, 지주, 성직자, 민족주의자, 군인, 학자, 농민이다. 왕에서 시작하여 농민으로 끝나는 이 목록은 일견 뒤범벅처럼 보이지만 이 사람들은 하나의 공통분모를 갖고 있다. 그들은 모두 구시대의 전형으로, 전통의 지배를 받으면서 시선을 과거에 두고 있는 사람들이다. 이들의 정반대는 당연히 떠오르는 부르주아인데, 부르주아는 미래에 자기 돈을 걸면서 과거는 죽은 손이라고 생각한다.

디킨스는 부르주아가 떠오르는 계급이던 시절에 살았지만, 이러한 특징을 웰스보다는 덜 드러낸다. 그는 미래에 대해서는 별 의식이 없고, 그림 같은 과거 풍경에 대해서는 다소 감상적인 애정을 갖고 있다(가령 "저 고풍스러운 옛 교회" 등). 그렇지만 그가 가장 싫어하는 유형들을 목록으로 작성하면 웰스의 목록과 눈에 띌 정도로 비슷하다. 그는 막연하게나마 노동계급의 편에 서 있는데 그들이 탄압을 받는다는 이유만으로 그들에게 일반적인 공감을 느낀다. 하지만 그들에 관해서 잘 알지는 못한다. 그들은 그의 소설 속에서 하인, 그것도 웃스꽝스러운 하인으로 등장한다. 사회계층의 정반대 쪽으로 가면, 디킨스는 귀족들을 혐오하고 웰스보다 한 발 더 나아가 대부르주아도 혐오한다. 그가 진정한 공감을 보이는 대상은 상한선이 픽윅 씨이고 하한선이 바키스Barkis 씨(『데이비드 코퍼필드』의 짐마차꾼 - 옮긴이)이다. 디킨스가 미워한 '귀족'이라는 용어는 모호하므로 여기서 정의해볼 필요가 있다.

디킨스의 공격 목표는 그의 책에는 잘 안 나오는 대귀족이 아니라 그들의 시시한 후예들, 가령 메이페어의 마구간 골목에 살면서 남을 등쳐먹는 귀족 미망인, 관료, 직업군인 등이다. 디킨스 소설에서는 이런 사람들에 대한 적대적 묘사가 일반적이고, 우호적인 이야기는 거의 없다. 가령 지주계급에 대해서는 좋게 말해주는 법이 없다. 굳이 예외를 둔다면 레스터 데드록Leicester Dedlock 경(『황량한 집』에 나오는 귀족 - 옮긴이) 정도이다. 또 『바너비 러지』의 워들Wardle 씨("선량한 옛 지주"라는 상투적 인물)와 헤어데일Haredale 씨도 있는데, 후자는 박해받는 가톨릭교도였기 때문에 디킨스의 공감을 얻었다. 육군 군인들(즉 장교들)에 대해서는 호의적인 묘사가 없고 이는 해군도 마찬가지다. 관료, 판사, 치안판사들은 순환관청(『리틀 도릿』에 나오는 말만 많고 되는 일은 없는 관청의 별명으로, 일을 처리하지 않고 서류 절차만 뱅뱅 돌게 만드는 곳 - 옮긴이)에 들어간다면 편안함을 느끼리라. 디킨스가 그나마 약간의 애정을 가지고 있는 유일한 관료는 기이하게도 경찰관이다.

디킨스의 이런 태도는 영국인이라면 금방 이해한다. 왜냐하면 그것은 심지어 오늘날까지도 살아 있는 영국 청교도 전통의 일부이기 때문이다. 디킨스가 속했던 계급, 적어도 입양되다시피 했던 계급은 두 세기에 걸쳐서 별 역사적 존재감 없는 무명無名의 상태를 겪더니 갑자기 부유해졌다. 그 계급은 농업과 무관한 대도시에서 주로 성장했고 정치적으로는 힘이 없었다. 이 계급이 볼 때 정부는 간섭을 하거나 박해를 하는 기관이었다. 따라서 공공 봉사의 전통은 없었고 사회에 유익하게 기여해야 한다는 전통도 별로 없었다. 이 19세기의 신흥 유산계급의 특기할 만한 점은 그들이 보여준 완벽한 무책임이었다. 그들은 모든 것을 개인의 성공이라는 관점에서만 바라보며 사회 내에 공동체가 존재한다는 의식은 거의 없었다. 반면에 타이트 바너클Tite Barnacle(『리틀 도릿』에 나오는 순환 관청의 수장 - 옮긴이)은 자신의 의무를 소홀히 할 때도 그 의무를 언젠가 수행해야 한다는 막연한 생각은 갖고 있었다. 디킨스의 태도는 무책임한 것은 아니고, 돈이 곧 성공이라는 새뮤얼 스마일스Samuel Smiles(『자조론Self-Help』의 작가로, 19세기 빅토리아시대에 개인의 근면과 절약만이 성공의 열쇠라고 주장했다 - 옮긴이) 식의 노선을 따라가는 것은 더더욱 아니다. 그렇지만 그의 마음 한구석에는 정부라는 기관이 불필요하다는 막연한 생각이 언제나 어른거리고 있다. 의회는 쿠들Coodle 경과 토머스 두들Thomas Doodle 경이 빈둥거리는 곳이고, 제국은 백스톡Bagstock 소령과 그의 인도인 하인이 주무르는 곳이며, 군대는 차우저Chowser 대령과 슬래머Slammer 박사가 장악한 곳이고, 공공 서비스라는 것은 범블Bumble(『올리버 트위스트』에 나오는 무능하고 잔혹한 구빈원 관료 - 옮긴이)과 순환 관청에 불과하다는 식이다. 디킨스가 보지 못한 것 혹은 간헐적으로만 본 것은 이 쿠들과 두들, 그리고 18세기에서 넘어온 시체 같은 자들이 실제로 공공 기능을 수행하고 있다는 점이다. 그리고 디킨스 소설의 등장인물인 픽윅이나 보핀은 이런 기능에 대해서는 전혀 신경을 쓰지 않는다는 것이다.

 물론 이런 협소한 관점은 어느 의미에서는 디킨스에게 큰 장점이다. 풍자작가가 사회의 너무 많은 면을 보려고 하면 아무것도 안 되기 때문이다. 디킨스의 관점에서 보면 '좋은' 사회는 단지 마을의 백치들을 모아놓은 그런 곳이다. 이 얼마나 대단한 구성원인가! 티핀스Tippins 양! 가우언Gowan 부인! 베리소프트Verisopht 경! 밥 스테이블스Bob Stables 의원! 스파싯Sparsit 부인(남편은 파울러Powler 가문 출신이다)! 타이트 바너클 가문! 넙킨Nupkin

가문! 이것은 사실상 광인들을 모아놓은 사례집이다. 그렇지만 디킨스는 지주, 군인, 관료 계급과 거리를 두고 떨어져 있기 때문에 전면적으로 사회를 풍자하지는 못한다. 이런 계급들의 정신적인 결함을 묘사할 때만 간신히 풍자에 성공한다. 디킨스 생전에 그에게 퍼부어진 비난으로는 "신사를 제대로 묘사하지 못한다"라는 것이 있었는데 물론 어리석은 소리다. 하지만 '신사' 계급을 풍자하며 공격했으나 그 풍자가 그 계급에 별로 피해를 입히지 못했다는 의미에서는 사실이다. 예를 들어 멀베리 호크Mulberry Hawk 경(『니콜라스 니클비』에 나오는 인물 - 옮긴이)은 사악한 준남작 유형을 묘사하려고 했으나 실패로 끝난 경우이다. 『어려운 시절』의 하트하우스Harthouse는 그보다는 좀 나은 경우이지만, 이 인물도 트롤럽이나 새커리 같은 작가들의 작품과 비교해보면 평범한 수준에 불과하다. 트롤럽의 생각은 언제나 '신사' 계급 내에서 움직이지만, 새커리는 두 도덕적 진영(귀족과 부르주아 - 옮긴이) 모두에 발을 담그고 있다는 장점이 있다. 어떤 면에서 새커리의 관점은 디킨스와 아주 유사하다. 디킨스와 마찬가지로 새커리는 카드놀이나 하고 빚을 떼어먹는 귀족계급보다는 청교도적인 유산계급이 자신과 가깝다고 생각한다. 그가 보기에 18세기는 사악한 스테인Steyne 경(새커리의 소설 『허영의 시장』에 나오는 귀족 - 옮긴이)의 모습으로 19세기까지 계속됐다. 『허영의 시장Vanity Fair』은 디킨스가 『리틀 도릿』의 몇몇 장에서만 다룬 것을 전면적으로 확대한 작품이다. 그러나 출신이나 성장배경으로 볼 때 새커리는 그가 풍자하는 귀족계급에 좀 더 가까운 사람이다. 그 덕분에 그는 펜던니스Pendennis 소령이나 로던 크롤리Rawdon Crawley같이 비교적 복잡한 인물들을 창조할 수 있었다. 펜던니스 소령은 얄팍한 속물 노인이고, 로던 크롤리는 여러 해 동안 상인들을 등쳐서 살아온 데 아무 잘못도 깨닫지 못하는 미욱한 악당이다. 그렇지만 새커리는 다음과 같은 점을 꿰뚫어봤다. 이 두 사람은 그들 나름의 왜곡된 인생철학 속에서 살고 있지만 나쁜 사람들은 아니다. 가령 펜던니스 소령은 가짜 어음에 서명하지 않는다. 로던은 가짜 어음에 서명을 하겠지만 어려운 사정에 빠진 친구를 배신하지는 않는다. 이 두 사람은 전장에서는 아주 잘 처신할 것이다―그러나 디킨스는 이러한 자질에 별로 매력을 느끼지 못했다. 이렇게 복잡한 면모가 있기에 독자는 펜던니스 소령에 대해서는 흥미를 느끼면서 용납하게 되고, 로던에 대해서는 존경심 비슷한 것을 갖게 된다. 그렇지만 이와 동시에 이런 인물들에 대한 노골적 비난을 직접 읽지 않아도, 독자는 상류층 사회의 주변부에서 남을 등쳐먹거나 아첨하는 인생의 완전한 부패상까지 더 잘 알게 된다. 디킨스는 이런 묘사를 하지 못한다. 그의 손끝에서 로던이나 소령은 전통적인 풍자 대상으로 전락할 뿐이다. 그리하여 '좋은' 사회에 대한 디킨스의 공격은 다소 기계적인 것이 되어버린다. 귀족과 대부르주아는 그의 소설에서 '무대 뒤 효과음', 즉 일종의 시끄러운 소음 정도로 등장하며, 팟스냅Podsnap(『우리가 서로 아는 친구』의 등장인물-옮긴이)의 디너파티처럼 어딘가 무대 옆에서 대기하면서 하하거리는 효과음을 내는 합창단 정도로 제시된다. 그가 존 도릿John Dorrit(『리틀 도릿』의 등장인물-옮긴이)이나 해럴드 스킴폴Harold Skimpole(『황량한 집』에 나오는 잘난 체하는 식객-옮긴이)같이 복잡하면서도 파괴적인 인물을 제시할 때는 일반적으로 중산층에 속하는 보통의 그리 중요하지 않은 사람이다. 그가 살았던 시대를 감안할 때 디킨스의 뚜렷한 특징은 저속한 민족주의를 전혀 보이지 않는다는 점이다. 한 국가를 형성할 규모에 이른 민족들은 외국인을 경멸하는 경향이 있는데, 영어를 말하는 종족은 그중에서도 아주 심한 외국인 혐오증을 보인다. 그들은 외국인을 의식하는 순간 그 외국인을 모욕하는 별명을 만들어낸다. 웝Wop · 데이고(이탈리아계), 프로기(프랑스계), 스퀘어헤드Squarehead(독일계), 카이크Kike · 시니Sheeny(유대계), 니거Nigger · 워그Wog(흑인), 칭크Chink · 옐로벨리Yellowbelly(동양계), 그리저(라틴계) 등. 이런 외국인 폄하 호칭은 몇 개만 골라본 것이다. 1870년 이전이라면 이 목록은 다소 짧았을 것이다. 세계지도가 지금과는 달랐고, 영국인이 아는 외국인 인종도 서넛에 불과했기 때문이다. 그 서넛 중에서도 특히 제일 가까이 있고 가장 미워한 나라인 프랑스에 대해서 영국인은 보호자인 양 행세했는데, 그 태도가 도저히 참아줄 수 없는 지경이어서 영국인의 '오만'과 '외국인 혐오증'은 지금도 전설로 남아 있다. 그리고 이것은 심지어 오늘날에도 그리 황당한 전설은 아니다. 아주 최근까지만 해도 영국 아이들은 남유럽 민족들을 경멸하면서 성장했고, 학교에서 가르치는 영국 역사는 곧 영국이 거둔 승저한 전투 목록이었다. 하지만 영국인의 이런 허장성세가 실제로 어느 정도였는지 정확히 알려면 1830년대 잡지 《쿼털리 리뷰Quarterly Review》를 읽어봐야 한다. 그 당시는 영국인이 "강인한 섬사람" 혹은 "완강한 참나무 심장"의 전설을 구축하던 시절이었고, 또 영국인 1명이 외국인 3명과 맞먹는다는 것이 일종의 과학적 사실로 받아들여지던 때였다. 19세기 내내 소설과 풍자 잡지는 '프로기'라는 전통적 인물을 다루었다. 자그마한 턱수염을 기른 이 몸집 작고 우스꽝스러운 사람은 끝이 뾰족한 톱햇을 쓰고 언제나 손짓발짓을 섞어가며 재잘거린다. 허영이 많고 경박하며 자신의 무용담을 늘어놓지만 실제로 위험이 닥치면 제일 먼저 도망치는 인물이다. 이에 반하여 존 불John Bull은 "강인한 영국 자작농" 혹은 (좀 더 사립학교풍 표현으로는) 찰스 킹즐리Charles Kingsley와 톰 휴스Tom Hughes가 제시한 "강인하고 말이 없는 영국인"이다.

가령 새커리는 이런 관점을 꿰뚫어보고 웃음을 터트리기도 하지만, 그래도 민족주의적인 경향이 아주 강하다. 그의 뇌리에 단단하게 고정되어 있는 한 가지 역사적 사실은 영국이 워털루전투에서 승리했다는 것이다. 그의 소설을 어느 정도 읽다 보면 반드시 이 사실에 대한 언급이 나온다. 그가 보기에 영국인은 주로 쇠고기를 먹고 살아서 엄청난 힘을 갖고 있기에 무적이라는 것이다. 당시 대부분의 영국인들과 마찬가지로 그는 영국인이 다른 민족보다 더 크다고 생각하는 기이한 환상을 갖고 있었다. 새커리는 남들보다 덩치가 큰 사람이었고, 그래서 이런 문장을 쓸 수 있었다.

제가 여러분에게 말씀드리건대, 여러분은 프랑스인보다 더 낫습니다. 이 글을 읽는 여러분의 키는 5피트 7인치에 체중은 11스톤이 넘는다는 데 돈을 걸겠습니다. 반면에 프랑스인은 키가 5피트 4인치에 체중은 9스톤에 불과합니다. 프랑스인은 수프를 먹고 그다음에 야채 요리를 먹지만, 여러분은 고기 요리를 먹습니다. 여러분은 남다르고 우월한 동물입니다. 프랑스인을 쳐부수는 동물이지요(수백 년에 걸친 역사가 이것을 증명해줍니다) 등등.

새커리의 소설들에는 이와 유사한 문장이 도처에서 발견된다. 반면에 디킨스는 이런 종류의 죄를 저지른 적이 결코 없다. 그가 어디에서도 외국인을 조롱한 적이 없다고 말하면 과장이 되겠지만, 그는 거의 모든 19세기 영국인과 마찬가지로 유럽 문화의 영향을 받지 않았다. 그렇다고 "섬나라 종족", "불독 기질", "알맞게 작고, 알맞게 강인한 섬" 따위의 전형적인 영국식 허풍에 탐닉하지도 않았다. 『두 도시 이야기』 전편에 걸쳐서 "이처럼 사악한 프랑스인들이 어떻게 행동하는지 좀 보라!"는 뜻으로 해석될 수 있는 문장은 전혀 발견되지 않는다. 그가 외국인에 대한 증오를 드러낸 유일한 곳은 『마틴 처즐위트 Martin Chuzzlewit』 중에서 미국인을 다룬 장들이다. 그러나 이것은 관대한 정신이 위선과 가식에 반발하는 반작용일 뿐이다. 만약 디킨스가 오늘날에 환생하여 소련을 방문하고 귀국한다면 지드 Gide의 『소련으로부터의 귀환 Retour de L'URSS』 같은 여행기를 썼을 것이다. 그러나 그는 국가를 개인과 동일시하는 어리석음을 저지르지 않았다. 그는 국적에 관한 농담도 한 적이 없었다. 가령 그는 우스꽝스러운 아일랜드인이나 우스꽝스러운 웨일스인이라는 인식을 활용하지 않았다. 그가 상투적인 인물이나 정형화된 농담을 싫어했기 때문은 아닌데, 실제로 이런 인물이나 농담을 작품에 즐겨 도입했다. 디킨스가 유대인에게 아무런 편견을 보이지 않았다는 점은 그보다 더 의미심장하다. 하지만 그는 『올리버 트위스트』와 『위대한 유산』에서 장물아비가 언제나 유대인이라는 사실을 당연시했는데, 이는 그 당시로써는 이해가 되는 일이다. 하지만 히틀러가 등장할 때까지 영문학에 만연되어 있던 '유대인 농담'은 그의 소설들에 나오지 않는다. 『우리가 서로 아는 친구』에서 디킨스는 유대인을 옹호하려는 시도를 하는데 그 발언이 경건하긴 하지만 별로 설득력은 없다.

디킨스가 저속한 민족주의를 드러내지 않는 것은 부분적으로 그의 넓은 도량을 보여주지만, 또한 별 도움이 되지 않는 그의 부정적 정치관에 기인하기도 한다. 그는 전형적인 영국인이지만 그것을 거의 의식하지 못한다. 아니, 자신이 영국인이라는 사실은 그를 별로 매혹시키지 않는다. 그에게는 제국주의적 감정이 없으며, 외교정책에 대한 견해도 딱히 없고, 군사적 전통의 영향도 받지 않았다. 그는 기질적으로 '붉은 군복(대영제국의 군복-옮긴이)'을 경멸하며 전쟁을 사악하다고 생각하는 비국교도 소상인에 가깝다. 이것은 편협한 시각이지만, 그래도 전쟁이 사악한 건 사실이다. 특이한 점은 디킨스가 전쟁에 관해서는 거의 묘사하지 않았고 심지어 비난조차 하지 않았다는 것이다. 그가 보지 못한 것들도 그처럼 생생하게 그려내는 엄청난 묘사력에도 불구하고,

『두 도시 이야기』의 바스티유 감옥 습격 장면을 제외한다면 전쟁 묘사가 아예 없다. 아마도 그는 그 주제를 별로 흥미롭다고 생각하지 않았을 것이며, 특히 전장을 가치 있는 문제들이 해결될 수 있는 곳이라고 보지 않았을 것이다. 그것은 청교도 정신을 가진 하급 중산층의 사고방식이 지닌 장점이다.

3.

디킨스는 가난한 환경에서 성장하여 가난을 두려워하게 되었다. 그의 관대한 정신에도 불구하고 그는 영락한 신사 계급의 특수한 편견들에서 자유롭지 못했다. 통상 그를 가리켜 '대중' 작가, 혹은 '억압받는 대중'의 옹호자라고 한다. 그가 대중을 억압받는 사람들이라고 생각하는 한 그는 그러하다. 그러나 그의 태도를 결정짓는 두 가지 전제 사항이 있다. 첫째, 그는 잉글랜드 남부 사람, 그것도 런던 토박이다. 따라서 진정으로 탄압받는 대중, 즉 산업노동자 및 농업노동자들과는 연계가 없다. 또 다른 런던 토박이인 체스터턴이 늘 디킨스를 '가난한 사람들'의 대변인으로 제시하면서도, 그 '가난한 사람'이 실제로 누구인지 별로 의식하지 않았다는 것은 흥미로운 일이다. 체스터턴이 볼 때 '가난한 사람'은 소규모 가게 주인이나 하인이었다. 그는 샘 웰러를 가리켜 이렇게 말한다. "샘 웰러는 영문학사상 영국 특유의 대중을 대변하는 위대한 상징이다." 그런데 샘 웰러는 하인이다! 둘째, 디킨스의 어린 시절 경험은 프롤레타리아의 거칠고 난폭한 모습에 대한 공포심을 안겨주었다. 그는 아주 가난한 사람들, 즉 빈민가에 사는 사람들을 묘사할 때마다 이런 태도를 반드시 표명한다. 런던 빈민가를 묘사할 때는 노골적인 혐오감이 드러난다.

거리는 지저분하고 비좁았다. 가게와 집들은 초라했다. 사람들은 절반쯤 벗었고 술에 취하여 낡은 신발을 질질 끌며 흉한 모습을 보였다. 골목과 아치형 통로는 수많은 오물 구덩이처럼 제멋대로 나 있는 거리로 악취, 쓰레기와 함께 빈민의 삶을 쏟아냈다. 온 동네에서 범죄, 오물, 비참한 곤궁의 악취가 진동했다. 등등, 등등.

디킨스 소설에는 이와 유사한 문장이 많이 나온다. 그런 문장들에서 그가 경계 너머의 사람들로 인식한 하층민들의 전반적인 인상이 풍겨져 나온다. 현대의 교조적인 사회주의는 이런 인구 계층을 경멸하면서 '룸펜프롤레타리아'라고 뭉뚱그려서 말한다. 또한 디킨스는 예상과 다르게 범죄자들에 대해서도 그리 아량이 넓지 못하다. 그는 범죄의 사회적, 경제적 원인들을 잘 알았지만 단 한 번이라도 법률을 위반하면 인간 사회 밖으로 추방해야 한다는 인식을 내보인다. 『데이비드 코퍼필드』의 마지막 장에서 데이비드는 래티머Latimer와 유라이어 힙이 복역 중인 감옥을 방문한다. 찰스 리드는 『고치기에 결코 늦지 않다It is Never too Late to Mend』에서 끔찍한 '모범 감옥model prison'들의 가혹함에 맹렬한 공격을 퍼부었지만, 디킨스는 실제로 그 감옥들이 너무나 인도적이라고 생각하는 듯하다. 디킨스는 모범 감옥의 음식이 너무 좋다고 불평한다! 그는 범죄나 최악의 가난을 마주할 때마다 "나는 언제나 스스로의 품위를 지켜왔다"라고 생각하는 습관을 내보인다. 『위대한 유산』에서 핍이 매그위치Magwitch를 대하는 태도(결국에는 디킨스 자신의 태도)는 아주 흥미롭다. 핍은 자신이 조Joe에게 배은망덕했다는 것은 늘 의식하면서도 매그위치에게 저지른 배은망덕에 대해서는 그런 느낌이 덜하다. 여러 해 동안 자신에게 은혜를 베풀어온 사람이 사실은 유형수라는 사실을 알았을 때 그는 과도한 혐오감에 빠진다. "설사 그 남자가 맹수였다고 하더라도 내가 느꼈던 그 혐오감, 내가 품었던 그 공포, 나를 뒷걸음질 치게 했던 그 염증이 그보다 더 크지는 않았으리라. 등등, 등등." 우리가 텍스트에서 발견한 바에 따르면 핍이 이런 반응을 보이는 것은 어릴 적에 교회 묘지에서 매그위치에게 협박을 당했기 때문이 아니다. 단지 매그위치가 범죄자이고 죄수이기 때문이다. 그리하여 핍이 매그위치의 돈을 받을 수 없다고 느끼는 그 당연한 태도는 "나는 언제나 스스로의 품위를 지켜왔다"라고 생각하는 습관을 드러낸다. 그 돈은 범죄행위로 얻어진 것이 아니라 정직하게 번 것이었지만, 어디까지나 전과자의 돈이고 따라서 '오염된' 돈이다. 이런 태도에는 심리적으로 잘못된 것이 없다. 심리학적으로 볼 때 『위대한 유산』의 후반부는 디킨스가 써낸 작품 중에서 최고의 것이다. 이 후반부에서 우리는 "그래, 핍이라면 정말 그렇게 행동했을 거야"라고 느낀다. 그러나 매그위치의 문제에서 디킨스는 핍을 자신과 동일시하는데, 그런 태도는 근본적으로 다른 사람보다 자신이 우월하다고 생각하는 속물적 인간의 태도이다. 그 결과, 매그위치는 폴스태프Falstaff나 돈키호테Don Quixote와 같은 기묘한 부류의 인물에 속하게 되어 작가의 의도보다 더 연민을 자아내는 사람이 되어버린다.

범죄자가 아니라 정직하게 일하는 보통의 가난한 사람일 경우에 디킨스는 전혀 경멸의 태도를 보이지 않는다. 그는 페고티 가족이나 플로니시 가족 같은 사람들에게는 진정한 존경의 마음을 품고 있다. 그러나 그가 이들을 동등한 사람으로 보는지는 의문이다. 『데이비드 코퍼필드』 11장과 디킨스의 자서전적 기록들(포스터Foster의 『찰스 디킨스의 생애Life of Charles Dickens』에도 이 부분이 인용되어 있다)을 나란히 놓고 읽어보면 아주 흥미롭다. 이 부분은 구두약 공장에서 일하던 시절을 회고한 것인데, 소설에서보다 그의 감회가 더욱 강렬하게 피력되어 있다. 그로부터 20년이 지났는데도 그 기억이 너무나 고통스러워서 스트랜드의 그 지역은 일부러 빙 둘러서 돌아간다고 적었다. "나의 맏아이가 말을 하기 시작한 이후에도" 그 지역을 지나가면 "나는 눈물이 났다"라고 말한다. 그 텍스트가 분명하게 밝혀주는 것은 그때나 20년 후에나 그를 가장 고통스럽게 했던 것은 '저급한' 동료들과 강제로 어울려야 했다는 사실이다.

이런 저급한 친구들과 어울려야 했을 때 내가 느낀 영혼의 은밀한 고뇌는 어떤 말로도 표현할 수 없다. 나의 행복한 어린 시절에 함께 어울렸던 친구들과 비교하면 더욱 비참했다. (…) 그러나 나는 구두약 공장에서도 어느 정도 지위를 갖게 되었다. (…) 나는 다른 소년들 못지않게 내 두 손을 신속하고 숙련되게 놀렸다. 그들과 아주 친숙했으나 나의 행동과 태도는 그들과 충분히 달라서 우리 사이에 일정한 거리를 둘 수 있었다. 그들과 어른들은 언제나 나를 "어린 신사"라고 불렀다. 어떤 남자는 (…) 나한테 말을 걸면서 "찰스"라고 불렀지만 그건 우리가 아주 내밀한 이야기를 나눌 만큼 서로 친해졌을 때의 이야기였다. (…) 폴 그린은 한번은 벌떡 일어서서 "어린 신사"라는 호칭에 반감을 표시했다. 그러나 밥 페이긴이 그를 곧 제압했다.

당신도 알다시피 "우리 사이에 일정한 거리"가 있어야 한다는 것은 당연한 일이었다. 디킨스는 아무리 노동자계급을 존경한다 해도 그들을 닮을 생각은 없었다. 그의 출신배경과 활동 시대를 생각해볼 때 그렇게 될 수밖에 없었다. 19세기 초에는 계급 간 적대심이 오늘날처럼 첨예하지 않았으나, 계급과 계급 사이의 표면적 차이점들은 엄청나게 컸다. '신사'와 '보통 사람'은 마치 다른 종의 동물인 것처럼 보였다. 디킨스는 부자 대 빈자의 갈등에서 진심으로 빈자의 편을 들었지만, 노동자계급의 초라한 외양을 오명 대신 아무렇지도 않게 받아들이는 것은 그로서는 불가능한 일이었다. 톨스토이의 한 우화에서 어떤 마을의 농민들은 타관 사람이 도착할 때마다 그 손을 보고서 입촌 여부를 결정한다. 만약 그의 손바닥이 일을 많이 해서 단단하게 굳어 있으면 마을에 들였다. 그러나 부드러운 손바닥이면 마을을 떠나라고 했다. 이런 이야기는 디킨스로서는 이해하기 어려울 것이다. 그의 모든 주인공은 부드러운 손바닥을 갖고 있기 때문이다. 그의 젊은 주인공들—니콜라스 니클비, 마틴 처즐위트, 에드워드 체스터Edward Chester, 데이비드 코퍼필드, 존 하먼John Harmon —은 일반적으로 '걸어 다니는 신사walking gentleman(신사 계층에 속하지만 경제적으로 궁핍하여 일자리를 찾아 돌아다녀야 했던 19세기 중산층 남성 - 옮긴이)'로 알려진 유형이다. 디킨스는 부르주아의 외양과 부르주아의 (귀족적이지 않은) 억양을 좋아한다. 이에 따르는 한 가지 기이한 징후가 있는데, 그는 주인공 역할을 하는 사람들에게는 노동자 어투를 부여하지 않는다는 것이다. 샘 웰러 같은 익살스러운 주인공이나 스티븐 블랙풀같이 단지 연민만 자아내는 인물은 노골적인 사투리를 쓸 수 있지만 젊은 주역은 언제나 BBC 표준어를 쓴다. 그게 우스꽝스러워 보여도 그건 언제나 그렇다. 가령 어린 핍은 심한 에식스 사투리로 말하는 사람들 손에서 크지만, 아주 어린 시절부터 상류층 영어를 사용한다. 그러나 실제로는 조나 가저리Gargery 부인 같은 사투리를 썼을 것이다. 이런 사정은 비디 왑설Biddy Wopsle, 리지 헥섬Lizzie Hexam, 시시 주프Sissie Jupe, 올리버 트위스트, 리틀 도릿도 마찬가지다. 심지어 『어려운 시절』의 레이첼Rachel도 랭커셔 사투리를 거의 쓰지 않는데 작중 환경으로 보아 그건 불가능한 일이다.

계급 문제에 대하여 소설가의 본심을 파악하게 해주는 한 가지 단서는, 계급이 성sex과 충돌할 때 그가 취하는 태도이다. 이것은 너무나 고통스러운 문제여서 거짓말을 할 수가 없고, 그래서 "나는 속물이 아니다"라는 태도가 허물어지기 쉬운 지점이기도 하다.

이 계급과 성의 충돌은 계급 구분이 곧 피부색 구분으로 나타나는 곳에서 가장 분명하게 드러난다. 그리고 식민주의적 태도('원주민' 여자는 만만한 사냥감이지만 백인 여자는 신성불가침의 존재이다)가 베일에 가려진 형태로 모든 백인 공동체에 깔려 있어서 양측에 씁쓸한 적개심을 안긴다. 이 문제가 발생하면 소설가들은 평소에는 부정했던 노골적 계급 감정으로 돌아가곤 한다. '계급의식'의 반작용을 보여주는 좋은 사례는 앤드루 바턴Andrew Barton이 쓴, 다소 잊힌 소설 『클롭턴 사람들The People of Clopton』이다. 디킨스의 도덕적 규범은 계급 증오와 뒤섞여 있다. 그는 부자가 가난한 집의 딸을 유혹하는 것은 극악무도하게 더럽히는 행위로 파악하면서, 가난한 계급의 남자가 그녀를 유혹하는 것과는 경우가 아주 다르다고 느낀다. 트롤럽은 이 주제를 『세 명의 서기The Three Clerks』와 『앨링턴의 작은 집The Small House at Allington』에서 두 차례 다루었는데, 우리가 예상했던 대로 전적으로 상류층의 각도에서 접근한다. 그가 볼 때 상류층 인사가 술집 여종업원이나 하숙집 여주인 딸과 통정하는 것은 단지 피해야 할 '부적절한 성적 관계'에 지나지 않는다. 트롤럽의 도덕적 기준은 엄격하여 여자를 유혹하는 사건이 실제로 벌어져서는 안 된다는 입장이지만, 언제나 노동자계급 여성의 감정은 그리 중요하지 않다고 암시한다. 『세 명의 서기』에서 그는 그 여자에게서 '냄새가 난다'

고 묘사하면서 전형적인 계급 반응을 드러내기까지 한다. 메러디스는 『로다 플레밍Rhoda Fleming』에서 좀 더 '계급을 의식하는' 관점을 취한다. 새커리는 이 문제와 관련하여 종종 망설이는 모습을 보인다. 『펜던니스』에 등장하는 하숙집 딸인 패니 볼턴Fanny Bolton의 경우, 새커리의 태도는 트롤럽과 대동소이하지만 『영락한 신사 이야기A Shabby Genteel Story』에서는 메러디스의 입장에 더 가깝다.

우리는 이처럼 계급과 성이라는 주제를 어떻게 다루는지만 가지고서도 트롤럽, 메러디스, 바턴의 신분 배경에 대해서 상당히 많은 것을 짐작할 수 있다. 디킨스의 경우도 마찬가지인데 그는 프롤레타리아보다는 중산층을 자신과 동일시하는 경향을 보인다. 이와 반대되는 단 하나의 사건은 『두 도시 이야기』에서 마네트Manette 박사의 원고에 등장하는 농가의 어린 소녀 이야기다. 하지만 이 농민 소녀 이야기는 의상극에 불과한데, 드파르주 부인의 한없는 증오를 설명하기 위해 삽입됐을 뿐이다. 디킨스는 그런 증오에 찬성하는 척도 하지 않는다. 『데이비드 코퍼필드』에서 19세기의 전형적인 여성 유혹 사건을 다룰 때 디킨스는 계급 문제를 그리 중요하게 보지 않는다. 성적 비행은 처벌을 모면하지 못한다는 것이 빅토리아시대 소설의 불문율이었고, 그래서 스티어포스Steerforth(『데이비드 코퍼필드』에 나오는 데이비드의 친구로서 에밀리 페고티를 유혹했다 – 옮긴이)는 야머스 해변의 모래톱에서 익사한다. 하지만 디킨스도, 늙은 페고티도, 심지어 햄Ham조차 스티어포스가 부잣집 아들이어서 그 범죄의 죄질이 더욱 가중

된다고 느끼지 않는다. 스티어포스 집안은 계급적인 동기에 의해 움직이지만 페고티 가족은 그렇지 않다. 이것은 스티어포스 부인과 늙은 페고티 사이에서 벌어진 장면에서도 그러하다. 만약 그들이 계급적 동기에 따라 움직인다면 그들은 스티어포스뿐만 아니라 데이비드도 적대시했을 것이다.

『우리가 서로 아는 친구』에서 디킨스는 유진 레이번Eugene Wrayburn과 리지 헥섬의 에피소드를 아주 사실적으로 다루었고 계급적 편견은 전혀 드러내지 않는다. "이 괴물아, 내게서 손을 떼거라"의 전통에 따르면 리지는 유진을 '거부하거나', 아니면 그에게 버림을 받고 워털루 다리에서 투신자살해야 옳다. 유진도 무정한 배신자이거나 사회에 결연히 도전하는 영웅이 되어야 한다. 하지만 두 남녀는 모두 조금도 이렇게 행동하지 않는다. 리지는 유진의 접근에 겁을 먹고 달아나지만 그를 싫어하는 척하지는 않는다. 유진은 그녀에게 매혹됐지만 너무 점잖은 도덕적 남자라서 그녀를 유혹할 생각은 하지 못하고 또 그의 집안 때문에 감히 결혼할 엄두도 내지 못한다. 마침내 두 사람은 결혼을 하지만 그것 때문에 누구도 더 나빠지지는 않는다. 단지 트웸로Twemlow 씨의 저녁 약속 몇 번이 취소됐을 뿐이다. 이런 결말은 실제 생활에서 벌어질 법한 양상 그대로이다. 하지만 '계급 의식적인' 소설가는 리지를 브래들리 헤드스톤Bradley Headstone(리지를 사랑하는 가난한 계급 출신의 학교 신생인데 리지는 이 남자의 청혼을 거부한다 - 옮긴이) 에게 짝지어주려 했을 것이다.

그런데 정반대의 경우, 그러니까 가난한 사람이 그보다 '위'에 있는 여자를 소망할 때 디킨스는 즉시 중산층의 태도로 후퇴한다. 그는 여자(일반적으로 말해서 훌륭한 여자)는 남자보다 '위'에 있다는 빅토리아풍 여성관을 좋아한다. 핍은 에스텔라Estella가 그보다 '위'에 있다고 느낀다. 에스터 서머슨Esther Summerson은 구피 Guppy '위'에 있고, 리틀 도릿은 존 치버리John Chivery보다 '위'에 있으며, 루시 마네트Lucy Manette는 시드니 카턴보다 '위'에 있다. 이런 몇몇 경우에 '위'에 있다는 것은 단지 도덕적인 의미지만, 나머지 다른 경우들에는 사회적인, 즉 계급적인 의미다. 데이비드 코퍼필드는 유라이어 힙이 아그네스 윅필드Agnes Wickfield와 결혼하려고 음모를 꾸미고 있다는 것을 알았을 때 명백한 계급 반응을 보인다. 혐오스러운 유라이어는 갑자기 자신이 그녀를 사랑하고 있다고 선언한다.

"오, 코퍼필드 도련님, 저는 아그네스가 걸어간 땅조차도 순수한 애정으로 사랑하고 있습니다!"
나는 난로에서 뜨겁게 달구어진 불쏘시개를 꺼내서 그의 몸을 찌르고 싶은 광란의 생각을 품었다. 그 생각은 소총에서 발사된 탄환처럼 충격을 일으키며 내 몸에서 빠져나갔다. 하지만 이 붉은 머리 짐승의 그런 생각만으로도 분노를 느끼는 아그네스의 이미지가 내 마음속에 남아서 나를 어지럽게 만들었다. 내가 쳐다봤을 때 그자는 그 야비한 영혼에게 육신을 사로잡힌 것처럼 온몸을 뒤틀며 삐딱하게 앉아 있었다. (…) "나는 아그네스 윅필드가 당신보다는 훨씬 위에 있고(데이비드는 나중에 말한다), 또

저 달만큼이나 당신의 소망으로부터 멀리 떨어져 있다고 생각합니다!"

힙의 전반적인 비천함—굽신거리는 태도, h를 발음하지 않는 버릇 등—은 소설의 전편에서 강조되므로 디킨스의 감정이 어떠한지에 대해서는 의심의 여지가 없다. 물론 힙은 악역이지만 악당이라고 해도 성적 생활은 있는 법이다. 디킨스에게 혐오감을 불러일으키는 것은 h를 발음하지 않는 자가 '순수한' 아그네스와 한 침대에 들어 있다는 생각이다. 그런데 자신보다 '위'에 있는 여자와 사랑에 빠진 남자를 조롱거리로 취급하는 것이 디킨스의 일반적인 경향이다. 말볼리오Malvolio(셰익스피어의 『십이야』에 나오는 집사-옮긴이)에서 시작되는 그 경향은 영문학사상 아주 흔한 조롱이기도 하다. 『황량한 집』의 구피도 하나의 사례이고, 존 치버리도 또 다른 사례이며, 『픽윅 클럽 여행기』의 '스와리swarry(이 단어는 'soiree(저녁 파티)'를 하층계급이 잘못 발음한 것이다-옮긴이)' 에피소드는 이 주제를 좀 악의적으로 다룬 경우이다. 여기서 디킨스는 바스에 사는 하인들을 판타지 속에서 생활하는 사람으로 설정한다. 그들은 '상전들'을 모방하여 디너파티를 열고 젊은 여주인들이 자신을 사랑한다는 망상에 빠져 있다. 디킨스는 이것을 아주 우스꽝스럽다고 생각한다. 사실 웃기는 일이긴 하다. 그렇지만 우리는 하인이 교리문답의 원리 원칙에 입각하여 자신의 지위를 받아들이는 것보다는 이런 종류의 망상을 품는 것이 더 좋지 않을까 하는 생각도 해본다.

하인들을 대하는 태도을 보면 디킨스는 시대를 앞서가는 사람이 아니다. 19세기에 가사 노동을 하는 하인들의 저항이 막 시작되어 연간 500파운드 이상의 수입을 올리는 사람들을 크게 당황하게 만들었다. 19세기에 발간된 풍자 잡지들에 엄청나게 실린 그 많은 농담이 하인들의 건방진 태도를 조롱하는 것이었다. 여러 해 동안 《펀치》는 "하녀의 주장"이라는 제목으로 일련의 농담을 게재했는데, 하인도 인간이라는 당시로써는 놀라운 사실을 다루었다. 디킨스 자신도 때때로 이런 종류의 잘못을 저지르며 하인을 깔보는 태도를 취한다. 그의 소설에는 평범한 익살스러운 하인이 많이 등장한다. 그들은 부정직하고(『위대한 유산』), 무능하고(『데이비드 코퍼필드』), 좋은 음식 앞에서도 코를 찡그리며 불평한다(『픽윅 클럽 여행기』). 디킨스는 일당백 가정부 한 사람만 두고서 혹독하게 부리는 교외 가정주부의 관점에서 이 모든 하인을 묘사하고 있다. 그런데 19세기의 급진주의자치고 좀 기이한 점이 하나 있다. 그가 하인에 대해서 호의적인 모습을 묘사하고자 할 때는 아주 봉건적인 유형으로 돌아간다는 것이다. 샘 웰러, 마크 태플리Mark Tapley, 클라라 페고티Clara Peggotty는 모두 봉건적인 인물이다. 이들은 '오래된 충복'의 장르에 속하는 사람들이다. 그들은 주인의 가족과 자신을 동일시하고 줄기찬 충성심과 완벽한 친근감을 표시한다. 마크 태플리와 샘 웰러는 어느 정도 스몰렛Smollett에서 유래한 인물들이며, 나아가 세르반테스Cervantes와도 연결된다. 하지만 디킨스가 이런 유형에 매력을 느꼈다는 것은 흥미로운 일이다. 샘 웰러의 태도는 지독할 정도로 중세적이다. 그는 픽윅 씨를 따라 플리트 감옥에 들어가기 위해 일부러 체포되고, 그 후에는 픽윅 씨가 자신의 보살핌을 필요로 한다고 생각하여 결혼하기를 거부하기까지 한다. 두 사람 사이에 이런 특징적 장면이 벌어진다.

"봉급을 받든 안 받든, 숙식을 하든 안 하든, 숙소가 있든 없든 샘 웰러는 당신이 보로에 있는 오래된 여관에서 저를 데리고 나오신 그 순간부터 당신 곁을 지킬 것입니다. 무슨 일이 벌어지든……."

"이 훌륭한 친구." 웰러 씨가 자신의 흥분을 부끄러워하며 자리에 앉자 픽윅 씨가 말했다. "자네는 그 젊은 여자도 한번 생각해 봐야 하네."

"주인님, 저는 그 젊은 여자를 생각하고 있습니다." 샘이 말했다. "지금껏 그 젊은 여자를 생각해왔어요. 그녀에게 제 사정을 다 얘기했는데 그녀는 제가 준비될 때까지 기다리겠다고 했어요. 저는 그녀가 기다릴 거라고 생각합니다. 만약 기다리지 않는다면 그녀는 제가 생각했던 그런 여자가 아닌 거지요. 그러면 저는 즉각 그녀를 포기하겠습니다."

만약 실제 상황에서 남자가 이런 식으로 말했다면 여자가 어떻게 반응할지 상상하기 어렵지 않다. 하지만 이 장면의 봉건적인 분위기를 주목할 필요가 있다. 샘 웰러는 당연히 주인을 위해 자신의 인생 몇 년을 희생할 준비가 되어 있고, 또 그 충성심을 인정받아 주인 앞에서도 의자에 앉을 수 있다. 현대의 하인이라면 그 두 가지 중 어느 것도 할 생각이 없을 것이다. 하인에 대한 디킨스의 생각은 주인과 하인이 서로 사랑해야 한다는 것 이상으로 나아가지 못한다.『우리가 서로 아는 친구』의 슬로피Sloppy는 캐릭터로서는 한심한 실패작이지만 샘 웰러와 똑같은 충성심을 보여준다. 물론 이런 충성심은 자연스럽고 인간적이며 좋아할 만한 것이다. 봉건주의 또한 그러했다.

디킨스는 평소와 마찬가지로 기존의 것을 이상화한 버전을 만들어내려 시도한 것으로 보인다. 그는 하인직이 불가피한 악으로 여겨지던 시대에 글을 썼다. 가정에는 노동을 덜어줄 기구나 장치가 전혀 없었고 부의 불평등이 극심했다. 엄청난 대가족, 허세를 부리는 과시적 식사, 불편한 집의 시대였다. 하녀는 하루 14시간씩 지하의 주방에서 고되게 일했는데도 그게 너무 당연하여 주목의 대상이 되지도 못했다. 이러한 예속의 상태를 감안하면 봉건적인 관계만이 유일하게 견딜 만한 관계이다. 샘 웰러와 마크 태플리는 치어러블 형제 못지않게 꿈같은 인물들이다. 주인과 하인의 관계가 반드시 있어야 한다면 픽윅 씨 같은 주인에 샘 웰러 같은 하인이 아주 이상적이리라. 물론 그보다 더 좋은 것은 하인이 아예 없는 사회이다. 하지만 디킨스는 아마도 이런 사회를 상상하지 못했을 것이다. 사회 내에 고도의 기계적, 기술적 발전이 이루어지지 않는다면 인간의 평등은 사실상 불가능하다. 그런데 디킨스는 그것이 상상조차 불가능하다는 걸 보여주었다.

4.

디킨스가 농업에 대해서는 일언반구 말이 없으면서도 음식 이야기는 끝없이 해댄 것은 단순한 우연의 일치가 아니다. 그는 런던 토박이였고, 배腹가 신체의 중심이듯이 런던은 지구의 중심이었다. 런던은 소비자의 도시이고, 고도로 문명화됐지만 일차적으로는 별 쓸모가 없는 사람들의 도시다. 디킨스 소설의 표면을 파고들어 그 밑으로 들어가면 19세기 소설가들이 그러하듯이 디킨스도 다소 무식하다는 것이 드러난다. 그는 일들이 실제로 벌어지는 방식에 대해서 거의 알지 못한다. 일견 이 진술은 진실이 아닌 것처럼 보일 수 있으므로 약간의 설명이 필요하다.

디킨스는 '하류 생활'—가령 채무자 감옥에서의 생활—에 대하여 생생한 인상을 갖고 있다. 그리고 그는 인기 높은 대중소설가였으므로 보통 사람들에 대해서 글을 쓸 수 있었다. 이것은 19세기를 대표하는 영국 소설가들이라면 다 그러했다. 그들은 자신이 살고 있는 세상을 편안하게 여겼다. 반면에 오늘날의 작가들은 너무나 절망적으로 소외되고 고립되어 소설가 자신에 관한 소설이 전형적인 현대소설로 자리 잡았다. 가령 조이스는 '보통 사람'과 접촉하려고 10여 년 동안 꾸준히 노력했지만 그가 묘사한 '보통 사람'은 결국 유대인, 그것도 약간 유식한 유대인으로 낙착됐나. 디킨스는 적어도 이런 종류의 문제로 고통받지는 않았다. 그는 보편적인 동기, 즉 사랑, 야망, 탐욕, 복수 등을 도입하는 데 전혀 어려움을 느끼지 않았다. 하지만 그가 눈에 띌 정도로 언급을 회피한 것은 바로 일(직업)이었다.

디킨스 소설에서 일의 성격을 가진 것들은 모두 무대 밖에서 벌어진다. 그의 주인공들 중에서 유일하게 그럴듯한 직업을 가진 인물은 데이비드 코퍼필드이다. 그는 디킨스와 마찬가지로 처음에는 속기사로 일하다가 소설가가 된다. 그 외의 등장인물들에 대해서 말해보자면 그들이 생계를 위해 돈을 벌어들이는 방식은 대체로 배경에 머무르고 있다. 예를 들어 핍은 이집트에서 "사업을 벌였다"라고 되어 있지만 구체적으로 무슨 사업인지는 설명하지 않는다. 핍의 직업과 관련된 묘사는 그 책의 반 페이지 정도를 차지할 뿐이다. 클레넘Clennam(『리틀 도릿』의 남자 주인공 - 옮긴이)은 중국에서 구체적으로 거명되지 않은 어떤 사업을 하다가 나중에 도이스Doyce와 함께 또 어떤 사업을 하는데 이 역시 구체적인 설명이 없다. 마틴 처즐위트는 건축가이지만 그 일을 별로 많이 하는 것 같지 않다. 어떤 경우에도 이들 인물의 모험이 그 직업과 관련되어 벌어지지는 않는다. 이 점에서 디킨스는 트롤럽과 극명한 대조를 보인다. 이렇게 된 한 가지 이유는 의심할 여지 없이 디킨스가 등장인물에 부여한 직업에 대해서 아는 바가 별로 없다는 것이리라. 그래드그라인드의 공장에서는 실제로 어떤 일이 벌어지고 있는가? 팻스냅은 어떻게 돈을 버는가? 머들Merdle은 어떤 수법으로 사기를 치는가? 디킨스는 트롤럽처럼 의회 선거나 증권거래소 사기 사건의 세부 사항을 파고들지 못한다. 그는 무역, 금융, 산업, 정치를 다루어야 할 때면 애매모호하게 넘어가거나 풍자 속으로 피신해버린다. 그가 상당히 잘 알고 있었으리라 짐작되는 법률 소송 과정에 대해서도 역시 그러하다. 디킨스 소설에 나오는 소송과 트롤럽의 『올리 농장Orley Farm』에서 다루어진 소송을 한번 비교해보라.

이것은 부분적으로 디킨스 소설에서 불필요한 가지처럼 뻗어나가는 이야기들, 저 지루한 빅토리아풍 '플롯'이 존재하는 이유를 설명해준다. 물론 그의 소설이 모두 이런 식이라는 이야기는 아니다. 『두 도시 이야기』는 단순하면서도 아주 훌륭한 스토리이고, 또 방식이 약간 다르기는 하지만 『어려운 시절』 또한 그러하다. 그러나 이 두 소설은 언제나 "디킨스답지 못하다"라는 이유로 배척되는 작품들이다. 공교롭게도 이 두 소설은 잡지에 매달 연재하는 방식으로 출간되지 않았다.[12] 이 두 1인칭 소설은 하부 플롯을 제외하면 훌륭한 이야기다. 그러나 전형적인 디킨스 소설, 즉 『니콜라스 니클비』, 『올리버 트위스트』, 『마틴 처즐위트』, 『우리가 서로 아는 친구』 등은 언제나 멜로드라마의 틀을 중심으로 존재한다. 이런 소설들을 읽은 독자는 그 중심 이야기는 별로 기억하지 않는다. 그렇지만 그 소설들의 어떤 개별적 페이지들을 생생하게 기억하면서 죽을 때까지 간직한다. 디킨스는 아주 강렬

---

[12] 『어려운 시절』은 주간지 《하우스홀드 워즈Household Words》에, 『두 도시 이야기』는 주간지 《올 더 이어 라운드All the Year Round》에 연재됐다. 포스터는 주간지 연재는 원고 분량이 짧아서 "각 연재분으로 충분한 흥미를 유발하기가 훨씬 어렵다"라고 말한다. 디킨스 자신도 "움직일 공간"이 없다고 불평했다. 다시 말해서 다른 작품들에 비하여 그는 스토리에 좀 더 밀착하면서 글을 써야 했다. [작가의 각주]

하고 생생하게 인간을 묘사하지만 언제나 개인적 생활 속의 사람을 본다. 즉 개성이 넘치는 '캐릭터'로서 볼 뿐, 사회 내에서 일정한 기능을 하는 구성원으로는 보지 않는다. 다시 말해 그는 인물들을 정태적인 관점으로 보았다. 그 결과, 그가 가장 큰 성공을 거둔 작품은 『픽윅 클럽 여행기』가 되는데, 이 작품은 전혀 스토리가 아니고 일련의 스케치일 뿐이다. 인물들의 성격을 발전시키려는 시도는 하지 않는다. 그래서 인물들은 일종의 영원 속에서 백치처럼 행동하며 계속 살아나간다. 디킨스가 이 인물들을 행동하도록 만드는 순간, 멜로드라마가 시작된다. 그는 인물들이 자신의 일상적인 직업을 중심으로 행동하도록 전개시키지 못한다. 그리하여 우연의 일치, 음모, 살인, 변장, 매장된 유언장, 오랫동안 실종된 형제 등으로 이루어진 십자말풀이 같은 퍼즐이 나와서 그에 따라 행동하도록 앞으로 밀어낸다. 결국에는 스퀴어즈나 마이코버 같은 인물들도 이런 장치 속으로 빠져든다.

물론 디킨스를 가리켜 모호하게 글을 쓰는 멜로드라마 작가라고 말하는 것은 어리석은 일이다. 그가 쓴 것들은 많은 부분에서 지극히 사실적이고, 또 시각적 이미지를 환기하는 능력은 아마도 따라올 자가 없을 것이다. 디킨스가 작심하고 어떤 것을 제대로 묘사해놓으면 독자는 그 장면을 평생 기억하게 된다. 그렇지만 어떻게 보면 그런 구체적인 묘사력은 그가 어떤 것을 놓치고 있다는 표시이기도 하다. 왜냐하면 그것은 구경꾼이 우연히 본 것, 가령 겉으로 드러난 외양, 대상의 비기능적 표면에 불과하기 때문이다. 어떤 풍경에 깊숙이 개입되어 있는 사람은 그 풍경을 보지 못한다. 디킨스는 외양을 멋지게 묘사할 수 있지만, 종종 그 외양에 도달하는 과정은 묘사하지 못한다. 그가 사람들의 기억 속에 생생하게 남겨놓는 그림은 거의 언제나 한가한 순간에 시골 여관의 커피룸이나 승합마차의 창문으로 흘낏 본 것들이다. 그가 주목한 종류는 여관 간판, 놋쇠 문고리, 그림이 그려진 주전자, 가게와 개인 주택의 내부, 의복, 얼굴, 그리고 무엇보다도 음식이다. 이 모든 것이 소비자의 관점에서 관찰된다. 코크타운을 묘사할 때도 그는 약간 혐오감을 느끼는 남부 여행자가 관찰하는 것처럼 이 랭커서 소도시의 분위기를 몇 단락 내에 그려낸다. "그 소도시에는 검은 운하가 있었고, 나쁜 냄새를 풍기는 염료가 흘러들어 보라색으로 변한 강이 흘렀으며, 창문이 가득한 건물들이 빽빽하게 들어서 있었다. 그 창문들은 하루 종일 흔들리며 덜거덕거리는 소리를 냈고, 건물 안에서는 증기기관의 피스톤이 위아래로 단조롭게 작동하고 있었는데 그 모습이 마치 우울한 광기에 빠진 코끼리의 머리 같았다." 이 정도가 디킨스가 공장의 기계류를 묘사한 장면이다. 하지만 같은 광경이라도 목면 공장의 엔지니어나 목면 중개인은 이 기계류를 다르게 볼 것이고, 그들은 코끼리 머리 운운하는 이런 인상주의적 묘사를 결코 하지 못할 것이다.

약간 다른 의미에서 살펴볼 때 인생에 대한 디킨스의 태도는 아주 비물리적이다. 그는 손과 근육을 이용하여 생활한다기보다 눈과 귀를 가지고 살아가는 사람이다. 그렇지만 이렇게 말한다고 해서 그가 습관적으로 죽치고 앉아서 지내기만 했던 것은 아니다. 신통치 못한 건강과 체격에도 불구하고 디킨스는 거의 쉬지 않는다고 할 정도로 활동적이었다. 그는 평생 동안 걷기를 아주 좋아했고 무대배경을 설치할 수 있을 정도로 목공을 잘했다. 하지만 두 손을 써야 할 필요를 느끼는 사람은 아니었다. 가령 그가 배추밭에서 흙구덩이를 파는 모습을 상상하기는 어렵다. 그는 농업에 관해서 뭔가 알고 있다는 증거를 보여준 적이 없고, 또 각종 게임이나 스포츠도 전혀 알지 못했다. 권투 같은 것에는 아예 취미가 없었다. 그가 글을 썼던 시대적 상황을 감안하면 디킨스 소설 속에 신체적 폭력이 거의 나오지 않는다는 건 놀라운 일이다. 예를 들어 마틴 처즐위트와 마크 태플리는 권총과 사냥용 단도로 끊임없이 위협해대는 미국인들에게 지나치게 온화하게 대한다. 평균적인 영국 소설가나 미국 소설가라면 이들이 상대방의 턱에 일격을 날리거나 온 사방으로 권총을 쏘아대는 장면으로 묘사했을 것이다. 디킨스는 너무 고상하고 점잖아서 그렇게는 하지 못한다. 그는 폭력의 어리석음을 잘 알고 있으며, 또 상상으로라도 상대방의 턱에 주먹질하지 않는 조심스러운 도시 중산층이다. 스포츠를 대하는 그의 태도는 사회적 감정과 뒤섞여 있다. 영국에서는 주로 지리적 이유들 때문에 스포츠, 특히 야외 스포츠와 속물근성은 아주 긴밀하게 연결되어 있다. 영국 사회주의자들은 레닌이 총기 사냥을 좋아했다는 이야기를 들으면 잘 믿지 않는다. 그들이 보기에 총기 사냥이나 수렵 등은 상류층 지주계급의 속물적 취미에 지나지 않기 때문이다. 그들은 이런 것들이 러시아처럼 거대한 광야에서는 전혀 다르게 인식된다는 것을 잊어버린다.

디킨스의 관점에서 볼 때 거의 모든 종류의 스포츠가 기껏해야 풍자의 대상이 될 뿐이다. 따라서 19세기 생활의 한 단면 — 권투, 경마, 닭싸움, 오소리 사냥, 밀렵, 쥐잡기, 즉 서티즈Surtees의 소설에 덧붙여진 리치Leech의 삽화가 고스란히 보여주는 이 생활은 디킨스의 범위에서 완전히 벗어나 있다.

겉보기에 '진보적인' 급진주의자치고 좀 더 놀라운 점은 디킨스가 기계류에 무지하다는 것이다. 그는 기계의 세부 사항이나 그 기계가 할 수 있는 일에 관심을 보이지 않는다. 기싱이 지적했듯이 디킨스는 어디에서도 승합마차 여행을 묘사하는 열정으로 기차 여행을 묘사한 바가 없다. 거의 모든 디킨스 소설에서 우리는 등장인물들이 1825년을 중심으로 살고 있다는 기이한 느낌을 받는다. 사실 그는 이 시기로 거듭거듭 되돌아가는 경향을 보인다. 1850년대 중반에 집필된 『리틀 도릿』은 1820년대 후반을 다루고 있다. 『위대한 유산』(1861년)은 연대가 명시되어 있지 않지만 분명 1820년대와 1830년대를 다루고 있다. 현대 세계를 가능하게 만든 여러 발명과 발견(전신, 후장총, 탄성고무, 석탄가스, 나무펄프 종이)은 디킨스 생전에 처음 등장했으나, 이 소설가는 그런 것들을 소설에서 거의 언급하지 않는다. 『리틀 도릿』에서 도이스의 '발명품'을 아주 모호하게 얘기하는 것은 참으로 기이한 장면이다. 그것은 아주 기발한 혁명적 제품이고, "그의 국가와 동포에게 아주 중요한" 것으로 묘사될 뿐만 아니라 소설 속에서 사소하지만 중요한 연결고리 역할까지 한다. 그렇지만 그 '발명품'이 구체적으로 무엇인지 얘기해주지 않는다! 반면에 도이스의 신체적 특징에 관해서는 전형적인 디킨스풍 필치를 발휘하며 자세히 묘사한다. 그는 엔지니어답게 엄지손가락을 움직이는 방식이 특이하다. 그런 묘사가 나온 후에야 도이스는 독자의 기억에 확고하게 자리 잡는다. 그러나 으레 그렇듯이 디킨스는 외부적인 것만 집착적으로 묘사함으로써 그런 효과를 만들어낸다.

기계치이지만 기계가 가진 사회적 가능성을 내다볼 줄 아는 사람들이 있다(테니슨Tennyson이 그런 사람이었다). 디킨스는 그런 기질도 갖고 있지 못하다. 그는 미래를 거의 의식하지 않는다. 그가 인간의 진보를 말할 때면 으레 도덕적 진보의 관점을 취한다. 인간이 앞으로 점점 더 나아져야 한다는 것이다. 아마도 그는 기술적 발전이 허용하는 범위 내에서만 인간이 더 나아질 수 있다는 점을 인정하려 들지 않을 것이다. 바로 이 지점에서 디킨스와 그의 현대판 후계자인 H. G. 웰스 사이의 간극이 가장 넓어진다. 웰스는 목에 맷돌을 걸듯이 미래를 두르고 다니지만, 디킨스의 비과학적인 사고방식은 다른 방식으로 그에게 피해를 입혔다. 그 때문에 디킨스는 적극적인 태도를 가지는 것이 더 어려워졌다. 그는 봉건적, 농업적 과거에 적대적이었고 산업을 지향하는 현재와도 접촉하지 않았다. 그렇다면 그에게 남아 있는 것은 미래(즉 과학, '진보' 등)뿐인데 이런 것들도 그의 머릿속에 들어오지 않았다. 따라서 그는 눈에 보이는 것을 전부 공격하면서도 이렇다 할 뚜렷한 비교 기준을 갖지 못했다. 내가 앞에서 지적했듯이 그는 정의감에 불타서 당대의 교육제도를 공격하지만, 지금보다 더 친절한 학교 교사 이외에는 이렇다 할 시정책이 없다. 왜 그는 학교가 어떻게 개선돼야 한다고 제시하지 않는가? 왜 아들들을 그 자신의 계획에 따라 교육하지 않고 그 대신에 기존의 명문 사립학교에 보내 그리스어 단어나 머릿속 가득히 외우게 했는가? 그에게는 그처럼 과감하게 벗어나는 상상력이 부족했기 때문이다. 그는 도덕적 감각은 확실히 갖추었지만 지적 호기심은 거의 없었던 것이다. 또 디킨스에게는 아주 중대한 결점이 하나 있었다. 이 때문에 19세기는 우리에게서 아주 멀리 떨어져 있는 것처럼 느껴지는데, 그가 일, 즉 노동work에 대하여 어떤 이해도, 이상도 가지고 있지 않았다는 것이다.

데이비드 코퍼필드(디킨스 자신)라는 다소 의심스러운 경우를 제외하고, 우리는 자신의 직업에 일차적인 관심을 보이는 디킨스의 핵심 인물을 단 한 명도 만나볼 수가 없다. 그의 주인공들은 특정한 직업에 열정적인 흥미를 느껴서 일을 하는 것이 아니라 생활비를 벌어들이고 여주인공과 결혼하기 위해 일한다. 예를 들어 마틴 처즐위트에게는 반드시 건축가가 되어야 한다는 열망이 없다. 그는 의사나 법률가가 될 수도 있다. 아무튼 전형적인 디킨스 소설에서는 끝부분에 가면 기계장치의 신 '데우스 엑스 마키나'가 황금 주머니를 가지고 나타나고, 주인공은 더 이상 힘들게 일해야 할 의무에서 면제된다. "나는 이 일을 하기 위해 이 세상에 왔어. 그 외의 나머지 일들은 다 시시해. 나는 굶어 죽는 한이 있더라도 이 일을 해야 돼"라는 생각을 가지고 있어야 다양한 기질의 사람들이 그에 따라 과학자, 발명가, 예술가, 성직자, 탐험가, 혁명가가 되는 것이다. 이런 모티프가 디킨스의 소설들에서는 거의 전적으로 결여되어 있다. 잘 알려진 바와 같이 디킨스 자신은 노예처럼 일했고, 다른 소설가들과는 비교가 되지 않을 정도로 글 쓰는 일을 철저히 신봉했다. 그러나 소설 쓰기(그리고 아마도 연기하기)를 제외하고 이처럼 헌신적으로 몰두할 수 있는 직업이 또 있으리라고 그는 상상하지 못하는 것 같다. 사회에 대한 그의 부정적 태도를 감안할 때 이런 반응은 당연한 것이다. 결국 디킨스는 누구나 지켜야 하는 예절 이외에 존중하는 것이 아무것도 없다. 과학에는 흥미가 없고, 기계류는 잔인하고 흉측하다(코끼리 머리). 사업은 바운더비 같은 악당이나 하는 것이다. 정치는 타이트 바너클 같은 자에게 맡겨두면 된다. 그러고 나면 여주인공과 결혼하고 안착하여 빚 안 지고 살면서 남들에게 친절하게 대하는 것 이외에는 인생의 목적이 없다. 이런 일들은 사회생활보다는 개인 생활에서 훨씬 잘할 수 있다.

여기에서 우리는 디킨스의 상상력에 숨겨진 은밀한 배경을 짐작해볼 수 있다. 그는 무엇을 가장 바람직한 생활 방식이라고 생각하는가? 삼촌과 화해한 마틴 처즐위트, 돈과 결혼한 니콜라스 니클비, 보핀 덕분에 부자가 된 존 하먼은 그다음에 무엇을 했나? 그 대답을 하자면 그들은 아무것도 하지 않았다. 니콜라스 니클비는 아내의 돈을 치어러블 형제에게 투자하여 "부유하고 번성하는 상인"이 되었지만 곧바로 데번셔로 은퇴했으므로, 우리는 그가 일을 별로 하지 않았으리라고 상상할 수 있다. 스노드그래스Snodgrass 부부는 "자그마한 농장을 사서 경작했는데 돈벌이보다는 소일거리를 위해 그렇게 했다". 디킨스의 소설들은 대부분 이런 분위기에서 끝이 난다. 일종의 빛나는 게으름의 생활을 맞이하는 것이다. 그가 일을 하지 않는 젊은이들(하트하우스Harthouse, 해리 가우언Harry Gowan, 리처드 카스톤Richard Carstone, 개과천선하기 이전의 레이번)을 못마땅하게 여길 때도 있다. 그것은 그들이 냉소적이고 부도덕하거나 다른 사람에게 부담을 주기 때문이다. 만약 당신이 '선량하고' 또 자급자족이 된다면 투자 배당금을 받아서 앞으로 50년 동안 아무 일도 하지 않고 살아도 전혀 문제가 없는 것이다. 가정생활만 있으면 언제나 충분하다. 어쨌든 이것이 디킨스 시대의 일반적인 관점이었다. "충분한 자산으로 자급자족하는 고상한 집안", "재력", "독립적인 수입을 가진 신사" (혹은 "여유롭고 편안한 환경") 등의 문구는 18세기와 19세기 중산층 부르주아의 괴상하고 공허한 꿈을 잘 말해준다. 그것은 완벽한 게으름을 바라는 꿈이다. 찰스 리드는 『현찰Hard Cash』의 끝부분에서 이런 꿈을 완벽하게 보여준다. 이 소설의 주인공인 앨프리드 하디Alfred Hardie는 전형적인 19세기 소설의 주인공(명문 사립학교 스타일)으로, 리드가 '천재'에 가깝다고 한 재능을 가진 사람이다. 그는 이튼 학교 출신으로 옥스퍼드 대학의 장학생이고, 대부분의 그리스와 로마 고전들을 암기하며, 프로 권투선수와 복싱을 할 수 있고, 또 헨리에서 열리는 다이아몬드 스컬스 조정 경기에서도 우승할 수 있다. 그는 믿기 어려운 여러 모험을 겪으면서 완벽한 영웅 정신을 발휘하다가 스물다섯에 큰 재산을 상속받고, 줄리아 도드Julia Dodd와 결혼하여 리버풀 교외에 있는 장인, 장모가 사는 집에서 함께 안착한다.

그들은 앨프리드 덕분에 앨비언 빌라에서 모두 함께 살았다. (…) 오, 너 행복한 작은 빌라여! 너는 필멸의 인간이라면 모두 그 속에서 살기를 바라는 천국과도 같았다. 그러나 너의 네 벽이 행복한 식구들을 더 이상 모두 포용할 수 없는 날이 오고야 말았다. 줄리아가 앨프리드에게 사랑스러운 아들을 낳아주었다. 간호사 두 명이 더 들어왔고, 그 빌라는 터져 나갈 기미를 보였다. 두 달 뒤 앨프리드와 아내는 그 옆 빌라로 옮겨 갔다. 겨우 스무 야드 떨어져 있을 뿐이었다. 그렇게 옮겨 간 데에는 두 가지 이유가 있었다. 오랜 별거 뒤에 흔히 있는 일이지만 하늘은 도드 선장과 그 부인에게도 슬하에 데리고 놀 수 있는 또 다른 아이를 내려주었다. 등등, 등등, 등등.

이것이 전형적인 빅토리아풍 행복한 결말이다. 서로 사랑하는 서너 세대의 대가족이 한집에 함께 안온하게 살면서 굴 양식장처럼 끊임없이 자손을 번식하는 것이다. 이 생활이 암시하는, 별 노력이 필요 없는 아주 부드럽고 안락하고 편안한 생활은 정말 특기할 만하다. 이것은 스콰이어 웨스턴Squire Western(영국 소설가 헨리 필딩의 『톰 존스Tom Jones』에 나오는 인물 - 옮긴이)처럼 활력 넘치는 활동을 즐기는 격렬한 게으름도 아니다. 이것은 디킨스의 도시적 배경과 함께 깡패같이 거칠고 난폭한 행동이 오가는 스포츠나 군대 같은 삶의 측면에 그가 무관심했음을 잘 말해준다. 디킨스의 주인공들은 일단 돈을 상속받아 '안착하면' 일만 안 하는 게 아니다. 그들은 승마, 사냥, 사격, 결투를 하지도, 여배우와 야반도

주하거나 경마로 돈을 잃지도 않을 것이다. 그들은 깃털 침대로 상징되는 지나칠 정도로 안온하고 점잖은 가정에서 계속 살아갈 것이고, 아마도 옆집에 사는 친척들도 똑같은 생활을 영위할 것이다.

니콜라스가 부유하고 번창하는 상인이 되었을 때 니콜라스가 한 첫 번째 행동은 아버지의 옛집을 사들이는 것이었다. 시간이 흘러가면서 그의 주위에 서서히 사랑스러운 자녀들이 생겨나자 그 집을 개조하고 확대했다. 그렇지만 예전의 방들은 철거하지 않았고, 예전의 나무들도 뽑아내지 않았고, 과거를 회상시키는 물건들은 어떤 것도 없애거나 바꾸지 않았다.

돌을 던지면 닿을 만큼 가까운 거리에 또 다른 안식처가 있었고, 그곳도 아이들의 명랑한 목소리로 화기애애했다. 그리고 여기에 케이트가 있었다. (…) 여전히 진실하고 온유한 여인, 여전히 깊은 애정으로 헌신하는 누이, 처녀 시절과 마찬가지로 그녀 주위의 모든 것을 사랑하는 여인.

이 문단들은 리드의 소설에서 인용한 문단과 쌍둥이라고 해도 될 정도로 비슷한 가족과 혈연 중심의 배타적 분위기를 풍긴다. 분명 이것이 디킨스의 이상적인 결말이다. 이러한 결말은 『니콜라스 니글비』, 『미틴 처즐위트』, 『픽윅 클럽 여행기』에서 완벽하게 구현되며, 정도의 차이는 있지만 다른 모든 소설에서도 비슷하게 실현된다. 예외가 있다면 『어려운 시절』과 『위대한 유산』

뿐이다. 후자는 '행복한 결말'로 끝나긴 하지만, 이는 작품의 전반적인 분위기와 어울리지 않는데도 디킨스가 친구인 불워 리튼 Bulwer Lyton의 요청을 받아들여 해피 엔딩으로 끝냈다고 한다.

따라서 주인공들이 애써 실현하려는 이상은 다음과 같은 것들이다. 10만 파운드의 재산, 담쟁이넝쿨이 무성한 고풍스러운 옛집, 아주 상냥하고 여성스러운 아내, 많은 아이, 그리고 일은 하지 않아도 되는 게으른 상태 말이다. 모든 것이 안전하고 부드럽고 평화로우며, 무엇보다도 가정 내에서 벌어진다. 길 아래쪽 이끼가 자란 교회 마당에는 해피 엔딩이 오기 전에 작고한 사랑하는 사람들의 무덤이 있다. 하인들은 해학적이고 봉건적이며, 자녀들은 발치에서 재잘거리며 뛰어다니고, 오래된 친구들은 벽난로 앞에 앉아서 추억의 한담을 나눈다. 끊임없이 나오는 풍족한 음식, 차가운 펀치와 따뜻한 셰리 니거스, 깃털 침대와 잠자리를 데우는 다리미형 도구, 몸짓 놀이와 술래잡기 놀이가 벌어지는 크리스마스 파티는 있지만, 해마다 아이가 태어나는 것 이외에는 아무런 일도 일어나지 않는다. 기이한 점은 디킨스가 이런 모습을 진정한 행복이라고 생각하며, 또 그런 그림을 그려냈다는 것이다. 그런 종류의 생활을 떠올리는 것만으로도 그에게는 아주 만족스러운 일이었다. 이것 하나만 가지고도 디킨스의 첫 소설이 나온 이래로 100년 이상의 세월이 흘러갔음을 충분히 알려줄 수 있다. 어떤 현대인도 이토록 목적 없는 생활에 그토록 엄청난 활력을 부여하지는 못한다.

5.

여기까지 읽은 디킨스 애독자는 아마도 나에게 화를 낼지 모른다.

나는 순전히 그의 '메시지'라는 관점에서 논의해왔고 그의 문학적 특성은 거의 무시했다. 그러나 모든 작가, 특히 모든 소설가는 스스로 시인하든 하지 않든 '메시지'를 가지고 있으며, 그의 작품 속 세세한 부분들도 전부 그로부터 영향을 받는다. 모든 예술은 프로파간다이다. 디킨스 자신은 물론이고 대부분의 빅토리아 시대 소설가들도 이것을 부인할 생각은 하지 못할 것이다. 반면에 모든 프로파간다가 예술이 되지는 않는다. 내가 이 글의 서두에서 말한 것처럼 디킨스는 도용할 가치가 있다고 느껴지는 작가들 중 하나이다. 그는 마르크스주의자들, 가톨릭교도들, 그리고 무엇보다도 보수주의자들에게 도용됐다. 여기서 질문해야 할 것은 이런 것이다. 디킨스 작품에서 도용할 만한 것으로 무엇이 있는가? 왜 사람들은 디킨스에게 신경을 쓰는가? 왜 나는 디킨스를 신경 쓰는가?

이런 종류의 질문에는 대답하기가 쉽지 않다. 대체로 말해서 미학적 선호란 설명하기 어려운 것이거나 비미학적 동기로 왜곡된 어떤 것이다. 그래서 우리는 문학평론이라는 것이 엄청난 헛소리의 그물이 아닐까 하는 의문을 품게 된다. 디킨스의 경우에 문제를 복잡하게 만드는 요인은 누구나 그에게 친근감을 느낀다는 것이다. 그는 어린 시절에 아이들의 목구멍 속으로 마구 떠먹이는 '위대한 작가들' 중 한 사람이다. 그때는 아이들이 반항심으로 디킨스를 게워버리고 싶을 수도 있지만 생애 후반으로 가면 아주 다른 효과를 낼 수도 있다. 예를 들어 거의 모든 사람이 어린 시절에 억지로 암기한 애국시들에 은근한 애정을 느낀다. 토머스 캠벨Thomas Campbell의 「너희 영국의 선원들아Ye Mariners of England」나 앨프리드 테니슨의 「경비병대의 돌격The Charge of the Light Bridage」 같은 시가 그러하다. 그러니 사람들이 즐기는 것은 시 자체가 아니라 그 시가 불러일으키는 추억이다. 디킨스의 경우에도 그와 똑같은 연상작용이 일어난다. 대부분의 영국 가정에는 그의 책 한두 권이 주위에 나뒹굴고 있다. 많은 아이가 글자를 읽기도 전에 그의 등장인물들을 눈으로 알아보게 된다. 디킨스가 삽화가들을 잘 만난 덕분이다. 그처럼 어릴 때 흡수된 것은 아예 비판적 판단의 대상이 되지 않는다. 그리고 이런 점을 생각하다 보면 자연히 디킨스의 나쁘고 어리석은 점도 생각하게 된다. 융통성 없는 '플롯'들, 제대로 그려지지 않은 생동감 없는 인물들, 지루하게 한없이 늘어지는 묘사나 장면들, 무운시blank verse 같은 문단들, '파토스pathos'가 넘치는 그 끔찍한 페이지들. 그러다가 이런 생각이 문득 떠오른다. 내가 디킨스를 좋아한다고 말하는 것은 곧 나의 어린 시절을 떠올리기를 좋아한다는 뜻인가? 그렇다면 디킨스는 영국 사회의 제도적 명물인가?

만약 그가 제도적 명물이라면 그에게서 벗어날 길이 없다. 설사 자신이 좋아하는 작가더라도 그 작가를 얼마나 자주 생각하는지는 대답하기 어려운 문제이다. 그러나 디킨스를 어려서 읽은 사람이라면 이런저런 맥락에서 디킨스 생각을 하지 않고 단 한 주도 보내기 어려울 것이다. 그를 좋아하든 말든 그는 넬슨 기념비처럼 거기에 존재한다. 일상생활을 하다가 어떤 순간이든 제목도 기억나지 않는 디킨스 소설 속의 장면이나 인물이 불시에 머릿속으로 쳐들어온다. 마이코버의 편지들! 증인석의 윙클Winkle! 갬프 부인! 위티털리Witittery 부인과 텀리 스너핌Tumley Snuffim 경! 토저스Todgers 하숙집(조지 기싱은 넬슨 기념비를 지나갈 때면 런던대화재가 생각나는 게 아니라 반드시 토저스 하숙집이 생각난다고 말했다)! 레오 헌터Leo Hunter 부인! 스퀴어즈! 사일러스 웨그Silas Wegg와 러시아제국의 흥망성쇠! 밀스Mills 양과 사하라사막! 햄릿을 연기하는 왑설! 젤리비Jellyby 부인! 맨털리니Mantalini! 제리 크런처Jerry Cruncher! 바키스! 펌블추크Pumblechook! 트레이시 터프먼Tracy Tupman! 스킴폴! 조 가저리! 펙스니프Pecksniff! 이런 인물들을 다 열거하자면 끝이 없다. 그것은 일련의 책이라기보다는 하나의 세계이다. 게다가 그 세계에는 순전히 우스꽝스러운 풍경만 있는 것은 아니다. 우리가 기억하는 디킨스 소설에는 빅토리아시대의 병적인 상태, 시체 애호증, 유혈과 폭력의 장면도 일부 들어 있다. 사이크스의 죽음, 크루크Krook의 자연발화, 사형선고를 받고 감옥에 들어간 페이긴, 단두대 주변에서 뜨개질을 하는 여인들 말이다. 이런 장면들이 그것을 별로 좋아하지 않는 사람들의 머릿속에까지 놀라울 정도로 많이 자리 잡고 있는 것이다. 뮤직홀 코미디언은 (비교적 최근까지도) 무대에서 마이코버나 갬프 부인을 흉내 낼 때 관중이 이해할 것이라는 확신을 가지고 연기할 수 있다. 관중 20명 중 한 사람도 디킨스 소설을 끝까지 읽어보지 못했을지라도 말이다. 디킨스를 경멸한다고 말하는 사람들조차 무의식중에 그의 말을 인용한다.

디킨스는 어느 정도까지는 모방이 가능한 작가이다. 진정한 대중문학, 가령 『스위니 토드Sweeney Todd』의 '엘리펀트 앤 캐슬 Elephant and Castle' 버전은 디킨스를 노골적으로 표절했다. 그러나 이처럼 모방되는 것은 디킨스 자신도 선배 소설가들에게서 가져와 발전시킨 전통이며, '캐릭터' 즉 괴짜 숭배로 대표된다. 그러나 그의 풍요로운 창조력은 모방할 수 없다. 그것은 캐릭터나 '상황'보다는 디킨스 특유의 독창적인 문구와 구체적 세부 묘사의 발명이라고 하는 편이 더 타당하다. 디킨스 글쓰기의 탁월하면서도 뚜렷한 특징은 불필요한 세부 묘사이다. 다음은 내가 무슨 말을 하는지 보여주는 예이다. 아래에 제시한 이야기는 그리 재미있지 않으나 지문처럼 독특한 문구가 하나 있다. 밥 소여Bob Sawyer(『픽웍 클럽 여행기』에 나오는 의대생 – 옮긴이)의 파티에 참석한 잭 홉킨스Jack Hopkins는 누나의 목걸이를 삼킨 남동생 이야기를 한다.

다음 날 아이는 목걸이 구슬 두 알을 삼켰다. 그다음 날에는 세 알을 더 삼켰고, 이런 식으로 해서 일주일 만에 목걸이 전체, 그러니까 스물다섯 알을 다 삼켰다. 부지런한 누나는 장신구를 전혀 착용하지 않았는데 그 목걸이를 잃어버리고는 눈알이 빠지도록 눈물을 흘렸다. 구석구석 샅샅이 찾아봤으나 물론 그것을 발견하지 못했다. 며칠 뒤 가족이 함께 저녁 식사—구운 양고기 어깨살과 함께 곁들인 감자—를 할 때 별로 배고프지 않았던 아이는 방 안을 돌아다니며 놀고 있었는데, 갑자기 작은 우박이 사납게 퍼붓는 듯한 엄청난 소리가 들려왔다. "얘야, 그러지 마." 아버지가 말했다. "아무 짓도 안 했어요." 아이가 대답했다. "흠, 다시는 그러지 말라니까." 아버지가 말했다. 잠깐 정적이 감돌았고, 이어 전보다 더 심한 소음이 들려왔다. "얘야, 내 말을 듣지 않으면 너는 눈 깜짝할 사이에 침대에 눕게 될 줄 알아." 아버지는 말을 잘 듣게 하려고 아이의 몸을 가볍게 흔들었는데 일찍이 누구도 들어본 적 없는 덜거덕거리는 소리가 들려왔다. "이런 빌어먹을, 소리가 아이의 뱃속에서 나잖아! 엉뚱한 곳에 후두염이 생겼나 봐!" 아버지가 말했다. "아버지, 그게 아니에요." 아이가 울면서 말했다. "이건 목걸이 소리예요. 내가 그걸 삼켰어요, 아버지." 아버지는 아이를 안아 들고 병원으로 달려갔다. 그사이에도 아이 뱃속의 목걸이 구슬들은 계속 요란한 소리를 냈다. 사람들은 그 이상한 소리가 어디에서 나는지 알아보려고 하늘을 올려다보기도 하고 지하실을 내려다보기도 했다. "그 아이는 지금 병원에 있습니다." 잭 홉킨스가 말했다. "그 아이가 걸어 다닐 때마다 악마 같은 소리가 요란하게 나서 사람들은 그 아이를 경비원의 외투로 꽁꽁 감싸야 했답니다. 그 소리가 다른 환자들을 깨울까 봐서요."

아마도 이 이야기는 19세기 풍자 잡지에서 나온 이야기일 것이다. 하지만 누구도 흉내 낼 수 없는 디킨스 고유의 필치는 구운 양고기 어깨살과 함께 곁들인 감자이다. 이 구절이 이야기를 전진시키는가? 아니, 전진시키지 않는다. 이것은 전혀 불필요한 문구이고, 페이지의 가장자리에 화려하게 끼적거린 낙서에 불과하다. 하지만 이런 끼적거림에 의하여 디킨스 특유의 분위기가 창조된다. 우리가 여기서 주목하게 되는 또 다른 사항은 디킨스가 이야기를 전개하는 방식은 시간이 오래 걸린다는 것이다. 너무 길어서 여기에는 인용하지 못하지만, 흥미로운 예로 『픽윅 클럽 여행기』 44장에 나오는 아주 고집 센 환자에 대한 샘 웰러의 이야기다. 마침 우리에게는 비교 기준이 있고, 그래서 디킨스가 의식적이든 무의식적이든 표절을 했음을 알 수 있다. 이 이야기는 예전에 어떤 고대 그리스 작가도 전한다. 나는 그 구절을 지금 찾아낼 수 없으나 여러 해 전 학창 시절에 그 글을 읽었는데 대강 이런 내용이었다.

고집이 세기로 유명한 어떤 트라키아 사람이 의사에게서 경고를 받았다. 만약 그가 대형 술병에 든 포도주를 다 마신다면 죽게 된다는 것이었다. 그러자 트라키아 사람은 그 병에 든 포도주를 다 마셔버리고 지붕에 올라가 투신하여 죽었다. 그는 죽기 전에 이렇게 말했다. "이렇게 해야 내가 와인 때문에 죽은 게 아니라는 걸 증명할 수 있다."

그리스 작가가 말한 이야기는 이게 전부이고 여섯 줄 정도이다. 그러나 샘 웰러가 그 이야기를 하는 데에는 무려 1천 단어가 소요됐다. 이야기의 요점에 도달하기 전에 우리는 환자의 옷, 식사, 태도, 그가 읽는 신문, 심지어 의사가 이용하는 마차의 특이한 구조 때문에 마부의 바지 색깔이 상의와 어울리지 않는다는 사실까지 듣게 된다. 그리고 의사와 환자의 대화가 이어진다. "크럼펫은 아주 좋은 겁니다, 선생님." 환자가 말했다. "크럼펫은 좋은 게 아닙니다. 아주 건강에 나빠요." 의사가 몹시 격해져서 말했다, 등등. 그리하여 원래 이야기는 이런 세부 사항들 밑에 감춰진다. 디킨스의 특징적인 구절들에서는 늘 이와 같은 현상이 벌어진다. 그의 상상력이 잡초처럼 모든 것을 뒤덮어버린다. 학교 교장인 스퀴어즈가 학생들에게 훈시하려고 일어서는 즉시, 우리는 볼더Bolder의 아버지가 2파운드 10실링을 미납했다는 이야기를 듣는다. 또 몹스Mobbs의 의붓어머니는 몹스가 비계를 먹지 않으려 한다는 소리를 듣고서 즉각 침대에 드러누우면서 스퀴어즈가 몹스를 매질하여 더 행복하게 말을 잘 듣는 심리 상태로 만들어주기를 바랐다는 이야기도 듣게 된다. 레오 헌터 부인은 「숨을 거두는 개구리」라는 시를 쓰는데 우리는 두 연으로 구성된 그 시의 전문을 다 읽게 된다. 보편이 구두쇠인 체하고 싶어 하면 우리는 벌처 홉킨스Vulture Hopkins나 블루버리 존스Blewberry Jones 목사 같은 18세기 구두쇠들의 지저분한 전기傳記 속으로 들어가 "양고기 파이 이야기"와 "똥 더미 속의 보물들" 같은 장 제목을 봐야 한다. 심지어 존재하지도 않는 해리스Harris 부인은 보통 소설의 평범한 인물 세 사람보다도 더 많은 세부 사항을 부여받는다. 예를 들면 문장의 중간쯤에서 우리는 그녀의 어린 조카가 그리니치 박람회에서 분홍 눈빛의 부인, 프러시아 난쟁이, 살아 있는 해골과 함께 병 속에 있었다는 이야기를 듣는다. 조 가저리는 도둑들이 곡물과 씨앗 상인인 펌블추크의 집에 침입한 이야기를 한다. "그리고 그들은 그의 현금출납기와 금고를 가져갔고, 그의 포도주를 마셨으며, 그의 음식을 먹었고, 그의 뺨을 때리며 코를 잡아당긴 다음 침대 기둥에다 묶었다. 이어 그를 채찍질하고 그가 소리를 지르지 못하도록 꽃이 만개한 관상용 일년생 식물을 그의 입속에다 틀어넣었다." 여기서 우리는 또다시 디킨스 고유의 필치와 대면하는데 관상용 일년생 꽃이 그것이다. 다른 소설가들 같았다면 이런 도둑의 소행들을 절반 정도만 언급하고 말았으리라. 그러나 디킨스는 세부 사항 위에 또 다른 세부 사항, 장식물 위에 또 다른 장식물을 계속 겹겹이 얹어놓는다. 이런 글쓰기는 로코코 양식 같다고 항의해야 소용없다. 차라리 결혼식 케이크를 보고 똑같이 항의하는 편이 나을 것이다. 그걸 좋아하거나 좋아하지 않거나 둘 중 하나이다. 다른 19세기 작가들, 가령 서티즈, 바럼Barham, 새커리, 심지어 매리엇Marryat에게까지 디킨스풍의 과도하게 흘러넘치는 특성이 일부 보이지만, 이런 규모로 대대적이지는 않다. 이 작가들의 매력은 부분적으로 그들의 시대적 배경에 의존하고 있다. 매리엇은 여전히 공식적으로 "소년들의 작가"이고, 서티즈는 사냥꾼들 사이에서 전설적인 명성을 누리나, 이 두 작가는 대체로 독서광들 사이에서만 읽히고 있다.

의미심장하게도 디킨스가 (가장 좋은 책들이 아니라) 가장 성공을 거둔 책들은 소설이 아닌 『픽윅 클럽 여행기』, 별로 재미있지 않은 『어려운 시절』과 『두 도시 이야기』다. 소설가로서 그가 타고난 풍성한 상상력은 그의 작업을 크게 방해한다. 그의 못 말리는 풍자 충동이 진지해야 마땅한 상황에서도 계속 끼어들기 때문이다. 『위대한 유산』의 첫 장에는 이에 대한 좋은 사례가 있다. 도망친 죄수 매그위치는 교회 묘지에서 여섯 살 난 핍을 붙잡는다. 이 장면은 핍의 관점에서 보면 아주 무섭게 시작된다. 온몸이 진흙 투성이고 다리에는 쇠사슬을 질질 끄는 죄수가 무덤들 사이에서 갑자기 등장하여 아이를 붙잡더니 거꾸로 뒤집어 아이의 호주머니를 턴다. 그러고는 아이에게 겁을 주면서 음식과 줄칼을 가져오라고 명령한다.

그는 나의 양팔을 붙잡아 비석 위에 똑바로 세운 뒤 이런 무서운 말을 해댔다.
"너는 내일 아침 일찍 줄칼과 음식을 내게 가져와. 저기 오래된 포대로 전부 가져오는 거야. 내가 시킨 대로 하면 네 목숨은 살려줄 거야. 여기서 나 같은 사람, 아니 어떤 사람이라도 봤다고 한마디라도 벙긋하거나 어떤 표시를 해서는 절대로 안 돼. 내가 시킨 대로 안 하거나 내 말에서 일부라도 어긋나게 되면 그게 아무리 사소한 것이라도 너의 심장과 간을 뜯어내어 구워 먹을 거야. 자, 너는 내가 혼자라고 생각할지 모르지만 실은 혼자가 아니야. 나와 함께 숨어 있는 젊은 남자가 있어. 이 젊은이와 비교하면 나는 천사야. 그 젊은이는 내가 하는 말을 다 듣고 있지. 그 젊은이는 아이들의 심장과 간을 꺼내는 아주 특별한 기술을 가지고 있어. 아이가 그 젊은이를 피해서 숨으려고 해도 아무런 소용이 없어. 어린 소년은 방문을 잠그고 따뜻한 침대 속으로 들어가 이불을 머리끝까지 뒤집어쓰면 이제 편안하고 안전하다고 생각할지 모르지만, 저 젊은이는 살금살금 그 방 안으로 스며들어 아이의 몸을 갈라버린다고. 지금은 저 젊은이가 너를 해치지 못하도록 내가 아주 어렵사리 막아주고 있지. 저 젊은이가 너의 내장을 꺼내려고 하는 걸 억제하기가 너무 힘들어. 자, 이제 내 말을 알겠지?"

여기서 디킨스는 평소의 유혹에 굴복하고 말았다. 우선 굶주린 데다가 쫓기는 사람이 이런 식으로 장황하게 말하지는 않는다. 게다가 저 말들은 아이의 마음이 움직이는 방식에 상당한 지식이 있음을 보여주지만, 그 구체적인 말들은 그다음에 이어질 내용과 별로 어울리지 않는다. 저 말들은 매그위치를 팬터마임에 나오는 사악한 아저씨로 만들거나, 아이의 눈에는 무시무시한 괴물로 보이도록 만든다. 그러나 소설의 뒷부분에 가면 매그위치는 그런 사악한 아저씨나 괴물로 제시되지 않는다. 또 플롯의 핵심이 되는 그의 과장된 고마워하는 마음은 이 말들 때문에 믿기 어려운 것이 되어버린다. 평소와 마찬가지로, 디킨스의 상상력이 그를 압도해버린 것이다. 그 그림 같은 세부 묘사들이 너무 좋아서 뺄 수가 없는 것이다. 매그위치보다 더 일관성이 있는 등장인물의 경우에도 디킨스는 몇몇 유혹적인 문구들 때문에 발이 걸려 넘어져버린다. 예를 들면 머드스톤 씨는 매일 아침 데이비드 코퍼필드를 가르치다가 마지막에는 저 지겨운 산수 문제로 끝을 맺는다. 그 문제는 항상 이렇게 시작한다. "내가 치즈 가게에 들어가서 더블 글로스터 치즈 5천 개를 각각 현금으로 4펜스 반에 샀다면?" 또다시 디킨스의 전형적인 세부 사항이 등장하는데 더블 글로스터 치즈가 그것이다. 그러나 이것은 머드스톤을 너무나 인간적으로 만드는 요소이다. 그라면 더블 글로스터 치즈를 5천 개의 현금 상자로 바꾸고 싶었으리라. 이런 세부 묘사가 더해질 때마다 소설의 통일성이 손상된다. 하지만 그런 점은 그리 중요하지 않다. 디킨스는 부분들의 합이 총합보다 더 큰 작가임이 분명하기 때문이다. 그는 파편적인 조각과 세부 사항을 중시한다. 구조물 전체는 신통치 않아도 이무깃돌은 경이롭다. 디킨스는 나중에 평소와는 어긋나게 행동하기를 강요당하는 등장인물들의 세부 사항을 쌓아올리는 데 아주 능숙하다.

디킨스가 등장인물들을 일관성 없게 행동하도록 만든다는 비판은 흔하지 않다. 일반적으로 디킨스는 그와 정반대되는 비판을 받는다. 그의 등장인물들은 단지 '유형'에 지나지 않는다고 여겨진다. 그 유형은 어떤 단일한 특징을 대변하고 일종의 꼬리표를 갖고 있어서 독자가 금방 알아본다. 디킨스는 "단지 풍자작가일 뿐"이라고 다들 비난하는데, 이것은 그에 관한 정당한 평가인가 하면 부당하게 과소평가하거나 과대평가한 것이기도 하다. 우선 그는 자기 자신을 풍자작가라고 생각하지 않았으며, 단지 정적으로 고정되어 있어야 할 인물들을 계속 행동하게 만든다. 스퀴어즈, 마이코버, 마우처Mowcher 양,[13] 웨그, 스킴폴, 펙스니프, 기타 여러 인물이 전혀 어울리지 않는 '플롯'에 개입하여 영 엉뚱한 행동을 한다. 그들은 환등기 슬라이드처럼 출발하여 마지막에 가서는 삼류 영화 속으로 뒤섞여버린다. 우리는 원래의 환상을 파괴해버리는 단 하나의 문장을 검지손가락으로 지적할 수 있다. 『데이비드 코퍼필드』에는 이런 문장이 있다. 저 유명한 디너파티(양다리 고기가 덜 익혀져 나온 파티)가 끝난 후, 데이비드는 손님들을 배웅하고 있다. 그는 계단 맨 위에서 트래들즈를 멈추어 세운다.

"트래들즈." 내가 말했다. "마이코버 씨는 피해를 입히려는 의도가 아니었어, 불쌍한 사람. 하지만 나라면 그에게 아무것도 빌려주지 않을 거야."
"나의 소중한 코퍼필드." 트래들즈가 미소를 지으며 대답했다.
"나는 빌려줄 게 아무것도 없어."
"하지만 너는 이름을 갖고 있잖아." 내가 대답했다.

이 대화를 읽을 때 이름을 언급한 마지막 말은 좀 귀에 거슬린다. 물론 조만간 불가피하게 벌어질 일이긴 하다. 이 이야기는

---

[13] 디킨스는 마우처 양을 일종의 여주인공으로 만들었다. 그가 풍자한 실존 인물인 어떤 여자가 앞부분의 장들을 읽고 아주 기분이 나빠했기 때문이다. 그는 원래 마우처 양을 악역으로 만들 생각이었다. 그러니 이런 인물이 어떤 행동을 하든 우스꽝스럽게 보일 수밖에 없다. [작가의 각주]

꽤 현실적이며, 데이비드는 성장하고 있다. 결국 그는 마이코버 씨의 본색, 즉 남을 등쳐먹는 악당이라는 것을 발견할 수밖에 없다. 그러나 나중에 디킨스의 감상벽이 발동하여 마이코버는 새로운 인물로 다시 태어난다. 그때 이후 작가의 엄청난 노력에도 불구하고 원래의 마이코버는 다시 살아나지 않는다. 대체로 말해서 디킨스의 인물들을 움직이게 하는 '플롯'은 그리 믿음이 가지 않지만, 현실에 발붙이고 있는 것 같은 흉내를 내기는 한다. 반면에 그들이 실제로 속해 있는 세상은 아무도 갈 수 없는 비현실적인 땅, 일종의 영원이다. 하지만 여기서 우리는 "단지 풍자작가일 뿐"이라는 비판이 실제로는 비난이 아님을 알게 된다. 디킨스가 뭔가 다른 존재가 되려고 끊임없이 노력하는데도 그에게 풍자작가라는 호칭이 붙는다는 사실은 그의 천재성을 보여주는 가장 확실한 징표이다. 그가 창조한 괴물들은 그럴듯해 보이기 위한 멜로드라마에 뒤섞인 이후에도 여전히 괴물로 기억된다. 그들의 첫인상이 너무나 강렬하여 그 뒤에 무엇이 나온다 해도 그 인상을 지워버리지 못한다. 우리가 어린 시절에 알았던 사람들이 그러하듯이, 그들은 한 가지 특정한 태도로 한 가지 특정한 행동만 하는 사람으로 기억되는 듯하다. 스퀴어즈 부인은 언제나 유황과 당밀을 국자로 떠내고, 거미지Gummidge 부인은 언제나 울고 있으며, 가저리 부인은 언제나 남편의 머리를 벽에다 쿵쿵 찧고, 젤리비 부인은 아이들이 깊은 지하실 채광용 구덩이로 떨어지는 동안에도 언제나 소책자를 휘갈겨 쓴다. 이들은 모두 코담뱃갑 뚜껑에 그려진 반짝거리는 작은 인물들처럼 언제나 고정된 채로 거기에 있다. 아주 환상적이고 아주 믿기 어려운 인물들이지만, 진지한 소설가들이 만들어낸 인물보다 어쩌면 더 견고하고 더 기억에 남는다. 당대의 기준으로 살펴보더라도 디킨스는 예외적일 정도로 인위적인 작가였다. 러스킨Ruskin이 말한 것처럼 그는 "무대를 비추는 둥그런 조명 속에서 작업하기를 선택했다". 그의 등장인물들은 스몰렛의 등장인물들보다 훨씬 왜곡되고 단순화되어 있다. 그러나 소설 쓰기에는 정해진 규칙이 없다. 예술 작품의 가치를 결정하는 한 가지 시험대가 있다면 그것은 후대까지 계속 살아남느냐는 것이다. 이 시험대를 적용하면 디킨스의 등장인물들은 성공했다. 그들을 기억하는 사람들이 그들을 인간이라고 생각하지는 않지만 말이다. 그들은 괴물이지만, 그래도 존재한다.

하지만 괴물들에 관하여 글을 쓰는 데에는 한 가지 단점이 있다. 디킨스가 어떤 특정한 정서적 상태에만 호소하여 말을 건넬 수 있다는 것이다. 그래서 그가 결코 건드리지 못하는 인간 정신의 광범위한 영역들이 있다. 그의 소설에는 시적 감정이 없고, 진정한 비극도 없으며, 심지어 성적 사랑조차 그의 범위 밖에 있다. 하지만 사람들이 생각하는 것처럼 그의 소설들에서 섹스가 전혀 다루어지지 않는 것은 아니다. 그가 글을 쓴 시대를 감안하면 그는 섹스 문제에도 솔직한 편이다. 하지만 그의 소설에는 『마농 레스코』, 『살람보Salammbô』, 『카르멘Carmen』, 『워더링 하이츠Wuthering Heights』에서 발견되는 감정의 분출이 없다. 올더스 헉슬리에 따르면 D. H. 로렌스는 한때 발자크Balzac를 가리켜 "거대한 난쟁이"라고 말했다는데, 어떤 의미에서는 디킨스에게도 같은 말을 할 수 있다. 그가 아예 모르거나 언급하고 싶어 하지 않는 온전한 세계들이 있는 것이다. 디킨스 소설에서는 완곡하게 에두르는 방식을 제외하고는 배울 만한 사항이 많지 않다. 이렇게 말하자니 19세기 러시아의 위대한 소설가들이 즉각 생각난다. 왜 인간과 세상을 파악하는 톨스토이의 범위가 디킨스보다 훨씬 넓고 깊어 보이는가? 왜 톨스토이는 당신 자신에 대해서 아주 많은 것을 말해줄 수 있는 듯 보이는가? 이렇게 말한다고 해서 톨스토이의 재능이 더 뛰어나다거나, 결국에 가서는 더 지성이 넘친다는 이야기는 아니다. 그 이유는 톨스토이가 성장하는 사람들에 관하여 쓰기 때문이다. 톨스토이의 인물들은 자신의 영혼을 형성하기 위해 갈등하는 반면, 디킨스의 인물들은 이미 완벽하게 형성되어 있다. 내 마음속에서 디킨스의 인물들은 톨스토이의 인물들보다 훨씬 생생하게 모습을 드러내지만, 언제나 그림이나 가구처럼 단 하나의 불변하는 태도만 보여준다. 가령 피에르 베주코프Pierre Bezukhov(톨스토이의 『전쟁과 평화』에 나오는 백작 - 옮긴이)와 상상의 대화를 나누듯이 디킨스의 인물과는 대화를 나눌 수 없다. 이것은 단지 톨스토이가 아주 진지한 작가이기 때문만은 아니다. 상상 속 대화를 걸 수 있는 익살스러운 캐릭터들, 가령 블룸Bloom, 페퀴셰Pécuchet, 심지어 웰스의 폴리Polly 씨 같은 인물도 있다. 디킨스의 인물들과 대화하기 어려운 것은 그들에게는 정신적 삶이 없기 때문이다. 그들은 자기가 꼭 해야 할 말만 할 뿐, 그 외의 다른 것에 대하여 말하지 않는다. 그들은 배우지도 않고 생각하지도 않는다. 디킨스의 인물들 중 가장 사색적인 사람은 폴 돔비Paul

Dombey인데 그의 생각은 뒤죽박죽이다. 그렇다면 톨스토이의 소설이 디킨스의 소설보다 더 '낫다'는 이야기인가? 하지만 '더 나은' 혹은 '더 못한'의 기준을 가지고 비교하는 것은 어리석은 일이다. 그래도 톨스토이와 디킨스를 억지로 비교해야 한다면 톨스토이의 호소력이 장기적으로 더 클 것이라고 말하고 싶다. 디킨스는 영어권 문화 밖에서는 이해하기가 쉽지 않은 작가이기 때문이다. 반면에 디킨스는 단순하고 순박한 사람들에게 강력히 호소하지만, 톨스토이는 그렇지 못하다. 톨스토이의 인물들은 국경을 넘어가지만, 디킨스의 인물들은 담뱃갑 안의 카드에 그려질 수 있다. 하지만 소시지와 장미 중 어느 하나를 선택할 수 없듯이 두 작가 사이에 어느 한 작가를 선택할 수는 없다. 그들의 목적은 서로 교차하지 않는다.

6.

디킨스가 단지 풍자작가에 지나지 않았다면 지금쯤 아무도 그의 이름을 기억하지 못할 것이다. 아니면 기껏해야 그의 소설 몇 편만 『프랭크 페어리Frank Fairlegh』, 『미스터 버던트 그린Mr. Verdant Green』, 『코들 부인의 커튼 강의Mrs. Caudle's Curtain Lectures』 같은 책들과 비슷한 방식으로 간신히 명맥을 유지했을 것이다. 굴과 갈색 흑맥주의 기분 좋은 은은한 향기처럼 빅토리아 분위기를 전달하는 소품으로 남았으리라. 디킨스가 『픽윅 클럽 여행기』의 분위기를 버리고 『리틀 도릿』이나 『어려운 시절』 같은 소설로 옮겨 간 것은 참으로 안된 일이라고 때때로 아쉬워하지 않는 사람이 있을까? 사람들은 인기 높은 소설가에게 같은 작품을 계속 써내 기를 요구하면서, 같은 책을 두 번 쓸 작가라면 한 번도 제대로 써 내지 못한다는 것을 잊어버린다. 생명력을 가지고 꿈틀거리는 작가는 일종의 포물선을 따라 움직이는데 하향곡선이 이미 상향곡 선에서 암시되어 있다. 조이스는 『더블린 사람들Dubliners』의 냉철한 역량으로 시작하여 『피네간의 경야Finnegans Wake』라는 꿈의 언어로 끝나지만, 그 중간에 『율리시스』와 『젊은 예술가의 초상Portrait of the Artist』이 있다. 디킨스에게 맞지 않는 옷 같은 예술 형태를 강요하고, 또 독자들로 하여금 그를 기억하게 만든 요소는 그가 도덕주의자였다는 사실이다. 그는 "뭔가 할 말이 있다"라는 의식을 뚜렷하게 갖고 있었다. 그는 언제나 설교를 했는데 그것이 디킨스가 보여준 창의력의 궁극적인 비결이었다. 깊은 애정과 관심을 가지고 신경을 써야만 창조할 수 있기 때문이다. 스퀴어즈나 마이코버 같은 유형은 뭔가 재미있는 글을 쓰기를 바라는 삼류 작가가 만들어낼 수 있는 인물이 아니다. 웃을 만한 가치가 있는 농담은 언제나 그 뒤에 어떤 생각을 감추고 있는데 대체로 전복적인 생각이다. 디킨스는 권위에 반발했기 때문에 언제나 익살스러울 수 있었다. 권위라는 것은 언제나 조롱의 대상이다. 그 권위를 향해 던질 키스터드 파이는 늘 하나 더 남아 있는 법이다.

그의 급진주의는 언제나 모호하고 막연하지만 우리는 그런 게 언제나 거기에 있다는 것을 안다. 이것이 도덕주의자와 정치가의 차이다. 그는 건설적인 대안을 내놓지 못했고, 그가 공격하는 사회의 본질을 명석하게 파악하지도 못했으나, 뭔가 잘못됐다는 감을 가지고 있었다. 그가 최종적으로 할 수 있는 말은 "점잖게 행동하라"는 것인데, 내가 이미 앞에서 말한 것처럼 이 조언은 겉보기처럼 그리 얄팍하거나 피상적이지 않다. 혁명가들은 대부분 잠재적인 보수주의자이다. 그들은 사회형태를 바꾸어 모든 것을 올바르게 정돈할 수 있다고 생각하기 때문이다. 때때로 그런 일이 벌어지듯이 그런 변화가 이루어지고 나면 그들은 더 이상의 변화는 필요 없다고 생각한다. 디킨스는 이런 조야한 사고방식을 갖고 있지는 않았다. 그의 불만이 막연한 것은 그 불만이 영원히 지속된다는 표시다. 그가 반발한 것은 이런저런 제도가 아니라 체스터턴이 말했듯 "인간의 얼굴에 나타난 어떤 표정"이다. 대략 말해서 그의 도덕관은 기독교적 도덕관이다. 영국국교회의 분위기에서 성장했음에도 그는 본질적으로 성경에 입각한 기독교도였고, 유언장을 작성할 때도 이 점을 특히 신경 써서 밝혔다. 아무튼 그는 그리 종교적인 사람이라고 할 수 없다. 그는 의심할 나위 없이 '믿었지만', 열심히 예배를 바치는 의미의 종교가 그의 머릿속으로 들어온 적은 별로 없는 듯하다.[14]

    그의 기독교적 풍모는 거의 본능적으로 압제자에게 저항하여 억압받는 사람들의 편을 들었다는 데 있다. 당연히 그는 언제나 어디서나 약자의 편이었다. 이것을 논리적인 결론으로 밀고 나가면 약자가 강자가 되면 그는 편을 바꿔야 한다는 이야기가 된다. 실제로 디킨스는 그렇게 하는 경향을 보였다. 가령 그는 가톨릭교회를 혐오했지만 가톨릭교도들이 박해를 받자 가톨릭 편을 들었다(『바너비 러지』). 귀족계급은 그보다 더 싫어했지만 귀족계급이 전복되자 그의 동정심은 그들 쪽으로 돌아섰다(『두 도시 이야기』에서 혁명과 관련한 장들). 그가 이런 정서적 태도를 견지하지 않을 때는 사달이 났다. 가장 유명한 사례는 『데이비드 코퍼필드』의 끝부분이다. 이 장면을 읽은 독자들은 모두 뭔가 잘못됐다는 느낌을 받았다. 그 잘못된 점이 무엇인가 하면 끝부분의 여러 장에 미약하기는 하지만 분명하게 성공 예찬의 분위기가 스며들어 있다는 것이다. 그것은 디킨스류의 복음이 아니라 스마일스류의 복음이다. 남루하지만 매력적인 빈털터리 인물들은 비현실적인 운명을 맞으면서 모두 제거되는데, 마이코버는 큰돈을 벌고 힙은 감옥에 들어간다. 이 두 사건은 정말로 현실에서는 불가능한 일이다. 심지어 애그니스에게 길을 내주기 위해 도라Dora는 죽는 것으로 처리된다. 독자는 원한다면 도라를 디킨스의 아내로, 애그니스를 그의 처제로 읽을 수도 있을 것이다. 그러나 본질적

---

14 디킨스가 막내아들에게 보낸 편지(1868년)다. "너는 우리 집안에서 종교적 수칙이나 형식적 규칙으로 아이들을 괴롭게 한 적이 없다는 것을 기억할 것이다. 나는 언제나 이런 것들로 내 자식들을 괴롭히지 않으려고 애써왔다. 너희가 다 커서 스스로 그런 것들에 대해서 결정을 내리길 바랐다. 그러니 내가 이제 너에게 그리스도 그분에게서 나온 그대로의 기독교가 가진 진리와 아름다움을 아주 엄숙하게 강조해도 잘 이해하리라고 생각한다. 그것을 진정 겸손한 마음으로 따른다면 내가 빗나길 일은 선혀 없겠시. (…) 아침저녁으로 너만의 개인적인 기도를 올리는 건전한 습관을 절대 게을리하지 말아라. 나도 그 기도를 게을리한 적이 없고, 그것이 큰 위로를 준다는 것을 알고 있다."

인 요점은 디킨스가 갑자기 '체면을 차리게 되어' 약자의 편에서 저항하는 그의 본성에 큰 손상을 가했다는 것이다. 이 때문에 애그니스는 그의 여주인공들 중에서 가장 불쾌한 인물, 빅토리아시대 로맨스에 나오는 다리 없는 천사가 되어버렸고, 새커리의 로라Laura(새커리의 『펜던니스』에 나오는 여주인공 - 옮긴이)만큼이나 신통치 못한 인물이 되었다.

성인 독자들은 디킨스 소설을 읽으면 그의 한계를 의식하지 않을 수 없다. 하지만 그의 타고난 관대함이 그대로 남아 있어서 일종의 닻 역할을 하며 그를 속해야 할 자리에 언제나 머물게 한다. 이것이 아마도 그가 누리는 대중적 인기의 핵심 비결일 것이다. 디킨스 유형의 선량한 반율법주의는 서구 대중문화의 한 특징이다. 우리는 민담, 익살스러운 노래, 미키 마우스나 선원 뽀빠이 같은 꿈의 인물(이 둘은 거인을 죽이는 잭의 변형이다), 노동계급 사회주의의 역사, 제국주의에 반대하는 대중의 항의(언제나 비효과적이지만 항상 가짜이기만 한 것은 아닌 항의), 부자의 자동차가 가난한 사람을 치었을 때 과도한 배상금을 평결하게 만드는 배심원의 충동에서 그런 문화적 특징을 본다. 그건 사람은 언제나 약자의 편에 서야 한다, 강자에 맞서서 약한 사람의 편에 서야 한다는 감정이다. 어느 의미에서 50년 전에 한물간 감정이기도 하다. 보통 사람은 여전히 디킨스의 정신세계에 살고 있지만, 거의 모든 현대 지식인은 이런저런 형태의 전체주의로 기울어지고 말았다. 마르크시즘이나 파시즘의 관점에서 보자면 디킨스가 옹호한 것들은 전부 '부르주아 도덕'으로 간단히 일축될 것이다. 그러나 도덕적 관점에서 보자면 영국의 노동계급처럼 '부르주아'적인 사람들도 없다. 서구 나라들의 보통 사람들은 지금껏 정신적으로 '리얼리즘(사태가 되어가는 흐름을 따라가야 한다는 수동적 자세 - 옮긴이)'이나 힘의 정치의 세계에 들어간 적이 없다. 그들이 오래지 않아 그렇게 될지도 모르지만, 그럴 경우에 디킨스는 마차를 끄는 말만큼이나 한물간 인물이 되어버리리라. 하지만 그는 보통 사람의 타고난 품위를 주로 익살스럽고 인상적인 형태로 단순하게 표현했기 때문에 그의 시대에도 우리 시대에도 높은 인기를 누려왔다. 이런 관점에서 보자면 아주 다른 유형의 사람들도 '보통 사람'으로 묘사될 수 있다는 점이 중요하다. 영국 같은 나라에는 그 계급구조에도 불구하고 어떤 문화적 통일성이 존재한다. 기독교 시대 내내, 특히 프랑스혁명 이후에 서구 세계는 자유와 평등이라는 사상에 사로잡혔다. 그것은 단지 이념에 불과하지만 거의 모든 사회 계층에 침투했다. 아주 지독한 불공정, 잔인한 행위, 거짓말, 속물근성은 어디에나 존재하지만, 이런 것들을 로마의 노예 소유주 같은 무관심으로 바라볼 수 있는 사람은 그리 많지 않다. 심지어 백만장자도 막연한 죄의식으로 고통을 받는다. 훔쳐 온 양 뒷다리살을 먹는 개처럼 말이다. 실제 행동이 어떻든 간에 거의 모든 사람이 인류의 형제애라는 이념에 정서적으로 반응한다. 디킨스는 이런 도덕률에 바탕을 두고서 의견을 표명했고, 그 도덕률은 과거에도 그랬고 오늘날에도 신봉되고 있다. 그것을 위반하는 사람들조차도 속으로는 신봉한다. 그렇지 않다면 그가 노동자계급 사이에서도 읽히고(그와 동급인 소설가들에게는 일어나지 않는 일), 또 웨스트민스터 사원에도 묻힌 이유를 설명할 길이 없다.

우리는 아주 개성적인 글을 읽으면 그 페이지들 뒤에서 작가의 얼굴을 직접 보는 듯한 느낌을 받는다. 그게 작가의 실제 얼굴과 반드시 일치하는 것은 아니다. 나는 스위프트, 디포Defoe, 필딩, 스탕달, 새커리, 플로베르를 읽을 때 이런 느낌을 강하게 받는다. 비록 이들 중 몇몇은 실제 얼굴을 잘 모르고, 또 알고 싶지도 않지만 말이다. 우리가 보는 얼굴은 작가가 마땅히 갖고 있어야 할 얼굴이다. 디킨스의 경우에 내가 보는 얼굴은 디킨스의 사진 속 얼굴과 완전히 똑같지는 않지만 어느 정도 닮아 있긴 하다. 턱수염을 약간 기르고 얼굴빛이 붉은 마흔 살쯤 된 남자의 얼굴이다. 그는 웃고 있으나 그 웃음 속에는 약간의 분노가 있다. 그러나 의기양양한 승리감이나 악의는 전혀 없다. 그것은 뭔가에 맞서서 언제나 싸우되 겁먹지 않고 공개적으로 싸우는 사람의 얼굴이며, 관대하게 분노하는 사람의 얼굴이다. 다시 말해 그는 자유로운 지성을 갖춘 19세기 자유주의자이다. 오늘날 우리 영혼을 차지하려고 애쓰는, 저 모든 편협하고 냄새나는 지배적 주류 사상들(파시즘, 마르크주의, 공산주의 등 개인의 자유와 지성을 억압하고 도그마에 빠진 모든 전체주의적 사상 - 옮긴이)이 그토록 증오하는 그런 유형의 사람이다. (1939)

고래 뱃속에서

1.

헨리 밀러Henry Miller의 장편소설 『북회귀선Tropic of Cancer』이 1935년에 출간됐을 때 다소 조심스러운 칭찬의 말들이 나왔다. 포르노그래피를 즐기는 사람이라는 인상을 줄까 봐 두려워하여 그렇게 된 듯하다. 칭찬한 사람들 중에는 T. S. 엘리엇, 허버트 리드Herbert Read, 올더스 헉슬리, 존 더스패서스John dos Passos, 에즈라 파운드가 있었다. 이들은 대체로 보아서 지금 널리 유행하는 작가가 아니다. 실제로 이 소설의 주제와 어느 정도는 그 정신적 분위기가 1930년대보다는 1920년대에 속해 있다.

『북회귀선』은 독자가 보기에 따라서 1인칭으로 쓴 장편소설 혹은 소설 형태를 띤 자서전이다. 밀러는 이 책이 명백히 자서전이라고 주장하지만 이야기를 전개하는 속도와 방법은 분명 소설이다. 이것은 파리에 거주하는 미국인 이야기지만 통상적인 이야기는 아니다. 이 소설에 등장하는 미국인들은 돈이 별로 없는 사람들이기 때문이다. 달러화가 풍부하고 프랑화의 교환가치가 낮았던 호황기 시절에 파리는 일찍이 본 적이 없는 예술가, 작가, 학생, 딜레탕트, 관광객, 방탕한 사람, 노골적으로 게으름을 피우는 사람들로 차고 넘쳤다. 이 도시의 일부 지역에서는 소위 예술가가 일하는 사람보다 더 많았다. 실제로 1920년대 후반에는 파리에 대략 3만 명의 화가가 있었다고 추산되는데 그들 중 대부분은 사기꾼이었다. 파리 시민들은 예술가들에게 너무나 이골이 나 있어서 코르덴바지를 입은 거친 목소리의 레즈비언들이나, 고대그리스풍 혹은 중세풍 복장을 한 젊은이들이 거리를 걸어 내려가도 아무도 뒤돌아보지 않았다. 또 노트르담 사원 근처의 센강 양안에는 스케치용 의자가 너무 많이 나와 있어서 그 사이로 비집고 걸어가기가 여간 고역이 아니었다. 다크호스와 무시당하는 천재의 시대였다. 모든 사람의 입술에는 이런 말이 회자됐다. "내가 앞으로 뜨기만 한다면." 그러나 나중에 알고 보니 아무도 '뜬' 사람이 없었다. 불경기가 또 다른 빙하시대처럼 닥쳐왔고, 범세계적인 예술가 무리는 사라졌으며, 새벽녘까지 허세 부리는 자들로 가득 찼던 거대한 몽파르나스 카페들은 어두컴컴한 무덤으로 퇴락하여 그곳에는 유령들조차 살지 않았다. 윈덤 루이스의 『타르』를 포함한 여러 책에서 이런 세상을 묘사하는데, 밀러도 그 세상에 대하여 쓰지만 그 밑바닥만 다룬다. 룸펜프롤레타리아 계층의 주변부로, 절반은 진정한 예술가, 나머지 절반은 진정한 악당으로 구성되어 있어서 불경기에도 살아남을 수 있었다. 무시당하는 천재들, 즉 프루스트Proust를 너끈히 뺨칠 수 있는 장편소설을 '쓰겠다고' 호언장담하는 편집증 환자들이 그 세계에 살았다. 하지만 그들은 다음 끼니를 구하러 헤매지 않아도 되는 아주 희귀한 순간에만 천재일 뿐이었다. 밀러의 이야기는 대부분 노동자용 여관의 빈대 들끓는 방, 주먹다짐, 술 파티, 싸구려 창녀촌, 러시아 난민들, 구걸, 사기 치기, 임시직 일자리에 관한 이야기다. 그리고 거기에는 외국인의 눈으로 본 파리 빈민가의 전반적인 분위기가 있다. 자갈이 깔린 뒷골목, 쓰레기의 시큼한 악취, 기름때로 지저분한 아연 카운터와 닳아빠진 벽돌 바닥의 비스트로, 센강의 녹색 물결, 공화국 수비대의 푸른 제복, 찌그러진 철제 공중 소변기, 지하철역에서 풍겨오는 아주 독특한 달콤한 냄새, 쉽게 부스러지는 담배, 뤽상부르공원의 비둘기. 이 모든 것이 담겨 있다. 적어도 그 느낌만은 확실히 담겨 있다.

일견 보기에 이런 것들처럼 가망 없는 소재도 없다. 『북회귀선』이 출간됐을 때 이탈리아 군대는 아비시니아로 진격했고, 히틀러의 강제수용소는 이미 재소자로 미어터지고 있었다. 세상의 지적 초점은 로마, 모스크바, 베를린에 맞춰져 있었다. 아무리 보아도 라탱 지구에서 남을 등쳐서 술이나 얻어먹는 놈팡이가 탁월한 가치를 지닌 장편소설을 써낼 만한 시점이 아니었다. 물론 소설가가 당대의 역사를 직접적으로 서술해야 할 의무는 없다. 그러나 당대의 중요한 공적 사건들을 아예 무시하는 소설가는 빈둥거리는 놈팡이거나 명백한 백치 정도로 인식될 뿐이다. 단순히 『북회귀선』의 주제에 대한 설명만 듣는다면 사람들은 대부분 이 책이 1920년대에서 넘어온 약간 음란한 찌꺼기에 불과하다고 생각할 것이다. 그러나 이 책을 통독한 사람들은 대부분 이 책이 전혀 그런 부류가 아니라 아주 특기할 만한 소설임을 즉각 알아봤다. 어떻게, 그리고 왜 특기할 만한가? 이 질문에 대답하기가 간단하지 않다. 우선『북회귀선』이 나에게 남긴 인상을 적어 내려가는 편이 좋겠다.

『북회귀선』을 처음 펴 들고 그 안에 인쇄 불가능한 말들이 가득하다는 것을 발견했을 때 나의 첫 번째 반응은 그런 사실에 영향을 받지 않겠다는 것이었다. 독자들도 대부분 나와 비슷할 것이라고 생각한다. 그러나 시간이 좀 흐르면 무수한 세부 사항 이외에도 그 책의 분위기가 아주 특이한 방식으로 내 기억 속에 계속 남아 있는 듯했다. 1년 뒤 밀러의 두 번째 책인『검은 봄Black Spring』이 출간됐다. 이 무렵『북회귀선』은 내가 처음 읽었을 때보다도 훨씬 선명하게 내 마음속에 자리 잡고 있었다.『검은 봄』에 대한 나의 첫 느낌은 수준이 좀 떨어진다는 것이었는데『북회귀선』같은 통일성이 결여됐기 때문이다. 그렇지만 또다시 1년이 지나간 후『검은 봄』의 많은 문장이 또한 내 기억 속에 단단히 뿌리를 내리고 있었다. 분명 이 두 책은 뒤에 묘한 여운을 남겼다. 사람들이 말하는 것처럼 "자신만의 세계를 창조한" 책들이었다. 이런 책들은 반드시 좋은 책이라고 할 수는 없으나,『래플스』와『셜록 홈스』처럼 좋은 나쁜 책이 될 수도 있고,『워더링 하이츠』나『녹색 덧문이 달린 집The House with the Green Shutters』처럼 도착적이고 병적인 책이 될 수도 있다. 그러나 낯선 것을 드러내는 게 아니라 친숙한 것을 드러냄으로써 새로운 세계를 열어젖히는 소설이 이따금 등장한다. 가령 『율리시스』의 가장 특기할 만한 점은 그 소재가 아주 평범하다는 사실이다. 물론 조이스가 일종의 시인이자 코끼리 같은 현학자이기 때문에 『율리시스』에는 그 이상의 것이 들어 있지만, 그의 진정한 성취는 친숙한 것을 종이 위에 옮겨놓았다는 점이다. 조이스는 감히 내면의 정신이 지닌 우매함을 폭로할 생각을 했고—그것은 기법의 문제이기도 하고 용기의 문제이기도 하다. 그렇게 함으로써 모든 사람의 코밑에 존재하는 아메리카를 발견했다. 우리가 어린 시절부터 생활 속에서 함께해온 것들, 그 본질상 표현 불가능하다고 여겼던 온갖 것들의 세계가 여기에 있는데, 그것을 누군가가 구현하여 전달하는 데 성공한 것이다. 그 효과는 비록 일시적이긴 하지만 인간이 살고 있는 고독을 허물어트린 것이다. 『율리시스』의 어떤 문장들을 읽고 있으면 조이스의 정신과 당신의 정신이 하나이고, 조이스는 당신의 이름을 들어본 적이 없지만 당신에 관해서 모든 것을 알고 있다는 느낌이 든다. 당신과 조이스가 함께하고 있는 시공간 밖의 어떤 세계가 존재하는 것을 알게 된다. 그리고 헨리 밀러는 다른 측면들에서는 조이스를 닮지 않았지만, 분명 그에게서도 이런 특징이 약간 느껴진다. 물론 밀러의 모든 작품이 그렇다는 이야기는 아니다. 그의 작품의 질이 고르지 못한 까닭이다. 특히 『검은 봄』에서는 문장이 장황한 어휘의 열거나 초현실주의의 물컹한 우주 속으로 미끄러져 들어가는 경향이 있다. 그러나 그의 작품을 다섯 페이지나 열 페이지만 읽어보라. 그러면 당신이 그를 이해한다기보다 그가 당신을 이해해준다는 특별한 안도감을 느낄 수 있다. "그는 나에 관해서 모든 걸 알고 있어", "그가 특별히 나를 위해 이걸 쓴 것 같아"라고 느낀다. 당신에게 말을 걸어오는 목소리, 허풍도 도덕적 설교도 전혀 없이 인간은 결국 똑같다고 암묵적으로 전제하는 다정한 미국인의 목소리를 들을 수 있다. 그 순간 당신은 평범한 소설, 심지어 그보다 좀 나은 소설에서도 발견되는 거짓말과 지나친 단순화, 꼭두각시처럼 틀에 박힌 채 양식화되어 있는 특징에서 벗어나 인간이라면 누구나 인식할 수 있는 경험과 대면하게 된다.

그런데 어떤 종류의 경험? 어떤 종류의 인간? 밀러는 거리의 보통 사람에 대해서 글을 쓰는데 그 거리가 공교롭게도 사창가라는 것은 좀 유감이다. 이것은 고국을 떠난 데 따르는 페널티다. 그것은 아주 척박한 땅으로 뿌리를 옮겼음을 뜻한다. 망명은 화가나 시인보다 소설가에게 더 해롭다. 일하는 삶에서 멀어져 그의 활동 범위가 거리, 카페, 교회, 사창가, 스튜디오로 축소되기 때문이다. 전반적으로 볼 때 독자는 밀러의 책에서 고국을 떠나 외국에서 이방인 생활을 하는 사람들, 술을 마시고 대화하고 명상하고 간음하는 사람들의 이야기를 읽는다. 직업을 가지고 일을 하면서 결혼을 하고 아이들을 키우는 사람들의 이야기는 나오지 않는다. 그가 망명 생활만큼이나 보통 사람들의 생활도 잘 묘사할 수 있는 사람인데 그렇게 하지 않은 것은 유감이다. 『검은 봄』에는 뉴욕의 과거를 회상하는 멋진 플래시백 장면이 나온다. 아일랜드 이민자들이 넘쳐나는 오 헨리O. Henry 시대의 뉴욕이다. 그러나 역시 파리 장면들이 가장 뛰어나다. 카페를 들락거리는 술꾼과 놈팡이들은 사회적 유형으로서는 전혀 가치가 없는 부류일지라도 인물에 대한 깊은 이해와 숙련된 기법으로 묘사한다. 이런 수법은 근래에 나온 소설들에서는 찾아볼 수 없는 것이다. 그 등장인물들이 모두 그럴듯할 뿐만 아니라 아주 친숙하게 느껴진다. 그들의 모든 모험이 당신 자신에게도 벌어진 일인 것처럼 느껴진다. 하지만 아주 놀라운 모험을 얘기하는 게 아니다. 주인공 헨리Henry는 우울한 인도인 학생을 가르치는 일자리를 얻고, 한겨울에 화장실의 대변이 꽁꽁 얼어붙는 끔찍한 프랑스 학교에서 임시 교사로 일하고, 르아브르에서 선장 친구인 콜린스Collins와 술판을 벌이고, 멋진 흑인 창녀들이 있는 사창가에 출입한다. 소설가 친구인 반 노르든Van Norden과 대화도 나누는데, 그는 세상에서 가장 위대한 소설을 머릿속에 담고 있으나 정작 그것을 써내지는 못한다. 그의 친구 칼Karl은 거의 아사 직전에 돈 많은 과부의 눈에 들게 되는데 그 과부는 그와 결혼하기를 원한다. 칼과는 무수한 햄릿식 대화가 오가는데, 칼은 배고파서 굶어 죽는 것과 늙은 여자와 동침하는 것 중에서 어떤 게 더 나쁜지 결정을 보지 못한다. 칼은 과부를 찾아간 이야기를 아주 자세하게 묘사하는데 어떻게 제일 좋은 옷을 입고 호텔에 갔는지, 그런데 호텔에 들어가기 전에 오줌 누는 것을 잊어버려서 그날 저녁 내내 얼마나 고통의 연속이었는지 같은 식이다. 그런데 이 모든 이야기가 사실이 아니고, 돈 많은 과부도 존재하지 않는 인물이다. 칼은 자신이 중요한 인물이라는 것을 내세우기 위해 가공의 여자를 만들어냈을 뿐이다. 소설 전편이 이런 식이다. 그런데 왜 이런 괴상하고도 사소한 사건들이 그토록 몰입하게 만드는 걸가? 왜냐하면 그 모든 분위기가 아주 친밀하기 때문이다. 그 모든 일이 바로 당신에게 벌어지고 있다고 내내 느끼는 것이다. 그리고 이런 느낌은 누군가가 평범한 소설의 제네바 언어를 내다 버리고 내면 정신의 현실 정치를 공개적인 장소로 끌어냈을 때 받는다. 밀러의 경우 그것은 정신의 메커니즘을 탐구하는 문제라기보다 일상적 사건과 일상적 감정을 있는 그대로 인정하는 문제이다. 진실을 말하자면 많은 보통 사람들, 어쩌면 실제로 대다수의 사람들이 이 소설에 기록된 방식으로 말하고 행동한다. 『북회귀선』에 등장하는 인물들의 냉담하고 상스러운 어투는 일반 소설에서는 찾아보기 어렵지만 실제 생활에서는 아주 흔한 것이다. 나는 사람들이 이렇게 말하는 것을 거듭 들어왔는데 그들은 자신이 상스럽게 말한다는 인식조차 하지 못했다. 『북회귀선』은 젊은이가 쓴 책이 아니라는 걸 주목할 필요가 있다. 이 책을 출판했을 때 밀러는 이미 40대였고, 그 후에 서너 권을 더 썼으나, 이 처녀작이 수년 동안 그의 삶 속에 녹아 있었음이 분명하다. 이 책은 가난과 무명의 설움 속에서 천천히 숙성되는 책들 중 하나이며, 무엇을 해야 하는지 알고 또 기다릴 줄도 아는 사람이 쓴 책이다. 밀러의 산문은 놀라운데 『검은 봄』의 몇몇 부분은 훨씬 탁월하다. 아쉽게도 나는 인용을 할 수가 없다. 인쇄 불가능한 단어들이 거의 모든 곳에 등장하기 때문이다. 그러나 『북회귀선』이든 『검은 봄』이든 책을 잡고 첫 100페이지를 읽어보라. 그러면 영어 산문의 가능성, 이처럼 늦은 시점에도 영어가 여전히 가능성을 가지고 있음을 알 수 있다. 그의 문장들에서 영어는 구어체로 구사되지만 두려움, 그러니까 수사법이나 특이한 단어, 시적인 단어를 사용하는 데도 전혀 두려움을 보이지 않는다. 형용사는 10년간 추방당했다가 다시 돌아왔다. 그것은 점점 불어나면서 리듬을 가지고 유연하게 흘러가는 강江 같은 산문이다. 오늘날 유행하는 저 지루하고 조심스러운 진술이나 스낵바 속어와는 전혀 다른 무언가이다.

『북회귀선』 같은 책이 출간될 때 사람들이 제일 먼저 그 음란성을 주목하는 것은 당연한 일이다. 오늘날의 문학적 품위라는 것을 감안하면 출판하기 곤란한 책을 초연하게 대하기란 쉽지가 않다. 충격을 받든, 혐오감을 느끼든, 병적으로 전율을 느끼든, 무엇보다도 그런 책에서 감명을 받지 않겠다고 결심하든 다양한 반응이 나올 것이다. 아마도 제일 마지막 반응이 가장 흔할 법한데, 그 결과 출판하기 곤란한 책들은 종종 받아 마땅한 것보다 덜 주목받게 된다. 외설적인 책을 쓰는 것보다 더 쉬운 일은 없다, 화제의 대상이 되고 싶어서, 돈을 벌고 싶어서 그런 책을 쓴다고들 말하는 게 유행이다. 하지만 이런 주장은 사실이 아닌데, 법정에서 외설물로 판정받을 만큼 음란한 책은 아주 드물기 때문이다. 만약 음란한 책을 써서 쉽게 돈을 벌 수 있다면 지금보다 더 많은 사람이 그런 책을 썼을 것이다. 그러나 '외설적인' 책들이 아주 빈번하게는 나오지 않으므로 그런 책들을 한데 뭉뚱그리는 경향이 있고, 그 결과 아주 부당한 판정을 내리게 된다. 사람들은 『북회귀선』을 『율리시스』와 셀린의 『밤의 끝으로의 여행Voyage au Bout de la Nuit』이라는 두 소설과 막연히 연결하곤 하는데 두 소설과는 전혀 유사성이 없다. 밀러가 조이스와 공통되는 점은 일상생활의 어리석고 지저분한 측면을 기꺼이 언급하려는 의지뿐이다. 기법의 차이를 도외시한다면 『율리시스』의 장례식 장면은 『북회귀선』과 비슷한 점이 있다고 볼 수 있다. 장례식이 나오는 그 장은 전체가 일종의 고백이면서 인간의 내면이 오싹할 정도로 냉담하다는 것을 폭로한다. 그러나 유사점은 거기서 끝난다. 소설이라는 관점에서 볼 때 『북회귀선』은 『율리시스』보다 훨씬 못하다. 조이스는 예술가이지만 밀러는 예술가가 아니며, 아마도 밀러는 조이스 같은 예술가가 되고 싶어 하지도 않을 것이다. 아무튼 조이스는 밀러보다 훨씬 많은 것을 시도하고 있다. 조이스는 다양한 의식 상태, 즉 꿈, 몽상('청동과 황금' 장), 취기 등을 탐구하고, 이런 것들을 빅토리아시대의 '플롯'처럼 거대하고 복잡한 패턴에 맞추어 정교하게 연결한다. 이에 비해 밀러는 단순히 인생에 대해 얘기하는 강인하고 냉정한 사람이고, 지적 용기와 뛰어난 언변을 가진 평범한 미국인 사업가이다. 그가 사람들이 갖고 있는 미국인 사업가 이미지에 딱 들어맞아 보이는 건 의미심장하다. 『북회귀선』을 『밤의 끝으로의 여행』과 비교하는 것은 더 무의미한 일이다. 두 책은 모두 인쇄 불가능한 단어가 많고 어떤 의미에서 자전적이지만 그게 전부이다. 『밤의 끝으로의 여행』은 뚜렷한 목적을 가지고 있는데 그 목적은 현대인의 삶, 사실은 삶 자체의 공포와 무의미함에 항의하는 것이다. 그것은 참을 수 없는 혐오감에서 튀어나오는 절규이고, 오물 구덩이에서 들려오는 목소리다. 『북회귀선』

은 그와는 정반대이다. 이는 너무나 이례적이어서 거의 변칙적으로 보일 정도인데, 이 소설은 행복한 사람의 책이다. 『검은 봄』도 그러한데, 그보다 정도가 덜한 것은 군데군데 향수가 스며들어 있기 때문이다. 수년에 걸친 룸펜프롤레타리아 생활, 즉 굶주림, 방랑, 지저분함, 실패, 무수한 노숙의 밤, 이민국 관료와의 싸움, 약간의 현금을 얻기 위한 끝없는 몸부림을 겪고 나서도 밀러는 그것을 즐기는 자신을 발견한다. 셀린에게 공포를 안겨준 삶의 측면들이 밀러에게는 매력적인 것이다. 밀러는 항의하기는커녕 받아들인다. 이 '수용acceptance'이라는 단어는 또 다른 미국인인 월트 휘트먼Walt Whitman과 밀러의 유사성을 떠올리게 한다.

그러나 1930년대에 휘트먼 노릇을 한다는 것에는 좀 기이한 측면이 있다. 만약 휘트먼이 지금 이 순간 환생을 한다면 『풀잎Leaves of Grass』과 조금이라도 닮은 시를 쓸지 의구심이 든다. 그는 "나는 받아들인다"라고 말했지만, 지금의 수용과 그때의 수용 사이에는 커다란 차이가 있다. 휘트먼은 전례 없는 번영의 시대에 글을 썼는데, 그보다 더 중요한 점은 자유가 말 이상의 의미를 갖는 나라에서 글을 썼다는 것이다. 그가 언제나 얘기하는 민주주의, 평등, 동지애는 막연한 이상이 아니라 그의 눈앞에서 존재하는 것들이었다. 19세기 중반의 미국인들은 그들 자신이 자유롭고 평등하다고 생각했으며, 순수 공산주의 사회가 아닌 사회에서 가능한 한도 내에서 실제로 자유롭고 평등했다. 물론 가난도 있고 계급 구분도 있었으나 흑인들을 제외하고는 영구적으로 밑바닥에서 억압받는 계급은 없었다. 모든 사람의 내면에는 하나의 핵심처럼 자기도 돈을 벌어 품위 있는 생활을 할 수 있고, 또 아첨을 하지 않아도 그런 생활을 누릴 수 있다는 믿음을 갖고 있었다. 마크 트웨인의 미시시피강 뗏목꾼이나 도선사 이야기, 혹은 브렛 하트Bret Harte의 서부 금광 채굴자 이야기를 읽으면 그들은 석기시대의 식인종들보다 더 아득하게 보인다. 단지 그들이 자유로운 인간으로 살아가기 때문이다. 심지어 동부 여러 주의 평화로운 가정생활에서도 그런 특징이 보이는데 『작은 아씨들Little Women』, 『헬렌의 아이들Helen's Babies』, 〈뱅고어에서 기차 타고 내려오기Riding Down from Bangor〉 등은 그것을 증언한다. 이런 책들을 읽어보면 내 뱃속에 꾸르륵거리는 소리처럼 미국인들의 신나고 걱정 없는 삶을 구체적으로 느낄 수 있다. 이런 특징을 휘트먼은 찬양한다. 그러나 그 찬양의 수법은 좀 신통치 않다. 왜냐하면 독자로 하여금 어떤 것을 느끼도록 만드는 것이 아니라, 독자는 이런 것을 느껴야 한다고 설교하는 작가이기 때문이다. 휘트먼의 신념을 위해서는 다행스럽게도, 그는 일찍 죽는 바람에 미국 생활의 변질과 질적 저하를 목격하지 못했다. 미국에 대규모 산업이 생겨나면서 값싼 이민자 노동력을 착취하게 되었던 것이다.

밀러의 관점은 휘트먼의 관점과 아주 비슷한데, 그의 작품을 읽은 사람들은 다들 이 점을 지적했다. 『북회귀선』은 특히 휘트먼적인 문장으로 끝이 난다. 호색 행위, 사기, 싸움, 술주정, 바보 같은 짓 따위를 무수히 저지른 후 그는 의자에 주저앉아 센강이 흘러가는 광경을 바라보면서 있는 그대로의 현실을 받아들이는 신비주의적 수용의 상태로 빠져든다. 그런데 그는 무엇을 받아들이는가? 첫째, 그는 미국이 아니라 유럽을 받아들인다. 유럽은 모든 흙의 알갱이들이 무수한 인간의 신체를 통과하고 남은 오래된 뼛더미의 땅이다. 둘째, 팽창과 자유의 시대가 아니라 공포, 독재, 통제의 시대임을 받아들인다. 우리 시대와 같은 시대에 "나는 받아들인다"라고 말하는 것은 강제수용소, 고무 경찰봉, 히틀러, 스탈린, 폭탄, 비행기, 통조림, 기관총, 쿠데타, 숙청, 슬로건, 베도 노동량 측정 벨트Bedaux belt, 방독면, 잠수함, 스파이, 선동가, 언론 검열, 비밀 감옥, 아스피린, 할리우드 영화, 정치적 살해를 받아들인다는 것을 의미한다. 이런 것들만 받아들여야 한다는 게 아니라 그 외에 여러 가지가 많지만 특히 이런 것들을 받아들여야 한다는 이야기다. 그리고 대체로 보아 이런 수용이 헨리 밀러의 태도이다. 늘 그렇게 받아들인다는 말은 아닌데, 때때로 그도 꽤 정상적인 종류의 문학적 향수를 보이는 까닭이다. 『검은 봄』의 앞부분에는 중세시대를 찬양하는 기다란 구절이 들어 있는데, 근년에 발표된 글들 중에서도 아주 주목할 만하다. 그 글에서 밀러는 체스터턴과 별로 다르지 않은 태도를 보인다. 밀러는 또 다른 작품 『맥스와 백혈구Max and White Phagocytes』에서 산업주의를 증오하는 문학인의 관점으로 현대의 미국 문명(아침 식사용 시리얼, 셀로판 등)을 공격한다. 그러나 전반적인 태도는 "그것을 통째로 삼켜버리자"이다. 그러다 보니 외설적인 행위와 지저분한 손수건 같은 인생의 이면에 집착하는 것처럼 보인다. 그러나 겉보기에만 그럴 뿐이다. 사실 보통 사람들의 일상적 생활은 소설가들이 대개 인정하는 것보다 훨씬 끔찍한 일들로 이루어져 있기 때문이다. 휘트먼은 동시대인들이 발설하지 않으려 했던 많은 것을 '받아들였다'. 그는 대초원에 대해서만 글을 쓴 게 아니다. 도시를 어슬렁거리면서 자살자의 부서진 두개골과 "수음하는 자의 병든 회색 얼굴"도 노래했다. 그렇지만 우리 시대, 그러니까 서유럽에서 우리 시대는 휘트먼이 글을 썼던 시대보다 덜 건강하고 덜 희망적이다. 휘트먼과는 다르게 우리는 위축되는 세계에 살고 있다. '민주주의적 전망'은 철조망으로 끝나고 말았다. 창조와 성장의 느낌이 점점 사라지면서, 끝없이 흔들리는 요람의 중요성은 점점 희미해지는 반면, 끝없이 끓는 찻주전자에만 관심이 더욱더 쏠리고 있다. 문명을 있는 그대로 받아들이는 것은 쇠락과 부패를 받아들인다는 것을 의미한다. 그것은 불굴의 긍정적 태도가 아니라 수동적 태도, 그 말뜻을 좀 더 분명하게 표현하면 '퇴폐적' 태도이다.

그러나 어느 의미에서 밀러가 주위에서 벌어지는 경험에 수동적인 자세를 취했기 때문에 목적의식이 뚜렷한 작가들보다는 평범한 사람에게 더 가깝게 다가갈 수 있다. 평범한 사람도 수동적인 까닭이다. 좁은 범위(가정생활, 노동조합, 지방정치) 내에서는 자신을 운명의 주인이라고 느끼지만 거대한 사건들 앞에서는 악천후를 대할 때처럼 무기력함을 느낀다. 그래서 미래에 영향을 미치려 하기보다는 가만히 드러누워 사건이 자신에게 벌어지도록 내버려둔다. 지난 10년 동안 문학은 점점 더 정치에 깊숙이 개입해왔다. 그 결과, 지난 200년 동안의 어느 때에 비해 보통 사람이 문학에 끼어들 여지가 더 줄어들게 되었다. 스페인 내전에 관해 쓴 책들과 1914~1918년 전쟁에 관해 쓴 책들을 비교해보면 문학적 태도의 주된 변화를 파악할 수 있다. 스페인 내전에 관한 책들, 특히 영어로 집필된 책들에서 눈에 띄는 특징은 충격적일 정도로 무미건조하고 형편없다는 점이다. 그러나 이보다 더 의미심장한 점은 우익이든 좌익이든 모든 작가가 정치적 관점에서 글을 쓰면서 아주 확신에 찬 당파주의자의 어조로 독자에게 무엇을 생각해야 하는지 지시한다는 것이다. 반면에 제1차 세계대전을 다룬 책들은 평범한 사병이나 하급 장교가 썼는데 이들은 대전의 전체 규모를 알고 있다는 허세를 부리지 않는다. 『서부전선 이상 없다All Quiet on the Western Front』, 『불Le Feu』, 『무기여 잘 있거라A Farewell to Arms』, 『영웅의 죽음Death of Hero』, 『모든 것에 작별 인사를Good-Bye to All that』, 『보병 장교의 회고록Memoirs of an Infantry Officer』, 『솜 전투의 하사관A Subaltern on the Somme』 같은 책들은 프로파간다 선동자들이 아니라 전쟁 피해자들이 쓴 것이다. 그들은 실질적으로 이렇게 말한다. "도대체 이게 다 무슨 일이야? 하느님만이 아시겠지. 우리는 그저 견딜 뿐이야." 밀러는 전쟁에 관해 쓰지 않고, 또 전반적으로 보아 불행에 관해서도 쓰지 않지만, 이런 전쟁 피해자들의 태도가 현재 유행하는 모든 것을 다 아는 듯한 태도보다는 밀러의 태도에 더 가깝다. 밀러가 공동 편집자로 일했던 단명한 정기간행물 《부스터Booster》는 광고에서 그 잡지의 성격을 "비정치적, 비교육적, 비진보적, 비협조적, 비윤리적, 비문학적, 비일관적, 비현대적"이라고 규정했다. 밀러의 작품들도 이와 비슷한 용어들로 묘사될 수 있다. 그것은 군중, 밑바닥에 있는 사람들, 3등칸 기차, 비정치적이고 비도덕적이며 수동적인 보통 사람에게서 나오는 목소리다.

    나는 "보통 사람, 평범한 사람"이라는 표현을 느슨하게 사용해 오면서 '보통 사람, 평범한 사람'이 존재한다는 걸 당연시했는데, 오늘날 어떤 사람들은 이들의 존재를 부정한다. 나는 밀러의 글쓰기 대상이 되는 사람들이 사회의 대다수를 구성한다고 보지 않으며, 그가 프롤레타리아에 관해 쓰고 있다고는 더더욱 보지 않는다. 아직껏 영국과 미국의 소설가들은 그런 글쓰기를 진지하게 시도하지 않았다. 게다가 『북회귀선』에 등장하는 사람들은 게으르고, 평판이 나쁘며, 다소간 '예술가 기질'이 있다는 점에서 평범함과는 거리가 멀다. 내가 이미 말했듯이 이것은 유감이지만 국외 거주의 필연적 결과이다. 밀러의 '보통 사람'은 육체노동자도, 교외에 집을 가지고 있는 사람도 아니다. 그들은 낙오자, 몰락한 사람, 모험가, 뿌리도 돈도 없는 미국 지식인이다. 그렇지만 이런 유형에 속한 사람들의 경험조차 그보다 더 정상적인 사람들의 경험과 광범위하게 겹친다. 밀러는 다소 제한적인 소재와 자신을 동일시하는 용기를 발휘했기 때문에 그로부터 최대한 많은 것을 이끌어낼 수 있었다. 보통 사람, "감각에 충실한 평균적 사람"이 발람Balaam의 당나귀처럼 말할 수 있는 힘을 얻게 된 것이다.

    밀러의 이러한 접근은 시대에 뒤떨어진 방식, 적어도 유행에 뒤처진 방식임을 알 수 있을 것이다. 감각에 충실한 평균적 사람은 유행이 지나갔다. 수동적이고 비정치적인 태도도 유행이 지나갔다. 섹스에 집착하고 내면생활의 진실에 몰두하는 것 역시 유행이 지나갔다. 미국인의 파리 생활 또한 유행이 지나갔다. 이런 시기에 출간된 『북회귀선』 같은 책은 지나친 기교와 허세로 지루하기 그지없거나 특이한 어떤 것임에 틀림없다. 이 책을 읽은 사람들은 대부분 전자가 아니라는 데 동의할 것이다. 그렇다면 현재의 문학적 유행에서 탈피하려는 이런 태도가 무엇을 의미하는지 알아보는 건 가치 있는 일이다. 그러나 그렇게 하려면 그런 탈피의 배경을 살펴봐야 한다. 다시 말해 제1차 세계대전 이후 20년 동안 벌어진 영문학의 전반적 발전 상황을 알아볼 필요가 있다.

2.

어떤 작가가 유행한다고 말할 때 그 실제적인 의미는 그가 30세 미만의 사람들에게 숭배받는다는 뜻이다. 내가 지금 말하고 있는 시기, 그러니까 제1차 세계대전 중과 그 직후의 시기에, 생각하는 젊은이들을 가장 깊이 사로잡았던 작가는 거의 확실하게 하우스먼이었다. 1910~1925년에 청소년기를 보낸 사람들 사이에서 하우스먼은 지금으로써는 이해하기 어려운 엄청난 영향력을 행사했다. 열일곱이던 1920년에 나는 그의 시집 『슈롭셔의 젊은이』 전편을 암송했다. 이 시집이 오늘날의 거의 같은 나이와 비슷한 기질을 가진 소년에게 얼마나 많은 감명을 줄까? 물론 그 소년은 이 시집 이야기를 들었을 것이고, 심지어 몇 페이지 넘겨보기도 했을 것이다. 그러면 이 시집에서 다소 저렴하게 똑똑한 체한다는 느낌을 받을 것이고, 그게 전부일 것이다. 그러나 나와

내 동년배들은 이 시들을 황홀경에 빠져서 외우고 또 외웠다. 이전 세대들이 메러디스의 「계곡의 사랑Love in a Valley」과 스윈번 Swinburne의 「프로세르피네의 정원Garden of Proserpine」 등을 외우던 것과 비슷했다.

내 마음에는 회한이 가득하네
나에게 있었던 황금 같은 친구들 때문에
많은 장밋빛 입술의 아가씨들과
많은 경쾌한 발걸음의 젊은이들 때문에

너무 넓어서 건너뛸 수 없는 개울가에
경쾌한 발걸음의 젊은이들이 누워 있고
장밋빛 입술의 아가씨들은 잠들어 있네
장미가 이우는 들판에서

이 시는 그냥 딸랑딸랑 소리를 낼 뿐이다. 하지만 1920년에는 딸랑딸랑거리는 것 같지만은 않았다. 왜 거품은 늘 터지게 되어 있는 것일까? 이 질문에 대답하기 위해서는 특정 시기에 특정 작가를 인기 높게 만드는 외적 조건들을 살펴봐야 한다. 하우스먼의 시들은 처음 발표됐을 때 그리 주목받지 못했다. 그런데 그 시들 속에 무엇이 있어서 1900년경에 태어난 세대에 그토록 깊이 호소했을까?

먼저 하우스먼은 '시골' 시인이다. 그의 시들은 시간 속에 묻힌 마을들의 매혹, 클런턴·클런버리·나이튼·러들로·"웬록 언덕에서"·"브레던의 여름날에"와 같은 지명들이 불러일으키는 향수, 이엉 깔린 지붕들과 대장간의 쇠붙이 소리, 초원의 노란 야생 수선화, "기억 속의 푸른 언덕"으로 가득 차 있다. 전쟁시를 제외하고, 1910~1925년 사이의 영시는 대부분 '시골'을 노래했다. 그 이유는 임대소득으로 생활하는 전문직 계층이 더 이상 토지와의 실질적인 관계를 맺지 않게 되었기 때문이다. 하지만 어쨌든 당시에는 지금보다 더 강하게 도시를 경멸하고 시골에 속한다는 것을 우월하게 내세우는 일종의 속물근성이 만연했다. 당시의 영국은 지금도 그렇지만 더 이상 농업국가가 아니었다. 그렇지만 경공업이 확산되기 전에는 영국을 농업국가로 생각하기가 더 쉬웠다. 중산층 소년들은 대부분 농장이 보이는 곳에서 성장했고 자연스럽게 쟁기질, 추수, 노적가리 타작 등 농장 생활의 그림 같은 측면이 그들에게 호소했다. 그런 일들을 직접 해보지 않는 한 소년은 순무밭에 괭이질을 하고, 새벽 4시에 암소의 갈라진 젖꼭지를 잡고서 우유를 짜는 등이 얼마나 고되고 단조로운 일인지 모를 것이다. 전쟁 직전과 직후, 그리고 심지어 전쟁 중에도 '자연시인'의 위대한 시대였고, 리처드 제프리스Richard Jefferies와 W. H. 허드슨W. H. Hudson의 전성기였다. 1913년에 사랑받은 루퍼트 브룩의 「그란처스터Grantchester」는 '시골' 정서를 열렬하게 쏟아냈는데, 장소 이름들로 가득 찬 위장에서 토해져 나온 일종의 토사물 같은 시였다. 그러나 시로서 보자면 「그란처스터」는 가치 없는 것을 넘어서서 더 못한 무언가이지만, 그 시대의 생각하는 중산층 젊은이들이 느낀 것을 보여주는 자료로서는 귀중한 문서이다.

하지만 하우스먼은 브룩이나 다른 시인들처럼 주말 나들이객의 기분으로 덩굴장미를 찬양하는 것을 그리 좋아하지 않았다. '시골' 모티프는 거의 언제나 어른거리지만 대체로 배경에 머무를 뿐이다. 하우스먼이 쓴 대부분의 시들에서는 일종의 이상화된 농촌 사람이 등장하는데, 그들은 스트레펀Strephon이나 코리던Corydon(목가에서 흔히 등장하는 양치기 이름들-옮긴이)을 현대화한 것이다. 이것은 그 자체로 깊은 호소력을 가지고 있다. 경험법칙에 의하면 지나치게 문명화된 사람들은 시골 사람들에 관한 글(핵심 문구 "흙과 더 가까이")을 읽는 것을 좋아한다. 시골 사람들이 그들보다 더 원시적이고 열정적이라고 상상하기 때문이다. 그래서 실라 케이-스미스Sheila Kaye-Smith의 '검은 땅dark earth' 소설 등이 인기가 높았다. 당시에 '시골'을 편애하는 중산층 소년은 도시 노동자보다는 농업노동자와 자신을 동일시하려 했다. 소년들은 대부분 이상화된 쟁기꾼, 집시, 밀렵꾼, 사냥터지기에 대한 환상을 마음속에 갖고 있었는데, 이런 사람들이 야생적이고 자유로우며 분방한 방랑자로 토끼 사냥, 투계, 승마, 맥주, 여자가 있는 생활을 즐긴다고 생각했다. 그 시대의 또 다른 가치 있는 시대 자료로, 메이스필드Masefield의 『영원한 자비Everlasting Mercy』는 제1차 세계대전 무렵에 청소년들에게 엄청난 인기가 있었고 그들에게 이러한 환상을 아주 조잡한 형태로 보여주었다. 그러나 하우스먼의 시들에 나오는 모리스Maurice나 테렌스Terence 같은 인물은 진지하게 받아들여진 반면, 메이스필드의 인물인 허랑방탕한 사울 케인

Saul Kane은 그런 대상이 되지 못했다. 어느 편인가 하면 하우스먼은 테오크리토스Theocritus의 기질을 갖춘 메이스필드였다. 더욱이 살인, 자살, 불행한 사랑, 일찍 찾아온 죽음 등 그의 주제는 모두 청소년기의 감수성에 호소한다. 그 주제들은 단순하면서 금방 이해할 수 있는 인생의 재난들을 다루고, 그래서 독자는 삶의 '근본적인 사실들'과 맞닥뜨리고 있다는 느낌을 받는다.

절반쯤 베어낸 언덕에 태양이 이글거리고
이제 피는 말라붙었다
그리고 모리스는 건초 속에 조용히 누워 있고
내 칼은 그의 옆구리에 박혀 있다

혹은 이런 것.

그들은 이제 우리의 목을 슈루즈버리 감옥에 매달고
기적 소리가 처량하게 울린다
기차들은 밤새 철로 위에서 신음하고
아침이면 죽어갈 사람들을 향해

하우스먼의 시들은 다 이런 식이다. 모든 것이 해체된다. "딕은 교회 묘지에 오래도록 누워 있고, 네드는 감옥에 오래도록 누워 있네", "아무도 나를 사랑하지 않네"라는 저 절묘한 자기 연민에도 주목해보라.

다이아몬드 물방울이 떨어져 풀밭의
낮은 둔덕을 장식하네
그것은 울음을 우는 아침의 눈물
하지만 그대를 위해 우는 건 아니라네

참 안됐네, 오랜 친구! 이런 시들은 일부러 청소년들을 대상으로 쓴 것 같기도 하다. 그리고 변함없는 성적 비관론(소녀는 언제나 죽어버리거나 다른 사람과 결혼한다)은 사립학교에서 함께 몰려다니면서 여성을 가늠할 수 없는 존재로 생각하기 십상인 소년들에게는 그럴듯한 지혜처럼 보인다. 그런데 소녀들도 이런 하우스먼에게 매력을 느꼈을지는 의문스럽다. 그의 시에서 여성의 관점은 고려되지 않는다. 여자는 님프, 세이렌, 남자에게 어느 정도 틈을 주다가 결국에는 따돌리며 배신하는 반인半人 정도로 취급된다.

그러나 하우스먼에게 신성모독, 반율법주의, '냉소적' 경향이 없었더라면 1920년대 젊은이들에게 그토록 깊이 호소하지는 못했을 것이다. 세대 간에 언제나 벌어지는 갈등은 제1차 세계대전이 끝날 무렵에 아주 치열했다. 이것은 부분적으로 대전 자체 때문이었고, 또 러시아혁명의 간접적인 결과이기도 했다. 그렇지만 사정이 어떠했든 간에 그 무렵에는 지적 투쟁이 벌어지게 되어 있었다. 영국인의 생활은 제1차 세계대전에도 불구하고 편안하고 안전했다. 그 덕분에 1880년대와 그 이전에 인생관을 형성한 많은 사람이 그 생각을 별로 수정하지 않은 채 1920년대에 진입했다. 그러나 젊은 세대에 대해서 말해보자면 그런 공식적 믿음들은 사상누각처럼 허물어져 내리고 있었다. 가령 종교적 믿음의 붕괴는 실로 현저했다. 그리하여 여러 해 동안 구세대와 신세대 사이의 적대감은 진정한 증오의 양상을 보이게 되었다. 전쟁 세대들이 처절한 학살의 현장에서 돌아와보니 기성세대는 여전히 1914년의 슬로건을 외쳤으며, 약간 어린 세대의 소년들은 음흉한 생각을 가진 독신주의자 교사들 아래에서 몸부림치고 있었다. 바로 이 어린 세대를 상대로 하우스먼은 은근한 성적 반역과 신에 대한 개인적 불만을 가지고 호소력을 발휘했다. 그는 애국자였으나 무해무익한 옛날 방식, 그러니까 붉은 군복과 "신이여 여왕을 지켜주소서"라는 식으로 애국을 했을 뿐, 철모를 쓰고 "카이저를 목매달아라"라는 식으로 공격적인 애국심을 발휘하지는 않았다. 그리고 그는 속 시원할 정도로 반기독교적이었다. 그는 인생은 짧고 신들은 우리에게 적대적이라는 쓰라리면서도 저항적인 일종의 이교도 정신을 대변했는데, 바로 이것이 젊은 세대의 지배적인 분위기와 정확하게 맞아떨어졌다. 그는 거의 대부분 단음절로 되어 있는, 매력적이면서 연약한 시들로 이 모든 것을 담아냈다.

내가 지금껏 해온 이야기만 놓고 보면 하우스먼은 순전히 프로파간다를 외치는 사람 혹은 그럴듯한 격언과 인용할 만한 '단편적 말들'을 주절대는 사람으로 인식되기 쉽다. 하지만 이 시인은 분명 그 이상의 것을 갖고 있었다. 그가 여러 해 전에 과대평가됐다고 해서 이제 와서 그를 과소평가할 필요는 없다. 오늘날 이렇게 말하면 곤란해질 수도 있겠지만, 아무튼 여러 편의 시들(「내 가슴속으로 파고드는 죽음의 공기Into my heart an air that kills」나 「내 소들은 밭을 갈고 있는가Is my team ploughing?」)은 그리 오래 무시당하는 상태로 있을 것 같지 않다. 그러나 결국 작가에 대한 호오好惡를 결정하는 것은 그 작가의 경향, 그의 '목적', 그의 '메시지'다. 이는 자신의 깊은 신념을 심각하게 훼손하는 책에서는 어떤 문학적 가치도 발견하기 어렵다는 사실에서 증명된다. 그리고 어떤 책도 진정한 중립성을 유지하지는 못한다. 시든 산문이든 이런저런 경향이 언제나 발견된다. 그 경향이라는 것이 고작해야 그 시나 산문에서 어떤 형식을 쓸지, 어떤 이미저리를 쓸지 결정하는 소극적 역할만 할 때도 그러하다. 하우스먼처럼 폭넓은 인기를 얻은 시인들은 대체로 보아 격언을 말하는 작가들이다.

제1차 세계대전이 끝나고 하우스먼과 자연 시인들이 지나간 후에 완전히 다른 경향을 가진 한 무리의 작가들이 등장했는데 조이스, 엘리엇, 파운드, 로렌스, 윈덤 루이스, 올더스 헉슬리, 리턴 스트레이치Lytton Strachey다. 1920년대 중후반에 이 작가들은 일종의 문학적 '주류'를 형성했고, 그것은 그보다 몇 년 뒤인 1930년대에 오든-스펜더Auden-Spender 그룹이 '주류'를 형성한 것과 비슷했다. 물론 1920년대의 모든 재능 있는 작가가 이 패턴에 맞아들어간다는 이야기는 아니다. 예를 들어 E. M. 포스터E. M. Poster는 1923년 무렵에 그의 최고작을 써냈으나 전전戰前 작가였고, 예이츠는 어떤 문학적 단계로 본다고 하더라도 1920년대에 소속된 적이 없었다. 1920년대에 생존해 있던 작가들, 가령 무어, 콘래드, 베넷, 웰스, 노먼 더글러스Norman Douglas는 이미 전쟁 전에 그들의 주요 작품을 다 써내고 전성기를 지난 상태였다. 반면에 이 그룹에 편입시켜야 하나, 문학적 경향으로 보면 전혀 '소속되지' 않는 작가로는 서머싯 몸이 있다. 물론 연대는 완벽하게 들어맞지 않는다. 이런 작가들은 대부분 전쟁 전에 책을 냈지만 그래도 전후 작가로 분류될 수 있다. 그것은 오늘날 글을 쓰고 있는 작가들이 대공황 이후의 작가로 분류되는 것과 비슷한 이치다. 물론 1920년대에 문학잡지들을 모두 읽어봤다 한들 이 작가들이 '주류'라는 사실을 파악하기 어려웠을 것이다. 다른 어느 때보다도 그 시절에 문학잡지계의 거물들은 한 세대도 아니고 두 세대나 전의 시대가 아직 끝나지 않은 척하느라 분주했기 때문이다. 스콰이어Squire는 《런던 머큐리London Mercury》를 좌지우지했고, 기브스Gibbs와 월폴Walpole은 책 빌려주는 도서관 운동을 활발히 전개했다. 쾌활함과 남자다움, 맥주와 크리켓, 브라이어 담배 파이프와 일부일처제를 숭배하는 풍조가 유행했고, '식자층'을 비난하는 기사를 써서 원고료 몇 푼을 벌어들이는 것은 언제나 가능했다. 그렇지만 젊은이들을 사로잡은 것은 그처럼 경멸당한 지식인들이었다. 그 바람은 유럽에서 불어왔고, 1930년이 오기 훨씬 전에 맥주와 크리켓파들의 겉옷을 벗겨 알몸으로 만들었으며, 그들에겐 기사 작위만 남았다.

그러나 내가 위에서 말한 1920년대 그룹의 첫 번째 주목할 만한 점은 그들이 전혀 그룹처럼 보이지 않는다는 것이다. 더욱이 그들 중 몇몇은 다른 작가들과 연결되어 언급되는 것을 강력하게 거부했다. 로렌스와 엘리엇은 서로 적대적이었고, 헉슬리는 로렌스를 숭배했으나 조이스의 배척을 받았다. 그들 중 대부분은 헉슬리, 스트레이치, 몸을 경멸했고, 루이스는 모든 사람을 돌아가면서 비난했다. 실제로 루이스의 작가적 명성은 대체로 보아 그런 공격에서 온 것이었다. 지금 와서 보니 그 작가들 사이에는 어떤 기질적 유사성이 있다. 물론 10여 년 전에는 그것이 눈에 잘 띄지 않았다. 그 유사성은 비관적 전망이다. 그러나 이 '비관적'이라는 말의 의미는 분명하게 밝혀둘 필요가 있다.

조지언 시대 시인들의 핵심 주제가 '자연의 아름다움'이었다면 전후 작가들의 주제는 '인생에 대한 비극적 인식'이었다. 예를 들어 하우스먼의 시정신은 비극적이라기보다 불평불만에 가깝다. 그것은 좌절을 겪은 쾌락주의이다. 극시인 『제왕The Dynasts』은 예외이지만 하디에 대해서도 같은 말을 해볼 수 있다. 그러나 조이스-엘리엇 그룹은 그 뒤에 왔고, 청교도주의는 그들의 주적이 아니었다. 그들은 처음부터 선배 작가들이 지키려고 싸워온 것들의 본질을 대부분 '꿰뚫어보았다'. 그들은 모두 기질적으로 '진보'라는 개념에 적대적이었다. 진보는 일어나지 않을 뿐만 아니라 일어나서는 안 된다고 느꼈다. 이처럼 전반적으로 유사했지만, 내가 방금 언급한 작가들 사이에는 재능의 차이는 물론이고 접근 방법의 차이도 있었다. 엘리엇의 비관주의는 부분적으로 기독교적 비관주의인데 인간의 비참함에 대한 무관심을 내포한다. 그의 시는 또 서구 문명의 쇠퇴를 한탄하는데("우리는 텅 빈 사람입니다, 우리는 박제된 사람입니다" 등등), 신들의 황혼 같은 느낌을 풍기며, 그리하여 엘리엇은 마침내 「고통받는 자 스위니Sweeney Agonistes」에서 현대의 삶을 실제보다 더 끔찍하게 묘사하는 아주 어려운 업적까지 달성하기에 이른다. 스트레이치의 경우는 공손한 18세기 회의주의에 현실 폭로의 취미가 가미되어 있다. 몸은 일종의 견인주의적 체념을 내보이는데, 수에즈 동쪽의 푸카 사히브(훌륭한 신사를 뜻하는 인도어-옮긴이)처럼 윗입술을 굳게 다물고, 자신의 일을 믿지 않으면서 그 일을 묵묵히 수행하는 모습이 안토니우스 시대의 황제들을 연상시킨다. 로렌스는 처음 보면 비관론적 작가처럼 보이지 않는다. 그는 디킨스처럼 '마음의 변화'를 강조하는 작가이고, 지금 여기의 생활을 약간만 다르게 보면 그 생활이 모두 원만해질 것이라고 계속 강조하기 때문이다. 그러나 로렌스는 기계문명에서 벗어나야 한다고 줄기차게 주장한다. 그런 일은 벌어지지 않을 뿐만 아니라 로렌스 자신도 벌어지지 않으리라는 것을 안다. 따라서 현재에 대한 그의 분노는 다시 한번 과거의 이상화로 기울어졌는데, 이번에는 안전한 신화적 과거인 청동기시대를 이상화한다. 로렌스가 우리 현대인보다 에트루리아인을 더 좋아한다고 말할 때 거기에 동의하지 않기는 어렵다. 그렇지만 그건 결국 일종의 패배주의이다. 세계는 그런 방향으로 움직이지 않기 때문이다. 그가 언제나 지향하는 생활, 단순한 신비—섹스, 대지, 불, 물, 피—에 집중하는 생활은 성공 가능성이 없는 주장이다. 따라서 그가 내놓을 수 있는 것이라고는 도무지 그럴 법하지 않은 방식으로 세상일들이 벌어지기를 바라는 막연한 소망뿐이다. "관대함의 파도냐, 죽음의 파도냐"라고 그는 말한다. 하지만 지평선 이쪽에는 관대함의 파도가 없다는 게 분명하다. 그래서 그는 멕시코로 달아나서 마흔다섯에 죽었는데 죽음의 파도가 몰려오기 몇 해 전이었다. 다시 한번 그들이 예술가가 아닌 것처럼, 그들이 단지 '메시지'를 외쳐대는 프로파간다꾼인 것처럼 인식될 것이다. 하지만 그들 모두가 그 이상의 존재임은 분명하다. 예를 들어 『율리시스』를 현대 생활(파운드가 말한 "지저분한 《데일리 메일Daily Mail》 시대")의 공포에 대한 폭로 소설에 불과하다고 말하는 건 어리석은 일이다. 조이스는 분명 대부분의 작가들보다 훨씬 '순수한 예술가'이다. 그러나 『율리시스』는 말장난에 집중하는 사람은 도저히 써낼 수 없는 작품이다. 이 장편소설은 인생에 대한 특별한 비전이 만들어낸 결과물인데, 그것은 신앙을 잃어버린 가톨릭교도의 비전이다. 조이스는 이렇게 말한다. "여기에 하느님 없는 생활이 있다. 그 생활을 한번 보아라!" 그의 기법적 혁신은 중요하지만 일차적으로 이런 비전에 봉사하기 위한 것이다.

그런데 이 모든 1920년대 작가의 주목할 만한 점은 그들의 '목적'이라는 게 공중에 뜬 구름처럼 막연하다는 것이다. 지금 이 순간의 긴급한 문제들에는 관심을 두지 않으며, 좁은 의미의 정치에도 무관심하다. 독자들의 관심을 로마, 비잔티움, 몽파르나스, 멕시코, 에트루리아인, 무의식, 태양신경총 등으로 유도한다. 이런 곳들은 세간의 일들이 실제로 벌어지는 장소가 아니다. 우리가 1920년대를 회고할 때 가장 기이한 사실은 유럽에서 벌어지는 중요한 사건들을 영국 지식인들은 전혀 주목하지 않는다는 점이다. 가령 러시아혁명은 레닌의 죽음에서 우크라이나 기근까지의 10년 동안 영국 지식인들의 의식에서 완전히 실종된 상태이다. 이 10년 동안 러시아라고 하면 곧 톨스토이, 도스토옙스키, 파리에서 택시 운전사 노릇을 하는 유배된 귀족 등을 의미했다. 이탈리아는 화랑, 유적, 교회, 박물관 등을 의미했고 여기에 무솔리니Mussolini의 행동대원인 검은 셔츠는 들어가지 않았다. 독일은 영화, 누드주의, 정신분석을 의미했으며 히틀러는 1931년이 되기까지 아무도 그 이름을 들어보지 못했다. '문화'계에서는 예술지상주의가 외연을 넓혀서 무의미를 숭배할 지경에 이르렀다. 주제를 가지고 책을 판단하는 것은 용서할 수 없는 죄악이었고, 심지어 주제를 의식하는 태도도 악취미로 간주됐다. 1928년 무렵, 제1차 세계대전 이후《펀치》가 만들어낸 3대 농담 중 하나로 이런 것이 있었다. 어떤 한심한 청년이 이모에게 글을 "쓰겠다"라고 말하는 삽화가 실렸다. "얘야, 너는 무엇에 대해서 글을 쓰려고 하니?" 이모가 물었다. "사랑하는 이모님." 그 청년이 위압적으로 말했다. "글은 무엇에 대해서 쓰는 게 아니에요. 그냥 쓰는 거예요." 1920년대의 가장 뛰어난 작가들은 이런 원칙을 고수하지는 않았고, 그들의 '목적'은 대부분 아주 분명했다. 하지만 그것은 도덕적-종교적-문화적 노선을 지향하는 목적이었다. 정치적 관점에서 살펴볼 때 그것은 결코 '좌파'가 아니었다. 이런저런 방식으로 이 그룹에 속한 작가들은 모두 보수적인 경향을 보였다. 예를 들어 루이스는 몇 년 동안 '볼셰비즘'의 치부를 찾아서 열광적으로 냄새 맡는 마녀사냥을 벌였는데 그는 아주 엉뚱한 곳에서 그 주의의 지저분한 점들을 발견해냈다. 최근에 그는 히틀러의 예술가 홀대에 영향을 받아서 그의 견해를 일부 바꾸었는데, 그렇다고 해서 아주 좌파 쪽으로 기울지는 않을 것으로 보인다. 파운드는 결정적으로 파시즘으로 기울었는데 그것도 이탈리아 파시즘에 매료된 듯하다. 엘리엇은 초연한 자세를 유지했으나, 그의 머리에 권총을 들이밀고 파시즘과 약간 민주화된 형태의 사회주의 중 하나를 선택하라고 한다면 아마도 파시즘을 선택할 것이다. 헉슬리는 인생에 대한 절망이라는 태도로 시작했으나, 이어 로렌스의 「검은 배 dark abdomen」의 영향을 받아서 인생 예찬이라는 것을 시도하다가 마침내 평화주의에 도달했다. 이런 입장은 현재로써는 유지할 만하고 또 명예로운 것이나 장기적으로 보면 결국 사회주의를 배척하게 될 것이다. 이 그룹의 작가들은 대부분 가톨릭교회에 좀 부드러운 태도를 보이긴 하지만, 정통 가톨릭교도들이 받아들일 법한 태도는 아니다.

비관론과 반동적 전망의 심리적 연결 관계는 분명해 보인다. 그러나 이보다 덜 분명한 것은 왜 1920년대를 대표하는 작가들이 압도적으로 비관론으로 기울어졌는가 하는 이유이다. 왜 언제나 퇴폐, 두개골과 선인장을 의식하고, 성공 가망성이 없는 주장과 불가능한 문명을 동경하는가? 그건 결국 이 사람들이 아주 안락한 시대에 글을 썼기 때문이 아닐까? 바로 그런 한가한 시대에 '우주적인 절망'이 창궐할 수 있는 것이다. 배고픈 사람은 결코 우주에 대해서 절망하지 않으며, 말이 난 김에 다 말해보자면 우주 따위는 생각할 겨를이 없다. 1910~1930년의 시대는 번성하는 시대였고, 연합국 소속 국가에서 비전투원으로 근무한다면 심지어 전쟁 시절도 견딜 만했다. 1920년대에 대해서 말해보자면, 연금 생활자와 지식인의 시대였고, 세계가 일찍이 겪어본 적이 없는 무책임의 시대였다. 전쟁은 끝났고, 새로운 전체주의국가들은 생겨나지 않았으며, 온갖 종류의 도덕적, 종교적 금기는 사라졌고, 현금이 마구 굴러 들어왔다. '환멸'이 대유행했다. 안전한 연간 500파운드의 소득을 가진 사람들은 상류층이 되었고 인생의 권태에 대비하는 훈련을 시작했다. 그것은 독수리와 크럼펫, 손쉬운 절망, 뒷마당의 햄릿, 밤의 끝으로 가는 값싼 반환표 등이 있는 시대였다. 이 당시의 대표적인 평범한 소설들, 가령 로즈 매콜리Rose Macaulay의 『백치의 이야기Told by an Idiot』에서는 생에 대한 절망이 자기 연민이라는 터키탕 같은 분위기에 도달하고 있다. 심지어 이 시기의 가장 뛰어난 작가들도 너무 올림푸스적인 태도를 보인다고 비난받을 만한데, 그 이유는 그들이 화급한 현실적 문제들에 대하여 너무나 재빨리 손을 털어버리고 싶어 했기 때문이다. 그들은 직전의 선배 작가나 직후의 후배 작가들에 비하여 인생을 아주 포괄적으로 바라봤으나 망원경의 엉뚱한 쪽에다 눈을 대고 바라봤다. 하지만 이것이 그들의 책에 피해를 준다는 이야기는 아니다. 예술 작품의 첫 번째 검증은 살아남기인데, 1910~1930년 사이에 집필된 많은 책이 살아남았고 앞으로도 계속 살아남을 것으로 보인다. 『율리시스』, 『인간의 굴레Of Human Bondage』, 로렌스의 초기 작품들과 특히 그의 단편소설들, 그리고 대략 1930년까지 엘리엇이 써낸 시들을 생각해보면 현재 나오는 책들이 그 정도의 생명력을 지닐지 의문이 든다.

그러다가 1930~1935년에 갑자기 새로운 문학운동이 생겨났다. 문학적 분위기가 바뀌었다. 오든, 스펜더와 나머지 작가들 등 새로운 그룹이 등장했다. 비록 이 작가들은 기법적인 측면에서 선배 작가들에게 신세를 졌으나 그들의 문학적 '경향'은 완전히 달랐다. 갑자기 우리는 신들의 황혼 같은 분위기에서 빠져나와 맨 무릎과 공동체 합창 같은 보이스카우트 분위기로 접어들었다. 그때까지 전형적인 문학인이라고 하면 교회로 약간 기울어진 교양 있는 해외 거주자였으나, 그런 사람은 사라지고 그 자리에 공산주의에 경도하는 열렬한 마음의 학생 같은 인물이 들어섰다. 1920년대 작가들의 핵심 주제가 '인생에 대한 비극적 인식'이었다면 이 새로운 작가들의 주제는 '진지한 목적의식'이었다.

이 두 그룹의 차이는 루이스 맥니스Louis MacNeice의 『현대시Modern Poetry』에서 자세히 논의됐다. 이 책은 물론 전적으로 1930년대 작가들의 관점에서 집필됐고, 그들이 더 우월한 기준을 가지고 있다는 것을 당연시한다. 맥니스 씨는 이렇게 말한다.

《뉴 시그너처스New Signatures》[15]의 시인들은 예이츠나 엘리엇과는 다르게 정서적으로 현실에 적극 참여하는 사람들이다. 예이츠는 욕망과 증오에 등을 돌리라고 제안했다. 엘리엇은 뒤로 물러서서 다른 사람들의 정서를 권태와 냉소적 자기 연민의 시선으로 바라봤다. (…) 그러나 오든, 스펜더, 데이-루이스의 시들은

---

15 1932년에 발간됨. [작가의 각주]

그들이 나름의 욕망과 증오를 가지고 있음을 암시하고, 또 어떤 것들은 당연히 욕망과 증오의 대상이 되어야 한다고 생각한다.

또 이런 문장.

《뉴 시그너처스》 시인들은 방향을 선회하여 (…) 정보 혹은 진실을 더 선호하는 그리스적 입장을 취한다. 이에 대한 첫 번째 요구사항은 뭔가 할 말을 갖고 있어야 한다는 것이고, 그다음에는 능력껏 그 말을 잘할 수 있어야 한다는 것이다.

달리 말해서 '목적의식'이 돌아왔고, 젊은 작가들은 '정치에 투신했다'. 내가 앞에서 이미 지적했듯이 엘리엇과 그 동료들은 맥니스 씨가 말하는 것처럼 그리 중립적이지 않았다. 그렇지만 대체로 말해서 1920년대 문학은 기법을 더 강조했고 지금만큼 주제를 강조하지는 않았다.

이 그룹을 주도하는 인물은 오든, 스펜더, 데이-루이스Day-Lewis, 맥니스이고 다소 비슷한 경향을 보이는 이셔우드Isherwood, 존 레만John Lehmann, 아서 콜더-마셜Arthur Calder-Marshall, 에드워드 업워드, 알렉 브라운Alec Brown, 필립 헨더슨Philip Henderson 등 여러 작가가 있다. 앞에서도 그랬던 것처럼 나는 이 작가들을 문학적 경향에 따라 하나로 뭉뚱그렸다. 물론 그들 사이에는 재능의 커다란 차이가 있다. 하지만 이 작가들을 조이스-엘리엇 그룹과 비교하면 가장 현저하게 눈에 띄는 것은 이들을 하나의 그룹으로 묶기가 아주 수월하다는 점이다. 기법적으로 그들은 서로 가깝고 정치적으로도 거의 구분되지 않으며, 상대방에 대한 비평도 (객관적으로 말해보자면) 호의적이다. 이에 비해 1920년대의 탁월한 작가들은 아주 다양한 근원을 가지고 있고, 그들 중에 정상적인 영국 교육제도를 거친 사람은 거의 없다(공교롭게도 그들 중에 가장 뛰어난 작가들은 로렌스를 제외하고는 모두 영국인이 아니다). 그들 중 대부분은 가난, 무시, 노골적인 핍박을 상대로 한동안 힘겹게 싸워야 했다. 반면에 1930년대 작가들은 대부분 사립학교—대학교—블룸즈버리의 패턴에 딱 맞아들어간다. 소수의 프롤레타리아 출신들은 인생 초창기에 먼저 학교 공부에 의해, 이어 런던 '문화'의 표백통에 의해 계급을 박탈당한다. 이 그룹의 작가들 중 여러 명이 처음에는 사립학교 학생이었고 나중에는 그 학교의 선생이 되었다는 사실은 의미심장하다. 몇 해 전에 나는 오든을 가리켜 "일종의 배짱 없는 키플링"이라고 평가했다. 이것은 비평으로서 큰 가치가 없고 그저 악의적 논평에 지나지 않지만, 오든의 작품, 특히 그의 초기작에는 의기양양한 분위기—키플링의 「만약에If」나 뉴볼트Newbolt의 「게임을 놀아라, 놀아라, 놀아라Play Up, Play Up, and Play the Game!」와 비슷한 것—가 가득하다는 건 사실이다. 예를 들어 "너희는 이제 떠난다. 이제 너희 청년들에게 달려 있다" 같은 시가 그러하다. 이것은 완전히 보이스카우트 단장의 말씀이고, 수음의 위험을 경고하는 10분간 훈화의 어조이다. 물론 오든이 의도한 패러디 요소가 들어 있지만 그가 의도하지 않은 보이스카우트 단장과의 유사성이 더 강하게 드러난다. 이 젊은 작가들에게 대부분 공통되는 다소 잔소리 같은 어조는 해방의 징후이다. '순수예술'을 내다 버림으로써 그들은 비웃음의 공포에서 해방됐고 그들의 시야를 더욱 크게 넓혔다. 예를 들어 마르크스주의의 예언적 측면은 시의 새로운 소재였고 커다란 가능성이었다.

> 우리는 아무것도 아니다
> 우리는 어둠 속에 떨어져 파괴되리라.
> 그렇지만 생각해보라. 이 어둠 속에서
> 우리는 아이디어의 은밀한 중심축을 잡는다
> 아이디어의 햇빛 비치는 바퀴는 저기 밖에서 미래에 회전한다
> (스펜더의 「판사의 재판Trial of a Judge」)

그러나 동시에 마르크스주의로 기울어졌다고 해서 문학이 일반 대중에 더 가까이 다가간 것은 아니었다. 시간 차이를 감안하더라도 오든과 스펜더는 조이스나 엘리엇에 비해 더 인기 높은 작가들이 아니었고, 이것은 로렌스와 비교해도 그러하다. 전과 마찬가지로 현재의 흐름 바깥에 있는 현대 작가가 많았지만, 무엇이 현재의 흐름인지에 대해서는 별로 의심의 여지가 없었다. 1930년대 중반과 후반에 오든과 스펜더 일행은 '운동'이었고 이것은 조이스와 엘리엇 일행의 1920년대 운동과 대응한다. 그런데 1930년대의 운동은 다소 정의가 잘못 내려진 공산주의 쪽으로 움직였다. 1934년과 1935년경에 문학 동네에서는 다소간 '좌파 인사'가

아닌 작가는 기괴한 사람으로 여겨졌고, 그로부터 일이 년 더 지나자 좌파 정통 교리라는 것이 생겨나서 어떤 문제들에 관한 일련의 의견들을 교리 수준으로 격상시켰다. 이 아이디어는 점점 더 뿌리를 내리더니(가령 에드워드 업워드나 기타 작가들을 보라), 이제 작가라면 적극적인 '좌파'이거나, 아니면 글을 잘 쓰지 못하는 사람으로 치부됐다. 1935년과 1939년 사이에 공산당은 나이 마흔 미만의 작가들에게 엄청난 매력을 발산했다. 몇 년 전 로마 가톨릭교회가 인기 있었을 때 아무개와 아무개가 "영세를 받았다더라" 하고 말했던 것처럼, 이 시기에는 아무개와 아무개가 "입당했다더라"는 말을 듣는 것이 아주 흔했다. 실제로 약 3년 동안 영국 문학의 중심 흐름은 공산당의 직접적 통제 아래에 있었다. 어떻게 이런 일이 벌어질 수 있었을까? 동시에 '공산주의'란 무슨 의미인가? 우선 두 번째 질문부터 먼저 대답하는 것이 좋겠다.

　서유럽의 공산주의 운동은 자본주의를 무력으로 전복하려는 운동으로 시작됐으나 몇 년 사이에 러시아 외교정책의 수단으로 변질됐다. 대전 이후에 터져 나왔던 혁명의 열기가 식으면서 이런 결과는 불가피한 것이었다. 내가 아는 한 이 주제의 역사를 포괄적으로 다룬 영어책은 프란츠 보르커나우Franz Borkenau의 『공산주의자 인터내셔널The Communist International』이다. 보르커나우가 그 책의 결론보다 더 분명하게 제시한 사실들은 이런 점을 보여준다. 즉 산업화된 국가들에서 진정한 혁명적 열기가 존재한다면 공산주의는 현재와 같은 방식으로는 결코 발전하지 못할 것이라는 점이다. 예를 들어 영국에서는 그런 열기가 지난 여러 해 동안 존재하지 않았다는 게 분명하다. 모든 극단적 정당의 한심한 정당원 수치는 이것을 잘 보여준다. 따라서 영국의 공산주의 운동은 정신적으로 러시아에 예속된 사람들이 통제하는 것이고, 그 운동의 목적은 영국의 외교정책을 러시아의 이익에 부합되도록 조종하는 것이다. 목소리 큰 공산주의자는 실제로 국제 사회주의자로 위장한 러시아의 홍보 요원일 뿐이다. 이러한 위장은 평상시에는 유지될 수 있으나 위기의 순간에는 유지할 수가 없다. 왜냐하면 나머지 대국들이 그랬던 것처럼 소련 또한 노골적인 외교정책을 수행했기 때문이다. 힘의 정치의 일부로만 의미가 있는 동맹과 전선의 변화 등은 국제 사회주의의 관점에서 설명되고 정당화돼야 한다. 스탈린이 파트너를 바꿀 때마다 '마르크스주의'는 적당히 주물러서 새로운 형태로 만들어져야 했다. 여기에는 갑작스럽고 폭력적인 '노선'의 변경, 숙청, 비난, 당 문서의 조직적인 파괴 등이 포함됐다. 이리하여 모든 공산주의자는 아무 때나 그의 근본적인 확신을 바꿀 수 있어야 했고, 아니면 당을 떠나야 했다. 월요일의 신성한 교리는 목요일에는 저주받아 마땅한 이단이 되어버렸다. 지난 10년 동안 이런 일이 적어도 세 번은 벌어졌다. 따라서 서구 국가에서는 공산당이 언제나 불안정하고 대체로 소규모였다. 그 당의 장기 당원은 러시아의 관료제를 받아들이는 소수의 측근 지식인들, 그리고 소련의 정책을 제대로 이해하지도 못한 채 소련에 충성심을 느끼는 그보다 약간 숫자가 많은 노동계급 사람들로 구성됐다. 그 외의 당원들은 신분이 유동적이었다. '노선'이 변경될 때마다 한 무리가 들어오는가 하면 다른 무리가 나가버렸다.

    1930년에 영국 공산당은 법적 지위가 의심스러운 소규모 조직이었고 그 주된 활동은 보수당을 중상모략하는 것이었다. 그러나 1935년에 이르러 유럽의 정치적 지형은 바뀌었고 좌파 정치도 그와 함께 변화했다. 히틀러가 집권하여 재무장을 시작했고, 러시아의 5개년 계획이 성공을 거두었으며, 러시아는 군사 대국으로 재등장했다. 겉보기에 히틀러의 3대 공격 목표는 영국, 프랑스, 소련이었고, 그러자 이 3개국은 일종의 불안한 동맹 관계를 맺었다. 이것은 영국 혹은 프랑스 공산주의자가 훌륭한 애국자 겸 제국주의자가 되어야 한다는 뜻이었다. 다시 말해 그가 지난 15년 동안 공격해온 바로 그것을 옹호해야 하는 것이다. 코민테른의 슬로건은 갑자기 빨강에서 분홍으로 바뀌었다. "세계 혁명"과 "사회적 파시즘"은 "민주주의의 옹호"와 "히틀러를 제지하라!"로 바뀌었다. 1935~1939년의 시기는 반파시즘과 인민전선의 시기였고, 레프트 북 클럽의 전성기였다. 그리하여 붉은 공작부인(공산주의를 옹호하는 귀족 부인 - 옮긴이)과 '마음이 넓은' 학장들은 스페인 전쟁의 싸움터들을 순찰했고, 윈스턴 처칠Winston Churchill은 《데일리 워커》의 측근 심복이 되었다. 그때 이후 또 다른 '노선'의 변경이 있었다. 그런데 나의 논지에서 중요한 사항은 이 '반파시스트' 단계에서 젊은 영국 작가들이 공산주의로 기울어졌다는 사실이다.

    파시즘과 민주주의의 혈투는 그 자체로 흥미로운 사안이나 아무튼 영국 작가들의 전향은 이 무렵에 벌어졌다. 자유방임 자본주의는 끝났고 새로운 종류의 건설이 이루어져야 한다는 건 분명했다. 1935년의 세계에서 정치적으로 무관심하게 남아 있는 것은 불가능했다. 그런데 왜 이 젊은 작가들이 러시아 공산주의 같은 아주 생소한 것으로 기울어졌을까? 왜 작가들은 그들을 심리적으로 부정직하게 만드는 사회주의의 한 형태에 매혹될까? 그 대답은 불경기와 히틀러의 출현 전에 이미 등장했던 현상에서 찾아볼 수 있는데 바로 중산계급의 실업이다.

실업은 단지 직장이 없다는 문제로 그치는 것이 아니다. 아무리 어려운 때라도 대부분의 사람들은 비록 시시해서 그렇지 직업을 가질 수 있다. 문제는 대략 1930년에 이르러 과학적 연구, 예술, 좌파 정치 등을 제외하고 생각하는 지식인이 믿어볼 만한 행위가 없다는 것이었다. 서구 문명의 폭로는 절정에 달했고 '환멸'은 아주 널리 퍼져 있었다. 통상의 중산계급 방식, 가령 군인, 목사, 증권거래인, 인도 주재 공무원 등이 되어 인생을 보내는 것을 당연하게 여길 수가 없게 되었다. 우리 할아버지들이 생활 속에 실천했던 가치들 중 이제 진지하게 받아들일 만한 것이 얼마나 남아 있는가? 애국심, 종교, 제국, 가정, 결혼의 신성함, 공립학교 졸업 넥타이, 출생, 육아, 명예, 극기심. 보통의 교육을 받은 사람이라면 이런 예전의 가치들을 3분 안에 줄줄이 다 열거할 수 있으리라. 그렇지만 애국심이나 종교 같은 근본적인 것을 제거하고서 무엇을 성취할 수 있을까? 게다가 뭔가 믿어야 한다는 필요는 마음대로 제거할 수 있는 것도 아니다. 몇 해 전 한 무리의 재주 있는 작가들(에벌린 워Evelyn Waugh, 크리스토퍼 홀리스Christopher

Hollis 등)을 포함하여 다수의 젊은 지식인이 가톨릭교회로 입교했을 때 일종의 가짜 새벽이 동터왔다. 이 사람들이 영국국교회, 그리스정교, 개신교 종파들로 간 게 아니라 거의 예외 없이 로마가톨릭교회의 품에 안겼다는 것은 의미심장하다. 그들은 세계적 조직을 가지고 있는 교회, 엄격한 극기와 단련을 부과하는 교회, 그리고 배경에 권력과 위신을 갖춘 교회로 간 것이다. 그러나 일급 재주를 가진 엘리엇이 생애 후반에 로마교회가 아니라 앵글로-가톨릭(성공회), 즉 교회로 치면 트로츠키주의를 받아들인 것(교회 중 가톨릭교회를 스탈린주의, 성공회를 트로츠키주의로 본다는 암시가 들어 있다-옮긴이)은 더욱더 주목할 만한 사실이다. 그러나 왜 1930년대의 젊은 작가들이 공산당으로 기울어졌는지 그 이유를 알아내기 위해 이 이상 더 파헤쳐야 할 필요는 없으리라 본다. 그것은 뭔가 믿어야 할 대상이 필요했다는 것이다. 여기에 교회, 군대, 정통파, 단련이 있다. 여기에 조국이 있고, 아무튼 1935년 이후에는 영도자Fuehrer(히틀러가 자신을 '영도자'라고 지칭하면서 정치적 의미를 지니게 되었다-옮긴이)가 있다. 인간의 지성이 추방시킨 것 같았던 모든 충성심과 미신이 아주 허약한 위장 아래 급히 되돌아왔다. 애국심, 종교, 제국, 군사적 영광을 한 단어로 압축하면 러시아가 된다. 아버지, 왕, 지도자, 영웅, 구원자를 한 단어로 압축하면 스탈린이 된다. 신은 스탈린이고 악마는 히틀러이다. 천국은 모스크바이고 지옥은 베를린이다. 이리하여 모든 간극은 메워졌다. 그래서 결국에 영국 지식인의 '공산주의'는 충분히 설명 가능한 것이 되었다. 그것은 뿌리 뽑힌 자들의 애국심이다.

이 시기에 영국 지식인들 사이에서 러시아 숭배가 널리 퍼지도록 만든 또 다른 점이 있는데, 그것은 영국 내의 생활이 쾌적하고 안전하다는 사실이다. 불공정한 일이 많이 벌어지고는 있지만 영국은 여전히 인신구속 적부심이 지켜지는 나라이고, 영국 국민의 압도적 대다수는 폭력 혹은 불법에 대한 경험이 없다. 만약 당신이 그런 분위기의 나라에서 성장했다면 독재정권이 얼마나 악랄한지 상상하기가 쉽지 않다. 1930년대의 대표적 작가들은 온정적이고 해방된 중산층 출신이고 또 너무 어려서 제1차 세계대전에 대한 생생한 기억이 없었다. 이런 사람들에게 숙청, 비밀경찰, 일괄 처형, 재판 없는 투옥 등은 너무나 막연한 일이어서 별로 공포를 안겨주지 않는다. 그들은 자유주의 이외에 다른 경험이 없기 때문에 전체주의를 삼킬 수 있는 것이다. 가령 오든 씨의 시 「스페인Spain」에서 가져온 다음 두 연을 살펴보라(공교롭게도 이 시는 스페인 전쟁을 다룬 몇 안 되는 훌륭한 작품 중 하나이다).

내일 젊은이를 위하여 시인들은 폭탄처럼 폭발한다
호숫가의 산책, 완벽한 영적 교감의 여러 주일들,
내일은 자전거 경주
여름날 저녁의 교외를 관통하는. 그러나 오늘은 투쟁

오늘은 죽음의 가능성이 은근히 높아진다
필요한 살인에 따르는 죄책감의 의식적인 수용
오늘은 힘을 쏟는다

얄팍하고 단명한 팸플릿과 지루한 회의에

두 번째 연은 '착실한 당원' 생활의 어느 하루를 그림처럼 보여준다. 오전에는 두 건의 정치적 살인을 저지르고, 10분 정도 시간을 들여 '부르주아'의 죄책감을 짓눌러버리고, 이어 급히 점심을 먹고 바쁜 오후를 보내다가 저녁에는 벽에다 분필로 선전 문구를 써대고 공산당 전단을 나눠준다. 당원의 하루를 그럴듯하게 아주 잘 보여준다. 그러나 "필요한 살인"이라는 구절을 주목하라. 이런 구절은 살인을 하나의 단어 정도로 여기는 사람이나 쓸 수 있는 것이다. 나는 개인적으로 살인이라는 말을 그리 가볍게 쓸 수가 없다. 나는 살해된 사람들의 시신을 무수히 보았다. 그들은 전투에서 전사한 것이 아니라 그냥 살해된 사람들이었다. 그래서 나는 살인이 무슨 의미인지 좀 알고 있다. 공포, 증오, 비명을 내지르는 친척들, 검시, 피, 그리고 시체 냄새. 내가 볼 때 살인은 무슨 일이 있어도 피해야 한다. 보통 사람이라면 모두 그렇게 생각할 것이다. 히틀러와 스탈린 같은 독재자들은 살인을 필요하다고 생각했지만 그들의 냉혈한 같은 모습을 선전하지는 않았고 그것을 살인이라고 말하지도 않았다. '숙청', '제거' 혹은 다른 듣기 좋은 그럴듯한 말로 바꾸어 말했다. 오든 씨의 몰도덕은 사람을 죽이는 단도가 휘둘러질 때 어디 다른 곳에 있었던 사람이나 말할 수 있는 것이다. 좌파 인사들의 사상은 불이 뜨겁다는 사실조차 모르는 사람들이 저지르는 불장난 같은 것이다. 영국 지식인들이 1935~1939년 사이에 헌신했던 전쟁놀이는 대체로 보아 개인적

면역(전쟁을 잘 모른다는 뜻 - 옮긴이)에 바탕을 둔 것이다. 그러나 프랑스에서는 아주 다른 태도를 보인다. 그 나라에서는 군복무를 회피하기 어렵고, 심지어 문학자들도 배낭의 무게를 알고 있다.

시릴 코널리Cyril Connolly 씨가 최근에 펴낸 책 『약속의 적들 Enemies of Promise』 끝부분에는 뭔가를 보여주는 흥미로운 문장이 나온다. 이 책의 앞부분은 오늘날의 문학에 대한 평가이다. 코널리 씨는 '운동'의 세대에 속하는 작가이고, 그 세대의 가치관이 곧 그의 가치관이라고 해도 무방하다. 그가 존경하는 산문작가들은 폭력적인 내용을 주로 다루는 사람들인데, 헤밍웨이류의 강인한 미국 작가들이다. 그러나 그 책의 후반부에는 자전적인 내용이 담겨 있으며, 1910~1920년 사이의 예비학교와 이튼 학교에서 보낸 생활을 아주 흥미롭고도 정확하게 서술한다. 코널리 씨는 이렇게 말하면서 그 문장을 끝맺는다.

내가 이튼 학교를 떠날 때의 느낌에서 어떤 의미를 추출할 수 있다면 아마도 '영원한 청소년의 이론The Theory of Permanent Adolescence'이 될 것이다. 훌륭한 사립학교에서 겪은 체험은 너무나 강렬해서 학생들의 삶을 완전히 지배하고 그 후에는 발전이 중지되어버린다는 이론이다.

이 문단의 두 번째 문장을 읽을 때 우리의 자연스러운 반응은 단어가 하나 빠진 게 아닐까 하는 것이다. "너무나 강렬해서" 앞에 'not(아니다)'이 빠져서 '사립학교의 체험은 별로 강렬하지 않아서 그 후의 발전을 중지시키지 못한다'라는 원래 의미가 반대로 표출된 것이 아닐까 하는 생각이 드는 것이다. 하지만 빠진 게 아니다. 그는 제대로 말했다! 더욱이 그는 도치된 형식으로 진실을 말한다. '교양 있는' 중산층 생활은 너무나 연약한 상태에 빠져들어서 사립학교의 교육—우월의식의 미지근한 목욕탕에서 보낸 5년—이 인생의 의미 깊은 사건인 양 회고되는 것이다. 1930년대의 주요 작가로 평가되는 사람들에게 코널리 씨가 『약속의 적들』에서 서술한 것보다 더 큰 일이 벌어졌는가? 그것은 언제나 동일한 패턴이다. 사립학교, 대학, 몇 번의 해외여행, 그리고 런던. 배고픔, 고난, 고독, 유배, 전쟁, 감옥, 박해, 육체노동 등에는 단어 이상의 의미가 없다. "올바른 좌파 인사들"로 알려진 많은 족속이 러시아 체제의 숙청 및 비밀경찰 측면과 첫 5개년 계획의 참상을 손쉽게 못 본 체해버린 것은 그리 놀라운 일이 아니다. 그들은 러시아 독재체제의 실상을 전혀 이해하지 못했다.

 1937년에 이르러 모든 지식인이 심리적으로 전쟁 상태에 빠졌다. 좌파의 사상은 '반파시즘'으로 축소됐고, 독일과 친독 인사들에 대한 증오 문학의 물결이 언론을 가득 채웠다. 내가 볼 때 스페인 전쟁에서 진정으로 무서운 점은 내가 목격한 폭력이나 전선 후방에서의 당내 갈등이 아니라 좌파 진영에서 제1차 세계대전 당시의 심리적 분위기가 다시 등장했다는 것이었다. 지난 20년 동안 전쟁 히스테리는 자기 일이 아니라는 듯이 히죽대던 바로 그 사람들이 1915년의 정신적 빈민가로 바쁘게 달려갔던 것이다. 마치 지난 20년은 없었다는 듯이 저 친숙한 전시의 어리석은 짓들, 스파이 찾아내기, 정통성 검증(흠흠, 당신은 진정한 반파시스트인가? 하고 냄새 맡기), 믿기 어려운 황당한 참사들을 널리 퍼트리기 등의 짓거리가 다시 등장했다. 스페인 전쟁이 끝나기도 전에, 그리고 뮌헨 사태가 벌어지기도 전에, 좌파 진영의 일부 훌륭한 작가들은 꿈틀거리며 뒷걸음치기 시작했다. 오든도, 스펜더도 그들에게 기대됐던 방식으로 스페인 전쟁에 관한 글을 쓰지 않았다. 그때 이후 심경의 변화, 불안, 혼란이 발생했는데, 사태의 실제 진행이 지난 몇 년간의 좌파 정통성을 우스꽝스러운 것으로 만들어버렸기 때문이다. 하지만 좌파 운동이 처음부터 우스꽝스러웠다는 사실은 그리 날카로운 통찰력이 없는 사람도 알아차릴 수 있었다. 따라서 다음번에 나타날 정통성이 지난번 것보다 더 좋은 것이 되리라는 확실성은 없다.

대체로 보아 1930년대 문학사는 작가는 정치에서 초연한 것이 좋다는 의견을 정당화한다. 정당의 제재를 받아들이거나 부분적으로 받아들이는 작가는 조만간 다음 두 가지 중 하나를 선택해야 한다. 당의 지시를 따르거나 입을 다물거나. 물론 당의 지시를 따르면서 글을 쓰는 것도 가능하다. 어느 정도까지는 말이다. 마르크스주의자는 '부르주아'가 말하는 사상의 자유는 환상이라고 아주 손쉽게 증명할 것이다. 그러나 그가 그런 증명을 끝냈을 때도 '부르주아'의 자유가 없으면 창작의 힘이 위축되어버린다는 심리적 사실은 그대로 남는다. 앞으로 전체주의 문학이 생겨날 수 있는데 오늘날 우리가 상상하는 것과 아주 다를 것이다. 우리가 알고 있는 문학은 개인적인 것으로서 심리적 정직함, 그리고 없는 것이나 다름없는 최소한의 검열을 요구한다. 이런 전제조건은 시보다 산문에 더 중요하다. 1930년대의 가장 뛰어난 작가들이 시인이었다는 건 우연의 일치가 아니다. 정통성을 강요하는 분위기는 언제나 산문에는 해로우며, 특히 가장 무질서한 형태의 문학인 장편소설에는 아주 해롭다. 로마가톨릭교도 중에 훌륭한 소설가가 몇 명이나 되는가? 우리가 열거할 수 있는 소수의 작가들도 다 가톨릭 신자로서는 신통치 못했다. 장편소설은 개신교적 형태의 예술이다. 자유로운 정신, 자율적인 개인이 만들어낸 작품이다. 지난 150년을 10년 단위로 살펴볼 때 1930년대처럼 상상력 넘치는 산문이 나오지 않았던 10년도 없을 것이다. 좋은 시, 좋은 사회학적 저서, 뛰어난 팸플릿 등은 나왔지만 이렇다 할 가치 있는 소설은 나오지 않았다. 1933년부터 정신적 분위기는 점점 더 장편소설에 해로운 쪽으로 나아갔다. 감수성이 풍부하여 시대정신의 영향을 받는 사람들은 모두 정치에 개입했다. 물론 모든 사람이 정치적 소동에 뛰어들었다는 이야기는 아니다. 하지만 거의 모든 사람이 정치 주변에 어른거리면서 프로파간다 선동과 지저분한 논쟁에 얽혀들었다. 공산주의자와 준공산주의자들이 문학평론에서 지나치게 강한 영향력을 행사했다. 그것은 라벨, 슬로건, 회피의 시기였다. 최악의 순간에 당신은 거짓말이라는 비좁은 공간에 당신 자신을 가두어야 했다. 최고의 순간에 일종의 자발적인 검열("내가 이것을 말해야 할까? 이렇게 말하면 친파시스트처럼 보일까?")이 거의 모든 사람의 마음속에서 작동했다. 이런 분위기에서 좋은 장편소설이 나오기란 거의 불가능했다. 좋은 소설은 정통성만 따지고 드는 사람들도, 자신의 비정통성에 양심의 가책을 느끼는 사람들도 써내지 못한다. 좋은 소설은 겁먹지 않은 사람들이 써내는 것이다. 그리하여 우리는 다시 헨리 밀러에게로 돌아간다.

3.

만약 지금이 문학의 '유파流派'를 발전시킬 순간이라고 한다면 헨리 밀러는 새로운 '유파'의 시작점이 될 수 있을 것이다. 아무튼 그는 예기치 않은 저울추의 이동을 가져왔다. 그의 책들에서 우리는 '정치적 동물'로부터 벗어나서 개인주의적일 뿐만 아니라 완전히 수동적인 관점으로 돌아간다. 세상의 흐름이 개인의 통제 밖에 있다고 생각하며, 또 그것을 통제하고 싶은 마음도 없는 개인의 관점.

나는 1936년 말에 파리를 경유하여 스페인으로 가던 길에 밀러를 처음 만났다. 그에 대해서 가장 흥미롭게 생각했던 점은 그가 스페인 전쟁에 전혀 관심이 없었다는 것이다. 그는 아주 강한 어조로 지금 이 순간 스페인으로 가는 것은 바보짓이라고 내게 말했다. 개인적인 동기나 호기심 때문에 그곳으로 가는 사람은 이해할 수 있지만, 의무감 때문에 그 전쟁에 끼어드는 것은 순전한 바보짓이라는 말도 했다. 아무튼 파시즘에 맞서 싸우고 민주주의를 지키겠다는 나의 신념은 다 헛소리라는 이야기였다. 밀러는 우리 문명은 확 휩쓸려 나가서 아주 다른 어떤 것으로 대체될 텐데, 그것은 인간이 만들어냈다고 보기 어려울 정도가 될 거라는 전망을 내놓으면서 그런 앞날도 전혀 개의치 않는다고 했다. 그의 소설들에는 그런 전망이 암시되어 있다. 장차 대격변이 닥쳐오리라는 암시가 전편에 산재되어 있으며, 거의 모든 곳에서 그것을 전혀 개의치 않는다고 암시한다. 내가 아는 한 그가 서면으로 내놓은 유일한 정치적 선언은 아주 부정적인 것이었다. 1년 전쯤 미국 잡지 《마르크시스트 쿼털리Marxist Quarterly》는 미국 작가 여러 명에게 질의서를 보내 전쟁에 대한 그들의 입장을 물었다. 밀러는 극단적 평화주의의 관점에서 답변했다. 개인적인 평화주의일 뿐만 아니라 개인적으로도 싸울 의사가 없고 또 남들을 자신의 견해 쪽으로 바꾸어놓을 의향도 없다는 것이었다. 실제적으로 그것은 무책임의 선언이었다.

그러나 무책임에는 여러 종류가 있다. 대체로 보아 지금 이 순간의 역사적 과정에 동참하지 않으려는 작가들은 그 과정을 무시하거나 그 과정에 대항해야 한다. 무시하는 작가는 아마도 바보일 가능성이 높다. 그 과정을 잘 이해하여 대항하고 싶은 작가는 그 싸움에서 이길 수 없다는 비전 정도는 갖고 있을 것이다. 가령 매슈 아널드의 시 「학자 집시The Scholar Gypsy」는 "현대 생활의 이상한 질병"을 통박하면서도 마지막 연에서는 패배주의적인 비유를 장엄하게 늘어놓는다. 이 시는 통상의 문학적인 태도를 표현하는데, 지난 100년 동안 이런 태도가 유통되어왔다. 반면에 '진보주의자들', 예스라고 말하는 사람들, 쇼와 웰스 유형이 있다. 이들은 용약하여 자아의 투사물을 받아들이는데 그 투사물을 미래의 모습이라고 오해하고 있는 것이다. 대체로 보아 1920년대 작가들은 전자(무시하기)의 노선을 취했고, 1930년대 작가들은 후자(대항하기)의 노선을 취했다. 그리고 어떤 순간이든 배리, 디핑Deeping, 델Dell 같은 대중작가의 거대한 족속이 존재한다. 이들은 역사적으로 지금 이 순간 무슨 일이 벌어지는지 전혀 신경 쓰지 않는다. 밀러의 소설이 하나의 징후로서 중요한 것은 이런 태도들 중 어떤 것도 내보이지는 않는다는 사실이다. 그는 세상이 흘러가는 과정을 앞으로 밀어붙이지도 않고 뒤로 잡아당기지도 않는다. 그렇다고 해서 그것을 무시해버리는 것도 아니다. 그는 대다수 '혁명적인' 작가들보다도 더욱 확고하게 서구 문명의 임박한 붕괴를 믿고 있다. 하지만 그는 그 붕괴에 대하여 어떤 행위를 해야 한다는 의무감을 느끼지 않는다. 그는 로마가 불타는 동안 바이올린을 연주한다. 하지만 이렇게 하는 대다수의 사람들과는 다르게 그 불길을 마주 보면서 연주하고 있다.

『맥스와 백혈구』에는 밀러의 진면목을 보여주는 문장이 있다. 여기서 작가는 어떤 다른 사람에 대해서 말하고 있으나 실은 그 자신에 대하여 상당히 많은 말을 하고 있다. 이 책에는 아나이스 닌Anais Nin의 일기에 대한 장편 에세이가 들어 있다. 나는 이 일기를 읽어보지 못했는데 몇몇 파편적 내용을 제외하고 아직 발간되지 않은 것으로 알고 있다. 무슨 의미인지 잘 모르겠지만, 밀러는 이 일기가 지금껏 나온 글들 중에서 가장 여성적인 글이라고 주장한다. 그러나 가장 흥미로운 문장은 그가 아나이스 넌—아주 주관적이고 내향적인 작가—을 고래 뱃속의 요나에 비교한다. 그리고 지나가듯이 몇 년 전에 올더스 헉슬리가 엘 그레코El Greco의 그림 〈필립 2세의 꿈The Dream of Philip the Second〉에 대하여 쓴 에세이를 언급한다. 헉슬리는 엘 그레코 그림들 속의 인물은 고래 뱃속에 들어 있는 사람들 같다면서 '뱃속 감옥'에 갇힌다는 것은 아주 끔찍한 일이라고 말한다. 그러나 밀러는 고래한테 삼켜지는 것보다 더 나쁜 일이 얼마든지 많다고 논평하는데, 이것은 분명 고래 뱃속을 상당히 매력적인 장소로 여긴다는 생각을 드러낸다. 여기서 밀러는 아주 널리 퍼져 있는 환상에 대해서 언급하고 있다. 모든 사람, 특히 영어를 말하는 사람들이 요나 하면 고래를 떠올린다는 것은 주목할 만한 가치가 있다. 물론 요나를 삼킨 건 물고기이고 성경(『요나』 1장 17절)에 그렇게 묘사되어 있다. 그러나 어린아이들은 그 물고기를 고래와 혼동했고, 이 어린아이의 생각이 습관적으로 생애 후반까지 이어진다. 이것은 요나 신화가 우리 상상에 미치는 영향력을 잘 보여주는 증거이다. 사실 고래 뱃속에 들어가 있다는 것은 아주 편안하고, 아늑하고, 집에 온 것 같은 느낌이다. 역사적 요나는 고래 뱃속으로 도망쳐서 기뻐했고, 무수한 사람이 상상과 백일몽 속에서 요나를 부러워했다. 왜 그런지 그 이유는 분명하다. 고래 뱃속은 어른이 들어갈 만큼 커다란 자궁인 것이다. 우리 몸에 딱 맞는 어둡고 푹신한 공간에 들어가 있으면 우리 자신과 현실 사이에 놓인 고래 지방이 우리를 보호해주며, 그리하여 우리는 밖에서 무슨 일이 벌어지든 완벽하게 무관심한 태도를 취할 수 있다. 세상의 모든 군함을 침몰시킬 것 같은 풍랑도 희미한 메아리처럼 들려올 뿐이다. 심지어 고래의 움직임조차도 의식되지 않는다. 고래는 파도를 타고 움직일 수도 있고 바다 한가운데(허먼 멜빌Herman Melville에 의하면 1마일의 깊이)의 어둠으로 잠수할 수도 있다. 하지만 고래 뱃속에 있는 사람은 그 차이를 느끼지 못한다. 죽는 것을 제외하고 고래 뱃속에 있는 것은 무책임의 최종적 단계이다. 어떻게 아나이스 닌이 그 뱃속에 들어갔는지는 모르지만, 밀러 자신이 고래 뱃속에 들어간 것에는 의문의 여지가 없다. 그가 써낸 가장 인상적이고 훌륭한 문장들은 요나, 그것도 자발적인 요나의 관점에서 집필된 것이다. 그가 특별히 내향적이라는 뜻은 아니다. 오히려 그 반대이다. 그의 경우에 고래는 투명한 고래이다. 밀러는 자신이 겪고 있는 과정을 바꾸거나 통제하고 싶은 충동을 느끼지 못한다. 그는 자기 자신이 삼켜지고, 수동적으로 있으면서, 자기에게 벌어진 모든 걸 받아들이는 요나의 행위를 자발적으로 수행했다.

이런 태도의 결과는 무엇일까? 그것은 일종의 정적주의靜寂主義(자기 의지나 행위를 부정하고 명상을 통하여 신을 발견하려는 태도이며, 한순간의 진지한 명상이 1천 년의 선행보다 더 중요하다는 태도로서 17세기 말 가톨릭교회 내에서 생겨난 일종의 종교적 신비주의 – 옮긴이)로서 완벽한 불신이거나, 아니면 신비주의에 이를 정도의 믿음만 가지는 것이다. 이 태도는 "나는 신경 쓰지 않아" 혹은 "그분이 나를 죽이려 한다 해도 나는 그분을 믿어"이다. 그러나 실제적으로는 이 두 가지는 같은 태도로, 어느 경우든 도덕은 "엉덩이로 깔아

뭉개는 것"이 된다. 그러나 우리 시대 같은 시대에 이것이 옹호할 수 있는 태도인가? 우리는 이런 질문을 던지지 않을 수 없다. 이 글을 쓰는 지금 이 순간, 우리는 책이라면 적극적이고, 진지하고, '건설적인' 내용을 담는 것을 당연시하는 시대에 살고 있다. 10여 년 전이라면 이런 생각은 비웃음을 당했을 것이다.("사랑하는 이모님, 글은 무엇에 대해서 쓰는 게 아니에요. 그냥 쓰는 거예요"). 그러나 예술은 단지 기법, 기교라는 경박한 생각으로부터 저울추가 크게 이동하여 책은 '진정한' 인생의 비전에 바탕을 두어야만 '좋은' 책이 된다고 주장하는 지경에 이르게 되었다. 이렇게 믿는 사람들은 당연히 그들 자신이 진리를 소유하고 있다고 믿었다. 예를 들어 가톨릭 비평가들은 오로지 가톨릭 경향을 가진 책들만 '좋은' 책이라고 주장하는 경향이 있다. 마르크스주의 비평가들은 마르크스주의를 지지하는 책들을 더욱 강력하게 추천한다. 예를 들어 에드워드 업워드 씨는 『족쇄에 갇힌 마음The Mind in Chains』 중 「문학의 마르크스주의적 해석」이라는 글에서 이렇게 말한다.

> 마르크스주의를 지향하는 문학평론은 (…) 마르크스 혹은 준마르크스 관점에 입각하지 않는다면 현시점에서는 '좋은' 책이 집필될 수 없다고 주장한다.

다른 많은 작가가 이와 유사한 혹은 비교될 수 있는 진술을 했다. 업워드 씨는 "현시점에서는"을 굵게 처리했는데, 셰익스피어가 마르크스주의자가 아니라는 근거로 『햄릿』을 배척하지 못한다는 것을 알기에 그렇게 했을 것이다. 그러나 그의 흥미로운 에세이는 이러한 난점을 아주 간단히 살펴본 것일 뿐이다. 과거로부터 우리에게 전해지는 많은 문학은 여러 가지 신념(가령 영혼의 불멸을 믿는 것)이 스며들어 있거나 그 신념을 밑바탕으로 한다. 그런 신념들은 오늘날 우리에게 잘못된 것으로 보이거나 더러 경멸스러울 정도로 어리석게 보인다. 그래도 살아남음이라는 기준으로 볼 때 그것은 '좋은' 문학이다. 업워드 씨는 여러 세기 전에 타당했던 믿음이 오늘날에 와서 타당하지 않다면 그건 쓸모없는 것이 되었다고 주장할 것이다. 그러나 이런 주장은 그다지 바람직하지 않다. 어떤 시대든 진리에 가장 가까운 단 하나의 믿음 덩어리가 있고, 그 시대의 가장 훌륭한 문학은 그 믿음 덩어리와 일체감을 이룬다는 전제를 깔고 있기 때문이다. 실제로 이런 단일성은 있어본 적이 없다. 예를 들어 17세기 영국에는 오늘날의 좌우 대립과 상당히 비슷한 종교와 정치의 균열이 있었다. 과거를 회고해볼 때 대부분의 현대인은 부르주아-청교도 관점이 가톨릭-봉건적 관점보다 더 진리에 가까이 다가갔다고 느낄 것이다. 또 그 당시의 훌륭한 작가들 중 전원 혹은 대부분이 청교도였던 것도 아니다. 더욱이 어느 시대에서 보든 그 세계관이 거짓이거나 어리석은 것으로 여겨지는 '좋은 작가들'이 존재했다. 에드거 앨런 포Edgar Allan Poe가 좋은 사례이다. 포의 인생관은 좋게 보면 야성적인 낭만주의이고 나쁘게 보면, 가령 임상병리학의 관점에서 보면 정신이상의 상태로부터 그리 멀리 떨어져 있지 않다. 그런데 왜 「검은 고양이The Black Cat」, 「비밀을 폭로하는 심장The Tell-tale

Heart」, 「어셔가의 몰락The Fall of the House of Usher」 같은 단편소설들은 정신병자가 쓴 것 같은 작품인데도 거짓의 느낌을 전혀 주지 않는가? 왜냐하면 그 작품들은 일정한 틀 내에 있고, 일본 그림처럼 그들 나름의 독특한 세계의 규칙을 지키고 있기 때문이다. 그러나 그런 세계에 대해서 성공적으로 글을 써내려면 먼저 그 세계를 철저히 믿어야 한다. 이것은 포의 단편소설들과, 내가 보기에 포와 비슷한 분위기를 엉성하게 묘사한 줄리앙 그린Jualian Green의 『한밤중Minuit』과 비교해보면 금방 드러난다. 『한밤중』의 문제점은 그 속에 묘사된 사건들이 반드시 그렇게 벌어질 수밖에 없다는 이유를 제시하지 못한다는 것이다. 모든 것이 아주 임의적이고, 그래서 정서적 반응이 뒤따르지 않는다. 그러나 포의 단편소설들은 전혀 그렇지 않다. 편집증 환자의 논리가 그 나름의 환경에서는 아주 설득력이 있다. 가령 술주정뱅이가 검은 고양이를 붙잡아서 주머니칼로 그 눈알을 파낼 때 독자는 그가 왜 그런 행동을 하는지 그 이유를 명확하게 알고, 또 독자 자신도 똑같은 행동을 했으리라고 느끼기까지 한다. 따라서 창조적 작가에게 '진실'의 소유는 정서적 진정성보다 덜 중요한 것처럼 보인다. 심지어 업워드 씨조차도 작가에게는 마르크스주의의 훈련만 있으면 된다고 말하지는 않을 것이다. 작가는 그 외의 재주도 있어야 한다. 바로 자신의 신념을 소중하게 생각하면서 옳든 그르든 확고하게 믿는 재주 말이다. 예를 들어 셀린과 이블린 워의 차이는 정서적 강렬함의 차이다. 그것은 진정한 절망과 허세를 부리는 절망의 차이이기도 하다. 그리고 이와 더불어 그보다는 좀 덜 분명하게 보이는 고려사항이 있다. '진실이 아닌' 신념을 '진실한' 신념보다 더 확고하게 믿는 경우가 있는 것이다.

1914~1918년 전쟁에 대한 개인적 회고록 성격의 책들을 읽어보면, 그로부터 상당한 시간이 경과한 후 여전히 읽어볼 만한 가치가 있는 책들은 수동적이고 부정적인 가치에 입각하여 서술한 책들이다. 그것은 완전히 무의미한 일들, 혹은 진공 속에서 벌어진 악몽 등을 기록한 책들이다. 그것은 전쟁에 대한 진실은 아니고, 개인적 반응의 진실일 뿐이다. 기관단총으로 집중 사격하는 고지를 공격하는 군인이나 허리까지 침수된 참호에 서 있는 군인은 그것을 끔찍한 상황으로 여기면서 자신이 거의 무기력한 상태라는 것을 첨예하게 깨닫는다. 그는 전쟁의 전반적 개요를 잘 알고 있는 것처럼 글을 써나가는 것보다는 그런 무기력 혹은 전쟁의 윤곽에 대한 무지 등에 입각하여 더 좋은 책을 쓸 수 있다. 전쟁 중에 쓰인 책들 가운데에서 가장 좋은 것들은 거의 모두가 전쟁에 등을 돌리거나 전쟁이 벌어지고 있다는 사실을 무시하려는 사람들의 작품이다. E. M. 포스터 씨는 1917년에 엘리엇의 「프루프록」과 기타 초기 시들을 읽고서, '공공 정신'이 결여된 그 시들에서 깊은 위안을 받았다고 말했다.

그 시들은 개인적인 혐오감과 무관심, 그리고 매력이 없거나 허약하기 때문에 진정성이 있는 것으로 보이는 사람들에 대해서 노래했다. (…) 비록 허약한 것이긴 하지만 자그마한 항의가 들어 있었고, 또 그 허약함 때문에 한결 나의 마음을 울렸다. (…)

초연하게 옆으로 물러나서 숙녀들과 거실들에 대하여 불평하는 남자는 일말의 자존심을 갖고 있는 것이고, 그런 사람이 인류의 유산을 계속 이어가는 것이다.

이것은 아주 일리가 있는 말이다. 그리고 맥니스 씨는 내가 앞에서 언급한 그 자신의 책에서 이 문장을 인용하면서 다소 흡족한 태도로 다음의 문장을 추가했다.

그로부터 10년 뒤에 다소 덜 허약한 항의가 이루어지고 또 인류의 유산이 다소 다른 방식으로 이어져가게 될 것이었다. (…) 파편화된 세계에 대한 명상은 따분해졌고 엘리엇의 후배들은 그 세계를 청소하는 데 더 관심을 가졌다.

이와 유사한 발언이 맥니스 씨의 책 전편에 나온다. 그는 우리에게 이런 믿음을 심어주려 하고 있다. 엘리엇의 "후배들(맥니스 씨와 그의 친구들)"은 연합국 군대가 힌덴부르크 전선을 향해 공격하던 그 순간에 「프루프록」을 발간한 엘리엇보다 더 효과적으로 "항의를 했다". 그런데 나는 그들이 했다고 하는 그 "항의"를 어디서 발견할 수 있는지 잘 모르겠다. 포스터 씨의 논평과 맥니스 씨 논평 사이의 차이는 곧 1914~1918년 전쟁이 어떠했는지 생생하게 잘 아는 사람과 그 전쟁을 별로 기억하지 못하는 사람의 차이다. 사실을 말해보자면, 1917년에 감수성이 예민하고 생각 깊은 사람이 할 수 있는 것이라고는 인간적인 사람으로 남아 있는 것

이외에는 없었다. 무기력 혹은 경박함의 몸짓은 인간적으로 남아 있을 수 있는 가장 좋은 방법이었다. 내가 제1차 세계대전에 참전한 군인이었더라면 나는 이언 헤이Ian Hay의 『1군 10만 명The First Hundred Thousand』이나 허레이쇼 보텀리Horatio Bottomley의 『참호의 병사들에게 보내는 편지Letters to the Boys in the Trenches』보다는 엘리엇의 「프루프록」을 읽었을 것이다. 나는 포스터 씨와 마찬가지로 초연하게 뒤로 물러서 전쟁 전의 정서들을 회고함으로써 엘리엇이 인류의 유산을 이어가고 있다고 생각했을 것이다. 그런 시기에 머리가 벗겨진 중년 지식인(엘리엇의 시에 나오는 프루프록이라는 인물-옮긴이)의 망설임에 대해서 읽는다는 것은 얼마나 큰 위안이었을 것인가! 총검술 훈련과는 너무나 다른 것이다! 포탄과 식량 구호소 앞의 긴 줄과 병사 모집 포스터에 비하면 이 얼마나 인간적인 목소리인가! 얼마나 큰 위안인가!

그러나 1914~1918년 전쟁은 거의 언제나 지속되는 위기 속에서 하나의 강조점일 뿐이다. 오늘날 우리 사회가 붕괴하고 있고, 또 모든 점잖은 사람들의 무기력감이 점점 깊어지는데 이 사실을 각인시키기 위해 꼭 전쟁이 필요한 것도 아니다. 나는 바로 이런 이유로 인해 헨리 밀러 작품의 수동적이고 비협조적인 태도가 정당화된다고 생각한다. 그것이 사람들이 반드시 느껴야 하는 것의 표현인지 여부는 알 수 없으나, 사람들이 실제로 느끼는 것을 아주 근접하게 표현하고 있다. 다시 한번 그것은 포탄 폭발 속의 인간적 목소리이며, "공공 정신이 결여된" 다정한 미국인의 목소리인 것이다. 설교는 전혀 없고, 단지 주관적 진실만 있다. 그리고 작가는 이런 원칙에 입각하여 아직도 좋은 소설을 쓸 수 있을 듯하다. 반드시 교훈적인 것은 아닌 그런 소설, 읽어볼 만한 가치가 있고 읽은 후에도 기억에 남을 만한 소설 말이다.

내가 이 책을 쓰는 동안 또 다른 유럽 전쟁이 발발했다. 그 전쟁은 몇 년간 지속되면서 서구 문명을 산산조각 내거나, 아니면 불완전하게 종식되어 또 다른 전쟁을 준비하게 될 것이고 그 전쟁은 영원히 인류 문명을 박살 내버릴 것이다. 그러나 전쟁은 "강화된 평화"일 뿐이다. 전쟁이 벌어지든 아니든 가장 분명하게 벌어지고 있는 사실은 자유방임 자본주의와 자유주의적 기독교 문화가 붕괴되고 있다는 것이다. 최근까지만 해도 이런 현상의 전반적 의미는 예측되지 못했는데, 사회주의가 기존 자유주의의 분위기를 보존할 뿐만 아니라 더욱 확대할 것이라고 널리 생각됐기 때문이다. 그러나 그것이 얼마나 잘못된 생각이었는지 서서히 알아가는 중이다. 이제 우리는 거의 확실하게 전체주의적 독재체제의 시대로 접어들고 있다. 먼저 사상의 자유가 치명적인 죄악으로 여겨지고 나중에는 무의미한 추상개념으로 전락해버릴 독재적 시대 말이다. 그 시대에 자율적인 개인은 지속적으로 탄압을 받아 아예 존재하지 않게 될 것이다. 이것은 우리가 현재 알고 있는 형태의 문학은 일시적 사망의 고통을 받을 것이라는 뜻이다. 자유주의 문학은 종말을 향해 다가가고, 전체주의 문학은 아직 등장하지 않아서 상상하기가 어렵다. 작가에 대해서 말해보자면, 그는 녹아가는 빙산 위에 앉아 있다. 그는 시대착오적인 인물이며 부르주아 시대의 잔재로서 하마처럼 멸종될 것이 분명하다. 내가 보기에 밀러는 비범한 인물이다. 그는 대부분의 현대 작가들보다 훨씬 앞서서 오래전에 이런 사실을 내다보았다. 많은 작가가 문학의 르네상스 운운하면서 헛소리를 주절대던 그 시대에 말이다. 윈덤 루이스는 몇 년 전에 영어가 주된 언어로 활약하던 역사는 끝났다고 말했다. 하지만 그는 다소 다르고 또 사소한 이유들을 근거로 그런 주장을 했다. 그러나 앞으로 창조적인 작가들이 유념해야 할 중요한 점은 이 세상은 이제 작가들의 세상이 아니라는 사실이다. 이렇게 말한다고 해서 작가가 새로운 사회를 만들어내는 데 일조할 수 없다는 이야기는 아니다. 하지만 작가는 그 사회 건설의 과정에 작가로서 참여할 수는 없다는 이야기다. 왜냐하면 그는 작가로서는 자유로워야 하는데 현재 벌어지는 현상은 자유주의의 파괴이기 때문이다. 따라서 자유로운 언론이 존속하는 앞날의 여러 해 동안 읽어볼 만한 신간 장편소설은 밀러가 따라간 노선을 따라가게 될 것이다. 나는 여기서 기법이나 주제의 측면을 말하는 것이 아니라 밀러 작품에 내재된 세계관을 말하고 있다. 수동적인 태도는 다시 돌아올 것이고, 그것은 전보다 더 의식적으로 수동적이 될 것이다. 진보와 보수의 양파는 둘 다 사기인 것으로 판명됐다. 그러니 이제 남아 있는 것은 정적주의뿐이다. 현실에 그냥 복종함으로써 그로부터 모든 공포들을 박탈해버리는 것이다. 달리 말해서 당신이 고래 뱃속에 들어 있다고 시인하는 것이다(물론 당신은 그 뱃속에 들어 있다). 세상의 과정에 체념하면서 그에 맞서서 싸우는 것을 중단하거나, 아니면 당신이 그 과정을 통제하고 있다고 허세를 부리는 것이다. 그러니 그것을 받아들이고, 그것을 견디고, 그것을 기록하는 것이다. 바로 이것이 오늘날 감수성 예민한 소설가가 취할 법한 노선이다. 보다 적극적이고, '건설적인' 당의 노선을 따르면서 동시에 정서적으로 가짜가 아닌 소설을 쓴다는 건 현재로써는 상상하기가 아주 어렵다.

그러나 이렇게 말한다고 해서 내가 밀러를 '위대한 작가'로 평가하면서 영어 산문의 새로운 희망으로 본다는 뜻인가? 결코 그렇지는 않다. 밀러 자신은 이런 주장을 하지 않을 사람이고, 또 그것을 원하지도 않는다. 물론 그는 앞으로 글을 계속 쓸 것이다. 일단 이렇게 시작한 사람은 계속 글을 쓰게 되어 있다. 그와 비슷한 문학적 경향을 가진 로렌스 더럴Lawrence Durrell, 마이클 프랭클 Michael Fraenkel, 기타 소설가들은 거의 하나의 '유파'를 형성한다. 하지만 내가 보기에 밀러는 본질적으로 한 권의 책만 쓴 작가이다. 곧 그의 작품은 난해함이나 허풍 떨기로 추락할 것이다. 이미 뒤에 나오는 그의 소설들에서 이런 기미가 보인다. 그의 최근 책인 『남회귀선Tropic of Capricorn』은 아직 읽어보지 못했다. 내가 읽기 싫어서가 아니라 경찰과 세관 때문에 아직 그 책을 입수하지 못한 탓이다. 그러나 이 책은 『북회귀선』이나 『검은 봄』의 앞부분 몇 장들에 근접하지는 못할 것으로 본다. 다른 자전적 소설가들과 마찬가지로 그는 딱 한 가지만 잘하는데 이미 그것(자전적 내용의 서술 - 옮긴이)을 해냈다. 1930년대 소설들이 형편없었던 점을 감안하면 그것은 나름대로 평가할 만한 업적이다.

밀러의 책들은 파리의 오벨리스크 출판사가 발간했다. 이제 전쟁이 터졌고 그 사장인 잭 카헤인Jack Kahane이 사망했으므로 오벨리스크가 어떻게 될지 나는 알 수가 없다. 그렇지만 밀러의 책들은 아직 구입할 수 있다. 나는 독자들에게 최소한 『북회귀선』만큼은 읽어보라고 권하고 싶다. 약간의 기지를 발휘하고 정가보다 조금 높은 가격을 지불하면 이 책을 손에 넣을 수 있다. 이 책의 어떤 부분들이 당신에게 혐오감을 안겨줄지라도 일단 읽고 나면 이 책은 기억에 남을 것이다. 이것은 '중요한 책'이다. '중요한'이라는 단어가 일반적으로 사용되는 의미와는 다른 의미에서 그러하다. 대체로 말해서 소설은 어떤 것을 '노골적으로 고발'하거나, 아니면 어떤 혁신적 창작 기술을 도입했을 때 '중요하다'라고 평가된다. 그런데 이 두 가지는 『북회귀선』에 해당되지 않는다. 밀러 책의 중요한 점은 어떤 징후를 보여준다는 것이다. 내가 보기에 그는 지난 몇 년 동안 영어권에서 등장한 조금이라도 가치 있는 어떤 것을 보여주는 상상력 넘치는 산문작가로는 유일한 존재이다. 이러한 논평이 과대평가라고 반박을 받을지도 모르나, 아무튼 밀러가 비범한 작가이며 여러 번 살펴봐야 할 작가라는 점은 인정해야 한다. 그는 완벽하게 부정적, 비건설적, 몰도덕적 작가이다. 고래 뱃속에 들어간 요나, 세상의 악을 수동적으로 받아들이는 자, 시체들 사이를 방황하는 제2의 휘트먼이다. 징후의 관점에서 살펴볼 때 그것은 다음과 같은 사실보다 더 의미심장하다. 영국에서는 해마다 5천 권의 장편소설이 발간되는데 그중 4,900권은 쓰레기다. 이것은 세상이 환골탈태하여 새로운 모습을 갖추기 전까지는 어떤 중요한 문학의 등장도 불가능하다는 증명이다. (1940)

톨스토이와 셰익스피어

지난주에 나는 예술과 프로파간다가 서로 떨어질 수 없다고 지적하면서 순수한 미적 판단이라는 것도 늘 도덕적, 정치적, 종교적 충성심에 의해 어느 정도 왜곡된다고 말했다. 그리고 위기의 시기에는, 가령 지식인이라면 주변에 일어나는 일을 의식하여 어느 편에 서지 않을 수 없었던 지난 10년 같은 시기에는 그런 내재된 충성심이 좀 더 의식의 표면 가까이로 표출된다. 비판은 점점 더 노골적인 편가르기를 지향했고, 심지어 초연한 태도를 가장하기도 아주 어려워졌다. 그렇지만 이런 사실로부터 미적 판단이라는 것은 아예 없으며, 모든 예술 작품은 정치적 팸플릿에 지나지 않으며 오로지 그런 자격으로만 판단돼야 한다고 추론해서는 안 된다. 우리가 이런 식으로 논리를 펴나간다면 우리 마음은 막다른 골목에 들어설 것이고, 그리하여 아주 뚜렷하고 분명한 사실들도 설명이 불가능하게 되어버린다. 이것을 예증하기 위하여 아주 도덕적이고 비미학적인 비평—어떻게 보면 미학에 반대한 비평—을 하나 검토해보고자 한다. 바로 톨스토이가 셰익스피어에 대하여 쓴 에세이다.

생애 말년에 톨스토이는 셰익스피어를 맹렬하게 공격하는 글을 썼다. 그 목적은 셰익스피어가 세간에 알려진 것처럼 그리 위대한 인물이 아니고, 또 아예 가치가 없는 작가로서 이 세상에 태어난 가장 나쁘고 가장 경멸스러운 작가임을 널리 알리려는 것이었다. 발표 당시에 이 에세이는 엄청난 분노를 자아냈지만 그런 공격에 만족스럽게 반박한 사례는 없는 것으로 알고 있다. 더욱 나는 그런 공격은 대체로 말해서 반박할 수 없는 것임을 지적하고자 한다. 톨스토이의 주장 중 일부는 아주 맞는 이야기이고 다른 일부들은 너무 개인적인 의견이어서 논박할 가치도 없다. 물론 이렇게 말한다고 해서 톨스토이의 에세이 중에 대답할 만한 세부 사항이 아예 없다는 이야기는 아니다. 톨스토이는 여러 번 앞뒤가 다른 말을 했다. 그가 외국어로 된 작품을 다루기 때문에 상당히 많은 오해를 했고, 또 셰익스피어에 대한 증오와 질투 때문에 그가 상당히 사실 왜곡과 의도적 맹목을 저질렀다고 생각된다. 하지만 이런 것들은 모두 논외의 사항이다. 대체로 보아 톨스토이가 말한 것은 나름대로 정당화될 수 있고 또 당시에 유행하던 어리석은 셰익스피어 추앙 열기를 어느 정도 유익하게 교정해주는 역할도 했다. 톨스토이의 에세이에 대한 답변은 나 자신이 어떤 말을 할 것인가에 달려 있다기보다 톨스토이 자신이 할 수밖에 없었던 어떤 말들에 달려 있다.

톨스토이의 주된 주장은 이러하다. 셰익스피어는 사소하고 천박한 작가이며, 이렇다 할 일관된 철학, 사상, 아이디어가 없으며, 사회나 종교 문제에 관심이 결여되어 있고, 인물의 특징이나 개연성을 옳게 파악하지 못하며, 인생에 대한 태도가 냉소적이고, 부도덕하고, 세속적이라는 것이다. 사건의 신빙성에는 조금도 신경 쓰지 않은 채 드라마를 짜깁기하고, 환상적인 이야기와 불가능한 상황을 다루며, 모든 등장인물에게 실제 생활의 언어가 아니라 인공적이고 수식적인 언어를 말하게 한다는 것이다. 또 과연 플롯과 관계가 있는지 여부를 따지지 않고 드라마 속에다 모든 것—독백, 담시의 파편, 논의, 통속적 농담 등—을 억지로 집어넣었으며, 그가 살았던 당시의 부도덕한 권력정치와 불공정한 사회적 차별을 당연시한다는 것이다. 요약하면 톨스토이는 셰익스피어가 졸속으로 산만하게 글을 쓴 작가이고, 의심스러운 도덕성을 가진 인물이며, 무엇보다도 사상가의 면모는 조금도 없다고 비난한다.

그런데 이런 비난들은 상당수가 반박할 수 있는 것이다. 톨스토이의 암묵적 의미에서 살펴봐도 셰익스피어가 부도덕한 작가라는 이야기는 사실이 아니다. 그의 도덕관과 톨스토이의 도덕관이 서로 다를 수는 있지만, 아무튼 셰익스피어는 도덕관을 갖고 있고 이것이 그의 작품에서 전반적으로 나타난다. 예를 들어 그는 초서Chaucer나 보카치오Boccaccio보다는 더 도덕적인 작가이다. 그는 톨스토이가 애써 왜곡하는 것처럼 그리 바보 같은 인물도 아니다. 때때로 그는 우발적으로 그 시대를 훨씬 뛰어넘어 앞을 내다보는 비전을 보여준다. 이와 관련하여 카를 마르크스—그는 톨스토이와는 다르게 셰익스피어 숭배자였다—가 『아테네의 타이먼Timon of Athens』에 대해서 쓴 글을 참조하길 바란다. 그렇지만 다시 한번 말하거니와 톨스토이가 한 이야기는 전반적으로 맞는 말이다. 셰익스피어는 사상가가 아니었고, 그를 가리켜 세상의 위대한 철학자들 중 한 명이라고 말하는 비평가는 헛소리를 하는 것이다. 그의 사상은 잡동사니 혹은 넝마 주머니였다. 그는 대부분의 영국인들처럼 행동 강령을 갖고 있었지만 세계관이나 철학적 재능은 갖고 있지 않았다. 셰익스피어가 개연성에는 별로 신경 쓰지 않았고, 등장인물들을 일관성 있는 사람으로 만드는 것에도 별 흥미가 없다는 것 또한 사실이다. 주지하다시피 그는 다른 사람들의 플롯을 훔쳐 와서 드라마로 급조하면서 원본에는 없는 불합리하거나 모순적인 이야기들을 집어넣었다. 때때로 그가 처음부터 완벽한 플롯을 확보한 경우—가령 『맥베스』—에는 그의 인물들이 상당한 일관성을 보이지만, 많은 경우에 등장인물들은 상식적 기준에 부합되지 않는 행동을 강요당한다. 그의 희곡들 중 상당수는 동화 수준의 신빙성도 갖추지 못했다. 아무튼 셰익스피어가 희곡을 생계 수단 이외의 다른 어떤 것으로 진지하게 생각했는지 증거를 갖고 있지 않다. 그는 소네트집에서 자신의 희곡들을 문학적 업적으로 언급한 적이 없고, 딱 한 번 자신이 배우였던 사실을 다소 부끄럽게 말하고 있다. 여기까지는 톨스토이의 주장이 합당하다. 셰익스피어가 심오한 사상가로서, 기술적으로 완벽하고 오묘한 심리적 통찰이 가득한 희곡들 속에서 일관된 철학을 제시했다는 주장은 한마디로 웃기기 때문이다.

그렇지만 톨스토이가 그런 공격을 해서 무엇을 성취했는가? 그런 맹렬한 공격으로 그는 셰익스피어를 완전히 박살 내야 마땅했고, 또 그 자신은 실제로 그렇게 했다고 믿었다. 톨스토이의 에세이가 집필된 때로부터, 혹은 그 에세이가 널리 읽히기 시작한 때로부터 셰익스피어의 명성은 위축돼야 마땅했다. 셰익스피어 애독자들은 자기 우상의 실체가 폭로됐으므로 그는 가치가 없는 작가이고, 그래서 더 이상 그에게서 즐거움을 얻어서는 안 되겠다고 생각해야 마땅했다. 하지만 그런 일은 벌어지지 않았다. 셰익스피어는 파괴돼야 했으나 여전히 그대로 우뚝 서 있었다. 톨스토이의 공격 결과로 잊힌 존재가 되어야 했으나 결국 잊힌 것은 톨스토이의 공격이었다. 톨스토이는 영국에서 인기 높은 작가이나 셰익스피어를 공격한 톨스토이 에세이의 번역본은 절판됐고, 나는 그것을 찾아내기 위해 온 런던을 헤매다가 마침내 한 도서관에서 겨우 발견했다.

따라서 톨스토이가 셰익스피어에 대하여 거의 모든 것을 부정적으로 설명할 수 있었으나, 한 가지는 그렇게 하지 못했는데 바로 그의 인기다. 톨스토이 자신도 그것을 의식했고 또 아주 의아하게 생각했다. 그래서 내가 위에서 말한 것처럼 톨스토이에 대한 답변은 그 자신이 어쩔 수 없이 말해야 되었던 어떤 것에 달려 있다. 그는 자신에게 이런 질문을 던졌으리라. 이처럼 나쁘고, 어리석고, 부도덕한 작가가 전 세계에서 존경을 받고 있으니 이것은 어떻게 된 일인가. 그러다가 마침내 그는 진실을 왜곡하려는 세계적 음모에서 그 원인을 찾아냈다. 혹은 일종의 집단적인 망상—그는 최면이라고 불렀다—에 톨스토이를 제외한 모든 사람이 걸려들었다고 설명했다. 이런 음모 혹은 망상이 시작된 원인에 대하여 그는 19세기 초반의 일부 독일 비평가들의 음모 탓으로 돌렸다. 그들은 셰익스피어가 좋은 작가라는 사악한 거짓말을 퍼트렸고 그때 이후 아무도 그들에게 반기를 들 용기를 내지 못했다. 그런데 이런 종류의 음모론을 오래 붙들고 생각할 필요는 없다. 그것은 헛소리다. 셰익스피어 드라마를 즐겨 관람한 사람들의 대다수가 직접적이든 간접적이든 독일 비평가들의 영향을 받지 않았다. 셰익스피어의 인기는 분명한 실체가 있고, 그 인기는 유식한 사람들뿐만 아니라 보통 사람들에게까지도 널리 퍼져 있다. 그는 생시부터 영국 연극계에서 사랑받는 극작가였고, 또 영어권 국가들에서만 인기가 높은 것이 아니라 대부분의 유럽 국가, 일부 아시아 국가들에서도 인기가 높다. 내가 이 글을 쓰는 지금, 소련 정부는 셰익스피어 사망 325년 기념행사를 거행하고 있고, 나는 실론에 갔을 때 단 한마디도 알아듣지 못하는 아시아어로 공연되는 셰익스피어 드라마를 보기도 했다. 따라서 수백만 명의 사람들이 알아보는 좋은 점 혹은 지속적인 점이 셰익스피어에게 있다고 결론을 내려야 한다. 단지 톨스토이 자신만 그 점을 이해하지 못하는 것이다. 셰익스피어가 혼란스러운 생각을 가진 사상가이고 그의 희곡들에는 황당한 이야기들이 가득하다는 사실이 폭로됐는데도 불구하고 셰익스피어는 그것을 견디고 살아남았다. 셰익스피어를 그런 식으로 공격해서 파괴하지 못하는 것은, 꽃을 상대로 아무리 설교를 해도 그 꽃이 파괴되지 않는 것과 비슷하다.

그리고 이것은 지난주에 내가 언급했던 것, 즉 예술과 프로파간다의 경계에 대해서 뭔가를 말해준다. 그것은 오로지 주제와 의미만을 다루는 비평은 한계가 있을 수밖에 없다는 점이다. 톨스토이는 셰익스피어를 시인이 아니라 사상가 겸 교사로서 자격 미달이라고 비판한 것이다. 이런 관점에 입각하여 그는 어렵지 않게 셰익스피어를 파괴할 수 있었다. 그렇지만 그가 말한 이야기는 모두 어불성설이었고 셰익스피어는 전혀 영향을 받지 않았다. 그의 명성뿐만 아니라 독자들의 애독하는 태도도 예전과 달라진 바가 전혀 없다. 분명 시인은 사상가와 교사의 측면도 어느 정도 갖추어야 하겠으나 그 이상의 존재이다. 모든 글에는 프로파간다의 측면이 있으나, 오랜 세월 지속되어온 책이나 희곡이나 시는 그 도덕과 의미만으로는 포섭되지 않는 어떤 잔재를 갖고 있다. 그것은 우리가 예술이라고 부를 수밖에 없는 것의 잔재이다. 한정된 범위 내에서 나쁜 생각과 나쁜 도덕도 좋은 문학이 될 수 있다. 톨스토이같이 위대한 사람도 이와 반대되는 생각(나쁜 도덕=나쁜 문학-옮긴이)을 증명하지 못했으므로 그 어떤 사람도 그렇게 하지는 못하리라 생각한다. (1941. 5)

러디어드 키플링

 엘리엇 씨가 이 키플링의 시선집[16]에 길게 서문을 쓰면서 무척 방어적인 태도를 보인 건 유감스럽다. 하지만 피할 수 없는 일이었다. 키플링에 관해 얘기하려면 그의 작품을 읽지 않은 두 그룹의 사람들이 만들어낸 전설(키플링은 제국주의자, 국수주의자, 인종차별주의자라는 비난 – 옮긴이)을 제거해야 하기 때문이다. 키플링은 지난 50년 동안 그런 전설의 대표자라는 독특한 자리에 있었다. 문학의 세대가 다섯 번 지나가는 동안 모든 계몽된 사람이 그를 경멸했다. 하지만 다섯 세대가 끝날 무렵 그런 계몽된 사람들은 잊혔고, 키플링은 어떤 면에서 여전히 그의 자리를 굳건히 지키고 있다. 엘리엇 씨는 이 사실을 절대 만족스럽게 설명하지 못

---

16 T. S. 엘리엇의 『키플링 시선집A Choice of Kipling's Verse』. [작가의 각주]

한다. 왜냐하면 엘리엇은 키플링은 곧 '파시스트'라는 얄팍하고 익숙한 비난에 대응하면서, 전혀 옹호받지 못할 부분에서 키플링을 옹호하려는 용납될 수 없는 실수를 저질렀기 때문이다. 대체로 문명화된 사람이 키플링의 인생관을 받아들이거나, 더 나아가 용서할 수 있는 척하는 것은 부질없는 짓이다. 예를 들면 키플링이 돈을 뜯어내려고 총기 정비에 쓰는 꽂을대로 '깜둥이'를 두들겨 패는 영국인 병사를 묘사할 때, 그는 단지 보고자일 뿐 묘사한 장면에 반드시 찬성하는 건 아니라고 주장해봐야 별 소용 없다. 그런 부류의 행동을 못마땅하게 여기는 기색을 조금이라도 드러내는 부분은 그의 작품 어디에서도 찾아볼 수 없다. 오히려 그 반대로 국수주의적 작가가 지녀야 하는 잔혹성에 더하여 명백한 사디즘 성향의 흔적이 드러나기도 한다. 키플링은 강경 제국주의자이고, 도덕적으로 무감각하며 미학적으로 혐오스럽다. 그에 관한 이야기를 시작하려면 차라리 솔직하게 그런 면을 인정하는 편이 낫다. 그런 다음 그에게 손가락질하며 비웃었던 고상한 사람들이 시나브로 사라져가는 동안에도 그가 여전히 살아남은 이유를 찾아야 한다.

그렇다고는 해도 키플링이 '파시스트'라는 비난에는 반드시 반박해야 한다. 도덕적으로, 또 정치적으로 그를 이해하는 첫 번째 단서가 그는 파시스트가 아니라는 사실이기 때문이다. 오늘날 무척 인도적이거나 무척 '진보적인' 사람들은 파시스트가 되기 힘든데 키플링은 그들보다 더 파시즘으로부터 멀리 떨어진 사람이다. 흥미로운 예를 하나 들어보자. 문맥을 찾아보거나 의미를 발견하려는 시도조차 하지 않고 이곳저곳에 인용되는 인용구가 바로 키플링의 시 「퇴장 성가Recessional」에 나오는 "법도 없이 사는 저열한 종족들"이다. 이 구절은 연약한 좌파 집단에서 늘 비웃음거리로 딱 좋았다. 그들은 당연히 "저열한 종족들"을 '원주민'으로 추정했고, 방서모를 쓰고 인도인 막노동꾼을 걷어차는 영국 식민지 관료를 떠올렸다. 하지만 문맥상 이 구절의 의미는 거의 정반대이다. "저열한 종족들"이라는 구절은 거의 확실히 독일인들을 가리킨다. 특히 범게르만주의 작가들을 가리킨다고 보면 되는데, 이들은 힘이 없는 게 아니라 법을 지키지 않는다는 뜻에서 "법도 없이 산다"라고 표현된 것이다. 키플링의 「퇴장 성가」는 전통적으로 국력을 과시하는 것으로 생각되어왔으나, 실제로는 독일뿐만 아니라 영국에서 벌어지는 힘의 정치를 맹렬하게 비난하는 것이었다. 다음 두 연은 인용할 가치가 충분하다(나는 시가 아닌 정치적인 견해로서 인용했다).

만약 권력의 광경에 취해
마치 이교도들이나
법도 없이 사는 저열한 종족들이 과시하는 것처럼
우리가 당신께 경외감도 없이 함부로 떠벌리면
만군의 주님, 그래도 우리와 함께해주시기를
우리가 잊지 않도록, 우리가 잊지 않도록!

지독한 악취가 나는 금속통과 쇳조각,

당신께 보호를 청하지 않은 채
먼지 위에 생겨난 용맹한 먼지 따위를
이교도의 가슴을 위해,
그들이 내놓는 광란의 과시와 어리석은 말에ㅡ
주여, 당신의 백성들에게 자비를 베푸소서!

키플링의 표현은 대부분 성경에서 가져왔다. 위 시의 두 번째 연은 "주님께서 집을 지어주지 않으시면 그 짓는 이들의 수고가 헛되리라. 주님께서 성읍을 지켜주지 않으시면 그 지키는 이의 파수가 헛되리라"는 『시편』 127장을 염두에 둔 것이다. 이는 히틀러를 겪은 사람들의 마음에는 그다지 깊은 인상을 주는 문구가 아니다. 지금 이 시대를 사는 사람이면 누구나 군사력보다 더 강력한 구속력은 없다고 생각한다. 강한 군사력을 제압하자면 그보다 더 강한 군사력 외에는 방법이 없다. '법'은 없고, 오로지 힘만 있을 뿐이다. 나는 이것이 올바른 믿음이라고 말하는 게 아니라, 그저 현대인이라면 이런 믿음을 가지고 있다고 지적할 뿐이다. 그렇지 않다고 믿는 척하는 사람들은 지적으로 비겁하거나, 얄팍한 변장을 한 권력 숭배자이거나, 자신이 사는 시대의 흐름을 파악하지 못한 사람이다. 키플링의 관점은 파시즘 이전의 것이다. 그는 여전히 우리 인간이 자만하면 반드시 몰락하고 하느님이 그 오만을 처벌할 것이라고 믿는다. 그는 탱크, 폭격기, 라디오, 비밀경찰, 그리고 이런 것들이 미칠 심리적 결과를 예측하지 못했다. 하지만 이렇게 말하면 누군가는 내가 위에서 키플링의 맹목적 애국주의와 잔혹성을 지적한 말을 취소하는 게 아니냐고 생각할 수 있다. 답변을 해보자면 결코 그렇지 않다. 그저 19세기의 제국주의자 관점과 현대의 폭력배 관점은 서로 다르다고 말하려는 것뿐이다. 키플링이 1885년부터 1902년의 시대에 속한 사람인 건 아주 분명하다. 제1차 세계대전과 그 여파는 그를 격분시켰으나 그는 보어전쟁 이후 벌어진 사건들에서 거의 아무것도 배우지 못한 듯하다. 그는 영국의 제국주의가 팽창하는 단계(당시의 분위기는 그의 시보다 그의 유일한 소설 『꺼지고 만 불빛The Light that Failed』에서 더 잘 드러난다)에서 제국주의의 예언자였으며 영국군의 비공식적 역사가이기도 했다. 주로 용병으로 운영되던 영국군은 1914년에 그 형태가 바뀌기 시작했다. 키플링이 내보인 그 모든 확신, 그리고 기운 넘치는 저속한 활력은 파시스트나 파시스트를 닮은 사람들은 인정하지 않는 문화적 제약에서 나오는 것이다.

키플링은 생애 후반을 불만인 상태로 보냈는데 이것은 문학적 허영보다는 정치적 실망에 기인한다. 어찌 된 일인지 역사는 그의 계획대로 흘러가지 않았다. 제1차 세계대전에서 전례 없이 위대한 승리를 거둔 이후 영국은 전보다 지위가 올라가는 것이 아니라 격하된 세계국가로 전락했고, 키플링은 무척 예리한 사람이었기에 이런 쇠락 현상을 알아봤다. 그가 이상적이라고 생각한 계급은 미덕을 잃어버렸고, 젊은이들은 쾌락주의적이거나 불만투성이였으며 세계지도를 붉게(대영제국의 상징 – 옮긴이) 물들이겠다는 바람은 사라졌다. 그는 왜 이런 일이 벌어지는지 이해할 수 없었다. 제국의 팽창을 뒷받침한 것이 경제적 힘이라는 사실을 전혀 파악하지 못한 까닭이다. 제국이 본래 돈벌이 사업이라는 걸 키플링은 평범한 군인이나 식민지 관료들과는 다르게 깨닫지 못했는데, 이것은 주목할 만한 점이다. 그가 이해한 제국주의는 일종의 강제 전도이며 이것은 무장하지 않은 '원주민' 무리에게 개틀링 기관총을 들이대면서 도로, 철도, 법원 등의 '법률'을 확립하는 것이었다. 따라서 그는 제국을 만들었던 동기(돈벌이)가 결국 제국을 파괴할 것이라는 점을 예측할 수 없었다. 예를 들면 그런 돈벌이 동기가 말레이의 정글을 개척하여 고무 대농장을 만들게 했고, 이후 그 대농장을 일본인들에게 빼앗기는 원인이 되었다. 현대 전체주의자들은 자신이 하는 일을 잘 알고 있지만, 19세기 영국인들은 그렇지 못했다. 이런 두 가지 입장은 그 나름의 이점이 있었지만, 키플링은 절대 이 입장에서 저 입장으로 말을 갈아탈 수 없었다. 그는 평생 예술가였고, 봉급을 받는 관료의 관점에 입각하여 "인도와 관련된 영국 상인들"을 경멸했고, 그 상인들이 국정을 좌지우지한다는 사실을 평생 깨닫지 못했다.

하지만 관료 계층과 자신을 동일시했기에 그는 '계몽된' 사람들이 좀처럼 갖고 있지 않거나 아예 없는 한 가지 특징이 있었는데 바로 책임 의식이었다. 중산층 좌파는 키플링의 잔혹성과 저속성 못지않게 이러한 책임 의식을 싫어했다. 고도로 산업화한 국가들의 모든 좌파 집단은 실제로는 사기꾼들이다. 내심 파괴하고 싶은 생각이 없는 어떤 대상을 상대로 싸우는 게 그들의 일이기 때문이다. 그들은 국제주의적인 목적을 갖고 있지만, 동시에 그런 목적과 양립할 수 없는 삶의 수준을 유지하려고 애쓴다. 영국은 아시아의 막노동꾼들을 착취하면서 살지만, '계몽된' 사람들은 막노동꾼들을 해방해야 한다고 주장한다. 하지만 우리의 생활수준, 그리고 우리의 '계몽'은 이러한 착취가 계속돼야 존속할 수 있다. 인도주의자는 늘 위선자이다. 키플링은 이런 점을 잘 알았는데 그가 인상적인 시구를 만들어내는 데 이런 깨달음이 핵심적인 비밀로 작용했다. 그는 "잠든 당신을 지켜주는 제복을 비웃는"이라는 시구를 썼는데, 이처럼 몇 자 안 되는 단어로 영국인들의 편협한 평화주의의 정곡을 찌른다는 건 쉬운 일이 아니다. 키플링은 지식인과 블림프Blimp(영국의 보수주의자 – 옮긴이) 사이에 존재하는 경제적 양상을 이해하지 못한다. 그는 막노동꾼들을 착취하기 위해 세계지도를 붉게 물들이게 되었다는 점을 알지 못한다. 그는 막노동꾼 대신 인도에 나가 있는 영국 관료들을 본다. 하지만 그런 차원에서도 키플링은 누가 누구를 보호하느냐의 기능적 문제에 대하여 무척 건전한 이해력을 갖고 있다. 사람은 필연적으로 자기보다 덜 문명화된 다른 종족이 대신 보초를 서고 먹을거리를 마련해줘야만 비로소 고도로 문명화될 수 있다고 그는 생각하는 것이다.

 키플링은 자신의 시에서 칭송한 관료, 군인, 기술자와 얼마나 자신과 동일시했을까? 때때로 추측되는 것처럼 아주 완벽하게 동일시한 것 같지는 않다. 청년일 때 그는 아주 넓은 지역을 여행했고, 아주 속물적인 환경에서 성장했지만 명민한 지성의 소유자였다. 또한 키플링 자신이 약간은 신경증에 걸린 데 대한 반작용 때문인지 민감한 사람보다는 활동적인 사람을 선호하기도 했다. 그의 우상들 중 가장 공감되지 않는 부류를 들자면 19세기 인도 거주 영국인들인데, 그래도 이들은 무언가 구체적인 행동을 한 사람들이다. 그들이 한 모든 일이 사악했을지도 모르지만, 그들은 지구의 표면을 바꿔놓았다(아시아 지도를 펴고 인도의 철도망과 주변국들의 철도망을 비교하면 이런 사정을 이해하는 데 도움이 될 것이다). 반면에 인도 주재 영국인 관료들의 일반적인 관점이 E. M. 포스터의 관점(인도인을 적극 이해하고 포용하려는 인본주의적 관점 – 옮긴이)이었다면 그들은 아무것도 이루지 못했을 것이며, 단 일주일도 식민지 정부의 권력을 유지하지 못했을 것이다. 천박하고 얄팍하지만, 19세기 인도 거주 영국인에 관한 문학적 묘사는 키플링의 것이 유일하다. 그는 인도 현지의 영국인 클럽과 연대聯隊 식당에 들어가 온갖 상소리를 듣고서도 입을 꾹 다물 수 있을 정도로 거친 사람이었기에 그런 생생한 묘사를 해낼 수 있었다. 하지만 키플링 자신은 그가 숭배하던 그들을 크게 닮지 않았다. 여러 개인적 정보원에게서 들은 이야기이지만, 키플링과 동시대를 살았던 많은 인도 거주 영국인들이 그를 좋아하지도 인정하지도 않았다고 한다. 그들은 키플링이 인도에 관해 아는 것이 전혀 없었다고 확신했다. 또 그들의 관점에서 볼 때 키플링은 엄청난 지식인이었다. 인도에 있는 동안 키플링은 '좋지 못한' 사람들과 어울리는 경향이 있었다. 얼굴빛이 검어서인지 그는 아시아인의 피가 섞였다는 억측을 받기도 했다. 그가 빨리 성장할 수 있었던 것은 인도에서 태어나 영국으로 돌아가 빨리 학교를 마치고 다시 인도에 나왔다는 점에서 찾아볼 수 있다. 조금만 성장환경이 달랐더라면 그는 훌륭한 장편소설가나 최고의 보드빌 작가가 되었을지도 모른다(키플링은 시와 단편소설로 유명하고 장편소설은 딱 한 편 썼는데 실패작이었다 - 옮긴이). 그런데 그가 천박한 선동자이며 동시에 제국주의자 세실 로즈Cecil Rhodes의 홍보 담당자였다는 건 얼마나 맞는 말일까? 그것은 맞는 말이고 또 사실이다. 하지만 그가 윗사람에게 무조건 동조하거나 기회주의자였다는 말은 사실이 아니다. 초창기 이후에 그는 절대 여론의 비위를 맞추려고 하지 않았다. 엘리엇 씨는 키플링이 사람들에게 나쁘게 보이는 이유가 인기 없는 관점을 인기 있는 방식으로 표현하기 때문이라고 한다. 이런 '인기 없다'는 말은 지식인 계급에게 인기 없다는 이야기인데, 그렇게 함으로써 엘리엇 씨는 논점의 범위를 좁혀놓았다. 하지만 일반 대중은 키플링의 '메시지'를 바라지 않았고, 실제로 단 한 번도 받아들이지 않았다. 지금처럼 1890년대에는 국민 대다수가 반군국주의자였고 제국주의에 염증을 느끼고 있었으며 자신들의 애국심을 잘 의식하지 못했다. 키플링의 팬들은 과거나 지금이나 《블랙우드Blackwood》를 읽는 사람들, 즉 '군인' 중산층이었다. 어리석었던 20세기 초기에 블림프들은 마침내 자신의 편이 될 시인을 찾아냈는데 그가 바로 키플링이었다. 그들은 키플링을 존경할 만한 사람으로 보았고, 그의 시들 중 「만약에」 같은 설교조의 시를 거의 성경처럼 받들었다. 하지만 보수주의자들이 성경만큼 그의 시를 주의 깊게 읽었는지는 의문이다. 그들은 키플링이 한 말을 대부분 승인할 수 없었을 것이다. 영국 내부에서 영국을 비판한 사람들 중에는 이 밑바닥 애국자처럼 지독한 비판을 남긴 사람은 거의 없었다. 대체로 키플링이 공격하는 대상은 영국 노동계급이지만 항상 그런 건 아니다. "삼주문三柱門에 선 플란넬 옷을 입은 멍청이들과 골을 지키는 저능아들"이라는 시구는 오늘날까지 사람들의 머릿속에 화살처럼 박혀 있다. 분명 이 시구는 이튼과 해로의 경기, 더불어 우승배 쟁탈전 결승 경기를 빗대어 지은 것이다. 보어전쟁에 관해 그가 쓴 몇 편의 시는 기묘하게도 현대적인 느낌의 주제를 갖고 있다. 틀림없이 1902년경에 완성했으리라고 짐작되는 시「스텔렌보시Stellenbosch」는 보어전쟁에 관해 1918년에 똑똑한 보병 장교가 한 말을 요약하는데, 말이 난 김에 얘기하자면 오늘날의 보병 장교도 그런 말을 한다.

영국과 제국에 관한 키플링의 낭만적인 생각은 당시 그런 생각에 붙어 있는 계급적 편견을 키플링이 갖고 있지 않았다면 별문제가 없었을 것이다. 그의 가장 대표적인 시집이고 최고 작품인 군인 주제의 시집『병영 발라드Barrack-Room Ballads』를 검토하면 어떤 것보다 시를 망치는 건 그 바탕이 되는 계급적 편견임을 알게 된다. 키플링은 장교, 특히 초급 장교를 바보스러울 정도로 이상화했다. 이에 비해 사병은 매력적이고 낭만적인 측면이 있다 할지라도 희극적인 인물에서 벗어나지 못했다. 사병은 늘 일종의 양식화된 런던 사투리로 말하지만 그 정도가 심하지는 않다. 하지만 철자 'h'와 단어 마지막에 쓰이는 철자 'g'는 약속이라도 한 것처럼 빼버린다(honest를 'onest로 발음하고 going을 goin'으로 발음한다는 뜻 – 옮긴이). 그 결과, 교회 친목회에서 우스꽝스러운 시를 낭송이라도 한 것처럼 난처한 일이 벌어진다. 이런 이유로 사람들은 종종 내용을 그대로 두면서도 런던 사투리를 표준어로 바꿔 낭독함으로써 키플링의 시를 덜 경박하고 우스꽝스럽게 만든다. 이런 양상은 특히 종종 아주 서정적인 특성을 보이는 후렴구에서 더 잘 드러난다. 이와 관련해서는 두 가지 사례만 들어도 충분할 것이다. 하나는 장례식, 하나는 결혼식에 관한 내용이다.

그러니까 파이프는 내려두고 나를 따르라!
마시던 술을 다 들이켜고 나를 따르라!
아아, 우리를 부르는 큰 북소리를 들어라.
나를 따르라, 나를 따라 집으로!

하사관이 결혼하니 환호성을 질러라
한 번 더 부부에게 환호성을 질러라!
총을 매단 회색 말들은 사륜마차에 있고
악당은 창녀와 결혼하는구나!

여기서 나는 철자 'h'가 나오는 단어에 도로 'h'를 집어넣었다. 키플링은 이보다 시를 더 잘 써야 했다. 위에 인용한 첫 번째 연의 마지막 두 행은 아주 아름다운 내용이므로 일부러 'h'를 빼버려서 노동자를 조롱하려는 충동을 억눌러야 마땅했다. 오래된 발라드에서는 영주와 소작농이 같은 말을 쓴다. 하지만 키플링은 이처럼 계급 구분을 무시하는 태도를 나쁘게 보았으므로 그런 평등함은 받아들이지 않았다. 시적 정의를 너무 앞세운 나머지, 그의 멋진 시행들 중 하나는 오히려 그 효과가 반감되어버렸다. "follow me 'ome(나를 따라 집으로)"는 "follow me home"보다 귀에 거슬리기 때문이다. 음악적으로 차이가 없는 부분에서도 등장하는 키플링의 연극적 런던 사투리는 독자를 짜증 나게 한다. 하지만 그의 시는 종이에 인쇄된 것을 낭독하는 경우보다 크게 소리 내어 암송하는 경우가 훨씬 많고, 대부분의 사람들이 키플링의 시를 암송할 때 무의식적으로 필요한 수정을 가하므로 별문제는 없어 보인다.

1890년대의 사병이나 지금의 사병이 『병영 발라드』를 읽고 키플링이 자신을 대변한다고 생각할까? 아마도 그렇게 생각하지 않을 것이다. 시집을 읽을 수 있는 사병이라면 그 즉시 키플링이 다른 곳 못지않게 군대 내부에서도 벌어지는 계급 전쟁에 무지하다는 사실을 알아챘을 것이다. 키플링은 사병을 희극적이라고 생각할 뿐만 아니라 애국적이고, 봉건적이고, 기꺼이 장교들에게 복종하고 자신이 여왕의 군인임을 자랑스럽게 여긴다고 생각한다. 물론 일부 맞는 말이긴 하다. 그런 복종심이 전혀 없다면 전투를 수행할 수 없을 테니까. 하지만 "영국이여, 영국이여, 나는 그대에게 무엇을 해주었는가?"는 본질적으로 중산층이 던지는 질문이다. 이에 대하여 거의 모든 노동자는 즉각 이런 질문을 던질 것이다. "그렇다면 영국은 내게 무엇을 해주었는가?" 키플링은 이러한 노동자의 질문을 "하류 계층의 지독한 이기심(이는 그의 시구이기도 하다)"이라고 매도할 것이다. 그는 영국인이 아닌 '충성스러운' 인도인에 관해 글을 쓸 때 "안녕하십니까, 사히브" 같은 모티프를 때로는 역겨울 정도로 자세하게 묘사한다. 하지만 그의 시대와 지금 시대의 '진보주의자'보다 일반 사병에게 훨씬 더 관심을 보이고 또 정당한 대우를 해줘야 한다고 진지하게 걱정한 사람이 키플링이었다. 키플링은 사병이 무시당하고, 초라한 보수를 받는다는 걸 알았다. 또한 사병들 덕분에 재산을 보호받는 그 사람들이 위선을 떨면서 사병들을 경멸한다는 것도 알았다. 키플링은 사후에 출판된 회고록에서 이렇게 말했다. "나는 사병의 삶에서 드러나는 있는 그대로의 공포, 그리고 불필요하게 인내해야 하는 사병의 고통을 깨닫게 되었다." 그는 전쟁을 미화한다는 비난을 받았고, 또 실제로 그런 측면도 있다. 하지만 그는 일반적인 방식으로 전쟁을 미화한 것이 아니라 그것을 일종의 축구 경기 같은 것으로 생각했다. 전투에 관한 시를 쓸 수 있는 대다수의 사람이 그러하듯이, 키플링은 전투에 참여한 적이 단 한 번도 없었다. 하지만 전쟁을 바라보는 그의 안목은 현실적이었다. 총알은 아프고, 포격을 받을 때는 모두가 겁에 질리고, 평범한 사병은 전쟁의 목적은 물론이고 전장에서 자기가 서 있는 곳 말고는 전쟁의 전반적 그림을 전혀 알지 못하고, 또 영국군도 다른 군대처럼 자주 도망친다는 사실도 알았다.

뒤에서 칼날 소리가 들렸지만, 나는 그 자와 대적할 용기가 없었다 멈춰 서서 상황을 알아보려 하지 않았으므로 어디로 가는지도 몰랐다
그러다 어떤 놈이 비명을 지르며 막사 쪽으로 달려가는 소리를

들었다
어디선가 들은 목소리라고 생각했는데 그건 바로 내 목소리였다!

이 시의 스타일을 현대적으로 바꾸면 전쟁을 폭로하는 1920년대의 폭로성 전쟁문학 같은 느낌을 주었을 것이다. 또 다음과 같은 시를 보자.

보기 싫은 총알들이 먼지를 쪼아대듯 뚫고 나온다
총알을 마주하고 싶은 놈이 어디 있겠느냐만, 누구나 그래야 한다
어디를 가는 게 썩 달갑지 않은 족쇄를 찬 사람처럼
그들은 눈에 띄게 뻣뻣하고 천천히 무리를 이루어 나아간다.

이 시를 다음의 시와 비교해보자.

'경기병대, 앞으로!'
놀란 병사가 있는가?
그렇지 않다! 하지만 어떤 병사는 알았다
누군가 실수했다는 것을.

사실을 말해보자면 키플링이 젊었을 때 벌어진 전쟁들은 우리 기준에서 거의 전쟁이라고 할 수 없는 것들이다. 그런데도 그는 전쟁의 공포를 과장하는 편이다. 이런 묘사는 그의 신경증적인 측면이 작용하고 또 잔혹함을 갈망하는 성향 때문일 것이다.

하지만 그는 불가능한 목표를 공격하라는 명령을 받은 병사들이 불안해했다는 것, 그리고 하루 4펜스는 후한 수당이 아니라는 것 등은 알고 있었다.

키플링은 19세기 후반의 장기 복무하는 용병 군대에 관하여 얼마나 진실하고 온전한 묘사를 남겼는가? 키플링이 19세기에 인도에 거주한 영국인에 관해 남긴 글은 최고 수준일 뿐만 아니라 우리가 지닌 거의 유일한 문학적 묘사이다. 그가 방대한 양의 글을 남기지 않았더라면 구전口傳이나 읽기 지루한 연대聯隊의 역사 등의 자료를 통해 관련 정보를 모아야 했을 것이다. 키플링이 남긴 군대에 관한 묘사는 실제보다 더 풍성하고 정확해 보인다. 왜냐하면 영국 중산층이라면 누구든 그 묘사에서 빠진 틈을 메울 수 있을 만큼 충분한 군대 지식을 갖고 있기 때문이다. 어쨌든 에드먼드 윌슨Edmund Wilson 씨가 막 출간했거나 혹은 곧 출간할 키플링 평론[17]을 읽으면서 나는 우리에게 지루할 정도로 익숙하지만 미국인이 거의 이해할 수 없는 사항이 많다는 점에 놀랐다. 하지만 키플링의 초기 작품에는 기관총이 등장하기 이전의 구식 군대가 생생하면서도 진지하게 다루어져 있다. 예를 들면 지브롤터나 러크나우에서 무더위에 시달리는 병영, 구식 영국 군복, 파이프 점토로 닦은 허리띠, (납작하고 테 없는) 필박스 모자, 맥주, 싸움, 태형, 교수형, 십자가형, 집합 나팔, 귀리와 말 오줌 냄새, 1

---

17 『상처와 활The Wound and the Bow』라는 평론 모음집으로 출판됐다. [작가의 각주, 1945년]

피트(30센티미터)도 넘는 긴 콧수염을 기른 고함치는 하사관, 유혈이 낭자한 소규모 접전, 늘 엉성하게 관리되는 비좁은 군대 수송선, 콜레라로 시달리는 야영지, '원주민' 첩, 구빈원에서의 최후 등이 묘사되어 있는 것이다. 이런 묘사는 거칠고 상스러워 애국적인 보드빌에다 졸라의 피비린내 나는 글이 마구 뒤섞인 것 같은 느낌을 준다. 하지만 이런 묘사 덕분에 후대의 사람들은 그 당시 장기 복무 의용군의 실상을 제대로 파악할 수 있다. 마찬가지로 키플링의 묘사를 통하여 자동차나 냉장고는 본 적이 없던 시절의 영국령 인도에 관해서 알 수 있다. 이런 주제에 관한 한 키플링보다 더 나은 책이 있을지도 모른다는 생각은 잘못된 것이다. 예를 들면 조지 무어, 기싱, 토머스 하디에게 키플링 같은 기회가 있었더라면 영국령 인도를 어떻게 묘사했을까 하고 가정해보는 건 부질없는 짓이다. 그런 일은 벌어질 수가 없다. 19세기 영국에서 『전쟁과 평화War and Peace』나 그보다 덜 알려진 군대 생활을 다룬 톨스토이의 소설 『세바스토폴Sebastopol』이나 『코사크족The Cossacks』 같은 소설은 나올 수가 없다. 그럴 능력이 있는 작가가 없기 때문은 아니다. 다만 그런 소설을 쓸 수 있는 예민함을 지닌 작가 중에서 그에 상당하는 경험을 한 사람이 없다는 게 그 이유이다. 톨스토이는 청년이라면 거의 예외 없이 몇 년 동안 군복무를 해야 하는 엄청난 군사 제국에서 살았다. 반면 대영제국은 예나 지금이나 유럽 대륙에서 지켜보는 이들이 믿기 어려울 정도로 비무장 상태로 지내왔다. 문명화된 이들은 문명의 중심지로부터 벗어나지 않으려 했고, 대부분의 주요 언어들에는 식민지 문학이라고 부를 만한 것이 별로 없다. 키플링처럼 천박하고 저속한 광경을 묘사하려면 여러 상황이 황당무계할 정도로 겹쳐져야 한다. 예를 들면 병사인 오더리스Orheris와 혹스비Hauksbee 부인(키플링의 단편집 『언덕으로부터의 평범한 이야기들』 중 「세 명과 엑스트라」에 나오는, 행실이 좋지 않지만 마음은 착한 부인 - 옮긴이)이 야자나무를 배경으로 사원의 종소리를 들으며 마주 보는 광경이 좋은 예이다. 게다가 그런 묘사를 하기 위해 한 가지 추가해야 할 상황이 있는데, 그건 키플링처럼 절반만 문명화된 사람이어야 한다는 것이다.

키플링은 우리 시대에서 영어의 관용구를 늘려준 유일한 영국인 작가이다. 기원도 모르는 채 우리가 받아들이고 사용하는 관용구와 신조어는 항상 존경하는 작가에게서만 나온 것은 아니다. 예를 들어 나치의 방송인들이 러시아 군인들을 '로봇'으로 부르는 걸 들으면 묘한 기분이 든다. 그 용어를 만든 사람은 체코의 어떤 민주주의자이기 때문이다. 나치는 체포할 수만 있었다면 그를 죽이려 했을 것이다. 다음은 키플링이 만든 여섯 가지 관용구이다. 천박한 언론의 짧은 사설에서 보았을 수도 있고, 술집에서 키플링을 모르는 사람들이 직접 말하는 걸 들었을 수도 있다. 여섯 관용구 모두 공통적으로 확실한 특징을 갖고 있다.

동양은 동양이고, 서양은 서양이다.
백인의 짐
영국만 아는 사람이 영국의 무엇을 알겠는가?
종이라는 면에서 암컷은 수컷보다 더 치명적이다.

수에즈 동쪽 어딘가

데인세를 내다(데인세는 10세기경 잉글랜드에서 외부의 적인 데인 사람들을 돈으로 매수하여 물리치기 위한 군비로 징수됐고 나중에 지조地租로 존속됐다 - 옮긴이)

이외에도 키플링이 만든 다른 많은 관용구가 있다. 그것들 중에는 원래 그 단어가 나왔던 문장들보다 더 오래 지속한 것들도 있다. 예로 "당신의 입으로 크루거를 죽이다"라는 관용구는 최근까지도 통용됐다. 독일인들을 가리켜 "훈족"이라는 단어를 처음 사용한 것도 키플링이었을 가능성이 높다. 어쨌든 그는 1914년에 전쟁이 시작되자마자 그런 표현을 사용하기 시작했다. 하지만 내가 위에 적어둔 모든 관용구의 공통점은 처음에는 절반쯤 조롱조로 사용됐으나("엄마, 나는 5월의 여왕이 될 거니까요, 나는 5월의 여왕이 될 거라고요"라는 표현처럼), 이내 일상생활에서 널리 쓰이게 되었다. 가령 주간지 《뉴 스테이츠맨New Statesman》은 키플링을 아주 경멸했으나, 뮌헨 조약 시기에 이 주간지는 "데인세를 내다"라는 관용구를 아주 많이 인용했다.[18]

간이식당에서나 통하는 지혜를 보여주고, 몇 개의 단어로 싸구려 운치를 요약하는 재능(「야자나무와 소나무Palm and Pine」, 「수에즈 동쪽East of Suez」, 「만달레이로 가는 길The Road to Mandalay」)은 별도로 치더라도, 키플링은 대체로 아주 긴급한 관심사에 관해 얘기한다. 이런 관점에서 볼 때 분별력 있고 예의 바른 사람들이 대개 키플링과 반대편에 서 있다는 것도 그리 문제되지 않는다. "백인의 짐"은 곧장 현실의 문제를 떠올리게 한다. 설사 그 짐을 '흑인의 짐'으로 고쳐야 한다고 생각하더라도 사정은 마찬가지다. 누군가는 키플링의 시 「섬사람들The Islanders」에 드러난 정치적 태도를 철저히 부정할지도 모르나, 그것을 가리켜 하찮은 태도라고 할 수는 없다. 키플링은 저속하면서도 항구적인 생각들을 다룬다. 이것은 키플링이 시인 혹은 운문 작가로서 지닌 특별한 지위에 관하여 의문을 제기한다.

엘리엇 씨는 키플링의 운문 작품을 '시'가 아닌 '운문'이라고 했지만, "훌륭한 운문"이라며 운문 앞에 형용사를 덧붙이기도 했다. 그러면서 "운문인지 시인지 말할 수 없는" 작품이 있다면 그 작가는 "훌륭한 운문 작가"로 서술할 수밖에 없다고 주석을 달았다. 분명 키플링은 가끔 시를 쓰는 운문 작가였다. 그렇다고 해도 엘리엇 씨가 그런 시들의 제목을 구체적으로 명시하지 않은 건 참 유감스럽다. 문제는 키플링의 작품에 관한 미학적 판단이 필요할 때마다 엘리엇 씨는 지나치게 수세적인 태도를 취하면서 숨김없이 말하지 못한다는 것이다. 그가 말하지 않았으나 내가 말

---

18 미들턴 머리Middleton Murry는 최근에 출판한 그의 책 『아담과 이브Adam and Eve』 첫 페이지에서 무척 잘 알려진 키플링의 시구를 인용했다. "예순아홉 가지 방법이 있지/부족의 사업을 만드는 데는/그리고 그런 방법 중 어느 하나도 틀린 것이 없네." 머리는 이 시구를 새커리의 것이라고 했다. 이것은 "프로이트의 말실수Freudian error(은연중에 속마음을 들켜버리는 실언을 하는 것)"인 듯하다. 문명화된 사람은 키플링을 인용하려고 하지 않을 것이기 때문이다. 머리는 자신의 생각을 키플링이 대변했다는 점을 밝히고 싶지 않아 이런 실수를 한 것이다. [작가의 각주, 1945년]

해야 한다고 생각하는 건, 키플링에 관한 어떤 논의를 시작할 때 반드시 그의 운문 대다수가 지독하게 천박하다고 말해야 한다는 것이다. 그런 시적 분위기는 키플링의 운문을 읽는 사람에게 자주색 조명을 얼굴에 받는 삼류 보드빌 배우가 「우팡푸의 변발The Pigtail of Wu Fang Fu」(키플링의 시—옮긴이)을 낭송하는 느낌이 들게 한다. 그렇지만 키플링의 운문은 시를 좋아하는 사람들에게 즐거움을 선사할 내용을 많이 담고 있다. 「궁가 딘Gunga Din」이나 「대니 디버Danny Deever」 같은 시는 읽는 것이 좀 부끄러운 그런 즐거움을 선사하는데, 이는 중류 생활을 하는 몇몇 사람들이 몰래 싸구려 사탕을 빨아 먹는 취향을 갖고 있는 것과 유사하다. 하지만 키플링의 가장 훌륭한 시구에서 우리는 가짜에 의해 유혹당한다는 느낌이 들면서도 어쩔 수 없이 그것에 유혹되어버린다. 시를 좋아하는 사람이 다음 구절을 읽고 조금도 즐겁지 않다면 그는 속물이나 거짓말쟁이일 것이다.

바람이 야자나무와 함께하고, 사원의 종들이 이렇게 소리 낸다
"돌아오라, 영국 병사여, 돌아오라, 만달레이로!"

그렇다고 하더라도 이 시는 「펠릭스 랜들Felix Randal」이나 「고드름이 벽에 매달렸을 때When icicles hang by the wall」를 시로 보는 관점에서 보면 시가 아니다. 키플링을 흡족하게 정의하려면 '운문'과 '시'라는 두 단어 사이를 왕복하는 것보다는 훌륭하면서도 좋지 않은 시인이라고 간단히 말해버리는 게 더 낫다. 해리엇 비

처 스토Harriet Beecher Stowe가 소설가로서 좋은 나쁜 소설을 썼던 것처럼 키플링도 시인으로서 좋은 나쁜 시를 썼다. 이런 부류의 작품, 즉 세대에 걸쳐 천박하다고 인식되면서도 계속 읽히는 작품이 존재한다는 사실은 우리가 살고 있는 오늘의 시대에 대하여 뭔가 말해주는 바가 있다.

영시 중에는 좋으면서도 나쁜 시가 많다. 그리고 이런 시들은 전부 1790년 이후에 지어졌다. 예를 들어볼 텐데 의도적으로 다양하게 추려보겠다. 그런 부류에는 「탄식의 다리The Bridge of Sighs」, 「온 세상이 젊을 때, 젊은이여When all the World is Young, Lad」, 「경기병대의 돌격」, 브렛 하트의 「야영지의 디킨스Dickens in Camp」, 「존 무어 경의 장례식The Burial of Sir John Moore」, 「제니가 내게 입을 맞추었네Jenny Kissed Me」, 「레이블스톤의 키스Keith of Ravelston」, 「카사블랑카Casablanca」 등이 있다. 이런 시들은 모두 감상벽이 강하게 드러난다. 그렇다고 해도 막 예로 든 시들뿐만 아니라 이런 부류에 속하는 시들은 그 문제점을 분명하게 아는 사람들에게도 참된 즐거움을 선사할 수 있다. 좋으면서 나쁜 시들은 너무 잘 알려져 재판을 찍지 못한다는 점만 아니었더라면 그것들만 추려 제법 많은 분량의 시선집을 만들 수 있었을 것이다. 지금 우리 시대 같은 시대에 '좋은' 시가 진정한 대중성을 누릴 수 있다고 허세를 부려봐야 아무 소용이 없다. 그런 시는 예술 취미가 아주 까다로운 극소수의 숭배 대상이며 또 반드시 그렇게 되어야 한다. 물론 특정한 단서를 덧붙일 필요가 있다. 진정한 시는 때로 그 자체를 다른 어떤 것으로 위장함으로써 대중에게 받아들여질 수 있다. 여기에 해당하는 사례로는 여전히 영국에 전해져 내려오는 민요, 특정 동요, 기억을 돕는 운문 등이 있다. 맨 뒤의 것을 좀 더 상세하게 언급하자면 집합 나팔에 관련된 단어들을 넣어 군인들이 만든 노래가 있다. 하지만 대체로 우리 문명에서는 '시'라는 단어가 적대적인 비웃음을 유발할 뿐이다. 아니면 잘해봤자 '하느님'이라는 단어를 들었을 때 대다수 사람이 표출하는 바로 그 냉소적인 혐오와 마주하게 된다. 이와는 대조적으로 당신이 콘서트나 연주에 재능이 있다면 제일 가까운 선술집에 가서 5분 만에 감탄하는 청중을 만날 수 있다. 하지만 똑같은 청중에게 셰익스피어의 소네트를 낭송해주면 어떤 반응을 보일까? 낭송 전에 알맞은 분위기를 조성한다면 가장 시큰둥한 청중에게도 전달될 수 있는 게 좋으면서도 나쁜 시다. 몇 달 전 처칠은 생방송 연설에서 클러프Clough의 시 「분발Endeavour」을 인용함으로써 굉장한 효과를 거두었다. 나는 처칠의 연설을 시 애호가라고는 할 수 없는 사람들 사이에서 들었는데 연설 중 운문으로 잠깐 빠져드는 처칠의 모습이 그들에게 깊은 인상을 남겼다고 확신한다. 연설을 듣는 그들의 모습에 전혀 당황한 기색이 없었다. 하지만 그런 처칠이더라도 이보다 좀 고상한 어떤 시를 인용했다면 연설을 잘 풀어나가지 못했을 것이다.

    운문 작가가 대중의 인기를 누릴 수 있는 한, 키플링은 예전에도 그랬던 것처럼 지금도 여전히 대중적이다. 그의 생시에 이미 일부 시들은 독서계의 경계를 훨씬 뛰어넘어 학교 우등생 표창일, 보이스카우트의 단조로운 노래, 부드러운 가죽 장정판, 낙화烙畵,

달력, 그리고 보드빌이라는 더 광대한 세계에까지 그 영향을 미쳤다. 그럼에도 불구하고 엘리엇 씨는 키플링의 시를 편집할 가치가 있다고 생각했는데, 이는 다른 사람들도 가지고 있지만 늘 솔직하게 고백하지 못한 그런 취향을 엘리엇 자신도 가지고 있음을 고백한 것이나 다름없다. 좋으면서도 나쁜 시가 존재할 수 있다는 사실은 지식인과 보통 사람 사이에 감정적으로 중복되는 부분이 있다는 징후이다. 지식인은 보통 사람과 다르지만, 개성의 특정 영역에서만 그럴 뿐이며 그것조차 언제나 그런 것은 아니다. 그렇다면 무엇이 좋으면서 나쁜 시의 특성일까? 그 시는 명백한 것을 기리는 우아한 기념물이다. 그것은 사람이 공유하는 일부 감정을 기억할 만한 형태로 기록한다(운문 자체가 기억을 돕는 장치이기도 하다). 「온 세상이 젊을 때, 젊은이여」 같은 시의 가치는 시 자체의 정서가 어떻든 간에 그 정서가 '진실하다'는 점에 있다. 시 자체가 표현하는 생각을 조만간 독자도 생각하게 된다는 점에서 이러한 전달 능력은 분명하게 확인된다. 당신이 그런 시를 알고 있다면 그것은 나중에 전보다 더 나은 모습으로 당신의 마음속에 되돌아온다. 그런 시들은 일종의 운율을 가진 격언이다. 또 유명한 시가 보통 금언적金言的이고 설교조라는 것도 사실이다. 키플링의 시 하나만 예로 들어도 충분한 설명이 될 것이다.

휜 두 손은 고삐에서 떨어지지 않고
부츠의 발뒤꿈치에서는 박차가 미끄러진다
지극히 다정한 목소리는 '돌아와요!'라 외치고

붉은 입술은 칼집 속의 쇠를 녹슬게 한다
지옥으로 가거나 왕좌에 오르거나
가장 빨리 나아가는 자는 홀로 움직이는 자이다

이 시에서는 저속한 생각이 두드러지게 드러난다. 진실한 것은 아닐지 몰라도 어쨌든 모두가 이런 생각은 하는 것이다. 조만간 당신은 가장 빨리 나아가는 자가 홀로 움직이는 자라는 생각을 하게 될 것이다. 그럴 때 당신의 생각은 이미 만들어진 채 존재할 것이다. 이를테면 당신을 오래 기다리기라도 한 것처럼. 따라서 한 번이라도 이런 시구를 들었다면 다시 기억해낼 가능성이 크다.

좋으면서도 나쁜 시의 작가로서 키플링이 힘을 가질 수 있었던 이유 한 가지를 위에서 이미 언급했는데 그것은 바로 그의 책임 의식이다. 그 책임 의식 덕분에 그는 엉뚱하긴 해도 자신만의 세계관을 가질 수 있었다. 정당과 직접적인 연관을 맺은 적이 없었지만 그는 보수주의자였다. 그것도 오늘날에는 존재하지 않는 보수주의자. 지금 자신을 보수주의자라 부르는 이들은 진보주의자이거나 파시스트이거나 파시스트와 한패이다. 키플링은 자신을 지배 세력과 동일시했고, 그에 반대하는 자들에게는 등을 돌렸다. 재능이 뛰어난 작가가 이런 은원恩怨이 분명한 모습을 보이다니 우리는 기이하고 역겹다고 생각하게 된다. 하지만 키플링은 그 덕분에 현실을 어느 정도 이해하게 되었다. 지배 세력은 언제나 "이런저런 상황에서 어떻게 행동해야 할 것인가?"라는 질문에 직면한다. 반면에 반대 세력은 책임을 지지 않는 건 물론이고 실제로 결정을 내리지 않아도 된다. 영국처럼 반대 세력이 안락한 연금을 받으며 항구적으로 변치 않는 나라에서는 그들이 품은 사상의 질이 그 상황에 맞춰 저하된다. 게다가 비관적이고 보수적인 인생관을 가지고 인생길을 출발한 사람은 그 후에 벌어진 여러 사건을 억지로 끌어와서 그런 인생관을 정당화하려는 경향이 있다. 왜냐하면 유토피아는 절대 도래하지 않으며 키플링 본인이 언급한 것처럼 "진부한 격언의 신들(구체적으로 기본적이지만 냉혹한 현실의 법칙을 가리킨다 - 옮긴이)"은 늘 되돌아오기 때문이다. 키플링은 영국 지배층에 자신을 팔아넘겼지만, 정서적인 면에서 그랬던 것이지 재정적인 면에서 그런 건 아니었다. 이것은 키플링의 정치적인 견해를 왜곡했다. 영국 지배층은 그가 생각하던 모습이 아니었기에 그런 지배층을 숭배한 키플링은 자연적으로 어리석음과 속물근성의 나락으로 떨어질 수밖에 없었다. 하지만 그는 행동과 책임이 어떤 것인지 생각해보려고 함으로써 그로부터 이점을 얻었다. 그는 재치 있지 않고, '대담하지' 않고, 부르주아를 놀라게 할 생각이 없었는데 이런 점이 그에게 아주 유리하게 작용했다. 그는 대체로 진부한 사항들을 다루었는데, 우리는 진부한 세계에 살고 있으므로 그가 한 말의 대다수는 유효하다. 심지어 그가 보인 최악의 어리석음도 같은 시기의 '계몽적' 언사, 가령 와일드의 경구나 버나드 쇼의 희곡 『범인과 초인Man and Superman』의 끝에 붙어 있는 허풍 가득한 격언 모음보다는 덜 천박하고 덜 거슬린다. (1942. 2)

W. B. 예이츠

마르크시즘 비평이 성공하지 못한 것 하나는 '경향'과 문학적 스타일 사이의 관계를 추적하는 일이었다. 어떤 책의 주제와 이미지는 사회학적 관점에서 설명될 수 있지만 그 특별한 느낌은 그렇지 못하다. 그렇지만 약간의 연결 관계는 있을 수 있다. 가령 사회주의자는 체스터턴이나 버나드 쇼 같은 (보수적) 토리 제국주의자같이 글을 쓰지는 않으려 할 것이다. 비록 그것을 어떻게 아는지 설명하기는 어렵지만 말이다. 예이츠의 경우에는 그의 제멋대로이면서 심지어 고문당한 듯한 글쓰기 스타일과, 그의 다소 괴이한 인생의 비전 사이에 모종의 연결 관계가 있다. 메넌Menon 씨는 예이츠의 저작에 깃들인 비교秘敎 철학에 주로 관심이 많지만 그의 흥미로운 저서 전편에 흩어져 있는 인용문들은 예이츠의 글쓰기 방식이 얼마나 인공적인지를 우리에게 상기시킨다. 대체로 보아, 이런 인공성은 아일랜드풍으로 받아들여지며, 또 예이츠가 짧은 단어들을 사용하기 때문에 단순하고 간결한 시인이라는 평가도 나온다. 그러나 어떤 시가 되었든 그의 시를 6행 정도만 읽으면 의고주의擬古主義나 멋을 부린 수사를 만나게 된다. 가장 비근한 사례를 들어보면 이러하다.

> 나에게 노인의 광분을 허용해다오
> 나 자신을 개조해야 한다
> 내가 타이먼이나 리어 혹은
> 진리가 그의 부름에 답할 때까지
> 벽을 계속 두드려댔다는
> 저 윌리엄 블레이크가 될 때까지

위의 시에서 "저"라는 불필요한 단어는 젠체하는 느낌을 주며 이와 동일한 경향이 예이츠의 거의 모든 훌륭한 시행들에서 발견된다. 여기서 우리는 그의 '의고주의'를 의심하게 된다. 그것은 1890년대, 상아탑, "낡은 녹색의 송아지 가죽 표지"와 연결될 뿐만 아니라 래컴Rackham의 드로잉, 리버티 예술 옷감, 『피터 팬Peter Pan』의 이상향 등과도 관련된다. "행복한 타운랜드"는 결국 그런 이상향 중 더 매력적인 사례에 불과하다. 이것은 그리 중요하지 않다. 왜냐하면 전반적으로 볼 때 예이츠는 그런 의고적 표현을 쓰고도 별문제를 일으키지 않기 때문이다. 그가 어떤 효과를 내기 위해 젠체하는 태도를 보이는 것은 종종 짜증 나게 하지만, 그것은 방 안을 가로지르는 소녀의 얼굴처럼 갑작스럽게 독자를 압도하는 멋진 시구, 가령 "오싹하고, 발 없는 세월", "고등어가 가득한 바다" 등을 만들어낸다. 그는 시인들은 시적 언어를 사용하지 않는다는 원칙에서 예외가 되는 시인이다.

> 가만히 앉아 있는 영혼은
> 측정의 노고 속에서
> 얼마나 많은 세기를 보냈는가?
> 독수리와 두더지를 넘어
> 듣기 혹은 보기를 넘어
> 혹은 아르키메데스의 추측을 넘어
> 저 사랑스러움을 존재 속으로
> 들어 올리기 위해

여기서 그는 "사랑스러움"같이 아주 통속적인 단어를 거침없이 사용하며, 그것이 멋진 시행에 심각한 피해를 입히지도 않는다. 그러나 이러한 경향과 의도적으로 꾸민 일종의 남루함은 그의 풍유시와 논쟁시에 피해를 입힌다. 예를 들어(나는 암송하고 있는 시를 인용하는 것이다) 「서쪽 세계의 플레이보이」The Playboy of the Western World」를 혹평하는 비평가들에 반대하는 풍유시가 그러하다.

> 한번은 한밤중이 공기를 때렸을 때
> 환관들은 지옥을 통과하여 달리다가

모든 혼잡한 거리에서 위대한 돈 후안이
말을 타고 지나가는 것을 보았다.
그들은 땀을 흘리고 욕설하는 가운데에서도
그의 근육질 넓적다리를 응시했다.

예이츠 내부에 있는 시적 힘이 이런 환관과 돈 후안의 비교를 즉각적으로 만들어냈고 마지막 행의 엄청난 경멸을 이끌어냈지만, 이 짧은 시 속에서도 예닐곱 개의 불필요한 단어들이 있다. 만약 그런 단어들을 추려냈다면 효과는 더욱 강력했을 것이다.

메넌 씨의 책은 예이츠의 짧은 전기를 겸하나 그는 예이츠의 철학적 '시스템'에 주로 관심이 많다. 그는 이 시스템이 일반적으로 생각되는 것보다 훨씬 강력하게 예이츠 시의 주제를 형성한다고 생각한다. 이 시스템은 여러 군데에서 파편적으로 제시되고 『비전A Vision』이라는 예이츠의 책에서 아주 자세히 다루어진다. 자비로 출판했다는 이 책을 나는 읽어보지 못했으나 메넌 씨는 이 책을 폭넓게 인용한다. 예이츠는 그 책의 근원에 대해서 서로 모순되는 이야기들을 내놓는데, 메넌 씨는 그 책의 근본 바탕이 되었다는 "문서들"은 허구적인 것이라고 여러 번 암시한다. 메넌 씨는 이렇게 말한다. "예이츠의 철학 체계는 거의 첫 시작부터 그의 정신적 생활의 근간을 이루는 것이었다. 그것이 없으면 그의 후기 시는 기의 해독할 수가 없게 된다." 우리는 그 소위 철학 체계로 안내되면서 커다란 바퀴, 나선형, 달의 주기, 환생, 신체에서 이탈한 영혼, 천문학 등의 잡동사니 한가운데로 들어가게 된다. 예이츠는 이런 것들을 글자 그대로 믿는지 여부에 대해서는 명확히 밝히지 않는다. 그렇지만 그가 영성주의와 천문학에 심취한 것은 분명하고, 또 젊은 시절에는 연금술 실험을 하기도 했다. 달의 주기에 관해서는 이해하기가 아주 어려운 설명을 내놓는데, 아무튼 그의 철학 체계의 핵심 아이디어는 우리가 익히 알고 있는 순환하는 우주인 듯하다. 즉 이 세상 모든 것이 반복하여 다시 발생한다는 이야기다. 우리는 이런 신비주의적 믿음을 가지고 있다고 해서 예이츠를 비웃을 권리는 없다. 마술에 대한 믿음이 어느 정도 보편적 현상이라고 보기 때문이다. 또 우리는 이런 것들을 별로 중요하지 않은 기벽 정도로 치부해서도 안 된다. 바로 이런 점을 꿰뚫어봤기에 메넌 씨의 책은 아주 큰 흥미를 불러일으킨다. 메넌 씨는 말한다. "처음에 존경과 열광의 분위기에 휩싸여서 대부분의 사람들은 이런 환상적 철학을 위대하고 기이한 지성에 대하여 지불해야 할 대가 정도로 가볍게 치부해버린다. 그래서 우리는 예이츠가 어디로 향해 가고 있는지 깨닫지 못한다. 파운드나 엘리엇처럼 그 방향을 깨달은 사람은 그가 마침내 취하게 된 입장(파시즘-옮긴이)을 승인한다. 이에 대한 첫 번째 반응은 우리가 기대했던 것과는 다르게 정치성이 강한 젊은 영국 시인들에게서는 나오지 않았다. 그들은 의아해했다. 왜냐하면 『비전』보다 덜 경직된 혹은 인위적인 체계는 예이츠 말년의 위대한 시들을 만들어내지 못했을 것이기 때문이다." 아마 그랬을 것이다(인위적 체계가 없으면 위대한 후기 시도 없다는 뜻-옮긴이). 그러나 예이츠의 철학은 메넌 씨가 지적한 것처럼 아주 기이한 함의를 갖고 있다.

정치적 용어로 번역해본다면 예이츠의 경향은 파시스트적인 것이다. 그의 생애 대부분, 그리고 파시즘이라는 용어가 들려오기 훨씬 이전부터, 그는 귀족적 노선을 통하여 파시즘에 도달한 사람들의 인생관을 갖고 있었다. 그는 민주주의를 크게 증오했고 현대 세계, 과학, 기계, 발전의 개념 등을 아주 싫어했다. 무엇보다도 모든 인간은 평등하다는 이야기를 증오했다. 그의 시에 나오는 이미지는 대부분 봉건적이고, 그가 통상의 스노비즘(우월의식)으로부터 전혀 자유롭지 않았다는 것은 너무나 분명하다. 나중에 이러한 경향은 점점 더 구체적인 형체를 띠었고 "그는 유일한 해결안으로 권위주의를 즐거운 마음으로 받아들였다. 심지어 폭력과 독재도 반드시 악한 것이라고 할 수 없다. 왜냐하면 선과 악을 잘 모르는 일반 대중은 독재에 완벽하게 순응할 것이기 때문이다. (…) 모든 것은 위에서 내려와야 한다. 대중으로부터 올라와서는 안 된다". 정치에 별로 흥미가 없고 또 짧은 공직 생활에서 환멸을 느낀 예이츠는 그럼에도 불구하고 정치적 선언을 했다. 그는 너무나 거물이어서 자유주의의 환상을 받아들일 수 없었고, 1920년 무렵에 저 유명한 시(「재림The Second Coming」)에서 우리가 실제로 이동해 들어간 그런 종류의 세상을 예언했다. 그러나 그는 다가올 시대, 즉 "위계적이고, 남성적이고, 가혹하고, 외과적인" 시대를 환영한 듯히고, 에즈라 파운드와 여러 이탈리아 파시스트 작가들에게 영향을 받았다. 예이츠는 도래하기를 바라고 또 믿는 새로운 문명을 이렇게 묘사한다. "가장 완성된 형태의 귀족적 문명, 삶의 모든 세부 사항이 위계적이고, 모든 위대한 사람의 대문은 새벽이면 애원자들로 넘쳐나고, 어디에서나 큰 부는 몇 사람의 손에 집중되고, 모든 사람이 소수에 의존하고, 그 소수는 지상의 신인 황제에게 의존하고, 황제는 다시 그보다 더 위대한 신에게 의존하고, 어디서든 법정이나 가정에서 불공평이 법률로 제정돼야 한다." 이러한 선언의 순진함은 스노비즘 못지않게 흥미롭다. 먼저 "어디에서나 큰 부富는 몇 사람의 손에 집중되고"라는 문구에서 예이츠는 파시즘의 핵심적 현실을 노골적으로 드러낸다. 하지만 파시스트는 그 현실을 감추기 위해 온갖 종류의 프로파간다를 동원한다. 파시스트의 정치적 구호는 언제나 정의를 위해 싸운다는 것이다. 시인인 예이츠는 파시즘은 곧 불의라는 사실을 단번에 꿰뚫어봤고, 바로 그 이유로 파시즘을 찬양한다. 그러나 새로운 권위주의적 문명이 도래한다면 그가 말하는 그런 귀족적인 형태는 되지 않으리라는 것을 예견하지 못한다. 그곳에서는 반다이크Van Dyck 그림에 나오는 신사의 얼굴을 가진 귀족들이 다스리는 것이 아니라 이름 없는 백만장자, 그 자리에 오래 머물러 바지 엉덩이 부분이 반들반들한 관료, 살인을 주저하지 않는 깡패들이 다스리게 될 것이다. 이런 판단 실수를 저지른 사람들은 나중에 그들의 생각을 바꾸었다. 그러니 예이츠가 좀 더 오래 살았더라도 반드시 그의 친구인 파운드의 길을 따라갔으리라고 추정해서는 안 된다. 비록 파운드를 동정해서라도 말이다. 그러나 내가 방금 인용한 문장의 경향은 너무나 분명하다. 지난 2천 년 세월이 만들어낸 좋은 것을 가차 없이 내버리는 태도는 아주 불안감을 안겨주는 징후이다.

예이츠의 이런 정치사상은 그의 신비주의 경향과 어떻게 연결되는가? 민주주의에 대한 증오와, 미래를 투시하는 수정구의 응시를 믿는 경향이 어떻게 한자리에 놓일 수 있는지 일견 불분명해 보인다. 메넌 씨는 이 점을 다소 짧게 논의하지만 두 가지 추측을 해볼 수 있다. 첫째, 문명이 반복적인 사이클을 따라 움직인다는 이론은 인간의 평등성이라는 개념을 싫어하는 사람들에게 하나의 출구가 된다. 만약 '이 모든 것' 혹은 그와 비슷한 것들이 '전에도 이미 발생했다'는 것이 사실이라면 과학과 현대 세계는 일거에 그 정체가 폭로되고 발전은 영원히 불가능한 것이 되어버린다. 하층 계급이 신분 상승을 한다고 하더라도 그건 그리 중요하지 않다. 왜냐하면 결국에 우리는 곧 독재의 시대로 되돌아갈 것이기 때문이다. 이런 세계관을 가진 사람이 예이츠 혼자만이 아니다. 만약 우주가 어떤 바퀴 위에 올라타서 회전한다면 미래는 예측 가능하고 어떤 경우에는 아주 자세히 내다볼 수 있다. 초창기 천문학자들이 태양년을 발견했던 것처럼 그것은 단지 그 우주의 움직임을 발견하는 문제일 뿐이다. 이것을 믿는다면 천문학이나 기타 유사한 체계를 믿지 않기는 어렵다. 제2차 세계대전이 발발하기 1년 전에 프랑스의 파시스트 주간지인 《그렝고아르Gringoire》를 살펴보다가 나는 미래 예측자들이 낸 38건의 광고를 보았다. 둘째, 신비주의라는 개념 자체가 그 안에 지식은 비밀스러운 것이며 소수의 입문자들만이 알 수 있는 것이라는 사상을 담고 있다. 하지만 바로 그 사상이 파시즘의 핵심이기도 하다. 보통선거, 대중 교육, 사상의 자유, 여성 해방 등을 두려워하는 사람들은 이런 비밀 컬트를 좋아할 수밖에 없다. 또 파시즘과 마법은 기독교의 윤리적 가르침을 아주 미워한다는 점에서 공통점이 있다.

물론 예이츠는 그의 믿음이 흔들리는 때가 있었고, 그래서 서로 다른 시기에 많은 다른 의견을 갖고 있었는데 어떤 것은 문명화된 것이었으나 어떤 것은 그렇지 못했다. 메넌 씨는 예이츠를 위해 엘리엇의 주장을 반복한다. 즉 예이츠는 이 세상에 살았던 그 어떤 시인보다 최장기의 발전 기간을 가졌다는 주장이다. 그러나 내가 기억하는 한 그의 전 작품에는 하나의 일관된 흐름이 있었다. 그것은 현대 서구 문명을 증오하면서 청동기시대 혹은 중세로 돌아가고 싶어 하는 욕망이다. 이런 유형의 사상가들이 그러하듯이 그는 무지를 찬양하는 글을 쓰는 경향이 있다. 그의 주목할 만한 희곡 『모래시계The Hour-Glass』에 나오는 광대는 체스터턴풍 인물인데, "신의 바보" 혹은 "타고난 정직한 자"이며 언제나 현인보다 더 현명하다. 이 희곡 속의 철학자는 자신이 사색하며 보낸 한평생이 낭비였다는 깨달음을 얻고 죽는다(내가 암기하고 있는 것을 다시 인용한다).

세상의 시냇물은 그 방향을 바꾸었다
그 시냇물과 함께 내 생각은 어떤 구름
가득 끼고 천둥소리 나는 샘물로 들어갔는데
곧 산속에 있는 수원이었다
광분하는 마음에 수긍을 보낸다. 왜냐하면

우리가 해놓은 것은 모두 원위치가 되었고
우리의 명상은 바람 같은 것이었기에

아름다운 시구이기는 하지만 그 함의는 아주 애매모호하고 또 보수적이다. 마을의 백치가 철학자보다 더 현명한 게 사실이라면 차라리 알파벳이 발명되지 않았더라면 더 좋았을 것이다. 물론 우리가 과거에 살지 않기에 모든 과거 찬양은 감상적이다. 가난한 사람은 가난을 찬양하지 않는다. 당신은 기계를 경멸할지 모르나 기계는 당신을 지독한 노동에서 해방시킬 수 있다. 이렇게 말한다고 해서 더 원시적이고 더 위계적인 시대를 그리워한 예이츠의 동경이 진심이 아니라는 이야기는 아니다. 이 모든 것이 스노비즘(가난한 귀족 가문의 후예인 예이츠의 인생 태도)에 어느 정도 빚지고 있는지 따져보는 것은 아주 어려운 문제이다. 그래서 그의 신비주의적 의견과 언어의 '의고주의' 경향 사이의 관계는 앞으로 연구해야 할 과제이다. 메넌 씨는 이 문제를 거의 건드리지 않았다.

　메넌 씨의 예이츠 연구서는 아주 짧은 책이다. 나는 메넌 씨가 더욱 연구하여 예이츠에 대한 또 다른 책을 쓰면서 이 책에서 다루지 않았던 부분을 다루길 바란다. 그는 이 책의 마지막 부분에서 다음과 같이 말하고 말았다. "우리 시대의 가장 위대한 시인이 파시즘의 도래를 기쁜 마음으로 전하고 있다면 그것은 다소 심란한 징후로 보인다." 그것이 예이츠 한 사람에 그치는 단독 사례가 아니기 때문에 정말로 심란한 징후이다. 대체로 보아 우리 시대의 가장 뛰어난 작가들은 보수주의적 경향을 보였고, 비록 파시즘이 과거로의 회귀를 제시하지 않았지만 과거를 동경하는 사람들은 다른 대안보다는 파시즘을 받아들일 것이다. 그러나 지난 이삼 년 동안 우리가 살펴봤듯이 다른 접근 방법들도 있다. 파시즘과 문학인들 사이의 관계는 절실한 연구 과제인데 예이츠는 좋은 출발점이 될 것이다. 메넌 씨 같은 연구자가 그를 가장 잘 연구할 것이라 생각한다. 메넌 씨는 시인에게 접근할 때 일차적으로 시인으로 접근하지만, 작가의 정치적·종교적 신념이 웃어넘길 군더더기가 아니라 작품의 가장 사소한 부분에까지 중요한 영향을 미친다고 생각하며 연구했기 때문이다. (1943. 1)

마크 트웨인, 허가받은 재담꾼

마크 트웨인은 『톰 소여Tom Sawyer』와 『허클베리 핀Huckleberry Finn』을 가지고서 에브리맨 라이브러리Everyman Library의 높은 문을 통과했다. 이 두 소설은 '아동용 도서'로 잘 알려져 있으나 실은 그런 도서가 아니다. 그의 걸작이면서 특징적인 책인 『거친 생활Roughing It』, 『고국의 순진한 사람들The Innocents at Home』, 『미시시피강의 생활Life on the Mississippi』은 영국에서는 거의 기억되지 않으나 미국에서는 이 책들의 곳곳에서 발견되는 문학적 판단과 애국심 덕분에 아직도 애독되고 있다.

마크 트웨인은 잔 다르크Jeanne d'Arc의 '생애'를 다룬 감상적인 책부터 너무 외설스러워서 출판되지 못한 팸플릿에 이르기까지 아주 다양한 책을 써냈으나, 뭐니 뭐니 해도 그의 걸작은 미시시피강과 서부의 탄광 도시들을 중심 무대로 삼는 책들이다. 그는 1835년에 노예 한두 명을 거느린 그리 부유하지 못한 남부 가정에서 태어났다. 그의 소년 시절과 청년 시절에 미국은 황금시대를 구가했다. 대평원이 막 개발됐고, 부와 출세의 기회가 무한한 것 같았으며, 미국인들은 자유를 느꼈다. 그들은 전에 누려보지 못한 자유를 누렸으나 그것은 앞으로 몇 세기 동안 다시는 누리기 어려운 자유였다. 내가 위에서 말한 『미시시피강의 생활』과 다른 두 책은 일화, 풍경 묘사, 진지하거나 우스꽝스러운 사회사 등을 그러모은 잡동사니다. 하지만 이 책들에는 다음과 같이 요약될 수 있는 중심 주제가 있다. "이것은 사람들이 해고를 두려워하지 않을 때 자유롭게 행동하는 방식이다." 이 책들을 쓰면서 마크 트웨인은 의식적으로 자유의 찬가를 쓴 것은 아니었다. 그는 일차적으로 '캐릭터', 환상적인 것, 거의 광적인 다양한 행동(경제적 압력과 전통에서 해방된 인간들이 할 수 있는 행동) 등에 관심이 많다. 그가 묘사하는 뗏목꾼, 미시시피강 위의 수로 안내인, 광산업자, 산적은 그리 많이 과장된 인물들은 아닐 것이며, 현대인들과는 아주 다른 사람들이다. 또 그들끼리도 중세 대성당의 가고일(빗물받이 홈통)처럼 서로 다르다. 그들은 어떤 외부의 압력도 없기 때문에 이상하면서도 때로는 괴이한 개성을 발전시킬 수 있었다. 국가는 거의 존재하지 않았고, 교회들은 힘이 미약하여 각자 다른 목소리로 말했고, 땅은 손을 내뻗어 잡으면 가질 수 있었다. 자기가 하는 일이 마음에 들지 않으면 사장의 얼굴을 한 대 쥐어박고 더 먼 서부로 떠나가면 그만이었다. 더욱이 돈은 아주 풍부하여 유통되는 가장 작은 동전도 1실링의 가치가 있었다. 미국 변경 개척민들은 초인이 아니었고 특별히 용감한 것도 아니었다. 강인한 금광 노동자들이 득시글거리는 마을도 산적들의 급습에는 꼼짝을 못 했고, 다들 힘을 합쳐 그 산적들을 제압하겠다는 공공 정신이 부족했다. 그들은 계급 구분으로부터 자유로운 것도 아니었다. 금광 정착촌의 거리를 활보하는 무법자는 상의 조끼 주머니에 데린저 권총을 차고 있었고 이미 20명이나 살해한 전과자였다. 그렇지만 그는 프록코트에다 중산모를 쓰고서 그 자신을 '신사'라고 목에 힘주어 말하면서 식탁 매너를 꼬치꼬치 따지며 철저하게 지켰다. 아무튼 그 고장에서는 사람의 운명이 태어나는 순간 결정되지는 않았다. "통나무집에서 백악관으로"라는 신화는 그 자유로운 땅이 지속되는 한 진실이었다. 어떻게 보면 이것 때문에 파리의 군중은 바스티유 감옥을 습격했고 마크 트웨인, 브렛 하트, 휘트먼을 읽으면 미국인들의 노력이 낭비됐다는 생각은 들지 않는다.

그러나 마크 트웨인은 미시시피강의 생활과 골드러시를 기록하는 작가 이상이 되고자 했다. 그는 생전에 유머리스트 혹은 코믹한 연설가로 전 세계적으로 유명했다. 뉴욕, 런던, 베를린, 빈, 멜버른, 캘커타 등에서 많은 청중이 그의 농담에 웃음을 터트렸으나 지금 그 농담은 거의 예외 없이 썰렁하다. 마크 트웨인의 강연은 앵글로·색슨과 독일 청중에게만 성공을 거두었다. 라틴 계통의 성인 청중은 그의 강연을 별로 재미없다고 생각했는데, 트웨인은 라틴 유머라는 것은 섹스와 정치에만 편중되어 있다고 불평했다. 재담꾼에 더하여 마크 트웨인은 사회 비평가, 심지어 일종의 철학자인 체했다. 그에게는 우상파괴와 혁명적인 기질이 있어서 그 기질을 나름 발휘하고 싶어 했으나 실제로 그렇게 하지는 못했다. 그는 헛소리의 파괴자가 되거나 휘트먼보다 더 가치 있는 민주주의의 예언자가 될 수도 있었다. 휘트먼보다 더 건전하고 유머가 많았던 까닭이다. 하지만 그는 '공적 인물'이라는 다소 수상한 인물이 되어서 각국 관리들의 아첨을 받고 왕족들의 환대를 받았다. 그런 경력은 남북전쟁 이후 시작된 미국 생활의 퇴보를 그대로 반영한다.

마크 트웨인은 때때로 그와 동시대인인 아나톨 프랑스Anatole France에 비교된다. 이러한 비교는 나름 건전한 측면도 있으므로 그리 무의미한 것은 아니다. 두 사람은 볼테르Voltaire의 정신적 아들이었고, 냉소적이며 회의적인 인생관을 갖고 있었으며, 즐거움이 가미된 타고난 비관론자였다. 두 사람은 기존의 사회 체제가 사기이며, 그 체제가 중시하는 신념은 대체로 망상이라는 것을 알았다. 두 사람은 완고한 무신론자였고 우주의 참을 수 없는 잔인함을 확신했다(마크 트웨인의 경우에 이런 태도는 다윈Darwin의 영향이었다). 하지만 거기서 두 사람의 유사점은 끝난다. 프랑스는 트웨인보다 훨씬 박학하고, 문명화됐고, 미학적으로 생생할 뿐만 아니라 용감하기까지 했다. 프랑스는 자신이 신봉하지 않는 것을 공격했다. 그는 마크 트웨인과는 다르게 '공인' 겸 허가받은 재담꾼의 온화한 가면 뒤에서 피난처를 구하지 않았다. 그는 교회의 분노도 무릅쓸 각오가 되어 있었고 드레퓌스 사건 같은 논쟁에서는 인기 없는 측을 편들기도 했다. 「인간이란 무엇인가What is Man?」라는 짧은 에세이를 제외하고, 마크 트웨인은 자신에게 고초를 가져올 듯한 방식으로 기존 신념을 공격한 적이 없었다. 그는 또한 성공과 미덕은 같은 것이라는 아주 미국적인 개념으로부터 거리를 둔 적이 없었다.

『미시시피강의 생활』에는 마크 트웨인의 성격적 약점을 보여주는 기이한 작은 사례가 나와 있다. 이 자전적인 책의 앞부분에는 날짜가 일부 변경되어 있다. 마크 트웨인은 미시시피강의 수로 안내인으로 활약할 당시에 자신의 나이가 17세 소년인 것처럼 서술한다. 하지만 실제로는 서른 살 가까운 청년이었다. 나이를 이렇게 바꾼 데에는 이유가 있다. 같은 책의 다른 부분은 분명 명예롭지 못한 남북전쟁 중의 행위를 묘사한다. 더욱이 그는 남부편에서 싸웠는데(그의 전쟁 중 활동을 싸우는 것이라고 할 수 있다면), 전쟁이 끝나기 직전에 편을 바꾸어서 북군에 붙었다. 이러한 종류의 행동은 30세 청년보다는 17세 소년의 것이라면 더욱 변명하기가 좋을 것이다. 그래서 책 속에서 수로 안내인의 나이를 바꾼 것이다. 그는 북부가 이길 것 같으니까 편을 바꾼 것이 분명하다. 이처럼 가능한 한 강자에게 붙어야 하고 힘이 곧 정의라는 생각은 그의 생애 내내 표면에 드러난다. 『거친 생활』에는 슬레이드 Slade라는 산적의 흥미로운 이야기가 나온다. 슬레이드가 무수히 저지른 악랄한 짓 중에서 가장 대표적인 범죄는 스물여덟 번의 살인이다. 마크 트웨인은 이런 혐오스러운 악당을 존경하는 게 분명하다. 슬레이드는 성공을 거두었고 그 때문에 존경할 만하다는 것이다. 이러한 인생관은 오늘날에도 흔하게 볼 수 있는데 '성공하다'라는 의미심장한 미국적 표현 속에 잘 요약되어 있다.

남북전쟁 후의 돈벌이 광풍 시대에 마크 트웨인 같은 기질을 가진 사람으로서는 성공의 기회를 거부하기 어려울 것이다. 에이브러햄 링컨Abraham Lincoln으로 대표되는, 저 오래된 단순하고 통나무를 베어내고 담배를 씹어대는 민주주의는 사라져가고 있었다. 이제 값싼 이민자 노동력이 등장하고 대기업이 성장하는 시대였다. 마크 트웨인은 『도금 시대The Gilded Age』에서 동시대인들을 가볍게 풍자했으나, 그 자신도 돈벌이 열기에 빠져들었고 큰돈을 벌었다가 다시 잃었다. 그는 몇 년 동안 사업 때문에 문필업을 그만두기도 했다. 그는 연설회나 공공 축하연에 가담했을 뿐만 아니라 『아서 왕 궁전의 코네티컷 양키A Connecticut Yankee in King Arthur's Court』 같은 소설을 쓰는 등 바보 같은 짓을 하면서 시간을 낭비했다. 이 소설은 미국 생활의 가장 나쁘고 통속적인 측면을 노골적으로 아첨한 책이다. 시골 농부풍 볼테르가 될 수도 있었던 사람이 공식 축하연 후의 재담가로 전락하여 그 자신의 일화들을 떠벌리고 기업가들을 공공 자선가로 떠받드는 듯한 재담으로 좌중을 매혹했다.

사람들은 마크 트웨인이 마땅히 썼어야 할 소설을 쓰지 못한 책임을 그의 아내 탓으로 돌린다. 그녀가 그에게 상당히 악처 노릇을 한 것은 분명해 보인다. 마크 트웨인은 매일 아침 그가 전날에 쓴 것을 아내에게 보여주었고, 그러면 클레멘스Clemens 부인(마크 트웨인의 본명은 새뮤얼 클레멘스-옮긴이)이 푸른 연필을 들고 교정을 보면서 그녀가 부적절하다고 생각하는 것들을 잘라냈다. 그녀는 19세기 기준으로 보아도 아주 엄격한 교정원이었던 듯하다. W. D. 하우얼스W. D. Howells의 『나의 마크 트웨인My Mark Twain』에는 어떤 끔찍한 욕설이 『허클베리 핀』에 들어간 일을 두고 소동이 벌어졌다는 이야기가 나온다. 마크 트웨인은 하우얼스에게 문의했고 그는 "헉이 할 만한 말"이라고 대답했으나, 트웨인은 그 말을 써서는 안 된다는 아내의 지적에 동의했다. 그 단어는 "지옥"이었다. 그렇지만 어떤 작가도 아내의 정신적 노예가 될 수 없다. 마크 트웨인이 정말로 쓰고 싶어 하는 책이라면 클레멘스 부인도 말릴 길이 없었을 것이다. 그녀는 트웨인이 사회에 순응하기 좀 더 쉽게 만들었을지 모르나, 그런 순응은 트웨인 자신의 성격적 결함, 성공을 무시하지 못하는 기질에서 유래한다.

마크 트웨인의 책들 중 몇 권은 귀중한 사회사를 포함하기에 앞으로 살아남을 것이다. 그의 생애는 미국이 대규모로 확장되던 위대한 시기와 겹친다. 트웨인의 소년 시절에 점심을 싸 들고 피크닉을 나가서 노예제 철폐주의자의 교수형 집행을 구경하는 것은 정상적인 하루 일과였으나, 트웨인이 사망했을 때는 비행기가 더 이상 신기한 기계가 아니었다. 미국 역사의 이 시기에는 비교적 문학작품이 드물었고, 마크 트웨인이 아니었더라면 미시시피강의 외륜선, 대평원을 가로지르는 역마차 등에 대한 우리의 인상은 지금보다 훨씬 희미해졌을 것이다. 그의 저작을 연구한 대부분의 사람들은 그가 좀 더 많은 것을 해낼 수 있었을 텐데 그렇게 하지 못했다는 느낌을 갖는다. 그는 생애 내내 뭐가를 곧 말할 것 같은 인상을 주다가 갑자기 겁을 먹고서 그렇게 하지 못했다. 그래서 『미시시피강의 생활』과 나머지 책들은 그보다 더 훌륭하고 더 일관된 책의 유령이 어른거린다는 느낌을 준다. 의미심장하게도 그는 인간의 내면적 생활은 묘사가 불가능하다고 말하면서 자신의 자서전을 시작한다. 우리는 그가 무슨 말을 하려고 했는지 알지 못한다. 지금은 구할 수 없는 팸플릿 『1601』은 이에 대하여 어떤 단서를 제공할지 모르는데, 우리는 그 팸플릿이 그의 명성을 망치고 또 그의 수입을 상당히 축소시켰을 것이라고 추측할 수 있을 뿐이다. (1943. 11)

아서 쾨슬러

 금세기(20세기) 동안에 콘래드, 헨리 제임스, 쇼, 조이스, 예이츠, 파운드, 엘리엇 같은 외국인들이 영국 문학을 주도했다는 건 놀라운 점이다. 이것을 국가적 위신의 문제로 생각하면서 다양한 문학 분야에서 영국이 성취한 바를 검토해본다면 꽤 훌륭하게 성과를 냈다는 걸 알게 된다. 하지만 논의가 정치평론 혹은 소책자로 서술되는 분야에 도달하면 이야기는 달라져서 영국은 별로 실적이 없다. 이 특별한 장르의 문학은 파시즘이 부상한 이후로 벌어진 유럽의 정치투쟁에서 생겨난 것이다. 이런 분야에는 소설, 자서전, 보고서 문학, 사회학적인 조약, 그리고 일반적인 소책자가 전부 묶일 수 있으며, 그것들 모두는 공통의 기원을 지니고, 또 상당 부분까지 동일한 정서적 분위기를 드러낸다.
 이런 분야에서 두각을 드러낸 작가는 실로네Silone, 말로Malraux, 살베미니Salvemini, 보르커나우, 빅토르 세르주Victor Serge,

쾨슬러Koestler가 있다. 이들 중 일부는 상상력이 풍부하고 일부는 그렇지 못하지만, 그래도 동시대의 역사를 글로 남기려고 노력하는 점에서는 같다. 그들이 남기려는 역사는 비공식적인 역사, 즉 교과서에서 무시되고 신문에서 거짓말로 선전되는 역사이다. 유럽 대륙 사람이라는 면에서도 그들은 동일한 배경을 갖고 있다. 이렇게 말한다면 과장일 수도 있겠지만(하지만 그리 큰 과장도 아니다), 전체주의를 다룬 책이 영국에서 나왔는데 출판된 지 6개월 뒤에도 여전히 읽을 가치가 있는 것처럼 보인다면 그 책은 번역서이다. 지난 10여 년 동안 영국 작가들은 엄청나게 많은 정치 문학을 선보였지만, 미학적인 가치는 물론 역사적인 가치도 거의 없는 시시한 작품들이었다. 가령 1936년부터 운영되어온 레프트 북 클럽이 좋은 사례이다(레프트 북 클럽은 1936~1948년에 존재한 독서 클럽으로 출판사 사장 빅터 골란츠Victor Gollancz가 처음 시작했다. 이 북 클럽의 회원들은 영국 정계의 좌파를 지원하는 책들을 받아 보았다. 이 북 클럽은 영국 노동당의 발달에 큰 영향을 미쳤고 오웰의 『위건 부두로 가는 길』도 레프트 북 클럽의 일환으로 출간됐다 - 옮긴이). 이 북 클럽이 선정한 책 중에 제목이 기억나는 게 몇 개나 있는가? 나치 독일, 소련, 스페인, 아비시니아, 오스트리아, 체코슬로바키아 같은 주제를 영어로 다룬 책들은 별 볼일이 없는 것들이었다. 그것들은 겉만 번지르르한 보고報告 문학책이거나, 좌파의 프로파간다를 통째로 삼키고는 절반도 채 소화하지 못하고서 뱉어낸 것 같은 부정직한 소책자였고, 별로 믿음이 가지 않는 극소수의 안내서나 교과서 등이었다. 『폰타마라Fontamara』(이탈리아 작가 이냐치오 실로네의 작품으로 국내에서는 『빵과 포도주』로 번역됐다-옮긴이)나 『한낮의 어둠Darkness at Noon』과 어깨를 겨루는 책은 찾아볼 수 없다. 이런 현상이 벌어진 것은 거의 모든 영국 작가가 전체주의의 내부로 들어가 그 사상을 바라보는 경험을 하지 못했기 때문이다. 지난 10여 년간 유럽에서는 이 나라의 노동 계급조차 겪지 못했던 일이 중산층에게 벌어졌다. 앞서 언급한 유럽인 작가 대다수나 그들 같은 작가 수십 명은 정치에 참여하기 위해 법을 어겨야만 했다. 그들 중 일부는 폭탄을 던지고 시가전에 가담했으며, 많은 이가 감옥이나 강제수용소에 갇히거나 가명과 위조 여권을 사용하여 국경으로 도망쳐야 했다. 누구도 이런 불법적 행동을 저지르는 래스키 교수를 상상해본 적이 없을 것이다. 그렇기에 영국에는 강제수용소 문학이라 불리는 것이 없다. 비밀경찰, 사상 검열, 고문, 그리고 조작된 재판이 만든 특수한 세계는 영국에 알려져서 어느 정도 비난을 받기도 했지만, 영국의 지식인들에게 정서적 영향은 거의 주지 못했다. 이런 현상으로 생겨난 결과는 소련에 대한 환멸을 고백하는 문학이 영국에는 거의 없다는 점이다. 영국은 소련에 대하여 무지한 비판과 무비판적인 숭배라는 두 가지 태도만을 취하며, 그 중간에 위치한 태도는 거의 없다. 예를 들어 모스크바의 사보타주(반혁명) 재판에 대하여 영국 지식인들의 견해는 엇갈리는데, 그것도 주로 피고가 죄가 있는지 없는지 여부에 대해서만 엇갈린다. 정당하든 아니든 그 재판 자체가 이루 말할 수 없는 공포라는 점을 알아챈 영국 지식인은 많지 않았다. 나치의 잔학 행위에 대한 영국의 반대 역시 비현실적이었다. 정치적인 편의에 따라 수도꼭지를 끄고 트는 것처럼 조령모개식으로 급변했으니 말이다. 그런 일들을 이해하려면 희생자가 된 자신의 모습을 상상할 수 있어야 한다. 하지만 영국인이 『한낮의 어둠』을 쓰는 건 노예 매매상이 『톰 아저씨의 오두막』을 쓰는 것만큼이나 있을 법하지 않다.

쾨슬러가 출판한 작품은 실제로 모스크바의 반혁명 재판에 집중한다. 그가 다루는 주제는 권력이 가진 부패 효과로 인해 혁명이 타락한다는 것이다. 하지만 스탈린 독재체제의 특수성은 쾨슬러를 비관적 보수주의 비슷한 입장으로 내몬다. 나는 그가 다 합쳐 얼마나 많은 책을 썼는지 알지 못한다. 그는 헝가리 사람으로 초기에 독일어로 책을 썼으며 영국에는 『스페인의 유언Spanish Testament』, 『검투사The Gladiators』, 『한낮의 어둠』, 『지상의 쓰레기 Scum of the Earth』, 『도착과 출발Arrival and Departure』, 이렇게 5권이 번역됐다. 이 작품들의 주제는 비슷하며 몇 페이지 정도 읽다 보면 반드시 악몽 같은 분위기가 나타난다. 다섯 작품 중 셋은 사건이 전부 혹은 거의 전부 감옥에서 발생한다.

스페인 내전 초기 몇 달 동안 쾨슬러는《뉴스 크로니클》의 특파원으로 스페인에 파견됐으며 1937년 초에 파시스트들이 말라가를 점령했을 때 포로가 되었다. 그는 포로로 잡히자마자 현장에서 총살될 뻔했으며, 그 후 몇 달 동안 요새에 갇혀 지내야 했다. 갇혀 지내는 동안 그는 매일 밤 공화국 지지자 무리를 처형하는 총소리를 들었으며, 그 자신 또한 언제 처형당할지 모르는 급박한 위험 속에서 대부분의 시간을 보내야 했다. 이런 일은 '누구에게나 일어날 수 있는' 모험이 절대 아니었지만, 쾨슬러의 생활 방식에는 그런대로 부합했다. 정치적으로 무관심한 사람은 그 당시 스페인에 가지도 않았을 것이고, 좀 더 조심성 있는 관찰자라면 파시스트가 밀려오기 전에 말라가를 빠져나갔을 것이다. 게다가 영국인이나 미국인 기자라면 더 많은 배려를 받았을 것이다. 감옥에서 겪은 일에 관해 쾨슬러가 쓴 책, 즉『스페인의 유언』은 특별한 내용을 담고 있지만, 보고서 문학에서 으레 발견되는 파편적 특징과는 별개로 몇몇 군데에서 오류가 발견되기도 한다. 쾨슬러는 감옥 장면에서 그의 주특기를 발휘하여 악몽 같은 분위기를 확립하는 데 성공한다. 하지만 책의 나머지 부분은 그 당시에 정통파 교리로 여겨지던 인민 전선의 주장에 너무 경도되어 있다. 어떤 구절들은 심지어 레프트 북 클럽의 목적을 위해 조작된 것처럼 보일 지경이다. 당시 (혹은 최근까지) 쾨슬러는 공산당의 일원이었다. 어떤 공산주의자라도 스페인 내전의 복잡한 정치 상황 때문에 스페인 정부 내의 분열에 대해 솔직하게 글을 쓸 수 없었다. 1933년 이래로 거의 모든 좌파 인사는 전체주의를 반대하지 않으면서도 반파시스트가 될 수 있다는 사상적 죄악을 저질렀다. 1937년에 쾨슬러는 이미 이런 점을 알았지만, 노골적으로 그런 사실을 말하지는 못했다. 그는 다음에 출판한 책인『검투사』에서 거의 그렇게 했다. 로마시대라는 마스크를 쓰고 있기는 했지만 파시스트를 반대하려면 전체주의도 동시에 반대해야 한다는 말을 한 것이나 다름없다.『검투사』는 제2차 세계대전이 발발하기 1년여 전에 출판됐지만 어떤 이유에서인지 거의 관심을 끝지 못했다.

『검투사』는 어떤 면에서는 만족스럽지 못한 책이다. 이 책은 기원전 65년경 이탈리아 남부에서 노예 반란을 일으킨 트라키아 검투사 스파르타쿠스의 이야기다. 이런 주제를 다룬 책은 『살람보』와 가혹하게 비교되기 때문에 무척 불리하다. 우리 시대에 『살람보』 같은 책을 쓰는 건 설혹 재능이 있는 소설가라 할지라도 불가능할 것이다. 물론 『살람보』에서 드러나는 구체적 세부 사항은 대단하지만, 그보다 더 중요하고 『살람보』를 위대하게 만드는 건 작가의 철저한 무자비함이다. 플로베르는 고대의 냉정한 잔혹함에 몰입하며 작품 구상을 이어나갔는데, 19세기 중반은 여전히 마음의 평안을 유지할 수 있었던 시대였기 때문이다. 요즘에는 현재와 미래가 너무나 끔찍하여 그로부터 벗어나기가 아주 어렵다. 누군가가 역사에 신경을 쓴다면 그건 역사로부터 어떤 현대적 의미를 찾기 위해서이다. 쾨슬러는 스파르타쿠스를 하나의 비유적인 인물로 설정한 바, 무산계급 독재자의 원시적인 형태로 만들었다. 플로베르는 장기적으로 상상력을 발휘한 결과, 카르타고를 포위한 용병들을 진정한 기독교 이전의 모습으로 그려낼 수 있었던 반면에, 쾨슬러의 스파르타쿠스는 옷만 바꿔 입은 현대적 인물인 것이다. 하지만 쾨슬러가 자신의 알레고리가 뜻하는 바를 온전히 깨달았다면 이 점은 그리 중요하지 않았을 것이다. 혁명은 늘 실패한다는 것이 그 알레고리의 주제이다. 그 주제를 좀 더 자세히 말해보면 어떻게 혁명이 실패하여 결국 반란 지도자 스파르타쿠스가 흔들리게 되었는가 하는 것이다. 스파르타쿠스의 그런 불확실성이 이야기 속으로 스며들면서 소설의 중심인물들은 수수께끼 같고 비현실적인 인물로 둔갑했다.

반란을 일으킨 후 여러 해 동안 노예들은 지속적으로 성공을 거두었다. 가담하는 노예의 수는 1만으로 늘어났고, 그들은 이탈리아 남부의 광대한 지역을 점령했으며 차례로 로마의 원정군을 격퇴했다. 또한 그들은 당시 지중해의 지배자였던 해적들과 동맹을 맺기도 했다. 마침내 그들은 자신들의 도시를 짓는 일에 착수하여 그 도시를 태양의 도시라 명명한다. 이 도시에서 사람은 자유롭고 평등하며 무엇보다도 행복을 누리게 될 것이었다. 노예제, 굶주림, 부당함, 태형, 처형 따위는 아예 없을 것이다. 천국으로 불리든, 계급 없는 사회로 불리든, 혹은 인류가 타락하기 이전 먼 과거의 어느 한때에 존재하던 황금시대로 생각되든, 그것은 모든 시대에서 인간의 상상력을 끊임없이 사로잡아온 정의로운 사회의 꿈 바로 그것이었다. 말할 필요 없이 노예들은 그런 꿈을 실현하는 데 실패했다. 그들만의 공동체를 형성하기가 무섭게 그들의 생활 방식은 다른 곳과 마찬가지로 부당하고, 힘들고, 공포가 만연한 것이 되어버렸다. 심지어 노예제의 상징인 십자가도 악인을 처벌하는 데 쓰려고 다시 등장했다. 사태의 전환점은 스파르타쿠스가 제일 오래 알고 지내며 가장 믿었던 추종자 20명을 십자가형에 처한 일이었다. 태양의 도시가 파멸에 이른 뒤 노예들은 분열됐고 각개 격파당했다. 마지막으로 남은 1만 5,000명은 모두 붙잡혀 한꺼번에 십자가형에 처해졌다.

이 이야기의 가장 심각한 약점은 스파르타쿠스 자신의 동기가 단 한 번도 분명하게 제시되지 않았다는 것이다. 노예 반란에 가담하고 그들의 연대기 작가 역할을 한 로마인 법률가 풀비우스는 잘 알려진 수단과 목적 사이의 딜레마를 말한다. 적극적으로 무력과 기만술을 활용하지 않으면 아무것도 얻을 수 없지만, 그렇게 하면 원래의 목적에서 벗어나는 게 딜레마였다. 하지만 스파르타쿠스는 권력에 굶주린 사람도, 선지자도 아니었다. 그는 자신이 이해하지 못하는 어떤 모호한 힘에 추동되어 앞으로 나아갔다. 또한 사태가 순조롭게 진행되는 때에 공화국 수립의 모험을 그만두고 알렉산드리아로 도망치는 것이 더 낫지 않을까 하고 자주 망설이는 모습을 보인다. 그러나 노예 공화국은 권력투쟁보다는 쾌락주의 때문에 무너졌다. 노예들은 그들의 자유에 대하여 불만이었는데 여전히 일해야 되었기 때문이다. 공화국 설립 이후에도 주로 골족과 게르만족 출신의 더 사납고 덜 문명화된 노예들이 계속 도적 떼처럼 행동했고, 이 때문에 공화국은 최종적으로 붕괴하게 되었다. 이것은 스파르타쿠스 반란 사건의 정확한 설명일지 모른다. 고대의 노예 반란에 관해 우리가 아는 바가 거의 없기 때문이다. 하지만 골 사람인 크릭수스의 약탈과 강간을 막지 못해서 태양의 도시가 무너졌다는 서술은 무엇을 의미하는가? 결국 쾨슬러는 우화와 역사 사이에서 우왕좌왕한 것이다. 그의 당초 의도처럼 스파르타쿠스가 현대 혁명가의 원형—쾨슬러는 분명 이런 의도를 갖고 있었다—이라면 스파르타쿠스는 실패할 수밖에 없다. 왜냐하면 권력과 정의를 하나로 엮어내는 것이 불가능하기 때문이다. 하지만 작품이 보여주는 바와 같이 그는 거의 수동적인 인물이다. 행동하기보다는 남의 행동에 따라 반응하고, 때로는 설득력도 없다. 이 소설은 혁명의 핵심 문제를 다루는 걸 회피하고, 또 설사 다루었다 할지라도 그 문제를 해결하지 못하기 때문에 실패했다.

혁명의 핵심 문제는 그다음 책이자 쾨슬러의 걸작인 『한낮의 어둠』에서 더 교묘한 방식으로 또 한 번 회피된다. 하지만 그것이 스토리의 일관성을 망쳐놓지는 않는다. 왜냐하면 이 소설은 개인들을 다루고, 그들의 관심사는 심리적인 것이기 때문이다. 소설 속에서 펼쳐지는 사건은 의문의 여지가 없는 배경에서 가져왔다. 『한낮의 어둠』은 원로 볼셰비키 루바쇼프Rubashov의 투옥과 죽음을 다루는데, 그는 자신이 저지르지 않았다는 걸 잘 아는 죄를 처음에는 거부하다가 궁극적으로는 시인하게 된다. 이야기에서 드러나는 성숙함, 놀라움 혹은 비난의 부재, 연민과 아이러니는 이런 부류의 주제, 즉 유럽인으로서의 삶을 다룰 때 특히 빛난다. 이 책은 수준 높은 비극이다. 반면 영국인이나 미국인 작가는 이런 소재를 가지고 글을 썼다면 잘해봤자 자신의 책을 논쟁 가득한 소책자로 만들었을 것이다. 쾨슬러는 소재를 잘 이해했고 그것을 미학적 수준으로 끌어올렸다. 동시에 그가 이런 소재를 다루는 방법은 정치적 함의를 갖게 되는데, 이 작품 속에서는 그런 함의가 이야기의 완성도 측면에서 그리 중요하지 않지만, 그보다 뒤에 나온 책들에는 심각한 피해를 입혔다(쾨슬러는 러시아혁명이 실패했지만 그렇다고 해서 혁명 자체가 앞으로도 실패할 운명은 아니라는 입장인 반면, 오웰은 모든 혁명은 반드시 실패한다는 관점을 가지고 있다. "뒤에 나온 책들에는 심각한 피해를 입혔다"라는 것은 이 글의 맨 마지막 문장인 "쾨슬러는 이런 점을 받아들이려고 하지 않았다. 그 때문에 쾨슬러는 정신적으로 막다른 골목에 도달했으며, 그 때문에 『도착과 출발』은 이전 책들과 비교하면 깊이가 좀 없는 것처럼 보인다"를 가리킨다 - 옮긴이).

당연히 책 전체는 한 가지 질문, 즉 왜 루바쇼프가 자신이 저지르지도 않은 범죄를 시인했는지에 집중한다. 그는 죄가 없다. 죄가 있다고 한다면 스탈린 체제를 싫어한 죄뿐이었다. 그가 저질렀다는 구체적 반역 행위들은 전부 허구의 상상에 불과하다. 그는 작품 속에서 고문당하지 않았거나 혹은 당했더라도 아주 약하게 당한 것으로 보인다. 그는 고독, 치통, 담배 결핍, 눈을 부시게 하여 잠을 못 자게 하는 밝은 전기 불빛, 계속되는 심문과 추궁으로 극도로 피곤해졌지만, 이런 고문 수단들이 그 자체로 이 완고한 혁명가를 굴복시킬 수는 없었다. 나치는 이전에 루바쇼프의 정신을 무너뜨리고자 더한 짓도 했지만 그는 굴복하지 않았다. 러시아의 국가 재판에서 결국 자백한 데에 다음과 같은 세 가지 이유를 생각해볼 수 있다.

1. 피고인들이 실제로 죄를 범했다.
2. 피고인들이 고문당했고, 친척과 친구에게 위협을 가하겠다고 협박당하여 할 수 없이 자백했다.
3. 피고인들은 절망, 정신적 파탄, 그리고 당에 대한 습관적 충성에 좌우되어 자백하고 말았다.

쾨슬러가 『한낮의 어둠』을 집필한 목적을 생각하면 1번은 배제된다. 그리고 여기가 소련의 숙청 재판을 논할 자리는 아니지만, 관련된 유죄 입증의 증거들이 거의 없었다는 점을 미루어볼 때 볼셰비키 재판이 날조라는 것을 부연하고자 한다. 피고인들이 죄가 없다고 생각한다면, 적어도 그들이 자백한 특정한 일에 무죄라고 생각한다면 2번이 가장 상식적인 이유이다. 하지만 쾨슬러는 3번을 선택했는데 트로츠키주의자인 보리스 수바린Boris Souvarine 역시 자신의 소책자 『소련의 악몽Cauchemar en URSS』에서 이런 의견을 받아들인다. 루바쇼프는 자백하지 않을 이유를 찾을 수 없어 결국 자백하고 말았다. 정의와 객관적인 진실이 그에게 의미가 있었던 건 아주 오래전 일이었다. 몇십 년 동안 그는 단지 공산당에 예속된 사람이었고, 이제 공산당이 그에게 요구하는 건 무고한 범죄를 저질렀다고 자백하라는 것이었다. 비록 재판에 앞서 괴롭힘을 당하고 몸도 쇠약해지긴 했지만, 결국 그는 어느 정도 자백이라는 자신의 결정을 자랑스러워했다. 그의 옆 감방에는 벽을 두드리는 것으로 대화를 나누는 황제 지지파 장교가 있었는데, 루바쇼프는 자신이 그 장교보다 우월하다고 생각한다. 장교는 루바쇼프가 굴복할 생각이라는 말을 듣고 충격을 받는다. 장교의 '부르주아' 관점에서 봤을 때 모든 사람은 초지일관해야 마땅하고, 그것은 볼셰비키도 예외는 아니었다. 장교는 자신이 올바르다고 생각하는 일을 하는 것이 명예롭다고 말한다. 그러자 루바쇼프는 벽을 두드려 "명예는 야단법석을 떨지 않아야 유용하다"라고 답한다. 게다가 루바쇼프는 장교가 과거의 유물인 외알 안경으로 벽을 두드릴 때 자신은 코안경으로 벽을 두드리는 것에 확실한 만족감을 보이기도 했다. 부하린Bukharin처럼 루바쇼프는 "암흑을 마주 보는 중"이었다. 공산당보다 더 나은 규범, 충성, 선악 개념이 있을 수 있을까? 루바쇼프로 하여금 감히 공산당에 도전하게 만들고 더 나아가 지금보다 더 심한 고문도 견딜 수 있게 만들어주는? 그는 혈혈단신일 뿐만 아니라 공허하기까지 했다. 게다가 당이 현재 자신을 상대로 저지르고 있는 범죄보다 더 좋지 못한 범죄를 저지르기도 했다. 예를 들면 그는 나치 독일에 나간 공산당의 밀사로서 당에 복종하지 않는 공산당원들을 게슈타포에게 밀고하여 제거하기도 했다. 흥미로운 건 그에게 지금의 고문을 견뎌내게 하는 정신력이 있다면 그건 지주의 아들로 보냈던 소년 시절의 기억이라는 점이다. 총살당할 때 그가 마지막으로 떠올렸던 이미지는 아버지의 농장에 자라던 미루나무의 잎사귀들이었다. 루바쇼프는 볼셰비키의 원로 세대였고, 이들은 대다수가 1930년대 대숙청 때 처형됐다. 그는 예술과 문학, 그리고 소련 밖의 세계를 알았다. 그와 극명한 대조를 이루는 건 글레트킨Gletkin인데, 루바쇼프를 심문하는 그는 전형적인 "훌륭한 당원"이며 주저함과 호기심도 일절 없어서 마치 생각하는 전축 같은 인물이다. 루바쇼프는 글레트킨과는 다르게 혁명을 자신의 출발점으로 삼지 않는다. 공산당이 그의 마음을 사로잡았을 때 그의 마음은 백지상태가 아니었다. 루바쇼프가 다른 이들을 보고 느끼는 우월감은 그의 부르주아 배경에서 오는 것이다.

나는 『한낮의 어둠』을 허구적 인물의 모험을 다루는 이야기만으로 볼 수 없다고 생각한다. 이 책은 역사에 근거를 두고서 논쟁적인 사건들에 관한 해석을 제공하는, 명백히 정치적인 책이다. 루바쇼프는 트로츠키, 부하린, 라코프스키Rakovsky, 혹은 원로 볼셰비키 중 상대적으로 문명화된 다른 인물로 볼 수 있다. 모스크바 반혁명 재판에 관한 글을 쓰려고 한다면 "왜 피고인들은 자백했는가?"라는 질문에 반드시 답해야 한다. 그리고 어떤 대답을 할 것인지는 정치적 입장을 보여준다. 쾨슬러는 실제로 "이 사람들은 그들이 몸담았던 혁명으로 부패됐기 때문에" 자백했다고 대답한다. 이렇게 말하는 것은 모든 혁명은 그 본성상 나쁘다고 말하는 것이나 거의 마찬가지다. 모스크바 재판의 피고인들이 일종의 테러 수단에 겁먹어 자백하게 된 것으로 본다면 이는 특정 혁명 지도자 집단이 잘못됐다고 말하는 것이 된다. 따라서 이 경우에 책임은 사회가 아니라 개인의 것이 된다. 하지만 쾨슬러의 책은 설사 루바쇼프가 고문을 당하는 게 아니라 권력을 잡았다고 하더라도 그가 글레트킨보다 낫지 않으리라는 걸 보여준다. 혹은 루바쇼프의 관점이 여전히 부분적으로 혁명 이전의 것이라서 약간 더 낫다는 점을 보여준다. 쾨슬러는 혁명이 사람을 타락시키는 과정이라고 말하는 듯하다. 실제로 혁명에 몸담으면 반드시 루바쇼프나 글레트킨이라는 두 가지 결과 중 어느 하나를 받아들이게 된다. 사태는 "권력은 부패한다"에서 그치지 않는다. 권력을 얻는 방법 역시 부패한다. 따라시 폭력적인 수단으로 사회를 재건하려는 모든 노력은 합동국가정치보안부(소련의 비밀경찰)의 지하실(고문실)로 끌려가는 결과를 가져온다. 레닌은 스탈린이라는 인물을 만들어낸 원인이었고, 설사 레닌이 뇌출혈로 일찍 죽지 않고 더 오래 살았다 하더라도 스탈린과 비슷한 인물이 되었을 것이다.

물론 쾨슬러가 이런 사태의 전개를 아주 명시적으로 말한 적은 없다. 그는 아예 이런 결과를 의식하지 못했을 수도 있다. 그는 어둠에 관해 글을 썼지만, 그것은 한낮이 되어야 마땅한 곳(계급 없이 평등한 이론상 공산주의국가 – 옮긴이)에서의 어둠(혁명지도부가 독재 권력을 휘두르는 실제 공산주의국가 – 옮긴이)이었다. 그는 혁명의 양상이 달라졌을 수도 있다는 생각을 때때로 하고 있다. 체제 자체가 아예 잘못됐다는 생각은 하지 못하고, 아무개가 '배신했다'는 개념, 또 혁명 사업의 실패는 무조건 개인의 사악함 탓이라는 개념은 늘 좌익 사상에 존재한다. 이후 『도착과 출발』에서 쾨슬러는 훨씬 더 반혁명적인 입장으로 전환했다. 하지만 이 두 책 사이에는 또 다른 책인 『지상의 쓰레기』가 있다. 이 책은 노골적인 자전소설이고, 따라서 『한낮의 어둠』에서 제기된 문제에 대해서는 간접적으로만 관련된다. 그의 평소 생활 방식과 어울리게도 쾨슬러는 제2차 세계대전이 발발했을 때 프랑스에서 붙잡혔다. 외국인이자 잘 알려진 반파시스트였던 그는 즉시 달라디에 Daladier 정부에 의해 억류됐다. 그는 전쟁 첫 아홉 달 동안 정치범수용소에 구금됐는데 프랑스가 나치 독일에 의해 붕괴되던 때 감옥을 탈출하여 우회로를 통해 영국으로 들어왔다. 그리고 영국에서도 적국민敵國民이라는 이유로 또 한 번 감옥에 들어갔으나 곧 석방됐다. 『지상의 쓰레기』는 귀중한 보고서 문학이다. 이 책에는 프랑스 정권 붕괴 당시에 적어놓은 몇 가지 솔직한 단편도 들어 있는데, 이것들은 부르주아 민주주의가 어디까지 전락할 수 있는지 잘 보여준다. 이 당시 새롭게 해방된 프랑스는 부역자들에 대한 마녀사냥이 한참이었으므로, 우리는 1940년 그 현장에 다양한 관찰자가 있었고 또 프랑스 인구 중 약 40퍼센트는 능동적인 나치 지지자이거나 완전히 정치에 무심한 사람이었다는 점을 쉽게 잊어버린다. 진실한 전쟁 책자들은 민간인들에게 절대 좋게 받아들여지지 않으므로 쾨슬러의 책도 썩 좋은 반응을 얻지는 못했다. 그의 책에 등장하는 사람들은 누구도 좋은 모습을 보이지 않는다. 반파시스트 전쟁의 대처 방안이 가능한 한 모든 좌익 인사를 감옥으로 보낸다는 수준이었던 부르주아 정치인들이나, 프랑스의 전쟁을 방해하는 데 최선을 다한 실질적 나치 지지자였던 프랑스 공산주의자들이나, 도리오Doriot 같은 사기꾼을 책임 있는 지도자로 생각하고 따르는 일반인들이나, 다들 못나긴 마찬가지였다. 쾨슬러는 강제수용소에서 만난 같은 처지의 희생자들과 나눈 몇 가지 환상적인 대화를 기록했다. 또한 그는 그때까지 많은 중산층 출신의 사회주의자나 공산주의자와 마찬가지로 진짜 무산계급 사람과는 단 한 번도 만난 적이 없었고, 여태까지 만났던 건 소수의 교육받은 사람들이었다는 점을 덧붙여 말하기도 했다. 그는 책에서 "대중의 교육 없이 사회의 진보는 없고, 사회의 진보 없이 대중의 교육노 없다"라는 비관적 결론을 내린다. 『지상의 쓰레기』에서 쾨슬러는 일반인을 이상화하기를 포기한다. 그는 스탈린주의를 버렸지만, 그렇다고 트로츠키주의를 믿은 것도 아니다.

한마디로 혁명에 환멸을 느낀다. 이것이 바로 『지상의 쓰레기』와 『도착과 출발』의 진정한 연결고리다. 『도착과 출발』은 일반적으로 쾨슬러가 이후 영구히 혁명의 관점을 버린 것을 보여주는 책이다.

『도착과 출발』은 만족스럽지 못한 책이다. 이 책이 소설이라는 겉꾸밈은 그 근거가 박약하다. 사실상 소설이라기보다는 혁명의 신조들이 신경증적인 충동을 합리화한다는 것을 보여주려는 소책자이다. 이 책은 너무나 매끈한 균형을 유지하면서 외국으로 도약한다는 똑같은 행동으로 시작하고 끝을 맺는다. 예전에 공산주의자였던 청년은 헝가리에서 도망쳐 포르투갈의 해안으로 도약한다. 그곳에서 그는 반독일 투쟁을 벌이던 유일한 세력인 영국군에 복무하기를 바란다. 하지만 영국 영사관은 그에게 관심이 없고, 몇 달 동안 거의 그를 무시한다. 그 사이에 그는 가진 돈이 떨어졌고, 그 청년보다 눈치가 빠른 난민들은 미국으로 도망쳤다. 이런 점 때문에 그가 지녔던 열의는 어느 정도 식어버린다. 이후 그는 잇따라서 나치 선전가의 외모를 가진 세상(유럽)에, 프랑스 여자의 외모를 가진 육체에, 그리고 신경증 발병 후에는 정신분석의 외모를 가진 악마에게 유혹당한다. 정신분석가는 그의 혁명을 향한 열의가 역사적인 필요에 관련된 진정한 믿음에서 온 것이 아니라, 어린 시절 갓난아기였던 남동생의 눈을 찔러 멀게 하려는 악행을 저지른 기억에서 병적인 죄책감을 느끼기 때문에 생겨난 것이라고 진단을 내렸다. 막상 연합군을 위해 싸울 기회를 얻었을 때 그는 그렇게 해야 할 모든 이유를 잃어버렸고, 미국으로 떠나려던 찰나에 비합리적인 충동에 다시 사로잡힌다. 실제로 그는 투쟁을 포기할 수 없었던 것이다. 책이 끝날 때 그는 고국 헝가리의 어두운 땅 위에서 낙하산을 메고 천천히 하강한다. 그곳에서 그는 영국의 첩보원으로 일할 예정이다.

하나의 정치적인 성명으로서(이 책은 바로 그것이다) 이 책은 충분하지 못하다. 혁명적 행동이 개인적 부적응의 결과라는 점은 많은 경우에 진실이고, 모든 경우를 따져도 맞는 말일지 모른다. 사회에 대항하여 투쟁하는 이들은 전반적으로 그 사회를 싫어할 이유를 가진 사람이며, 통상적으로 건전한 사람들은 혁명가에 비하여 전쟁으로 인한 폭력과 불법 행위에 이끌리지 않는다. 『도착과 출발』에 등장하는 나치 청년은 좌익 운동이 뭐가 잘못됐는지 좌익 여자들의 추한 외모를 보면 금방 알 수 있다는 날카로운 논평을 한다. 하지만 이 말이 사회주의의 주장을 부당한 것으로 만들지는 못한다. 행동들은 그 동기와 상관없이 결과를 남긴다. 마르크스의 궁극적인 동기는 질투와 악의였을지 모르지만, 이것은 그의 결론이 틀렸다는 걸 증명하지 않는다. 『도착과 출발』의 주인공으로 하여금 행동과 위험을 회피하지 않겠다는 단순한 본능적 충동의 최종 결정을 내리게 함으로써, 쾨슬러는 주인공을 갑자기 지성을 잃어버린 사람으로 만들어버렸다. 쾨슬러의 이력을 감안하면 그는 동기가 '좋든' '나쁘든' 어떤 일들은 어차피 해치울 수밖에 없다는 것을 알았을 것이다. 역사는 설혹 신경증 환자가 밀어붙이는 것이라 할지라도 특정한 방향으로 움직여야 한다. 『도착과 출발』에서 남자 주인공 페터Peter의 우상들은 차례로 거꾸러진다. 러시아혁명은 타락했고, 통풍에 걸려 손가락이 쑤시는 늙은 영사로 상징되는 영국 역시 별다를 바 없었으며, 계급의식을 가진 국제적인 무산 노동자계급은 허구에 불과했다. 그러나 히틀러를 제거해야 한다는 결론은(결국 쾨슬러와 그의 주인공은 전쟁을 '지지' 했기에) 여전히 가치 있는 목표이자, 동기가 거의 무의미해진 상태에서 그나마 동기를 부여할 수 있는 필수 사항이었다.

합리적인 정치적 결정을 하려면 반드시 미래에 관한 그림을 생각하고 있어야 한다. 지금 이 순간 쾨슬러는 그런 그림이 없거나, 설사 있다고 하더라도 상충하는 두 가지를 가지고 있는 것처럼 보인다. 그가 믿은 궁극적 목표는 지상 낙원이었다. 즉 사회주의자, 무정부주의자, 광신적인 이단자들이 수백 년 동안 몰두해온 상상이자 검투사들이 세우려고 했던 태양의 나라가 쾨슬러의 목표였던 것이다. 하지만 그는 진정한 사태를 파악하는 지성의 소유자이므로, 지상 낙원이 저 멀리 사라졌으며 실제로 바로 앞에 닥친 것은 유혈 사태, 폭정, 결핍이라는 점을 알았다. 최근 쾨슬러는 자신을 가리켜 "단기적인 비관주의자"라고 말했다. 온갖 공포가 지평선 위로 계속 떠오르지만, 결국에는 다 잘될 것이라는 뜻이다. 이 관점은 지식인들 사이에서 점점 수용되는 중인데, 그 이유로는 다음 두 가지를 들 수 있다. 첫째, 일단 전통적인 신앙을 버리고 나면 사람들은 본질적으로 지상의 비참한 삶을 수용하기가 무척 어려워진다. 둘째, 인생을 살아볼 만한 삶으로 만드는 것이 최근까지 생각했던 것보다 훨씬 어려운 문제로 대두됐다. 1930년경부터 이 세상에서 낙관론을 가져야 할 이유는 어디에서도 찾아볼 수 없었다. 엄청난 거짓, 증오, 잔혹함, 무지 외에는 어떤 것도 보이지 않았다. 게다가 현재 겪는 문제들을 넘어 더 엄청난 문제들이 유럽인의 의식 속으로 불쑥 들어오는 중이다. 인간이 겪는 커다란 문제들이 절대 해결되지 않을 가능성은 아주 높다. 하지만 그것은 생각조차 할 수 없는 일이다! 오늘날 누가 이 세상을 돌아다니보고 감히 자신에게 "사태는 늘 이럴 거라고. 백만 년이 지나도 상황이 눈에 띄게 더 나아지지는 않아"라고 말할 수 있겠는가? 그러니 이에 대한 대안으로, 유사 신비주의 같은 믿음을 가지게 되는 것이다. 지금은 아무런 해결책도 없고, 모든 정치 행동은 아무런 쓸모가 없지만, 언젠가 어떤 시공간이 조성되면 지금 같은 비참하고 잔인한 일은 싹 사라질 것이라고.

유일하게 쉬운 해결책은 종교인처럼 이번 삶(이승)이 다음 삶(저승)을 위한 준비 단계라고 여기는 것이다. 하지만 사후 세계를 믿는 지식인들은 이젠 별로 없고, 믿는 자들의 숫자도 줄어드는 중이다. 경제 기반이 무너지면 기독교회들은 자기 힘만으로는 살아남지 못할 것이다. 진정한 문제는 죽음을 삶의 최후로 받아들이면서 어떻게 종교적인 태도를 되찾는가이다. 사람은 삶의 목표가 행복이 아니라고 생각할 때만 행복할 수 있다. 하지만 쾨슬러가 이를 받아들일 가능성은 전혀 없다. 그의 글에는 쾌락주의의 요소가 두드러지게 나타나는데 이것은 스탈린주의와 결별한 이후에 대안이 될 만한 정치적 입장을 발견하는 데 실패한 결과이기도 하다.

쾨슬러의 삶에서 핵심적인 사건이었던 러시아혁명은 엄청난 기대를 받으며 시작됐다. 지금은 잊었지만, 25년 전만 해도 러시아혁명이 세상을 유토피아로 이끌 것이라는 확신에 차 있었다. 물론 그런 일은 벌어지지 않았다. 쾨슬러는 아주 총명하여 이런 점을 놓치지 않았고, 감수성이 예민하여 혁명의 원래 목적이 무엇인지도 기억했다. 게다가 그는 유럽인의 관점을 지녔기에 숙청이나 대규모 추방의 진상을 명확히 알았다. 그는 쇼나 래스키와는 다르게 망원경을 거꾸로 들고 사태를 관찰하지 않았다. 그리하여 그는 다음과 같은 결론에 도달했다. 혁명은 결국 숙청과 대규모 추방을 가져왔다. 이러한 결과에 대해서 그는 "단기적인 비관주의자"가 되는 것 외에는 달리 도리가 없었다. 즉 정치를 멀리하고, 자신과 친구들이 제정신을 간직할 오아시스를 만들고, 100년 안에 상황이 조금이라도 더 나아지기를 막연히 희망하는 것 외에 방법이 없다는 뜻이다. 이런 입장의 바탕에는 쾌락주의가 있고, 그런 사상 덕분에 그는 지상 낙원을 바람직한 것으로 생각하게 되었다. 하지만 바람직하든 아니든 그런 낙원은 있을 수 없다. 어느 정도의 고통은 인간의 삶에서 떼어낼 수 없다. 사람이 해야 할 선택은 늘 여러 악 중에서 차악次惡을 선택하는 것일지 모르며, 사회주의의 목적은 세상을 완벽하게 만드는 것이 아니라 더 낫게 만드는 것일지 모른다. 모든 혁명은 실패하지만, 그 실패가 모두 다 똑같은 건 아니다. 쾨슬러는 이런 점을 받아들이려고 하지 않았다. 그 때문에 쾨슬러는 정신적으로 막다른 골목에 도달했고, 그 때문에 『도착과 출발』은 이전 책들과 비교하면 깊이가 좀 없는 것처럼 보인다. (1944. 9)

굴과 갈색 흑맥주

 G. K. 체스터턴은 모든 소설가가 자신의 인생관을 요약한 것 같은 제목의 책을 한 권은 쓴다는 이야기를 한 적이 있다. 그는 구체적인 사례로 디킨스의 『위대한 유산』, 스콧Scott의 『할아버지의 이야기Tales of Grandfather』를 들었다.

 그렇다면 새커리를 대표하는 제목은 무엇일까? 정답은 『허영의 시장』이다. 하지만 조금 더 자세하게 살펴보면 『크리스마스 책Christmas Books』, 『풍자극Burlesques』, 『속물 열전A Book of Snobs』 중 하나를 골라야 한다는 게 내 생각이다. 어쨌든 누군가는 새커리가 예전에 《펀치》나 다른 잡지에 실었던 단편 모음집에서 제목을 하나 골라낼 것이다. 그는 천성적으로 풍자극 작가였을 뿐만 아니라 본래 언론인이었으며 단편 작가이기도 했다. 또한 그의 독특한 작품에서 삽화를 빼놓을 수 없다. 이 분야에서 몇 가지 최고 작품은 크뤽섕크Cruikshank의 것이지만, 새커리 역시 훌륭한 만평가였다. 그의 아주 짧은 스케치 몇몇에서는 그림과 인쇄된 글자가 유기적으로 잘 어울린다. 새커리의 무삭제 소설들에서 최고인 부분은 모두 《펀치》에 기고한 것에서 발전됐다고 해도 과언이 아니다. 심지어 『허영의 시장』도 앞부분의 줄거리를 모르고서 아무 페이지나 넘겨서 읽어도 무방한 특징, 다시 말해 단편 같은 특징을 가지고 있다.

오늘날 그의 주요 작품 몇 가지(예를 들면 『에스먼드Esmond』나 『버지니아인들The Viginians』)는 참으로 읽기가 힘들다. 우리가 현재 그의 진지한 소설로 여기는 것 중에서는 상대적으로 단편인 『지저분하고 고풍스러운 이야기A Shabby Genteel Story』 딱 하나만 그나마 편안하게 읽을 수 있다. 새커리의 핵심 주제 두 가지는 속물근성과 사치인데, 그는 이 두 가지를 희극적인 방식으로 다룰 때 가장 좋은 모습을 보인다. 왜냐하면 (예를 들면 디킨스와는 다르게) 그는 사회적인 통찰력이 거의 없고, 심지어 도덕률에 관해서도 썩 명쾌하지 못한 측면을 보이기 때문이다. 『허영의 시장』이 사회적인 문서로 가치 있을 뿐만 아니라 아주 읽기 편하며 재미있는 책이라는 주장은 맞는 말이다. 19세기 초반은 이제 더는 자활할 수 없게 된 귀족사회가 여전히 유행과 행동의 결정권자인 체하던 시절인데, 이 당시 생활의 구체적 세부 사항을 『허영의 시장』은 놀라울 정도로 충실하게 기록했다. 『허영의 시장』에서, 그리고 실제로 새커리의 글에서 자신의 수입에 맞춰 사는 등장인물은 아주 이례적이다.

분수에 맞지 않는 지나치게 큰 집에 산다든지, 봉급을 지급할 수 없는데도 하인을 고용한다든지, 고용한 하인들을 과시하는 허세 가득한 저녁 연회를 즐기다가 망해버린다든지, 장사꾼의 돈을 떼어먹는다든지, 계좌에 든 돈보다 더 많은 돈을 인출한다든지, 대금업자의 손아귀에서 도저히 벗어날 수 없는 삶을 산다든지 하는 것은 그의 소설에 등장하는 인물들이 거의 일반적으로 보여주는 모습이다. 그의 이야기에서는 성인聖人이 될 생각이 없는 인물은 가능하다면 귀족사회를 흉내 내는 게 당연한 것처럼 여겨지는 분위기다. 값비싼 옷, 금박을 입힌 마차, 제복을 입은 하인 등을 향한 욕망은 식욕처럼 하나의 본능적 행위로 인식됐다. 새커리가 가장 잘 묘사할 수 있는 사람들은 수입도 전혀 없으면서 최신 유행을 따르는 삶을 살아가는 군상들이다. 예를 들면 『허영의 시장』에 등장하는 베키 샤프Becky Sharp와 로던 크롤리가 좋은 예이다. 아니면 도박판과 채무자 구치소를 영원히 오가는 삶을 사는 수많은 지저분한 모험가, 즉 로더Loder 소령, 루크Rook 대위, 코스티건Costigan 대위, 듀스에이스Deuceace 씨 같은 사람도 그에 해당한다.

새커리가 그리는 사회의 모습은 어느 정도까지는 현실과 부응할지 모른다. 그가 묘사하는 부류의 인물, 즉 대출로 시달리는 귀족, 브랜디를 들이켜는 장교, 수염을 염색하고 지팡이를 든 늙은 남자, 중매를 서는 아주머니, 세속적인 시의원 등은 실제로 존재했다. 하지만 이 소설가는 주로 사람들의 외부적인 면을 관찰했다. 그는 프랑스혁명이라는 주제에 매혹되어 끝없이 사색했음에도 프랑스 사회의 구조가 변하고 있다는 점을 깨닫지 못했다. 대신 그는 속물근성과 사치가 전국적인 현상이 되어가는 것만 보았을 뿐, 그 깊은 곳에 있는 원인은 보지 못했다. 게다가 디킨스와는 달리 그는 사회적인 투쟁은 세 계급(상류계급, 중간계급, 노동자계급 - 옮긴이)에 걸친 삼면적인 것임을 알지 못했다. 그는 주로 하인으로 인식되는 노동자계급에 거의 공감하지 않았다. 심지어 그는 자신이 어느 계층에 있는지 확실히 알지도 못했다. 그는 방탕한 상류층이나 돈을 악착같이 모으는 중산층 중 어느 쪽이 더 불쾌한지 제대로 결정할 수 없었다. 확고한 사회적, 정치적, 종교적 확신이 없었던 그는 소박함과 용기 말고 어떤 미덕이 있는지 거의 생각하지 못했다. 여자의 경우 그가 필요하다고 생각하는 미덕은 '순결'이었다(말이 나서 하는 말인데, 새커리가 생각하는 '좋은' 여자는 도저히 참아줄 수가 없는 여자이다). 『허영의 시장』과 『펜던니스』에 내포된 도덕은 다소 공허하다. "이기적이어서는 안 된다, 세속적이어서는 안 된다, 버는 것 이상으로 생활하면 안 된다." 『지저분하고 고풍스러운 이야기』에서는 방금 인용한 것과 똑같은 말을 좀 더 솜씨 좋게 전한다.

하지만 새커리의 좁은 지식 폭은 현실적인 인간의 모습을 그려내는 시도를 포기했을 때 그에게 도움이 되었다. 무척 놀라운 점은 새커리 본인조차도 틀림없이 덧없다고 생각했을 사소한 것들을 묘사할 때 그의 문장은 활력이 넘친다는 것이다. 그의 전집 어디든 잠깐이라도 살펴보면(예를 들면 심지어 책 평론이라도) 그의 독특한 분위기를 만나게 된다. 이것은 부분적으로 19세기 초반에 폭식을 하던 분위기 탓이다. 당시 분위기는 굴, 갈색 흑맥주, 브랜디, 물, 바다거북 수프, 구운 등심, 사슴 뒷다리와 허릿살, 마데이라

와인, 시가 연기가 범벅된 것이었다. 새커리는 이런 분위기를 잘 전달할 수 있었다. 왜냐하면 그와 관련된 구체적 세부 사항들을 잘 알았고, 본인 자체도 음식에 지극히 관심이 많았기 때문이다.

그는 음식에 관해 심지어 디킨스보다도 더 자주, 더 정확한 글을 썼다. 「폭식의 기억Memorials of Gormandising」에서 그가 묘사한 파리에서의 저녁 식사(다른 비싸지 않은 저녁 식사들 역시)는 대단히 흥미로운 읽을거리다. 「부야베스의 발라드The Ballad of the Bouillabaisse」는 그런 부류의 영시에서 최고 반열에 들어갈 만한 시다. 하지만 새커리의 독특한 분위기는 풍자극, 즉 누구도 선량하지 않고 아무것도 진지하지 않은 세계의 분위기다. 이런 분위기는 그의 소설들에서 가장 훌륭한 구절들에 스며들어 있고, 또 「버치 박사와 그의 젊은 친구들Dr. Birch and his Young Friends」, 『장미와 반지The Rose and the Ring』, 「치명적인 부츠The Fatal Boots」, 「티민스 부부 집에서의 소박한 저녁 식사A Little Dinner at Timmins's」와 같은 이야기들에서 완벽함의 절정에 이른다.

『장미와 반지』는 일종의 몸짓 놀이인데 『잉골즈비 전설The Ingoldsby Legends』과 비슷한 정서를 보인다. 「티민스 부부 집에서의 소박한 저녁 식사」는 상대적으로 사실적인 이야기이고, 「치명적인 부츠」는 앞의 두 이야기의 중간 정도에 해당한다. 하지만 이 모든 이야기와 그와 비슷한 이야기들에서 새커리는 대다수 소설가를 괴롭혔고, 또 특질성 영국 소설가가 절대로 해결하지 못했던 어려움에서 벗어난다. 그 어려움이란 현실적으로 존재하면서 '입체적 성품'을 가진 인물을, 단순히 즐거움만 추구하면서 사는 평면적 인물과 잘 융합시켜 하나로 만드는 일인데, 새커리는 풍자 기법을 도입함으로써 그 문제를 교묘히 피해 갔다.

초서 이래 영국 작가들은 풍자극을 거스르기가 무척 어렵다고 생각했다. 풍자극이 들어서자마자 이야기의 현실성은 손상됐다. 필딩, 디킨스, 트롤럽, 웰스, 심지어 조이스까지 많은 영국 작가가 그 문제에 걸려 넘어졌다. 하지만 새커리는 자신의 최고 단편들에서 모든 등장인물을 풍자적으로 묘사하여 이 문제를 해결했다. 「치명적인 부츠」의 주인공이 '입체적 성품'을 가진 인물로 존재한다는 사실은 생각해보기 어렵다. 그는 하나의 아이콘처럼 평면적인 인물이다. 아주 드물게 재판되는 작품이긴 하지만 가장 훌륭한 희극적 단편 중 하나인 「티민스 부부 집에서의 소박한 저녁 식사」에서 새커리는 『허영의 시장』에서 했던 일과 똑같은 일을 벌인다. 그런 만큼 그가 실생활을 흉내 내거나 객관적인 동기를 도입해야 하는 복잡한 요소를 내세우는 일은 없다. 「티민스 부부 집에서의 소박한 저녁 식사」는 길지 않은 단순한 이야기다. 또한 절묘하게 서술되고, 최고조까지 점점 올라가다 정확히 올바른 순간에 멈춘다. 이 책에서 어떤 변호사는 유별나게 많은 수임료를 받게 되자 만찬회를 여는 것으로 자축했다. 그러다 그는 감당할 수 있는 것보다 훨씬 더 많은 돈을 쓰게 되고, 뒤이어 여러 불행이 닥치면서 크게 빚을 지게 된다. 그는 친구들과 소원해지고, 장모는 영구적으로 그의 집에 눌러앉는다. 처음부터 끝까지 만찬회에서 누구도 고통 이외의 것을 얻은 이는 없다. 결말 부분에서 새커리가 "그런데 왜 티민스 부부는 그 만찬회를 열려고 했을까?"

라고 말했을 때 독자는 이 책이 사회적인 야망으로 인한 어리석은 행동을 『허영의 시장』보다 더 잘 보여준다는 걸 느끼게 된다. 이것은 새커리가 풍자 기법을 써서 완벽하게 해낼 수 있는 일이다. 새커리 장편소설들의 경우 그 핵심적 스토리보다는 이런 우스꽝스러운 사건들의 반복이 그 소설들을 읽게 만드는 힘이다.
(1944. 12)

정치 대 문학: 『걸리버 여행기』 검토

『걸리버 여행기』Gulliver's Travels』에서 인간성은 적어도 세 가지의 다른 관점에서 공격당하거나 비판당하는데 걸리버의 성격도 그 과정에서 반드시 변하게 된다. 1부에서 걸리버는 과감하고, 실용적이며, 전형적인 비낭만적 18세기 여행자로 제시된다. 그의 평범한 인생관은 책의 서두에서 그의 나이(모험이 시작될 때 그는 아이를 둘 거느린 마흔 살의 남자이다)와 그의 주머니 속에 들어 있는 여러 가지 물건에 의해 독자들에게 아주 능숙하게 전달된다. 그의 물건들 중 안경은 그 후 여러 번 등장한다. 2부에서 그는 전반적으로 전과 동일한 성격을 보여주지만, 스토리의 필요에 따라서 순간적으로 바보 같은 인물로 변모하는 경향을 보여준다. 가령 "우리의 고상한 나라는 예술과 무기의 주인이며 프랑스의 회초리"라고 자랑하다가 그가 사랑한다고 선언한 조국의 모든 부끄러운 사실을 낱낱이 고발하는 것이다. 3부에서 그는 1부와 마찬가지 인물이나, 궁정의 신하들 및 학자들과 어울리면서 그의 사회적 신분이 상승했다는 인상을 풍긴다. 4부에서 그는 인간들에게 깊은 혐오감을 내보이는데 이런 감정은 앞의 1~3부에서는 분명하게 드러나지 않았거나 드러나더라도 간헐적으로 드러났을 뿐이다. 그는 4부에서 비종교적인 은둔자로 변모하여 후이넘의 선량함에 대하여 전적으로 명상할 수 있는 어떤 외진 곳으로 물러가서 살고 싶다는 욕망을 표시한다. 그러나 스위프트가 작중인물의 성격에 대하여 이런 불일치를 드러내게 된 것은, 걸리버가 주로 그 나라들과 대비되는 인물로 제시됐다는 사실에서 기인한다(『걸리버 여행기』는 4부로 구성되는데 1부는 소인국小人國, 2부는 대인국大人國, 3부는 잡인국雜人國, 4부는 마인국馬人國이다. '마인'은 '후이넘'이라고도 한다 - 옮긴이). 그는 1부에서는 합리적인 사람으로, 그리고 2부에서는 간헐적으로 어리석은 사람으로 등장할 필요가 있다. 왜냐하면 1~2부의 핵심 전략은 인간을 키 6인치(12.5센티미터)의 존재로 상정하여 우스꽝스러워 보이게 하려는 것이기 때문이다. 걸리버가 꼭두각시 노릇을 하지 않을 때면 성격의 일관성이 유지되는데, 뛰어난 수완이나 물리적 환경을 예리하게 관찰하는 능력에서 잘 드러난다. 소인국의 이웃 나라인 블레푸스쿠의 전함들을 물리칠 때나, 거대한 쥐의 배를 절개할 때나, 야후의 가죽으로 만든 허약한 가죽 쪽배를 타고서 대양을 항해할 때, 걸리버는 같은 성격에 같은 평범한 인물이다. 더욱이 길리미기 날카로운 기지를 발휘하는 순간들에는 그가 곧 스위프트라는 인상을 떨치기 어렵다. 그리고 스위프트가 당시의 사회에 대해서 개인적 원한을 토로하는 듯한 하나의 사건이 있다. 소인국 황제의 궁전에 불이 붙었을 때 걸리버는 오줌을 누어서 그 불을 진화한다. 그는 침착하게 기지를 발휘한 것에 대하여 칭찬을 받기는커녕 궁전 경내에다 방뇨를 하다니 중대한 범죄를 저질렀다는 비난을 받는다.

내가 남몰래 들은 바로는, 황후는 내가 한 일에 대하여 극도의 혐오감을 느껴서 궁궐의 제일 먼 쪽으로 이사하고 불타버린 궁궐을 다시 사용하기 위해 수리하는 일은 결코 하지 않겠다고 결심했으며, 그녀의 최측근들이 있는 자리에서 복수할 것을 맹세했다는 것이다.

G. M. 트리벨리언의 『앤 여왕 치하의 영국England under Queen Anne』에 따르면, 스위프트가 좋은 성직을 얻지 못한 것은 앤 여왕이 『통 이야기A Tale of Tub』를 괘씸하게 생각했기 때문이다. 스위프트는 이 팸플릿을 쓰면서 영국 왕실에 큰 서비스를 했다고 생각했다. 이 책자는 비국교도들을 엄중히 질책하고 가톨릭은 그보다 더 공격하면서 영국국교회는 전혀 건드리지 않았던 것이다. 아무튼 누구도 『걸리버 여행기』가 앙심을 품은 비관적인 책이라는 것을 부인하지 못한다. 특히 1부와 3부는 협량한 정치적 편가르기의 수준으로 종종 떨어지고 있다. 이 소설에는 쩨쩨함과 관대함, 공화주의와 권위주의, 합리성에 대한 사랑과 호기심의 부족 등이 모두 뒤섞여 있다. 스위프트의 한 가지 특징으로 여겨지는 인체에 대한 혐오는 4부 마인국에서만 두드러지게 나타난다. 그

러나 이런 새로운 감정 표시는 결코 놀라운 일이 아니다. 이런 모든 모험과 심경의 변화가 한 사람에게 충분히 벌어질 수 있는 일이다. 또 스위프트의 정치적 충성심과 그 궁극적 절망 사이의 상호 관계가 이 책의 가장 흥미로운 특징들 중 하나이다.

정치적으로 스위프트는 그 당시 진보당의 어리석은 행동들 때문에 다소 편벽된 보수주의에 내몰린 사람들 중 하나였다. 『걸리버 여행기』의 1부 소인국은 인간의 위대함에 대한 풍자이나 좀 더 깊숙이 들여다본다면 영국, 권력을 잡고 있는 휘그당(진보당), 그리고 프랑스와의 전쟁 등에 대한 공격이다. 그러나 그 전쟁을 치른 연합국들의 동기가 아무리 나빴다고 할지라도 그 전쟁은 유럽이 보수주의적 국가의 지배를 받는 일을 불식했다. 스위프트는 재코바이트(1688년에 망명한 제임스 2세 지지자)는 아니었고 엄격하게 말해서 토리(보수당원)도 아니었다. 그가 선호한 전쟁 목표는 온건한 평화조약이었고 영국의 직접적인 패배는 아니었다. 그렇지만 그의 태도에는 배신자의 기미가 느껴지는데, 그것은 1부의 끝부분에 나타나서 전반적인 알레고리에 피해를 입힌다. 걸리버가 소인국 릴리풋(영국)에서 블레푸스쿠(프랑스)로 달아날 때 6인치 인간은 원래 경멸스러운 존재라는 개념은 사라진 듯하다. 소인국 사람들은 걸리버에게 아주 야만적이고 배신적으로 행동하지만, 블레푸스쿠 사람들은 관대하고 정직하게 대한다. 그래서 1부의 이 부분은 그 앞 상들에서 자주 나왔던 전반적 환멸과는 사뭇 다른 분위기를 풍긴다. 이걸 보면 분명 스위프트는 영국에 앙심을 품고 있다. 2부 대인국의 왕은 "너희 나라의 인간들은 대부분 대자연이 이제까지 지구상에 기어다니도록 허락해준 작고 역겨운 벌레 중에서도 가장 고약한 족속이라고 결론지을 수밖에 없다"라고 말하는데 너희 나라는 곧 걸리버의 조국이다. 그리고 4부의 끝부분에 나오는 기다란 문장은 식민 사업과 해외 정복을 비난하는데, 이는 노골적으로 영국을 겨냥한다. 물론 문장은 전혀 반대 이야기를 하고 있지만 말이다. 영국의 동맹국이며 스위프트가 유명한 팸플릿을 써서 공격했던 네덜란드도 3부에서 노골적으로 공격당한다. 걸리버가 자신이 방문한 여러 나라는 영국 왕실의 식민지가 될 수 없다고 기술한 문장은 개인적인 의견을 그대로 표출한 느낌마저 든다.

후이넘馬人들은 전쟁에 대해 충분한 준비가 없는 것처럼 보인다. 전쟁에 관한 지식이 전혀 없고, 특히 총과 같은 무기에 대해서는 아무런 대비도 없기 때문이다. 그러나 내가 만약 국무대신이라면 마인국을 침공하라는 지시는 절대로 하지 않을 것이다. (…) 2만의 후이넘들이 유럽 군단의 한가운데로 돌진하는 모습을 상상해 보라. 대열을 붕괴시키고 전차들을 뒤집으며, 무시무시한 뒷발차기로 전사들의 얼굴을 묵사발로 만드는 모습이 훤하다.

스위프트가 어휘를 낭비하지 않는다는 점을 감안할 때, "전사들의 얼굴을 묵사발로 만드는"이라는 문구는 말버러Marlborough 공작의 상승군이 그런 식의 대접을 받기를 바라는 은밀한 소원을 표현한 것이리라. 다른 곳에서도 이와 비슷한 표현이 나온다. 3부에서 언급된 나라는 "국민 대부분이 발견자, 목격자, 제보자, 고발자, 고소인, 증인, 맹세자 등으로 구성되며 그 아래에 앞잡이 보조자들이 판을 치고 있으며, 이 모든 자가 국무대신들의 깃발, 명령, 봉급 아래에 있는데", 그 이름은 랜던Landon이다. 랜던은 잉글랜드England의 철자 바꾸기인데 그중에서 한 철자만 바꾸어 넣었을 뿐이다(이 소설의 초창기 판본에는 오식이 들어 있는데, 그 오식은 아마도 잉글랜드의 완전한 철자 바꾸기였을 것이다). 스위프트가 인간을 신체적으로 싫어했다는 점은 이 소설에서 아주 사실적으로 그려져 있다. 그러나 인간의 고귀함에 대한 폭로, 귀족, 정치가, 궁정 신하 등에 대한 비난 등은 대체로 보아 영국의 상황에 적용되며 그가 권력을 잡지 못한 당의 소속이었다는 사실에서 유래하는 것이다. 그는 불의와 압제를 비난하지만 민주주의를 좋아한다는 증거를 제시하지 않는다. 그의 엄청나게 큰 권력에도 불구하고 그의 암묵적 입장은 오늘날의 무수한 헛똑똑이 보수주의자와 아주 비슷하다. 가령 앨런 허버트Alan Herbert 경, G. M. 영G. M. Young 교수, 엘턴Elton 경, 토리당 개혁위원회, W. H. 맬록W. H. Mallock 이하 여러 명의 가톨릭 옹호자, '현대적'이고 '진보적'인 것들을 조롱하면서 산뜻한 농담을 하는 자들, 자신들이 사건의 실제 흐름에 아무런 영향을 미치지 못한다는 것을 알기에 아주 과격한 의견을 제시하는 자들 등.『기독교의 철폐를 논증함An Argument to prove that the Abolishing of Christianity』같은 팸플릿은 BBC 보수 프로그램인 〈브레인스 트러스트Brains Trust〉를 놀려먹는 '티모시 샤이Timothy Shy' 혹은 진보 인사인 버트런드 러셀Bertrand Russell의 오류를 폭로하는 로널드 녹스Ronald Knox 신부과 아주 비슷하다. 스위프트가 신성모독의『통나무 이야기』를 쓰고서도 독실한 신자들에게 용서받았다는 사실은 정치적 감정에 비해 종교적 감정이 그만큼 묽어졌다는 증거이다.

그러나 스위프트의 보수주의적 정신은 그의 정치적 유대관계에서는 별로 드러나지 않는다. 이보다 더 중요한 것은 과학 혹은 더 폭넓게 말해서 지적 호기심에 반대하는 그의 태도이다.『걸리버 여행기』3부 잡인국의 저 유명한 라가도 학술원은 스위프트 당시에 활약한 과학자들에 대한 나름대로 타당한 풍자이다. 의미심장하게도 학술원에서 일하는 사람들을 가리켜 '기획가'라고 하는데, 객관적이고 독립적인 연구에 종사하는 사람들이 아니라 노동을 절약하고 돈을 벌어주는 기계장치를 발명하려는 사람들이다. 스위프트가 순수과학을 가치 있는 행위라고 생각하는 증거는 없다. 오히려 소설 전편에 걸쳐 그 반대의 입장을 보여주는 증거들이 수두룩하다. 좀 더 진지한 과학자들은 이미 2부에서 노골적인 공격을 당했다. 대인국의 왕이 후원하는 '학자들'이 걸리버의 작은 키를 설명하는 장면이 그러하다.

많은 토론 끝에 그들이 만장일치로 내린 결론은 내가 다만 렐플룸 스칼카스Relplum Scalcath, 즉 글자대로 번역하면 루수스 나투라이Lusus Naturae(자연의 장난)에 지나지 않는다는 것이었다. 이러한 결론은 실로 유럽의 현대 과학과 일치한다. 현대 유럽의 과학자들은 아리스토텔레스 추종자들이 그들의 무식을 위장하기

위해 헛되어 고안해낸 신비한 원인이라는 낡아빠진 도피 수단을
멸시하여 모든 난문제를 없애주는, 이 놀라운 해결책을 발명했
는데, 이것이 인간의 지식을 증진하는 데 말할 수 없이 공헌하고
있다는 것이다.

이 문장만 놓고 보면 우리는 스위프트가 가짜 과학을 배격한
다고 짐작할 수 있다. 그러나 여러 군데에서 그는 어떤 실제적 목
적에 연계되지 않은 모든 학문이나 명상은 쓸데없다고 힘주어 강
조한다.

대인국 사람들의 학문은 매우 불충분한데 다만 윤리와 역사, 시
학 및 수학으로 이루어져 있었다. 그러나 그런 학문에서는 그들
이 매우 뛰어났다는 것을 인정해야 한다. 그러나 마지막에 든
학문, 즉 수학은 오로지 생활에 유용한 것, 즉 농업과 모든 기계
적 기술의 향상에만 적용된다. 그래서 영국인들 사이에는 별로
평가받지 못할 것이다. 개념이라든지 존재, 추상적 관념 및 초
월적 존재 같은 개념은 아무리 해도 그들의 머리에 이해시킬 수
없었다.

스위프트의 이상적 인간형인 마인들은 심지어 기계적 의미에
서도 후진적이다. 마인들은 금속을 알지 못하며, 보트 이야기는
들어보지도 못했으며, 농사를 짓지 않는다(귀리는 "자연적으로 자
란다"라고 소설은 전한다). 그리고 바퀴를 발명한 것 같지도 않다.[19]

마인들은 알파벳도 없고 물리적 세계에 대해서도 별로 호기심이 없다. 그들은 마인국 이외에 다른 나라가 있다고 믿지 않으며 해와 달, 그리고 일식을 아는 것이 "그들의 천문학의 최고 한계"였다. 이와는 대조적으로 3부 잡인국의 날아다니는 섬, 라퓨타에 사는 철학자들은 늘 수학적 명상에 사로잡혀 있어서 그들과 대화하려면 먼저 조약돌 주머니로 그들의 귀를 가볍게 쳐주어 정신이 들게 해야 했다. 그들은 1만 개의 항성을 발견했고, 93개 혜성들의 주기를 밝혀냈으며, 유럽의 천문학자들보다 훨씬 앞서서 화성에는 두 개의 위성이 있다는 것을 발견했다. 하지만 이런 모든 정보를 스위프트는 우스꽝스럽고, 쓸모없고, 따분한 것으로 여긴다. 그는 과학자의 정위치는 실험실이라고 생각하며 과학적 지식은 정치 문제와는 아무런 상관이 없다고 본다.

내가 (…) 이해할 수 없었던 것은 그들이 여러 가지 뉴스와 정치적 사건에 강한 관심을 보이고, 끊임없이 사회문제를 따지고, 국가의 정치문제에 판단을 내리며, 정당의 견해의 모든 부분을 열띠게 논쟁한다는 것이다. 하기야 내가 알고 있는 대개의 유럽 수학자들도 그와 같은 성향인 것을 본 일이 있다. 수학과 정치 사이에 어떤 유사성이 있는지 나는 알 수 없지만, 그 사람들이 제

---

19 마인들은 너무 늙어서 걸을 수 없게 되면 "썰매" 혹은 "썰매처럼 잡아당기는 운송 기구"에 올라타서 운반이 된다. 이 기구에는 아마도 바퀴가 없었을 것이다. [작가의 각주]

일 작은 원형도 제일 큰 것과 마찬가지로 360도를 가졌으니까 이 세상을 규제하고 운영하는 능력은 지구의를 다루고 돌리는 능력과 다를 바 없다고 생각한다면 그럴 수도 있을 것이다.

"수학과 정치 사이에 어떤 유사성이 있는지 나는 알 수 없지만"이라는 문구에는 뭔가 친숙한 느낌이 있지 않은가? 이것은 과학자들이 신의 존재나 영혼의 불멸 같은 문제에 의견을 개진할 때 인기 높은 가톨릭 옹호자들이 사용하는 바로 그 말이다. 과학자는 오로지 한 분야에서만 전문가라는 것이다. 어째서 그의 의견이 다른 분야에서도 가치가 있다는 것인가? 이 말뜻은 신학은 가령 화학 못지않은 정밀한 학문이고 사제도 그 학문의 전문가이니만큼 어떤 주제들에 대한 그의 의견은 마땅히 받아들여져야 한다는 것이다. 스위프트도 실제로 정치가를 위하여 똑같은 주장을 하는데 단지 거기서 한 발 더 나아갔을 뿐이다. 과학자, 그러니까 '순수' 과학자든 어떤 구체적 사안을 연구하는 사람이든 과학자는 스위프트의 판단 내에서는 유익한 사람이 될 수 없다. 설사 그가 『걸리버 여행기』 3부를 집필하지 않았더라도 나머지 1, 2, 4부들에서 우리는 그가 톨스토이나 블레이크처럼 자연의 과정을 연구한다는 개념을 증오했다는 것을 미루어 짐작할 수 있다. 그가 마인들의 최대 장점이라며 존경했던 '이성'은 관찰된 사실들로부터 논리적 결론을 이끌어내는 능력을 의미하지 않는다. 그는 구체적으로 정의를 내리지는 않았지만, 대부분의 경우에 상식—즉 명백한 것을 받아들이고 궤변이나 추상개념을 경멸하는 태도—을 의미하고 또 열정과 미신의 부재를 의미한다. 전반적으로 볼 때 스위프트는 우리가 이미 알 필요가 있는 것은 다 알고 있는데, 그 지식을 단지 부정확하게 사용한다고 가정한다. 예를 들어 의학은 쓸데없는 학문인데, 우리가 지금보다 더 자연스러운 방식으로 살아간다면 질병은 생겨나지 않을 것이기 때문이다. 그러나 스위프트는 생활을 단순하게 만드는 자 혹은 고상한 야만인 숭배자는 아니다. 그는 문명과 문명의 이기들을 좋아한다. 그는 좋은 매너, 좋은 대화, 문학과 역사 등의 학문이 가치가 있다고 생각하고 또 농업, 항해, 건축이 연구할 필요가 있으며 더 좋게 개선될 수도 있다고 본다. 그러나 그의 암묵적인 목표는 정적이면서 호기심 없는 문명이다. 그가 살던 당시의 세계가 좀 더 깨끗해지고, 좀 더 정상적이 되고, 급격한 변화를 배격하고, 알 수 없는 것을 알려고 하지 않으면 되는 것이었다. 기존 오류로부터 자유로운 사람치고는 좀 기이하게도 그는 과거, 특히 고전 고대를 숭상하며, 현대인이 지난 100년 동안 급격하게 타락했다고 믿는다.[20] 마술사들이 섬에서는 죽은 자의 유령을 마음대로 소환할 수 있다.

나는 로마 원로원이 하나의 큰 방에 나타나게 하고, 이와 대조되

---

[20] 스위프트가 목격했다고 주장하는 신체적 쇠락이 당시에는 아마도 사실이었을 것이다. 그는 그 쇠락을 매독 탓으로 돌렸다. 매독은 당시 유럽에서 새로운 질병이었고 지금보다 훨씬 맹독성이었다. 증류주도 17세기에는 신기한 물건이었는데 술주정뱅이를 양산하는 데 기여했다. [작가의 각주]

도록 현대 의회가 별도의 방에 나타나게 해달라고 부탁했다. 전자는 영웅과 거의 신과 같은 사람들의 모임처럼 보였고, 후자는 행상인과 소매치기와 노상강도와 깡패의 무리처럼 보였다.

스위프트는 기록된 역사의 진실성을 공격하기 위해 3부에 이 부분을 도입했지만, 그가 그리스인과 로마인을 다루는 순간 비판 정신이 사라져버린다. 물론 그는 로마제국의 부패상을 언급하지만 고대 세계의 주요 인물들을 만나는 순간 거의 무조건적인 존경심을 내보인다.

나는 브루투스를 보는 순간 깊은 존경심에 사로잡혔고, 완벽한 인덕과 엄청난 용맹성, 굳건한 정신, 나라에 대한 진정한 사랑, 인류에 대한 넓은 자비심을 그의 용모 곳곳에서 쉽게 발견할 수 있었다. (…) 나는 영광스럽게도 브루투스와 많은 대화를 나누었다. 그리고 그의 조상인 유니우스와 소크라테스, 에파미논다스, 소小 카토, 토머스 모어 경과 자기 자신은 지하 세계에서는 늘 같이 지내고, 말하자면 6두 정치를 이루고 있는데, 온 세계의 모든 시대를 통틀어도 거기에 일곱 번째의 인물을 보탤 수는 없을 것이라고 나에게 말해주었다.

위에서 거론된 6명 중 딱 한 사람만이 기독교 신자라는 점은 주목할 만하다. 이것은 중요한 점이다. 우리가 여기에다 스위프트의 비관주의, 과거에 대한 경배, 그의 호기심 부족과 인체에 대한 혐오 등을 추가한다면 우리는 종교적 보수주의자들 사이에서 흔하게 목격할 수 있는 태도를 발견하게 된다. 즉 이 세상은 결코 크게 개선될 수 없고 오로지 '저승'만이 중요하다고 주장하면서 현재의 불공정한 사회를 옹호하는 태도 말이다. 그러나 스위프트는 일반적 의미의 종교적 신념을 내보이지 않는다. 그는 저승의 삶을 진지하게 믿는 것 같지도 않고 그가 믿는 선의 개념은 공화주의, 자유에 대한 사랑, 용기, '자선(실제로는 공공 정신)', '이성', 그리고 기타 이교도적 특징들을 합쳐놓은 것이다. 이것은 스위프트에게 또 다른 사상의 특징이 있음을 보여주는데, 이것은 진보를 믿지 않고 인류를 전반적으로 증오하는 그의 신념과는 일치되지 않는다.

우선 그가 '건설적'이면서 심지어 '진보된' 입장을 보여주는 순간들이 있다. 유토피아 책들에서는 가끔씩 불일치를 보이는 것이 생동감의 표시가 되는데, 스위프트는 순전히 풍자를 의도한 문장에다가 칭찬의 말을 슬쩍 끼워 넣는다. 이렇게 하여 젊은이의 교육에 대한 그의 사상을 소인국 사람들에게 전수하는데, 소인국은 이 주제에 대하여 마인국과 거의 동일한 견해를 갖고 있다. 또한 소인국 사람들은 다양한 사회적, 법적 제도를 가지고 있다. 예를 들어 노령연금 제도가 있고 또 법을 잘 지키고 못 지키고에 따라 신상필벌이 있다. 스위프트는 아마도 이런 제도가 그의 나라에서도 실시되기를 바랐을 것이다. 이 문장의 중간에서 스위프트는 자신의 풍자 의도를 기억하고서 이런 말을 덧붙인다. "이런 법률과 다음과 같은 법률을 이야기함에 있어서, 나는 원래 제도를 말하는 것이지, 인간의 타락된 본성 때문에 이 사람들이 빠져버린 극히 창피스러운 상태를 뜻하는 것이 아님을 독자는 이해해주기를 바란다." 그러나 소인국은 곧 영국의 상징이고, 그가 말하는 법률은 영국에는 유사한 사례가 없으니, 이런 건설적 제안을 하고 싶은 유혹은 너무나 강력하여 물리치지 못한 게 분명하다. 그러나 협량한 의미에서의 정치사상에 스위프트가 크게 기여한 부분은 3부에서 소위 전체주의국가를 맹렬하게 공격한 것이다. 그는 스파이가 우글거리고 이단 사냥과 반역 재판이 횡행하는 '경찰국가'에 대하여 아주 명료한 선견지명을 갖고 있었다. 스파이, 이단 사냥, 반역 재판 등은 모두 대중의 불만을 희석해서 전쟁 히스테리로 변모시키려는 수단이다. 우리는 여기서 스위프트가 아주 작은 부분을 가지고 전체를 추론하고 있음을 기억해야 한다. 당대의 허약한 정부는 그에게 즉시 내놓을 수 있는 그런 독재의 구체적 사례를 제시하지 못했기 때문이다. 예를 들어 정치 기획가 학교의 교수는 "정부를 전복하려는 음모와 계획을 찾아내는 방법을 적은 하나의 큰 서류를 나에게 보여주었다". 그 교수는 사람들의 똥을 점검함으로써 그들의 은밀한 생각을 발견할 수 있다고 주장한다.

왜냐하면 사람들은 변기에 앉아 있을 때 가장 진지하고 심사숙고하며 정신이 집중되기 때문이다. 이것은 그 교수가 여러 번 실험해 발견한 사실이다. 왜냐하면 그가 변기에 앉아 일을 볼 때 다만 실험 삼아 왕을 살해하는 데 어떤 방법이 제일 좋을까를 곰곰이 생각하면 그의 똥이 약간 녹색을 띠게 되고, 오직 반란을 일으키거나 수도를 불태울 생각만 할 때는 전혀 다른 똥 색깔이 나왔기 때문이다.

교수와 그의 이론은 영국 내에서 벌어진 별로 놀랍지도 혐오스럽지도 않은 사실이 스위프트에게 힌트를 되어주었다 한다. 그 무렵 영국 국사범 재판에서 그 반역자의 실내 화장실에서 반역의 증거가 되는 편지들이 발견됐던 것이다. 이 장의 뒷부분에 가면 우리는 러시아의 숙청 사태를 그대로 보는 듯한 인상을 받는다.

현지인들이 랭던이라고 부르는 트리브니아 왕국에 (…) 국민의 대부분은 온통 발견자, 밀고자, 고발자, 고소인, 증인, 맹세자로 이루어져 있고 (…) 그들은 우선 자기들끼리 상의하여 의심쩍은 자들 중 누구를 음모죄로 규탄할 것인가를 정한다. 그러고 나서 적절한 수단과 방법을 써서 그들의 편지와 기타 서류를 모두 확보하고 그 소유자를 구속시킨다. 이 서류들은 낱말과 음절과 글자 하나하나에서 신비스러운 뜻을 찾아내는 데 능통한 기술자들에게 전달된다. (…) 이 방법이 실패하면 그보다 더 효과적인 두 가지 방법이 또 있다. 이것을 그곳 학자들은 글자 맞추기 및 철자 순서 바꾸기라고 한다. 첫째, 그들은 모든 머리글자를 정치적 뜻을 품은 것으로 해석한다. N은 음모, B는 기병 연대, L은 함대를 뜻한다고 일방적으로 해석해버린다. 둘째, 모든 수상한 서류의 알파벳 철자의 순서를 바꾸어 읽음으로써 불만을 품은 정당이 깊숙이 감춘 흉계를 폭로할 수 있다. 가령 내가 친구에게 보내는 편지에서 "우리 형 톰이 요사이 치질에 걸렸어Our brother Tom has just got the piles"라고 썼다면 이 문장에 들어 있는 철자들을 그들 멋대로 흔들어서 "탑[21]에 저항하라, 계획이 무르익고 있다Resist - a Plot is brought Home - The Tour"로 해석하는 것이다. 이것이 알파벳 철자의 순서 바꾸기다.

같은 학교의 다른 교수들은 단순화된 언어들을 발명하고, 기계로 책을 쓰고, 교과 내용을 웨이퍼에다 적어놓아 학생들이 그 웨이퍼를 먹게 하고, 한 사람의 두뇌 일부분을 덜어내어 다른 사람의 머리에다 접목함으로써 개성을 완전히 제거해버리자고 제안한다. 이 장들의 분위기에는 기이하게도 낯익은 구석이 있다. 이런 아주 어리석은 제안들 중에는 날카로운 형안炯眼이 깃들어 있는 것이다. 즉 전체주의는 사람들에게 체제에 합당한 생각만 하도록 유도하려 할 뿐만 아니라 사람들이 덜 의식하도록 만들려 한다. 스위프트는 마인국에서 야후 부족을 다스리는 지도자와, 처음에는 그 지도자의 지저분한 일을 대신하다가 나중에는 희생양이 되어버리는 '측근'을 묘사하는데, 이 이야기는 우리 시대의 정치적 패턴과 너무나도 일치한다. 그렇다면 우리는 이런 문장들에

---

21 The Tour는 Tower(탑, 감옥)의 뜻. [작가의 각주]

서 스위프트가 무엇보다도 독재정치에 저항하는 자이고 또 자유로운 지성의 옹호자라고 추론할 수 있을까? 아니다. 우리가 정밀하게 살펴보면 그의 정치사상은 뚜렷한 자유주의가 아니다. 물론 그는 귀족, 왕, 주교, 장군, 귀부인, 계급, 직위, 온갖 겉치레를 증오한다. 그렇지만 통치자들보다 보통 사람들을 더 좋아한다거나 사회적 평등의 증진을 옹호한다거나 대의제도를 열광적으로 지지하는 것 같지도 않다. 마인국은 일종의 카스트제도에 의해 조직되어 있고, 그 특징은 인종차별적이다. 가령 육체노동을 하는 마인들은 그들의 주인과 피부색이 다르며, 또 주인과 하인은 서로 통혼을 하지 않는다. 스위프트가 존중한 소인국의 교육제도는 세습적 계급 차이를 당연하게 여기고, 극빈층 계급의 자녀들은 학교에 가지 않는다. "그들의 일은 땅에 씨를 뿌리고 경작하는 것이므로 (…) 그들의 교육은 일반 대중에게 그리 중요하지 않다." 그는 자기 글쓰기가 향유하는 언론의 관용에도 불구하고 언론의 자유나 언론을 강력하게 옹호하는 것 같지도 않다. 대인국의 왕은 영국에 정치적, 종교적 파벌이 많다는 이야기를 듣고 놀라면서 '공중에게 해로운 견해(이 맥락에서는 이단적 사상을 의미한다)'를 가진 사람들은 그 견해를 바꿀 필요는 없으나 그것을 감추어야 마땅하다고 말한다. 왜냐하면 "정부가 전자(견해의 변경)를 요구한다면 독재이고, 후자를 강요하지 않는다면 허약한 것이기 때문이다". 걸리버가 마인국을 떠나는 방식에서도 스위프트의 태도를 은근히 엿볼 수가 있다. 스위프트는 간헐적으로 아나키스트의 모습을 보인다. 『걸리버 여행기』 4부는 아나키스트 사회를 그려내는데 그 사회는 일반적 의미의 법률이 아니라 '이성'의 명령으로 다스려진다. 마인국의 총회는 걸리버의 주인에게 그를 보내라고 '권고'하고, 주인의 이웃들도 그 권고에 따르라고 압력을 가한다. 거기에는 두 가지 이유가 제시된다. 하나는 이 비상한 야후(걸리버)가 나머지 야후 부족을 동요시킬 수가 있고, 다른 하나는 후이넘(마인)과 야후의 친밀한 관계는 "이성, 자연 혹은 지금까지의 관례로 보아 합당치 않다"라는 것이다. 그러나 그 '권고'는 무시해버릴 수 있는 것이 아니다(마인국에서는 누가 누구에게 명령하는 법이 없고 단지 권고 혹은 조언을 해줄 뿐이다). 이것은 아나키스트 사회 혹은 평화주의적 비전을 가진 사회에 내재된 전체주의적 경향을 잘 보여준다. 법률이 없고 또 이론적으로 강요가 없는 사회에서 행동을 규제할 수 있는 유일한 수단은 여론이다. 그러나 여론이라는 것은 군거 동물들 사이의 순응 압력 때문에 법률적 제도보다 덜 관용적이다. 인간이 "너는 무엇무엇을 해서는 안 된다"에 의해 다스려질 때 개인은 어느 정도의 일탈을 구가할 수 있다. 그러나 '사랑'이나 '이성'에 의해서 통제된다면 그는 다른 사람들과 똑같은 방식으로 행동하고 사고해야 한다는 압력을 끊임없이 받게 된다. 마인들은 거의 모든 문제에서 만장일치의 의견을 보인다. 그들이 논의한 유일한 문제는 야후 족속을 어떻게 다룰 것인가 하는 것이었다. 그 외에 마인들 사이에서는 불일치의 가능성이 없다. 왜냐하면 진실은 언제나 자명하거나, 아니면 발견할 수 없거나 중요하지 않기 때문이다. 마인들의 언어에는 '의견'에 해당하는 단어가 없는 듯하고, 그들의 대화에서는 '감정의 차이'도 드러나지 않는다. 사실 그들은 전체주의적 조직의 가장 높은 단계에 도달했다. 그 단계에서는 순응이 너무 일반적이기 때문에 개인들을 단속할 경찰력이 불필요하다. 스위프트는 이런 종류의 사회를 승인하는데, 그의 많은 재주 중에 호기심이나 좋은 성품 등은 들어 있지 않기 때문이다. 그에게 불일치는 언제나 변태로 보일 뿐이다. 그는 말한다. "마인들에게 이성은 우리 영국인들처럼 풀기 까다로운 문제가 아니다. 우리는 한 문제를 정반대의 방면에서 그럴듯하게 따질 수 있다. 그러나 마인국에서 이성은 논쟁이 끼어들 여지를 주지 않고 직접적으로 확신을 준다. 이성이 감정이나 이해관계 때문에 뒤섞이고 흐릿해지고 퇴색하지 않는다면 당연히 그래야만 할 것이다." 달리 말해서 우리는 이미 모든 것을 알고 있는데 왜 반대하는 의견들을 허용해야 하는가? 자유도 발전도 없는 마인국의 전체주의적 사회는 바로 여기에서 나온 다.

우리는 스위프트를 반항자 혹은 우상파괴자로 볼 수 있을 것이다. 그러나 여자도 남자와 같은 교육을 받아야 한다고 주장하는 등 일부 부차적인 문제를 제외하고, 그에게는 '좌파'라는 호칭을 붙일 수가 없다. 그는 토리 아나키스트로서 권위를 경멸하면서 자유를 믿지 않으며, 귀족적 전망을 유지하면서 기존 귀족은 타락하여 경멸스러운 존재라고 생각한다. 스위프트가 부자와 힘센 자들을 향하여 비난을 퍼부을 때도 이미 앞에서 말한 것처럼 그가 권력을 잡지 못한 당 소속이고, 그래서 개인적으로 실망하고 있다는 사실을 감안해야 한다. '야당'은 분명한 이유들 때문에 '여당'[22]보다 늘 더 과격하다. 그러나 스위프트에게서 가장 본질적인 것은 그가 인생—지나치게 이성을 강조하고 삶의 냄새가 배제된 그런 인생 말고, 지구상에서 실제 벌어지는 보통 인생—을 살 만한 가치가 있는 것으로 만들 수 없다고 보는 것이다. 물론 제정신이 박힌 사람이라면 성인 인간들 사이에서 행복이 일반 조건이라고 말하지는 않을 것이다. 그런데 어쩌면 그 조건을 일반적인 것으로 만들 수 있을지도 모른다. 모든 진지한 정치적 논쟁은 바로 이 주제를 중심으로 회전한다. 스위프트는 행복의 가능성을 믿지 않는 또 다른 인물인 톨스토이와 공통점이 많다. 사람들이 일반적으로 생각하는 것보다 양자 사이에는 공통점이 많다고 생각된다. 두 사람은 전체주의적 마음가짐을 은폐하는 아나키스트 전망을 공유한다. 두 사람은 과학을 싫어하고, 반대자들을 잘 참아주지 못하고, 그들 자신에게 흥미롭지 못한 문제들의 중요성을 인정하지 않는다. 두 사람은 인생의 실제 과정에 대하여 일종의 공포를 느낀다. 물론 톨스토이의 경우에는 생애 후반기에 스위프트와는 다른 방식으로 그런 공포가 찾아왔다. 두 사람의 성적 불

---

22 소설의 끝부분에서 인간적 어리석음과 사악함의 전형적 표본으로서 스위프트는 "변호사, 소매치기, 고급장교, 광대, 귀족, 도박꾼, 정치가, 뚜쟁이, 의사, 증언자, 위증교사자, 소송대리인, 배신자 등"을 든다. 우리는 여기서 권력 없는 자의 무책임한 횡포를 엿볼 수 있다. 이 목록은 기존 관습을 어긴 자나 그것을 지킨 자를 모두 망라한다. 예를 들어 고급장교를 자동적으로 비난한다면 무슨 근거로 배신자를 비난하는가? 또 소매치기를 난속하려면 법률이 있어야 하고 그러자면 법률가가 있어야 한다. 스위프트는 아주 격렬한 증오를 드러내지만 그 이유가 부실하기 때문에 이 문장은 별로 설득력이 없다. 우리는 개인적 악감정이 여기에 작용한다고 느끼게 된다. [작가의 각주]

만족은 동일한 종류는 아니지만 여성에 대한 진정한 혐오감에 더하여 병적인 매혹이 뒤섞여 있다는 점에서 동일하다. 톨스토이는 전에 방탕했다가 개과천선하여 완벽한 독신 생활을 설교했으나 실제로는 아주 노년에 이르기까지 그와는 정반대 행동을 계속했다. 스위프트는 아마도 성 불능자였을 텐데 인간의 똥에 과장된 공포를 느꼈다. 그의 소설 전편에서 드러나듯이 그는 계속하여 똥 생각을 했다. 이런 사람들은 대부분의 인간들에게 찾아오는 아주 작은 행복이라도 즐길 법하지 않고, 또 아주 분명한 이유로 인해 지상의 생활이 크게 개선될 수 있다고 시인할 것 같지도 않다. 그들의 호기심 부재와 그에 따르는 불관용은 동일한 뿌리에서 나온 것이다.

스위프트의 혐오, 앙심, 비관론 등은 이승을 전주곡으로 만드는 '저승'을 배경으로 삼고 있어야만 말이 되는 것이다. 그러나 그는 저승을 아주 진지하게 믿지 않는 모양이니, 그렇다면 여기 지구상에다 천국을 세워야 한다. 그런데 그의 천국은 우리가 알고 있는 것과는 아주 다르다. 그가 인정하지 않는 것들―가령 거짓말, 어리석음, 변화, 열광, 즐거움, 사랑, 지저분함―이 모두 빠진 세상을 만들고 싶어 하는 것이다. 그는 이상적 존재로서 배설한 똥이 전혀 냄새가 나지 않는 마인을 선택했다. 마인들은 황량하고 따분한 동물이다. 이것은 다들 인정하는 바여서 여기서 자세히 설명할 필요가 없다. 스위프트의 재주가 작용하여 마인들을 그럴듯한 존재로 만들어냈지만 마인들에게 싫증 이외의 감정을 품는 독자는 그리 많지 않을 것이다. 이것은 동물이 인간보다 우월하게 묘사되어 자존심에 상처를 받아서 그런 게 아니다. 마인국에 사는 후이넘과 야후 중에 마인들이 야후보다 더 인간에 가깝다는 사실, 마인국의 야후에 대한 걸리버의 혐오감, 야후가 우리 인간과 같은 종이라는 발견은 논리적 오류를 내포하고 있다. 그는 마인국에 도착하여 야후를 처음 보는 순간 그들에게 혐오감을 느꼈다. 그는 말한다. "전체적으로 내가 여러 여행 동안 본 동물들 중에서 이렇게 역겹게 생긴 것은 본 일이 없었고, 또한 내가 본능적으로 그렇게 강한 혐오감을 느낀 동물도 없었다." 그렇지만 무엇과 비교하여 야후가 그렇게 혐오스럽다는 것인가? 마인들과 비교해서 그렇다는 것은 아니다. 이 순간 걸리버는 아직 마인을 보지 못했기 때문이다. 야후가 혐오스러운 것은 걸리버 자신, 즉 인간과 비교할 때 그렇다는 것이다. 그러나 나중에 우리 독자는 야후가 곧 인간이라는 이야기를 들으며, 모든 인간이 야후이기 때문에 인간 사회는 걸리버에게 견딜 수 없는 것이 된다. 그렇다면 왜 그는 야후를 만나기 훨씬 전부터 인간에게 혐오감을 품지 않았는가? 우리는 야후가 인간과는 아주 다르지만 그래도 인간과 똑같다는 말을 듣는다. 스위프트는 분노에 함몰되어 무리한 묘사를 하며 그의 동료 인간들을 향하여 이렇게 소리친다. "너희는 실제보다 더 지저분하다!" 야후들에게는 상당한 동정심을 느끼는 것이 불가능하다. 마인들이 별 매력 없는 것은 그들이 야후를 억압하기 때문이 아니다. 그들이 지배 원리인 '이성'이 실제로는 죽음에 대한 욕망이기 때문에 매력이 없는 것이다. 그들은 사랑, 우정, 호기심, 공포, 슬픔 등으로부터 자유롭다. 야후는 마인국에서의 지위가 나치 독일 내의 유대인 공동체와 비슷한데, 이 야후에 대한 분노와 증오를 제외하고 마인들은 아무런 감정을 느끼지 못한다. "마인들은 자식들에게 애정이 없으며 그들을 교육하는 데 기울이는 정성은 오로지 이성의 지시에서 나온다." 그들은 '우정'과 '선행'을 중시하지만 "이런 것들은 어떤 특정한 대상에만 국한되는 것이 아니라 전체 종족에게 보편적이다". 그들은 대화를 중시하지만 의견의 차이는 없으며, "실생활에 유익한 것들만 간명하고 의미심장한 말로써 표현한다". 그들은 철저히 산아제한을 하고 각 부부는 자식을 둘만 낳고 그다음에는 성관계를 멀리한다. 그들의 결혼은 어른들이 위생학적 원칙에 입각하여 주선해주며 그들의 언어에는 성적 의미의 '사랑'이 없다. 누군가가 죽어도 그들은 평소와 마찬가지로 행동하며 아무런 슬픔도 느끼지 않는다. 그들의 목표는 육체적으로 살아 있으면서도 가능한 한 시체처럼 살아가는 것이다. 그들의 특징 한두 가지는 엄격한 의미에서 볼 때 '합리적'이지 않다. 그래서 그들은 신체적 강건함과 운동을 높이 평가하지만 동시에 시詩도 중시한다. 그러나 이런 예외 사항들은 겉보기처럼 자의적인 것은 아니다. 스위프트는 마인들이 미워하는 인간의 종족에게 정복당할 리가 없다는 것을 분명히 하기 위해 그들의 신체적 강건함을 강조한 반면, 그가 볼 때 가장 무익한 학문인 과학에 맞서는 개념으로서 마인들이 시를 사랑한다는 것을 내세운 듯하다. 3부에서 그는 "상상력, 환상, 발명"을 바람직한 능력으로 거론하면서도 라퓨타의 수학자들이 음악을 사랑함에도 불구하고 그런 바람직한 능력이 완전히 결핍되어 있다고 말했다. 스위프트가 익살스러운 시를 쓸 줄 아는 멋진 시인이기는 하지만, 그가 가치 있다고 생각한 시는 아마도 교훈시였을 것이다.

마인들의 시는 세상의 어떤 동물보다도 뛰어나다고 인정해야 한다. 그들의 시에서 나타나는 적절한 비유, 정확하면서도 정밀한 묘사를 우리는 정녕 모방할 수 없다. 그들의 시에는 대개 우정과 선행에 대한 고양된 정서, 또는 경주와 기타 신체적 운동경기에서 승리한 자를 기리는 칭송 같은 비유와 묘사가 많다.

그러나 안타깝게도 스위프트의 뛰어난 재주도 우리가 그 가치를 판단해볼 만한 마인들의 시를 지어내지는 못했다. 그렇지만 그 시는 오싹한 내용이었을 것이고(아마도 영웅 연구聯句를 구사한 시), '이성'의 원칙을 크게 위배하는 것은 아니었으리라.

행복은 참으로 묘사하기가 어려운 개념인데, 잘 조직된 정의로운 사회의 그림들은 결코 매력적이 못하고 설득력도 없다. '총애받는' 유토피아의 주창자들은 인생을 충실하게 살아나갈 때 그 인생이 어떤 모습이 될 것인가에 관심이 많다. 스위프트는 간단히 인생을 거부해버릴 것을 옹호하면서, '이성'의 힘은 사람의 본능을 좌절시키는 데 있다고 주장하면서 삶의 거부를 정당화한다. 역사가 없는 족속인 마인늘은 세내에서 세대를 이어가면서 신중한 삶을 영위하고, 정확하게 똑같은 수준의 인구를 유지하고, 온갖 열정을 회피하며, 병을 앓지 않고, 죽음을 무덤덤하게 맞이하며, 그들의 자식을 동일한 원칙에 입각하여 키운다. 무엇 때문에? 이와 동일한 삶의 원칙이 무한정 지속되도록 하기 위해서이다. 지금 이곳의 삶은 살 만한 가치가 있고, 설혹 그렇지 못하더라도 앞으로 좋아질 수 있으며, 미래의 좋은 목적을 위해 현재의 삶을 희생할 수도 있다는 개념은 전혀 존재하지 않는다. 마인국의 황량한 세상은 스위프트가 그려내는 범위 내에서만 유토피아일 뿐 진정한 유토피아가 아니다. '저승'을 믿지 않고 또 이승의 정상적 활동들에서 아무런 즐거움도 얻지 못하는 사람의 유토피아이다. 하지만 그 유토피아는 그 자체로 바람직하다고 제시된 것이 아니라 인간성에 대한 공격을 정당화하기 위해 제시된 것이다. 그 목적은 인간이 허약하고 우스꽝스러운 존재이고, 무엇보다도 냄새나는 존재라는 것을 상기시켜 인간에게 모욕을 가하자는 것이다. 그 궁극적 동기는 일종의 시샘이다. 살아 있는 자에 대한 유령의 시샘, 남들을 위해서가 아니라 자기 자신을 위해 행복을 추구하는 사람, 그래서 그 자신보다 더 행복해 보이는 듯한 사람에 대한 시샘인 것이다. 이런 인생관을 표출하는 사람의 정치적 견해는 보수적이거나 허무주의적이다. 왜냐하면 그런 생각을 가진 사람은 사회가 더욱 발전하여 자신의 비관주의가 잘못됐다고 증명해 주는 결과를 원하지 않기 때문이다. 사회의 발전을 막으려면 모든 것을 산산조각 내거나, 아니면 사회의 변화를 회피해야 한다. 스위프트는 원자탄의 발명 이전에 가능했던 유일한 방식으로 모든 것을 산산조각 내버렸다. 즉 그는 미쳐버렸다. 그리고 지금까지 논증해왔듯이 그의 정치적 목적은 대체로 보아 보수적인 것이었다.

　내가 지금껏 써온 내용으로 미루어 독자는 내가 스위프트에게 반기를 들고 있으며, 또 그를 반박하여 그를 폄훼하려 한다는 인상을 받았을 것이다. 내가 그를 이해하는 범위 내에서 나는 그의 정치적, 도덕적 입장에 반대한다. 그렇지만 기이하게도 그는 내가 아무런 조건 없이 존경하는 작가들 중 하나이다. 『걸리버 여행기』는 아무리 읽어도 싫증이 나지가 않는다. 나는 이 책을 여덟 살 때 처음 읽었다. 정확하게 말하자면 여덟 살에서 하루 모자라는 나이였다. 그다음 날 내 생일 선물로 줄 책을 미리 몰래 가져다가 읽었다. 그리고 그때 이후 적어도 여섯 번 이상 읽은 것 같다. 이 소설의 매혹은 무궁무진하다. 다른 모든 책을 파괴하고 딱 6권만 고르라고 한다면 나는 그중에 『걸리버 여행기』를 집어넣을 것이다. 이것은 당연히 이런 질문을 야기한다. 작가의 의견에 동의하는 것과 그의 작품을 즐긴다는 것은 서로 어떤 관계인가?

　만약 우리가 지적 초연함을 발휘할 수 있다면 의견을 달리하는 작가에게서도 장점을 발견할 수 있다. 그러나 그 작가의 작품을 즐길 수 있겠는가 하는 것은 전혀 다른 문제이다. 만약 좋은 예술과 나쁜 예술이 있다고 한다면 그 좋음과 나쁨은 예술 작품 자체 안에 있어야 한다. 그 호오好惡는 물론 관찰자로부터 완전히 독립될 수는 없겠지만 관찰자의 심적 분위기로부터는 독립돼야 한다. 어떤 시가 월요일에는 좋은데 화요일에는 나쁘다는 것은 말이 되지 않는다. 그러나 어떤 시가 일으키는 정서적 반응에 따라 시를 판단한다면 좋고 나쁨은 분명 존재한다. 왜냐하면 어떤 시에 대한 평가나 감상은 누구도 명령할 수 없는 주관적 조건이기 때문이다. 낮 동안의 대부분 시간에는 아주 교양 있는 사람이라고 할지라도 미적 감각을 별로 발휘하지 않으며 그런 감각을 발휘하는 능력은 쉽사리 파괴된다. 겁먹거나, 배고프거나, 치통을 앓거나 뱃멀미를 하면 『리어왕King Lear』이라는 작품은 그런 힘겨운 사람의 관점에서는 『피터 팬』이나 별반 다를 것이 없다. 게다가 미적 판단은 정치적, 도덕적 불일치에 의해 아주 처참하게 뒤집힐 수 있다. 그 원인을 좀 더 분명하게 알 수 없을 때는 더욱 처참하게 뒤집힌다. 만약 어떤 책이 당신을 화나게 하고, 상처를 입히고, 놀라게 한다면 그 책의 가치가 무엇이든 간에 당신은 그걸 즐기지 않는다. 만약 그게 해로운 책이어서 바람직하지 못한 방식으로 다른 사람들에게 영향을 미칠 법하면 당신은 그 책의 가치를 아예 부정해버리는 미학적 이론을 만들어낼 것이다. 현대의 문학평론은 대체로 말해서 이런 두 가지 기준 사이에서 우왕좌왕한다. 그러나 그와 정반대되는 과정도 발생한다. 어떤 책을 좋아하면 그 책에 대한 거부를 뒤집을 수 있다. 설사 독자가 해로운 것을 즐기고 있음을 인식해도 사정은 달라지지 않는다. 스위프트는 받아들이기 어려운 세계관을 가진 사람이지만 그럼에도 불구하고 아주 높은 인기를 누리는 작가인데, 바로 좋아하니까 거부감을 거두어들이는 좋은 사례이다. 왜 우리는 자신이 야후가 아니라는 것을 확신하는데도 소설 속에서 인간이 야후라고 불리는 것을 그리 신경 쓰지 않는가?

　　스위프트는 잘못됐고 또 정신이상이었다고 말하는 것만으로는 충분하지 않다. 그는 '좋은 작가'였다. 어떤 책의 문학적 가치가 어느 정도 그 주제와 분리되어 있다고 보는 건 진실이다. 어떤 사람은 천부적으로 사냥감을 알아보는 '좋은 눈'을 갖고 있는가 하면, 어떤 사람은 말을 구사하는 재주를 타고난다. 그것은 대체로 말해서 타이밍의 문제이고, 어디에다 강조점을 찍어야 하는지 본능적으로 알아내는 문제이다. 비근한 사례로 내가 위에서 인용한 "현지인들이 랭던이라고 부르는 트리브니아 왕국에"로 시작되는 문장을 살펴보자. 이 문장의 힘은 "이것이 알파벳 철자의 순서 바꾸기다"라는 맨 마지막 문장에서 나온다. 엄밀히 말해서 이 문장은 췌사贅辭이다. 우리가 이미 철자 바꾸기의 해독解讀을 살펴봤기 때문이다. 그러나 짐짓 엄숙한 문장의 반복에서 우리는 스위프트 자신의 목소리를 듣는 것 같다. 못대가리를 마지막으로 때려서 집어넣는 것처럼 철자 바꾸기 행위의 바보스러움을 강조하는 것이다. 스위프트의 문장은 힘이 넘치면서 명료하다. 그의 상상력은 여러 개의 불가능한 세상을 그럴듯한 것으로 만들어놓는다. 이 점에서 대부분의 역사책들보다 더 뛰어나다. 그렇지만 이런 재주가 아무리 훌륭하다고 하더라도 그의 세계관이 진정으로 사람들에게 상처와 충격을 준다면 우리는 스위프트의 책을 즐겨 읽지 못할 것이다. 많은 나라에서 수백만 사람이 『걸리버 여행기』를 즐기면서도 인간을 비난하는 그 내용을 알아봤다. 1부와 2부를 있는 그대로 받아들이는 어린아이조차도 인간의 키가 겨우 6인치라는 이야기를 이상하다고 생각했을 것이다. 이에 대한 설명은 스위프트의 세계관이 그리 잘못됐다고 여겨지지 않는다는 것이다. 좀 더 정확하게 말하자면 언제나 잘못된 것은 아니라는 이야기다. 스위프트는 병을 앓은 작가이다. 그는 보통 사람 같으면 간헐적으로 느끼는 우울증을 언제나 앓고 있었다. 황달이나 독감 후유증을 앓는 사람이 약간의 기력이 있어서 책을 쓴 경우와 비슷하다. 그런데 우리는 그런 기분을 이해하며, 우리 내면에 있는 어떤 부분은 그런 기분의 표현에 공감한다. 가령 그의 전형적 작품 중 하나인 「숙녀의 화장실The Lady's Dressing Room」을 보라. 여기에다 그와 비슷한 시인 「침실에 드는 아름다운 젊은 님프에 관하여Upon a Beautiful Young Nymph Going to Bed」를 추가해보라(「숙녀의 화장실」은 셀리아라는 숙녀가 5시간이나 화장을 하고 찬란한 모습으로 외출한 직후, 스트레폰이라는 하인이 호기심에서 그 화장실을 살펴보니 빗을 비롯하여 모든 것이 더럽기 짝이 없고, 한구석에 아름답게 장식한 변기통 뚜껑을 열어보니 오물이 가득 찬 그곳에서 악취가 솟아 나와 코를 막게 되었다는 내용-옮긴이). 어떤 견해가 더 옳은가? 이 두 시에서 표명된 견해와 "알몸의 여성은 가장 신성한 인간의 형체"라고 노래한 윌리엄 블레이크의 시와? 물론 블레이크의 견해가 더 진실에 가깝지만 여성의 거짓 꾸밈과 아름다움이 폭로되는 데에서 은근한 즐거움을 느끼지 않을 자, 그 누구인가? 스위프트는 인간의 삶에서 오물, 우행, 사악함 이외의 것은 보지 않으려고 함으로써 그의 세계관을 왜곡했다. 그러나 그가 전체에서 추출해낸 그 부분은 분명 존재한다. 우리는 그 부분을 언급하지 않으려 하지만 그 존재를 알고 있다. 우리 마음의 일부—정상적인 사람이라면 상당 부분—는 인간은 고상한 동물이며 인생을 살 만한 가치가 있다고 믿는다. 그렇지만 인생의 끔찍함에 간헐적으로 맞서는 마음의 일부도 있는 것이다. 아주 기이한 방식으로 쾌락과 혐오는 서로 연결되어 있다. 인간의 신체는 아름답지만 동시에 혐오스럽고 우스꽝스럽다. 이런 사실은 수영장에서 확인할 수 있다. 성기는 욕망의 대상이지만 동시에 혐오의 대상이고, 그런 만큼 많은 언어에서(모든 언어는 아니지만) 욕설로 사용된다. 고기는 맛이 좋지만 푸줏간은 욕지기나게 한다. 실제로 우리의 모든 식량은 똥과 시체로부터 나온다. 그렇지만 이 두 가지는 어떤 것들보다 우리에게 혐오스러운 것이다. 유아기를 지나서 온 세상을 새로운 눈으로 보는 아이는 경이로운 것 못지않게 공포에 의해서도 감동을 받는다. 코딱지와 가래침, 보도에 싸갈긴 개똥, 구더기가 가득한 죽은 개구리 시체, 어른들의 시큼한 땀 냄새, 대머리에다 둥근 코를 가진 노인들의 볼품없음 등. 스위프트는 질병, 오물, 기형을 끊임없이 열거하지만 그것들은 그가 새롭게 발명한 것은 아니고, 뭔가를 그가 빼놓고 말하지 않은 것이다. 인간의 행동, 특히 정치 분야에서의 행동이 그러한데, 그 행위에 뭔가 중요한 것이 들어 있는데도 그가 인정하지를 않는 것이다. 우리가 보기에 공포와 고통은 이 지상에서의 삶을 이어나가는 데 반드시 존재하는 것이다. 그래서 스위프트 같은 비관론자들은 그것을 문제 삼아 이렇게 말한다. "공포와 고통이 언제나 우리와 함께 존재한다면 어떻게 인생을 개선할 수 있다는 말인가?" 그의 태도는 실제적으로 기독교 신자의 태도이지만 '저승'이라는 뇌물이 배제된 태도이다. 스위프트의 이런 태도는 이 세상은 눈물의 계곡이고 무덤은 안식처라는 확신보다는 기독교 신자들에게 덜 호소한다. 나는 스위프트의 태도가 잘못됐고 또 인간의 행동에 해로운 효과를 미친다고 확신한다. 그러나 우리 내면의 어떤 것이 그런 태도에 호응한다. 장례식의 음울한 언사와 교회 마당의 달콤한 시체 냄새에 반응하는 것처럼.

주제의 중요성을 강조하는 사람들은 분명 잘못된 인생관을 표현한 책은 '좋은' 책이 될 수 없다고 말한다. 우리는 또 우리 시대에 진정한 문학적 가치를 지닌 책은 다소간 '진보적' 성향을 띠어야 한다는 이야기도 듣는다. 이런 이야기는 역사를 통하여 진보와 보수 사이에서는 계속 싸움이 있어왔고, 또 어떤 시대든 좋은 책들은 여러 가지 관점에 입각하여 쓰인 책들이며 그런 관점들 중 일부는 다른 것들보다 잘못된 것이라는 사실을 무시한 것이다. 작가가 프로파간다꾼이라는 사실을 인정한다면 우리는 최소한 그가 자신의 이야기를 믿어야 한다는 걸 요구할 수 있다. 그리고 그의 이야기는 어처구니없을 정도로 어리석은 것이어서는 안 된다. 예를 들어 오늘날 가톨릭교도, 공산주의자, 파시스트, 평화주의자, 아나키스트, 옛 방식의 자유주의자, 혹은 평범한 보수주의자도 좋은 책을 쓸 수 있다. 그러나 영성주의자, 부크맨주의자(부크맨주의는 미국 종교가 프랭크 부크맨이 일으킨 종교운동으로, 원시 그리스도교의 신앙으로 돌아가자고 주장했다-옮긴이), 쿠 클럭스 클랜(백인우월주의를 주장하는 미국의 비밀결사-옮긴이)의 단원이 좋은 책을 쓸 것이라고 상상할 수는 없다. 작가가 가진 견해는 의학적 관점에서 건전한 정신에 입각해야 하고, 또 일관된 생각의 힘을 발휘할 수 있어야 한다. 이것 이외에 우리가 작가에게 요구할 수 있는 것은 재능인데, 이 또한 확신의 또 다른 이름으로 보아야 할 것이다. 스위프트는 평범한 지혜의 소유자는 아니었고, 아주 강렬한 비전의 소유자였다. 그는 단 하나의 숨겨진 진실을 밖으로 꺼내어 그것을 확대하고 왜곡하는 능력이 있었다. 『걸리버 여행기』가 계속 읽힌다는 사실은 무엇을 말하는가? 작품 뒤에 신념의 힘이 뒷받침되어 있다면 정신적 건강의 기준을 아슬아슬하게 통과한 세계관이라도 위대한 작품을 충분히 만들어낼 수 있다는 것이다. (1946. 9)

리어왕과 톨스토이, 그리고 광대

톨스토이의 팸플릿은 그의 저작 중 가장 덜 알려진 부분이고 그가 셰익스피어를 공격한 팸플릿[23]은 입수하기도 쉽지 않으려니와 영역본은 더욱 구해보기가 어렵다. 따라서 논의를 진행하기 전에 그 팸플릿의 내용을 요약하는 것이 유익할 듯하다.

톨스토이는 이런 말을 하면서 글을 시작한다. 평생 동안 셰익스피어는 그에게 "견딜 수 없는 혐오감과 지겨움"을 안겨주었다는 것이다. 문명 세계의 의견이 그와는 반대된다는 것을 의식하면서, 그는 셰익스피어 작품들을 하나씩 읽어나갔는데 러시아어, 영어, 독일어로 계속 읽었다는 것이다. 그러나 "나는 늘 동일한 감정, 즉

---

[23] 『셰익스피어와 드라마Shakespeare and the Drama』. 어니스트 크로스비Ernest Crosby가 쓴 『셰익스피어와 노동계급Shakespeare and the Working Classes』이라는 또 다른 팸플릿의 해설로 1903년에 집필됐다. [작가의 각주]

혐오감, 피로, 그리고 놀라움을 겪었다". 이제 75세가 되어 그는 역사극을 포함하여 셰익스피어의 전 작품을 다시 한번 읽었다.

나는 전보다 더 강력한 힘으로 똑같은 감정을 느꼈다. 이번에는 놀라움의 감정이 아니라 셰익스피어에게 부여된 위대한 천재라는 의심할 나위 없는 영광, 우리 시대의 작가들이 그를 모방하려고 애쓰고, 독자와 관객들이 그에게서 있지도 않은 가치를 발견하여 그들의 미적, 윤리적 능력을 왜곡하는 것이 모든 허위가 그러하듯이 거대한 악이라고 확신하게 되었다.

그러면서 톨스토이는 셰익스피어가 천재가 아닐 뿐만 아니라 "평범한 작가"도 되지 못한다고 말한다. 그는 이 사실을 증명하기 위해 『리어왕』을 비판의 대상으로 삼았다. 해즐릿Hazlitt, 브라네스Brandes, 기타 평론가들의 말이 보여주듯이 이 작품은 지나치게 칭찬을 받았고 그리하여 셰익스피어의 최고 걸작으로 여겨지는데, 톨스토이는 이것이 왜 평범한 작품인지 보여주겠다는 것이다.

먼저 톨스토이는 『리어왕』의 플롯을 요약하면서 곱이곱이 이 작품이 어리석고, 장황하며, 부자연스럽고, 요령부득이며, 허세가 심하고, 속되며, 따분하고 또 황당한 사건들로 가득 차 있고, "말이 안 되는 헛소리", "재미없는 농담", 시대착오, 상관없는 이야기, 음란한 말, 낡은 무대장치, 도덕적·심미적 결점들로 넘쳐난다고 비난한다. 또 『리어왕』은 그보다 전에 나온 훨씬 좋은 작품인 무명씨의 『레어 왕King Leir』을 표절했는데, 셰익스피어가 이 작품을 멋대로 가져와서 망쳐놓았다는 것이다. 톨스토이가 비난해대는 방식을 보여주기 위해 구체적으로 문단을 하나 인용하겠다. 3막 2장(리어왕이 켄트, 광대와 함께 폭풍우를 맞는 장면)을 이런 식으로 요약해놓았다.

리어는 황야를 방황하면서 그의 절망을 보여주는 말을 한다. 그는 바람이 세게 불어와서 그의 양 뺨을 갈라놓고 비가 세게 와서 그 홍수로 모든 것을 삼켜버리고, 번개가 그의 백발에 불벼락을 내리고, 천둥이 세상을 뒤엎어버리고, 또 "저 배은망덕한 자를 만드는" 벌레들을 다 파괴해버리기를 바란다. 광대는 그보다 더 황당무계한 말을 지껄인다. 이때 켄트가 등장한다. 리어는 어떤 이유로 이 폭풍우 중에 범죄자들이 모두 발견되어 단죄될 것이라고 말한다. 리어는 아직도 켄트의 정체를 알아보지 못하는데 켄트는 리어를 설득하여 오두막에 들어가게 하려 한다. 이 순간 광대가 그 상황과는 전혀 관계가 없는 예언을 지껄여대고 그들 모두는 떠난다.

『리어왕』에 대한 톨스토이의 최종 판단은 이런 것이다. 만약 최면에 걸리지 않은 관찰자가 있다면 그는 "염증과 피곤함"을 느끼지 않은 상태로 이 희곡을 끝까지 읽을 수가 없다. 그리고 "셰익스피어의 다른 모든 칭찬받는 드라마들에 대해서도 같은 말을 할 수가 있고, 또 말이 안 되게 극화한 이야기인 『페리클레스Pericles』, 『십이야』, 『템페스트The Tempest』, 『심벨린Cymbeline』, 『트로일로스와 크레시다Troilus and Cressida』도 마찬가지다".

　이런 식으로 『리어왕』을 다루었으므로 톨스토이는 셰익스피어에 대하여 전반적인 비난을 퍼붓는다. 그는 셰익스피어가 전직 배우였기 때문에 연극상의 기술적 장점을 가지고 있는 것은 인정하지만 그 외에는 어떤 가치도 없다고 본다. 셰익스피어는 등장인물을 묘사하거나 어떤 상황에서 말과 행동이 자연스럽게 우러나오게 하는 능력이 없다. 그의 언어는 일관되게 과장되어 있고 우스꽝스럽다. 우연히 옆에 있게 된 등장인물의 입에다 그의 무작위적 생각을 마구 밀어 넣으며, "미적 감각이 완전히 결여되어 있고," 그의 말은 "예술과 시와 공통되는 점이 없다". "셰익스피어에게 다른 호칭을 붙일 수는 있을지 모르나," 톨스토이는 결론지었다. "그는 예술가는 아니다." 더욱이 그의 의견은 독창적이거나 흥미롭지 않으며, 그는 "저급하고 부도덕한 경향"을 내보인다. 기이하게도 톨스토이는 이 마지막 판단을 셰익스피어 자신의 발언에 바탕을 두고 내린 것이 아니라 게르비누스Gervinus와 브라네스라는 두 평론가의 진술에 의존한다. 게르비누스에 따르면(혹은 톨스토이가 읽은 게르비누스에 따르면) "셰익스피어는 (…) 사람들은 지금보다 훨씬 좋아져야 한다고 가르쳤다". 또 브라네스에 따르면 "셰익스피어의 근본 원칙은 (…) 목적이 수단을 정당화한다는 것이다". 톨스토이는 여기에다 셰익스피어는 최악의 호전적 애국자라고 덧붙인다. 이외에도 그는 게르비누스와 브라네스가 셰익스피어의 인생관에 관하여 타당하고 적절한 묘사를 하고 있다고 생각한다.

톨스토이는 이어 다른 곳에서 아주 길게 주장했던 예술 이론을 몇 문단으로 요약한다. 그 이론을 좀 더 짧게 줄여보면 주제의 위엄, 성실성, 훌륭한 장인 정신으로 요약된다. 위대한 예술 작품은 "인류의 생활에 중요한" 주제를 다루어야 하고, 작가가 진정으로 느끼는 것을 표현해야 하며, 소기의 효과를 거두는 데 도움이 되는 기술적 방법을 사용해야 한다. 그러나 셰익스피어는 인생관이 타락했고, 집필 방식이 엉성하며, 잠시라도 성실한 느낌을 말해본 적이 없으므로 비난받아 마땅하다는 것이다.

그러나 여기서 까다로운 질문이 하나 떠오른다. 만약 셰익스피어가 톨스토이의 말대로 그처럼 형편없는 작가라면 그가 널리 존경받는 것은 어떻게 된 일인가? 그 대답은 일종의 집단 최면 혹은 "전염에 의한 암시"에서 찾아봐야 한다는 것이다. 온 문명 세상이 망상에 빠져서 셰익스피어를 좋은 작가라고 생각하고, 아주 분명한 방식으로 형편없는 작가임을 증명했는데도 우이독경이 되고 말았다는 거다. 그 이유는 그런 믿음이 합리적인 의견이 아니라 종교적 신앙 비슷한 것이기 때문이다. 톨스토이는 역사상 이런 "전염적인 암시"의 끝없는 시리즈가 있어왔다고 말한다. 예를 들어 십자군, 현자의 돌(모든 금속을 금으로 바꿔주는 돌 - 옮긴이)의 추적, 네덜란드를 휩쓸었던 튤립 투기 열풍 등등. 현대적인 사례로 톨스토이는 의미심장하게도 드레퓌스 사건을 들면서 아무런 충분한 이유도 없이 온 세상이 그 사건에 흥분했다는 것이다. 새로운 정치적, 철학적 이론들, 혹은 이런저런 작가, 예술가, 과학자 등에 대하여 단명하게 끝난 광풍도 있었는데, 예를 들면 다윈은 이제(1903년) "잊히기 시작했다". 어떤 경우에는 아무런 가치 없는 대중적 우상이 몇 세기나 총애를 받는데, 그 이유는 "그런 광풍들이 우연히 그것들의 정착을 돕는 특별한 이유로 발생했으므로 어느 정도 당시 사회 내에 퍼져 있던 인생관에 조응하기 때문이다. 특히 문학 세계에 그런 경향이 심해서 그런 광풍이 오래 유지되는 것이다". 셰익스피어의 희곡들이 장기간 존경받아온 이유는 "그 작품들이 그의 시대와 우리 시대의 상류계급의 비종교적, 비도덕적 마음가짐에 조응하기 때문이다".

셰익스피어의 명성이 시작된 근원에 대하여 톨스토이는 이렇게 설명한다. 그것은 18세기 말에 독일 교수들이 셰익스피어를 높이 평가하면서 "불붙기" 시작했다. 그의 명성은 "독일에서 시작됐고 이어 영국으로 옮겨 왔다". 독일인들이 셰익스피어를 드높이기로 한 것은 당시 독일에는 이렇다 할 드라마가 없었고 프랑스의 고전문학은 너무 경직되고 인위적이었으므로, 자연히 셰익스피어의 "영리한 장면 전개"에 매혹됐고 또 독일인의 인생관이 셰익스피어 작품에 잘 반영되어 있다고 보았기 때문이다. 괴테Goethe가 셰익스피어를 위대한 시인이라고 칭송하자 다른 모든 비평가가 앵무새 떼처럼 똑같은 말을 되풀이했고, 그때 이래로 전반적인 미혹이 시작됐다는 것이다. 그 결과, 드라마는 더욱 타락했다. 톨스토이는 현대연극을 비난할 때 신중하게도 그 자신의 드라마까지도 포함시켜서 말했다. 그리하여 당시에 퍼져 있던 도덕적 인생관은 더욱 타락하게 되었다. 따라서 "그릇된 이유로 셰익스피어를 찬양하는 것"은 중대한 죄악이며, 톨스토이는 그것을 타파하는 게 자신의 의무라고 생각한다.

  이상이 톨스토이 팸플릿의 핵심이다. 우리의 첫 번째 느낌은 톨스토이가 셰익스피어를 나쁜 작가라고 평가함으로써 사실과 현저하게 다르게 말했다는 것이다. 그러나 이것은 중요한 문제가 아니다. 셰익스피어든 그 어떤 작가든 그가 '좋다'라고 증명할 수 있는 종류의 증거나 논증은 없다. 또 통속작가 워릭 디핑Warwick Deeping이 '나쁘다'고 단정적으로 증명할 방법도 없다. 궁극적으로 말해서 후세에 길이 살아남는 것 이외에 문학적 가치를 검증하는 기준은 없는데, 그 살아남기도 대다수 의견을 보여주는 지표일 뿐이다. 톨스토이의 예술 이론 같은 것은 별로 가치가 없다. 왜냐하면 임의적인 전제 조건을 가지고 논의를 시작하는 데다가 아무나 제멋대로 해석할 수 있는 막연한 용어들("성실한", "중요한" 등)에 의존하는 까닭이다. 그래서 사실대로 말해보자면 톨스토이의 공격에 반박하기가 어렵다. 흥미로운 질문은 이런 것이다. 왜 그는 이런 공격을 했을까? 여기서 그가 많은 허약하거나 부정적인 논증을 했다는 점을 주목할 필요가 있다. 그런 논증들 중 일부는 지적할 만한 가치가 있는데, 그것들이 그의 핵심 주장에 피해를 입히기 때문이 아니라 그의 악의를 드러내 보이는 증거이기 때문이다.

  우선 그는 자신의 『리어왕』 해석이 "불편부당不偏不黨하다고" 두 번이나 말했으나 그건 사실이 아니다. 오히려 장황하게 거짓 진술을 늘어놓고 있다. 『리어왕』을 읽지 않은 사람을 위하여 그 내용을 요약할 때 중요한 대사(코델리아가 리어의 품속에서 죽었을 때 그가 한 말)를 이런 식으로 요약하는 것은 편파적이다. "또다시 리어의 끔찍한 헛소리가 시작되는데, 썰렁한 농담을 대할 때처럼 우리는 부끄러움을 느끼게 된다." 그리고 아주 여러 사례에서 톨스토이는 그가 비판하는 대사들을 약간 바꾸거나 색깔을 다르게 표현한다. 그리하여 플롯이 약간 복잡하고 황당하게 보이게 만들고, 그 언어는 더욱 과장되어 보이게 한다. 예를 들어 우리는 "리어는 양위해야 할 필요나 동기가 없었다"라는 설명을 듣는다. 하지만 그의 양위 이유는 첫 장면에서 분명하게 서술되어 있다. 나이가 들어서 국사에서 해방되고 싶다는 것이었다. 내가 위에서 인용한 문장에서도 톨스토이는 의도적으로 이 문구를 오해하거나 저 문구의 의미를 약간 바꾸어놓아서 그 문맥 속에서 살펴보면 합리적인 말도 불합리한 것으로 만들어버린다. 이러한 오독들은 그 자체로 대단한 것이 아니지만 그 누적 효과로 인해 희곡의 심리적 불일치를 과장한다. 또 톨스토이는 왜 셰익스피어의 드라마가 사후 200년 동안(톨스토이가 말하는 "전염에 의한 암시"가 발생하기 이전의 시기) 계속 출판되고 상연됐는지 설명하지 못한다. 셰익스피어의 명성을 설명하는 그의 문장은 노골적인 거짓 진술들이 포함된 짐작에 불과하다. 또 그에 대한 비난들도 서로 모순된다. 가령 셰익스피어는 단순한 연예인이고 "진지한 사람"이 아니었다고 하면서 그가 등장인물의 입속에 그 자신의 사상을 집어넣고 있다고 말한다. 전반적으로 볼 때 톨스토이의 비판이 신의성실에 입각한 것인지 의심스럽다. 아무튼 그가 자신의 주된 주장을 정말로 믿었다고 생각하는 것은 불가능하다. 즉 1세기 이상 온 문명 세계가 빤히 들여다보이는 엄청난 거짓말에 넘어갔는데, 오로지 톨스토이 자신만이 그것을 꿰뚫어보았다는 이야기를 정작 그 자신도 정말로 믿었을 것 같지 않다. 그가 셰익스피어를 정말로 싫어하는 것은 알겠으나 그 이유들은 그가 주장하는 바와 다르거나, 아니면 부분적으로 다르다. 바로 여기에서 그의 팸플릿에 흥미를 갖게 된다.

이 지점에 이르면 우리는 짐작을 하고 싶어진다. 그러나 한 가지 가능한 단서 혹은 그 단서를 가리키는 질문이 있다. 바로 이런 것이다. 왜 톨스토이는 30편이 넘는 셰익스피어 드라마 중에서 특별한 공격 목표로 『리어왕』을 선택했을까? 사실 『리어왕』은 너무나 잘 알려져 있고 또 널리 칭송받았기 때문에 셰익스피어의 대표 걸작이라고 할 만하다. 그렇지만 적대적인 분석이 목적이라면 톨스토이는 그가 가장 싫어하는 희곡을 선택했을 것이다. 혹시 그가 이 희곡에 어떤 특별한 적개심을 품은 것은 의식적이든 무의식적이든 리어왕의 이야기와 톨스토이 자신의 이야기가 비슷하다고 생각했던 게 아닐까? 그러나 이 단서를 정반대 방향에서 접근하는 것이 더 좋다. 즉 『리어왕』 자체를 검토함으로써 톨스토이가 언급하지 않았던 특징을 찾아내는 것이다.

영국 독자들이 톨스토이의 팸플릿에서 주목하는 한 가지 사항은 그가 셰익스피어를 시인으로는 다루지 않았다는 것이다. 셰익스피어는 극작가로만 다루어져 있고, 그의 인기가 가짜가 아니라면 총명한 배우들에게 좋은 기회를 준 무대장치 덕분에 그런 인기를 누리게 되었다는 주장이다. 하지만 영어권 나라들에서 볼 때 이것은 사실이 아니다. 셰익스피어 애호가들이 가장 높이 평가하는 몇몇 희곡(예를 들면 『아테네의 타이먼』)은 거의 상연이 되지 않았거나 아예 상연되지 않았고 『한여름 밤의 꿈Midsummer Night's Dream』같이 연기하기 좋은 몇몇 드라마는 가장 낮은 평가를 받았다. 셰익스피어를 사랑하는 사람들은 제일 먼저 그의 언어 구사 능력을 평가하여 그것을 "말의 음악"이라고 칭송한다. 심지어 또 다른 적대적 비평가인 버나드 쇼조차도 그 언어의 "엄청난 매력"을 인정한다. 톨스토이는 이 사실을 무시했고, 영시는 영어가 사용되는 나라들의 사람들에게 아주 특별한 가치가 있다는 것을 깨닫지 못한 듯하다. 그러나 우리가 톨스토이의 입장이 되어 셰익스피어를 외국의 시인으로 생각하려 해도 여전히 톨스토이가 빠트린 어떤 것이 있다는 게 분명하다. 시는 소리와 연상이 전부여서 모국어를 말하는 그룹 이외의 곳에서는 가치가 없다고 말할 수 없다. 만약 모국어로서만 가치가 있다면 사어死語로 쓰인 시들 이외에 어떤 시들이 국경을 넘는 데 성공한 것은 어떻게 된 일인가? 분명 「내일은 성발렌타인데이Tommorrow is Saint Valentine's Day」 같은 시는 만족스럽게 번역되지 못하겠지만, 셰익스피어의 주요 작품들에는 언어로부터 분리될 수 있는 시가 있다. 톨스토이는 『리어왕』이 드라마로서는 그리 좋은 드라마가 아니라고 했는데, 맞는 말이다. 너무 장황하게 끌어가고 등장인물도 너무 많고 또 서브플롯도 너무 많다. 사악한 딸은 힌 사람이면 충분했을 것이고 에드거Edgar는 불필요한 인물이다. 만약 글루스터Gloucester와 그의 아들들이 아예 등장하지 않았더라면 더 좋은 작품이 되었을 것이다. 그렇지만 어떤 것, 즉 일종의 패턴 혹은 분위기 같은 것이 그런 복잡함과 장황함을 이기고 살아남았다.『리어왕』은 인형극, 마임(무언극), 발레, 일련의 그림들로 상상해볼 수도 있다. 어쩌면 가장 중요한 부분인 시정詩情이 스토리 안에 내재되어 있고, 그 어떤 말들이나 구체적 재현에 의존하지도 않은 채 의젓하게 살아 있다.

눈을 감고『리어왕』을 생각해보라. 가능하다면 아무 대사도 떠올리지 마라. 그러면 당신은 무엇을 보는가? 나는 다음과 같은 것을 본다. 백발과 하얀 수염은 길게 늘어뜨리고 기다란 검은 옷을 입은 장엄한 노인, 그는 블레이크의 드로잉에 나오는 인물 같다. 그러나 기이하게도 그는 톨스토이 같은 모습이다. 그는 폭풍우 속에서 광야를 헤매면서 하늘을 저주하고 그의 옆에는 광대와 광인이 있다. 곧 장면은 바뀌어서 노인은 여전히 욕을 하면서 아무것도 이해하지 못하는데, 그의 품속에는 죽은 여자를 안고 있고, 광대는 근처 배경의 교수대에 매달려 있다. 이것이 드라마의 간결한 핵심인데, 여기에서도 톨스토이는 가장 핵심적인 것을 덜어내려 한다. 그는 폭풍우가 불필요한 것이라며 반대하고, 광대는 따분한 장애물이요 썰렁한 농담의 사례라며 빼버려야 한다고 말하고, 코델리아의 죽음은 극에서 도덕을 박탈하는 것이기 때문에 안 된다고 주장한다. 톨스토이에 따르면 셰익스피어가 각색한 이전 작품『레어 왕』은

셰익스피어 극보다 더 자연스럽게 끝나고 또 관객들의 도덕적

요구와도 일치한다. 다시 말해 골 지방의 왕은 두 사악한 딸들의 남편들을 정복하고, 코델리아는 죽는 것이 아니라 살아서 부왕 레어를 원래 왕좌에 복귀시킨다.

달리 말해서 톨스토이는 이 비극이 코미디 혹은 멜로드라마가 되어야 한다고 주장하는 것이다. 과연 비극적 인식이 하느님에 대한 믿음과 양립할 수 있는지 의문스럽다. 아무튼 비극은 인간의 존엄에 대한 불신과는 양립하지 않으며 또 미덕이 승리하지 못할 때 배신감을 느끼는 "도덕적 요구"와도 양립하지 못한다. 비극적 상황은 미덕이 승리하지 못해 발생하는 것이 아니라, 인간이 그 자신을 파괴하는 힘보다 더 고상하다는 느낌 때 발생하는 것이다. 톨스토이가 광대의 존재 이유를 제대로 파악하지 못했다는 것은 의미심장하다. 광대는 이 극에 핵심적인 요소이다. 그는 코러스로서의 기능을 발휘할 뿐만 아니라 다른 인물들보다 핵심 상황을 더 조리 있게 설명함으로써 핵심 상황을 더욱 분명하게 만들어준다. 또 리어왕의 광분을 억제하는 역할도 한다. 그의 농담, 수수께끼, 노랫가락, 리어왕의 고상한 우행에 대한 끊임없는 공격(단순한 조롱에서 시작하여 "그대가 날 때부터 가지고 있던 모든 지위를 그대는 내버렸구나" 같은 시구에 이르기까지) 등은 드라마를 관통하는 정상적 마음가짐의 표시다. 지금 여기에서 저질러지는 불의, 잔인함, 음모, 기만, 오해에도 불구하고 다른 시간, 다른 곳에서는 평소와 마찬가지로 삶이 그대로 진행되고 있다는 정신적 일깨우기인 것이다. 이 광대를 못마땅하게 여기는 톨스토이의 태도에서 우리는 그가 셰익스피어와 깊은 불화를 겪고 있다는 것을 흘낏 엿볼 수 있다. 그가 셰익스피어 연극의 남루함, 무관계성, 황당한 플롯, 과장된 언어 등을 공격하는 데에는 나름대로 일리가 있다. 그러나 그가 마음 밑바닥에서 가장 싫어한 것은 생에 대한 환희 혹은 인생의 실제 과정에 대하여 즐거움까지는 아니더라도 진지한 흥미를 보이려는 경향이었을 것이다. 톨스토이를 예술가를 공격하는 도덕가로 치부하는 것은 잘못된 일이다. 그는 예술이 별것은 아니지만 사악하거나 무의미하다고 말한 적이 없고, 또 기술적으로 노련한 솜씨가 중요하지 않다고 말하지도 않았다. 그러나 생애 만년에 그의 주된 목표는 인간 의식의 범위를 가능한 한 좁히려는 것이었다. 사람의 관심사, 물질적 세상에 대한 애착, 일상적인 갈등 등을 가능한 한 적게 유지하는 것이 좋다고 보았다. 문학은 세부 사항들이 별로 없고 언어로부터 거의 독립된 우화 같은 것이 되어야 한다고 생각했다. 우화—이것이 톨스토이가 평균적이고 통속적인 청교도와 다른 점이다—는 예술 작품이 되어야 하고 즐거움과 호기심은 우화에서 배제돼야 한다. 과학 또한 호기심과는 절연해야 한다. 그는 과학의 주된 업무는 실제로 벌어진 일을 발견하는 것이 아니라, 사람들에게 올바르게 살아가는 방법을 가르치는 것이 되어야 한다고 말했다. 이것은 역사도 정치도 마찬가지다. 많은 문제(예를 들어 드레퓌스 사건)는 반드시 해결해야 할 만한 가치가 없는 것이므로 톨스토이는 그것들을 그냥 미해결로 놔두어도 된다고 생각했다. 십자군 운동이나 네덜란드의 튤립 열풍을 싸잡아서 "광분" 혹은 "전염병적 암시"로 바라보는 이론은 인간의 행위를 바라보는 톨스토이의 관점을 잘 보여준다. 그는 그런 행위가 설명할 수도 없고 재미있지도 않은 개미 떼의 우왕좌왕과 비슷하다고 생각하는 것이다. 그러니 그는 셰익스피어 같은 혼란스럽고 자세하고 산만한 작가를 참아줄 수가 없다. 그의 반응은 시끄러운 어린아이들에게 시달리는 성마른 노인의 반응과 비슷하다. "왜 그렇게 껑충껑충 뛰어오르는 거니? 왜 나처럼 가만히 앉아 있을 수가 없는 거니?" 어느 의미에서 보면 그 노인의 말이 맞지만, 문제는 어린아이의 사지에는 노인에겐 없는 활동력이 왕성하다는 점이다. 노인이 그런 활동력을 깨닫는다면 그의 짜증은 더욱 커질 것이다. 그는 할 수만 있다면 아이들을 노인처럼 무기력하게 만들고 싶을 것이다. 톨스토이는 자기가 셰익스피어의 어떤 점을 놓치고 있는지 몰랐지만, 그 자신에게 뭔가 결여되어 있다는 것은 알았고, 그래서 남들도 마찬가지로 그렇게 되어야 한다고 결심했다. 그는 성격이 자기중심적이고 또 오만했다. 어른이 된 이후에도 그는 분통이 터지면 하인들을 가끔씩 구타했다. 또 영국인 전기작가 데릭 레온Derrick Leon에 따르면 그는 생애 후반에도 "사소한 도발에도 화를 내며 그와 의견이 맞지 않는 사람들의 얼굴을 후려치고 싶은 욕구를 빈번히 느꼈다". 이런 성격은 종교적으로 개종을 했다고 해서 반드시 없앨 수 있는 것은 아니다. 자신이 새로 태어났다는 환상을 품고 있으면 자신의 타고난 악덕이 전보다 더 활발해질 수도 있다. 비록 그것이 드러나는 형태는 전보다 더 은밀하겠지만 말이다. 톨스토이는 신체적 폭력을 비난하고 또 그런 폭력의 내재적 의미를 잘 알았지만, 관용이나 겸손함의 마음가짐은 갖고 있지 않다. 설사 우리가 그의 다른 저서들을 알지 못한다고 할지라도, 이 단 한 건의 팸플릿만을 가지고도 정신적인 괴롭힘의 경향을 추출할 수 있는 것이다.

그러나 톨스토이는 그가 느끼지 못하는 즐거움을 다른 사람들에게 주지 않으려고 애쓰는 데서 그치지 않고 실제로 그렇게 하고 있다. 그리하여 셰익스피어와 그의 갈등은 더욱 깊어진다. 그것은 삶을 바라보는 종교적 태도와 인본주의적 태도 사이의 갈등이다. 여기서 우리는 다시 『리어왕』의 핵심 주제로 돌아온다. 톨스토이는 이 드라마의 플롯을 자세히 적어놓았지만 이 주제는 언급하지 않았다.

『리어왕』은 어떤 주제를 강렬히 파고드는 셰익스피어의 사소한 드라마 중 하나이다. 톨스토이가 정당하게 불평했듯이 셰익스피어를 철학자, 심리학자, "위대한 도덕 교사", 그 외의 다른 어떤 것으로 보는 관점에 입각하여 많은 쓸데없는 글이 집필되어왔다. 셰익스피어는 체계적인 사상가가 아니었고 그의 가장 심오한 사상은 드라마와는 무관하게 혹은 간접적으로 발언된다. 우리는 그가 어느 정도까지 어떤 '목적'에 입각하여 작품을 쓴지도 모르고, 또 그의 작품으로 알려진 것들 중에서 실제로 그가 쓴 게 얼마나 되는지 알지 못한다. 소네트집에서 그는 희곡을 그 자신의 업적 중 일부로 언급하지 않으며, 그가 배우로 일한 적이 있다는 것을 절반쯤 부끄러워하면서 에둘러 말한다. 그가 자신의 희곡들 중 절반 정도를 돈벌이 수단으로 생각하면서 목적이나 개연성 따위는 고려하지 않았을 가능성이 높다. 그런 돈벌이 작품들은 다른 소재에서 훔쳐 와서 이럭저럭 꾸민 후 무대 위에 올려 흥행의 성공을 노렸던 것이다. 이것이 이야기의 전부는 아니다. 무엇보다도 톨스토이가 지적했듯이 셰익스피어는 그 상황에 맞지 않는 일반적 명상을 가져와 등장인물의 입에다 집어넣는다. 이것은 극작가로서는 심각한 흠결이지만, 톨스토이가 말하는 셰익스피어의 작가상과는 일치하지 않는다. 톨스토이는 그가 자기 의견이라고는 별로 없이 가장 힘을 안 들이고 무대 위의 극적 효과만 노리는 통속적 잡문 작가라고 비난했다. 그보다 더 일치하지 않는 점은 1600년 이후에 집필된 12편 정도의 희곡은 의심할 나위 없이 뚜렷한 목적을 가지고 있었으며 또 심지어 도덕적이기까지 하다는 사실이다. 이 희곡들은 핵심 주제를 내세우고, 그 주제는 단 한 단어로 요약된다. 가령 『맥베스』는 야망에 관한 것이고, 『오델로 Othello』는 질투에 관한 것이며, 『아테네의 타이먼』은 돈에 관한 것이다. 『리어왕』의 주제는 포기인데, 일부러 눈이 멀지 않은 한 누구든 셰익스피어가 이 극에서 말하려는 주제를 손쉽게 알아낼 것이다.

    리어왕은 왕좌를 포기하지만 그 후에도 모두들 그를 왕으로 대접해주기를 기대한다. 그가 권력을 내놓으면 다른 사람들이 그의 약점을 이용하리라는 것을 알지 못한다. 또 그에게 노골적으로 아첨하는 딸들인 리건Regan과 고너릴Goneril이 허약한 리어왕에게 곧바로 등을 돌릴 것임을 알지 못한다. 전처럼 사람들을 복종하게 만들 수 없다는 것을 발견한 순간, 리어는 톨스토이가 "이상하고 부자연스럽다"라고 지적한 분노를 터트린다. 하지만 그런 반응은 그의 성격과 완벽하게 일치한다. 광기와 절망 속에서 리어왕은 그의 입장에서는 아주 자연스러운 두 가지 심리적 감정을 통과한다. 그리고 그중 한 감정에서 셰익스피어는 리어의 입을 통하여 자신의 의견을 표명한다. 먼저 첫 번째 감정은 혐오감인데, 여기서 리어는 자신이 왕이었던 사실을 후회하며, 처음으로 형식적 정의와 통속적 도덕이 얼마나 부패한 것인가를 깨닫는다. 두 번째 감정은 무기력에서 오는 분노인데, 여기서 그는 자신한테 잘못한 사람들에게 상상 속의 복수를 가한다. "빨갛게 달군 쇠꼬챙이를 가진 1천 명의 병사가 있다면 그놈들에게 확 풀어놓을 텐데." 그리고 이런 말도 한다.

> 펠트 천으로 한 무리의 기마에게
> 신을 신겨주는 것은 기막힌 술책이지.
> 나도 한번 시행해봐야지. 그리고 이 사위 놈들을
> 살그머니 습격할 수만 있게만 되면
> 사정없이, 죽여, 죽여, 죽여, 죽여!

그리고 끝부분에 가서 제정신이 돌아와 권력, 복수, 승리가 모두 가치 없는 것임을 깨닫는다.

> 아냐, 아냐, 아냐, 아냐! 자 감옥으로 가자...
> .... 우리는 그렇게 날을 보내고

감옥의 벽에 둘러싸여서 달과 더불어 차고 기우는
양반들의 이합집산을 조용히 보고 지내자꾸나.

그러나 이런 발견을 할 무렵에는 이미 늦었다. 왜냐하면 그의 죽음과 코델리아의 죽음이 이미 결정됐기 때문이다. 이것이 전반적인 스토리인데, 이야기하는 방식에서 약간 어색함이 있기는 했지만 이것은 아주 좋은 스토리다.

그런데 이것이 톨스토이 자신의 스토리와 기이할 정도로 유사하지 않은가? 우리가 놓칠 수 없는 전반적 유사성이 있다. 우선 톨스토이의 인생에서 가장 인상적인 사건은 리어왕의 그것과 마찬가지로 엄청난 규모의 포기 행위였다. 그는 노년에 그의 장원, 귀족 작위, 저작권을 포기했고 그의 특권적 지위로부터 벗어나—성공하지는 못했지만 진지한 시도였다—농민의 삶을 살아가려 했다. 그러나 더 심층적인 유사성은 톨스토이가 리어와 마찬가지로 잘못된 동기를 바탕으로 행동에 나섰고 또 그가 바랐던 결과를 얻지 못했다는 것이다. 톨스토이에 따르면 모든 인간의 목적은 행복인데, 그것은 하느님의 뜻에 따라 행동함으로써만 얻어질 수 있다. 여기서 하느님의 뜻은 모든 세속적 쾌락과 야망을 버리고 오로지 남들의 이익을 위해서 살아가는 것을 의미한다. 궁극적으로 톨스토이는 이 세상의 복락을 포기하는 것이 그를 더 행복하게 해주리라는 기대 아래서 이 세상을 포기했다. 그러나 그의 생애 만년에서 한 가지 확실한 점은 그가 행복하지 않았다는 사실이다. 리어왕과 마찬가지로 톨스토이는 겸손하지 않았고 사람의 성격을 잘 판단하지도 못했다. 그는 농민의 옷을 입고 있음에도 불구하고 때때로 귀족의 태도로 돌아가려는 기미를 보였고, 그의 자식 둘을 아주 신임했으나 결국 그들은 그에게서 등을 돌렸다. 물론 리건이나 고너릴처럼 노골적으로 배신했다는 이야기는 아니다. 성욕에 대한 과장된 혐오감도 리어와 비슷하다. 결혼은 "노예제, 지겨움, 혐오감"이며 "추악함, 지저분함, 냄새, 상처" 등과 가까이 있는 것을 참아내는 것이라는 톨스토이의 이야기는 리어왕의 다음과 같은 말과 비슷하다.

단지 허리띠까지만 신의 영역이고 그 아래는
죄다 악마의 것이다. 여기는 죄다
지옥, 암흑, 유황이 타는 소굴이다.
불타오르고, 살갗을 데고, 냄새가 고약하고,
모든 것이 썩어 문드러진다.

톨스토이가 셰익스피어에 관한 에세이를 쓸 때는 예견하지 못했겠지만, 그의 생애 마지막 부분—갑작스럽게 아무 계획 없이 시골로 달아남, 충실한 딸 하나만 그를 따름, 낯선 마을의 오두막에서의 죽음 등—은 리어왕의 유령이 나타난 듯한 환상을 불러일으킨다.

물론 톨스토이가 이런 유사성을 의식했으리라고 추정할 수는 없고, 또 생전의 그에게 이런 점을 일깨워주었다고 하더라도 그가 시인했으리라 보기도 어렵다. 하지만 『리어왕』에 대한 그의 태도는 그 주제에 영향을 받았음이 틀림없다. 권력을 포기하고 토지를 나눠주는 것은 그가 깊은 생각을 갖고 있었던 주제였다. 따라서 그 주제에 대하여 셰익스피어가 주장하는 도덕에 분노하고 당황했을 것이다. 가령 톨스토이 자신의 삶과는 비슷하지 않은 드라마 『맥베스』에 대해서 내린 셰익스피어의 판단과 비교해서 말이다. 그렇다면 『리어왕』의 도덕은 정확하게 무엇인가? 여기에는 두 가지가 있는데 하나는 분명하게 드러나 있고 다른 하나는 스토리 속에 내재되어 있다.

셰익스피어는 권력을 내려놓는 것은 곧 공격당하는 빌미가 된다는 전제에서 극을 풀어나간다. 물론 모든 사람이 그에게 등을 돌린다는 이야기는 아니다. 켄트와 광대는 처음부터 끝까지 리어의 편을 든다. 하지만 누군가가 리어왕을 배신할 가능성이 있는 것이다. 만약 당신이 무기를 내던지면 덜 양심적인 사람이 그 무기를 집어 든다. 만약 왼쪽 뺨을 맞았는데 오른쪽 뺨을 돌려 대면 아까보다 더 세게 얻어맞는다. 이런 일이 언제나 벌어지는 것은 아니지만, 충분히 예상될 수 있고 따라서 그런 일이 벌어졌다고 해서 불평해서는 안 된다. 그래서 광대가 내린 통속적이고 상식적인 도덕이 있다. "권력을 포기하지 마십시오. 땅을 나눠주지 마십시오." 그러나 또 다른 도덕이 있다. 셰익스피어는 그것을 명시적으로 말하지는 않는다. 그가 그 도덕을 충분히 의식하고 있었는지 여부는 중요하지 않다. 그가 만들어냈거나 그의 목적에 맞추어 각색한 스토리 속에 내재되어 있다. 그것은 이러하다. "당신이 원한다면 땅을 나누어줘라. 그러나 그렇게 함으로써 행복을 얻을 수 있다고 기대하지 마라. 아마도 행복을 얻지 못할 가능성이 높다. 남들에게 봉사하는 삶을 살고 싶다면 글자 그대로 남을 위해 살아야지, 당신 자신에게 이득을 가져오기 위한 우회적 방도로 삼아서는 안 된다."

물론 이런 두 가지 결론은 어느 것도 톨스토이에게 즐거운 것은 되지 못한다. 첫 번째 결론은 흔히 볼 수 있는 아주 세속적인 이기심인데, 그는 진정으로 그것을 피하고 싶어 했다. 두 번째 결론은 케이크도 먹고 케이크의 형체도 온전하게 유지하고 싶은 그의 욕구에 위배된다. 즉 그 자신의 이기주의를 파괴하고 그렇게 함으로써 영생을 얻으려는 것 말이다. 물론 『리어왕』은 이타주의를 장려하는 설교는 아니다. 단지 이기적인 이유들로 자기 부정否定을 실천했을 때의 결과를 보여줄 뿐이다. 셰익스피어는 상당히 세속적인 기질의 소유자였고, 그 자신의 드라마에서 어느 편을 들어야 했다면 아마도 광대 편을 들었을 것이다. 그렇지만 그는 문제를 전반적으로 살펴볼 수 있었고 그것을 비극의 수준에서 다루었다. 악덕은 징벌을 받지만 그렇다고 미덕이 보상을 받는 것은 아니다. 셰익스피어 후기 비극의 도덕은 통상의 의미로 종교적인 것이 아니며, 기독교적인 것은 더더욱 아니다. 그 비극들 중 오로지 『햄릿』과 『오델로』 두 편만이 기독교 시대를 배경으로 하며, 그 시대를 다루었다고는 하지만 『햄릿』에서 유령이 나타나는 것 말고는 모든 것이 올바르게 고쳐지는 '저승'에 대한 이야기는 없다. 이 모든 비극은 인본주의적 전제에서 시작한다. 즉 인생은 비록 비극으로 가득 차 있지만, 그래도 살아볼 만한 가치가 있고 인간은 고상한 동물이다. 하지만 만년의 톨스토이는 이런 전제에 공감하지 않았다.

톨스토이는 성인은 아니었으나 그 자신을 성인으로 만들려고 무척 노력했고, 또 그가 문학에 적용한 기준은 이 세상의 기준이 아니었다. 성인과 범인의 차이는 정도의 차이가 아니라 종류의 차이라는 것을 깨닫는 것이 중요하다. 즉 범인을 성인의 불완전한 형태라고 보아서는 안 된다. 성인, 특히 톨스토이류 성인은 지상의 삶을 개선하려고 노력하지 않는다. 오히려 그 삶을 빨리 끝내고 그 자리에 다른 어떤 것을 가져오려 한다. 이에 대한 구체적 표현은 독신 생활이 결혼 생활보다 더 "수준이 높다"라는 주장이다. 톨스토이는 실제로 이렇게 말한다. 만약 우리가 번식, 싸움, 갈등, 향락 등을 중단한다면, 또 죄악뿐만 아니라 우리를 지상에 묶어놓는 모든 것—이 사람보다 저 사람을 더 좋아하는 통상적 의미의 사랑을 포함하여—을 제거할 수 있다면 모든 고통스러운 과정은 끝날 것이고, 그러면 하늘나라가 지상에 도래할 것이다. 그러나 보통 사람은 하늘나라가 오는 것을 원하지 않는다. 그는 지상의 삶이 계속되기를 바란다. 이것은 그가 "허약하거나" "죄가 많거나" "즐거운 때"를 기다리기 때문만은 아니다. 대부분의 사람들은 인생에서 상당한 즐거움을 누리지만 평균적으로 보면 인생은 고통스럽다. 아주 젊은 사람이거나 아주 어리석은 사람만이 그렇지 않다고 생각할 것이다. 궁극적으로 보아 자기중심적이고 쾌락 지향적인 것은 기독교의 태도도 마찬가지다. 그들의 목적은 이승의 고통스러운 갈등을 벗어나서 천국 혹은 니르바나에서 영원한 평화를 얻자는 것이기 때문이다. 인본주의적 태도는 갈등은 계속될 수밖에 없고 죽음은 삶이 치러야 하는 대가라는 것이다. "사람들은 삶의 괴로움을 견뎌야 한다. 그래서 그들은 죽기도 하고 또 이곳에 태어나기도 하는 것이다. 그것을 원숙한 눈으로 바라보는 것이 가장 중요하다." 이런 주장은 비기독교적 태도이다. 종종 인본주의자와 종교적 신자 사이에 휴전이 있는 것처럼 보이지만, 실제로 두 사람의 태도는 조화되지 않는다. 사람은 이승이냐 저승이냐 선택해야 한다. 그리고 이 문제를 정확하게 이해한다면 압도적 다수의 사람들이 이승을 선택할 것이다. 그들은 일하고, 아이를 낳고, 죽어가면서 이런 선택을 한다. 내세에서 새로운 삶을 얻겠지 하는 희망 속에서 그런 생활의 기능들을 포기하지 않는다.

우리는 셰익스피어의 종교적 신념이 어떤 것인지 많이 알지 못한다. 그러나 그의 작품을 증거로 삼아보면 그가 그런 신념을 갖고 있었다고 증명하기가 쉽지 않다. 아무튼 그는 성인도, 자칭 성인도 아니었다. 그는 인간이었고, 어떻게 보면 그리 좋은 인간도 되지 못했다. 가령 그는 권력자와 부자 편에 서기를 좋아했고 아주 비굴한 방식으로 그들에게 아첨했다는 게 분명하다. 또 당시에 인기 없는 의견들을 말하는 방식은 비겁하다고 하지는 못해도 아주 조심스러웠다. 그는 자신과 동일시될 수 있는 등장인물의 입에 체제 파괴적이거나 회의적인 발언을 집어넣는 경우가 거의 없었다. 그의 작품들 전편을 통해서 날카롭게 사회를 비판하는 사람들, 기존 오류에 쉽사리 넘어가지 않는 사람들은 광대, 악당, 정신병자, 미친 척하거나 격렬한 히스테리 상태에 있는 사람들이었다. 『리어왕』은 이런 경향이 두드러진 드라마이다. 작품 속에는 베일을 두른 사회적 비판이 많이 들어 있지만—톨스토이는 이 점을 놓쳤다. 그런 말은 광대나 미친 척하는 에드거나 광기가 발동한 리어왕 등에 의해서 발언된다. 정신이 또렷한 순간에 리어는 똑똑한 말을 거의 하지 않는다. 셰익스피어가 이런 위장 수법을 사용했다는 사실은 그의 사상이 얼마나 폭넓은지 보여주는 부분이다. 비록 일련의 가면을 쓰고 하는 말이기는 하지만, 그는 거의 모든 것에 대하여 논평을 망설이지 않는다. 우리가 셰익스피어를 주의 깊게 읽는다면 단 하루도 그를 인용하지 않고 지내기가 어렵다는 것을 발견한다. 왜냐하면 비록 조직적이지는 않지만 그래도 은근한 방식으로 그가 논의하거나 논평하지 않은 중요한 주제들이 거의 없기 때문이다. 그의 작품들에 등장하는 주제와 무관한 것들—말장난과 수수께끼, 이름들, 『헨리 4세Henry IV』의 전령들의 대화에서 나오는 보고서의 파편들, 음란한 농담, 잊힌 담시譚詩의 구제된 파편들 등—은 힘이 넘치는 생동감의 결과물일 뿐이다. 셰익스피어는 철학자도 과학자도 아니었으나 엄청난 호기심을 갖고 있었다. 그는 지상의 표면과 그 위에서 벌어지는 삶의 과정을 사랑했다. 이것은 다시 한번 반복하거니와 좋은 시간을 보내면서 가능한 한 이승에서 살아가는 시간을 끌어보자는 태도와는 분명 다른 것이다. 물론 셰익스피어가 살아남은 것은 사상의 높은 수준 때문은 아니었다. 그는 극작가이면서 시인이 아니었더라면 극작가로서 기억되지 못했을 수도 있다. 그가 우리를 강력하게 사로잡는 힘은 그 언어의 마력이다. 셰익스피어 자신이 언어의 음악에 깊이 매혹됐다는 사실은 피스톨Pistol(『헨리 4세』에 나오는 폴스태프의 추종자 - 옮긴이)의 대사에서 추정할 수 있다. 피스톨의 말은 대체로 무의미하지만 그 대사를 한 줄 한 줄 살펴보면 아주 수사적인 시행詩行임을 알 수 있다. 분명 소리가 좋은 헛소리("Let floods o'erswell, and fiends for food howl on(홍수는 차오르고 악마들은 먹잇감을 달라고 소리치네)" 등)가 끊임없이 셰익스피어의 머릿속에서 떠올라서 그 헛소리를 써먹으려면 절반쯤 미친 등장인물을 만들어내야 했다. 톨스토이의 모국어는 영어가 아니었고, 그가 셰익스피어의 시에 감동하지 않은 것을 뭐라고 할 수는 없다. 또 셰익스피어의 말을 다루는 재주가 비범했다는 것을 믿지 않아도 할 수 없는 노릇이다. 하지만 톨스토이는 시를 그 어감 때문에 높이 평가하는 것, 다시 말해 시를 일종의 음악으로 생각하는 것도 거부했을 가능성이 높다. 가령 누군가가 톨스토이에게 다음의 사실을 증명했다고 해보자. 셰익스피어가 명성을 얻게 된 과정에 대한 톨스토이의 설명은 잘못된 것이다. 영어권 세계에서는 셰익스피어의 인기가 정말로 높다. 한 음절 옆에 다른 음절을 배치하는 셰익스피어의 말재주는 수세대에 걸친 영어권 사람들에게 즐거움을 주었다. 그렇다면 이런 사실들이 셰익스피어의 장점으로 인정되는 것이 아니라 오히려 톨스토이는 단점으로 혹평할 가능성이 높다. 그것은 셰익스피어와 그 추종자들의 신앙심 결여와 세속적 특성을 더욱 분명하게 보여줄 뿐이라고 논평할 것이다. 톨스토이는 아마도 시는 의미로 판단돼야 하고, 아름다운 소리는 엉뚱한 의미를 간파하지 못하게 만들 뿐이라고 말하리라. 어느 수준이든 이것은 결국 같은 문제로 돌아온다. 즉 이승 대 저승인 것이다. 그리고 말의 음악이라는 것은 이승에 소속되어 있다.

일종의 의문이 톨스토이의 성격에 따라다니는데 이것은 간디Gandhi의 경우와 비슷하다. 톨스토이는 일부 사람들이 주장하는 것처럼 통속적인 위선자는 아니다. 그는 주위 사람들, 특히 그의 아내가 제동을 걸지 않았더라면 실제로 한 것보다 더 많은 자기희생을 실천했을 것이다. 그렇지만 톨스토이 같은 사람에 대하여 그의 제자들의 평가를 그대로 받아들이는 것은 위험하다. 그들이 어떤 형태의 이기주의를 다른 형태의 이기주의로 바꿔치기 했을 가능성 혹은 확실성이 언제나 존재하기 때문이다. 톨스토이는 부, 명예, 특권을 포기했다. 그는 모든 형태의 폭력을 저지르지 않겠다고 맹세했으며, 또 그런 과정에서 피해를 기꺼이 감내하겠다고 말했다. 하지만 그가 강요의 원칙 혹은 적어도 남들을 강요하고 싶은 욕망도 완전히 저지르지 않겠다고 맹세했는지는 믿기가 어렵다. 아버지는 아이에게 "그런 짓을 또 하면 얻어터질 거야"라고 말하고, 어머니는 눈에 눈물이 글썽한 채로 아이를 품에 안으며 사랑이 담긴 어조로 "얘야, 엄마한테 그런 짓을 하는 게 좋으니?"라고 말하는 집이 많다. 하지만 어머니의 방법이 아버지의 방법보다 덜 압제적이라고 자신 있게 밀힐 수 있을까? 정말로 중요한 구분은 폭력과 비폭력의 구분이 아니라, 권력욕이 있느냐 없느냐의 차이다. 군대와 경찰의 사악함을 확신하면서도 인생관이 덜 관용적이고 또 까다로운 사람들이 있다. 어떤 상황에서는 그들이 공식적 폭력의 사용이 필요하다고 생각하는 사람보다 더 압제적인 것이다. 그들은 남에게 "이거, 저거를 해. 안 그러면 너는 감옥에 갈 거야"라고 말하지는 않는다. 그러나 할 수만 있다면 상대방의 머릿속에 들어가 아주 자세하게 그의 생각을 조종하려 들 것이다. 평화주의나 아나키즘 같은 신조는 표면적으로는 권력의 완전한 포기를 표방하는 듯하지만, 오히려 이런 (남을 조종하려는) 마음의 습관을 권장한다. 만약 당신이 정치의 일상적 지저분함으로부터 벗어난 듯한 어떤 신조—당신 자신이 어떤 구체적 이득도 얻으리라 기대하지 못하는 신조—를 받아들였다면 그것은 틀림없이 당신이 옳다는 것을 증명해주지 않겠는가? 그리하여 당신이 옳다고 강하게 확신하는 만큼 더욱더 남들을 당신의 생각에 끌어들여야 한다고 생각하는 게 더 자연스럽지 않겠는가?

우리가 톨스토이의 팸플릿을 그대로 믿을 수 있다면 그는 셰익스피어에게서 아무런 가치를 발견하지 못했고, 그래서 동료 작가들인 소설가 투르게네프Turgenev와 러시아 시인 페트Fet 등이 그와는 다른 생각을 가지고 있는 것에 놀라움을 표시했다. 그가 방탕하게 보내던 시절에 톨스토이의 결론은 아마도 이런 것이었으리라. "자네는 셰익스피어를 좋아하는구먼. 나는 아니야. 이 문제는 이 정도로 해두지." 나중에 세상에는 각양각색의 사람들이 있다는 인식이 톨스토이의 머릿속에서 사라지자 그는 셰익스피어의 작품들을 자신에게 해로운 것으로 생각하기 시작했다. 사람들이 셰익스피어에게서 더 많은 즐거움을 느낄수록 톨스토이의 말은 더욱더 듣지 않으려 했다. 따라서 사람들에게 음주와 흡연을 금지해야 하는 것처럼 셰익스피어를 읽는 것을 허용해서는 안 되는 것이었다. 톨스토이는 힘으로 사람들을 억제하려 하지는 않았다. 그는 경찰이 셰익스피어 책들을 모두 압수해야 한다고 주장하지는 않았다. 하지만 그는 할 수만 있다면 셰익스피어에게 재를 뿌리고 싶어 했다. 그는 셰익스피어 애독자의 머릿속으로 들어가 그가 할 수 있는 모든 수단을 동원하여 그의 드라마를 즐기려는 태도를 불식시키려 했다. 그런 수단에는 내가 앞에서 톨스토이 팸플릿을 요약하면서 보여준 것처럼 자기 모순적이거나 정직성이 의심스러운 논증들도 들어 있었다.

그런데 가장 두드러진 사실은 그런 공격이 아무런 영향도 미치지 못했다는 점이다. 앞에서 이미 말했지만, 톨스토이의 팸플릿 중 주요한 사항들에 대해서는 반박하는 것이 불가능하다. 사람들이 어떤 시를 방어해줄 수 있는 논증은 없다. 그것은 오래 살아남음으로써 그 자신을 방어하거나 그렇지 않으면 방어를 못 한다. 이런 기준이 타당하다면 셰익스피어에게 내릴 수 있는 판결은 '죄가 없음'이다. 다른 모든 작가와 마찬가지로 셰익스피어도 언젠가는 잊힐지 모르겠으나, 그에 대하여 톨스토이보다 더 심한 고소를 제기하는 사람은 앞으로 있을 것 같지 않다. 톨스토이는 그 시대의 가장 뛰어난 소설가였으나 그 시대의 유능한 팸플릿 집필자는 아니었다. 그는 일제사격을 가하는 군함의 대포들처럼 셰익스피어를 상대로 모든 힘을 동원하여 비난을 퍼부었다. 그런데 그 결과는? 그로부터 40년 후, 셰익스피어는 아무런 영향도 받지 않고 건재하며, 그를 파괴하려 했던 시도는 아무도 읽지 않는 팸플릿의 빛바랜 페이지들 이외에 아무런 흔적도 남아 있지 않다. 그 팸플릿이라는 것도 톨스토이가 『전쟁과 평화』와 『안나 카레니나Anna Karenina』의 작가가 아니었더라면 완전히 잊혔을 것이다. (1947. 3)

Chapter IV

정치적인 글쓰기

우든 좌든 나의 조국

사람들의 일반적인 믿음과는 다르게 과거는 현재보다 더 파란만장하지 않았다. 만약 다사다난했던 것처럼 보인다면, 우리가 여러 해 전에 벌어졌던 일을 회고하면 그 일들이 함께 요약되기 때문이고, 또 우리 기억이 아주 순수한 상태로 그대로 남아있는 경우가 드물기 때문이다. 그동안에 나온 책들, 영화들, 회고록 등으로 인해 1914~1918년 전쟁은 오늘날의 시대에는 찾아볼 수 없는 엄청난 서사시적 특징을 갖고 있는 것처럼 보인다.

그러나 당신이 제1차 세계대전 중에 생존해 있었고 당신의 진짜 기억을 후대의 추가물로부터 떼어낼 수 있다면 당시의 당신에게 충격을 주었던 것은 큰 사건들이 아니었음을 깨닫게 된다. 가령 마른선투는 오늘날 그 전투에 부여되는 그런 멜로드라마 같은 특징이 당시의 일반 대중에게는 느껴지지 않았다. 나는 당시로부터 몇 년이 지난 뒤에도 "마른전투"라는 어구를 들어본 기억이 없다. 단지 독일군이 파리 근방 22마일 지점까지 진격했고, 벨기에에서 벌어진 끔찍한 사건들 뒤라서 그런 진격은 확실히 놀라웠다. 이어 무슨 이유에서인가 그들은 퇴각했다. 제1차 세계대전이 시작됐을 때 나는 열한 살이었다. 나의 기억을 정직하게 되살려내고 전후에 내가 알게 된 사실들을 배제한다면, 전쟁 기간 내내 나에게 깊은 충격을 준 사건들은 별로 없었고 오히려 전쟁 몇 년 전에 발생한 타이타닉호의 침몰이 아주 충격적이었다는 사실을 시인해야 하리라. 아침 밥상에서 그 끔찍한 침몰 사건에 대한 상보가 낭독됐던 것을 기억한다(그 당시 신문을 큰 소리로 읽는 것이 공통적인 습관이었다). 또 여러 끔찍한 소식 중에서 내게 가장 깊은 인상을 안겨주었던 것은 타이타닉호가 갑자기 선미가 치켜 올라가 선수부터 가라앉는 바람에 배 뒷부분에 매달려 있던 사람들이 허공에 300피트 이상 들어 올려졌다가 마침내 깊은 바닷속으로 가라앉았다는 소식이었다. 그 소식에 내 속이 다 뒤집히는 것 같았고 그 오싹한 느낌은 아직까지도 남아 있다. 전쟁 중 소식으로 내게 그런 느낌을 준 것은 없었다.

    전쟁의 발발과 관련하여 세 가지 선명한 기억이 남아 있는데, 비록 사소하고 무관한 것이기는 해도 그 뒤에 벌어진 일로부터 전혀 영향을 받지 않은 기억들이다. 첫 번째 기억은 7월 말경에 나온 '위대한 황제' 만화이다(사람들의 증오를 받는 '카이저'라는 이름은 얼마 후에 유행했다). 영국이 전쟁 직전이기는 했지만, 사람들은 왕족을 이처럼 놀리는 현상에 가벼운 충격을 받았다("하지만 그는 아주 잘생긴 사람이야, 정말로!"). 두 번째 기억은 영국 육군이 시골 고향 마을의 말들을 모두 강제 징발한 것이었다. 수년 동안 부려온 마차의 말이 징발되자 마부는 시장통에서 울음을 터트렸다. 세 번째 기억은 기차역에서 한 무리의 젊은이들이 서 있었던 일이다. 그들은 방금 도착한 런던 출발 기차에서 석간신문을 얻기 위해 일제히 달려들었다. 나는 그 당시 이미 프랑스 전선에서 치열하게 전개되던 전투의 이름보다는 연두색 신문 더미, 높은 목칼라, 꼭 끼는 바지와 중산모 등을 더 잘 기억한다.

대전 중반기에는 주로 넓적한 어깨, 굵은 장딴지, 포병들의 찰그랑거리는 박차 등이 기억난다. 나는 보병보다는 포병의 제복을 더 좋아했다. 전쟁 말기에 대한 나의 주된 기억을 진실하게 말해보라고 하면 나는 마가린이라고 대답해야겠다. 어린이의 이기적인 입장에서 말해보면, 1917년에 이르러 전쟁은 우리의 주린 배를 제외하고는 거의 우리에게 영향을 미치지 않았다. 학교 도서관의 이젤 위에는 커다란 서부전선 지도가 걸려 있었는데 지그재그로 꽂힌 압핀 사이로 붉은 비단실이 빠져나갔다. 때때로 그 실은 반 인치 정도 이쪽 혹은 저쪽으로 움직였는데, 각 움직임은 피라미드처럼 쌓인 병사들의 시체를 의미하는 것이었다. 나는 그 지도에 신경 쓰지 않았다. 나는 학교에서 평범한 수준의 지능을 가진 아이들과 어울렸고, 그래서 아주 심각한 의미로 다가오는 당시의 사건을 단 하나도 기억하지 못한다. 가령 러시아혁명은 부모가 러시아에 돈을 두자한 소수의 아이들을 제외하고는 아무런 인상을 남기지 못했다. 아주 젊은 사람들 사이에서는 전쟁이 끝나기 오래전부터 이미 평화주의적 반응이 자리 잡고 있었다. 장교 훈련소의 열병 훈련에서 가능한 한 느긋한 태도를 취하고, 전쟁에 전혀 흥미를 느끼지 않는 것이 문명인의 표시로 여겨졌다. 전쟁의 끔찍한 경험으로 단련된 채 귀국한 젊은 장교들은 그런 경험을 무시하는 후배 세대에게 혐오감을 느끼면서 우리의 유약함에 대하여 훈계하곤 했다. 물론 그들은 전혀 이해되지 않는 주장만 했다. 그들은 전쟁은 "좋은 것," 전쟁은 "사람을 단련시켜," 전쟁은 "사람을 건강하게 만들어" 등의 이야기를 커다란 목소리로 말할 뿐이었다. 우리는 단지 그들을 비웃었다. 우리의 평화주의는 강력한 해군을 가진, 잘 보호되는 국가에서만 찾아볼 수 있는 애꾸눈 평화주의였다. 전쟁이 끝나고 몇 년 동안, 군사적 문제를 이해하거나 관심을 가지는 것, 심지어 총의 앞뒤 어느 쪽에서 총알이 나가는지 아는 것 등은 "문명화된" 집단 내에서 의심스러운 작태로 여겨졌다. 1914~1918년은 무의미한 학살 행위로 일축됐고, 심지어 학살당한 사람들조차도 어느 의미에서는 책임이 있다는 말까지 나왔다. 나는 모병 포스터를 생각하고서 종종 웃음을 터트렸다. "아빠, 대전 중에는 무엇을 하셨어요(한 어린아이가 부끄러워하는 아버지에게 묻는다)?" 또 그 포스터를 보고서 꼬임에 넘어가 육군에 입대했으나, 나중에 양심적병역거부자가 아니어서 자신의 자녀들에게 경멸을 당하는 사람들을 생각하면서도 웃음을 터트렸다.

   그러나 죽은 사람들은 결국 복수를 했다. 전쟁이 과거의 일로 묻히자 '너무 젊어서' 참전하지 못한 사람들, 특히 나의 세대는 그들이 놓친 체험의 광대무변함을 의식하게 되었다. 그 전쟁에 참가하지 못했으므로 자기 자신이 진정한 사나이가 아닌 것처럼 느껴졌다. 나는 1922~1927년의 다섯 해 동안에 참전 경험이 있는 나보다 약간 나이 많은 사람들 사이에서 보냈다. 그들은 끔찍하다고 하면서 전쟁 이야기를 끊임없이 했고, 그러면서 그 전쟁에 대한 향수가 점점 커져갔다. 영국에서 나온 전쟁 관련 책자들에서는 이런 향수를 아주 확실하게 볼 수가 있다. 게다가 평화주의적 반응이라는 건 공허한 구호에 지나지 않았고, 심지어 '약간 나이 어린 자들'도 모두 전쟁에 대비하여 훈련을 받았다. 대부분의 영국 중산층은 요람에서부터 훈련을 받는데, 그 훈련은 기술적인 것이 아니라 도덕적인 것이다. 내가 기억하는 아주 이른 슬로건은 이런 것이다. "우리는 여덟 척의 전함을 원하는데 더 이상 기다릴 수가 없다." 당시 일곱 살이던 나는 해군 동맹 회원이었고 모자에 '인빈서블Invincible(무적불패)호'라고 새겨진 해군 제복을 입었다. 사립학교가 열병 훈련을 받기 이전에도 나는 이미 사립학교의 학도 군사 훈련단에 들어갔다. 나는 열 살 이후에 때때로 소총을 잡았다. 전쟁에 대비하기 위한 것이었지만 어떤 특별한 전쟁을 대비하려는 뜻도 있었다. 가령 대포가 비명을 내지르며 미친 듯이 날아가고, 그러면 병사들은 참호에서 빠져나오다가 모래주머니에 손톱을 깨어먹고 진흙탕과 가시철망을 뚫고서 기관총 세례가 퍼부어지는 그런 전쟁. 스페인 전쟁이 내 세대의 사람들에게 특별한 매력을 풍기는 것은 제1차 세계대전과 아주 비슷하기 때문이라고 나는 확신한다. 그러나 전쟁의 어떤 시점에서 프랑코는 전투기들을 그러모아 그 전쟁을 현대전 수준으로 격상시켰고, 그것이 하나의 전환점이 되었다. 그 나머지 사항들은 1914~1918년의 나쁜 복사판으로서 참호, 대포, 습격, 저격병, 진흙, 가시철망, 이蝨와 정체停滯 등이 판치는 참호전이었다. 1937년 초, 내가 싸웠던 아라곤 전선의 한 부분은 1915년 프랑스의 어떤 한적한 전선과 비슷했다. 단지 스페인 전선에 대포만 없었다. 그러나 우에스카와 그 외곽 지역의 대포들이 동시에 발사해대는 드문 때에도 그들은 폭풍우가 끝날 때 같은 미미한 소음만 낼 수 있을 뿐이었다. 그러나 프랑코의 6인치 대포 소리는 아주 우렁찼으나 한번에 12문 이상의 포가 배치된 적은 없었다. 사람들이 말하듯이 "분노 속에서" 대포가 발사될 때 발생하는 포격음을 처음 듣고서 나는 좀 실망했다. 지난 20년 동안 나의 오관이 기대해왔던 엄청나게 계속되는 노호와는 너무나 다른 것이었다.

나는 어느 해에 현재의 대전이 벌어지리라는 것을 알았는지 잘 모르겠다. 물론 1936년 이후에는 바보를 제외하고 누구나 전쟁을 예상했다. 그 후 몇 년 동안 다가오는 전쟁은 나에게 하나의 악몽이었고, 때때로 나는 전쟁에 반대하는 연설도 하고 팸플릿도 썼다. 그러나 러시아와 독일의 불가침조약이 공표되기 전날 밤에 나는 전쟁이 이미 시작된 꿈을 꾸었다. 그 꿈에 대한 프로이트적인 내적 의미가 무엇인지는 모르지만, 그것은 사람의 평소 진실한 감정을 보여주는 꿈이었다. 그것은 내게 두 가지를 가르쳐주었다. 첫째, 오랫동안 무서워하며 기다려온 전쟁이 마침내 터졌으니 안도감을 느껴야 마땅하고, 둘째, 나는 애국하는 마음을 가지고 있으므로 우리 편에 해가 되는 언행은 하지 않고 전쟁을 지원하겠으며 가능하다면 직접 전장에 나가서 싸우겠다는 것이었다. 나는 아래층으로 내려가 신문에서 리벤트로프Ribbentrop가 비행기를 타고 모스크바로 갔다는 기사를 발견했다.[24] 그래서 전쟁이 다가오고 있었고 우리 정부, 심지어 체임벌린Chamberlain 정부도 나의 충성심을 확신하게 되었다. 말할 필요도 없지만 이 충성심은 단지 하나의 제스처였고 지금도 그러하다. 내가 아는 주위의 친구들이 대부분 그러하듯이 정부는 나를 어떤 자격으로도 전쟁에 고용하기를 거부했고, 심지어 서기나 졸병으로 입대시키는 것도 거절했다. 하지만 그것은 나의 심정을 바꾸어놓지 못한다. 게다가 정부 당국은 조만간 우리 같은 사람들도 활용할 수밖에 없을 것이다.

전쟁을 지원하려는 이유를 옹호해야 한다면 나는 얼마든지 그렇게 할 수 있다고 생각한다. 히틀러에게 저항하는 것과 항복하는 것 사이에는 진정한 대안이 없다. 사회주의자의 관점에서 보아도 저항하는 것이 더 좋다고 생각한다. 스페인 공화정부의 저항, 일본에 대한 중국의 항전 등을 무의미한 것으로 만들어버리는 포기 주장은 말이 되지 않는다. 나의 이러한 행동에 감정적인 측면이 있는 척하지는 않겠다. 내가 그날 밤 꿈속에서 알았던 것은 중산층이 오랫동안 내게 훈련시켜온 애국심이 마침내 효력을 발휘했고, 또 일단 영국이 위기에 빠지면 내가 태만을 부린

---

24 1939년 8월 21일, 리벤트로프는 러시아로 초청을 받았고 8월 23일에 그와 몰로토프Molotov는 러시아·독일 불가침조약을 체결했다.

다는 것은 불가능하다는 것이다. 하지만 나의 이런 말을 오해하지 말길 바란다. 애국심은 보수주의와는 아무런 상관이 없다. 애국심은 무엇인가? 변하고 있지만 신비롭게도 언제나 그대로인 것처럼 느껴지는 어떤 것에 대한 헌신이다. 예전에 백계 볼셰비키가 러시아에 느꼈던 헌신과 비슷하다. 체임벌린의 영국과 내일의 영국에 동시에 충성심을 바치는 것은 불가능한 일처럼 보일지 모른다. 특히 그런 충성심이 날마다 벌어지는 현상임을 모르는 사람들에게는 말이다. 오로지 혁명만이 영국을 구제할 수 있다. 그것은 이미 지난 수년간에 분명하게 드러났고 이제 혁명이 시작됐다. 우리가 히틀러를 축출할 수만 있다면 그 과정은 촉진될 것이다. 우리가 계속 버틸 수만 있다면 앞으로 2년 혹은 1년 이내에 우리는 변화를 볼 수가 있을 것이고, 그것은 전혀 예견하지 못하던 바보들조차도 놀라게 만들 것이다. 아마도 런던의 하수구는 피로 흘러넘칠 것이다. 좋다. 필요하다면 그렇게 되어도 무방하다. 하지만 붉은 군복을 입은 영국 민병대가 리츠 호텔에 숙영하게 된다면, 내가 오래전부터 남들과는 좀 다른 이유들로 사랑하도록 훈련받은 영국은 어떻게든 저항을 지속할 수 있을 것이다.

    나는 군국주의 분위기 속에서 성장했고 그 후에는 나팔 소리를 들으며 따분한 5년을 보냈다. 오늘날까지도 나는 〈신이여 국왕을 보호하소서〉 노래가 나오는 동안에 차렷 자세를 취하지 않으면 신성모독의 느낌을 어렴풋이 받는다. 물론 이것은 유치하다. 그러나 너무나 '계몽돼서' 이런 아주 평범한 정서도 이해하지 못하는 좌파 지식인들처럼 되기보다는 이런 종류의 성장 환경을 갖고 있는 게 더 낫다고 생각한다. 그들은 영국 국기를 보아도 가슴이 뛰는 법이 없고, 혁명의 순간이 다가오면 그 순간으로부터 도망칠 사람들이다. 존 콘퍼드John Cornford가 전사하기 직전에 쓴 시(「우에스카 돌격 직전에Before the Storming of Huesca」)와 헨리 뉴볼트Henry Newbolt 경의 「클로즈에는 오늘 밤 숨 쉴 수 없는 적막이 흘러There's a breathless hush in the Close tonight」)를 한번 비교해보라. 순전히 시대의 차이 때문에 발생하는 이 두 시의 기법적 차이점을 제쳐놓으면, 두 시의 정서적 함의는 정확히 똑같다는 것을 알 수 있다. 스페인 전쟁 당시에 국제여단에서 뛰다가 영웅적으로 전사한 젊은 공산주의자는 속속들이 사립학교 출신 학생이었다. 그는 동맹의 상대는 바꾸었으나 그 정서는 그대로 간직했다. 이것은 무엇을 증명하는가? 블림프(완고한 보수주의자)의 유골 위에서 사회주의자를 만들어낼 수 있고, 한 종류의 충성심이 다른 종류의 충성심으로 변모될 수 있고, 또 애국심과 군사적 미덕에 대한 확신이 여전히 살아 있다는 것을 증명한다. 물에 삶은 토끼 같은 좌파들이 이런 애국심과 군사적 미덕을 아무리 신통치 않게 보아도 그것을 대체할 수 있는 것은 전혀 없다. (1940년 가을)

웰스와 히틀러, 그리고 세계국가

"현인인 체하는 사람들은 3월이나 4월에 영국에 거대하고 결정적인 타격이 있을 거라고 한다. 그런데 히틀러가 이런 것과 무슨 관련이 있는지 도무지 알 수 없다. 그의 쇠퇴하고 분산된 군사력은 지금 이 순간, 그리스와 아프리카에서 검증받기 전의 이탈리아 군사력보다 썩 나은 것처럼 보이지 않는다."

"독일의 공군력은 거의 기운이 빠졌다. 시대에 뒤떨어진 건 물론이고 독일의 일급 군인들은 거의 죽거나, 사기가 꺾이거나, 녹초가 되었다."

"1914년 호엔촐레른왕가의 군대는 세계 최고였다. 하지만 베를린에서 쇳소리를 내는 저 작은 심신장애자의 뒤에서 그런 군대는 찾아볼 수 없다. 그러나 우리 군사 '전문가들'은 무대 뒤에 있다고 하는 허깨비를 논한다. 그들의 상상 속에서 허깨비는 무장도 완벽하고, 아무도 꺾을 수 없는 군기를 유지한다. 때로 그 허깨비는 결정적인 '타격'을 가하며 스페인을 지나 북아프리카, 그리고 그 너머로 진출한다. 혹은 발칸 지역을 활보하거나, 다뉴브 강에서 앙카라, 페르시아, 인도까지 행군하기도 한다. 혹은 '소련을 박멸하거나' 브렌네르고개를 넘어 이탈리아로 '쏟아져 들어가기도' 한다. 몇 주가 지나갔으나, 허깨비는 언급된 그 어떤 행동도 하지 않았다. 이러한 결과를 훌륭하게 설명해주는 한 가지 이유가 있는데 그건 바로 그 허깨비에 상응하는 군대가 없다는 것이다. 허깨비가 가지고 있는 무력한 총기와 탄약 대다수는 분명 빼앗겼고 영국을 침공하겠다는 히틀러의 어리석은 짓거리 끝에 낭비됐을 것이다. 또한 그 엉성하고 거친 군기軍紀는 독일의 전격전이 끝장났으며 전쟁은 자업자득이 되어가고 있다는 인식 아래에서 시들어가는 중이다."

이상의 인용문들은 《기병 계간지Cavalry Quarterly》에서 나온 것이 아니라 H. G. 웰스 씨가 신문에 연재한 글에서 발췌한 것이다. 올해 초에 연재된 그의 글은 이제 『신세계 안내서Guide to the New World』라는 제목의 책으로 재판됐다. 그 글이 실린 이래로 독일군은 발칸 지역을 침략했고, 키레나이카를 다시 점령했으며 마음먹으면 언제든 터키나 스페인으로 군대를 이동시킬 수 있게 되었고, 또 소련 침공에 착수했다. 소련 원정의 결과가 어떻게 나올지 모르지만, 녹일 참모부는 그동안 주목할 만한 의견을 내왔고, 그들이 3개월 내로 전쟁을 끝낼 수 있다는 확신이 없었다면 소련 침공을 아예 시작하지 않았을 것이라는 점은 눈여겨볼 필요가 있다. 따라서 독일군이 허깨비이고, 그들의 장비가 무력하고, 그들의 사기가 무너지고 있다는 생각은 그리 설득력이 없다.

웰스가 "베를린에서 쳇소리를 내는 작은 심신장애자"에게 반대하면서 내세우는 것은 무엇인가? 우선 그가 늘 해오던 세계국가라는 시시하고 장황한 이야기가 있다. 또 하나를 언급하자면 생키 인권선언문인데, 이것은 기본적인 인권을 규정하고 반전체주의 입장을 선포한 선언이다. 지금 웰스가 세계연방의 공군력 통제에 특히 관심을 보이는 걸 제외하면 이런 이야기는 그가 지난 40년 동안 끊임없이 설교하던 바로 그 복음과 완전히 같다. 그는 이런 아주 명백한 것도 이해하지 못하는 사람들에게 언제나 분노하고 놀라워했다.

세계연방이 하늘을 통제해야 한다고 말해봐야 무슨 소용인가? 문제는 어떻게 그런 통제력을 획득할 것인가이다. 세계국가를 세우는 것이 바람직하다고 말해봐야 무슨 소용인가? 문제는 다섯 군사 대국 중 어느 곳도 그런 제안을 받아들일 생각이 없다는 것이다. 지난 몇십 년 동안 분별 있는 사람이라면 대체로 웰스 씨가 주장한 것에 동의해왔다. 하지만 분별 있는 사람은 아주 많은 경우에 힘이 없으며, 그렇다고 자기 자신을 희생할 의향도 없다. 히틀러는 미치광이 범죄자이고, 그에겐 병사 수백만, 전투기 수천, 탱크 수만이 있다. 그를 위해 독일이라는 대국은 지난 6년 동안 기꺼이 과로해왔으며 앞으로 2년은 더 싸울 태세이다. 반면 웰스 씨가 내세우는 상식적이고, 본질적으로 쾌락주의적인 세계관에서는 기꺼이 맥주 한 잔 정도의 피도 흘릴 사람이 거의 없다.

세계 재건이나 평화를 거론하고 싶다면 그 전에 히틀러를 제거해야 한다. 그러자면 나치와 동등한 규모여야 할 필요는 없지만 막강한 힘이 있어야 하는데, '계몽되고' 쾌락주의적인 사람들은 그런 힘을 인정하지 못할 것이다. 지난해 영국을 버틸 힘을 준 것은 무엇이었는가? 의심할 바 없이 더 나은 미래라는 막연한 생각이 어느 정도 기여했을 것이다. 하지만 영국을 지탱한 건 주로 애국심이라는 원시적 감정, 즉 영어가 모국어인 사람들에게 자신이 외국인보다 우월하다는 생각을 갖게 만드는 뿌리 깊은 국가적 정서였다. 지난 20년 동안 영국 좌파 지식인들의 주된 목적은 그런 정서를 무너뜨리는 것이었다. 그들이 성공했다면 영국인은 지금쯤 히틀러 친위대가 런던 거리를 순찰하는 모습을 보고 있을지도 모른다. 마찬가지로 소련 사람들은 왜 독일의 침공에 대항하여 호랑이처럼 맹렬한 기세로 싸울까? 절반쯤 잊힌 유토피아적 사회주의 이상도 일부분 작용했을 것이다. 하지만 주된 동기는 스탈린이 조금 바꾼 형태로 되살려낸 신성한 러시아("조국의 신성한 땅" 등)을 지켜내자는 의지였다. 실제로 세계를 형성하는 에너지는 인종적 자부심, 지도자 숭배, 종교적 신념, 전쟁 애호 등의 감정에서 비롯된다. 하지만 진보적인 지식인들은 이런 것들을 일괄적으로 시대착오라고 일축했다. 그 결과, 그들은 이런 국가적 감정을 완전히 파괴하여 행동에 나설 힘을 잃어버렸다.

지금 히틀러를 가리켜 저그리스도나 성령이라 부르는 사람들은 지난 10년 세월 동안 히틀러를 계속 희극 오페라에 나온 인물로 취급하며 가볍게 보았던 지식인들보다 진실을 더 잘 알고 있다. 지식인들이 이런 황당한 생각을 했다는 것은 영국인의 삶이 별로 걱정할 필요가 없는 상태임을 보여주는 것이다. 평화 서약 연맹이 해군의 작품인 것처럼 레프트 북 클럽은 실제로 런던 경찰청의 작품이다. 지난 10년 동안에 있었던 한 가지 발전은 '정치 서적'의 등장이다. 정치 서적은 역사와 정치 비평을 결합한 일종의 증보된 팸플릿으로서 하나의 중요한 문학 형태로 자리 잡았다. 하지만 이 계열의 최고 작가들(트로츠키, 라우슈닝Rauschning, 로젠베르크Rosenberg, 실로네, 보르커나우, 쾨슬러 등) 중 영국인은 없다. 또한 이들 중 거의 모두가 어떤 극단적 이념을 표방한 정당에서 이탈했고, 전체주의를 가까운 곳에서 지켜봤으며, 추방과 박해의 의미를 잘 알고 있다. 오로지 영어권 국가들만 전쟁이 터지던 바로 그때까지 히틀러를 하찮은 미치광이로 여기고 독일의 탱크는 판지로 만들었다는 황당한 생각을 하고 있었다. 서두에 인용한 글을 쓴 웰스 씨는 여전히 그런 엉뚱한 생각을 하고 있다. 내가 보기에 런던 폭격이나 독일의 그리스 침공도 그의 생각을 바꾸지 못했다. 웰스는 평생의 사고방식이 하나의 습관으로 굳어져서 히틀러의 엄청난 힘을 제대로 이해하지 못하고 있다.

웰스 씨는 디킨스처럼 군대와는 상관없는 중산층 사람이다. 총기의 천둥 같은 소리, 박차의 짤랑거리는 소리, 낡은 깃발이 지나갈 때 울컥하며 감동하게 되는 것 등은 그에게 아무런 영향도 주지 못한다. 그는 삶의 측면 중 싸움, 사냥, 모험을 완강히 증오했다. 작가 경력의 초창기에 출판한 그의 책들에는 말馬에 반대하는 강렬한 프로파간다가 들어 있는데 이것은 그런 증오심의 표상이 되었다. 그의 책 『역사의 개요Outline of History』에서 주된 악당은 군사 모험가인 나폴레옹이다. 누구라도 지난 40년간 그가 쓴 책을 보면 하나의 동일한 생각이 계속 반복되는 걸 확인할 수 있다. 그 생각은 무엇인가? 역사는 계획된 세계국가로 나아가기 위해 일하는 과학의 인물과, 무질서한 과거를 복원하고자 하는 반동분자 간의 대립이라는 것이다. 그가 쓴 소설, 유토피아 소설, 수필, 영화각본, 소책자에서는 늘 이러한 대립이 나타난다. 한쪽에는 과학, 질서, 진보, 국제주의, 비행기, 강철, 콘크리트, 위생이 있고, 다른 한쪽에는 전쟁, 애국심, 종교, 군주제, 소작농, 그리스 교수, 시인, 말이 있다. 그가 본 역사는 과학적인 사람이 공상적인 사람에게 계속하여 승리를 거두는 과정이다. 주술사보다는 과학자가 관리하는 '타당하고' 계획된 사회형태가 조만간 보편화할 것이라는 가정은 옳을지 모른다. 하지만 그런 사회가 임박했다고 추정하는 건 전혀 다른 이야기다. 러시아혁명 당시 웰스와 처칠 간에 벌어진 흥미로운 논쟁은 지금도 세상 어딘가에서 벌어지고 있을 것이다. 웰스는 볼셰비키들을 가리켜 피로 흠뻑 젖은 괴물들이라고 매도하는 처칠식 프로파간다는 믿지 않는다고 했다. 그러면서 상식과 과학적인 관리의 시대가 오면 결국 처칠 같은 선동자들은 입지가 없어질 것이니 그런 결과를 두려워하는 게 아니냐고 처칠을 몰아붙였다. 하지만 볼셰비키에 대한 평가는 웰스보다 처칠의 것이 더 진실에 가깝다. 초창기 볼셰비키들은 보는 사람의 관점에 따라서 천사나 악마가 될 수 있었지만, 어쨌든 그들은 분별 있는 사람은 아니었다. 그들은 웰스식 유토피아를 도입한 것이 아니라 17세기 영국에서 벌어졌던 성인들의 통치(크롬웰 집권 당시 자신들을 무오류라고 생각하며 일방적인 개혁을 밀어붙인 방식-옮긴이)와 비슷한 "성인들의 통치"를 도입했다. 그것은 반대파를 숙청하는 마녀사냥식 재판에서 활기를 얻는 군국주의적 독재 체제였다. 똑같은 오해가 나치에 대한 웰스의 태도에서는 정반대 형태로 다시 나타난다. 그가 볼 때 히틀러는 역사 속 모든 군사 지도자와 주술사를 한데 합쳐놓은 인물이다. 따라서 웰스는 히틀러가 부조리한 자, 과거에서 온 망령, 곧 사라질 사람이라고 주장한다. 하지만 안타깝게도 과학과 상식을 동일시하는 건 실제에서는 유효하지가 않다. 비행기는 문명개화에 영향을 미칠 것으로 기대됐지만, 현실에서는 폭탄을 떨어뜨리는 일에도 쓰이는데 이것은 그런 불일치의 상징이다. 현대 독일은 영국보다 훨씬 과학적이고, 또 훨씬 야만적이다. 웰스가 상상하고 궁리한 것 중 대다수가 실제로 나치 독일에 있다. 질서, 계획, 과학의 국가적 장려, 강철, 콘크리트, 비행기가 모두 그 나라에 있지만, 석기시대에나 적합한 생각을 바탕으로 활용되고 있다. 독일에서 과학은 미신의 편에 가담하여 싸우고 있다. 하지만 웰스가 이런 현상을 받아들이는 건 명백히 불가능하다. 그가 쓴 작품들의 토대가 되어준 세계관에 부합하지 않기 때문이다. 군사 지도자와 주술사는 반드시 실패해야 하며, 군대 나팔 소리에 가슴이 뛰지 않는 19세기 진보주의자가 구상한 상식적 세계국가는 반드시 성공해야 한다. 배신과 패배주의만 아니라면, 히틀러는 결코 영국에 위험이 될 수 없다. 히틀러가 최종적으로 승리를 거둔다는 것은 제임스 2세(1688년 명예혁명으로 퇴위당한 영국의 왕-옮긴이)의 복위처럼 도저히 불가능한 역사의 후퇴일 뿐이다. 이상이 웰스의 한결같은 주장이다.

그렇다고 해도 내 나이대(38세)의 사람이 H. G. 웰스를 비난한다는 건 일종의 존속살인이 아닐까? 20세기가 시작할 무렵에 태어난 사람들은 어떤 면에서 웰스의 산물이라는 점을 고려하면 더욱 그러하다. 작가, 특히 작품의 효과가 빠르게 나타나는 '인기' 작가가 많은 영향력을 지니는 것은 분명하다. 1900년부터 1920년까지 영어로 글을 쓴 작가 중에 웰스보다 젊은이들에게 더 영향을 준 작가가 있나 싶을 정도이다. 웰스라는 작가가 없었다면 우리 모두의 정신, 그리고 자연스레 물리적인 세상도 지금과는 상당히 달라졌을 것이다. 한 가지 사항에 몰두하는 정신과 일방적인 상상은 그를 에드워드 시대의 탁월한 예언자처럼 보이게 했지만, 이제 1940년대에 들어와서는 얄팍하고 부적절한 사상가로 만들고 있다. 웰스가 젊었던 시절에 과학과 보수세력의 대립은 잘못 짚은 것이 아니었다. 사회를 이끄는 건 편협하고 전혀 호기심이 없는 사람들, 즉 남을 희생시키는 기업가, 우둔한 대지주, 주교, 정치인 등이었다. 이런 사람들은 호라티우스의 글을 인용할 줄은 알지만 대수학 같은 건 전혀 모르는 사람들이었다. 과학은 힘도 없고 평판도 좋지 않았고, 그 대신 종교적인 신념은 하나의 의무였다. 전통주의, 우둔함, 속물근성, 애국심, 미신, 그리고 전쟁 애호는 모두 같은 편인 것처럼 보였다. 따라서 누군가 정반대의 관점을 표명할 사람이 필요했다. 1900년대의 소년에게 H. G. 웰스를 발견하는 건 멋진 경험이었다. 당시는 공론가, 성직자, 골퍼의 세상이었다. 미래에 고용주가 될 사람들은 "성공 아니면 실패"라는 훈계를 해댔고, 부모는 체계적으로 자식의 성생활을 왜곡했으며, 머리가 둔한 교사들은 상투적인 라틴어 인용구를 외워대며 키득거렸다. 그런데 웰스라는 훌륭한 사람이 나타나 지구와 바다 밑에 무엇이 있는지 말해주고, 또 미래가 존경받는 보수파들이 생각한 것처럼 되지 않을 것임을 알려주었다. 비행기가 기술적으로 실현되기 10년 정도 전에 웰스는 얼마 지나지 않아 인류가 하늘을 날 수 있다는 걸 알았다. 그는 자신이 날고 싶었기에 그걸 예견할 수 있었고, 따라서 그 분야로 연구가 계속될 거라고 확신했다. 다른 한편으로 내가 소년일 때, 즉 라이트 형제가 실제로 제작한 비행기를 59초 동안 공중을 날게 했을 당시, 사회에서 일반적으로 통용되는 의견은 신께서 인류를 날게 하고 싶으셨다면 이미 훨씬 전에 날개를 달아주셨으리라는 것이었다. 1914년까지 웰스는 대체로 진정한 예언자였다. 신세계를 보는 그의 관점 중 구체적 세부 사항들은 놀라울 정도로 많이 실현됐다.

하지만 그는 19세기, 그리고 군대와는 상관없는 국가와 계급에 속하는 사람이다. 따라서 그는 구세계를 여우 사냥에 나선 토리당 정도로 여겼고, 자연스럽게 그들의 엄청난 힘을 이해하지 못했다. 그는 과거나 지금이나 애국심, 편협한 신앙, 봉건적인 충성심 등이 그가 주장하는 건전한 과학 정신보다 훨씬 더 힘센 세력이라는 걸 이해하지 못한다. 암흑의 중세에서나 활개 쳤을 법한 존재들(애국심, 편협한 신앙, 봉건적인 충성심 - 옮긴이)이 현대 속으로 행군하여 들어오는 중이고, 그 존재들은 그것들을 진정시킬 강력한 마법이 필요한 유령이다(파시즘은 그런 존재들 덕분에 생겨난 운동이니, 파시즘을 이기려면 그런 존재들에 의존하면서 맞서야 한다는 뜻-옮긴이). 파시즘을 가장 잘 이해하는 사람들은 그 치하에서 고통을 받은 사람이거나 그의 내부에 파시스트 같은 기질이 있는 사람이다. 거의 30년 전에 출판된 『강철 군화The Iron Heel』는 조잡한 책이지만, 헉슬리의 『멋진 신세계』나 웰스의 『다가올 세상의 형태The Shape of Things to Come』보다 미래를 훨씬 잘 내다본 진정한 예언서이다. 웰스를 교정할 수 있는 작가를 그와 동시대인 중에 골라야 한다면 키플링일 것이다. 그는 권력의 사악한 목소리와 군사적인 '영광'에 귀를 기울였다. 키플링은 자신의 마음가짐과는 별개로 히틀러와 스탈린의 호소력을 이해했을 것이다. 웰스는 현대 세계를 이해하기에는 지나치게 상식적이고 건전한 사람이다. 그의 가장 큰 업적은 잇따른 하위 중산층 소설들인데 제1차 세계대전 때 갑자기 집필을 중단했고, 1920년 이래로 그는 종이로 만든 용(허깨비)를 죽이는 데 재능을 허비해왔다. 그래도 허비할 재능이 있다는 건 그 자체도 정말 대단한 것이다. (1941. 8.)

스페인 내전 회고

1.

가장 먼저 떠오르는 건 소리, 냄새, 그리고 사물의 표면 같은 구체적 기억이다.

스페인 내전에 참전한 이후 무엇보다도 생생하게 기억나는 것은 전선으로 파견되기 전에 받은 훈련 주간이었다는 건 참으로 기이한 일이다. 바르셀로나의 거대한 기병대 병영, 찬바람이 들어오는 마구간, 자갈이 깔린 마당, 누군가 씻은 흔적이 있는 얼음처럼 차가운 물이 나오는 양수기, 작은 접시에 담긴 와인 덕분에 그나마 참을 수 있었던 불쾌하기 짝이 없는 식사, 바지를 입고 장작을 패던 민병대 여자들, 이른 아침의 점호. 마누엘 곤살레즈, 페드로 아길라르, 라몬 페네요사, 로케 바야스테르, 하이메 도메네크, 세바스티안 빌트론, 라몬 누보 보스크 같은 멋진 스페인어 이름들 사이에서 불린 내 무미건조한 영어 이름은 마치 막간의 희극처럼 느껴졌다. 이 특정한 스페인어 이름을 말할 수 있는 이유는 내가 그들의 얼굴을 모두 기억하기 때문이다. 그중 두 사람은 쓰레기에 불과한 자들이라 지금쯤 틀림없이 훌륭한 팔랑헤당 당원이 되었을 것 같은데, 이 둘을 제외하곤 거의 다 죽었을 것이다. 그중 두 사람은 확실히 죽었다는 걸 내가 알고 있다. 가장 나이가 많은 친구는 스물다섯 살, 가장 어린 친구는 열여섯 살이었다.

전쟁에서 무조건 겪게 되는 경험 중 하나는 인간에게서 나오는 역겨운 냄새라는 것이다. 전쟁문학에 나오는 구덩이를 파서 만든 변소는 진부한 소재이다. 나 역시 근무하던 병영의 변소가 스페인 내전에 관한 나의 환상을 망쳐놓지 않았더라면 굳이 언급하지 않고 지나갔을 것이다. 라틴식 변소는 쭈그려 앉아야 했고, 아무리 상태가 좋아도 영 불쾌했다. 게다가 반들반들한 돌로 만들어서인지 너무나 미끄러워 힘을 주기는커녕 쭈그려 앉아 버티는 데도 상당한 기술이 필요했다. 거기에 더하여 변소는 늘 막혀 있었다. 이제 와서 다른 역겨운 것들도 기억난다. 하지만 나에겐 여러 가지 빈번하게 떠오르는 생각이 있는데, 그것을 처음 떠올리게 한 계기는 변소였다. "여기 우리 혁명군 군인들은 파시즘에 대항하여 민주주의를 지키기 위해 중요한 전쟁을 치르고 있지만, 우리 삶의 세부적인 것들은 부르주아 군대는 고사하고 감옥에 있는 것처럼 불결하고 모멸적이다." 많은 다른 것이 훗날 이런 인상을 더욱 강화했다. 예를 들면 참호 생활에서 오는 지루함과 동물 같은 굶주림, 음식 찌꺼기를 두고 벌어지는 지저분한 음모, 수면 부족으로 지친 군인들끼리 끊임없이 주고받는 비열한 말싸움 같은 것들.

군대 생활의 본질적인 공포(누구든 군인이었던 사람은 내가 언급한 이 단어의 실체를 알 것이다)는 현재 수행 중인 전쟁의 본질로부터 거의 영향을 받지 않는다는 점이다. 예를 들면 규율은 모든 군대에서 궁극적으로 동일하다. 명령에 복종해야 하며 필요하다면 명령의 집행을 위해 처벌도 해야 한다. 장교와 사병의 관계는 상급자와 하급자의 관계여야 한다. 『서부전선 이상 없다』 같은 소설에서 묘사한 전쟁은 대체로 사실에 부합한다. 총알은 큰 고통을 안겨주고, 시체는 악취를 풍기며 포화를 받는 군인들은 너무나 두려운 나머지 바지에 오줌을 지린다. 군대를 만들어낸 사회적 배경이 군대의 훈련, 전술, 전반적 효율에 영향을 미친다는 말도 맞고, 또 자신이 옳다는 자각이 군대의 사기를 북돋울 수 있다는 말도 맞다. 그러나 이런 자각은 군대보다는 민간에 더 영향을 미친다(사람들이 잊고 있는 점이 하나 있다. 그것은 전선 근처의 군인은 보통 너무 배고프거나, 겁을 먹거나, 추워하거나, 아니면 무엇보다도 너무 지친 나머지 전쟁의 정치적인 기원 따위에는 신경 쓰지 못한다는 것이다). 하지만 자연의 법칙은 '백'군, '적'군 할 것 없이 고르게 적용된다. 싸우는 대의가 옳더라도 비열한 놈은 여전히 비열한 놈이고, 폭탄은 폭탄일 뿐이다.

이런 아주 명백한 걸 지적하는 건 무슨 이유에서인가? 왜냐하면 영국과 미국의 지식인들이 당시에 그 점을 알지 못하는 게 명백했고, 심지어 지금도 모르기 때문이다. 오늘날 우리 기억은 희미해졌다. 그러니 좀 더 과거로 돌아가《뉴 매시스New Masses》나《데일리 워커》의 묵은 잡지철을 들춰보자. 당시에 좌파 인사들이 쏟아낸 전쟁을 도발하는 낭만적 쓰레기 같은 언사를 살펴보자. 그 낡아빠진 어구들이란! 그 상상력 없는 냉정함이란! 마드리드의 폭격을 바라보는 런던의 태연자약함이란! 그렇다고 나는 여기서 우파의 프로파간다 요원들인 런Lunn, 가빈Garvin, 혹은 이들과 비슷한 부류의 사람을 말하는 게 아니다. 그들은 당연히 그런 사람들이니까 놔두기로 하자. 여기서 말하고자 하는 건 지난 20년 동안 전쟁의 '영광'에, 잔혹 행위 이야기에, 애국심에, 더 나아가 신체적 용기에 야유와 조롱을 보내던 사람들에 대한 것이다. 그들은 몇 가지 명칭만 바꾸면 1918년《데일리 메일》의 논조에 딱 부합하는 그런 짓들만 했다. 당시에 영국 지식인들이 반드시 해야 할 일은 전쟁의 정체를 폭로하는 것이었다. 즉 전쟁은 시체와 변소만 널려 있으며 어떤 훌륭한 결과도 절대 낳을 수 없다고 떠들어댔다. 바로 그런 소리를 한 자들이 1933년에 들어와서는 특정 상황에서 나라를 위해 싸우겠다는 사람을 동정하듯 비웃었다. 하지만 그들은 1937년에 입장이 표변하여 다친 지 얼마 되지 않은 군인들이 다시 싸움터에 돌아가기를 요청했다는《뉴 매시스》의 기사를 과장보도라고 지적한 사람을 트로츠키-파시스트라고 맹렬히 비난했다. 또한 좌파 지식인들은 "전쟁은 지옥"이라는 입장에서 "전쟁은 영광"이라는 입장으로 180도 방향 전환을 했는데 그들은 전혀 모순을 느끼지 못했을 뿐만 아니라 그런 돌변을 예고하는 과도기조차 없었다. 훗날 그들 중 많은 사람이 저런 돌변을 몇 차례 더 보였다. 소위 지식인층의 핵심 인사들 중 많은 사람이 1935년에는 "국왕과 조국" 선언을 받아들였고, 1937년에는 독일에 대한 "강경책"을 외쳤으며, 1940년에는 인민 대회를 지지하더니 이제 와서 제2전선을 요구하고 있다.

일반 대중 사이에서 요사이 발생하는 갑작스러운 의견의 표변, 그리고 수도꼭지를 잠그고 틀듯이 변덕스러운 감정 변화는 전부 신문과 라디오의 집단 최면 때문이다. 반면 지식인들이 그렇게 돌변하는 것은 돈과 신체적인 안전 때문이라고 할 수 있다. 특정한 시기에 그들은 '호전好戰' 혹은 '반전' 성향을 띤다. 하지만 그들의 마음속에는 전쟁에 관한 현실적 모습은 전혀 없다. 스페인 내전에 관해 열변을 토할 때 그들은 당연히 죽이고 죽는 게 불쾌한 일이라는 것을 안다. 하지만 스페인 공화국 군대에서 군인이 전쟁을 경험하는 건 웬일인지 그리 고생스러운 일이라고 생각하지 않는다. 왜 그런지는 몰라도 공화국 군대의 변소는 냄새가 덜 나고, 규율은 덜 짜증 나리라고 막연히 생각하는 것이다. 《뉴스테이츠맨》을 대충 훑기만 해도 그들의 그런 생각을 짐작할 수 있다. 그리고 지금은 그와 비슷한 방식으로 적군에 관한 허튼소리가 신문에 계속 실린다. 우리는 너무 문명화되어 명확한 것은 제대로 파악하지 못한다. 그런데 진실은 무척 명확하다. 생존을 위해서는 자주 싸워야 하고, 싸우기 위해서는 지저분해져야 한다. 전쟁은 악이지만, 종종 여러 악 중 차악이기도 하다. 칼을 든 사람은 칼로 망하지만, 칼을 들지 않은 사람은 악취 풍기는 질병으로 망한다. 이런 진부한 이야기도 쓸 만한 가치가 있다는 사실은 지난 세월 랑티에rentier 자본주의가 끼친 해악을 잘 보여준다.

2.

위에서 언급한 것과 관련하여 잔혹 행위에 관해 보충 설명을 해보겠다.

나에게 스페인 내전에서의 잔혹 행위와 관련된 직접적 증거는 거의 없다. 일부 잔혹 행위가 공화국 군대에 의해 저질러졌고, 파시스트가 그보다 훨씬 많은 잔혹 행위를 저질렀으며, 또 지금도 여전하다는 점은 알고 있다. 하지만 그때나 지금이나 나에게 깊은 인상을 남긴 건 잔혹 행위를 바라보는 시각이 순전히 정치적인 편애에 기반한다는 점이다. 그런 편애에 따라서 그 행위를 믿을 수도 있고 믿지 않을 수도 있다. 아예 증거를 검토하려 들지 않는다. 적군이 한 잔혹 행위라면 무조건 믿고, 아군이 한 잔혹 행위라면 믿지 않는다. 최근에 나는 1918년부터 지금까지 벌어진 잔혹 행위를 도표로 작성해봤다. 그랬더니 어딘가에서 잔혹 행위가 벌어지지 않은 해는 단 한 해도 없었고, 좌파와 우파가 똑같은 이야기를 동시에 믿은 경우도 역시 없었다. 그런데 참 기이하게도 언제 어느 때나 상황은 갑자기 뒤집힐 수 있다. 예를 들면 순전히 정치적 전망이 변경됐다는 이유로 어제는 안벽히게 잔혹 행위로 증명된 행위가 오늘은 새빨간 거짓말로 돌변할 수 있다.

현재진행 중인 전쟁(제2차 세계대전 - 옮긴이)에서 우리는 별난 상황에 처해 있다. 우리의 '잔혹 캠페인'은 주로 전쟁이 시작되기 전부터 벌어졌고 대체로 좌파들, 그러니까 자신은 남의 속임수에 넘어가지 않는다며 자부심을 느끼던 사람들이 그 캠페인을 진행했다. 같은 전쟁 전의 기간에 우파, 즉 1914년부터 1918년까지 잔혹 행위를 세상에 퍼뜨리고 다니던 이들은 나치 독일을 응시하면서도 그 체제에서 어떤 해악도 보지 못했다고 단언했다. 그러다 전쟁이 발발하자 어제의 친나치주의자들은 끔찍한 이야기들을 반복했고, 반나치주의자들은 갑자기 게슈타포가 실존하는지를 의심했다. 이런 현상은 단순히 독소불가침조약 때문만은 아니다. 전쟁 전에 좌파는 엉뚱하게도 영국과 독일은 절대로 싸우지 않을 것으로 오판했다. 그런 잘못된 판단을 근거로 반독일이면서 동시에 반대영제국일 수 있었다. 혐오스러운 위선과 독선을 담은 당국의 전쟁 프로파간다가 사람들을 적에게 동정적인 시선을 갖게 만든 것도 그런 오판의 부분적 원인이었다. 1914년부터 1918년까지 지속된 체계적 거짓말로 우리가 치른 대가 중 일부는 그 뒤에 나타난 과장된 독일 지지의 반응이었다. 1918년부터 1933년에 이르는 시기에 좌파 집단들은 독일도 전쟁에 조금은 책임이 있다는 주장이 나오면 노골적으로 비웃어댔다. 당시에 베르사유조약을 공공연하게 비난하는 목소리를 들었지만, 나는 단 한 번도 "독일이 제1차 세계대전에서 이겼더라면 어떻게 됐을까?"라는 의문은 들어보지 못했다. 그런 의문은 논의는커녕 언급조차 되지 않았다. 따라서 잔혹 행위 역시 마찬가지다. 적이 말하면 진실도 거짓이 되어버린다. 최근 나는 이런 일을 겪었다. 1937년에 난징에서 일본인들이 저지른 끔찍한 만행을 무턱대고 받아들이던 바로 그 사람들이 1942년 홍콩에서 벌어진 일본의 만행은 전혀 믿지 않으려 하는 것이다. 영국 정부가 이제 홍콩 학살에 관심을 기울이자 아예 소급하여 난징 학살마저 사실이 아니라고 생각하고 있다.

하지만 불행하게도 잔혹 행위의 실상은 거짓말로 꾸며낸 것 혹은 프로파간다로 만들어진 것보다 훨씬 좋지 못하다. 진실을 말해보자면 그런 끔찍한 일들이 실제로 벌어진다는 것이다. 전쟁 때마다 똑같은 끔찍한 이야기가 생겨난다는 사실은 회의론의 한 근거로서 종종 제시되기도 하지만, 그처럼 이야기가 많이 나오는 것은 그것이 진실일 가능성을 더 높여준다. 그런 이야기들이 명백히 널리 퍼진 판타지라고 해도 전쟁은 그것을 자행할 기회를 제공한다. 이런 말을 하기에는 유행이 지난 것 같지만, '백군'이 '적군'보다 훨씬 더 많이, 더 심한 잔혹 행위를 저질렀다고 말한다면 의문을 가지는 사람은 거의 없다. 또 다른 예를 들면 중국에서 일본인들이 저지른 만행에 대해서도 의문의 여지가 없다. 지난 10년 동안 유럽에서 파시스트들이 자행한 잔인무도한 일들에 대해서도 역시 의문이 생길 일은 없다. 증거들은 산더미처럼 쌓여 있으며 독일의 신문과 라디오에서만도 꽤 많은 부분이 드러난다. 이런 것들은 정말로 있었던 일이며 계속 지켜봐야 하는 문제이다. 설혹 핼리팩스Halifax 경이 무슨 말을 했든 간에 그런 일들은 실제로 벌어졌다. 중국 도시들에서 벌어진 강간과 살육, 게슈타포의 지하실에서 벌어지는 고문, 오수 구덩이에 내던져지는 늙은 유대인 교수들, 스페인의 도로상에서 피난 가던 난민들을 상대로 저질러진 기관총 사격, 이 모든 일이 실제로 벌어졌다.《데일리 텔레그래프》가 5년이 흐른 뒤 갑자기 그 사건들을 밝혀내자 너무 늦었다고들 말하는데, 그렇다고 해서 있었던 일이 없던 일로 바뀌는 건 아니다.

3.

두 가지 기억이 있다. 첫 번째 기억은 혁명 시기의 분위기를 특별히 증명해주지 않지만, 두 번째 기억은 그 시기의 분위기를 어느 정도 엿볼 수 있게 해준다.

어느 날 이른 아침, 나와 또 다른 한 사람은 우에스카 바깥 참호에 있는 파시스트들을 저격하러 나갔다. 그들의 전선과 우리 전선은 300야드(270미터) 정도 떨어져 있었는데 그 정도 거리에서는 우리의 낡은 소총으로 정확한 사격을 할 수 없었다. 하지만 파시스트 참호에서 100야드(90미터) 정도 떨어진 곳으로 조금 이동하면 운이 좋을 경우 흉벽의 틈으로 적을 쏠 수 있었다. 불운하게도 전선 사이에 있는 땅은 평평한 사탕무밭이었으며 도랑 몇 개 말고는 엄폐물이 없었다. 그러니 어두울 때 나가서 동틀 녘이 되면 반드시 돌아와야 했다. 날이 밝고 나면 위험했기 때문이다. 이번에는 파시스트가 한 사람도 보이지 않아서 그런지 너무 오래 머물렀고 어느 사이엔가 동틀 녘이 되었다. 우리는 도랑에 있었지만, 그 뒤로는 토끼 한 마리도 가리지 못할 만큼 탁 트인 200야드

(180미터)의 평지가 있었다. 그래도 힘을 내어 부대로 돌아가기 위해 내달리려던 차에 파시스트 참호에서 소동이 일고 호각을 부는 소리가 들렸다. 아군 비행기 몇 대가 다가오는 중이었던 것이다. 그 순간 어떤 병사가 장교에게 메시지라도 전하려는지 참호에서 뛰어나와 흉벽 위를 달려가며 완전히 모습을 노출시켰다. 그는 절반쯤 옷을 입었고, 달려가는 동안 양손으로 바지춤을 붙잡고 있었다. 나는 그를 쏘지 않았다. 내 사격 실력이 별로여서 100야드 떨어진 거리에서 달리는 병사를 맞힐 가능성도 희박했지만, 아군 비행기에 파시스트들의 정신이 팔린 사이에 어서 빨리 부대 참호로 돌아가야겠다는 생각이 앞섰기 때문이다. 하지만 그 바지춤을 붙잡은 모습 때문에 쏘지 못했던 것도 있다. 물론 나는 '파시스트'를 쏘러 그곳에 갔다. 하지만 바지춤을 붙잡고 있는 병사는 '파시스트'가 아니었다. 그는 분명 나와 같은 사람이었다. 그래서 쏘고 싶다는 생각이 나지 않았다.

이 사건이 보여주는 것은 무엇인가? 딱히 없다. 전쟁에서 늘 벌어지는 일이니까. 하지만 또 다른 사건은 이야기가 달라진다. 그 사건을 얘기한다고 해서 독자를 감동시킬 거라고 생각하지도 않는다. 그러나 내게는 감동이었음을 믿어주길 바란다. 그 사건은 당시의 어떤 특정한 순간에 내포된 도덕적 분위기를 잘 드러내기 때문이다.

내가 병영에 있을 때 새로 입대한 신병 중에는 바르셀로나 달동네 출신인 사나운 인상의 소년이 있었다. 그는 피부색이 아주 검었고(아마도 아랍 혈통), 유럽인이라면 보통 하지 않는 몸짓을 했다. 그중 특히 한 가지, 즉 팔을 뻗고 손바닥을 수직으로 세우는 동작은 인도인의 특징이었다. 하루는 당시 헐값으로 살 수 있는 시가 한 묶음이 내 침대에서 사라졌다. 누군가 훔쳐 간 것이었다. 조금 어리석게도 나는 이 일을 장교에게 보고했다. 그러자 내가 이미 서두에서 언급한 두 쓰레기 같은 자들 중 하나가 자신의 침대에서 25페세타를 누군가 훔쳐 갔다는 황당무계한 말을 하며 그 일에 끼어들었다. 어떤 이유에서인지는 몰라도 장교는 곧바로 갈색 피부의 그 소년이 틀림없이 도둑일 거라는 판단을 내렸다. 민병대 내부에서는 절도 사건에 대하여 처벌이 무척 엄중했다. 이론적으로는 총살형을 내릴 수도 있었다. 그 불쌍한 소년은 몸수색을 위해 영창으로 끌려갔는데 그런 조치에 아무런 저항도 하지 않았다. 내게 가장 놀라웠던 건 그가 자신의 무고함을 거의 주장하지 않았다는 것이다. 그 체념하는 모습에서 나는 그가 성장하는 동안 겪었을 극심한 빈곤을 짐작할 수 있었다. 장교는 그에게 옷을 벗으라고 지시했다. 그는 아주 공손하게도 스스로 발가벗었고, 벗은 옷은 샅샅이 수색을 당했다. 나는 그런 공손한 태도를 아주 끔찍한 일이라고 생각했다. 당연하게도 시가나 돈은 나오지 않았다. 실제로 그가 훔치지 않았으니까. 무엇보다 가장 고통스러웠던 건 무고함이 밝혀진 뒤에도 그가 여전히 부끄러워했다는 점이다. 그날 밤 나는 그를 영화관으로 데려갔고 브랜디와 초콜릿을 사 먹였다. 하지만 그런 행위 역시 끔찍한 것이었다. 돈으로 그의 상처를 닦아내려고 애쓰는 짓이었기 때문이다. 몇 분 동안이라고 해도 나는 그를 절반쯤 도둑으로 취급했고 그건 도저히 씻어낼 수 없는 것이었다.

그로부터 몇 주 뒤 나는 전선에서 휘하 분대원 중 한 병사 때문에 문제를 겪게 되었다. 당시에 나는 12명을 지휘하는 '카보cabo', 그러니까 하사였다. 전쟁은 변화가 없었고, 날씨는 끔찍하게 추웠는데 그런 열악한 환경에서 나의 주된 임무는 초소에 나간 보초병이 졸지 않게 감독하는 것이었다. 하루는 한 병사가 갑자기 특정 초소로 가지 않겠다고 했다. 적의 사격에 노출되어 있어 위험하다는 것이었다. 그건 핑계였고 실제로는 의지가 박약한 친구였으므로 나는 그를 붙잡고 해당 초소로 끌고 가기 시작했다. 그런데 이 행동이 다른 병사들을 자극하여 나에게 반감을 갖게 했다. 스페인 사람은 영국인 못지않게 남이 몸에 손대는 것을 싫어하는 모양이었다. 곧바로 나는 병사들에게 둘러싸였고, 그들은 "파시스트! 파시스트! 그 친구를 놔줘! 부르주아 군대가 아니잖아. 파시스트 같으니!"라고 외쳤다. 나는 명령에 복종해야 한다고 최선을 다해 짧은 스페인어로 되받아쳤으며 언쟁은 갑자기 소란스러운 논쟁으로 발전했다. 이런 논쟁은 혁명군이 점점 규율에 관해 어떤 합의를 이루는 데 도움을 주었다. 몇몇은 내가 옳다고 했고, 다른 몇몇은 내가 틀리다고 했다. 그런데 당시에 가장 열렬히 내 편을 든 사람은 다름 아닌 그 갈색 피부의 소년이었다. 무슨 일이 벌어졌는지 알게 되자마자 그는 나를 둘러싼 무리 속으로 뛰어들어 열정적으로 나를 변호하기 시작했다. 그 기이하고 사나운 인도인 같은 몸짓을 하며 계속 소리쳤다. "이 사람은 우리한테 최고의 하사라고요!" 나중에 그는 내 분대에 들어오려고 전출 신청을 하기도 했다.

왜 이 사건이 나에게 그리 감동적인가? 왜냐하면 일반적인 상황이라면 이 소년과 나 사이에 좋은 감정이 다시 돌아오기는 불가능했기 때문이다. 도둑으로 몰았던 일은 설령 내가 나중에 보상하려고 했더라도 상황이 더 나아지기는커녕 더 나빠지기가 쉬웠다. 안전하고 문명화된 삶의 영향 중 한 가지는 지나친 민감성인데 바로 이것이 모든 기본적 감정을 다소 혐오스럽게 만든다. 그리하여 관대함은 인색함만큼이나 고통스러운 것이 되어버리고, 고마움은 배은망덕 못지않게 증오스러운 것이 된다. 하지만 1936년 당시에 스페인에 있던 우리는 일반적인 시대를 살지 않았다. 그 시대는 보통 때보다 관대한 감정과 몸짓을 하기가 더 쉬웠다. 그와 비슷한 일은 여러 번 있었지만, 쉽게 다른 사람에게 그 분위기를 전달하기가 참으로 어렵다. 왜냐하면 그런 사건들은 내 마음속에서 당시의 특별한 분위기, 즉 허름한 군복, 화려한 색의 혁명 포스터, '동무'라는 단어의 보편적인 사용, 얇은 종이에 인쇄되어 1페니에 팔리는 반파시스트 가요, 무지한 사람들이 중요하다고 믿고서 딱하게 반복하는 "국제 프롤레타리아 연대" 같은 어구 등과 깊숙이 관련되어 있기 때문이다. 어떤 사람의 물건을 훔친 도둑으로 몰려, 그 사람이 보는 데서 창피한 몸수색을 당한 다음에도 그 사람을 좋게 생각하고, 또 그 사람이 휘말린 말싸움에 끼어들어 그를 옹호할 수 있을까? 당신이라면 그렇게 하지 못할 것이다. 하지만 당신이 어떤 정서적으로 폭이 넓어지는 경험을 했다면 그럴 수도 있다. 그것은 혁명의 좋은 효과 중 하나였다. 비록 이 혁명은 아직 시작이었고, 분명 실패할 운명이었지만.

4.

스페인 공화파 정당들 사이에서 벌어진 권력투쟁은 불행하고 무척 잘못된 일이라 지금 이 시기에 굳이 다시 떠올리고 싶지 않다. 단지 다음과 같이 말하고 싶기 때문에 그것을 언급하려는 것이다. 즉 공화파 정부의 내부 문제에 관하여 어떤 것을 읽었든지 그것을 믿어서는 안 된다. 혹은 믿더라도 지극히 일부만 믿어야 한다. 그 출처가 어디든 그런 이야기는 모두 정당의 프로파간다, 즉 거짓말이라는 뜻이다. 전쟁에 관한 일반적 진실은 무척 간단하다. 스페인 자본가계급은 노동운동을 분쇄할 기회를 엿보다가 그것을 잡았다. 그것도 나치와 전 세계의 모든 보수세력의 도움을 받아서. 그 이상의 내용이 밝혀질지는 참으로 의문이다.

한번은 내가 아서 쾨슬러에게 "역사는 1936년에 멈췄지"라고 말했던 게 기억난다. 그는 내 말뜻을 바로 이해한 듯 고개를 끄덕였다. 우리 두 사람은 일반적 의미의 전체주의를 언급했지만 더 구체적으로는 스페인 내전을 생각했던 것이다. 나는 어린 시절부터 어떤 사건도 신문에 정확히 보도되지 않는다는 점을 알았다. 하지만 아예 그 정도를 넘어 신문이 사실과는 어떤 관련도 없는 보도를 하는 걸 스페인에서 처음으로 보게 되었는데 그 엉터리 보도는 평범한 거짓말 속에도 일부 내포되는 사건과의 연관관계조차 결여되어 있었다. 아무런 전투도 벌어지지 않은 곳에서 대규모 전투가 벌어졌다는 보도가 나왔고, 수백 명이 죽은 전투는 아예 보도되지 않았다. 용맹하게 싸운 부대가 겁쟁이, 반역자라고 비난을 받았고, 총이 발사되는 건 단 한 번도 보지 못했던 자들이 허구의 전투에서 승리한 영웅으로 칭송받기도 했다. 런던 언론은 이런 거짓말들을 그대로 전했고, 열성적인 지식인들은 전혀 벌어지지 않은 사건을 바탕으로 그 위에다 정서적인 상부구조를 구축했다. 실제로 역사는 벌어진 일을 기록하는 것이 아니라 다양한 '정당의 방침'에 따라 벌어져야 마땅한 일을 기록했다. 그러나 어떻게 보면 이런 허위 보도가 끔찍하긴 했어도 그리 중요하지는 않았다. 그것은 이차적인 문제들, 가령 코민테른과 스페인 좌파 정당들 간의 권력투쟁, 스페인 혁명을 막으려는 소련 정부의 시도와 더 관련이 있었다. 하지만 스페인 정부가 세계에 전한 내전의 전반적인 상황은 거짓이 아니었다. 중요한 문제는 그런 상황이 스페인 내전의 본질에 대하여 무엇을 말해주는가 하는 것이었다. 파시스트들과 그들의 후원자에 관해서 말해보자. 그들이 어떻게 진실에 가까워질 수 있겠는가? 그들이 자신의 진정한 목적을 어떻게 언급할 수 있겠는가? 그들이 말하는 전쟁의 진상은 순전히 판타지이며 진실을 감추려는 상황에서 그 이외의 것은 될 수가 없었다.

나치와 파시스트들의 유일한 프로파간다는 그들 자신을 소련의 독재로부터 스페인을 구하려는 기독교적 애국자로 포장하는 것이었다. 이런 선전에는 스페인 공화당 정부 치하의 삶이 그저 하나의 긴 살육에 지나지 않았다는 주장(《가톨릭 헤럴드Catholic Herald》나 《데일리 메일》을 참조하되, 이 신문들은 유럽 대륙의 파시스트 언론에 비교하면 어린애 장난 같다는 점을 기억하라), 소련이 개입하는 규모에 대한 터무니없는 과장 따위가 포함된다. 가톨릭과 전 세계의 보수언론이 쌓은 거대한 거짓말의 피라미드 중에 한 가지만 살펴보자. 스페인에 있다는 소련군에 관한 거짓말이다. 프랑코의 열성 지지자들은 모두 그 거짓말을 믿었다. 그들은 스페인에 들어온 소련군이 무려 50만이나 된다고 선전했다. 하지만 스페인에는 소련군이 없었다. 소련인 비행사는 소수에 불과한 데다 다른 기술자들이 기껏해야 몇백 명 정도 있었을지 모르지만, 소련 군대는 없었다. 수백만의 스페인 사람들을 거론할 필요도 없이 스페인에서 싸운 수천 명의 외국인들이 이것을 증명해줄 수 있다. 그렇지만 외국인들의 증언은 프랑코의 프로파간다 요원들에게는 전혀 고려의 대상이 아니었고, 게다가 그 요원들은 공화파가 장악한 스페인 지역에는 가보지도 못한 사람들이었다. 동시에 그 요원들은 독일이나 이탈리아의 간섭이 있었다는 사실을 받아들이기를 전적으로 거부했다. 하지만 같은 시기에 독일과 이탈리아 언론은 그들의 '병사들'이 세운 공적을 대놓고 자랑하기에 바빴다. 이렇게 한 가지 사항만 언급했지만, 실제로 전쟁에 관한 파시스트의 프로파간다는 모두 이처럼 어처구니없는 것이었다.

이런 일을 보면 정말 겁이 난다. 왜냐하면 객관적인 사실이라는 개념이 세상에서 사라지고 있다는 느낌을 주기 때문이다. 결국 그런 거짓, 혹은 어쨌든 그와 비슷한 거짓이 역사의 일부가 될 것이다. 스페인 내전의 역사는 앞으로 어떻게 기록될 것인가? 프랑코가 권력을 유지한다면 그가 임명한 자들이 역사책을 쓸 것이고, 그렇게 되면 (내가 언급한 관점대로라면) 전혀 있지도 않던 스페인 내의 소련군이 역사적인 사실로 둔갑할 것이다. 그러면 학생들은 장차 그것을 사실로 배우게 될 것이다. 하지만 파시즘이 결국 타도되고 가까운 미래에 스페인에서 민주주의 정부가 복원된다고 가정해보자. 그렇게 되면 내전에 관한 역사는 어떻게 기록될까? 프랑코에 관한 기록은 어떻게 남게 될까? 스페인 정부 쪽의 관점으로 서술된 기록을 복구할 수 있다고 가정해보자. 설혹 그렇다고 하더라도 내전에 관한 진정한 역사가 어떻게 작성될 수 있겠는가? 이미 지적한 바와 같이 스페인 정부도 널리 거짓을 퍼뜨렸다. 반파시스트 관점에서 내전에 관하여 대체로 진실한 역사를 쓸 수는 있겠지만, 그것 역시 사소한 부분에서는 신뢰할 수 없는 편파적 역사가 될 것이다. 어쨌든 모종의 미흡한 역사가 작성될 것이다. 그리고 전쟁의 실상을 기억하는 사람들이 죽고 나면 그 역사는 보편적으로 수용될 것이다. 그리하여 사실상 거짓인 이야기가 진실이 되어버릴 것이다.

기록으로 남은 역사 대다수가 아무튼 거짓이라고 지적하는 게 유행이라는 점은 나도 안다. 그래서 역사는 대부분 부정확하고 편향되어 있다는 믿음을 기꺼이 받아들이겠다. 하지만 우리 시대의 독특한 점이 하나 있는데 그건 역사가 진실하게 작성될 수도 있다는 생각을 아예 포기하려는 것이다. 과거에 사람들은 의도적으로 거짓말을 하거나 무의식적으로 자신의 글에서 사실을 왜곡하거나, 혹은 진실을 구하려고 힘쓰면서도 많은 실수를 하게 된다는 점을 잘 알고 있었다. 하지만 어떤 경우든 그들은 '사실'이 존재하며 거의 발견할 수 있다고 여겼다. 그리고 실제로도 거의 모든 사람이 동의할 만한 많은 사실이 늘 있었다. 예를 들어 『브리태니커 백과사전Encyclopaedia Brittanica』에서 제1차 세계대전의 역사를 살펴보면 꽤 많은 자료가 독일의 것임을 확인할 수 있다. 영국과 독일 역사가들은 기본적인 걸 포함하여 많은 점에서 크게 의견이 달랐지만, 어느 쪽도 진지하게 이의를 제기하지 못할 소위 중립적인 사실이 있었다. 전체주의는 인간은 모두 하나의 종이라는 암시를 담은 이런 공통적 합의점을 파괴하려 한다. 나치의 이론은 실제로 '진실'이 존재하는 것을 명확하게 부정한다. 예를 들면 '과학' 같은 건 없다. 오로지 '독일 과학', '유대인 과학' 등만 있다. 이런 사고방식에 내포된 목적은 지도자 혹은 어떤 통치 파벌이 미래뿐만 아니라 과거까지도 통제하는 악몽 같은 세상을 만들겠다는 것이다. 지도자가 이런저런 사건이 '절대 없었다'고 말하면 절대 벌어지지 않은 일이 된다. 그가 2 더하기 2가 5라고 한다면 5가 맞는 답이 된다. 나는 이런 전망이 폭탄보다 훨씬 두렵다. 지난 몇 년간의 경험을 미루어보면 이는 결코 경박한 발언이 아니다.

전체주의가 장악한 미래를 예측하며 두려워하는 것이 유치하거나 병적인 것일까? 전체주의가 통지하는 악몽 같은 세계는 실현될 수 없다고 일축하기 전에 1925년을 한번 기억해보라. 그때도 악몽처럼 보이는 오늘날의 세상은 실현될 수 없다고 했다. 오늘의 검은색이 내일이면 흰색으로 변하고, 어제의 흐린 날씨가 오늘은 지도자의 명령으로 맑은 날씨로 바뀌는 변화무쌍한 세상에 대비하여 자신을 지키는 방법은 오로지 다음 두 가지다. 첫째, 아무리 진실을 부정하더라도 진실은 마치 당신의 등 뒤에 있는 것처럼 계속 존재한다. 따라서 군사적 효율성을 파괴하는 방식으로 진실을 파괴할 수는 없다. 둘째, 세상의 일부분이라도 정복되지 않은 채로 남아 있다면 자유주의의 전통은 살아남을 수 있다. 하지만 파시즘 혹은 여러 파시즘의 결합이 온 세상을 정복하게 내버려두면 이러한 두 가지 조건은 더 이상 존재하지 않게 된다. 영국에서는 이런 일에 대한 위험을 별것 아니라고 생각한다. 왜냐하면 영국의 전통, 그리고 과거 영국의 튼튼한 안보가 모든 일이 결국 올바르게 마무리될 것이고, 최악의 상황은 절대 벌어지지 않는다는 믿음을 부여하기 때문이다. 끝부분에 가면 옳은 쪽이 언제나 승리하는 문학적 전통에 수백 년 동안 길들여진 영국인은 장기적으로 악은 늘 자멸한다는 믿음을 절반쯤 본능적으로 갖고 있다. 예를 들면 평화주의는 주로 이런 믿음에 그 기반을 둔다. "악에 저항하지 말라. 어떻게든 자멸할 것이니" 같은 식이다. 하지만 반드시 그렇게 될까? 정말 그렇게 된다는 증거는? 현대의 산업국가(독일―옮긴이)가 외부 군사력의 개입을 제외하고 과연 정복당할 수 있을까? 그런 사례가 있는가?

가령 노예제의 재도입을 한번 생각해보자. 20년 전에 유럽에 노예제가 다시 나타날 거라고 누가 상상이라도 할 수 있었는가? 노예제는 우리 눈앞에서 복원됐다. 유럽과 북아프리카 전역에 있는 강제 노동 수용소에서는 폴란드인, 소련인, 유대인, 정치범(인종을 가리지 않고)이 소량의 배급 음식을 받으며 도로 건설과 습지 건조 작업에 동원되어 막노동을 하고 있다. 이는 고대 시대의 가재家財 노예와 똑같다. 그나마 나은 건 개인 차원의 노예 매매가 아직은 허용되지 않는다는 점이다. 다른 측면을 보면 (예를 들어 뿔뿔이 흩어지는 가족 등) 지금 상황은 미국 남북시대의 목면 재배 농장보다 더 열악할지도 모른다. 전체주의의 통치가 계속되는 한 이런 정세가 변할 거라고 생각할 이유는 없다. 우리는 이런 정세가 초래할 영향을 온전히 파악하지 못한다. 왜냐하면 노예제를 토대로 한 체제는 반드시 붕괴한다는 신비주의적 믿음을 가지고 있기 때문이다. 하지만 노예제를 시행하던 고대 제국과 현대 국가의 존속 기간을 한번 비교해볼 필요가 있다. 노예제를 기반으로 한 문명들은 무려 4천 년 동안 지속했다.

나는 고대를 생각할 때면 한 가지 사항에 두려움을 느끼는데 그건 문명을 지탱했던 수억 명의 노예에 관한 기록이 아무것도 없다는 것이다. 우리는 심지어 그들의 이름도 모른다. 고대 그리스 역사와 로마 역사를 통틀어 얼마나 많은 노예의 이름이 언급되는가? 내게는 두 사람이 떠오르는데, 아니 어쩌면 셋일 수도 있겠다. 하나는 스파르타쿠스이고 다른 하나는 에픽테투스Epictetus이다. 또 대영박물관의 로마 유물실에는 제작자의 이름을 바닥에 새긴 유리병이 하나 있는데 "Felix fecit(펠릭스가 만듦)"라고 적혀 있다. 내게는 불운한 펠릭스의 모습이 생생하게 떠올랐지만(목 주위에 쇠 목걸이가 둘러쳐진 붉은 머리의 갈리아인), 사실 그는 노예가 아닐 수도 있었다. 그러니 내가 확실하게 아는 이름은 단 둘뿐이다. 아마도 이 이상의 이름을 기억하는 사람은 없을 것이다. 나머지 이름들은 완전한 정적 속으로 사라졌다.

5.

프랑코에 대항하는 저항 세력의 중추는 스페인의 노동자 계층, 그중에서도 특히 도시의 노동조합 구성원들이었다. 장기적으로 노동자 계층은 가장 믿을 수 있는 파시즘의 적이다―오로지 장기적일 때에만 가능하다는 점을 기억하는 게 중요하다. 왜냐하면 사회를 훌륭하게 재건하면 가장 이득을 보는 게 노동자 계층이기 때문이다. 다른 계층이나 부류와는 다르게 그들을 영구히 매수하는 것은 불가능하다.

이런 말을 한다고 노동자 계층을 이상화하려는 건 아니다. 러시아혁명 이후 벌어진 오랜 투쟁에서 패배한 건 육체노동자들이며 그건 결국 그들의 잘못이라고 보아야 한다. 어떤 시대, 어떤 국가에서건 조직된 노동자 계층의 운동은 공개적이고 불법적인 폭력에 무너졌고, 이론으로 결속된 그들의 해외 동지들은 그저 관망만 하고 아무런 행동도 하지 않았다. 이런 엄청난 배신의 숨겨진 원인은 백인 노동자와 유색인 노동자 사이에는 심지어 말뿐인 결속조차도 없다는 사실에서 찾을 수 있다. 지난 10년 동안 그 많은 일을 겪고 누가 계급의식을 가진 국제 프롤레타리아의 존재를 믿을 수 있겠는가? 영국 노동자들이 볼 때 빈, 베를린, 마드리드 등지에서 노동자 동지들이 학살당하고 있다는 사실은 어제의 축구 경기 결과보다 중요하거나 흥미로운 것 같지 않다. 하지만 이런 점이 다른 이들은 무너져도 노동자 계층이 계속 파시즘에 대항하여 싸울 것이라는 사실을 바꾸지 못한다. 나치가 프랑스를 정복했을 때 드러난 한 가지 특징은 좌파 지식인 계급 일부를 포함하여 그 계급 전반에서 놀라울 정도로 변절이 많았다는 것이다. 그들은 파시즘에 대항하여 아주 맹렬하게 맞섰으나 막상 위기가 닥쳐오자 상당수가 패배주의의 늪에 빠졌다. 그들은 선견지명이 있어 앞으로 닥칠 곤경을 미리 예측했고 무엇보다 매수 가능한 자들이었다. 분명 이런 이유로 나치는 지식인 계급의 매수를 쓸모가 있다고 생각했다. 노동자 계층에서는 정반대의 상황이 벌어진다. 그들은 자신에게 걸어오는 속임수를 간파하기에는 너무 무지하여 파시즘의 약속을 쉽게 받아들이지만, 항상 이내 다시 투쟁에 돌입한다. 그럴 수밖에 없는 것이 그들은 늘 파시즘의 약속이 실현될 수 없다는 걸 몸으로 깨닫고 있기 때문이다. 노동자 계층을 영구적으로 자기편으로 끌어들이려면 파시스트들은 전반적인 생활수준을 끌어올려야 하는데 이것은 그들이 할 수도 없고 그럴 의사도 없는 일이다. 노동자 계층의 투쟁은 식물의 성장과 비슷하다. 식물은 앞뒤를 분간하지 못하는 어리석은 존재이지만, 빛을 향해 위로 계속 나아가는 것만큼은 알고 있고, 끝없는 좌절에도 그 향일성의 기질을 꿋꿋이 유지한다. 노동자들은 왜 투쟁하는가? 간단한 이야기다. 그건 바로 그들이 점점 더 동경하는 사람다운 삶을 위해서이다. 게다가 이젠 기술적으로 그런 삶을 살 수 있다. 그들의 이런 목적의식은 시대 상황에 따라 높아졌다 낮아졌다 한다. 스페인에서 얼마 동안 사람들은 의식적으로 그 목표를 위해 행동했다. 그들은 목표에 도달하고 싶어 했고, 도달할 수 있다고 생각하며 앞으로 나아갔다. 이런 점이 바로 내전 초창기 몇 달 동안 스페인 공화당 정부의 삶이 기이하게도 낙천적인 느낌을 안겨주었던 이유이다. 민중은 공화국이 자기편이며 프랑코가 적이라는 걸 직감했다. 그들은 자신이 옳다는 걸 알았다. 왜냐하면 그들은 세상이 자신들에게 빚을 졌다고 생각했을 뿐만 아니라, 세상이 분명 줄 수 있다고 생각하는 것(사람다운 삶)을 위해 싸웠기 때문이다.

스페인 내전의 본질을 보려면 이런 점을 반드시 기억해야 한다. 사람은 전쟁의 잔혹함, 불결함, 무익함을 떠올리면(스페인 내전의 경우는 음모, 박해, 거짓, 불화이겠지만) 늘 이렇게 말하고 싶은 유혹에 빠진다. "어느 쪽이든 다 나빠. 나는 중립이야." 하지만 실제로 사람은 중립일 수 없고, 승자가 누구인지 무관한 전쟁 같은 건 거의 없다. 거의 늘 한쪽은 진보를, 다른 한쪽은 보수를 대표한다. 스페인 공화국이 백만장자, 공작, 추기경, 돈 많은 한량, 보수 반동주의자 등을 자극하여 불러일으킨 증오는 그 자체로 왜 스페인 내전이 벌어졌는지를 잘 보여준다. 본질적으로 스페인 내전은 계급 전쟁이었다. 공화국이 승리했다면 민중의 대의명분은 더 강해졌을 것이다. 하지만 공화파는 패배했고, 전 세계의 배당금 수령자들은 그런 결과에 만족하여 두 손을 비벼댔다. 그게 스페인 내전의 진상이다. 그 나머지 것들은 진상의 표면에 어른거리는 포말일 뿐이다.

6.

스페인 내전의 결과는 런던, 파리, 로마, 베를린에서 결정됐다. 스페인이 결정의 당사자는 아니었다. 1937년 여름이 지나자 안목이 있는 사람들은 국제 정세에 어떤 큰 변화가 일어나지 않는 한 스페인 공화파 정부가 전쟁에서 이길 수 없다는 걸 깨달았다. 공화파 지도자인 네그린Negrin과 다른 이들이 계속 싸울지 여부를 결정할 때도 1939년에 터진 세계대전의 발발 시점을 1938년으로 예상한 점도 어느 정도는 영향을 미쳤다. 잘 알려진 공화당 정부측의 분열은 패배의 주된 원인이 아니었다. 정부 민병대는 급조된 데다 무장도 변변찮았고 군사적인 전략도 창의적이지 못했다. 하지만 처음부터 완벽한 정치적 합의가 이루어졌다고 하더라도 상황은 똑같았을 것이다. 내전이 발발했을 때 일반적인 스페인의 공장 노동자는 소총을 쏘는 법조차 몰랐고(스페인에서 국민개병제가 실시된 적은 단 한 번도 없었다), 거기에 좌파의 전통적인 평화주의는 상황을 아주 불리하게 만드는 원인으로 작용했다. 스페인에서 복무한 수천 명의 외국인은 훌륭한 보병대를 이두었으나 어떻게 보더라도 그들 가운데 전문가는 극소수였다. 트로츠키주의자들은 혁명이 외세에 방해받지 않았더라면 전쟁에서 승리할 수도 있었을 것이라고 주장하지만, 그것은 틀린 말이다. 공장을 국유화하고, 교회를 허물고, 혁명 선언문을 발표하는 것으로 공화파 군대가 더 유능하게 변모하는 건 아니었다. 파시스트들은 무력이 더 강했기에 승리한 것이다. 그들은 현대적인 무기를 썼지만, 공화파는 그렇지 못했다. 어떤 정치적 전략도 그런 군사적 차이를 상쇄할 수는 없다.

스페인 내전에서 가장 이해할 수 없는 점은 열강이 보인 행동이다. 내전은 실제로 분명한 동기가 있었던 독일과 이탈리아의 지원으로 프랑코가 승리를 거두면서 끝났다. 반면 프랑스와 영국의 동기는 앞의 두 나라보다 이해하기 어렵다. 1936년에 영국이 스페인 공화당 정부를 지원만 했더라면, 심지어 몇백만 파운드 정도의 무기만 대주었더라면 파시스트 프랑코는 무너졌을 것이고, 독일의 전략은 심각한 혼란을 겪었으리라는 것은 명백했다. 그 당시 영국과 독일의 전쟁이 다가오는 중이라는 점을 예측하는 데 딱히 날카로운 통찰력이 필요하지 않았다. 누구나 1년 아니면 2년 내로 전쟁이 터질 것을 예측할 수 있었다. 하지만 영국의 지배층은 가장 비열하고, 비겁하고, 위선적인 방법으로 프랑코와 나치에게 스페인을 고스란히 넘겨주고 말았다. 왜 그랬을까? 그들이 친파시스트였다는 게 그에 대한 명백한 답변이다. 그들이 친파시스트였던 건 맞지만, 그들도 마지막 결전을 치러야 할 때가 되자 독일에 선전포고를 하지 않았던가. 그들은 결과적으로 프랑코를 도와준 꼴이 되었는데 어떤 계획 아래 그런 행동을 했는지 여전히 무척 불투명하다. 이러니 그들에게 계획 같은 건 아예 없었을지도 모른다는 생각이 들기도 한다. 영국 지배층이 사악한지, 아니면 단순히 멍청한지는 우리 시대에서 가장 답변하기 어려운 질문 중 하나이며 어떤 순간들에서는 무척 중요한 질문이기도 하다. 소련에 관해 말하자면 스페인 내전에서 그들의 동기가 무엇이었는지 아무리 생각해도 헤아리지 못하겠다. 좌파 성향이 조금 있는 사람들이 믿은 것처럼 민주주의를 지키고 나치를 방해하기 위해 스페인에 개입한 것일까? 그렇다면 왜 그렇게 쩨쩨한 규모로 개입했으며, 또 왜 결국 스페인을 저버리고 떠난 것인가? 아니면 가톨릭에서 주장하는 것처럼 스페인에서 혁명을 불러일으키기 위해 개입한 것일까? 그렇다면 왜 소련은 스페인 혁명운동을 분쇄하는 데 전력을 다했는가? 왜 사유재산을 보호하고 노동자 계층은 적대하면서 중산층에 권력을 넘겼는가? 아니면 트로츠키주의자들이 주장한 것처럼 단순히 스페인 혁명을 막으려고 개입한 것일까? 그렇다면 왜 프랑코를 지지하지 않았는가? 사실 소련의 행동은 여러 모순되는 동기를 따라 행동했다고 가정하면 쉽게 설명된다. 장차 우리는 스탈린의 대외정책이 사람들의 말처럼 악마적일 정도로 영악한 것이 아니라, 단순히 기회주의적이고 어리석은 것이라고 생각하게 될 것이다. 어쨌든 스페인 내전에서 나치는 그들이 했던 일을 잘 알고 있었고, 반면에 상대는 그렇지 못했다. 전쟁은 낮은 기술 수준을 보였으며 주된 전략은 무척 단순했다. 그저 무기를 가진 쪽이 이기는 평범한 전쟁이었다. 나치의 이탈리아는 스페인 파시스트 친구들에게 무기를 주었고, 서양 민주주의 국가들과 러시아는 그들의 친구로 여겨야 마땅한 공화파에게 무기를 건네주지 않았다. 따라서 스페인 공화국은 "어떤 공화국도 아쉬워하지 않는 것(배신)을 받으면서" 무너졌다.

다른 나라들에서 모든 좌파가 그랬던 것처럼 스페인 공화파 사람들에게 이길 수 없는 싸움을 계속하라고 권장한 것이 옳은 일인지는 답변하기 어려운 질문이다. 나 자신은 그게 옳다고 생각한다. 왜냐하면 생존이라는 관점에서 보더라도 싸우지 않고 항복하는 것보다 싸우다가 정복당하는 게 더 낫다고 믿기 때문이다. 그 투쟁이 파시즘에 대항하는 대전략에 미친 영향은 아직 평가할 수 없다. 남루하고 무기도 없는 공화국 군대는 2년 반을 버텼는데 그건 분명 적이 예상한 것보다 더 오래 견딘 것이었다. 하지만 이것이 파시스트의 일정표를 틀어지게 했는지, 아니면 단순히 세계대전을 연기하여 나치에게 전쟁 무기를 준비할 시간을 주었는지는 여전히 불확실하다.

7.

스페인 내전을 돌이켜보면 꼭 떠오르는 두 가지 기억이 있다. 하나는 레리다에 있는 병원 병동에서 다친 민병대원들이 조금 슬픈 소리로 노래를 부르던 기억인데 그 노래의 후렴은 이렇게 끝났다.

한번 한 결심

끝까지 싸우리라!

그들은 틀림없이 끝까지 싸웠다. 내전의 후반 18개월 동안 공화국 군대는 거의 담배도 피우지 못하고 아주 소량의 식량으로 버티며 싸웠다. 심지어 내가 스페인을 떠나던 1937년 중반에도 고기와 빵은 부족했으며, 담배는 귀했고, 커피와 설탕은 거의 얻을 수 없는 상태였다.

또 다른 기억은 내가 민병대에 합류한 날에 위병소에서 나와 악수한 어떤 이탈리아인 민병대원에 관한 것이다. 이 사람은 내가 스페인 내전에 관해 쓴 책[25]에서 얘기한 바 있으니 똑같은 내용을 다시 반복하고 싶지는 않다. 그의 허름한 군복과 아주 애처로우면서도 순진한 얼굴을 기억 속에서 떠올릴 때면 전쟁의 복잡한 부차적 문제는 가뭇없이 사라지고, 누가 옳은 편에 있는지 아무런 의심도 없이 분명히 알게 된다. 힘의 정치와 신문의 거짓말에도 불구하고, 내전의 핵심적인 사항은 이런 사람들이 사람다운 삶을 자신의 타고난 권리로 알고 그것을 얻기 위해 싸웠다는 것이다. 그 특별한 사람의 최후에는 여러 괴로움이 따랐을 것이다. 그를 만난 곳이 레닌 병영이었으니 그는 아마도 트로츠키주의자나 무정부주의자였을 것이다. 우리 시대의 고유한 상황을 살펴보면 그런 부류의 사람들은 게슈타포에게 죽지 않으면 보통 소련의

---

25 『카탈로니아 찬가』

국가안보부GPU에게 죽임을 당했다. 하지만 그런 건 장기적인 문제들에 영향을 미치지 않는다. 내가 고작 일이 분 정도 봤을 뿐인 그 남자의 얼굴은 전쟁의 실상을 떠올려주는 일종의 시각적 암시로 남아 있다. 유럽 노동자 계층은 모든 나라에서 경찰에게 괴롭힘을 당하고, 스페인 전장의 공동묘지에 묻혀 있으며, 지금은 강제 노동 수용소에서 무려 몇 백만이나 썩고 있다. 그는 내게 이런 유럽 노동자 계층의 핵심 인물이다.

파시즘을 지지하거나 지지했던 모든 사람을 생각해보면 나는 그 다양한 면면에 놀라곤 한다. 참 대단한 사람들이 아닐 수 없다. 히틀러, 페탱Pétan, 몬터규 노먼Montagu Norman, 파벨리치Pavelitch, 윌리엄 랜돌프 허스트Randolph Hearst, 슈트라이허Streicher, 부크먼Buchman, 에즈라 파운드, 후안 마르치Juan March, 콕토Cocteau, 튀센Thyssen, 코글린Coughlin 신부, 예루살렘의 무프티Mufti of Jerusalem, 아널드 런Arnold Lunn, 안토네스쿠Antonescu, 슈펭글러Spengler, 비벌리 니컬스Beverly Nichols, 휴스턴Houston 부인, 마리네티Marinetti, 이런 쟁쟁한 인사가 다들 파시즘이라는 한배를 탔는데 그들을 한데 끌어모은 계획이 무엇이었는지 한번 생각해보라! 그 계획을 파악하는 단서는 무척 간단하다. 그들은 모두 뭔가 잃어버릴 만한 재산이 있는 사람들이거나, 아니면 차별적인 계급사회를 열망하면서 자유롭고 평등한 인류의 세계가 다가온다는 전망을 두려워하는 사람들이다. '불경한' 소련과 노동자 계층의 '물질주의'를 들먹이는 모든 소란의 배후에는 자본과 특권을 가진 이들이 그것들을 고수하려는 단순한 의도가 숨겨져 있다. 부분적으로 사실이기는 하지만, "마음의 변화" 없이 어떤 사회적 재건도 무가치하다는 이야기 역시 가진 자들의 궁색한 변명일 뿐이다. 경건한 사람들, 즉 로마의 교황부터 캘리포니아의 요기에 이르기까지 "마음의 변화"에 큰 관심을 보이고 있다. 그들의 관점에서는 경제 체계의 변화보다 "마음의 변화"가 훨씬 안심시켜주는 것이기 때문이다. 페탱은 프랑스의 몰락이 민중의 "쾌락 애호"에 있다고 봤다. 평범한 프랑스 농부나 노동자가 누리는 삶의 쾌락과 페탱이 누리는 쾌락이 과연 비교 대상이나 되겠는가? 이런 쾌락의 부피를 감안해보면 페탱의 말이 얼마나 황당무계한 이야기인지 분명하게 알 수 있다. 노동자 계층 사회주의자들에게 '물질주의적'이라고 잔소리하는 정치인, 성직자, 문인 등의 얼토당토않은 뻔뻔함이란! 노동자들이 요구하는 것이라곤 모두 합쳐봐야 삶에서 결핍되면 전혀 살 수 없다고 여기는 필수불가결한 최소한의 것들이다. 충분한 음식, 실직이라는 정말로 무서운 공포에서 벗어날 자유, 자식들은 공정한 기회를 얻을 수 있다는 소식, 하루 한 번의 목욕, 적당하게 자주 세탁된 깨끗한 리넨 제품들, 새지 않는 지붕, 일과가 끝났을 때 약간의 활력은 남길 수 있는 노동 시간 축소 등이 그들이 바라는 바다. 그들이 '물질주의'에 찌들었다고 잔소리하는 이들 중 하나라도 이런 것들 없이 살 수 있다고 생각하는 사람은 없다. 시간적으로 20년만 삶의 질을 개선하는 데 몰두한다면 이런 최소한의 것들은 얼마든지 쉽게 얻을 수 있다! 전 세계의 삶의 질을 영국 수준으로 향상하는 게 우리가 현재 진행하는 싸움보다 더 어려운 일은 아닐 것이다. 나는 그로 인해 모든 일이 해결된다고 주장하는 것도 아니고, 또 그렇게 주장하는 사람을 알지 못한다. 단지 궁핍과 야만적인 노동이 사라져야 비로소 인류의 진정한 문제들과 씨름할 수 있다고 말하는 것뿐이다. 우리 시대의 주된 문제는 개인 영혼의 불멸에 관한 믿음이 쇠퇴하고 있다는 것인데, 이 문제는 보통 사람이 황소처럼 고되게 일하거나 비밀경찰을 두려워하여 몸을 떨면 해결할 수가 없다. 그러니 노동자 계층이 주장하는 '물질주의'는 정말 옳지 않은가! 가치의 관점이 아니라 시간의 관점에서 영혼보다 식욕이 먼저라는 걸 깨달은 그들은 얼마나 옳은가! 이렇게 이해하면 우리가 지금 참고 있는 저 오래된 공포의 본질을 적어도 파악할 수 있게 된다. 그러면 사람을 주춤하게 하는 모든 아이디어—페탱이나 간디의 유혹적인 목소리, 싸우려 하면 먼저 자신의 품위를 잃게 된다는 주장, 민주적인 빈말을 하며 막노동꾼이 가득한 제국을 운영하는 영국의 도덕적으로 모호한 입장, 소련의 기괴한 발전 양상, 좌파 정치의 추잡한 익살극—따위는 전부 격파할 수 있게 된다. 그러면 우리는 비로소 점점 깨어나는 민중이 자산가들, 그리고 그들이 고용한 거짓말쟁이들과 아첨꾼들에 대항하여 싸우는 것을 보게 된다. 그 이탈리아 민병대원 같은 사람들에게 현재 기술적으로 가능한, 훌륭하고 온전한 사람다운 삶이 허용될 것인가, 아니면 허용되지 않을 것인가? 민중이 진흙탕으로 떠밀릴 것인가, 아니면 떠밀리지 않을 것인가? 비록 근거가 충분하지 않을지 모르지만 나는 민중이 그 싸움에서 다소 이르거나 늦거나 간에 승리할 것으로 생각한다. 하지만 다소 이르게 승리하기를 바란다. 좀 더 구체적으로 앞으로 100년 이내였으면 좋겠고, 앞으로 1만 년 이내의 어떤 때는 아니었으면 좋겠다. 그것이 바로 스페인 내전과 현재 진행 중인 전쟁, 그리고 미래에 닥쳐올 전쟁들의 진정한 문제이다.

나는 그 뒤로 그 이탈리아 민병대원을 다시 보지 못했다. 심지어 이름조차 듣지 못했다. 그는 분명 죽었을 가능성이 높다. 거의 2년이 지나 공화국 군대의 패배가 분명해졌을 때 나는 그를 기억하며 이런 시를 썼다.

그 이탈리아 군인은 나와 악수했지
위병소 탁자 옆에서
강건한 손과 섬세한 손은
그렇게 해야만 손바닥을 마주할 수 있었지

총성이 울리는 가운데 만났지만
그때가 얼마나 평화로웠는지 나중에야 알았지
그의 지치고 수척한 얼굴은
어떤 여자의 얼굴보다 순수해 보였지

구역질이 나던 불결한 말도
여전히 그의 귀에는 신선했고
내가 책에서 천천히 배운 걸
그는 태어날 때부터 알고 있었지

믿을 수 없는 총은 자기 할 말을 충분히 했고
우리는 모두 그 말을 믿었지만
내 금괴는 정말 금으로 만들어진 것이었지
아아, 누가 생각이나 해보았으랴

행운이 함께하길, 이탈리아 군인이여!
하지만 행운은 용맹한 자의 것이 아니라네
세상이 얼마나 그대에게 보답할 수 있을까?
늘 그대가 준 것보다는 적겠지

어둠과 망령 사이에서
흰색과 붉은색 사이에서
총탄과 거짓 사이에서
그대는 어디로 얼굴을 감추었을까?

마누엘 곤살레즈가 어디 있는지
페드로 아길라르가 어디 있는지
라몬 페네요사가 어디 있는지
땅속의 벌레들은 알고 있겠지

그대의 이름과 행적은 잊히겠지
그대의 뼈가 마르기도 전에
그대를 죽인 거짓은 묻히겠지

더 심각한 거짓 아래로

하지만 내가 그대의 얼굴에서 보았던 건
어떤 권력도 빼앗을 수 없으며
어떤 폭탄도 부술 수 없지
그대의 수정같이 맑은 정신

(1942년 여름)

사회주의자들은 행복할 수 있을까?

크리스마스 생각을 하면 자동으로 찰스 디킨스가 생각나는데 여기에는 두 가지 좋은 이유가 있다. 첫째, 디킨스는 실제로 크리스마스에 대해서 글을 쓴 몇 안 되는 영국 작가들 중 한 사람이다. 크리스마스는 영국의 축제 중 가장 인기 높은 행사지만 놀랍게도 관련 문학은 별로 많지 않다. 크리스마스캐럴은 대체로 보아 중세에 생겨났다. 로버트 브리지스Robert Bridges, T. S. 엘리엇, 기타 몇몇 시인이 쓴 소수의 시편들이 있고 그다음에는 디킨스이다. 둘째, 디킨스는 행복의 그럴듯한 모습을 묘사한 근대 작가들 중에서도 뛰어나고 거의 독보적인 존재이다.

디킨스는 크리스마스를 두 번이나 멋지게 다루었는데 한 번은 『픽윅 클럽 여행기』의 관련 장이고, 다른 한 번은 『크리스마스 캐럴A Christmas Carol』이다. 후자의 스토리는 죽음의 병상에 있던 레닌에게 낭독됐는데, 그의 아내에 따르면 레닌은 그 "부르주아 감상주의"를 도저히 참아줄 수 없다고 했다. 어떤 의미에서 보면 레닌의 말이 맞다. 하지만 그가 좀 더 건강했더라면 그 이야기에 몇몇 흥미로운 사회학적 의미가 내포되어 있음을 발견했을 것이다. 우선 디킨스가 그 장면을 좀 과장되게 묘사했고, 또 타이니 팀 Tiny Tim의 '애수'가 좀 역겹기는 해도, 크래칫Cratchit 가족(크래칫은 스크루지 가게의 점원이고, 타이니 팀은 크래칫의 절름발이 아들 - 옮긴이)은 인생을 즐기는 인상을 풍긴다. 윌리엄 모리스의 『에코토피아 뉴스News From Nowhere』에 나오는 시민들이 행복해 보이지 않는다면, 크래칫 가족은 정말 행복해 보인다. 더욱이 그들의 행복은 주로 남들과의 대비를 통하여 생겨난다. 디킨스가 이런 사실을 알고 있었다는 것이 그의 문학적 비결 중 하나였다. 크래칫 가족은 1년에 딱 한 번 충분히 먹을 것이 많기 때문에 아주 기분이 좋다. 늑대는 문 앞까지 와서 꼬리를 흔든다. 크리스마스 푸딩의 좋은 냄새가 전당포와 육체노동의 배경에서 퍼져 나간다. 그리고 이중의 의미로, 스크루지의 유령이 저녁 식탁 옆에 서 있다. 밥 크래칫Bob Cratchit은 심지어 스크루지의 건강을 위해 건배하고 싶어 하지만 그의 부인은 당연히 거절한다. 크래칫 가족은 크리스마스가 1년에 딱 한 번 찾아온다는 그 이유로 그들의 크리스마스를 즐긴다. 그들의 행복은 불완전하게 묘사되어 있기 때문에 설득력이 있다.

반면에 항구적인 행복을 묘사하려는 노력들은 진부 역사의 아주 이른 시기부터 실패로 점철되어왔다. 유토피아는 '좋은 곳'이 아니라 '실제로 존재하지 않는 곳'이라는 뜻인데, 지난 삼사 백

년 동안의 문학 속에서 자주 등장하는 주제였다. 그러나 '사랑받는' 유토피아들은 늘 불만족스럽고 으레 활기가 결여되어 있다.

알려진 현대의 유토피아 중에서 가장 좋은 것은 H. G. 웰스가 창작한 것이다. 웰스는 초기작들에서, 특히 『예상』과 『현대의 유토피아』에서 미래에 대한 비전을 제시한 바 있는데, 이 사상은 1920년대 초반에 집필한 두 소설 『꿈The Dream』과 『신을 닮은 인간Men Like Gods』에서 더욱 자세하게 개진된다. 이 두 책에서 우리는 웰스가 이룩하려는 혹은 이룩하고 싶어 하는 세상의 모습을 볼 수 있다. 그 세상의 핵심은 개화된 쾌락주의와 과학적 호기심이다. 우리가 현재 겪는 모든 악과 비참함은 사라진다. 무지, 전쟁, 가난, 지저분함, 질병, 좌절, 기아, 공포, 과로, 미신 등 이 모든 것이 없어진다. 이렇게 말해놓고 보니 그런 유토피아가 우리 모두가 희망하는 세상이라는 것을 부정하기가 어렵다. 우리는 웰스가 철폐하고 싶은 모든 것을 역시 철폐하고 싶다. 그러나 웰스식 유토피아에 실제로 살기를 바라는 사람이 있을까? 오히려 그런 세상에 살지 않는 것, 알몸의 여교사들이 돌아다니는 위생적인 정원식 교외에 들어가지 않는 것, 이런 것들이 실제로 의식적인 정치적 동기가 되었다. 『멋진 신세계』 같은 책은 인간이 창조할 수 있다고 생각되는 합리적 쾌락주의 세계에 대하여 현대인이 느끼는 공포를 잘 표현해놓았다. 한 가톨릭 작가는 이제 유토피아의 실현이 기술적으로 가능해졌고, 그래서 어떻게 하면 유토피아를 피할 수 있을까 하는 것이 아주 진지한 문제가 되었다고 최근에 주장했다. 우리 목전에서 파시스트 운동이 벌어지는 지금, 이런 주장을 황당한 이야기라고 일축할 수 없게 되었다. 파시스트 운동을 일으킨 원천들 중 하나가 너무 이성적이고 또 너무 안락한 세상을 피하려는 욕망인 까닭이다.

모든 '사랑받는' 유토피아들은 완벽을 표방하지만 동시에 행복을 제시하지는 못한다는 점에서 닮은꼴이다. 『에코토피아 뉴스』는 웰스식 유토피아의 좋은 점만 간추린 버전이다. 모든 사람이 친절하고 합리적이며 또 모든 가구는 리버티Liberty의 가게에서 공급해준다. 하지만 이 책의 독후감은 일종의 축축한 우울함이다. 로드 새뮤얼Lord Samuel이 최근에 펴낸 유토피아 관련 저서, 『알려지지 않은 고장An Unknown Country』은 이보다 더 음울하다. 벤살렘Bensalem(이 단어는 프랜시스 베이컨에게서 차용했다)의 주민들은 인생을 하나의 죄악으로 여기면서 가능한 한 그것을 침착하게 견뎌내야 한다고 생각하는 듯하다. 그들의 지혜가 가져다주는 것이라고는 항구적인 우울함이다. 그러나 상상력 넘치는 위대한 작가 조너선 스위프트가 다른 사람들과 마찬가지로 '사랑받는' 유토피아를 건설하는 데 실패한 것은 암시하는 바가 많다.

『걸리버 여행기』의 앞부분들(1~3부 - 옮긴이)은 지금까지 나온 인간 사회의 공격 중에서 가장 신랄한 것이라고 할 수 있다. 거기에 나오는 모든 이야기는 오늘날에도 해당된다. 몇몇 군데에서 이 소설은 우리 시대의 정치적 공포를 아주 자세하게 예언하고 있다. 그러나 스위프트는 그가 실제로 존경하는 마인 종족을 묘사하려는 부분에서 실패하고 만다. 이 소설의 마지막 부분인 4권 마인국에서 우리는 혐오스러운 야후족과 대조되는 고상한 후이넘馬人족을 만나게 된다. 이 종족은 인간의 결점을 하나도 가지고 있지 않은 총명한 말馬들의 종족이다. 이 말들은 높은 인품과 완벽한 상식에도 불구하고 정말로 오싹한 존재들이다. 여러 다른 유토피아의 주민들과 마찬가지로 그들은 주로 소란을 회피하는 데에만 관심을 쏟는다. 그들은 아무 사건도 벌어지지 않는, 침잠되어 있으면서도 '합리적인' 생활을 살아간다. 또한 다툼, 무질서, 각종 불안정으로부터 완전히 해방되어 있을 뿐만 아니라 육체적 사랑을 포함하여 '열정'으로부터도 자유롭다. 그들은 위생학의 원칙에 입각하여 짝을 선택하고, 과도한 애정 표현을 피하며, 때가 되어 죽는 것을 기쁘게 받아들이는 듯하다. 소설의 앞부분에서 스위프트는 인간의 어리석음과 사악함이 어떤 결말을 가져오는지 보여주었다. 그러나 그 어리석음과 사악함을 모두 제거하고 나면 일종의 미적지근한 생활만 남게 되는데, 그런 삶은 전혀 영위할 만한 가치가 없는 것이다.

무릉도원의 행복을 확정적으로 묘사하려는 시도는 모두 실패로 돌아갔다. 천국은 유토피아 못지않은 실패작이었다. 하지만 지옥은 문학에서 높은 지위를 차지하고, 종종 아주 정밀하고 설득력 있게 묘사됐음을 주목할 가치가 있다.

통상 묘사되는 기독교의 천국은 아무의 관심도 끌지 못한다는 것이 주지의 사실이다. 천국을 다루는 기독교 작가들은 그것이 묘사하기 불가능하거나 황금, 보석, 끝없는 찬송가 등 막연한 그림밖에 생각나지 않는다고 솔직히 말한다. 물론 이것이 아주 아름다운 시들을 만들어내기도 했다.

벽들은 옥수玉髓로 되어 있고
보루들은 다이아몬드로 된 네모꼴이며
그대의 문들은 동방에서 온 진주로 되어 있고
그 아름다움과 희귀함은 상상을 초월하네!

또는

거룩, 거룩, 거룩, 모든 성인이 그대를 찬양하네
유리 같은 바다에 그들의 황금 왕관을 내려놓고서
케루빔과 세라핌 천사들은 그대 앞에 무릎을 꿇네
그것은 과거에도, 지금도, 앞으로도 영원하리라!

그러나 그것은 보통 사람들이 있고 싶은 장소와 조건을 묘사하지는 못했다. 많은 부흥회 목사와 많은 예수회 신부(가령 제임스 조이스의 『젊은 예술가의 초상』에 나오는 저 무서운 설교를 보라)가 지옥을 사실적으로 묘사하여 신자들을 겁주면서 그들의 얼을 빼놓았다. 그러나 천국을 축복하려는 순간 '황홀'이나 '지복' 같은 추상적 용어에 의존하게 되고, 천국의 구체적 조건이 어떤지에 대해서는 거의 말하려 하지 않는다. 이 주제에 대하여 가장 생동감 넘치는 정보는 테르툴리아누스Tertullian가 말한 저 유명한 문장이 있는데, 천국의 중요한 즐거움 중 하나는 지옥으로 떨어진 자들의 고문을 구경하는 것이다.

이교도들이 묘사한 천국도 설사 있다 한들 별반 나을 것이 없다. 엘리시움Elysium의 들판은 언제나 황혼 녘이라는 느낌이 든다. 신들이 산다는 올림푸스에는 신찬ambrosia과 신주nectar가 있고 또 신들의 님프, D. H. 로렌스가 말한 "불사의 매춘부"인 헤베(청춘과 봄의 여신)가 사는데 그 분위기는 기독교의 천국에 비해 좀 더 가정적이지만 우리는 거기서 오래 살고 싶다는 생각이 들지 않는다. 남자 1명당 77명의 후리(천상의 처녀)가 달라붙어 다들 자기를 먼저 사랑해주기를 바란다는 무슬림 천국은 오히려 악몽에 더 가깝다. 영성주의자들도 천국이 "언제나 밝게 빛나고 아름답다"라고 말할 뿐 그곳에서의 활동, 보다 구체적으로 지식인들이 매력적이라고 생각하거나 하다못해 견딜 만한 곳이라고 생각할 법한 그런 장소를 묘사하지 못한다.

유토피아도 천국도 아닌, 순전히 감각으로 느낄 수 있는 완벽한 행복의 묘사도 역시 별로 성공을 거두지 못했다. 그런 묘사는 언제나 공허함이나 저속함 혹은 그 두 가지의 종합이라는 인상을 안겨주었다. 볼테르의『숫처녀La Pucelle d'Orléans』시작 부분은 샤를 9세와 그의 정부 아그네스 소렐Agnes Sorel의 생활을 묘사한다. 그들은 "언제나 행복했다"라고 그는 말한다. 아마도 연회, 음주, 사냥, 섹스 등이 끝없이 이어지는 생활이었을 것이다. 하지만 이런 생활을 몇 주만 하고 나면 그게 지겨워지지 않을 사람이 있을까? 라블레Rabelais는 저승에서 즐거운 시간을 보내면서 이승에서의 불운한 시간을 보상받는 행복한 유령들을 묘사한다. 그들은 노래를 부르는데 그 내용은 대체로 다음과 같이 번역될 수 있다. "뛰어오르고, 춤을 추고, 장난을 치고, 백포도주와 적포도주를 마시고, 황금 동전을 세는 것 이외에는 하루 종일 아무것도 하지 않는다." 이 얼마나 따분해 보이는 생활인가! 영원한 '좋은 시간'이라는 개념이 얼마나 공허한지는 브뤼헐의 그림 「게으른 자들의 땅 The Land of the Sluggard」에 잘 묘사되어 있다. 그곳에서는 아주 뚱뚱한 세 사람이 머리를 맞대고 누워 잠들어 있는데, 삶은 계란과 구운 돼지다리가 나타나서 저절로 그들의 입으로 들어간다.

인간은 행복이 아닌 것과 대비를 하지 않으면 행복을 묘사하지 못하거나 상상하지 못하는 듯하다. 바로 이 때문에 천국 혹은 유토피아의 개념이 시대에 따라 달라진다. 산업혁명 이전의 사회에서 천국은 황금으로 도금되어 있는 끝없는 휴식의 장소로 여겨졌는데, 당시에 보통 인간의 일반적인 체험은 과로와 가난이었기 때문이다. 무슬림 천국의 후리들은 대부분의 여인들이 부자의 후처로 들어갔던 일부다처제 사회를 반영한다. 그러나 이런 '영원한 축복'의 묘사는 언제나 실패했다. 이런 축복이 영원한 것이 되는 순간(영원은 곧 끝이 없는 시간이므로), 행복 아닌 것과의 대비는 사라지기 때문이다. 문학 속에 뿌리내린 몇몇 관습은 이제는 사라진 신체적 조건들로부터 나온 것이다. 가령 봄의 숭배가 좋은 사례이다. 중세에 봄은 단지 제비와 야생화를 의미하는 계절이 아니었다. 그것은 연기 가득한 창문 없는 오두막에서 절인 돼지고기만 먹으면서 몇 달을 지낸 후에 처음 맞이하는 싱싱한 야채, 우유, 신선한 고기를 먹을 수 있는 계절이었다. 그래서 봄철의 노래들은 유쾌했다.

먹고 쾌활하게 소리 지르는 일만 하라
신선한 고기는 값싸고 처녀들은 예뻐지고
힘찬 총각들은 여기저기 즐겁게 돌아다니는
이 즐거운 계절을 하늘에 감사하라
그리고 늘 그런 즐거운 사람들 사이에 있어라!

실제로 즐거운 것들이 있기 때문에 이런 노래가 나온다. 겨울이 끝났다는 것 자체가 아주 멋진 일이다. 크리스마스 자체도, 크리스마스이브의 축제도 견디기 어려운 북방의 겨울에 위로를 얻기 위해 과식과 과음을 하는 한때 행사로 시작됐을 가능성이 높다.

인간이 노고나 고통에서 위안을 얻는 형태로 행복을 상상한다는 것은 사회주의자들에게 심각한 문제를 안겨주었다. 디킨스는 가난한 가정이 구운 거위 고기를 열심히 먹는 장면을 그림으로써 그들을 행복한 가정으로 묘사할 수 있었다. 반면에 완벽한 세상의 거주민들은 자발적인 즐거움을 느끼지 못하는 모양이며, 으레 혐오스럽기까지 하다. 분명 사회주의는 디킨스가 묘사한 세계, 혹은 그가 상상할 수 있었던 세계를 목표로 하지 않는다. 사회주의자의 목표는 자상하고 늙은 신사들이 터키 고기를 내주기 때문에 결국에는 모든 것이 잘 결말나는 그런 사회가 아니다. '자선'이 불필요하다면 그럼 사회주의자는 어떤 사회를 목표로 하는가? 사회주의자는 배당금을 가진 스크루지나 다리를 저는 타이니 팀 같은 사람들이 없는 사회를 원한다. 그렇다면 사회주의자는 어떤 고통도 노고도 없는 유토피아를 목표로 하는가?

《트리뷴》편집자들이 나의 이런 말을 승인하지 않을지도 모르지만, 그래도 나는 사회주의의 진정한 목표는 행복이 아니라고 주장한다. 지금까지 행복은 부산물이었으며, 우리가 아는 범위 내에서 그것은 앞으로도 그런 상태로 남을 것이다. 사회주의의 진정한 목표는 인간적인 형제애이다. 이것은 통상 말해지지 않고, 또 요란하게 떠들어지지도 않지만 사실로 널리 인식된다. 인간이 가슴 아픈 정치적 투쟁으로 한평생을 소모하고, 내전에서 싸우다가 전사하고, 게슈타포의 비밀 감옥에서 고문당하는 것은 중앙난방에 에어컨이 잘 나오고 조명이 밝은 천국을 만들기 위해서가 아니다. 그보다는 인간이 서로 사기치거나 죽이지 않고 서로 사랑하는 세상을 만들기 위해 그런 고초를 감내한다. 그들은 일차적 단계로 그런 형제애가 있는 세상을 원한다. 그들이 그 세계로부터 그다음에 어디로 갈 것인지는 확실치 않다. 그것을 자세히 예상하려고 하는 것은 단지 문제를 혼란스럽게 만들 뿐이다.

사회주의 사상은 미래에 대한 예측을 다루어야 하지만 단지 폭넓은 관점에서만 다룬다. 그래서 아주 희미하게만 내다볼 수 있는 목적들을 다루게 된다. 예를 들면 지금 이 순간 세상은 제2차 세계대전을 겪고 있어서 모두들 평화를 원한다. 그러나 세상은 완벽한 평화를 경험한 적이 없다. 고상한 야만인이 한때 존재했다면 모를까, 그런 평화를 가져본 적이 없었다. 세상은 그저 있을 수 있다고 희미하게만 의식하는 어떤 것을 원하는데 정확하게 규정하지는 못한다. 올해 크리스마스에도 수천 명의 사람들이 러시아 설원에서 피를 흘리며 죽어가고, 차가운 물속에서 익사하며,

태평양의 습지 많은 섬에서 서로 수류탄을 날려 상대방을 산산조각 낸다. 집 없는 아이들이 폐허가 된 독일의 도시들에서 음식 찌꺼기를 찾아 거리를 헤맨다. 이런 생활 조건을 없애버리는 것은 좋은 목표이다. 그러나 평화로운 세계가 구체적으로 어떻게 생겼는지 자세히 묘사하는 것은 전혀 다른 문제이다. 구체적인 모습을 그리려 시도하면 제럴드 허드Gerald Heard가 아주 열광적으로 제시한 끔찍한 세상이 등장할 뿐이다.

유토피아 주창자들은 치통으로 고생하면서 치통이 없는 세상이 곧 행복이라고 말하는 사람을 닮았다. 그들은 일시적이기 때문에 가치가 있는 어떤 것이 한없이 계속 존재하면 곧 완벽한 사회가 된다고 말한다. 이보다 더 현명한 제안은 인류가 따라가야 할 큰 노선을 제시하고 거대한 전략을 수립하면서 자세한 예측은 앞날에 맡겨두는 그런 것이 되어야 한다. 완벽함을 상상하는 사람은 누구든지 결국 그 자신의 공허함만 드러낼 뿐이다. 바로 이것이 위대한 작가 조너선 스위프트의 경우이다. 그는 교회의 주교나 정치가를 아주 멋지게 통박했지만, 초인을 창조하려고 할 때는 처절하게 실패했다. 그리하여 우리가 《걸리버 여행기》를 읽고서 얻게 되는 인상은 그가 의도하는 것과 정반대가 되어버린다. 즉 냄새나는 야후가 고상한 후이넘보다 훨씬 발전할 가능성이 많다고 생각하게 되는 것이다. (1943. 12)

프로파간다와 대중의 말

정부에서 나눠주는 전단과 보고서, 신문 사설, 정치인의 연설과 그가 출연한 방송, 아무 정당의 소책자와 성명서를 검토하면 거의 늘 떠오르는 생각이 있는데 그건 바로 그들이 평범한 사람과 동떨어져 있다는 점이다. 그들은 있지도 않은 지식이 있다고 추정할 뿐만 아니라, 그렇게 하는 것이 종종 옳고 또 필요하다고 생각한다. 그들은 또한 명확하고, 대중적이고, 일상적인 언어의 사용을 본능적으로 피하는 것처럼 보인다. 정부 대변인의 냉담한 말투(전형적인 관용구가 몇 가지 있는데 "적시에in due course", "모든 수단을 써서no stone unturned", "가급적 빠르게take the earliest opportunity", "답변은 긍정적이다the answer is in the affirmative")는 지나치게 잘 알려져 깊이 생각할 가치도 없다. 신문 사설도 정부 대변인과 똑같은 어조나 일반인이 쓸 생각조차 하지 않는 고어(위난peril, 용맹valour, 세력might, 적수foe, 구제succour, 복수vengeance, 용렬한dastardly,

성벽rampart, 방어벽bulwark, 보루bastion)에 의지하는 과장된 경향을 보인다. 좌파 정당은 극도로 어색하게 번역된 소련과 독일의 관용구에서 가져온 이상한 어휘를 즐겨 사용한다. 사람들에게 지시를 내리고 특정 상황에서의 행동 요령을 설명하려는 의도로 제작된 벽보, 전단, 방송도 종종 제 목적에 미달한다. 예를 들면 처음으로 런던 시내에 독일의 공습이 있던 시기에 많은 런던 시민이 경보와 경보 해제 사이렌을 서로 구분하지 못했다. 몇 달, 몇 년을 공습경보 벽보를 보았지만 그런 혼란이 벌어진 것이다. 이 벽보는 경보를 "떠는 소리를 내는 음"이라고 고지했는데 결과적으로 어떤 인상도 남기지 못했다. 왜냐하면 공습 사이렌은 떠는 소리가 아니었고, 따라서 그 단어에 확실한 의미를 부여하지 못했던 것이다.

전쟁 초기 몇 달 동안 리처드 애클랜드Richard Acland 경은 정부에 제출할 선언서를 작성하는 과정에서 여론조사원들을 고용하여 일반인이 정계에서 오가는 거창하고 추상적인 단어들에 어떤 의미를 부여하는지를 알아내게 했다. 그리하여 무지막지한 오해가 폭로됐다. 예를 들어 대다수 사람은 성적 문란sexual immorality에 사용되는 경우 외에 'immorality'라는 단어가 다른 의미로 사용된다는 걸 모르고 있음이 밝혀지기도 했다.[26] 어떤 사람은 '운동movement'을 변비와 관련된 것으로 생각하기도 했다. 밤

---

26 이런 점에도 불구하고 영연방은 "도덕적으로 틀리면 정치적으로도 옳을 수 없다"는 아주 허약한 구호를 채용했다. [작가의 각주]

마다 술집에 가면 방송 연설이나 뉴스 방송이 일반인에게 아무런 감명도 주지 못하는 걸 보게 되는데, 이건 연설이나 방송이 지나치게 격식을 갖춘 딱딱한 어휘를 사용하는 것에 더하여 상류층 억양을 쓰기 때문이다. 내가 됭케르크에 있을 때 술집에서 1시 뉴스가 방송되는 동안 한 무리의 해군이 빵과 치즈를 먹곤 했다. 그들은 무신경하게 식사를 계속했고, 뉴스 내용은 하나도 신경 쓰지 않았다. 그러다 잠깐 아나운서는 물속에서 배로 끌어올려진 어떤 병사의 말을 구어체로 인용했다. "어쨌든 이번 여행에서 수영을 배우게 됐습니다!" 바로 군인들은 귀를 쫑긋 세웠다. 일상에서 쓰는 말이 나왔으니 뜻이 전달됐던 것이다. 몇 주 뒤 이탈리아가 참전한 바로 다음 날에 더프 쿠퍼Duff Cooper는 무솔리니의 경솔한 행동에 대하여 "이미 유명한 이탈리아의 폐허 숫자가 더 늘어날 것"이라고 방송에서 말했다. 깔끔하고 적절한 예언이지만, 그런 부류의 말이 대부분의 사람들에게 얼마나 큰 인상을 남길 수 있을까? 이 말을 일상에서 쓰이는 말로 풀면 이렇게 될 것이다. "이탈리아는 늘 고대문명의 폐허로 유명하다. 그렇지만 이젠 그놈의 폭격 때문에 폐허가 더 많이 생겨날 판이다." 그렇지만 대중 앞에서 장관들은 이런 식의 구어로 말하지 않는다.

강력한 정서를 환기하지도 못하고 또 입에서 입으로 전해지지도 못하는 엉터리 구호의 사례는 다음과 같다. "마땅한 승리", "자유가 위난에 처했으니 용맹을 다해 수호하라", "유일한 해결책 사회주의", "징발자를 징발하라", "긴축", "진화는 혁명이 아니다", "평화는 분할할 수 없다" 등. 구어체로 표현된 구호의 사례는 다음과 같다. "러시아에서 손을 떼라", "독일이 대가를 치르게 하라", "히틀러를 제지하라", "음식 관련 세금은 안 된다", "전투기를 사들여라", "여성에게 투표권을" 등. 이 두 계층의 중간 정도에 있는 사례는 다음과 같다. "즉시 착수하라", "승리를 위한 밭 가꾸기", "모두 내게 달렸다" 등. 여기에는 "시작의 끝", "급소", "피, 수고, 눈물, 땀", "이토록 적은 사람에게 이토록 많은 사람이 이토록 많은 빚을 진 적은 단 한 번도 없었다" 같은 처칠의 표현 일부도 포함된다(마지막 처칠의 말은 구전으로 많이 반복됐는데 원래 있던 딱딱한 표현인 '인류 갈등의 현장에'라는 부분은 전달 과정에서 사라졌다). 거의 모든 영국인이 고답적이고 과장된 말을 싫어한다는 사실은 반드시 고려해야 한다. 유럽 대륙의 국가들을 열광하게 했던 "그들은 통과하지 못할 것이다"나 "무릎을 꿇고 사느니 두 발로 선 채 죽는 게 낫다" 같은 구호들은 영국인, 특히 영국 노동자에게는 조금 당황스러운 것이다. 하지만 프로파간다 선전가와 대중 영합주의자의 주된 약점은 영어에서 구어와 문어가 두 개의 서로 다른 것이라는 사실을 모른다는 점이다.

최근 나는 "객관적으로 반혁명적인 좌파-이탈주의" 혹은 "저열한 부르주아 요소의 급격한 청산" 같은 마르크스주의 표현에 반대하는 글을 신문에 기고한 적이 있었다. 그러자 평생 사회주의자였다는 사람들이 내가 "무산 노동자의 언어를 모욕하고 있다"며 분노하는 편지를 보내왔다. 또한 해럴드 래스키 교수는 마지막으로 출판한 자신의 책 『신앙, 이성, 그리고 문명』에서 긴 지면을 할애하여 T. S. 엘리엇 씨를 "소수를 위해 글을 쓰는 작가"라고 공격했다. 그러나 실제로 엘리엇은 일상에서 사용되는 그대로의 영어를 사용하려고 진지하게 노력하는 이 시대의 몇 안 되는 작가이다. 다음과 같은 시행은 최대한 일상 영어에 가깝게 표현된 것이다.

그리고 아무도 오지 않았고, 아무도 가지 않았다
하지만 그는 우유 배달을 신청하고 월세를 냈다

반면 다음은 래스키의 저서에서 인용한 것으로서 그의 전형적인 문장이다.

전반적으로 우리 체계는 정치 영역(그 자체로는 우리 역사에서 최근의 발전인데)에서의 민주주의와 과두정치에 의해 조직됐고 또 우리 사회의 습관에 여전히 심대한 영향을 줄 수 있는 어떤 특정 귀족적인 흔적과 연관된 경제적인 권력 사이의 보상이었다.

덧붙여 말하자면 이 문장은 재판된 강의에서 가져온 것이다. 따라서 이 글은 래스키 교수가 강단에 서서 말한 것을 그대로 적어놓은 내용이다. 분명한 건 저런 식으로 말하거나 글을 쓰는 사람들은 일상언어가 어떤 모습을 보이는지 까맣게 잊어버렸다는 점이다. 하지만 이 인용문은 래스키 교수의 다른 글에서 나온 나른 문장들과 비교하면 그런대로 괜찮은 편이며, 공산주의 문헌과 비교하면 더 낫고, 나아가 트로츠키주의 소책자와 비교하면 훨씬 더 좋은 문장이다. 실제로 좌파 언론을 살펴보면 무산 노동자에 관해 더 큰 목소리로 계속 지껄이는 사람들이 더욱더 민중의 말을 경멸한다는 인상을 받는다.

나는 위에서 구어체 영어와 문어체 영어가 서로 다른 것이라고 이미 말한 바 있다. 이런 차이는 모든 언어에서 나타나지만, 대다수 언어보다 영어에서 더 크게 나타난다. 구어체 영어는 속어가 난무하며 가능한 한 줄여서 쓴다. 사회적인 계층에 상관없이 구어체 영어에서는 문법과 통사를 소홀하게 취급한다. 즉석에서 말하면 한 문장을 제대로 완성하는 영국인은 극소수이다. 실제로 광대한 영어 어휘는 몇천 개에 이르는 문어체 단어들을 갖고 있지만, 회화에서 그런 어휘는 별로 사용되지 않는다. 그 외에도 폐어가 되어버린 몇천 개의 단어가 더 있는데 현명하거나 고상하게 보이고 싶은 사람들이 일부러 이런 폐어를 꺼내어 사용한다. 이런 점을 염두에 둔다면 우리는 말로 된 것이든 글로 된 것이든 프로파간다를 목표 대상에 전달시키는 확실한 방법을 생각해볼 수 있다.

글쓰기에 대해서 말해보자면 첫째, 단순화 과정에 집중해야 한다. 가장 먼저 할 일은 정치인들이 습관처럼 사용하는 추상적 단어들이 실제로 많은 사람에게 이해되고 있는지 확인하는 것이다. 이것은 몇백에서 몇천 파운드만 쓰면 아무 사회조사기관이나 해주는 일이다. "공약에 대한 절조 없는 위반"이나 "민주주의 기본 원칙에 대한 교활한 위협" 같은 문구를 일반인이 전혀 받아들이지 못한다면 그런 것들을 사용하는 건 어리석은 짓이다. 둘째,

글을 쓸 때 꾸준히 구어를 염두에 두어야 한다. 조금 뒤에 언급하겠지만, 구어를 그대로 종이 위에 옮기는 건 복잡한 일이다. 하지만 습관처럼 "이걸 단순명료하게 쓸 수 있을까? 좀 더 구어체로 바꿔 쓸 수 있을까?"라고 자문한다면 위에 인용한 래스키 교수의 인용문 같은 글은 쓰지 않게 될 것이다. 죽인다는 단어 대신 "제거한다", 물탱크라는 단어 대신 "고인 물"을 쓰는 일은 없게 되는 것이다.

그러나 말로 하는 프로파간다는 발전할 여지가 있다. 바로 여기서 구어체 글쓰기의 문제가 발생한다.

연설, 방송, 강의, 그리고 심지어 설교도 보통 미리 글로 작성된다. 히틀러나 로이드 조지Lloyd George 같은 무척 유능한 연설가들은 즉흥적으로 말하지만, 이런 사람들은 무척 드물다. 하이드 파크 코너에 앉아 사람들의 연설을 들어보면 알 수 있는데, 소위 즉흥 연설가라고 하는 이들은 끝없이 상투적인 문구만 늘어놓는다. 그런 사람들은 아마도 똑같은 연설을 수십 번 되풀이했을 것이다. 말솜씨가 별로 없는 사람도 일상적인 대화에서 해낼 수 있는 수준으로 단순명료하게 연설할 수 있는 건 예외적인 재능의 소유자들 극소수뿐이다. 방송에서는 즉흥적인 말하기가 거의 시도되지 않는다. 〈브레인스 트러스트〉 같은 소수의 프로그램을 제외하면 대부분 미리 신중하게 예행연습 과정을 거친다. BBC에서는 방송에서 해야 할 말을 전부 작성해서 방송인에게 건네고, 그는 그대로 방송해야 한다. 이런 현상은 단순히 검열 때문만은 아니다. 대본이 없다면 마이크 앞에서 제대로 말을 못하는 출연자가 많기 때문이기도 하다. 그 결과, 방송에서는 무겁고 지루하고 딱딱한 말이 사용되고 대다수 라디오 시청자는 그런 말이 나오면 다이얼을 다른 데로 돌려버린다. 글로 쓰는 것보다 구술이 더 구어체 연설에 가까워질 수 있다고 볼 수 있다. 하지만 구술은 언제나 다소 당혹스러운 일이다. 사람은 긴 침묵을 피하려는 충동이 있어서 흔한 관용구나 케케묵고 재미없는 비유 등에 매달리게 된다. 가령 "다채롭도록 변화를 주다ring the changes on", "함부로 다루다ride rough-shod over", "일전을 벌이다cross swords with", "강하게 변호하다take up the cudgels for" 등이 그런 표현이다. 그래서 구술된 대본은 글로 미리 쓴 대본보다 생생함이 덜하다. 따라서 일상적이고, 느긋하고, 구어체인 영어를 종이 위에다 옮겨놓는 것이 필요하다.

하지만 이것이 가능한가? 나는 가능하다고 생각한다. 내가 아는 한, 전에 시도된 적이 없는 아주 간단한 방법으로 그렇게 할 수 있다. 그 방법은 이러하다. 잘 준비된 화자에게 마이크를 주어 그가 선택한 주제에 대하여 계속적으로 혹은 간헐적으로 말하게 내버려둔다. 열몇 명 정도의 화자가 그렇게 말하게 한 뒤 매번 녹음한다. 그런 뒤 형식을 세네 명이 하는 대화로 변경하여 여러 차례 진행한다. 이후 녹음한 것을 속기사에게 들려주어 글로 작성한다. 속기사는 보통 잘 축약된 합리적인 글을 완성하지만, 그렇게 하지 말고 정확히 말한 그대로 기록하도록 지시하고 필요하다면 구두점은 찍게 한다. 이렇게 하면 (내 생각에는 최초로) 구어체 영어의 진정한 표본을 종이 위에 옮겨놓게 될 것이다. 그 표본은 책이나 뉴스 기사처럼 읽기 쉽지는 않겠지만, 구어체 영어는 본래 읽는 용도가 아닌 듣는 용도이다. 나는 이런 표본을 통해 구어체 영어의 규칙을 명확히 정립하고 문어와 얼마나 다른지 알아낼 수 있다고 생각한다. 구어체 영어로 쓰는 것을 실행할 수 있게 되면 평범한 연설자나 강연자는 지금보다 자연스러운 구어에 훨씬 가깝게, 또 근본적으로 훨씬 말하기 좋은 대본을 준비할 수 있다.

물론 대중의 말은 구어체를 사용하고, 또 이해되지 않는 단어를 피한다고 저절로 해결되는 문제는 아니다. 억양 역시 중요하게 다뤄야 할 문제이다. 현대 영국에서 대중을 대상으로 연설하는 사람이라면 '교육을 받은' 상류층 억양은 반드시 피해야 한다. 최근 유능한 연설자는 모두 런던 사투리나 다른 지방의 사투리를 쓰고 있다. 1940년 프리스틀리Priestley의 방송이 성공한 건 주로 그가 일부러 도입한 요크셔 사투리 덕분이다. 처칠은 이런 통칙에서 유일하게 예외에 해당하는 것처럼 보인다. 현대 '교육을 받은' 억양을 가지기에 너무 나이가 많았던 처칠은 에드워드 7세 시대의 콧소리 섞인 상류층 억양을 쓰는데 일반인들의 귀에는 런던 사투리처럼 들린다. BBC 아나운서들이 쓰는 '교육받은' 억양은 패러디 대상이며, 영어를 쓰는 외국인들에게 명료하다는 것 외에는 전혀 이점이 없다. 영국에서 자연스럽게 '교육받은' 억양을 갖게 된 소수는 자신의 억양을 딱히 선호하지 않고, 인구의 나머지 4분의 3은 그런 억양에 대하여 직접적인 계급적 적대감을 삿고 있다. 이름을 발음하는 것에도 흥미로운 양상이 있는데, 성공적인 연설자들은 심지어 발음이 틀렸다는 걸 알면서도 노동계급의 발음을 고수한다. 예를 들면 처칠은 일반인이 '나치'와 '게슈타포'를 잘못 발음하는 걸 알지만, 그들의 발음을 그대로 따라 하며 앞으로도 그렇게 할 것이다. 로이드 조지는 지난 전쟁 동안 대중의 발음을 따라 '카이저'를 '케이저'로 발음하기도 했다.

전쟁 초기에 정부는 사람들이 배급 통장을 받아 가도록 하는 데 큰 어려움을 겪었다. 총선에서 선거인 명부가 최신의 것으로 갱신됐음에도 빈번히 절반에도 미치지 못하는 유권자만이 투표에 참여했다. 이런 일은 지배층과 피지배층의 지적인 격차가 클 때 벌어지는 증상이다. 하지만 이런 격차는 지식인 계층과 일반인 사이에도 늘 존재한다. 그들의 선거 예측을 보면 알 수 있듯이 언론인들은 대중이 무슨 생각을 하는지 절대로 모른다. 혁명적인 프로파간다는 믿기지 않을 정도로 효과가 없다. 전국의 교회들은 텅텅 비었다. 보통 사람은 마땅히 생각해야 하는 걸 생각한다고 가정하는 것이 아니라, 보통 사람이 실제로 무슨 생각을 하는지 찾아내려고 노력해야 아이디어는 새롭기는 하지만 환영받지 못한다. 사회조사는 좌익과 우익 모두에서 맹렬한 공격을 받는다. 그러나 여론을 알아내기 위한 조사 방식은 현대 정부의 필수품이고, 전체주의국가보다는 민주주의국가에서 더 필요하다. 이를 보충하는 건 일반인이 이해하고 반응할 수 있는 단어로 일반인에게 말하는 능력이다.

현재 프로파간다는 사람들이 행동에 나설 의향이 있는 것과 일치했을 때만 성공하는 듯 보인다. 예를 들면 현재 벌어지는 전쟁 동안에 정부는 국민의 사기를 진작하기 위한 행동을 유별날 정도로 거의 하지 않았다. 그저 이미 확보된 국민들의 선의에 의지했을 뿐이다. 모든 정당은 무척 중요한 문제와 관련하여 대중의 관심을 끄는 데 하나같이 실패했는데, 그 구체적 사례로는 식민지 인도의 문제가 있다. 그러나 우리는 언젠가 진정으로 민주적인 정부를 가질 수 있을 것이다. 무슨 일이 벌어지고 있는지, 다음으로 무슨 일을 해야 하는지, 어떤 희생이 필요하며 왜 그래야 하는지 사람들에게 미리 말해주는 정부 말이다. 요즘에는 일반인의 실제 모습이 어떤지 알아내자고 제안하고, 그에 맞춰 그들에게 접근하고자 하면 대중을 '깔보는' 지적 속물로 비난받거나 영국 게슈타포를 만들려고 음모를 꾸미는 사람으로 의심받는다. 이런 점을 미루어보면 우리의 민주주의 개념이 얼마나 굼뜬 19세기의 것인지 알 수 있다. (1944. 4)

영국의 반유대주의

영국에는 약 40만 명의 유대인이 있다고 알려져 있다. 여기에 더해 1934년 이후로 몇천 혹은 최대 몇만 명에 이르는 유대인 난민이 영국으로 들어왔다. 유대인 인구는 거의 전부가 6개 정도의 대도시에 집중되어 있고, 그중 대다수가 식품, 의류, 가구 사업에 종사하고 있다. ICI 같은 큰 독점기업 몇 개와 한두 개의 유력 신문사, 그리고 적어도 하나의 백화점 체인은 유대인 소유이거나, 아니면 유대인이 지분을 가지고 있다. 하지만 유대인이 영국의 실업계를 지배한다는 말은 진실과는 매우 거리가 있는 소리다. 오히려 그 반대로 유대인은 기업이 대규모로 합병되는 현대적 흐름을 따라잡는 데 실패하고 있으며, 그 결과 낡은 방식으로 운영되는 소규모 사업을 고수한다.

이런 배후 사정은 견문이 넓은 사람이라면 이미 알고 있는 바이지만, 그래도 굳이 서두에서 언급한 것은 영국에는 실제로 유대인으로 인한 '문제'가 없다는 점을 강조하고 싶어서였다. 유대인은 셀 수 없이 많지도 않고 강력한 힘을 갖고 있지도 않다. 그들이 뚜렷한 영향력을 가지고 있다고 주장하는 이들은 소위 '지식층'이라 부르는 사람들밖에 없다. 그렇지만 반유대주의가 증가세에 있고, 전쟁으로 이 문제가 크게 악화됐으며, 인도적이고 계몽적인 사람들조차 그런 적대적 흐름에 영향을 받고 있다. 그런 분위기는 폭력적인 형태를 띠지는 않지만(영국인들은 거의 늘 점잖고 법을 지킨다), 충분히 악의적이다. 따라서 적당한 상황이 오면 그런 흐름이 정치적인 결과를 낳을 수도 있다. 다음은 내가 지난 일이 년 동안 들어온 반유대주의 발언의 사례들이다.

중년 사무직원: "보통 버스를 타고 일하러 가죠. 좀 더 시간이 걸리긴 하지만, 요즘에는 골더스 그린 역에서 지하철을 타지 않아요. 선택받은 민족이 너무 많이 타고 다니거든요."

담배 가게 주인(여자): "아뇨, 성냥은 없어요. 저기 길 아래에 아주머니가 있는데 한번 가서 물어보세요. 늘 성냥을 가지고 다니거든요. 왜, 선택받은 민족의 일원이잖아요."

공산주의자 혹은 준공산주의자인 젊은 지식인: "유대인이요? 별로 좋아하지 않아요. 딱히 숨길 필요도 없잖아요. 도저히 받아들일 수 없다니까요. 혹시나 해서 하는 말인데 그렇다고 제가 반유대주의자라는 건 아니에요."

중산층 여자: "저를 반유대주의자라고 하는 사람은 아무도 없어요. 하지만 유대인이라는 사람들이 하는 행동은 정말이지 아주

고약해요. 왜, 식량을 배급받을 때 줄 앞으로 밀고 나가는 행동 말고도 여러 가지가 있잖아요. 밉살맞게 이기적이지 않아요? 그 사람들이 겪는 많은 일은 다 자초한 거라고 봐요."

우유 배달원: "유대인은 영국인처럼 일하지 않아요. 너무 잔머리를 굴린다니까. (이두박근을 구부리며) 우리는 여기로 일을 하잖아요. (이마를 두드리며) 그치들은 여기로 일하려 한다고요."

지적이고, 목표가 불분명한 좌파 공인회계사: "이 빌어먹을 유대인 놈들은 다 독일 지지자라고요. 나치가 여기를 점령하면 내일이라도 표변할 놈들이라니까요. 일하면서 그 친구들을 많이 보는데, 뿌리까지 히틀러를 경배하고 있어요. 늘 걷어차는 사람이 있으면 그 사람한테 비위를 맞추려고 한다니까요."

지식인 여성에게 반유대주의와 독일의 잔혹 행위를 다룬 책을 내밀자 "보여주지 마세요. 제발 보여주지 마세요. 그걸 보면 유대인을 전보다 더 싫어하게 될 뿐이에요."

비슷한 발언들로 지면을 더 채울 수도 있지만 이 정도 열거하면 충분할 것이다. 이런 발언들에서 두 가지 사실을 알 수 있다. 첫째, 일정 수준 이상의 지식을 지닌 사람들은 반유대주의자로 지목되는 걸 수치스러워하여 '반유대주의'와 '유대인에 대한 반감'을 구분하는 데 신경을 쓴다는 점이다. 이는 무척 중요한 사항이며 잠시 뒤에 더 다루게 될 것이다. 둘째, 반유대주의가 비이성적이라는 점이다. 유대인은 어떤 구체적 잘못을 비난당하고 있으며(예를 들면 식량 배급 줄서기에서의 좋지 못한 행동), 그렇게 비난하는 사람은 그것을 아주 괘씸하게 여긴다. 하지만 이런 비난은 그저 뿌리 깊은 편견을 합리화하는 것에 불과하다. 객관적 사실과 통계로 그들의 비난에 반박하려는 시도는 아무 소용이 없으며, 때로는 단지 소용없는 걸로 끝나는 게 다행일 정도로 험악할 때도 있다. 위에 인용한 마지막 발언이 보여주는 것처럼 사람들은 자신의 관점이 옹호할 수 없는 것임을 충분히 알고 있음에도 반유대주의, 혹은 적어도 유대인을 싫어하는 태도를 고수한다. 누군가를 싫어하면 싫어하는 것이고, 그것으로 상황은 끝이다. 장황하게 그 사람의 미덕을 설명해주더라도 나쁜 감정이 좋은 쪽으로 변하지는 않는다.

전쟁은 반유대주의의 확산을 장려했고, 심지어 어느 정도 정당화하여 많은 일반인이 받아들이게 했다. 우선 확실하게 말할 수 있는 점은 유대인은 연합국이 승리해야 이득을 볼 수 있는 민족이라는 사실이다. 따라서 "이 전쟁은 유대인의 전쟁이다"라는 이론은 어느 정도 타당성이 있다. 유대인들이 전쟁에 들이는 노력이 제대로 알려지지 않는다는 점을 생각하면 더욱더 그렇다. 대영제국은 여러 민족으로 구성된 거대한 조직이며 주로 합의를 통해 단결한다. 따라서 종종 덜 믿음직스러운 요소를 추켜세우고자 더 충실한 요소를 희생할 필요가 있다. 유대인 군인들이 세운 공적을 널리 알리거나, 중동에 상당수의 유대인 군인이 있다는 점을 인정하면 남아프리카와 아랍 국가들 등에서 당장 반발하며 적대감을 보일 것이다. 그러니 이런 문제를 통째로 무시해버리고, 유대인들은 병역 회피 면에서 놀라울 정도로 약삭빠르다고 생각하도록 내버려두는 게 더 쉬운 방법이다. 또 한편으로 유대인은 전시戰時에 민간인이 나쁘게 볼 법한 직종에서 일한다. 그들은 주로 식품, 의류, 가구, 담배 분야에 종사하는데 이것들은 만성적으로 부족한 물품이어서 과잉 청구, 암거래, 편파 행위가 뒤따르게 마련이다. 또 공습에서 유별나게 비겁한 행동을 한다는 흔해빠진 유대인 비난은 1940년 대공습 때의 일이 크게 영향을 미쳤다. 알려진 바와 같이 화이트채플에 있는 유대인 구역은 가장 먼저 집중 공습을 당한 곳 중 하나였다. 당연히 수많은 유대인이 런던 전역으로 흩어질 수밖에 없었다. 이것을 그저 전시에 나타나는 현상으로 판단했다면 반유대주의가 잘못된 전제로 형성된, 무늬만 이성적인 것임을 금방 파악했으리라. 하지만 반유대주의자는 오히려 자신을 합리적인 사람이라고 생각한다. 반유대주의를 다룬 신문 기사를 올릴 때마다 나는 늘 상당한 '회신'을 받는다. 그리고 이런 편지들 중 일부는 명백히 경제적 어려움이 없는 양식 있고 평범한 사람들(예를 들면 의사)이 보낸 것이다. 그런 사람들은 늘 이런 말을 한다. 히틀러도 《나의 투쟁》에서 그렇게 말했는데, 처음에는 아무런 반유대주의적 편견이 없다가 여러 사실을 관찰한 뒤에 지금과 같은 태도를 가지게 되었다는 것이다. 하지만 반유대주의자의 한 가지 특징은 사실일 리 없는 이야기를 믿어준다는 것이다. 이를 보여주는 좋은 사례가 있다. 1942년 런던 시내에서 갑자기 발생한 폭발음에 놀라 군중이 지하철역 입구로 도망쳤고, 100명이 넘는 사람이 그 과정에서 밟혀 죽고 말았다. 바로 같은 날 런던 전역에는 "유대인 탓"이라는 말이 반복하여 나돌았다. 사람들이 이런 부류의 말을 철석같이 믿으면 그에 대하여 함께 논의하더라도 별 소득이 없다. 유일하게 쓸모 있는 방법은 사람들이 다른 주제들에 대해서는 건전한 생각을 갖고 있으면서도, 왜 어떤 한 가지 주제에 대해서는 황당무계한 생각을 받아들이는지 그 이유를 발견하는 것이다.

이젠 앞서 언급한 점을 다뤄보겠다. 반유대주의 정서가 커진다는 인식은 널리 퍼져 있지만, 그런 정서를 선뜻 인정하는 일은 꺼리는 게 요즘 사회의 모습이다. 교양 있는 사람들은 반유대주의가 용서할 수 없는 죄악이며 다른 인종적 편견들과는 완전히 범주가 다른 문제라고 생각한다. 그래서 사람들은 자신이 반유대주의자가 아님을 장황하게 설명한다. 1943년, 폴란드 유대인을 위한 중재 예배가 세인트 존스 우드에 있는 유대교 회당에서 열렸을 때의 일이다. 지역 당국은 예배에 참여하길 갈망한다는 입장을 밝혔다. 그리하여 예복을 입은 시장, 모든 교회의 대표자들, 영국 공군 파견대, 국방 시민군, 간호사, 보이스카우트 등이 예배 행사에 참여했다. 얼핏 보기에 그것은 고통받는 유대인들과의 결속을 드러내는 감동적 행사였다. 하지만 겉보기에 품위 있게 행동하는 사람들의 의식적인 노력일 뿐이었다. 그들의 주관적인 감정은 틀림없이 많은 경우에 그런 외양과는 무척 달랐을 것이다. 런던의 그 구역에는 유대인들이 일부 살고 있고, 그곳에서도 반유대주의는 만연해 있다. 니는 이런 사실을 짤 일고 있다. 왜냐하면 유대교 회당에서 내 주변에 앉은 일부 사람들은 그런 환경에 크게 물들어 있었기 때문이다. 실제로 내가 속한 국방 시민군 소대의 소대장은 검은 셔츠단(오스왈드 모슬리가 조직한 파시스트 단체-옮긴이)의 단원이었던 적도 있다. 그런 그가 행사 전에 중재 예배에서 "좋은 모습을 보여야 한다"라고 열성을 보이던 모습은 참으로 놀라웠다. 이런 정서적 분열이 있는 한 유대인에 대한 집단 폭력을 용납한다거나, 그보다 더 중요한 반유대주의 관련법을 통과시키는 것은 영국에서 불가능하다. 실제로 현재로써는 반유대주의가 존경받을 만한 것이 될 수가 없다. 그러나 이런 상황은 겉보기에는 유대인들에게 유익한 것처럼 보이나 실제로는 그렇지도 않다.

독일에서 벌어진 유대인 박해의 파급효과로 인해 이제 반유대주의를 진지하게 연구할 수 없게 되었다. 영국에서는 일이 년 전에 매스 옵저베이션Mass Observation에 의하여 간단하고 불충분한 조사가 있었다. 설사 해당 주제에 관하여 다른 조사가 있었다 하더라도 그 결과는 철저하게 은폐됐을 것이다. 같은 시기에 사려 깊은 사람들은 유대인의 감정을 건드릴 만한 사항들을 의식적으로 억제했다. 1934년 이후 '유대인 농담'은 엽서, 정기간행물, 보드빌 극장에서 거짓말처럼 사라졌다. 또한 소설이나 단편소설에 냉정한 유대인 등장인물을 도입하면 반유대주의로 간주됐다. 팔레스타인 문제에서도 계몽된 사람들은 유대인의 주장을 증명된 것으로서 받아들이고 아랍인의 주장은 아예 검토하지 않으려 했다. 이러한 그들의 결정은 그 자체로는 옳을지 모르지만, 그런 결정의 일차적인 원인은 유대인들이 어려움을 겪고 있으며 양식 있는 사람이라면 그들을 비난해서는 안 된다는 정서가 깔려 있었기 때문이다. 따라서 히틀러 덕분에 민감하고 지적인 사람들 사이에서 개인적인 반유대주의가 심해지는 동안에 언론은 사실상 유대인의 편을 들어 자체 검열을 하는 상황이 벌어졌다. 이런 양상은 1940년에 난민들을 억류할 때 특히 두드러지게 나타났다. 자연스레 지식인들은 단지 히틀러의 적이라는 이유만으로 영국에 들어와 있는 불행한 외국인들을 전면적으로 억류하는 조치에 대항하는 걸 자신의 의무로 생각하게 되었다. 하지만 그들은 개인적으로는 전혀 다른 정서를 드러냈다. 과도하게 눈치 없이 행동하는 건 난민들 중에 소수에 불과했지만, 그런 유대인들에 대한 반감은 보이지 않는 반유대주의 흐름을 형성했다. 난민이 주로 유대인이라는 탓도 있었다. 이름을 거론하지는 않겠지만, 노동당에서 무척 저명한 인물이자 영국에서 크게 존경받는 사람이 나에게 꽤 거친 어조로 이렇게 말했다. "우리가 언제 그 사람들한테 영국에 와달라고 한 적이 있습니까? 여기로 오기로 했다면 그로 인한 결과는 당연히 받아들여야지요." 하지만 공식적인 상황이 되면 그 사람은 외국인 억류에 대한 탄원이나 성명에 당연히 찬성할 것이었다. 이런 감정, 즉 반유대주의는 죄악이자 수치스러운 것이며 계몽된 사람이라면 그로 인해 고통받지 않는다는 감정은 과학적인 접근을 별로 좋아하지 않는다. 또 많은 사람이 그 주제를 지나치게 깊이 파고드는 게 두렵다고 말한다. 그들은 점증하는 반유대주의를 목격하는 것이 두렵고, 또 자신이 그런 추세에 전염되고 있다는 걸 발견하는 것조차 두려운 것이다.

이 문제를 긴 안목에서 보려고 한다면 반드시 몇십 년 전, 그러니까 히틀러가 실직하여 집에서 무명의 룸펜으로 그림이나 그리던 시절로 돌아가야 한다. 지금은 두드러질 정도로 확연히 반유대주의를 감지할 수 있지만, 30년 전만 해도 영국에서는 반유대주의가 그 정도로 심하지 않았다. 철저하게 용의주도한 종교적 혹은 정치적 측면에서 반유대주의가 하나의 정책으로 융성했던 적은 영국에 단 한 번도 없었다고 보는 게 옳다. 유대인과의 통혼이나 유대인에 대한 반감이 대중의 삶에서 지금처럼 현저하게 나타난 적은 단 한 번도 없었다. 그렇다고 해도 30년 전에도 거의 자연의 법칙처럼 받아들여지던 생각이 있었는데, 그건 바로 유대인이 '성품'이 약간 모자란 우스운 존재―비록 지능은 우수해도―라는 점이었다. 원칙적으로 유대인이 법적으로 불리한 취급을 받은 적은 없지만, 사실상 특정 직종에 진출하는 건 금지됐다. 예를 들면 유대인은 해군에서 장교로 채용되지 않았고, 육군에서도 '기계화' 연대에 근무하는 일은 없었다. 유대인 소년은 사립학교에서 거의 늘 어려운 시간을 보냈다. 물론 이례적일 정도로 매력적이거나 강인한 사람이라면 자신의 유대인 신분을 극복할 수도 있겠지만, 대부분의 유대인들에게는 자신의 신분이 말더듬이나 얼굴의 반점처럼 타고난 장애였다. 부유한 유대인은 잉글랜드식이나 스코틀랜드식 귀족 이름을 쓰면서 자신을 위장하려는 경향이 있었는데, 일반인에게 이런 행동은 마치 범죄자가 가능하다면 자신의 이름을 개명하는 것처럼 자연스러운 것이었다. 20여 년 전에 랑군에서 친구와 함께 택시를 타려고 할 때 하얀 얼굴색에 작은 체구의 소년이 누더기를 걸친 채로 우리에게 달려오던 기억이 있다. 소년은 콜롬보에서 배로 그곳에 왔는데 돌아갈 돈이 없으니 도와주면 안 되겠냐는 복잡한 이야기를 하기 시작했다. 그런데 소년의 태도나 용모가 어디 출신인지 '알아내기' 어려운 구석이 있어 내가 물어봤다.

"영어를 무척 잘하는구나. 국적이 어디니?"

그러자 소년은 과도하게 꾸민 듯한 억양으로 씩씩하게 대답했다. "저는 유대인입니다, 선생님!"

나는 내 친구를 쳐다보며 절반은 농담조로 말했다. "저 꼬마는 자랑스럽게 인정하는데." 그때까지 내가 알던 유대인은 하나도 빠짐없이 자신이 유대인임을 부끄러워하는 사람이거나 혈통에 관해 말하지 않으려는 사람이었다. 그들은 어쩔 수 없이 말해야 한다면 '히브리인'이라는 단어를 쓰는 경향이 있었다.

노동자계급의 태도도 나을 게 없었다. 화이트채플에서 자란 유대인은 혹시나 인근의 기독교 빈민가에 대담하게 발이라도 들이면 폭행당하거나 비웃는 말을 듣는 걸 당연하게 여겼다. 보드빌 극장이나 만화잡지에서 드러나는 '유대인 농담'은 거의 늘 악의적인 것이었다.[27] 글자 그대로 유대인을 괴롭히는 문학도 있었고, 그런 글은 벨록, 체스터턴과 그들의 추종자들이 썼다. 그런 글을 보면 그 독설의 수준이 유럽 대륙과도 별반 차이가 없다. 가톨릭이 아닌 작가들은 때로 좀 더 온건하긴 했지만, 역시 같은 죄를 범했다. 초서 이래로 영국 문학에서는 눈에 띌 정도로 반유대주의 요소가 있어왔으며, 지금 이 글을 쓰는 탁자에서 일어나지 않고도 오늘날 작성됐더라면 반유대주의로 낙인찍혔을 구절들을 셰익스피어, 스몰렛, 새커리, 버나드 쇼, H. G. 웰스, T. S. 엘리엇, 올더스 헉슬리, 그 외에 많은 작가의 문장을 떠올릴 수 있다. 히틀러의 시대 이전에 유대인을 옹호하려고 의식적인 노력을 한 영국 작가들이 없지는 않았다. 바로 떠올릴 수 있는 사람은 디킨스와 찰스 리드이다. 평범한 지식인들 중에 벨록과 체스터턴의 반유대주의 의견에 동의하는 사람이 거의 없다 할지라도, 반대로 이 두 작가가 날카로운 비난을 당하는 일도 없다. 체스터턴은 별것 아닌 구실로 툭하면 유대인을 비난하는 장광설을 그의 소설과 수필에 끼워 넣었다. 하지만 그런 일로 그가 곤란을 겪은 적은 단 한 번도 없었다. 오히려 그는 영국 문학계에서 널리 존경받는 인물 중 하나이다. 만약 오늘날 체스터턴 같은 반유대주의 요소를 담은 글을 쓰는 사람은 엄청나게 욕먹을 각오를 해야 한다. 아니면 그의 글은 아예 출판되지 못할 것이다.

내가 언급한 것처럼 유대인에 대한 편견이 늘 영국에서 널리

---

27 '유대인 농담'과 보드빌 극장에서 사용하던 다른 대체재인 '스코틀랜드인 농담'을 비교하면 흥미로운 점이 드러난다. 둘은 표면적으로는 유사하다. 가끔 유대인과 스코틀랜드인이 동등하게 취급되는 이야기가 보이기도 하지만(예로 선술집에 간 유대인과 스코틀랜드인이 둘 다 갈증으로 죽는다는 이야기가 있다), 보통 유대인은 교활하고 탐욕스럽게 묘사되지만, 스코틀랜드인은 육체적으로 활력이 넘치는 모습으로 나타난다. 예로 이야기를 하나 들어보겠다. 유대인과 스코틀랜드인이 회비가 무료로 알려진 모임에 함께 갔다. 하지만 예상했던 것과는 달리 모임에서 모금이 있었고, 돈을 내지 않기 위해 유대인은 기절한 척을 하고 스코틀랜드인은 그를 끌고 나간다. 여기서 스코틀랜드인은 다른 사람을 끌고 나가는 육체적 우월함을 보인다. 정반대의 일이 벌어진다면 사람들은 어쩐지 엉뚱하다고 생각할 것이다. [작가의 각주]

퍼져 있었다면, 히틀러가 진정으로 그런 정서를 완화시켰다고 생각해볼 이유도 없다. 히틀러는 단지 사람을 두 그룹으로 나누어놓았을 뿐이다. 지금은 유대인에게 돌을 던지면 안 될 시기라는 걸 깨달은 정치적 의식이 있는 그룹과, 원래 가지고 있던 반유대주의가 전쟁의 불안한 요소로 증폭된 정치적 의식이 없는 그룹이 그것이다. 따라서 반유대주의 정서를 인정하느니 차라리 죽어버릴 많은 사람도 은밀하게 반유대주의 정서를 갖고 있는 것이다. 나는 반유대주의가 본질적으로 신경증이라는 말을 이미 한 바 있다. 물론 반유대주의에서는 나름의 합리화도 있으며, 사람들은 은밀하게 그것을 믿는데 어느 정도는 맞는 말이기도 하다. 평범한 사람들은 반유대주의를 합리화하는 근거로 유대인이 착취자라는 점을 내세운다. 이런 합리화가 부분적으로 받아들여지는 건 영국에서 유대인이 보통 소규모 사업가로 일하기 때문이다. 다시 말하면 은행이나 보험회사에 비해 착취의 결과가 더 명확하게 이해되는 사업을 한다는 뜻이다. 지식수준을 좀 더 올리면 반유대주의자는 다음과 같은 말로 자신을 합리화한다. "유대인은 불만을 퍼뜨리고 국민의 사기를 떨어뜨린다." 또다시 여기에는 어떤 피상적 정당화가 일어난다. 지난 25년 동안 소위 '지식인'이라 불린 사람들의 행동은 거의 해악만 가져왔다. 소위 '지식인들'이 좀 더 철저하게 영국 국민의 사기를 떨어뜨리는 역할을 했더라면 1940년에 영국은 독일에 항복하고 말았을 것이다. 불만이 가득힌 지식인들 중에는 필연적으로 많은 유대인이 포함된다. 유대인이 우리 고유의 문화와 국가적 사기를 해치는 적이라는 주장은 어느 정도 타당성이 있다고 생각할 수 있다. 그러나 자세히 검토하면 그 주장은 터무니없는 것이고, 늘 그런 주장을 지지한다고 인용할 수 있는 저명인사는 소수이긴 해도 늘 있어왔다. 지난 수년 동안에, 그 전 10년 사이에 유행한 다소 천박한 좌파주의에 대한 공격이 벌어졌는데, 주로 레프트 북 클럽 같은 조직들이 모범적으로 실천해왔다. 그런 공격(예를 들면 아널드 런의 『훌륭한 고릴라The Good Gorilla』나 이블린 워의 『더 많은 깃발을 내밀어라Put Out More Flags』 같은 책)에는 반유대주의 요소가 들어 있는데, 반유대주의가 사회적으로 위험시되지 않았더라면 훨씬 뚜렷하게 형상화됐을 것이다. 참으로 우연하게도 지난 몇십 년 동안 영국에는 이렇다 할 만한 명성 높은 지식인들이 없었다. 그렇지만 영국의 민족주의, 즉 지식인들의 민족주의는 되살아날 것이고, 만약 영국이 크게 허약해진 상태로 현재의 전쟁을 벗어난다면 확실히 되살아날 것이다. 1950년의 젊은 지식인들은 1914년의 젊은 지식인들이 그랬던 것처럼 순진한 애국자일지 모른다. 그럴 경우에 프랑스의 반드레퓌스파 사이에서 번성했던 반유대주의―체스터턴과 벨록이 영국으로 수입하려 했던 것―가 이 나라에서 발판을 내리게 될 것이다.

그렇지만 나는 반유대주의의 기원을 설명하는 불변의 객관적 이론을 알지 못한다. 현재 통용되는 두 가지 설명, 즉 경제적인 면이 원인이라는 주장과 중세부터 내려오는 유산이라는 주장은 나에겐 그다지 만족스럽지 않다. 하지만 이 두 가지 주장을 결합하면 진상에 어느 정도 접근한다고 생각한다. 내가 확실하게 말할 수 있는 것은 반유대주의가 더 큰 문제인 민족주의의 일부라는 점이다. 이 민족주의라는 건 여태껏 진지하게 검토된 적이 없다. 유대인은 명백히 희생양인데, 우리는 왜 그들이 희생양이 되었는지 그 이유를 아직도 알지 못한다. 이 글에서 거의 전적으로 나의 제한된 경험에만 의존했기에 다른 관찰자들은 나의 결론을 조목조목 부정할지도 모른다. 하지만 문제는 이 주제에 관한 자료가 거의 없다는 점이다. 어쨌든 변변치 못하지만 쓸모 있다고 여길 사람들이 있을지 모르기에 내 의견을 요약해보면 다음과 같다.

영국에는 우리가 인정하는 것 이상으로 반유대주의 정서가 있으며, 전쟁으로 그것이 두드러졌다. 하지만 그 증가 추세가 몇 년에 걸친 결과인지 혹은 몇십 년의 결과인지 확실하지 않다.

현재로는 반유대주의가 공개적인 박해로 나아가지는 않겠지만, 다른 나라들에서 유대인이 겪는 고통에 냉담해지게 만드는 효과가 있다.

반유대주의는 근본적으로 무척 비합리적이며, 논리적 분석을 허용하지 않는다.

독일에서 벌어진 유대인 박해는 반유대주의 정서를 더 많이 은폐하게 했으며, 그리하여 전반적인 상황이 모호해졌다.

이 주제는 진지한 연구가 필요하다.

마지막 사항은 좀 더 자세히 언급할 가치가 있다. 어떤 주제를 과학적으로 연구하려면 공정한 태도가 필요한데 자신의 관심사나 감정이 개입될 때는 그런 태도를 취하기가 더 어렵다. 성게에 관한 연구를 한다면 많은 사람이 아주 객관적인 태도를 취할 수 있다. 2의 제곱근과 같은 주제를 추구할 때도 마찬가지다. 하지만 이런 사람들도 자신의 수입 원천에 관해 생각해야 한다면 정신분열증 환자 같은 모습을 보인다. 반유대주의에 관해 작성된 거의 모든 글을 망가뜨리는 건 자신은 그와 무관하다는 글쓴이의 마음속 가정이다. "반유대주의가 비합리적이라는 걸 아니까 당연히 나는 그런 정서를 가지고 있지 않지"라고 주장하는 것이다. 따라서 그는 믿을 만한 객관적 증거를 포착할 수 있는 바로 그 지점에서 연구에 실패하고 만다. 물론 그곳은 바로 그의 마음이다.

여기서 안전하게 가정해볼 수 있는 것은 소위 민족주의라는 질병이 현재 거의 보편적인 현상이라는 것이다. 반유대주의는 민족주의의 한 가지 징후일 뿐이어서 모든 사람이 그런 특정한 형태로 그 질병을 앓지는 않는다. 예를 들면 유대인은 반유대주의자가 되려 하지 않을 것이다. 하지만 내가 보기에 많은 시온주의 유대인은 전도된 반유대주의자(유대인이 유대인을 미워하는 것—옮긴이)처럼 보인다. 이러한 태도는 많은 인도인과 흑인이 전도된 형태로 내보이는 피부 색깔에 대한 편견과 같다. 요점은 어떤 정신적인 비타민 같은 게 현대문명에는 없다는 것이다. 그 결과, 우리는 모든 인종이나 국가가 불가사의하게도 완전히 선하거나 완전히 악하다고 믿는 정신병에 걸렸다. 자신의 마음을 가까이서 솔직하게 살펴봤는데 민족주의적 충성심과 다른 민족에 대한 증오를 발견하지 못한 현대 지식인의 존재를 나는 믿지 않는다. 그 지식인은 이런 서로 갈등하는 사항들을 대할 때 심한 정서적 동요를 느낄 것이다. 하지만 그런 사항들의 본질을 냉정하게 봐야 비로소 진정한 지식인이라 할 수 있다. 따라서 반유대주의 연구를 시작할 때 "왜 이런 명백히 비합리적인 믿음이 다른 사람들에게 흥미를 일으킬까?"라고 생각해서는 안 된다. 대신 "왜 반유대주의가 내게 흥미로울까? 그에 관해 내가 옳다고 생각할 수 있는 건 무엇일까?"라고 생각을 전환해야 한다. 이런 질문을 하게 되면 적어도 자신만의 합리화를 발견하게 될 것이고, 더 나아가 그 저변에 깔려 있는 것을 찾아낼지 모른다. 반유대주의는 연구돼야 한다. 굳이 반유대주의자라고 하지는 않겠지만, 어쨌든 자신이 그런 부류의 정서와 무관하지 않다는 걸 깨닫는 사람들이 그런 연구를 해야 한다. 히틀러가 사라지면 이 주제에 관한 진정한 연구가 가능해질 것이다. 그 연구는 반유대주의를 폭로하는 것이 아니라, 어떤 사람에게서도 발견될 수 있는 반유대주의에 대한 정당화를 모두 파악하는 것이 최선이다. 그렇게 되면 반유대주의의 정신적 근원으로 인도하는 어떤 단서를 찾을 수 있을 것이다. 하지만 민족주의라는 더 큰 질병을 치료하지 않고 반유대주의를 확실히 치료할 수 있다는 말을 나는 믿지 않는다. (1945. 2)

파국적 점진주의

평균적 보통 사람들이 생각하는 예의 없는 행동을 정당화해야 할 때마다 나오는 이론이 있다. 그것은 정확하게 정식화되지도 않았고 또 명칭도 부여되어 있지 않지만 널리 받아들여지는 이론이다. 좀 더 좋은 이름이 발견될 때까지 당분간 그것을 파국적 점진주의 이론이라고 명명하기로 하자. 이 이론에 의하면 유혈, 거짓말, 독재와 불의 등이 저질러지지 않으면 어떤 것도 성취되지 않고, 또 그 어떤 엄청난 대변동이 벌어졌다고 하더라도 그 결과로 더 좋은 쪽으로 변화가 이루어지리라고 기대해서는 안 된다. 역사는 반드시 재앙 같은 사건들에 의해서만 전진하고, 그 어떤 시대가 뒤이어 온다고 하더라도 그 앞의 시대만큼이나 나쁘거나 혹은 거의 비슷하게 나쁘다는 것이다. 사람들은 숙청, 강제 추방, 비밀경찰 등에 대해서 항의해서는 안 된다. 왜냐하면 이런 것들이 발전을 위해 치러야 할 대가이기 때문이다. 반면에 '인간의 본성'은 언제나 발전이 더디게 오거나 심지어는 눈에 잘 띄지 않는다고 생각하기를 좋아한다. 만약 당신이 독재정치에 반대한다면 당신은 보수반동주의자이고, 독재정치가 좋은 결과를 만들어 낼 것이라고 생각한다면 감상주의자이다.

이러한 이론은 현재 소련의 스탈린 체제를 정당화하는 데 종종 거론된다. 하지만 이 이론은 적절한 상황만 주어진다면 다른 형태의 전체주의를 정당화하는 데 충분히 동원될 수 있고 또 적극 동원될 것이다. 이 이론은 러시아혁명의 실패로 힘을 얻게 되었다. 여기서 실패라고 하는 것은 러시아혁명이 25년 전에 불러일으켰던 희망을 성취하지 못한 상황을 가리킨다. 사회주의의 이름 아래, 러시아 체제는 상상해볼 수 있는 거의 모든 죄악을 저질렀다. 그들은 사회주의와는 점점 멀어지는 쪽으로 진화했다. 그리하여 1917년의 사회주의자들이라면 도무지 납득할 수 없는 방식으로 그 용어(사회주의)를 다시 정의하지 않는다면 도무지 사회주의라고 할 수 없게 되었다. 이러한 사실들을 받아들이는 사람들에게는 딱 두 가지 행동 노선만이 남아 있다. 하나는 전체주의 이론을 통째로 거부하는 것인데 영국 지식인들은 그렇게 할 용기가 없다. 다른 하나는 파국적 점진주의 이론에 기대는 것이다. 이 이론의 사용 공식은 대체로 이러하다. "계란을 깨트리지 않고서는 오믈렛을 만들 수 없어." 만약 누군가가 "그건 알겠는데 그럼 오믈렛은 어디에 있는가?"라고 물으면 이미도 이런 대답이 돌아올 것이다. "너무 조급하게 굴지 마세요. 모든 것이 한꺼번에 벌어지기를 기대해서는 안 돼요."

자연스럽게 이 이론은 역사의 과거로 되돌아간다. 그렇게 하는 속셈은 모든 진보가 잔악한 범죄행위를 비용으로 치른 후 성취됐고 그 이외에는 다른 방법이 없다는 것을 보여주려는 것이다. 일반적으로 널리 인용되는 사례는 부르주아지가 봉건주의를 무너뜨린 현상이다. 이것은 우리 시대에 자본주의가 사회주의에 의해 붕괴되리라는 것을 미리 보여주는 예고편이라는 것이다. 자본주의는 한때 진보를 추동하는 힘이었으므로 그 범죄행위들이 정당화 내지는 무시될 수 있었다고 주장한다. 그리하여《뉴 스테이츠맨》의 최근호에서 킹슬리 마틴Kingsley Martin 씨는 진정한 "역사적 전망"을 갖고 있지 못하다고 아서 쾨슬러를 나무라면서 스탈린을 헨리 8세와 비교했다. 마틴 씨는 스탈린이 끔찍한 짓을 저질렀다는 것은 시인했다. 그렇지만 전반적으로 볼 때 그는 "발전"의 대의에 봉사했고, 수백만 명의 "숙청"이 그 사실을 가려서는 안 된다고 주장했다. 이와 비슷하게 헨리 8세도 성격적으로는 결점이 많지만, 결국 그가 자본주의의 발흥을 가능하게 한 인물이므로, 전반적으로 보아 인류의 친구라는 논리였다.

하지만 헨리 8세는 스탈린과 그리 닮은 인물이 되지 못한다. 차라리 비교 대상으로는 크롬웰Cromwell이 더 적절했을 것이다. 설사 백 보를 양보하여 마틴 씨가 말하는 역사적 중요성을 헨리 8세에게 부여했다고 치고, 그럼 그의 주장은 어떤 결론으로 나아가게 될까? 자, 헨리 8세가 자본주의의 발흥을 가져왔다. 그래서 그것이 산업혁명의 참사로 이어졌고 다시 한 사이클의 엄청난 대규모 전쟁들이 이어졌고, 이제 다음번 대전(제2차 세계대전-옮긴이)은 인류의 문명을 아예 송두리째 파괴하게 될 것이다. 그래서 이 과정을 간단히 요약하면 다음과 같이 된다. "원자탄으로 우리 인류를 완전히 박살 낸 사람이 결국 헨리 8세이므로 그의 모든 행위가 용서될 수 있다." 만약 당신이 우리의 현재 상황과 우리 앞에 놓여 있는 미래의 책임을 스탈린의 것으로 보면서 동시에 그의 정책들을 지지해야 한다고 말한다면, 바로 위에서 언급한 황당무계한 헨리 8세 이야기를 되풀이하는 게 된다. 내 생각에 러시아 독재정권을 지지하는 영국 지식인들의 동기는 그들이 공개적으로 시인하는 것과는 다르지만, 발전이 반드시 이루어진다고 생각하면 독재와 학살을 눈감아줘야 한다는 논리를 펴는 것이다. 어떤 시대가 그 전 시대보다 더 좋아졌다면 그런 역사적 발전을 추동한 범죄나 악행이 정당화될 수 있다고 보는 것이다. 대체로 말해서 1750년과 1930년 사이에 견고하면서도 측정 가능한 그런 발전이 있었다고 생각한다면 그건 충분히 납득되는 일이다. 그러나 최근에 들어와서는 그런 생각을 하기가 점점 어려워졌고, 그래서 궁여지책으로 나온 것이 파국적 점진주의이다. 범죄에 뒤이어 또 범죄가 나오고, 한 지배계급에 뒤이어 다른 지배계급이 들어서고, 바벨탑이 세워졌다가 무너지는 등 이런 식으로 계속되지만 사람들은 그 과정에 저항해서는 안 된다. 아니, 어떤 악당 짓이 저질러지더라도 그것을 칭송할 준비를 하고 있어야 한다. 왜냐하면 아주 신비한 방식에서는, 혹은 하느님이 보기에는, 또는 마르크스의 관점에서는 바로 이것이 발전이기 때문이다. 이에 대한 대안은 잠시 멈추고서 다음 두 가지를 생각해보자. (1) 어느 정도까지 역사는 사전에 결정되는가? (2) 발전의 의미는 무엇인가? 바로 이 순간에 우리는 코미사르(소련의 인민위원) 대신에 영적 스승인 요기를 불러들이게 된다.

쾨슬러는 많이 논의된 그의 에세이에서 요기 쪽에 크게 의존하는 것으로 일반적으로 추정되고 있다. 그러나 요기와 코미사르를 척도의 양극단이라고 볼 때 쾨슬러는 오히려 코미사르 쪽에 더 가까운 것 같다. 그는 행동, 폭력(필요하다면), 정부를 믿으며, 따라서 정부로서는 불가분의 것인 변동과 타협을 필요하다고 생각한다. 그는 전쟁을 지지하고 그 전에는 인민전선을 지지했다. 파시즘이 등장한 이래 그는 자신의 능력을 다하여 그것에 저항했고, 또 여러 해 동안 공산당의 당원이었다. 그의 책 중에서 소련을 길게 비판한 장에서도 그의 주장은 과거 당에 지녔던 충성심이 아직도 남아 있는 듯하여 효과가 반감되고, 또 소련 공산주의가 나쁜 쪽으로 발전하게 된 것은 스탈린의 등장 이후라고 보는 태도를 드러낸다. 하지만 나는 다르게 생각한다. 악의 씨앗은 애당초 거기에 들어 있었고 설사 레닌이나 트로츠키가 계속 정권을 잡았다고 하더라도 사정은 본질적으로 크게 달라지지 않았을 것이다. 쾨슬러는 캘리포니아의 영성 수련원에서 배꼽을 들여다보면서 명상만 하면 모든 것이 잘되리라고 주장할 인물은 결코 아니다. 쾨슬러는 또 종교 사상가들처럼 진정한 정치적 개선이 벌어지려면 먼저 '마음의 변화'가 선행돼야 한다고 주장할 사람도 아니다. 쾨슬러 자신의 말을 들어보자.

성인도 혁명가도 우리를 구제하지 못한다. 그 둘이 잘 종합돼야 한다. 우리가 이런 종합을 성취할 수 있을지는 나도 알지 못한다. 하지만 그 대답이 '노No'라고 한다면 유럽 문명의 파괴를 막을 수 있다는 합리적 희망은 물 건너가게 된다. 그리하여 앞으로 수십 년 내에 전면전의 후계자인 절대전이나 비잔티움의 정복에 의해 유럽은 완전히 파괴될 것이다.

그러니까 '마음의 변화'가 반드시 일어나야 하지만, 매 단계마다 그런 변화가 행동으로 이어지지 않으면 실제로는 변화가 벌어지지 않을 거라는 이야기다. 반면에 사회구조의 변화 자체가 진정한 개선을 가져오지는 않는다. 사회주의는 한때 "생산수단의 공동소유"로 정의됐으나, 현재 공동소유는 중앙집중적 통제로 변질되어 새로운 형태의 과두제가 생겨나게 했을 뿐이다. 중앙통제는 사회주의의 필수 전제 조건이지만, 더 이상 사회주의를 만들어내지 못한다. 내 타자기가 그 자체로 내가 지금 쓰고 있는 이 글을 만들어내지는 못하는 것과 같은 이치다. 역사적으로 볼 때 한 혁명에 뒤이어 다른 혁명이 왔지만—이런 변화는 잠시 위안을 주기도 했지만, 환자가 병상에서 몸을 돌려 눕는 정도의 위안에 지나지 않았다. 그런 사태 변화는 지배자의 변화만 가져왔을 뿐이다. 왜냐하면 권력 본능을 제거하려는 진지한 노력이 이루어지지 않았기 때문이다. 만약 이런 노력이 이루어졌다고 한다면 그건 성인이나 요기 같은 사람들이 시도했을 뿐이다. 그들은 공동체를 아예 무시하는 희생을 치름으로써 그들 자신의 영혼을 구제했으니까. 활발한 활동을 벌이는 혁명가들, 혹은 '권력을 잡은' 혁명가들의 경우 그 마음은 복잡하다. 한편에는 정의로운 사회를 건설하기 위한 동경이 있지만, 그 동경 속으로 그들 자신을 위해 권력을 장악해야겠다는 의도가 마치 독약처럼 끼어들기 때문이다.

쾨슬러는 우리가 다시 한번 명상의 기술을 배워야 한다고 말한다. "사회적 유용성이라는 경험적 기준이 실패한 곳에서 명상이야말로 윤리적 난관에서 탈출하도록 도와주는 유일한 길잡이"라는 것이다. 그가 의미하는 "명상"은 "의지를 발동하지 않으려는 의지"로서 권력 욕망을 정복하는 것이다. 실용적인 사람들이 우리를 심연의 가장자리까지 데려왔다. 그리고 권력정치를 받아들이면서 먼저 도덕성을 포기한 지식인들과 우리의 현실감각이 우리로 하여금 방향을 바꾸지 말고 빠르게 앞으로 나아가라고 재촉한다. 쾨슬러는 역사가 사전에 결정된 순간들로 구성된 것이 결코 아니며, 인류가 더 좋은 쪽 혹은 더 나쁜 쪽을 자유롭게 선택할 수 있는 전환점들이 분명 있다고 주장한다. 이러한 한 가지 전환점(쾨슬러가 그의 책을 쓸 때는 없었던 것)이 원자탄이다. 우리가 원자탄을 포기하든지, 아니면 원자탄이 우리를 몰살할 것이다. 원자탄을 포기하는 것은 도덕적인 노력이면서 동시에 정치적인 노력이다. 쾨슬러는 이렇게 요구한다. "새로운 정신적 풍토를 가진 새로운 공동체가 생겨나야 한다. 그 공동체의 지도자들은 대중의 삶에 동참하겠다는 청빈 서약을 해야 하며, 견제받지 않는 권력을 획득하는 것이 공동체의 법률상 원천적으로 불가능해져야 한다." 그는 또 이런 말도 덧붙인다. "만약 이것이 유토피아처럼 보인다면 사회주의는 바로 유토피아이다." 그러나 '리얼리즘'의 어리석음에서 벗어나지 못한다면 그것은 유토피아가 되지 못할 것이다. 사회주의라는 이름조차도 앞으로 두 세대가 지나가면 사람들의 기억 속에서도 존재하지 않게 될 것이다. 리얼리즘의 어리석음으로부터 도피하는 것은 각 개인들의 마음이 바뀌지 않으면 결코 벌어지지 않는다. 이런 의미에서, 물론 아주 중대한 의미라고 보기는 어렵지만 요기도 어느 정도 코미사르에게 저항하는 힘이 된다. (1945. 11)

제임스 버넘과 관리자 혁명[28]

　제임스 버넘James Burnham의 《관리자 혁명The Managerial Revolution》은 출판 당시에 미국과 영국에서 상당한 논란을 불러일으켰는데, 이 책의 주요 논지는 많이 논의되어 거의 설명할 필요가 없을 정도이지만 최대한 짧게 요약하면 이러하다.

　자본주의는 사라지고 있지만, 사회주의는 그 대체재가 아니다. 지금 떠오르는 새로운 유형의 계획적이고 집중적인 사회는 일반적으로 인정된 의미에서도 자본주의나 민주주의를 지향하지 않는다. 이런 새로운 사회의 지배자는 생산수단을 효율적으로 통제하는 사람들이 될 것이다. 즉 버넘에 의해 '관리자'라는 명칭으로 뭉뚱그려진 회사 임원, 기술자, 관료, 군인이 그들이다. 이들은

28　이 글은 본래 "제임스 버넘을 다시 생각함"이라는 제목으로 《폴레믹Polemic》에 실렸지만, 이후에 현재 제목으로 변경하여 소책자로 재판됐다.

이전 자본가 계층과 노동자 계층을 없애고 사회를 새롭게 정비하여 모든 권한과 경제적 특권을 자신의 것으로 만든다. 사유재산권은 폐지되지만 공동소유는 시행되지 않을 것이다. 새로운 '관리자' 사회는 조각 천을 모아 붙인 것처럼 작은 독립국들의 연합으로 구성되지 않을 것이며 오히려 유럽, 아시아, 아메리카의 주요 산업 중심부 주변으로 모인 초강대국들로 구성될 것이다. 이런 초강대국은 세상에 남은 아직 점령되지 않은 부분의 소유권을 놓고 서로 싸우겠지만, 한 국가가 다른 국가를 완벽히 정복할 수는 없을 것이다. 내부적으로 각 사회는 계층제가 될 것이며 상부는 재능 있는 귀족이, 하부는 절반쯤 노예라고 할 수 있는 절대다수가 차지할 것이다.

그다음으로 출판한 책인 『마키아벨리주의자들The Machiavellians』에서 버넘은 기존 주장을 정교하게 가다듬고 수정한다. 책 내용의 대부분은 마키아벨리의 이론들과 그의 현대 신봉자들인 모스카Mosca, 미헬스Michels, 파레토Pareto에 관한 설명으로 채워졌다. 그리고 다소 의심스러운 합리화를 내세우며 앞의 저술가들 이외에 신디칼리즘syndicalism 작가인 조르주 소렐Georges Sorel을 추가한다. 버넘이 주로 보여주고자 하는 건 민주주의 사회가 단 한 번도 존재한 적이 없으며, 우리가 예상하는 한 앞으로도 결코 존재하지 않으리라는 점이다. 사회는 그 본질이 과두정치이며, 과두정의 힘은 늘 대중에 대한 폭력과 기만에 달려 있다. 버넘은 개인들의 사생활에서 '선한' 동기가 작용할 수 있다는 점을 부정하지 않지만, 정치에서는 권력투쟁 외에는 아무것도 없다고 단언한다. 모든 역사적 변화는 결국 한 지배층이 다른 지배층으로 대체된 데 그 핵심이 있다. 민주주의, 자유주의, 평등, 동포애, 모든 혁명운동, 유토피아에 관한 모든 비전, 혹은 "계층 없는 사회", 혹은 "지상 천국" 등의 말들은 그저 권력을 잡으려는 새로운 계층의 야욕을 은폐하는 속임수이다(꼭 의식적으로 속임수를 쓰는 것은 아니다). 영국 청교도, 자코뱅 당원, 볼셰비키는 각각 특권층이라는 자리를 차지하려고 대중의 희망을 이용하여 권력을 추구하는 자들이었다. 권력은 때로 폭력 없이도 얻거나 유지할 수 있지만, 기만 없이는 절대 얻을 수 없다. 집권 과정에서 대중을 이용해야 하는데 만약 어떤 계획이 소수의 권력욕을 채워주기만 할 뿐이라는 점을 간파당하면 대중은 결코 협력하지 않을 것이기 때문이다. 거대한 혁명적 투쟁이 있을 때마다 대중은 인류애라는 모호한 꿈에 매혹됐지만, 새로운 지배층이 권력을 단단하게 잡으면 다시 대중은 노예상태로 전락했다. 버넘은 이것이 사실상 정치의 전반적 역사라고 보았다.

두 번째 책은 이런 사실들을 좀 더 정직하게 바라본다면 정치적 과정 전반을 다소 도덕적으로 설명할 수도 있었으리라고 주장하는데, 이것이 바로 첫 번째 책과 다른 부분이다. 『마키아벨리주의자들』의 부제는 "자유의 수호자들"이다. 버넘의 주장에 따르면 마키아벨리와 그의 추종자들은 정치에서 품위 같은 건 존재하지 않으며, 예의를 무시해버림으로써 정치적인 문제들을 좀 더 지능적이고 덜 압제적으로 처리할 수 있다고 생각한다. 진짜 목표가 권력 유지라는 걸 알고 있는 지배층은 공익을 도모하고 사회가 세습 귀족사회로 경직되는 걸 피해야 더 성공할 수 있다는 것도 잘 알고 있다. 버넘은 "엘리트의 순환"이라는 파레토의 이론을 무척 강조한다. 권력을 유지하려면 지배층은 반드시 계속 아래에서 적합한 새로운 구성원을 받아들여야 하며, 그렇게 가장 유능한 사람들이 항상 상부에 자리 잡고 있으면 권력에 굶주린 새로운 불평분자 계층이 나타날 수 없다는 것이다. 버넘의 생각으로는 이런 일은 민주주의적 습성을 유지하는 사회에서 일어날 가능성이 가장 크다. 즉 반대가 허용되고 언론이나 노동조합 같은 특정 단체가 자치권을 유지할 수 있는 곳에서 그런 인재 유입의 가능성이 가장 크다는 것이다. 이러한 버넘의 의견은 그가 예전에 보였던 의견과 확실히 모순된다. 버넘은 1940년에 집필한 『관리자 혁명』에서 '관리자' 독일이 모든 면에서 프랑스나 영국 같은 자본주의적 민주주의보다 훨씬 효율이 좋다고 당연시했다. 1942년에 나온 두 번째 책에서 버넘은 언론의 자유를 허용했더라면 독일이 여러 중대한 잘못을 피할 수 있었을지 모른다고 말했다. 하지만 이전의 주요한 논지는 그대로 유지했다. 자본주의는 파멸할 것이고, 사회주의는 공허한 꿈이다. 무엇이 쟁점이 되고 있는지를 파악한다면 우리는 어느 정도 관리자 혁명 과정을 유도할 수 있을지도 모르지만, 그 혁명은 좋든 싫든 현재 발생 중이라는 것이다. 두 책 모두가 그렇지만, 특히 첫 번째 책은 그 속에서 논의된 정치적 과정들의 잔혹함과 사악함을 은근히 높이 평가하는 기색이 역력하다. 비록 버넘이 단순히 객관적 사실을 제시할 뿐이고 자신의 선호를 드러내는 것이 아니라고 되풀이하여 강조하지만, 그가 권력의 모습에 매료되고, 독일이 전쟁에서 승리할 것처럼 보이는 한 독일에 동조하려 한다는 점은 분명하다. 1945년이 시작할 즈음에 《파르티잔 리뷰Partisan Review》에 실린 최근 에세이 〈레닌의 후계자Lenin's Heir〉에서는 그 동조의 대상이 소련으로 옮겨 갔다. 〈레닌의 후계자〉는 미국 좌파 언론들 사이에서 맹렬한 논란을 불러일으켰고, 아직 영국에서는 재판되지 않았다. 이와 관련해서는 뒷부분에서 다시 논의하게 될 것이다.

 엄밀히 말하면 버넘의 이론은 새로운 게 아니다. 많은 작가가 이전에 자본주의도, 사회주의도 아니면서 노예제를 기반으로 삼는 새로운 부류의 사회가 출현할 것이라고 예견했다. 이들 대다수가 버넘과 다른 건 그런 발전이 불가피한 현상이라고 주장하지 않았다는 것이다. 이에 대한 훌륭한 사례가 1911년에 출판된 힐레어 벨록Hilaire Belloc의 『노예 국가The Servile State』이다. 이 책은 따분한 문장으로 쓰였고, 그 안에서 제시된 해결책(가령 소규모 농민에게 토지소유권을 돌려주는 것)은 여러 이유로 인해 불가능하다. 그럼에도 불구하고 이 책은 주목할 만한 통찰력을 발휘하면서 1930년경 이후에 발생한 사건들을 예견한다. 체스터턴은 조금 덜 체계적인 방식으로 민주주의와 사유재산의 소멸, 그리고 자본주의적 혹은 공산주의적이라 불릴 만한 노예 사회의 출현을 예견했다. 잭 런던Jack London은 『강철 군화』에서 파시즘의 근본적인 특징을 일부분 예언했다. 웰스의 『잠든 자 깨어나다The Sleeper Awakes』(1900), 자먀찐Zamyatin의 『우리들We』(1923), 올더스 헉슬리의 『멋진 신세계』(1930) 같은 책들은 전부 자유, 평등, 진정한 행복이 다가오지 않은 상태에서 자본주의의 특수한 문제가 해결된 상상의 세계를 그렸다. 최근에는 피터 드러커Peter Drucker와 F. A. 포크트F. A. Voigt 같은 작가들이 파시즘과 공산주의가 대체로 같은 것이라고 주장했다. 그리고 계획되고 중앙집권화된 사회는 실제로 과두정이나 독재로 발전하기가 쉽다. 정통 보수주의자들은 이런 점을 보지 못한다. 왜냐하면 사회주의는 '효과가 없으며', 자본주의의 소멸은 결국 혼돈과 무정부 상태를 뜻한다는 가정이 그들을 위로하기 때문이다. 정통 사회주의자들 역시 그런 점(독재로 발전할 가능성)을 보지 못한다. 왜냐하면 자신들이 곧 권력을 잡을 것으로 생각하고 자본주의가 사라지면 저절로 사회주의가 들어서리라고 추정하기 때문이다. 그 결과, 그들은 파시즘의 부상을 예측할 수 없었고, 파시즘의 등장 이후에는 그 사상에 관해 올바르게 예측할 수 없었다. 나중에 러시아의 독재정권을 정당화하려는 필요, 그리고 공산주의와 나치즘의 명백한 유사점을 설명해야 하는 필요 때문에 이 문제(집중된 권력은 과두정이나 독재로 발전한다)는 더욱 흐려졌다. 하지만 산업주의가 반드시 독점으로 끝나고, 독점은 반드시 폭정으로 나아간다는 개념은 놀라운 것이 아닙니다.

버넘이 다른 대다수 사상가와 다른 점은 '관리자 혁명'의 과정을 정확히 세계적 규모로 파악했다는 것과, 전체주의로의 이동은 거스를 수 없고 맞서 싸울 수도 없지만 어느 정도 유도할 수는 있다고 추정한 것 등이다. 버넘이 1940년에 쓴 글에 따르면 '관리자주의managerialism'가 소련에서 완벽한 발전 상태에 이르렀고, 이와 거의 동급으로 발전한 나라는 독일이며, 미국에서도 그 모습을 드러냈다. 그는 뉴딜정책을 "원시적 관리자주의"로 서술했다. 어쨌든 그런 경향은 모든 곳, 아니면 거의 모든 곳에서 동일하다. 자유방임주의 자본주의는 언제나 중앙집중의 계획과 국가의 간섭에 밀려나고, 단지 소유주일 뿐인 자들은 기술자나 관료들과는 다르게 권력을 잃을 것이며, 사회주의(소위 사회주의라고 하던 것)는 부상하는 징후를 보이지 않을 것이다.

어떤 옹호자들은 마르크스주의가 "절대 가망이 없다"라고 말하며 그것에 대하여 평계를 대려고 한다. 이는 사실과 크게 동떨어져 있다. 마르크스주의와 마르크스주의 정당들은 가능성이 유망하다. 소련에서 마르크스주의 정당은 실제로 정권을 잡았다. 단기간에 그들은 사회주의를 버렸다. 그렇게 말을 하지 않았다 하더라도 적어도 행동의 결과는 그러했다. 대다수 유럽 국가에서 제1차 세계대전의 마지막 몇 달 동안, 그리고 종전 직후 몇 년 동안 여러 사회적 위기를 겪으면서 마르크스주의 정당들에게 문호가 크게 개방됐다. 하지만 예외 없이 그 정당들은 권력을 쥐거나 유지할 수 없었다. 독일, 덴마크, 노르웨이, 스웨덴, 오스트리아, 영국, 오스트레일리아, 뉴질랜드, 스페인, 프랑스 같은 많은 나라에서 개혁적인 마르크스주의 정당들은 정부의 각료로 입각했으나, 사회주의를 도입하거나 사회주의로의 진정한 걸음을 떼는 데에는 하나같이 실패했다. 이런 정당들은 실제로 모든 역사적 시험에서(많은 시험이 있었다) 사회주의의 실현에 실패하거나 사회주의를 버렸다. 이것은 사회주의의 지독한 적이나 사회주의의 열렬한 우군 모두가 부정할 수 없는 사실이다. 몇몇 사람이 생각하는 것처럼 이런 사실은 사회주의 이상의 도덕적 특징에 대하여 아무것도 증명하지 못한다. 그러나 그 도덕적 특징이 좋든 나쁘든 사회주의는 실현될 수 없다는 확고한 증거가 된다.

물론 버넘은 소련과 나치 독일의 체제 같은 새로운 '관리' 체제를 사회주의라고 부를 수도 있다는 점을 부정하지 않았다. 그렇지만 그 체제가 어떤 의미로든 과거에 마르크스, 레닌, 키어 하디Keir Hardie, 윌리엄 모리스William Morris나 대략 1930년 이전의 대표적인 사회주의자를 감동시킬 그런 사회주의는 결코 되지 못한다고 말했다. 최근까지 사회주의는 정치적 민주주의, 사회적 평등, 그리고 국제주의를 주장하는 것이었다. 이 세 가지 중 어느 하나라도 어디에서든 어느 정도 확립된 징후는 조금이라도 찾아볼 수 없다는 것이다. 무산계급 혁명이 한때 발생했다고 하는 강대국, 즉 소련도 보편적인 인류애를 겨냥하는 자유롭고 평등한 사회의 개념에서 지속적으로 벗어났다. 러시아혁명 초기 이래로 거의 지속적인 과정의 일환으로 자유는 조금씩 사라졌고, 대의제도는 억제됐으며, 그사이에 불평등은 늘어났고, 국수주의와 군국주의는 더욱 강고해졌다. 그렇지만 버넘은 그와 동시에 자본주의로 돌아가려는 경향도 없어졌다고 주장한다. 버넘에 따르면 지금 벌어지는 일은 단순히 '관리자주의'의 성장이며, 비록 그 실천 방식은 국가마다 다르지만 어디에서든 진행 중이다.

현재 벌어지는 일을 해석한다는 관점에서 볼 때 버넘의 이론은 아주 거칠게 말한다고 해도 지극히 그럴듯한 이론이다. 최근 15년 동안 소련에서 벌어진 일들은 다른 어떤 것보다 버넘의 이론으로 더 쉽게 설명할 수 있다. 분명 소련은 사회주의가 아니며, 기존의 정통파 사회주의 이론과 전혀 다른 의미를 부여하지 않는 한 사회주의라고 할 수 없다. 소련 체제가 자본주의로 돌아갈 것이라는 예측은 늘 부정되어왔고, 그나마 지금은 회귀가 아예 불가능한 것처럼 보인다. 나치 독일에서도 이런 과정이 거의 똑같이 진행됐다는 주장은 버넘이 다소 과장했을지 모르지만, 정권의 변화가 과거 방식의 자본주의에서 벗어나 능력 위주의 과두정을 채택하여 통제 위주의 계획경제로 나아갔다는 점은 분명하다. 소련에서는 가장 먼저 자본가들이 파멸했고, 그다음에 노동자가 파멸했다. 독일에서는 가장 먼저 노동자가 파멸했다. 뒤이어 자본가들이 제거되기 시작했고, 나치즘은 "단지 자본주의"에 불과하다는 추정은 그 후 벌어진 사건들에 의하여 항상 부정됐다. 버넘이 가장 잘못 짚은 점은 자유로운 자본주의 강국인 미국에서 '관리자주의'가 번성하고 있다고 진단한 부분이다. 그러나 세상의 전반적인 움직임을 고려하면 그의 결론은 거부하기 힘들다. 심지어 미국의 자유방임주의도 다음에 들이닥칠 커다란 경제위기에서 살아남기 힘들다는 믿음이 널리 퍼져 있다. 버넘이 좁은 의미의 '관리자'라는 단어—즉 공장 사장, 계획자, 기술자—에 지나치게 많은 중요성을 부여했으며, 심지어 소련에서도 실제 권력자인 공산당 간부가 아닌 이들이 실권을 휘두른다고 추정한 것에 대하여 반론이 있었다. 하지만 이런 추정은 부차적인 오류이며, 『마키아벨리주의자들』에서 일부 수정됐다. 정말로 문제가 되는 건 앞으로 50년 동안 우리에게 무례한 짓을 할 사람들이 관리자, 관료, 정치인 등이 될 것이냐 하고 따지는 것이 아니다. 그보다는 현재 명백하게 파멸한 자본주의가 과두정이나 진정한 민주주의에 자리를 내줄 것인가 하는 문제가 더 중요하다.

하지만 흥미로운 건 버넘의 일반적인 이론에 기반을 둔 예측을 검토해보면 그것이 검증됐다고 하지만 실제로는 왜곡됐다는 점이다. 이미 많은 사람이 이런 점을 지적했다. 하지만 버넘의 예측을 상세히 더 알아볼 가치는 있다. 왜냐하면 그것은 동시대 사건들에 관련된 일종의 패턴을 그려내고 있으며, 내 생각에 현대 정치사상의 아주 중요한 약점을 지적하기 때문이다.

먼저 버넘은 1940년에 쓴 글에서 독일의 승리를 당연한 것처럼 생각했다. 영국은 "사라지고 있으며", "과거의 역사적 전환기에 나타난 타락한 문화의 특성을 고루 내보인다"라고 서술했다. 반면 독일이 1940년에 달성한 정복과 유럽의 통합은 "뒤집힐 수 없는 것"이라고 진단했다. 버넘은 이렇게 말하기도 했다. "비유럽 동맹국들이 어떻게 나오든 영국은 유럽 대륙을 정복할 것으로 기대할 수 없다". 설혹 독일이 어쩌다 전쟁에서 패배하더라도 독일이 분할되거나 바이마르공화국의 상태로 전락할 일은 없다. 오히려 반드시 통합될 것으로 보이는 유럽의 액으로 남는다. 3개의 초강대국이 나타날 세상의 미래 지도는 이미 주요 윤곽이 정해져 있다. "3개의 초강대국의 핵심은 장차 그 나라의 이름이 어떻게 되든 간에 이전에 일본, 독일, 미국으로 존재하던 국가들이 될 것이다."

버넘은 또한 영국이 패배할 때까지 독일은 소련을 공격하지 않을 것이라고 보았다.《파르티잔 리뷰》1941년 5/6월호에 실린 자신의 책을 요약한 글(당연히 그 책보다 나중에 집필된 것)에서 버넘은 이렇게 말했다.

소련이나 독일이나 관리의 문제 중 세 번째 부분, 즉 관리자 사회의 다른 영역들을 지배하기 위해 경쟁하는 것이 미래의 문제가 된다. 그 전에 먼저 자본주의 세계질서를 확실하게 넘어뜨릴 치명타를 입혀야 한다. 이 말은 자본주의 세계질서의 중추인 대영제국의 토대를 직접 무너뜨리고, 동시에 대영제국에 필수적인 후원자인 유럽 정치의 구조 역시 박살 내야 한다는 뜻이다. 이것이 바로 독소 조약의 기본적 설명이며, 이외에 다른 근거는 없다고 본다. 미래에 있을 독일과 러시아 사이의 갈등은 순전히 관리자적 갈등이 될 것이다. 그리고 세계 규모의 거대한 관리자 싸움이 벌어지기 이전에 자본주의 질서의 종말이 반드시 확정돼야 한다. 나치즘이 "타락한 자본주의"라는 믿음은 독소 조약을 합리적으로 설명해주지 못한다. 이런 믿음에서 보자면 독일과 대영제국의 결전이 아니라 독일과 소련 사이의 전쟁이 예상된다. 하지만 독일과 소련의 전쟁은 미래에 발발할 관리자 전쟁 중 하나이지, 과거나 현재 같은 반자본주의 전쟁은 아니다.

하지만 소련에 대한 공격은 나중에 벌어질 것이며 소련은 확실히, 혹은 거의 확실히 패배할 것이라고 버넘은 진단한다. "소련이 서쪽 절반은 유럽을 근거로, 동쪽 절반은 아시아를 근거로 쪼개질 것이라는 점을 믿어야 할 충분한 이유가 많이 있다." 이 문장은 『관리자 혁명』에서 가져왔다. 이 문장 앞에 인용한 논문은 『관리자 혁명』보다 약 6개월 뒤에 집필됐는데, 그 논문의 어조는 더욱 강력하다. "소련의 허약함은 무엇을 말하는가? 결국 소련이 압력을 견디지 못하고 쪼개져 동과 서로 분할되리라는 점이다." 1941년 말에 쓴 것으로 보이는 영국판에 추가된 주석에서 버넘은 "동서 분리" 과정이 이미 벌어지고 있는 것처럼 말했다. 그는 "전쟁은 소련의 서쪽 절반이 유럽의 초강대국에 통합되는 수단 중 일부이다"라고 말하기도 했다.

이런 다양한 진술을 정리하면 다음과 같은 예언들이 나온다.

1. 독일은 틀림없이 전쟁에서 승리할 것이다.
2. 독일과 일본은 틀림없이 강대국으로 존속할 것이며, 각자의 지역에서 권력의 핵으로 남을 것이다.
3. 독일은 영국이 패배할 때까지 소련을 공격하지 않을 것이다.
4. 소련은 틀림없이 패배할 것이다.

버넘은 이외에도 나른 예측을 했나. 가령 1944년 여름 《파르티잔 리뷰》에 기고한 짧은 글에서 소련이 나중에 닥쳐올 완패를 막기 위해 일본과 한패가 될 것이며, 그러는 사이에 미국의 공산주의자들이 동쪽의 전쟁 종식을 방해하는 일에 착수할 것이라고 했다. 그리고 마침내 1944년과 1945년 사이의 겨울에 같은 잡지에 기고한 글에서 얼마 전만 해도 곧 '분열'할 것이라고 내다본 소련이 유라시아 전역을 정복하는 걸 목전에 두고 있다고 말을 바꾸었다. 이 글은 미국 지식층 사이에서 맹렬한 논란을 불러일으켰고, 영국에서는 재판되지 않았다. 나는 여기서 해당 글을 좀 짚고 넘어가야겠다. 왜냐하면 그 글의 접근법과 감정적인 어조는 독특한 것이며, 그것을 연구함으로써 버넘 이론의 진짜 뿌리에 접근할 수 있기 때문이다.

그 글의 제목은 〈레닌의 후계자〉이다. 또한 그 글은 스탈린이 러시아혁명의 진정한 정통파 수호자이고, 어떤 의미로도 혁명과 사상을 "배신하지" 않았으며, 단지 처음부터 혁명에 내포된 방침을 수행했을 뿐이라고 주장한다. 이와는 대조적으로, 트로츠키주의자들은 스탈린을 개인적 목적 달성을 위해 혁명을 왜곡한 사기꾼으로 보며, 레닌이 더 오래 살았거나 트로츠키가 계속 권력을 유지했다면 상황은 상당히 달라졌을 것이라고 주장한다. 그러나 이런 트로츠키파의 주장보다는 버넘의 글에서 제시된 스탈린 위인론을 받아들이는 게 더 타당해 보인다. 1923년보다 훨씬 전부터 전체주의 사회의 씨앗은 꽤 분명하게 뿌려져 있었다. 레닌은 일찍 사망한 덕분에 근거 없는 과분한 명성을 얻은 정치인이다.[29] 설사 레닌이 더 오래 살았다 하더라도 그는 트로츠키처럼 권좌에서 내쫓기거나, 아니면 스탈린만큼 혹은 그와 거의 다를 바 없는 야만적 방식으로 권력을 유지했을 것이 거의 확실하다. 따라서 버넘 논문의 제목은 합리적인 주장이며(제목은 레닌의 후계자인데 그 후계자는 스탈린이었고 아주 포악한 정치를 했는데, 레닌도 그런 포악한 정치인이라는 뜻 - 옮긴이), 버넘이 객관적인 사실을 가져다가 그런 주장을 뒷받침한다고 볼 수 있다.

하지만 버넘의 논문은 말만 레닌의 후계자일 뿐 그 주제를 별로 다루지 않는다. 정말로 레닌과 스탈린 사이의 정책적 일관성에 유의하는 논문 작성자라면 레닌 정책의 개요를 먼저 서술하고 이어 스탈린의 정책이 그것과 어떻게 유사한지를 설명하려 할 것이다. 하지만 버넘은 그렇게 하지 않았다. 한두 가지 피상적인 문장을 제외하고 그는 레닌의 정책을 언급하지 않았고, 레닌의 이름은 12페이지에 이르는 논문에서 고작 다섯 번 나온다. 그것도 제목을 제외하고는 첫 일곱 페이지에서 단 한 번도 언급되지 않았다. 버넘이 쓴 글의 진짜 목적은 스탈린을 비범하고 초인적인 인물이자 사실상 인간의 경지를 뛰어넘는 반신半神으로 묘사하고, 또 볼셰비키 사상을 아주 매력적으로 제시하여, 그 사상이 지상에서 융성하고 유라시아의 극동까지 쉬지 않고 퍼져 나갈 것임을

---

29 여든까지 산 정치인이 성공했다고 평가되는 경우는 생각해보기 어렵다. 우리가 '위대한' 정치인이라고 부르는 사람은 보통 자신의 정책이 열매 맺는 걸 보기 전에 사망한 정치인이다. 크롬웰이 몇 년 더 살았더라면 그는 권력에서 밀려났을 것이고, 그렇게 되면 오늘날 실패자로 여겨졌을 것이다. 페탱이 1930년에 사망했다면 프랑스는 그를 영웅이자 애국자로 존경했을 것이다. 나폴레옹은 자신이 모스크바 원정을 떠났을 때 대포알에 맞아 죽었더라면 가장 훌륭한 위인으로 역사에 남았을 것이라는 말도 했다. [작가의 각주]

보여주는 것이다. 이런 점을 증명하기 위해 버넘은 스탈린이 "위인"이라는 말을 끝도 없이 반복한다. 스탈린은 위인일지 모르지만 그 사실은 논문의 주제와 전혀 관련이 없다. 게다가 비록 버넘이 그를 비범한 재능의 소유자로 믿어야 할 증거를 몇 가지 제시하긴 했지만, 그의 마음속에 있는 "위대함"의 개념은 잔혹함과 부정직함 등의 개념과 떼어놓을 수 없을 정도로 뒤섞여 있다. 그의 논문에는 흥미롭게도 스탈린이 사람들에게 안겨준 무한정의 엄청난 고통 때문에 그를 존경하게 되었다고 주장하는 듯한 문장들이 있다.

스탈린은 웅장한 방식으로 자신이 '위인'임을 증명한다. 방문한 고관들을 위해 모스크바에 마련한 연회에 관한 이야기는 이 인물에게 상징적인 분위기를 부여한다. 철갑상어 요리, 구이 요리, 가금류 요리, 디저트로 구성된 엄청난 식사와 냇물처럼 끝도 없는 술, 연회를 끝낼 때 계속되던 여러 차례의 건배사, 손님들 바로 뒤에 서서 침묵 속에 부동자세를 지킨 비밀경찰, 이 모든 건 겨울에 레닌그라드로 몰려든 굶주린 군중의 음울한 배경과는 어울리지 않았다. 전선에서는 수백만 명이 죽어갔고, 강제수용소에는 더 이상 수용할 수 없을 정도로 사람들이 넘쳐났으며, 도시 사람들은 소량의 배급을 받으며 위태로운 삶을 살았다. 따분한 평범함이나 배빗(싱클레어 루이스의 소설 『배빗』에 나오는 속물적 인물 - 옮긴이)의 속물적인 손이 드러난 흔적은 거의 없었다. 더 정확히 말하면 우리는 이런 것을 깨닫게 되었다. 그것은 차르,

메디아와 페르시아의 위대한 왕, 황금 군단의 칸이 보여준 가장 호화로운 장려한 전통이자 신화시대의 신들이 즐기는 연회의 전통이었다. 또 그런 정도의 오만함, 무지함, 잔혹함이 한 인간을 평범한 인간의 수준에서 훌쩍 벗어나게 해준다는 통찰을 안겨주는 것이다. 스탈린의 정치적인 기법은 평범함 따위는 저 발 아래로 내려다보는, 모든 관습적인 제약으로부터 훌쩍 벗어난 자유를 보여준다. 평범한 사람은 관습에 매인 사람이다. 종종 어떤 사람을 남들과 다르게 만드는 건 사업의 규모이다. 예를 들면 실생활에서 능동적인 사람은 산발적인 음모를 으레 솜씨 있게 처리한다. 하지만 대다수 동무를 포함하여 사회계층 전체의 중대한 비율, 그러니까 수많은 사람을 대상으로 음모를 수행하는 건 보통의 범위를 아주 크게 벗어난 것으로, 장기간이 지나면 대중은 음모가 반드시 사실이라고 믿거나(아니면 적어도 '어느 정도 사실이다'라고 믿거나), 혹은 너무도 엄청난 규모여서 복종할 수밖에 없다. 그리하여 대중은 그 힘이 지식인들이 말하는 것처럼 "역사적 필요"라는 결론을 내리게 된다. 국가적인 이유 때문에 소수의 개인들을 굶기는 건 별로 새로울 것도 없는 이야기다. 하지만 의도적인 결정으로 수백만을 굶주리게 하는 건 보통 신들만이 할 수 있는 일이다.

이런 문장이나 다른 비슷한 문장에서 아이러니의 기미가 있을지도 모르지만, 일종의 매료된 존경심이 분명 거기에 깃들어 있다. 논문의 마지막으로 향해 가면서 버넘은 스탈린이 하나의 신기원을 몸소 구현한 모세나 아소카 같은 반(半)신화적 영웅과 비슷하다고 말한다. 또한 그런 영웅들이 실제로 수행하지 않았던 업적을 스탈린이 해낼 수 있다고 생각한다. 소련의 대외정책과 그 정책의 목표에 관해 글을 쓰면서 버넘은 더욱 신비주의적인 분위기를 풍긴다.

소련의 권력은 유라시아 중심부의 매력적인 핵심부터 시작하여 마치 신플라톤주의에서 일자—者(일자는 신플라톤주의의 핵심 개념으로서 모든 체험의 배후에서 작용하고 생각과 현실의 간극을 극복하게 해주는 힘이며, 이 일자로부터 삼라만상이 유출된다. 인간은 오로지 추상 작용을 통하여 이 일자를 알 수 있는데 그의 경험으로부터 인간적인 모든 것을 서서히 제거해 나가면 마침내 그런 인간적 속성들은 모두 사라지고 신만이 남게 되는데 이 신을 가리켜 일자라 한다 – 옮긴이)라는 실재가 연속된 유출 과정에서 넘쳐흐르는 것처럼 서쪽으로는 유럽, 남쪽으로는 근동, 동쪽으로는 중국을 향해 밖으로 흐른다. 대서양, 황해, 중국해, 페르시아만의 기슭은 이미 망라했다. 획일적인 일자가 유출 과정에서 정신, 영혼, 물질의 단계를 거쳐 불가피하게 자체로 회귀하는 것처럼 소련의 권력 역시 완전한 전체주의 중심에서 유출되어 밖으로 나아가면서 흡수(발트해, 베사라비아, 부코비나, 폴란드 동부), 지배(핀란드, 발칸반도, 몽골, 중국 북부, 미래에는 독일), 영향력에 적응시키기(이탈리아, 프랑스, 터키, 이란, 중국 중부와 남부 등) 등의 과정을 거친다. 그리고 이후 유라시아 경계 너머에 있는 외부 물질

영역MH ON으로 확산되면서 순간적인 회유와 침투 과정을 거친다(영국, 미국).

나는 위의 인용문에 가득한 대문자들이 독자에게 최면 효과를 주려는 의도라고 보며 이런 지적이 비현실적이라고 생각하지 않는다. 버넘은 겁나서 저항할 수 없는 권력의 모습을 그려내고자 했고, 또 일반적인 불길한 징후를 자아내는 것에 더하여 침투 같은 평범한 정치적 책략을 대문자까지 써서 정말 거창한 것으로 보이게 하려 했다. 그의 논문은 전문을 읽어봐야 한다. 버넘의 글은 평범한 친소련주의자들도 받아들이기 어려울 정도의 극찬이다. 비록 버넘은 이것을 객관적인 주장이라고 말할지 모르지만 그는 사실상 경의의 표시, 더 나아가 자기 비하의 행동을 하고 있는 것이다. 또한 버넘의 글은 예언 목록에 다른 사항을 추가한다. 즉 소련이 유라시아 전역을 정복할 것이고, 나아가 그 이상의 지역을 정복할지도 모른다는 것이다. 그런데 여기서 우리가 반드시 기억해야 할 점은 버넘의 기본적인 이론은 그 자체로 아직 검증되지 않은 예측을 전제한다는 점이다. 즉 다른 어떤 일이 생기더라도 사회의 '관리자' 형태는 반드시 성공할 것이라고 예측하는 것이다.

버넘이 이전에 했던 예언, 즉 독일이 전쟁에서 승리하여 독일을 중심으로 주변 유럽을 통합할 것이라는 예언은 잘못된 것으로 입증됐다. 주된 개요뿐만 아니라 일부 중요한 세부 사항 역시 오류임이 드러났다. 버넘은 내내 '관리자주의'가 자본주의적 민주주의나 마르크스주의적 사회주의보다 효율적일 뿐만 아니라 대중이 훨씬 더 받아들이기 쉽다고 단언한다. 그는 민주주의와 민족자결의 구호는 더 이상 대중에게 호소하지 못한다고 본다. 반면 '관리자주의'는 사람들에게 열의를 불어넣고, 이해할 수 있는 전쟁 목적을 만들어내며, 모든 곳에 제5열을 자리 잡게 하고, 군인들의 광신적인 사기를 고취한다. 독일인의 '광신'은 영국인, 프랑스인 등의 '무관심', '무감정'과는 대조적일 정도로 높이 평가된다. 또한 나치즘은 유럽 전역을 휩쓰는 혁명적 힘이자, 그 철학을 "전염에 의해" 널리 퍼뜨린다고 주장한다. 나치의 제5열은 "일소되지 않으며", 민주주의국가들은 독일이나 다른 유럽 대중의 새로운 체제 선호를 해결해주지 못한다. 어쨌든 민주주의국가들이 독일에 승리할 수 있는 유일한 방법은 "독일이 여태껏 걸어온 관리자주의의 길을 따라 더욱 매진하는 것"뿐이다.

이 모든 점에서 추출해볼 수 있는 진실은 이런 것이다. 유럽의 소국들은 전쟁 이전 시기의 혼돈과 침체로 사기가 꺾였고, 예상보다 더 빨리 붕괴했으며, 독일이 몇몇 약속을 지켰더라면 신체제를 받아들일 수 있었다. 하지만 실제로 독일의 통치는 시작되자마자 이 세상에서 좀처럼 보지 못했던 주변국들의 맹렬한 증오와 앙심을 불러일으켰다. 대략 1941년 초 이후로 별다른 전쟁 목표가 불필요했다. 왜냐하면 독일을 제거하는 게 최고의 목표였기 때문이다. 국민의 사기와 그것이 국가 단결에 미치는 영향은 애매모호한 문제이다. 증거라는 것도 얼마든지 조작하여 거의 모든 걸 증명하는 데 동원될 수 있다. 하지만 죄수와 사상자의 비율, 매국노의 숫자 등을 기준으로 판단해보면 전체주의국가들이 민주주의국가들과 비교했을 때 실적이 더 나쁘다. 제2차 세계대전 진행 중에 수십만의 소련 사람이 독일로 넘어갔고, 비슷한 수의 독일인과 이탈리아인이 전쟁이 시작되기도 전에 연합국으로 넘어갔다. 이와 관련된 미국이나 영국 이탈자의 숫자는 몇백 명 정도이다. "자본주의 이데올로기"가 자원입대를 유도하지 못하는 사례를 보여주기 위해, 버넘은 "영국(대영제국 전체를 포함)과 미국에서 자원입대가 완전히 실패했다"라는 말을 했다. 이런 말을 들으면 우리는 전체주의국가들에 자원입대자들이 크게 몰렸다고 추측하게 된다. 하지만 사실은 어떤 전체주의국가도 어떤 목적으로든 자원입대는 고려한 적이 없었고, 또 역사를 통틀어서도 자원입대 방식으로 대군을 동원한 경우가 없었다.[30] 이와 비슷한 버넘의 많은 주장은 더 이상 열거할 가치가 없다. 요점은 프로파간다 전쟁에서나 군사 전쟁에서나 독일이 반드시 승리할 것이라고 버넘이 추정했다는 것이다. 하지만 유럽에서는 그런 추정이 객관적 사실에 의해 증명된 바가 없다.

버넘의 예측은 검증의 메스를 들이대면 틀린 것으로 드러날

---

30 영국은 제1차 세계대전 초반에 100만 명의 자원입대자를 받았다. 이는 틀림없이 세계기독이시만, 임청난 입력이 가해졌으므로 신병 모집을 과연 자발적이라고 할 수 있는지 의문이다. 심지어 가장 '이데올로기적인' 전쟁에서도 주로 징병의 압력을 받아 전장에 나온 병사들이 싸웠다. 영국 내전, 나폴레옹 전쟁, 미국 남북전쟁, 스페인 내전 등에서 참전 양측은 강제징집에 의지했다. [작가의 각주]

뿐만 아니라 때로 깜짝 놀랄 방식으로 서로 모순되기도 한다. 중요한 건 이 후자의 사실이다. 정치적인 예측은 대개 틀리는데, 보통 희망 사항이 섞여들기 때문이다. 그래도 그런 예측은 징후적인 가치를 지닐 수 있는데, 특히 정치적 상황이 급변할 때가 그러하다. 종종 흥미로운 요소는 그런 예측을 한 날짜이다. 버넘이 쓴 다양한 글의 작성 날짜를 최대한 정확하게 알아내고, 이어 그 예측이 외부 사건들과 어떻게 일치하는지 살펴보면 우리는 다음과 같은 관계를 알게 된다.

『관리자 혁명』에서 버넘은 독일의 승리, 영국이 패배할 때까지 연기될 독소 전쟁, 그리고 독소 전쟁에서 패할 러시아 등을 예언했다. 이 책은 대부분이 1940년 후반에 집필된 것으로, 당시에는 독일이 서부 유럽을 압도하고, 영국을 폭격하고 있었다. 또한 소련은 독일과 꽤 밀접하게 협력하면서 유화책을 쓰는 것처럼 보였다.

이 책의 영국판에 추가된 주석에서 버넘은 소련이 이미 패배했으며 분열 과정이 막 시작되려고 한다고 추정했다. 영국판이 1942년 봄에 출간됐으니 주석은 짐작건대 1941년 말에 작성됐을 것이다. 그 당시 독일군은 모스크바 교외까지 진군해 있었다.

소련이 미국에 대항하여 일본과 한패가 된다는 예측은 1944년 초에 작성한 것이고, 그때는 새로운 소련·일본 조약이 체결된 직후였다.

소련이 세계를 정복한다는 예언은 1944년 겨울에 작성됐다. 이때는 소련이 급속히 동부 유럽으로 진군하는 중이었고, 서부

연합국은 이탈리아와 프랑스 북부에서 여전히 앞으로 나아가지 못하고 있었다.

각각의 시점마다 버넘은 현재 벌어지는 상황이 계속된다고 예측했다. 이렇게 현재 위주로 예측하는 경향은 그냥 단순히 나쁜 버릇(가령 부정확한 과장)에 그치는 게 아니다. 과장하는 버릇은 나중에 깊이 생각하여 고치면 된다. 그것(현재 위주의 예측 경향)은 중대한 정신적 질병으로 그 뿌리가 일부는 비겁함, 다른 일부는 비겁함과 완전히 분리할 수 없는 권력 숭배에 있다.

1940년에 영국에서 "독일이 전쟁에서 승리할까요?"라는 질문으로 갤럽Gallup 조사를 했다고 치자. 그러면 지식인(IQ가 120이 넘는 사람 정도라고 생각하자) 중 "네"라고 대답한 사람이 "아니오"라고 대답한 사람보다 훨씬 높은 비율을 보이는 무척 흥미로운 결과를 얻게 될 것이다. 1942년 중반에도 여전히 이런 결과가 나왔을 것이다. 이 경우에 나타난 수치는 그다지 놀랍지 않지만, "독일이 알렉산드리아를 점령할까요?"나 "일본이 점령 지역을 계속 보유할까요?"라는 질문을 한다면 지식인들이 "네"라는 답변에 집중하는 흐름이 뚜렷하게 나올 것이다. 모든 경우에서 재능이 좀 덜한 사람들이 "아니오"라고 옳게 답변할 가능성이 더 크다.

이런 사례들에 비추어 판단한다면 높은 지능과 엉터리 군사적 판단은 항상 함께 간다는 추정을 할 수 있다. 하지만 상황이 그렇게 단순하지는 않다. 영국의 지식계급은 전반적으로 대중보다 더 패배주의적이며, 일부는 전쟁에서 명백하게 이기고 있을 때도 계속 패배주의적인 태도를 보였다. 이는 부분적으로 그들이 앞으로도 계속될 전쟁의 우울한 참상을 더 잘 상상할 수 있기 때문이다. 그들의 사기는 좋은 상상력에 비해 영 신통치 못하다. 가장 빠르게 전쟁을 끝내는 법은 패배하는 것이고, 장기적인 전쟁의 전망이 견디기 힘들다고 생각하면 자연스레 승리의 가능성을 믿지 않게 된다. 하지만 여기에는 그보다 더 많은 사정이 있다. 많은 지식인은 자기 나라에 불만이 있었고, 그러다 보니 영국의 적국을 은근히 편드는 꼴이 되어버렸다. 그들의 마음속 깊은 곳에는 나치 체제의 엄청난 권력, 활력, 잔혹함에 대한 존경심이 어른거리고 있었다(비록 아주 극소수만이 대놓고 나치를 존경했지만). 1935~1945년에 나온 좌파 언론을 조사하여 나치즘을 적대적으로 언급한 기사를 열거하는 건 비록 지루하지만 유용한 작업이 될 것이다. 나는 확신하는데, 그런 적대적 언급은 1937~1938년과 1944~1945년에 절정에 달하고 1939~1942년(독일이 승전할 것처럼 보이던 시기)에는 눈에 띄게 줄어든다. 참으로 어처구니없는 것은 1940년에 독일과 타협하여 평화조약을 맺을 것을 옹호하던 사람들과 1945년 독일의 분할을 찬성한 자들은 같은 사람들이라는 것이다. 소련에 대한 영국 지식계급의 반응을 연구한 사람이라면 그곳에서 순수한 자유주의의 감정이 권력과 잔혹함에 대한 존경심과 뒤섞여 있는 것을 발견할 것이다. 권력 숭배가 소련 지지 정서의 유일한 동기라고 주장하는 건 아주 불공정한 일이 되겠지만, 그것이 하나의 동기인 건 분명하고 특히 지식인들 사이에서 가장 강력한 동기다.

권력 숭배가 정치적인 판단을 흐리는 이유는 그것이 거의 불가피하게 현재 경향이 계속될 것이라는 믿음으로 인도하기 때문이다. 지금 이 순간 이기고 있는 쪽이 어느 나라든 늘 무적처럼 보이는 것이다. 예를 들면 일본이 남아시아를 정복했다면 그들은 남아시아를 영원히 지킬 것이며, 독일이 토브루크를 점령했다면 영락없이 카이로도 점령하리라고 보는 것이다. 소련이 베를린에 발을 들였다면 머지않아 런던에도 진출한다고 보는 식이다. 이런 사고방식은 또한 일이 실제보다 더 빠르고, 철저하고, 파멸적으로 벌어질 것이라는 믿음을 가져온다. 갑작스럽게 일어난 지진으로 제국의 흥망, 문화와 종교의 소멸이 예상되고, 막 시작된 일이 마치 이미 끝난 일처럼 얘기된다. 버넘의 글은 종말론적 비전으로 가득하다. 국가, 정부, 계급, 사회체계는 지속적으로 확장되고, 수축되고, 타락하고, 분해되고, 전복되고, 부서지고, 바스러지고, 확고해지는데 대체로 불안정하고 멜로드라마적인 방식으로 이런 변화가 벌어진다. 역사적인 변화의 완만함, 어떤 시대든 항상 이전 시대의 많은 부분을 그대로 계승한다는 사실은 충분히 감안되지 않는다. 그러니 버넘의 이러한 사고방식은 잘못된 예언으로 이끌릴 수밖에 없다. 왜냐하면 사건의 방향을 올바르게 판단했더라도 속도를 잘못 짚었기 때문이다. 5년이라는 기간 사이에 버넘은 독일에 의한 소련 지배와 소련에 의한 독일 지배라는 정반대의 것을 마치 손바닥 뒤집듯이 예측했다. 각각의 경우에서 그는 똑같은 본능에 입각하여 그런 진단을 내렸다. 즉 현재 이 순간의 정복자에게 머리를 숙이고 현재의 흐름을 뒤집을 수 없는 것으로 받아들이는 본능이다. 이런 점을 염두에 두면 우리는 버넘의 이론을 좀 더 폭넓은 방식으로 비판할 수 있다.

내가 지적한 오류들은 버넘의 이론이 틀렸음을 입증하진 않지만, 버넘이 왜 그런 이론을 내놓았는지 그 이유에 대하여 상당한 조명을 비춘다. 그 이유 중 하나는 버넘이 미국인이라는 사실이다. 모든 정치적 이론은 일정한 지역적 색깔을 띠게 마련이고, 모든 국가와 문화는 특유의 편견과 무지를 지닌다. 이처럼 지역적인 상황에 입각한 관점에서 보면 거의 필연적으로 보이는 특정한 문제들이 있다. 공산주의와 파시즘을 같은 것으로 분류하면서 동시에 둘 모두를 받아들이는(적어도 서로 맹렬하게 싸울 것이라고 가정하지 않는) 버넘의 태도는 본질적으로 미국의 태도이다. 영국인이나 다른 서부 유럽인이 그런 태도를 유지하는 건 거의 불가능하다. 공산주의와 파시즘을 같은 것으로 보는 영국 작가들은 항상 2개의 가공할 악이 상대방을 죽여버릴 때까지 싸울 것으로 생각한다. 반면 공산주의와 파시즘이 정반대라고 믿는 영국인은 둘이 서로 한편이 되어야 한다고 생각할 것이다.[31] 이렇게 관점이 다른 이유는 단순하며, 대체로 각자의 희망 사항과 밀접한 관계가 있다. 전체주의가 승리하고 지정학자들의 꿈이 실현되면 영국은 세계 강국 반열에서 사라질 것이고, 서부 유럽 전역은 어떤

---

31 생각나는 유일한 예외는 버나드 쇼이다. 그는 어쨌든 몇 년 동안 공산주의와 파시즘은 같은 것이라고 분명하게 말했으며, 두 가지를 모두 지지했다. 하지만 결국 쇼는 영국인이 아니라 아일랜드인이기에 영국과 자신을 운명 공동체라고 생각하지 않았을지 모른다. [작가의 각주]

단일 강대국에 삼켜질 것이다. 이것은 영국인이 초연하게 생각해 볼 수 있는 전망이 아니다. 영국인이라면 영국이 사라지는 걸 바라지 않거나—이럴 경우 그는 자신의 희망 사항을 증명하는 이론을 세우려는 경향을 보일 것이다—, 아니면 소수 지식인처럼 영국이 끝장나고 외세에 충성할 수 있기를 바라게 될 것이다. 미국인은 이와 똑같은 선택을 할 필요가 없다. 어떤 일이 벌어지든 미국은 강대국으로서 존속할 것이고, 미국의 관점에서 보면 유럽이 소련에 지배되건 독일에 지배되건 별다른 차이가 없다. 어쨌든 이런 일을 생각해본 대다수 미국인은 자연스러운 국경을 형성한 두세 개의 거대한 국가로 세계가 나뉘고, 그 국가들이 이데올로기적 차이로 싸우는 일 없이 경제적인 문제에서 서로 흥정할 수 있기를 선호한다. 그런 세계의 모습은 큰 규모에 감탄하고 성공이 결과를 정당화한다고 보는 미국의 기질, 그리고 널리 퍼진 반영국 정서와 잘 어울리는 것이다. 하지만 실제로는 영국과 미국은 독일에 대항하여 두 번이나 동맹을 맺었으며, 머지않아 소련에 대항하여 동맹을 맺어야 할지도 모른다. 하지만 다수의 미국인은 개인적으로 소련이나 독일을 선호할 것이고, 둘 중에서도 지금 현재 더 강력해 보이는 쪽을 더 선호할 것이다.[32]

따라서 버넘의 세계관이 한편으로는 미국 제국주의자의 세계관, 또 다른 한편으로는 미국 고립주의자의 세계관과 아주 밀접한 것은 그리 놀랄 일이 아니다. 그것은 미국의 희망 사항에 어울리는 '냉정한', 아니면 '현실적인' 세계관이다. 버넘이 이전에 출판한 두 책에서 선보여 거의 모든 영국 독자에게 충격을 안긴, 나치의 방식에 대한 노골적 존경심은 궁극적으로 대서양이 영국해협보다 넓다는 사실에서 나오는 것이다.

앞서 말한 바와 같이 버넘은 지금 현재, 그리고 가까운 과거에 관해서는 틀린 주장보다 옳은 주장을 더 많이 했다. 지난 50년 동안의 일반적인 흐름은 거의 분명하게 과두정으로 향해 나아갔다. 산업과 금융에 권력이 집중됐고, 그 힘은 계속 늘어났다. 개인 자본가나 주주의 영향력은 줄어들었고 과학자, 기술자, 관료의 새로운 '관리자' 계급이 성장했다. 무산계급은 중앙집권화된 국가에 비하면 터무니없이 허약했다. 약소국은 강대국 앞에서 점점 무기력해졌다. 대의제도는 타락했고 경찰 테러, 날조된 국민투표 등을 자행하는 일당 체제가 나타났다. 이 모든 건 하나의 동일한 방향을 가리키는 것처럼 보인다. 버넘은 마치 토끼가 보아 뱀에게 매혹되어 세상에서 가장 강한 게 보아 뱀이라고 생각하는 것처럼, 이러한 흐름을 예의 주시하고서는 그것을 저항할 수 없는 현상으로 진단했다. 좀 더 자세히 살펴보면 그의 모든 생각은 두 가지 원칙에서 나오는데, 첫 번째 책에서는 당연한 것으로 주장됐고 두

---

32 1945년 여름에 실시한 독일 주둔 미국군을 대상으로 한 갤럽 조사에서 51퍼센트가 "1939년 이전의 히틀러는 무척 훌륭했다고 생각한다"라는 항목에 동의한 것으로 드러났다. 이 조사가 실시된 시기는 반히틀러 프로파간다를 시작하고 5년이 지난 뒤였다.
인용한 바와 같이 조사 결과를 보았을 때 그들은 독일에 딱히 크게 호의적이지 않다. 하지만 미국군에게 영국을 대상으로 조사한다면 그들이 51퍼센트 정도의 호의적인 반응을 영국에게도 보이리라는 생각은 들지 않는다. [작가의 각주]

번째 책에서는 부분적으로만 제시됐다. 그 두 가지 원칙은 다음과 같다.

1. 정치는 본질적으로 모든 시대에서 똑같은 것이다.
2. 정치적인 행동은 다른 부류의 행동과는 다르다.

두 번째 원칙을 먼저 살펴보자. 『마키아벨리주의자들』에서 버넘은 정치는 결국 권력투쟁이라고 주장했다. 교훈적이든 유토피아적이든 모든 전쟁, 혁명, 정치적 계획 뒤에는 사실 권력을 잡아보겠다는 일부 특정 집단의 야욕이 숨겨져 있다. 권력은 도덕률이나 종교 규범으로는 절대 억누를 수 없으며, 오로지 다른 권력으로만 제압할 수 있다. 이타적인 행동은 지배층이 관대하게 행동해야 권력을 더 오래 유지할 수 있다는 걸 깨달을 때나 가능해진다. 하지만 흥미로운 건 이런 일반화가 정치적인 행동에만 적용되며, 다른 부류의 행동에는 적용되지 않는다는 점이다. 버넘도 관찰하고 인정했던 것처럼 일상생활에서 사람의 모든 행동을 유용성의 원칙으로 설명하는 건 불가능하다. 분명 사람은 이기적이지 않은 충동을 갖고 있다. 따라서 사람은 개인 자격으로 행동할 때는 도덕적으로 행동할 수 있지만, 단체로 행동할 때는 도덕과는 무관하게 움직이는 동물이다. 심지어 이런 일반화도 오로지 상류층에만 유효하나. 대중은 자유와 인류애에 대하여 모호한 열망을 보이고, 또 권력에 굶주린 개인이나 소수에 의해 쉽게 이용당한다. 따라서 역사는 소수에 의한 일련의 기만행위로 이루어져왔다. 그런 달콤한 기만에 넘어가서 대중은 유토피아의 전망을 믿고서 봉기에 가담한다. 그리고 소수가 권력을 잡는 데 이용당하고 나면 새로운 주인들이 등장하고 대중은 또다시 노예가 되어 버린다.

따라서 정치적인 행동은 그 철저한 부도덕함으로 특징지어지는 특별한 유형의 행동이며, 인구 중 소규모 집단에서만 발생하는 행위다. 특히 기성 사회에서 자기 재능을 자유롭게 발휘하지 못하는 불만을 가진 집단일수록 정치의 열망이 더욱 강하다. 민중의 절대다수―여기서 위의 원칙 2와 원칙 1이 긴밀하게 만난다―는 언제나 정치에 무관심하다. 따라서 실제로 인류는 두 계급으로 나뉜다. 하나는 이기적이고 위선적인 소수이고, 다른 하나는 어리석은 군중이다. 후자는 엉덩이를 차이거나 구정물 양동이에 들어 있던 막대기를 두드려대는 소리에 놀라 우리로 돌아가는 돼지처럼 순간의 필요에 따라 항상 유인되거나 내몰리는 운명을 지닌다. 이런 한심한 패턴은 영원히 계속된다. 개인은 한 범주에서 다른 범주로 이동할 수 있고, 계급은 다른 계급을 무너뜨리고 지배적인 위치에 오를 수 있지만, 지배자와 피지배자로 나뉜 인류의 구분은 바꿀 수 없다. 인간은 야심과 욕구도 그렇지만 능력에서도 동등하지 않다. 형식적으로 민주주의가 작동하는 것처럼 보이는 상황에서도 '과두정의 철칙'은 작용한다.

흥미로운 건 버넘이 권력투쟁에 관하여 그토록 말을 많이 하면서도 왜 사람이 권력을 원하는지 그 이유를 단 한 번도 묻지 않았다는 점이다. 권력에 대한 굶주림은 비교적 소수의 사람에게서만 지배적인데, 버넘은 그것이 식욕처럼 설명할 필요조차 없는 자연적이고 보편적인 본능이라고 추정하는 듯하다. 그는 또한 계급으로 사회가 구분된 것이 모든 시대에서 똑같은 목적을 충족시킨 것으로 생각했다. 이는 실질적으로 수백 년의 역사를 무시한 것이다. 버넘의 스승인 마키아벨리가 글을 쓰던 시절에는 계급 구분이 불가피했을 뿐만 아니라 바람직하기도 했다. 생산방식이 원시적인 한, 민중의 절대다수는 필연적으로 따분하고 진을 빼는 육체노동에 얽매이게 되고, 소수의 사람만이 그런 노동에서 벗어날 수 있다. 그러지 않으면 문명은 진전은커녕 문명 자체도 온전하게 유지할 수 없다. 하지만 기계가 등장한 이후로 생산의 전반적인 패턴이 변했다. 계급 구분을 정당화하는(그런 정당화가 가능하다면) 이유는 이제 더 이상 예전과 같을 수 없다. 왜냐하면 기계 덕분에 평범한 사람이 판에 박힌 지루한 노동을 계속해야 할 이유가 없어졌기 때문이다. 물론 그런 지루한 일은 아직까지도 없어지지 않고 계속된다. 계급 구분은 새로운 형태로 재정립되고, 개인의 자유는 축소되는 중이다. 그래도 이런 새로운 사태 발전은 이제 기술적으로 지루한 일을 피할 수 있는데도 불구하고 그렇게 되지 않는 것을 보면, 사람들은 뭔가 그렇게 계속해야 하는 심리적 이유가 있다고 보아야 한다. 그런데 버넘은 그 이유를 찾으려는 시도조차 하지 않았다. 버넘이 물었어야 했지만, 절대 묻지 않았던 질문은 바로 이것이다. "인간에 대한 인간의 지배가 이제 거의 사라져가는데, 왜 바로 이 시점에서 노골적인 권력욕이 인간의 주요 동기로 등장했는가?" 이러저런 "인간 본성"이나 "불변의 법칙"이 사회주의를 불가능하게 만든다는 주장은 단순히 과거를 가져와 미래가 그렇게 되리라고 투영하는 것일 뿐이다. 실제로 버넘은 자유롭고 평등한 인간의 사회는 절대 존재하지 않았으므로 그런 사회가 앞으로도 절대 존재할 수 없다고 주장한다. 그런 이치를 다른 것에 적용한다면, 1900년에는 비행기가 앞으로 절대로 발명될 수 없고, 1850년에는 앞으로 자동차가 절대로 생겨날 수 없다고 얘기하는 것과 마찬가지다.

기계가 인간관계를 바꾸었고, 그 결과 마키아벨리는 낡은 사상이 되었다는 사실은 아주 명확하다. 버넘이 이런 사실을 감안하지 않는다면 권력 본능에 이끌린 버넘이 무력, 기만, 폭정을 중시하는 마키아벨리의 세계가 이제 끝났음을 일부러 무시한다고 생각할 수밖에 없다. 앞서 내가 언급한 바, 즉 버넘의 이론이 현재 지식인들 사이에 무척 널리 퍼진 권력 숭배의 변형—그 포괄성 때문에 흥미로운 미국적 변형—이라는 점을 염두에 둘 필요가 있다. 그것의 일반적인 변형은 특히 영국에서는 공산주의이다. 소련 체제의 실상을 어느 정도 알고 있으면서도 강력히 소련을 지지하는 사람들을 살펴보면 대체로 보아 버넘이 언급한 '관리자' 계급 소속이다. 즉 그들은 좁은 뜻에서는 관리자가 아니지만 과학자, 기술자, 교사, 언론인, 방송인, 관료, 직업정치인 등 넓은 의미에서 관리자인 것이다. 이들은 여전히 부분적으로 귀족적인 체계로부터 속박당하고 있다고 생각하는 중산층이며, 더 많은 권력과 특권을 얻으려고 애쓰는 사람들이다. 이런 사람들은 소련을 은근히 지지하면서 소련이라는 나라에서 자신들에게 유리한 체제를 보거나, 혹은 보고 있다고 생각한다. 그 체제란 무엇인가. 바로 상류층을 제거하고 노동계급을 낮은 자리에 그대로 고정해둔 채 그들과 무척 비슷한 관리자들에게 무한한 권력을 넘겨주는 체제이다. 많은 영국 지식인이 소련 체제에 관심을 보이기 시작한 건 소련 체제가 명백하게 전체주의로 기울어진 이후의 일이다. 비록 소련을 지지하는 영국 지식인들은 부정하고 나서겠지만, 버넘은 실제로 그들의 은밀한 소원을 대변해준다. 그 소원이라는 것은 평등주의를 주장하는 낡은 사회주의 형태를 무너뜨리고 지식인들이 마침내 권력의 채찍을 손에 쥘 수 있는 계급사회를 도입하는 것이다. 버넘은 어느 정도 정직하여 사회주의는 실현되지 못한다는 말을 했다. 이에 비하여 다른 사람들은 사회주의가 실현될 거라고 말하면서 '사회주의'라는 단어에 새로운 의미를 부여하는데, 그 의미는 과거에 정립된 사회주의의 의미를 완전히 헛소리로 만들어버린다. 버넘의 이론은 객관성의 외관을 갖추려고 했지만 실은 소망의 합리화에 지나지 않는다. 버넘의 이론은 가까운 장래를 예측하는 것이라면 모를까, 전반적인 미래를 언급한다고 보아야 할 이유는 없다. 그 이론은 그저 '관리자' 계급이 원하는 세계, 혹은 좀 더 의식 있고 야심 가득한 관리자 계급의 구성원들이 살고 싶어 하는 유형의 세계를 말해주었을 뿐이다.

다행스럽게도 '관리자'들은 버넘이 생각하는 것처럼 무적無敵은 아니다. 아주 흥미롭게도 버넘은 『관리자 혁명』에서 민주주의 국가가 누릴 수 있는 군사적, 사회적 이점을 아주 고집스레 무시한다. 모든 지점에서 히틀러가 구축한 광적인 체제의 힘, 활력, 지속성을 보여주기 위해 굽이굽이마다 증거를 무리하게 쥐어짜낸다. 독일은 급속도로 팽창하는 중이며, "급속한 영토 확장은 늘 타락이 아닌 일신日新의 징조"라는 것이다. 독일은 전쟁을 성공적으로 일으켰으며, "전쟁을 훌륭하게 수행하는 능력은 절대 타락의 징조가 아니라 오히려 그 반대"이다. 독일은 또한 "수백만의 사람에게 광적인 충성심을 고취하며, 이것 역시 타락과는 무관하다". 심지어 나치 체제의 잔혹함과 부정직함도 그 체제를 돋보이게 하는 관점에서 인용된다. 왜냐하면 "젊고, 새롭고, 이제 막 떠오르는 사회질서는 구질서와는 대조적으로 대규모의 거짓, 공포, 박해에 의존할 가능성이 크기 때문이다". 하지만 고작 5년 만에 이 젊고, 새롭고, 이제 막 떠오르는 사회질서는 산산조각 났고 버넘의 용어를 빌려서 말해보자면 타락해버렸다. 이런 타락은 대체로 버넘이 칭찬하던 '관리자(즉 비민주적인)' 지배구조 때문이었다. 독일이 패배한 직접적 원인은 전례가 없을 정도로 어리석은 소련 침공 때문이다. 당시 영국은 여전히 패배하지 않은 상태였고, 미국도 분명히 참전할 준비를 하고 있었다. 이 정도로 심각한 잘못을 저질렀다는 것은 여론이 전혀 맥을 못 쓰는 국가에서만 나타나거나 혹은 나타날 가능성이 높은 것이다. 일반 시민들의 목소리가 자연스럽게 수렴되는 사회라면 모든 적과 동시에 싸우면 절대 안 된다는 기본적 방침은 지켰을 것이다.

하지만 나치즘이 훌륭하거나 안정적인 결과를 가져오지 못한다는 점을 사람들은 처음부터 꿰뚫어볼 수 있어야 마땅했다. 실제로 나치즘이 잘나가는 동안에 버넘은 나치의 방법에서 잘못된 점을 보지 못한 것처럼 보인다. 나치의 방식이 새로운 것이어서 사악한 것처럼 보일 뿐이라고 말하기도 했다.

예의 바른 방식과 '정의'가 결국 승리한다는 역사적 법칙은 없다. 역사에서는 누구의 방식 혹은 누구의 정의인가 하는 문제에 항상 의문이 있어왔다. 새롭게 떠오르는 사회계급과 새로운 사회질서는 기존의 경제, 정치 제도를 반드시 돌파해야 하는 것처럼 기존 도덕률도 반드시 돌파해야 한다. 당연히 구체제의 관점에서 보면 그것들은 괴물이다. 그러나 새로운 체제가 승리하게 되면 곧 예의 바른 방식과 도덕에 관해 신경을 쓸 것이다.

버넘의 이런 말은 무엇을 의미하는가. 어떤 사상적 운동의 지배계급이 의도하는 바에 따라 어떤 일의 옳고 그름이 임의적으로 결정된다는 이야기다. 이런 이야기는 인간 사회가 유지되려면 특정한 행동 규칙들이 준수돼야 한다는 사실을 무시한다. 따라서 버넘은 나치 체제가 그들이 저지른 범죄와 어리석은 행동 때문에 반드시 재앙으로 나아가게 되리라는 것을 내다보지 못했다. 이것은 그의 새로운 숭배 대상인 스탈린주의도 마찬가지다. 소련 체제가 어떤 식으로 자멸할 것인지를 말하기에는 아직 시기상조이다. 하지만 예언을 해야 한다면 이렇게 말하겠다. 지난 15년 동안 지속되어온 소틴의 징책   정해에는 내부적인 것과 외부적인 것이 있는데 물론 같은 것의 두 가지 측면이다―을 살펴볼 때 그 결과는 원자탄이 사용되는 전쟁으로 결말지어질 것이다. 그런 전쟁에 비하면 히틀러의 침공은 평화로운 다과회처럼 보일 것이다. 다시 말해 소련 체제는 민주화하지 않으면 원자탄으로 파멸해버릴 것이다. 버넘이 꿈꾸는 것처럼 보이는 거대하고, 적수가 없고, 영속하는 노예 제국은 설립되지 않을 것이며, 혹여 설립되더라도 지속하지 못할 것이다. 노예제는 더 이상 인간 사회에서 안정적인 기반을 제공하지 못하기 때문이다.

 사람은 항상 긍정적인 예언만 할 수 없다. 부정적인 예언을 해야 할 때도 있다. 베르사유조약의 결과를 정확히 예견할 것으로 기대되는 사람은 아무도 없었다. 하지만 수백만 명에 달하는 지식인들이 그 조약의 결과가 좋지 않을 것이라고 보았고, 실제로 그렇게 예견했다. 오늘날의 경우에는 그처럼 많은 사람은 아니어도, 다수의 사람들이 지금 유럽에 강제되는 합의의 결과 역시 좋지 않으리라는 것을 예견할 수 있다. 히틀러나 스탈린을 숭배하는 일을 걷어치워야 마땅하고, 또 그렇게 하는 데 엄청난 지적 노력이 필요하지도 않다. 그렇게 하는 것은 부분적으로 도덕적인 노력이기도 하다. 버넘 같은 재능을 가진 사람이 일시적으로라도 나치즘을 존경할 만한 것으로 생각하고, 또 잘 작동하고 오래 지속되는 사회질서를 세우는 운동으로 진단했다는 건 소위 '리얼리즘'의 중시가 객관적인 현실감각에 어떤 피해를 입히는지 잘 보여주는 사례이다. (1946. 5)

역자 후기

조지 오웰, 정직하고 용감한 에세이스트

조지 오웰은 20세기 영문학에서 뛰어난 두 편의 정치소설을 써서 찰스 디킨스―버나드 쇼―H. G. 웰스의 전통을 잇는 위대한 고발 작가로 평가된다. 1950년 초, 46세의 이른 나이로 세상을 떠난 후 『동물 농장』과 『1984』에 대한 성가는 점점 높아져서 일본 소설가 무라카미 하루키는 『1Q84』라는 오웰을 모방한 작품을 써냈고, 2017년 초에 문화 예산을 삭감한 트럼프 정부에 항의하기 위해 미국 전역에서 1984년에 개봉된 영화 〈1984〉가 재개봉되기도 했다. 『1984』를 펴낸 펭귄출판사는 2017년에 들어와 3월 초까지 이 소설을 50만부나 새로 찍었다. 『1984』는 2013년에도 미국 정부가 은폐해온 각종 비화를 폭로한 스노든 사태 때에도 판매량이 크게 늘이난 바 있었다. 권력이 스스로 독재화하는 경향을 경고한 이 두 대표작은 발표한지 근 70년이나 지났지만 여전히 경고등의 역할을 하고 있다. 이 글은 작가의 생애와 오웰의 에세이를 간략히 서술하고, 마지막으로 오웰은 글쓰기에 대하여 어떤 생각을 갖고 있었는지 알아본다.

작가의 생애

조지 오웰(1903~1950)은 벵갈의 모티하리에서 어머니 아이다 블레어와 아버지 리처드 블레어 사이에서 1남2녀의 가운데로 태어났다. 본명은 에릭 아서 블레어였으나 후일 그 자신이 직접 조지 오웰이라는 필명을 사용하여 이 이름으로 널리 알려지게 되었다. 아버지는 대영제국의 식민지였던 인도의 식민지 정부 소속 아편과에 근무하면서 합법화된 중국과의 아편 무역을 감독하는 일을 했다. 오웰의 집안은 소설가 키플링이 대영제국의 위력을 찬미했던 1880년대와 1890년대에는 중상위 계급이었으나 1900년대에 들어와 빅토리아 번영기가 쇠퇴하면서 중하위 계급으로 영락했다. 이 때문에 오웰은 어린 나이부터 가난을 실감하면서 성장하게 되었다. 부모는 모두 스코틀랜드계 사람이었다. 그는 윌리엄 새커리, 러디어드 키플링, 로렌스 더럴 등과 마찬가지로 인도에서 태어나 유아 시절을 보냈으나 학교 공부를 위해 네 살 때 영국으로 보내졌다.

오웰의 아버지 리처드 블레어는 1907년에 가족을 영국으로 보냈을 때에는 50세였고 그 후 4년을 더 인도에서 보낸 뒤 1912년에 귀국했다. 아버지는 1914년 제1차 세계대전이 터지자 60세의 나이에도 불구하고 육군에 하급 장교로 자원입대하여 마르세유 근처의 군부대에서 노새를 관리하는 업무를 맡았다. 아버지는 평생을 블림프(완고하고 보수주의적인 대영제국의 관리나 군인)로 보냈으나, 국제평화주의를 외치던 좌파와는 다르게 전쟁이 터지자 노령에도 불구하고 몸소 참전하는 애국심을 보였다. 오웰은 에세이 「우든 좌든 나의 조국」에서 식민지 관리였던 경력과 애국심은 별개의 문제라고 논한 바 있고, 오웰 자신도 1940년 제2차 세계대전이 터지자 참전을 자원했으나 폐병 때문에 거부당하자 국방시민군에 들어갔고 1941년부터 1943년까지 BBC 해외사업부 인도과에서 대담 보조원으로 근무했다.

어린 오웰은 공부를 잘해서 장학금을 얻어 사립예비학교인 선트 시프리언스에 진학했으나, 이 학교에서 자신이 가난 때문에 겪은 참담한 실패담과 계급간의 위화감, 그리고 개성을 구속하는 학교 제도에 혐오감을 느끼게 되었다. 그는 온갖 어려움에도 불구하고 상급 고등학교인 이튼에 진학했으나, 이때부터 공부에 흥미를 느끼지 못하고 학업을 게을리해서 대학 장학금을 얻지 못했고, 그리하여 이튼 졸업생의 예정된 진학 코스인 옥스퍼드 대학이나 케임브리지 대학으로 진학하지 못했다. 오웰은 이튼 졸업생으로는 전무후무하게도 대영제국 인도 식민지 정부의 경찰관에 지원하여 1922~1927년 다섯 해 동안 버마에서 경찰관으로 근무했다. 버마에 가기 전에도 제도의 구속을 아주 싫어한 오웰이 대영제국의 제국주의 제도를 좋아할 리가 없었다. 제국주의의 위선을 실감한 오웰은 버마에서 5년 근무한 후 1927년 8월부터 1928년

3월까지 휴가를 얻어 귀국했다. 그러나 그의 경찰관 동료였던 로저 비던은 그런 이념적 이유 이외에 개인적 이유도 있었다며 이런 증언을 했다. "오웰은 휴가 후 귀임하면 그를 아주 괴롭혔던 지역 경찰서장 밑에서 근무해야 되었습니다. 나는 그것이 1927년에 식민지 경찰을 그만둔 주된 이유라고 생각합니다."

이후 오웰은 1928년에서 1929년까지 주로 파리에서 살면서 접시 닦기를 하는 등 하층민 생활을 했다. 그러면서도 어릴 때부터 꿈이었던 작가가 되기 위해 잡지 기사를 쓰고 프랑스어에서 영어로 번역을 하는 일을 하기도 했다. 이때 열악한 환경에서 거친 노동을 하는 바람에 폐결핵이 악화되어(오웰은 10세 이후 겨울이 되면 약한 폐 때문에 고생해왔다) 현지의 코생 극빈자 무료 병원에 입원했다. 프랑스 생활을 끝내고 영국으로 다시 돌아온 후에는 더 이상 취직은 하지 않은 채 문필 생활을 시작했다. 1930년에서 1932년까지 영국에서 임시직 교사 등의 일을 하면서 비평 기사와 에세이를 발표했다. 1933년에는 파리와 런던에서의 하층민 생활을 기록한 논픽션『파리와 런던에서의 밑바닥 생활』을 발표했다. 이 책을 발간할 때 처음으로 조지 오웰이라는 필명을 썼는데, 당초 P. S. 버튼(오웰이 밑바닥 생활을 하며 돌아다닐 때 썼던 가명), 케니스 마일스, H. 루이스 올웨이스 등 네 가지 필명 중에서 조지 오웰을 선택했다.

왜 조지 오웰이라는 이름을 선택했는지에 대해서 일반적인 설명은 이러하다. 조지는 그가 존경한 소설가 조지 기싱에서 따왔고, 오웰은 서퍽 카운티의 작은 강 혹은 케임브리지셔에 있는 작은 마을의 이름에서 가져온 것이다. 그러나 다른 설명도 있는데 평론가 로렌스 브랜더는 이렇게 말한다. "오웰은 에릭 블레어가 자신이 스코틀랜드 출신임을 보여주는 이름이어서 싫어했다. 그는 사립학교 시절에 부잣집 동급생에게서 스코틀랜드에 집안의 사슴 사냥터가 있다는 이야기를 듣고서 그곳이 부자들의 놀이터라고 생각하여 스코틀랜드를 싫어하게 되었다." 다른 평론가는 이름은 고도로 상징적인 것이고, 그래서 과거와 실패의식이 가득했던 어린 시절로부터 단절하고 싶은 소망이 그런 필명을 사용하게 만들었다고 설명했다. 실제로 오웰은 생애 후반에도 다시 이름을 바꾸고 싶은 생각을 가졌다. 자신의 과거를 완전히 내던져 버리고 새롭고 진실한 자아를 정립하고 싶은 소망이 강했다는 것이다.

오웰은 또한 신비적인 경향도 있어서 원시인들이 그들의 이름을 소중히 여겼다는 사실에 감동을 받았다고 한다. 또한 일부러 가난을 받아들이면서 선한 삶을 추구하는 자세는 그가 버마에서 근무할 때 알게 된 동양의 신비 사상 영향도 있었다. 그는 에세이의 여러 군데에서 신비 사상을 비난하지만, 정작 그 자신은 미신을 진지하게 믿었던 것 같다. 평론가 리처드 리즈가 오웰에게 왜 필명을 사용하느냐고 묻자 오웰은 이렇게 대답했다. "나의 본명이 인쇄되어 있는 것을 보면 오싹한 기분이 들어요. 당신의 적이 그 이름을 가지고 검은 마법을 부리면 어떻게 합니까?" 리처드 리즈는 오웰의 말이 진담인지 아닌지 알 수 없었다고 말했다.

1930년부터 1935년까지 오웰은 미들턴 머리가 창간했고

(1923) 당시에는 오웰의 친한 친구인 리처드 리즈가 편집하던 잡지 《아델피》에 글을 기고했다. 1934년 10월 오웰은 햄프스테드 헌책방에 임시 직원으로 취직하여 1년 반 동안 근무했다. 1936년 6월, 오웰은 세 살 아래인 에일린 오쇼니시와 결혼했다. 그녀는 당시 런던대학 대학원 심리학과에 다니던 매력적이지만 몸이 약한 여성이었다. 엘리자베타 펜은 에일린을 이렇게 묘사했다. "세련되고, 까다롭고, 아주 똑똑하면서 지적이었다. (…) 그녀는 키가 크고 날씬했다. (…) 푸른 눈동자에 자연스럽게 물결치는 암갈색 머리카락이었다."

스페인 내전이 터지고 다섯 달이 지난 1936년 12월, 오웰은 그 전쟁에 참여하여 트로츠키파 무정부주의자 단체인 POUM에 가입하게 되었다. 아내 에일린은 1937년 2월에 스페인에 도착하여 며칠 동안 오웰이 근무하던 전선을 방문하고 이어 바르셀로나의 독립노동당 사무실에서 근무했다. 오웰은 추운 날씨에 냄새나는 참호에서 전쟁의 고초를 견뎠으나 1937년 5월 10일 파시스트 저격수가 쏜 총에 목을 맞았다. 한 달 정도 지나 상처에서 회복되자 그는 전선으로 다시 돌아가기를 원했다. 이때 얻은 상처의 후유증으로 낮게 깔리는 단조로운 목소리를 갖게 되었다. 그해 6월 중순에 POUM이 갑자기 소련 공산당에 의해 불법 기관으로 선언됐고, 오웰 부부는 공산당 경찰에 의하여 뒷조사를 당하고 쫓기는 몸이 되었다. 부부는 프랑스 국경을 넘어 간신히 안전한 곳으로 대피했다. 오웰은 스탈린의 하수인들이 1936~1938년 사이에 대숙청의 일환으로 POUM의 지도자들을 무자비하게 숙청하는 것을 보고서, 그때부터 스탈린과 소련 공산당 체제에 강한 의구심을 갖게 되었다. 특히 파시스트 타도를 목청 높여 외쳐대던 소련이 1939년 독일과 불가침조약을 맺는 것을 목격하고서 더욱 소련 공산당은 믿을 수 없는 조직이라고 확신하게 되었다. 이러한 공산당과 파시스트에 대한 불신은 그의 에세이 「문학과 좌파」, 「작가와 리바이어던」 등에서 잘 드러난다.

1938년 3월 오웰은 폐병이 재발하여 그해 겨울을 모로코의 마라케시에서 보냈다. 1939년 봄에 오웰 부부는 영국으로 돌아왔으나 그의 건강은 별로 나아지지 않았고 이해 6월에 오웰의 아버지가 암으로 82세의 나이로 사망했다. 1939년 9월에 제2차 세계대전이 터지자 자원입대하려 했으나 건강 때문에 병무청에서 거부당했다. 1941년 8월부터 시작하여 1943년 11월까지 근 2년간 BBC의 해외서비스부 인도과에서 대담 보조원으로 일했는데 이때의 경험이 『1984』년에 나오는 관료주의적인 '진실부(거짓 프로파간다를 퍼트리는 정부 관청)'의 배경이 되었다.

1943년 11월, 오웰은 BBC를 떠나 《트리뷴》의 문학 편집자가 되었다. 1944년 2월에 『동물 농장』을 탈고했으나 기존에 그의 전작을 내주었던 골란츠 출판사와 T. S. 엘리엇이 이사로 있던 케이프 앤 페이버 출판사는 정치적인 이유로 이 책의 출판을 거부했다. 당시 영국은 러시아와 손을 맞잡고 히틀러를 상대로 싸우던 상황이어서 어떤 출판사도 러시아를 비판한 책을 출판하여 영국 정부의 비위를 건드리려 하지 않았다. 그때 워버그라는 소규모 출판사가 용감하게 출판을 수락하여, 이를 계기로 워버그 출판사는 오웰

의 전작을 출판하는 행운을 잡았다. 이 책이 출간된 1945년 8월
은 역사적인 순간이었다. 그 앞 넉 달 동안에 루스벨트, 무솔리니,
히틀러는 사망했고, 처칠은 총선에서 실패하여 총리직에서 물러
났으며, 독일은 항복했고, 8월 6일에는 히로시마에 원자탄이 투
하됐다. 이제 루스벨트, 처칠, 스탈린의 세 거두 중 스탈린만이 권
좌를 유지했다. 이런 상황에서 스탈린 독재 채제의 실상을 고발
한 『동물 농장』은 미국의 북 오브 더 먼스 클럽Book of the Month을
통하여 50만 부가 팔려나갔고 그 후 꾸준히 팔려나가 1972년까
지 1,100만 부가 팔린 것으로 집계됐다. 이때 오웰은 난생처음으
로 가난을 모면하게 되었다.

슬하에 아이가 없던 오웰 부부는 1944년 6월 한 살짜리 남자
아이를 입양했는데 바로 리처드 블레어이다. 이 아이는 후일 커
서 농부가 되었다. 1945년 2월 오웰은 《옵저버》의 전쟁 특파원
자격으로 프랑스와 독일에 취재를 하러 갔다. 그러나 한 달 후인
3월 29일에 아내 에일린이 외과 수술을 받던 중 사망했다. 아내
의 친구들은 오웰이 당장 특파원을 그만두고 돌아오지 않은 것을
비난했으나, 오웰에게 동정적인 사람들은 오웰이 아내에게만 무
심한 것이 아니라 그 자신에게도 아주 무심한 사람이었으니 그럴
법한 일이라고 이해해주었다. 오웰은 1946년 겨울에 스코틀랜드
서부의 헤브리디즈 제도의 주라 섬으로 가서 1950년에 사망하기
얼마 전까지 이 춥고 외로운 섬에서 병마와 싸우면서 마지막 대
작인 『1984』를 썼다.

오웰이 중증 폐결핵으로 얼마 살지 못하는 몸이 되자, 워버그

출판사는 작가가 앞으로 장편소설을 두세 편만 더 써주면 작가도 출판사도 돈방석에 올라앉게 될지 모르는데, 이것을 안타까워하며 그의 회춘을 돕기 위한 방책으로 소니아 브라운웰이라는 여자와 결혼을 주선했다. 소니아는 어린 시절에 뱃놀이를 하다가 친구는 물에 빠져죽고 자기만 살아남은 데에 평생 죄책감을 달고 살았다. 그녀는 그것을 속죄하는 기분으로 죽어가는 오웰과 결혼하기로 결심했다. 오웰은 또 다른 대작을 쓰고 싶은 욕심이 있었고 또 머릿속에 그런 구상을 하던 중이어서, 1949년 병석에서 결혼을 했으나 별 도움을 얻지 못하고 1950년 1월 21일에 46세의 나이로 사망했다.

오웰의 에세이

에세이스트 오웰은 가난이 가져온 패배의식 때문인지 비교적 젊은 나이부터 프로이트 사상에 깊은 관심을 보였다. 오웰이 성장하던 시기에 정신분석이 새로운 학문의 조류로 유행을 탄 것도 있었지만, 그보다는 왜 자신의 마음에 그런 패배의식이 자리 잡게 되었는지 분석해보고 싶은 마음이 더 강했을 것이다. 「우든 좌든 나의 조국」에서 "프로이트적인 내적 의미"라는 표현을 썼다든지, 키플링의 신경증적 경향에 대한 반작용을 논했다든지, 「영국의 반유대주의」에서 그런 사상이 본질적으로 신경증이라고 지적했다든지, 「리어, 톨스토이, 그리고 광대」에서 톨스토이와 리어왕의 관계를 "리어왕의 이야기와 톨스토이 자신의 이야기가 비슷하다고 생각했던 게 아닐까?"라고 말했다든지 등을 보면 정신분석에 상당히 밝았다는 것을 알 수 있다. 톨스토이가 리어왕에게서 자신을 보았다고 한다면, 우리는 정신분석의 관점에 입각하여 오웰이 톨스토이에게서 자신을 보았다고 말해볼 수도 있다. 톨스토이가 그의 특권적 지위로부터 벗어나 농민의 삶을 살아가려 했다면, 오웰 또한 자신의 중산층 배경에서 벗어나 노동계급의 삶을 살아가려 했던 것이다.

그렇다면 가난에 포한이 진 사람의 반응은 어떤 것일까? 그 가난으로부터 멀리 달아나거나, 아니면 그 가난 속으로 깊숙이 들어가게 된다. 오웰이 버마로 경찰관 노릇을 하러 간 것이나, 경찰관 노릇을 그만두고 1928년에서 1929년까지 파리와 런던에서 밑바닥 인생을 일부러 선택한 것이나, 1936년에 스페인에 간 것은 모두 가난과 그것을 억압하는 권력에 대한 저항의 형태를 띠고 있다. 오웰도 이러한 과정을 직접 소상하게 밝히고 있다(「나는 왜 쓰는가」 참고). 1936년에 오웰은 스페인 내전에 자원 참전하는데, 이 사건은 오웰 문학에서 하나의 커다란 분수령이 된다. 이때의 일은 「스페인 내전 회고」에 잘 드러난다.

사실 가난과 권력은 아주 밀접한 관계가 있다. 역사를 살펴보면 돈을 가진 사람이 곧 권력을 가진 사람이었고, 돈과 권력은 거의 동일시되어왔다. 권력의 생리는 기만과 폭력인데, 그 이유는 권력을 가진 사람들이 결국 가난한 사람을 억압하여 그들에게 돌아가야 할 돈을 빼앗는 방식으로 부를 늘리기 때문이다. 권력을 가진 사람이 그 권력을 계속 유지하려는 배경도 바로 이것이다. 이러한 생각은 『1984』의 핵심 주제이기도 하다. 오웰의 「스페인 내전 회고」는 스페인 자본가계급이 노동운동을 분쇄할 기회를 엿보다가 나치와 전 세계의 모든 보수세력의 도움을 받아서 노동자들을 탄압한 과정을 기술한다. 또한 자신들의 권력을 지키기 위해 거짓말과 기만의 프로파간다를 자행하는 권력의 속성을 폭로한다. 혁명 지도자들은 가난한 자가 사람다운 삶을 누리려면 기존 권력층에 저항해야 한다는 구호를 내세우며 혁명을 일으키지만 그 구호는 그들이 권력을 잡는 수단에 불과하다. 이러한 인식을 드러내는 에세이는 「아서 쾨슬러」이다.

스페인 내전에 참전하러 가던 도중에 오웰은 헨리 밀러를 만나는데, 그때의 소감을 쓴 것이 「고래 뱃속에서」이다. 이 글은 정숙주의의 태도를 깊이 명상하는 작품인데 이 글을 쓸 무렵 오웰의 문학은 커다란 변화를 맞이하는 중이었다. 1930년대에 쓴 소설 네 편은 모두 실패로 돌아갔고, 뭔가 새로운 진로를 모색해야 할 시점에 있었다. 아마도 요나처럼 고래 뱃속에나 들어 있었다면 이런 시련과 괴로움으로부터 달아날 수 있을 텐데 하는 부러운 생각의 일단을 펼쳐 보인 것이리라. 그렇지만 지난 10년 동안 줄기차게 매달려온 문학의 길에서 쉽사리 벗어날 수도 없었다. 이런 복잡한 심정을 피력한 것이 바로 헨리 밀러를 비판하면서도 동시에 부러워한 이 수필이다.

그런데 왜 인간은 권력을 잡으면 남을 억압하려고 할까? 이러한 문제를 살펴본 에세이가 「제임스 버넘과 관리자 혁명」이다. 신마키아벨리주의자인 버넘을 비판한 이 글을 읽으면 마키아벨리와 그 지지자들이 인간을 어떻게 보는지 알 수 있다. 마키아벨리주의자들은 권력이란 곧 폭력과 기만이라고 주장한다. 자신의 물질적 필요에 따라 조석으로 변하는 보통 인간들에게는 이렇게 행동할 수밖에 없다는 것이다. 마키아벨리는 인간은 선과 악이 뒤섞여 있지만 악이 더 잘 표출되는 사악한 존재라고 보았다. 인간은 필요에 의하여 강요당하지 않는 한 절대로 선을 행하지 않는다. 어떤 악이든 예사로 저지르는 건 아니지만, 그렇다고 하여 완전무결한 성인이 되지도 못한다. 사람은 허영심이 많아서 타인의 성공을 시샘하며, 자기의 이익을 추구할 때는 무한히 탐욕스럽다. 야망은 강력한 충동을 일으키고 그 충동은 아무리 높은 지위에 올라도 잘 충족되지 않는다. 그래서 욕망은 언제나 성취 능력을 넘어서서 내달리고, 이 때문에 현재 가지고 있는 것에 불만을 품게 된다. 인간은 사랑과 두려움에 의해 마음이 움직이는데 대개의 경우 사랑보다는 두려움에 복종한다. 인간의 물욕은 아주 강해서 자기가 소중히 여기는 것을 빼앗기면 그것을 두고두고 잊지 못한다. 걸핏하면 그 물건의 필요성을 느끼며 설혹 필요성이 없더라도 일부러 그것을 만들어내어 빼앗아간 사람들에 대한 원한이 깊어진다. 이렇게 볼 때 사람은 명예보다 재물을 더 중시한다.

이상이 마키아벨리의 인간관인데 그렇다면 오웰은 인간을 어떻게 생각했을까? 오웰은 「영국의 반유대주의」에서 인간이 자신을 완전히 선하거나 완전히 악하다고 믿는 것은 정신병이라고 말한다. 마키아벨리와 오웰은 인간을 선과 악의 중간적 존재로 본다는 점에서는 공통된다. 하지만 그 인간이 만들어내는 사회에 대해서는 다르게 보았다. 마키아벨리 혹은 신마키아벨리파에 속하는 제임스 버넘은 자유롭고 평등한 인간의 사회가 과거에 존재하지 않았으므로 앞으로도 그런 사회는 오지 않을 것이라고 본 반면에, 오웰은 과거가 어둡다고 해서 미래마저 어둡게 보아서는 안 된다고 생각한다. 이런 생각에는 그의 도덕의식이 크게 작용했다. 그래서 「정치 대 문학: 『걸리버 여행기』 검토」에서 조너선 스위프트에 대해서 "대부분의 인간들에게 찾아오는 아주 작은 행복이라도 즐길 법하지 않고, 또 아주 분명한 이유로 인해 지상의 생활이 크게 개선될 수 있다고 시인할 것 같지도 않다"라고 하면서 스위프트의 염세적 태도를 비난한다. 그러면서 "지금 이곳의 삶은 살 만한 가치가 있고, 설혹 그렇지 못하더라도 앞으로 좋아질 수 있으며, 미래의 좋은 목적을 위해 현재의 삶을 희생할 수도 있다"라는 자신의 신념을 드러낸다. 오웰은 이런 자유롭고 남을 사랑하는 삶을 살기 위해서는 무엇보다도 권력의 전체주의적 경향을 철저히 경계해야 한다고 역설했다.

지금까지 오웰 에세이의 주제들 중 가난, 권력, 인간성을 살펴봤는데 이제 언어를 살펴보자. 언어는 진실과 밀접한 관계를 갖고 있다. 평소 언어에 관심이 많았던 오웰은 「새로운 말들」에서 새로운 현상에 따르는 새로운 언어를 만들어내야 한다는 긍정적 의미의 언어 창조를 제안했다. 그리하여 명확하게 생각하고 분명하게 표현한다는 것은 부패한 정치를 재건하는 첫 단계라고 본다. 그러나 이 언어 창조는 부정적인 측면으로도 활용될 수 있다.

가령 전체주의국가에서 무지를 가리켜 힘이라고 하고, 노예제를 가리켜 자유라고 하는 것이 그런 경우이다. 『1984』에서는 뉴스피크라는 새로운 언어로 시민들의 자유를 빼앗아버리려 한다. 언어가 정치에 영향을 줄 수도 있지만, 반대로 정치가 언어에 영향을 줄 수도 있다는 것이다.

마지막으로 오웰의 문학평론을 간단히 언급해보겠다. 오웰은 「찰스 디킨스」에서 모든 예술은 프로파간다라고 말했다. 프로파간다는 요사이 주로 부정적인 용어로 사용되고 있으나 오웰은 메시지의 강력한 전달이라는 뜻으로 사용하고 있다. 그런 만큼 디킨스, 헨리 밀러, 조너선 스위프트, 톨스토이, 셰익스피어, 아서 쾨슬러, 러디어드 키플링, 윌리엄 버틀러 예이츠, 마크 트웨인 등을 논한 평론은 주로 이런 작가들의 핵심 메시지를 알아내는데 집중한다. 그래서 작품의 기법적 측면이나 실험적 측면 혹은 언어적 측면의 분석에 집중하는 강단 평론과는 다른 바가 많다. 라이오넬 트릴링 교수는 디킨스 평론에 대하여, 그리고 존 웨인 교수는 셰익스피어 평론에 대하여 오웰이 너무 독후감 위주의 인상비평을 했다고 지적한다. 그러나 우리 일반 독자는 오히려 상아탑과는 무관한 오웰의 평론이 더 읽기가 편안하다. 무엇보다도 문학작품을 읽었을 때, 자신이 느낀 것을 다른 사람들의 눈치 같은 것은 보지 않고 솔직하게 말하는 오웰의 태도는 우리를 너무나 속시원하게 한다. 따라서 독자들은 오웰의 문학평론을 읽을 때 그것을 오웰 개인의 독특한 의견으로 읽어주기를 바란다.

오웰과 글쓰기

오웰의 글쓰기에 영향을 미친 사람으로는 "내가 아주 좋아하고 아무리 읽어도 지겹지 않은 작가"인 새뮤얼 버틀러와 서머싯 몸이 있다. 버틀러는 작가는 자신의 문체를 신경 쓰기보다는 자신의 글이 독자들에게 얼마나 쉽게 읽힐 수 있는가를 더 신경 써야 한다고 말했다. 그렇게 하자면 자신이 써놓은 글을 남의 눈으로 볼 수 있어야 하고, 오래오래 마음속에서 삭히고 다스린 다음에 그것을 종이에 적어야 좋은 글이 된다고 했다. 오웰은 「자기소개의 글」에서 서머싯 몸으로부터 많은 영향을 받았고 "아무런 수식 없이 직선적으로 스토리를 말하는 몸의 능력을 아주 존경한다"라고 말했는데, 오웰은 「정치와 영어」에서 글은 투명한 유리창 같은 것이 되어야 한다고 말하기도 했다.

글쓰기의 기술적 측면에 대해서 오웰은 「정치와 영어」에서 다섯 가지 수칙을 제시하는데 낡은 비유를 쓰지 마라, 긴 말 대신 짧은 말을 써라, 필요 없는 말은 잘라내라, 수동태 대신 능동태를 써라, 야만적인 말을 쓰지 마라 등이다. 그러나 이 수칙은 어느 정도 글쓰기에 익숙한 사람들에게 주는 조언인 듯하다. 가령 오웰이 맹공을 퍼부은 해럴드 래스키 교수의 문장에 해당하는 수칙인 것이다. 글을 처음 써보는 사람에게 이런 다섯 가지 수칙을 모두 지키라고 한다면 그것은 걷지도 못하는 사람에게 날아다니라고 하는 것이나 다름없다. 따라서 이런 기술적 수칙은 어느 정도 글을 써보아서 이제 독창적인 글쓰기를 하려는 사람을 위한 조언임을 감안해야 한다. 만약 이 번역본을 읽는 독자가 대학교 1~2학년생이라면 이 수칙을 명심하면서도 글 속에서 자신의 생각, 즉 글의 내용을 좀 더 명확하게 전달하려고 애쓰는 것이 더 중요하다.

그러면 유리창같이 투명한 글의 내용적 측면은 어떤 것이 되어야 할까? 오웰은 먼저 정직한 마음가짐을 가져야 한다고 말한다. 작가가 글을 쓸 때 뭔가 부정직하게 감추려고 한다면 기다란 단어와 장황한 구절을 선택하여 불분명하고 복잡하게 쓰게 된다는 것이다. 특히 오웰은 정치 분야에서 이런 부정직한 글쓰기가 많이 발견된다고 지적한다. 정치적인 언어는 "거짓을 진실처럼 들리게 하고, 살인을 존경할 만한 행위로 만들고, 순전한 허풍을 견고한 언사처럼 보이게 하려는 것"이라고 통박한다. 오웰은 메시지(의미)가 단어를 선택하게 만들어야지, 그 반대로 단어가 의미(대체로 부정직한 의미)를 선택하게 해서는 안 된다고 강조한다. 글쓰기에서 가장 나쁜 일은 어떤 특정한 단어를 편애하여 그것에 굴복하는 것인데, 프로파간다 위주인 정치 언어에서 그런 현상이 특히 심하다. 가령 대규모 유대인 학살을 최종적 해결이라고 한다든지, 인권 탄압을 밥 먹듯이 하면서 그것을 인류의 복지 증진이라고 하는 것이 그런 경우이다.

오웰은 메시지의 명쾌한 전달을 위하여 문장을 쓸 때마다 적어도 다음과 같은 네 가지 질문을 던지기를 권한다. '내가 쓰려고 하는 건 무엇인가?' '그걸 표현할 단어들은 무엇인가?' '그걸 더 분명하게 하는 이미지나 관용구는 무엇인가?' '이 이미지가 효과를 볼 정도로 참신한가?' 오웰은 글의 구체적 내용과 관련하여

「좋은 나쁜 책들」에서 독특한 개념을 제시한다. 가령 스토 부인의 『톰 아저씨의 오두막』은 좋은 나쁜 책이고, 키플링의 병영兵營 시들은 좋은 나쁜 시라는 것이다. 좋으면서도 나쁘다는 말은 모순 어법처럼 들리지만 메시지와 기법의 두 가지 측면을 동시에 혹은 구분하여 말하려다 보니 이렇게 된 것이다. 그러니까 기술의 측면에서는 나쁘지만 메시지(내용)의 측면에서는 좋다는 것이다. 이런 책들 중에는 당대에만 읽히는 것이 아니라 작가 사후에도 계속 읽히는 것들이 있다. 문학은 결국 얼마나 오래 살아남느냐가 중요한 기준이므로, 오웰은 좋은 나쁜 소설도 그 가치가 있다고 보았다. 그러면서 스토 부인의 감동적(내용) 소설이 버지니아 울프의 모더니스트(기술) 소설보다 더 오래가지 않겠느냐고 진단한다.

여기서 우리는 이런 생각을 해보게 된다. 오웰의 대표작인 『동물농장』이나 『1984』도 좋은 나쁜 책의 범주에 넣을 수 있지 않을까? 전통적인 소설 문법에서 훌륭한 소설의 3대 기본 요소를 들자면 독특한 인물설정, 인물의 행동을 통하여 나타나는 인간관계의 구체화(줄거리), 등장인물과 사회의 상호작용에 의한 인물의 내면적/외면적 일체화(지속적인 정체성)를 들 수 있다. 『동물 농장』은 동물을 등장시켜 인간의 문제를 아예 배제해버린 우화의 형식이므로 처음부터 이런 소설 문법을 벗어났고, 『1984』는 자세히 읽어보면 위의 세 가지 요소가 잘 구현되어 있지 않음을 알 수 있다. 가령 윈스턴과 줄리아의 관계는 원만한 인간관계의 구체화라고 보기 어렵고, 오세아니아라는 사회는 실질적 느낌을 주는 사회의 모습이 아니며, 작품 속에 등장하는 여러 인물은 살아 있는 인물이라기보다 도식화된 정형에 가깝다. 요약하면 실질적 느낌이 우러나는 사회나 그에 상응하는 실질적 등장인물들이 묘사되어 있지 않다. 그렇지만 『1984』는 모든 정치는 속인다, 권력은 반드시 개인을 억압한다, 전체주의는 행복과 자유의 이분법이라는 궤변으로 인간의 존엄성을 짓밟는다 등의 간절한 메시지를 전하고 있다. 이런 메시지를 전달하기 위해 오웰은 헤브리디즈 제도의 절해고도에서 폐병에 시달리며 글쓰기에 몰두했던 것이다.

오웰은 「나는 왜 쓰는가」에서 모든 작품은 실패작이라고 말했다. 그러면서 지금 쓰고 있는 새 소설(『1984』를 가리킴)도 틀림없이 실패작이 되고 말겠지만, 따지고 보면 모든 책이 실패작 아닌가하고 말했다. 이것은 작가가 써내는 소설이 완벽하게 성공을 거두지는 못한다는 뜻인 듯하다. 사상이 강하면 문체가 약하고, 문체가 아름다우면 내용이 부실하고, 작품의 구조가 훌륭하면 대화 부분이 엉성하고, 인물의 개성이 강하면 그가 저지르는 행동이 허약한 등 소설은 하나의 소우주여서 그 속에서 벌어지는 모든 현상이 완벽한 조화를 이루는 경우는 없다는 뜻으로 이렇게 말한 듯하다. 이에 대한 구체적 사례를 하나 들어보면 지금까지 나온 소설 중에서 스케일과 메시지의 측면에서 가장 위대한 소설의 하나로 평가되는 톨스토이의 『전쟁과 평화』에 대해서도 헨리 제임스는 이 소설의 시점이 하나로 통일되어 있지 않아 혼란스럽다는 점을 지적하며, 비유적으로 말해서 건물인지 집인지 텐트인지 흙더미인지 지하동굴인지 지상 움막인지 알 수 없는 정체불명의 구조물이라고 신랄하게 지적했다.

그러나 소설은 복잡하고 다면적인 소우주이기 때문에 소설가는 자신이 잘할 수 있는 것에 집중해야 한다. 그리하여 『1984』는 전체주의가 인간을 세뇌하는 악몽 같은 상황들을 묘사하는 쪽으로 나아간다. 『1984』의 윈스턴 스미스가 겪는 세뇌작업은 저 유명한 파블로프의 개와 비슷하다. 스미스는 전쟁과 평화, 자유와 노예, 무지와 힘을 구분하지 못하고, 그런 혼란에서 자신을 구해줄 수 있는 것은 빅 브라더(독재자)뿐이라고 세뇌되어 자신이 빅 브라더를 사랑한다고 망상하게 된다. 스미스의 입장이 되어 집중 세뇌와 집단 최면에 걸리면 누구나 이렇게 될 수밖에 없다.

〈아서 쾨슬러〉에서 오웰은 『한낮의 어둠』을 비평하면서 "설사 루바쇼프가 고문을 당하는 게 아니라 권력을 잡았다고 하더라도 그가 글레킨보다 낫지 않으리라는 걸 보여준다"라고 말했다. 이것은 고문을 하는 글레킨도 고문대에 오르면 결국 루바쇼프처럼 될 수밖에 없고, 그 반대도 마찬가지라는 뜻이다. 따라서 그런 고문대에 올라가야 하는 상황을 사전에 예방하는 것이 무엇보다도 중요하다. 일단 고문대에 올라가면 누구나 다 똑같이 세뇌되어 최면 상태에 빠져버린다. 이런 점에서 『1984』를 쓴 오웰은 아테네의 등에(게릴라) 같은 사람이다. 그래서 오웰은 「작가와 리바이어던」에서 작가는 "개인으로서, 외부 인사로서, 기껏해야 정규군 옆구리에 붙은 성가신 게릴라의 자격으로 글을 써야 한다"라고 말하면서 무감각한 보통 사람의 의식을 찔러대는 등에임을 자처했다.

지금까지 살펴본 오웰 글쓰기의 덕목은 정직, 용기, 겸손이라는 세 단어로 요약해볼 수 있다. 오웰은 「문학과 전체주의」에서 지난 400년 동안의 유럽 문학은 "지적인 정직함"에 그 바탕을 두고 있다면서 작가의 정신적 정직함을 특히 강조했다. 정직해야 되는 이유에 대해서는 "왜냐하면 글쓰기는 개인적인 느낌의 문제인데, 그 느낌이라는 건 때때로 외부의 통제를 거부하기 때문"이라고 말했다.

오웰은 에세이 「고래 뱃속에서」에서 "좋은 소설은 정통성만 따지고 드는 사람들도, 자신의 비정통성에 양심의 가책을 느끼는 사람들도 써내지 못한다. 좋은 소설은 겁먹지 않은 사람들이 써내는 것이다"라고 말하여 작가의 용기를 강조했는데, 그는 이것을 몸소 실천했다. 「문학의 파괴」에서 영국 좌파 지식인들의 기이한 소련 편애와 나치즘에 대한 팔랑개비식 태도 변화를 맹렬히 비판했다. 『동물 농장』을 써냈을 때 소련을 비판한 이 소설은 당시의 상황으로 보면 환영받을 만한 책이 되지 못했으나, 그래도 정직하게 자신의 소신을 피력했다. 『1984』에 그려진 악몽 같은 장면들도 독자의 사랑을 받으리라는 기약이 전혀 없었으나, 그래도 오웰 자신이 보고 느낀 전체주의 세상의 모습이었으므로 용감하게 기록했다.

정직, 용기, 겸손 중 세 번째 것은 오웰이 병마에 사로잡히는 바람에 실천하지 못하고 세상을 떠났다. 『1984』가 나온 후 독자들은 전체주의 사회에 대한 경고는 타당하나 그 사회에 대한 윈스턴 스미스의 반응이 너무 비관적이라는 지적을 했다. 오웰은 이에 대하여 친지인 톰 홉킨슨에게 "내가 이처럼 아프지 않았더라면 그 소설의 분위기가 그처럼 암울해지지는 않았을 것입니다"라고 말했다. 만약 그가 건강을 어느 정도 회복했더라면 좀 더 긍정적인 내용의 소설을 썼으리라고 짐작해볼 수 있는 대목이다. 실제로 오웰은 죽기 몇 개월 전까지도 제2차 세계대전 종전 시점인 1945년을 무대로 후속 장편소설을 구상 중이었다. 그래도 그의 대표 소설 두 편과 그 외에 훌륭한 에세이들만으로도 오웰은 영문학사에서 이미 불멸의 존재가 되었다. 『1984』와 『동물 농장』을 재미있게 읽은 독자라면 그와 똑같은 지적 정직성과 용감성이 빛나는 이 에세이집도 흥미롭게 읽을 수 있으리라 생각한다.

마지막으로 이 번역본은 소니아 오웰이 남편 사후 18년 만인 1968년에 4권으로 펴낸 『오웰 산문 전집The Collected Essays, Journalism and Letters of George Owell Volumes 1~4』을 바탕으로 문학과 정치와 글쓰기를 주제로 하는 오웰의 에세이들을 빠짐없이 번역한 것임을 밝힌다.

조지 오웰의 정치적인 글쓰기

초판 1쇄 인쇄 2025년 11월 24일
초판 1쇄 발행 2025년 12월 17일

지은이 조지 오웰
옮긴이 이종인
펴낸이 최순영

출판1 본부장 한수미
편집 한수미
디자인 홍세연

펴낸곳 ㈜위즈덤하우스 출판등록 2000년 5월 23일 제13-1071호
주소 서울특별시 마포구 양화로 19 합정오피스빌딩 17층
전화 02) 2179-5600 홈페이지 www.wisdomhouse.co.kr

ISBN 979-11-7171-553-4 03800

- 이 책의 전부 또는 일부 내용을 재사용하려면 반드시 사전에 저작권자와 ㈜위즈덤하우스의 동의를 받아야 합니다.
- 인쇄·제작 및 유통상의 파본 도서는 구입하신 서점에서 바꿔드립니다.
- 책값은 뒤표지에 있습니다.